파이썬으로 배우는

자연어 처리 인 액션
Natural Language Processing in Action

NATURAL LANGUAGE PROCESSING IN ACTION

파이썬으로 배우는 **자연어 처리 인 액션**

1쇄 발행 2020년 3월 4일
2쇄 발행 2020년 8월 12일

지은이 홉슨 레인, 하네스 막스 하프케, 콜 하워드
옮긴이 류 광
펴낸이 장성두
펴낸곳 주식회사 제이펍

출판신고 2009년 11월 10일 제406-2009-000087호
주소 경기도 파주시 회동길 159 3층 3-B호 / **전화** 070-8201-9010 / **팩스** 02-6280-0405
홈페이지 www.jpub.kr / **원고투고** submit@jpub.kr / **독자문의** help@jpub.kr / **교재문의** textbook@jpub.kr

편집팀 이종무, 이민숙, 최병찬, 이주원 / **소통·기획팀** 민지환, 송찬수, 강민철 / **회계팀** 김유미
진행 이 슬 / **교정·교열** 이 슬, 오현숙 / **내지디자인** 최병찬
용지 에스에이치페이퍼 / **인쇄** 한승인쇄 / **제본** 광우제책사

ISBN 979-11-90665-01-8(93000)
값 35,000원

제이펍은 독자 여러분의 아이디어와 원고 투고를 기다리고 있습니다. 책으로 펴내고자 하는 아이디어나 원고가 있는
분께서는 책의 간단한 개요와 차례, 구성과 저(역)자 약력 등을 메일(submit@jpub.kr)로 보내 주세요.

파이썬으로 배우는

자연어 처리 인 액션
Natural Language Processing in Action

홉슨 레인, 하네스 막스 하프케, 콜 하워드 지음 / 류 광 옮김

제이펍

차례

PART I 말 많은 컴퓨터: NLP의 기초 1

PART II   더 깊은 학습: 신경망 적용   185

추천사

나는 2006년 대학원 과정을 시작하면서 이 책의 저자 중 한 명인 하네스와 만났다. 우리는 같은 학과였지만 연구 주제는 달랐다. 얼마 지나지 않아 그는 기계 학습과 전기 공학의 합집합을 활용하는 연구로 유명해졌다. 그는 특히 그의 연구가 이 세상을 더 나은 곳으로 만들길 강하게 염원했다. 졸업 후 그가 몸담은 회사와 프로젝트들에도 그러한 염원이 작용했으며, 그가 다른 두 저자 홉슨과 콜과 만나게 된 것 역시 그러한 염원 덕분이었다. 다른 두 저자 역시 세상에 긍정적 영향을 미치는 프로젝트들에 비슷한 열정을 가지고 있었다.

이 추천사를 쓰기로 한 것 역시 기계 학습을 좋은 용도로 활용하고자 하는 그의 열정 덕분이었다. 기계 학습 연구에 대한 나의 여정 역시 세상에 긍정적 영향을 미치고자 하는 강렬한 열망을 따른 것이었다. 내가 생물 종 보호 최적화와 목표 개괄을 위한, 종 분포(species distribution) 환경 자료의 다해상도 모형화 알고리즘을 개발한 것도 그런 열망 때문이다. 그때부터 지금까지 나는 기계 학습의 적용을 통해서 삶과 경험을 개선할 수 있는 분야들에서 일하고 있다.

큰 힘에는 큰 책임이 따른다.

— 볼테르(?)

이 경구가 볼테르의 것이든 아니면 벤 삼촌의 것이든, 예나 지금이나 이 말은 참이다. 그렇지만 현재 시점에서는 이를 "자료(데이터)에 대한 큰 접근 권한에는 큰 책임이 따른다"라고 바꾸어도 될 것이다. 우리는 우리의 자료를 가진 기업들이 그것을 삶을 개선하는 데 사용하길 희망한다. 우리가 그들에게 우리의 이메일을 살펴보도록 허용하는 이유는 이메일을 작성할 때 도움이 되는 문법 검사기를 그들이 좀 더 개선해 주길 바라기 때문이다. 우리가 SNS에 올린 글들은 우리가 관심을 가질 만한 광고를 선택하는 데 쓰인다. 우리의 전화기나 홈 자동화 기기는 우리가 하는 말을(심지어는 그들에게 하는 말이 아닌 말도) 계속해서 듣고 있다. IT 기업들은 심지어 뉴스에 대한 우리의 선호도들을 감시해서, 우리의 관심사나 의견, 믿음에 맞는 광고나 콘텐츠를 제시한다. 이 모든 강력한 기술의 핵심부에 있는 것이 무엇일까?

답은 바로 자연어 처리(NLP)이다. 이 책에서 여러분은 앞에서 언급한 시스템들의 내부 작동 방식을 이해하는 것은 물론이고 여러분 스스로 알고리즘과 모형을 만들기 시작하는 데 필요한 이론과 실무 지식도 배울 것이다. 이 책은 근본적인 컴퓨터 과학 개념들에 관한 논의를 자연스럽게 실용적인 접근 방식과 실천 방법으로 연결한다. 명확하고 이해하기 쉬운 서술을 통해 자연어 처리의 핵심 방법론들을 차례로 살펴보는 과정에서 독자는 TF-IDF 같은 오래되고 검증된 기법들은 물론이고 심층 신경망 같은 좀 더 최근의 기법들도 만나게 된다.

언어는 우리가 인간으로서의 동질감을 구축하는 하나의 토대이다. 우리는 사실관계뿐만 아니라 감정도 공유한다. 언어를 통해서 우리는 우리가 직접 경험하는 세상 바깥의 지식을 획득한다. 그리고 언어를 통해 경험을 주고받음으로써 세상을 좀 더 잘 이해하게 된다. 이 책은 여러분에게 NLP의 작동 방식을 확실히 이해하는 기회를 제공할 뿐만 아니라, 언젠가는 언어를 통해서 인류를 이해하게 될 영향력 있는 컴퓨터 시스템을 만들어낼 기회도 제공한다. NLP 기술은 오·남용될 여지가 대단히 크지만, 좋은 목적으로 쓰일 여지 역시 그만큼 크다. 저자들이 이 책을 통해 자신들의 지식을 공유하는 데에는 우리 모두를 더욱 밝은 미래로 이끌고자 하는 희망이 깔려 있다.

— ZenDesk의 선임 데이터 과학자·연구자 **DR. 아원 그리피온**Arwen Griffioen

옮긴이의글

사람들의 눈길을 끌고 세상을 놀라게 한 인공지능 응용 프로그램은 흔히 이미지 처리 분야를 대상으로 하지만, 우리의 일상생활에 좀 더 직접적으로 맞닿은 인공지능 응용 분야는 바로 이 책이 다루는 자연어 처리(NLP)일 것입니다. word2vec이나 GloVe 등 주목받는 몇몇 기술에만 치중하지 않고 정규 표현식 등 여전히 실용적인 가치가 큰 구식(?) 기법들도 충분히 다룬다는 점에서, 기초를 즐겁게 배울 뿐만 아니라 익힌 것을 빨리 실무에 활용해 보고 싶은 독자들에게 이 책이 큰 도움이 될 것입니다. 원서가 2019년 봄에 나왔기 때문에 2018년 후반부터 많은 관심을 받는 ELMo나 BERT 등은 다루지 않지만, 그런 기술들과 이후에 나올 새로운 기술들에 빠르게 적응하는 데 도움이 되는 많은 내용이 이 책에 담겨 있습니다.

제 본업인 번역과도 관련이 깊은 자연어 처리 분야의 훌륭한 책을 번역하게 되어서 기쁜 마음이 있었지만, 한편으로는 주제가 주제이다 보니 걱정도 있었습니다. 그러니까, 영어권 개발자가 영어권 독자를 염두에 두고 쓴(그리고 대부분의 예제에 영어 문장들이 등장하는) 자연어 처리 책을 한국어로 번역한다는 것이 과연 얼마나 의미가 있을까요? 그러나 자연어 처리 분야를 획기적으로 발전시킨 기술들은 대부분 특정 언어에 국한되지 않는, 인류가 사용하는 대부분의 자연어에 적용할 수 있는 기술이며, 한국어만의 특징에 초점을 두면 나무만 보고 숲을 보지 못하는 우를 범할 수 있습니다. 그런 만큼, 이 책의 한국어 번역이 가치가 있는 작업이라고 생각하고 번역에 임했습니다. 그리고 이 책에서 배운 내용을 한국어 처리에 적용하는 데 조금이나마 도움이 되길 바라는 마음에서, 번역하면서 수집·선별한 한국어 NLP 관련 참고자료 목록을 권말 "참고자료" 섹션 끝에 추가해 두었습니다.

이 책에는 다양한 예제가 나옵니다. 예제가 풍부하다는 것은 기본적으로 좋은 일이지만, 소프트웨어의 특성상 골치 아픈(독자에게나 출판사에게나) 문제도 발생합니다. 이 책의 예제들이 기반하는 상용/오픈소스 소프트웨어 프로젝트들은 계속 갱신될 것이며, 이 책이 나온 이후의 변화 때문에 예제들이 제대로 실행되지 않을 수 있습니다. 혹시 그런 예제를 만났다면 낙심하지 말고, 오히려 NLP와 파이썬 프로그래밍에 관한 심화 학습 또는 실무 적응력 강화의 기회로 삼길 권합니다. 또한, 제 홈페이지(http://occamsrazr.net)에 이 책을 위한 페이지를 마련해 두었으니 문제점을 알려주시면 힘닿는 대로 해결책을 찾아보겠습니다. 홈페이지의 **번역서** 정보 링크를 클릭하면 나오는 페이지를 통해서 이 책의 페이지에 접근할 수 있습니다. 해결책까지 직접 제시해 주시면 더욱 좋겠지만, 그렇지 않더라도 '내가 뭘 잘못해서 그런 건 아니구나'를 알게 하는 것만으로도 다른 독자분들께 큰 도움이 될 것입니다. 책에서 발견한 오타·오역과 책에 관한 의견 역시 그 페이지를 통해서 알려주시고요.

마지막으로, 좋은 책을 제안해 주신 제이펍 장성두 대표님과 전체 과정을 매끄럽게 진행해 주신 이슬 과장님, 원서의 다채로운 조판 요소들을 잘 살려서 깔끔하게 책을 만들어주신 디자이너 최병찬 과장님을 비롯해 이 책의 탄생에 기여한 모든 분께 감사드립니다. 그리고 제가 한참 들여다 봐도 발견하지 못한 여러 오타와 오역을 교정·교열 전문가로서 척척 잡아낸 아내 오현숙에게 사랑과 감사의 마음을 전합니다.

재미있게 읽으시길!

— 옮긴이 **류광**

지은이 소개

홉슨 레인^{Hobson Lane}

홉슨은 사람 대신 중요한 결정을 내리는 자율 시스템을 구축하는 분야에서 20년의 경험을 쌓았다. 그는 Talentpiar에서 컴퓨터에게 다른 대부분의 구인 업체 담당자보다 덜 편향된 방식으로 이력서를 읽고 이해하는 방법을 가르쳤다. Aira에서는 맹인들을 위해 주변 환경의 모습(시각 정보)을 자연어로 번역하는 챗봇의 초기 버전을 개발하는 데 참여했다. 또한 케라스, scikit-learn, PyBrain, PUGNLP, ChatterBot 같은 여러 오픈소스 프로젝트에 적극적으로 기여하며, 현재는 Total Good에서 오픈소스 인지 조교(cognitive assistant) 구축을 비롯한 개방형 과학 연구 및 교육 프로젝트들에 힘을 쏟고 있다. AIAA, PyCon, PAIS, IEEE에 논문을 게재하거나 강연을 했으며, 로봇공학과 자동화에 관련된 여러 특허를 가지고 있다.

하네스 막스 하프케^{Hannes Max Hapke}

하네스는 전기 공학자가 기계 학습 공학자로 변신한 사례이다. 고등학교 시절 마이크로컨트롤러에서 신경망을 계산하는 방법을 조사하다가 신경망에 빠져들었다. 이후 대학교에서는 신경망 개념을 재생 가능 에너지 발전소를 효과적으로 제어하는 데 적용했다. 그리고 하네스는 소프트웨어 개발과 기계 학습 파이프라인의 자동화를 사랑한다. 또한, 그는 구인·구직, 에너지, 보건 응용 프로그램을 위한 심층 학습 모형과 기계 학습 파이프라인을 개발하는 프로젝트에 참여했으며, OSCON, Open Source Bridge, Hack University를 비롯한 여러 콘퍼런스에서 기계 학습을 주제로 강연했다.

콜 하워드 ^{Cole Howard}

콜은 기계 학습 공학자, NLP 실무자이자 작가이다. 평생 패턴들을 찾아다니던 그는 결국 인공 신경망의 세계에서 진정한 보금자리를 찾았다. 대규모 전자상거래 추천 엔진들과 고차원 기계 지능 시스템을 위한 최신 심층 학습 신경망들을 개발했으며, 그의 모형들은 Kaggle 공모전에서 상위에 랭크되었다. 그는 또한 Open Source Bridge Conference와 Hack University에서 합성곱 신경망과 순환 신경망에 관해, 그리고 그런 신경망들이 자연어 처리에서 차지하는 역할에 관해 강연했다.

지은이의 글

2013년경부터 자연어 처리와 챗봇들이 우리의 삶을 지배하기 시작했다. 구글 검색은 처음에는 그냥 입력된 단어 몇 개로부터 뭔가를 찾아내는 데 약간의 재주를 가진 하나의 색인 시스템에 지나지 않았지만, 그러나 이후 점점 더 똑똑해져서 이제는 자연어 문장으로 된 질의문도 잘 알아듣는다. 그 사이에 스마트폰의 자동 완성 기능도 점점 더 정교하게 발전했다. 스마트폰용 키보드가 제시한 단어가 여러분이 입력하려고 했던 바로 그 단어일 때가 많다.[주1]

2014년 말에 선더 시비아Thunder Shiviah와 나(저자 홉슨 레인)는 한 Hack Oregon 프로젝트에서 선거 캠페인 관련 자연어 텍스트에서 재무 자료를 채굴하는 작업을 함께 진행했다. 우리는 정치 자금 기부자들 사이의 관계를 찾아내고자 했다. 우리가 보기에 정치인들은 캠페인 재무 자료에서 기부자들의 신원을 애매모호한 말로 숨기려는 것 같았다. 여기서 흥미로운 것은 우리가 간단한 자연어 처리 기법으로 기부자들의 관계를 밝혀냈다는 점이 아니었다. 내가 가장 놀란 것은, 내가 장황한 이메일을 보내고 몇 초 되지 않아서 선더가 간결하지만 적절한 답장을 보낼 때가 많았다는 점이다. 선더의 비결은 바로 Gmail의 '스마트 답장(Smart Reply)' 기능이었다. 그 기능 덕분에 선더는 내 메일을 다 읽지 않고도 답장을 작성할 수 있었다.

나는 이 마법 같은 기능에 깔린 기법들을 공부했다. 공부를 계속하다 보니 이 인상적인 자연어 처리 기법들을 나도 이해하고 구현할 수 있겠다는 자신이 생겼다. 그리고 내가 참여한 거의 모든 기계 학습 프로젝트가 어떤 방식으로든 자연어 처리와 연관된 것으로 보였다.

이는 아마도 내가 언어를 좋아하고 인간의 지능에서 언어가 차지하는 역할에 매혹을 느끼기 때문일 것이다. 나는 내가 일하는 Sharp Labs의 상사이자 정보 이론가인 존 코왈스키John Kowalski와 함께 단어들에 '의미'라는 것이 과연 있는지 논쟁하면서 몇 시간을 보낸다. 자신감이

[주1] 재미 삼아 스마트폰이 제시한 단어들을 연결해 문장을 만들어서 노는 게임들도 있다. "SwiftKey 게임"(https://blog.swiftkey.com/swiftkey-game-winning-is/)과 "Middle Button Game"(https://www.reddit.com/r/ftm/comments/2zkwrs/middle_button_game/)이 그런 예이다.

붙으면서, 그리고 내 멘토[mentor]들과 멘티[mentee]들에게서 더 많은 것을 배우면서, 뭔가 새롭고 마법적인 것을 직접 만들어낼 수 있겠다는 생각이 들었다.

내가 배운 요령 중 하나는 일단의 문서들을 훑으면서 "War"나 "Hunger" 같은 단어 다음에 "Games"나 "III"가 나오는 횟수를 세어보는 것이다. 대량의 텍스트에서 그런 단어 조합 빈도를 세다 보면 단어들의 '사슬', 즉 문구나 문장에서 어떤 단어가 어디에 등장할 것인지를 꽤 잘 추측할 수 있게 된다. 나는 이런 고전적인 자연어 처리 접근 방식을 직관적으로 받아들일 수 있었다.

교수들과 상사들은 이것을 마르코프 연쇄(Markov chain)라고 부르지만, 내가 보기에는 그냥 확률값들의 테이블, 그러니까 이전 단어에 기초한 각 단어의 출현 확률을 나열한 것일 뿐이었다. 교수들은 그런 확률을 이전 단어를 조건으로 한 단어들의 조건부 확률이라고 부를 것이다. 피터 노빅[Peter Norvig]이 구글에서 만든 철자 교정기(spelling corrector)는 이러한 접근 방식의 규모가 잘 확장된다는 점과 많지 않은 파이썬 코드로 구현할 수 있다는 점을 보여주었다.[주2] 필요한 것은 대량의 자연어 텍스트뿐이다. 이런 기법을 위키백과나 프로젝트 구텐베르크 같은 대량의 공개 텍스트에 적용해서 이룰 수 있는 일들을 생각하자 나는 크게 고무되었다.[주3]

이후 나는 잠재 의미 분석(LSA)을 알게 되었다. 처음에는 그냥 내가 대학교에서 배운 몇 가지 선형대수 연산들에 그럴듯한 이름을 붙인 것뿐이라고 생각했다. 함께 등장하는 단어들을 세고 선형대수를 이용해서 그런 단어들을 묶으면 '주제'가 된다. LSA는 문장 전체의, 심지어는 긴 문서 전체의 의미를 하나의 벡터로 압축할 수 있다. 그리고 LSA를 검색 엔진에 적용하면, 혹시 컴퓨터가 내 마음을 읽고 문서를 찾아내는 게 아닌가 할 정도로 내가 원했던 문서를 너무나 잘 찾아내서 오히려 섬찟할 정도이다. 좋은 검색 엔진은 심지어 원하는 문서에 등장하지 않는 단어들로 검색해도 그 문서를 찾아낸다.

이후 *gensim*이 word2vec의 파이썬 구현을 공개하면서 나는 개별 단어들에 대한 의미론적 벡터 연산까지 수행할 수 있게 되었다. 게다가 나는 문서를 더 작은 조각들로 나누기만 하면 이러한 신기한 신경망 산술이 예전의 LSA 기법과 동등해진다는 점도 알게 되었다. 이는 내게 커다란 깨달음이었다. 덕분에 나는 이 분야에 뭔가 기여할 수 있겠다는 자신이 생겼다. 나는 몇년 동안 위계적(hierarchical) 의미 벡터를 고민했다. 책은 장들로 이루어지고, 장은 문단들로, 문단은 문장들로, 문장은 문구들로, 문구는 단어들로, 단어는 문자들로 이루어진다. 즉, 자연어 텍스트에는 위계 구조가 있다. word2vec을 만든 토마스 미콜로프[Tomas Mikolov]는 이러한 위계 구조의 두 층 사이의, 구체적으로 말하면 단어와 10단어 문구 사이의 연결 관계에서 텍스트의 지

[주2] 피터 노빅의 "How to Write a Spelling Corrector"(http://www.norvig.com/spell-correct.html).

[주3] 자유로이 접근할 수 있는 자연어 서적들의 중요성을 실감하는 독자라면 프로젝트 구텐베르크(http://www.gutenberg.org)에 주목해야 할 것이다. 특히, 고전들의 저작권을 원래의 '사용 기한'보다 훨씬 길게 연장하려는 시도에 저항하는 그들의 노력(http://www.gutenbergnews.org/20150208/copyright-term-extensions-are-looming)에 관심을 기울일 필요가 있다.

배적 의미를 찾을 수 있다고 생각했다. 수십 년간 NLP 연구자들은 단어들에 친절함이나 감정적 강도 같은 성분이 있다고 생각했다. 그리고 그런 감정 점수 또는 감정 성분들을 더하고 빼면 여러 단어 조합의 의미를 조합할 수 있다고 여겼다. 미콜로프는 그런 성분들을 사람이 일일이 찾아서 점수를 매기지 않아도, 심지어는 어떤 성분이 있는지 정의하지 않아도 단어의 의미를 담은 벡터를 만들어내는 방법을 고안했다. 그리고 그 덕분에 NLP가 한층 더 재미있어졌다.

당시 선더는 그의 멘티인 콜 하워드를 내게 소개했다. 이후 누군가의 소개로 하네스 막스 하프케와도 알게 되었고, 우리 셋은 NLP 분야를 '분할 정복'하기 시작했다. 콜과 하네스는 신경망의 강력한 블랙박스 성격에 감명을 받았다. 얼마 되지 않아 우리는 그 블랙박스를 열고 그 안에 뭐가 있는지 공부했다. 심지어 콜은 신경망을 이용해서 챗봇들을 만들기까지 했으며, 그 챗봇들은 내 NLP의 여정에도 도움이 되었다.

여정을 계속하면서 나는 이해하고 활용할 수 있을 만한 새롭고 멋진 NLP 기법들을 계속 발견했다. 또한, 뭔가 새로운 기법이 등장하면 거의 항상 파이썬 구현이 곧이어 뒤따랐다. 우리에게 필요한 자료 집합과 미리 훈련된 모형에는 관련 파이썬 패키지가 포함된 경우가 많았다. "그거 이미 패키지가 있어"는 나와 콜, 하네스가 일요일 오후 커피숍 *Floyd's*에 모여 브레인스토밍을 하거나, 바둑을 두거나, 스마트폰의 자동 완성 기능을 가지고 놀면서 자주 내뱉은 불평이었다. 어쨌든 우리는 점점 더 실력을 쌓았고, 급기야는 Hack Oregon 프로젝트들에서 강연을 하기에 이렀다.

2015년과 2016년에는 상황이 좀 심각해졌다. Microsoft의 테이[Tay]와 기타 챗봇들이 설화舌禍를 겪으면서, 자연어 챗봇이 사회에 영향을 미치고 있다는 점이 분명해졌다. 2016년에 나는 트윗들로부터 선거 결과를 예측하는 트위터 봇을 검사하느라 바빴다. 하필 그때는 트위터 봇이 미국 대통령 선거에 미치는 영향에 관한 기사들이 차츰 등장하기 시작하던 시기였다. 2015년에 나는 자연어 텍스트에 관한 알고리즘의 '판정'에만 근거해서 경제 동향을 예측하고 대규모 금융 거래를 촉발하는 데 쓰인 시스템을 알게 되었다.[주4] 경제와 사회에 영향을 미치는 그런 알고리즘들은 그 영향이 점점 증폭되는 피드백 루프를 만들어냈다. 이런 알고리즘들은 이익을 많이 내는 알고리즘들만 살아남는 '적자생존'에 따라 진화하는 것으로 보였다. 그리고 그런 이익들은 민주주의의 구조적 토대를 희생하는 대가로 발생할 때가 많았다. 컴퓨터는 사람들에게 영향을 주었고, 사람들은 컴퓨터의 영향력이 높아지도록 자연어를 이용해서 컴퓨터를 훈련했다. 이런 컴퓨터들이 우리 인간의 생각과 통찰하에 통제되는 것은 자명하지만, 인간 역시 컴퓨터에 영향을 받는다는 점은 그리 자명하지 않을 수 있다. 컴퓨터들이 점차 강해지는 피드백

[주4] Inc.지 기사 "The Most Important Social Media Company You've Never Heard Of"(https://www.inc.com/magazine/201504/will-bourne-banjo-the-gods-eye-view.html).

연쇄 반응으로 폭주할 수도 있지 않을까? 어쩌면, 그런 연쇄 반응이 인간의 가치와 관심사에 부합하는 결과로 이어질지 아니면 그 반대의 결과로 이어질지는 우리가 챗봇에 부여한 초기 조건의 사소한 차이에서 결정될 수도 있다.

이후 Manning Publications(원서 출판사)의 브라이언 소여[Brian Sawyer]가 저술을 제안했다. 나는 내가 쓰고 싶은 것이 무엇이고 누구의 도움을 받아야 할지 바로 알 수 있었다. 그동안 나는 콜과 하네스와 함께 점점 더 빨리 개발되고 축적되는 NLP 알고리즘들과 자연어 자료를 따라잡느라 노력해 왔으니, 주제와 공동 저자는 이미 결정된 셈이었다.

정치와 경제에 관한 비정형 자연어 자료가 풍부해지면서 NLP는 모든 선거 캠페인 관리자나 재정 관리자의 도구 상자에 없어서는 안 될 도구가 되었다. 봇(컴퓨터)이 작성한 글에 담긴 감정이 또 다른 봇의 예측에 영향을 미친다는 점을 생각하면 다소 심란하다. 이 봇들은 서로를 알지 못한다. 이들은 서로를 조작하기 위해 '대화'한다. 이들에게 전체로서의 인간과 사회의 안녕은 부차적인 관심사이다. 이런 사태를 우리는 그저 지켜보고만 있을 뿐이다.

봇이 봇과 대화하는 루프의 한 예로, 2015년에 Banjo[주5]라는 핀테크[fintech] 스타트업이 급성장한 일이 있다. Banjo의 NLP 봇(이하 그냥 Banjo)은 트윗들에서 주목할만한 뉴스거리를 찾아서 트위터에 올린다. 그 봇은 주요 사건에 관한 기사를, 로이터 통신이나 CNN의 리포터가 기사를 써서 올리기 30분에서 한 시간 전에 올리곤 했다. 그런데 Banjo가 그런 사건들을 검출하는 데 사용한 트윗 중 다수는 Banjo의 '눈'에 들려고 다른 봇들이 리트윗하거나 '좋아요'를 표시한 것들이었다. 게다가, 그 봇들이 '좋아요'를 표시하고 Banjo가 주목한 트윗들 자체도 기계 학습 알고리즘의 제시, 추천, 측정에 근거해서 분석가들이 선택한 글들이었다. 간단히 말해서, 그 트윗 중 다수는 전적으로 NLP 엔진들이 작성했다.[주6]

연예 오락 사업이나 광고, 재무 보고 내용 생성 분야에서 사람이 손가락 하나 까딱하지 않고도 해낼 수 있는 일이 점점 많아지고 있다. NLP 봇들이 영화 대본을 처음부터 끝까지 작성하기도 한다.[주7] 비디오 게임과 가상 세계에는 사람과 대화하는 봇들이 있다. 때로는 봇들이 서로 대화하기도 한다. 봇들이 나오는 비디오 게임에 관한 영화의 대사를 봇이 작성하고, 그 영화를 홍보하기 위해 긍정적인 영화평을 봇이 작성하는 등으로 이런 '연극 안의 연극'이 점점 더 중첩될 것이다. 또한, 자연어 텍스트의 문체를 분석해서 그 문체로 텍스트를 생성하는

주5 Banjo 사이트(https://ban.jo/).

주6 2014년 트위터의 재무 보고서에 따르면 봇이 작성한 트윗은 전체의 8% 이상이다. 2015년 DARPA는 봇이 작성한 트윗들이 미국 사회에 미치는 영향을 줄이자는 취지로, 봇이 작성한 트윗들을 검출하는 능력을 겨루는 공모전 "Twitter Bot Challenge"를 진행했다(https://arxiv.org/ftp/arxiv/papers/1601/1601.05140.pdf).

주7 Five Thirty Eight의 기사 "Some Like It Bot"(http://fivethirtyeight.com/features/some-like-it-bot/).

NLP 기술이 발전함에 따라 원저자 판별이 더욱 어려워질 것이다.[주8]

이보다 덜 두드러진 방식으로 NLP가 사회에 영향을 미치기도 한다. NLP는 효율적인 정보 검색을 가능하게 하며, 특정 페이지들을 걸러내거나 추천함으로써 우리가 소비하는 정보에 영향을 미친다. 검색은 상업적으로 성공한 최초의 NLP 응용 분야이다. 그리고 검색 덕분에 NLP 알고리즘들의 개발이 점점 빨라지며, 그런 알고리즘들은 검색 기술을 더욱 개선한다. 집합적 두뇌력 향상을 유발하는 이러한 긍정적 순환 주기에 여러분이 기여할 수 있도록, 이 책은 웹 검색 엔진들이 사용하는 몇 가지 자연어 색인화 기법과 예측 기법을 설명한다. 실제로 우리 저자들은 이 책의 원고에 몇 가지 NLP 기법을 적용해서 용어집과 참고 문헌을 정리했다. 그 덕분에 반복적이고 기계적인 일은 컴퓨터에 맡기고, 남는 시간을 좀 더 잘 활용할 수 있었다. 이와 비슷하게, 여러분도 이 책에서 배운 것을 활용해서 여러분이 관심을 두고 있는 분야의 텍스트에 대한 여러분만의 자연어 검색 도구를 만들어보면 좋을 것이다.

NLP 시스템들이 발전하면서 인간이 정보를 찾고 소비하는 속도도 빨라졌다. 이제는 검색 창에 글자 몇 개만 입력해도 컴퓨터가 관련 검색 문구를 자동으로 제시해 준다. 어떨 때는 내 마음을 들여다보는 다른 사람이 옆에서 나를 돕고 있는 게 아닌가 하는 섬찟한 기분이 들 정도로 정확한 문구가 제시되기도 한다. 당연한 말이겠지만, 이 책을 쓰면서 우리 저자들은 다양한 검색 엔진을 사용했다. 종종 검색 결과에 봇이 작성하거나 추천한 SNS 글이나 뉴스 기사가 포함되기도 했는데, 그런 검색 결과가 어떻게 산출되었는지 생각하다가 이 책에서 특정 NLP 기법을 좀 더 잘 설명하는 방법이나 또 다른 방식으로 응용하는 방법을 깨달은 경우도 있었다.

NLP의 발전을 이끄는 요인은 무엇일까?

- 양과 질이 점점 증가하는 비정형 텍스트 자료?
- 연구자들의 착안을 무리 없이 실행할 수 있을 정도로 증가하는 컴퓨터 계산 능력?
- 일상적인 언어로 컴퓨터와 상호작용하는 것이 주는 편리함?

물론 답은 세 가지 다이고, 이 세 가지 말고도 여러 요인이 있을 것이다. 검색 엔진에서 "Why is natural language processing so important right now?" 또는 "지금 자연어 처리가 왜 중요한가?"를 검색해 보면 다양한 이유를 발견할 수 있을 것이다.[주9] 또한 위키백과의 NLP 관련 항목들에서도 좋은 이유들을 볼 수 있다.[주10]

[주8] 셰익스피어 같은 16세기 저자들의 문제를 NLP가 성공적으로 정량화한 사례가 있다(https://pdfs.semanticscholar.org/3973/ff27eb173412ce532c8684b950f4cd9b0dc8.pdf).

[주9] NLP에 관한 DuckDuckGo 검색 결과(https://duckduckgo.com/?q=Why+is+natural+language+processing+so+important+right+now).

[주10] 영어 위키백과 "Natural language processing" 페이지(https://en.wikipedia.org/wiki/Natural_language_processing).

이보다 더 심오한 이유들도 있다. 그중 하나는, NLP가 인공 일반 지능(artificial general intelligence, AGI) 또는 강 인공지능으로의 발전을 가속한다는 것이다. 사람의 지능과 비견할 수 있는 인공지능이 가능하려면, 생각을 이산적인 의미 조각들로 분할해서 효율적으로 저장(기억)하고 공유할 수 있어야 한다. 인간은 바로 그런 능력 덕분에 시간과 공간을 넘어서 우리의 지능을 확장하고, 우리의 두뇌들을 연결해서 하나의 집단 지능(collective intelligence)을 형성할 수 있다.

스티븐 핑커[Steven Pinker]가 쓴 *The Stuff of Thought*(생각의 재료)의 핵심 내용 중 하나는 인간이 실제로 언어로 생각한다는 것이다.[주11] '내적 대화(inner dialog)'라는 표현이 괜히 있는 것이 아니다. 페이스북이나 구글, 일론 머스크[Elon Musk]는 자연어가 사람과 기계 사이의 기본 의사소통 프로토콜이 될 것이라는 점에 동의할 것이다. 실제로 이들은 생각, 뇌파, 전기 신호를 자연어로 번역하는 프로젝트에 투자했다.[주12] 더 나아가서, 사피어-워프 가설(Sapir-Whorf hypothesis)에 따르면 언어는 우리의 사고방식에 영향을 미친다.[주13] 그리고 문화와 집합의식(collective consciousness)의 소통 매체가 자연어임은 확실하다.

따라서, 만일 자연어가 사람의 두뇌에 유용한 것이라면, 그리고 우리가 하고자 하는 일이 컴퓨터가 사람의 두뇌를 모의 실행하거나 흉내 내게 만드는 것이라면, 자연어 처리는 당연히 중요하다. 또한, 지능의 중요한 단서들이 자료의 구조 안에, 단어들 사이의 중첩된 연결 관계 안에 숨어 있을 수 있다. 이 책에서 여러분이 배울 것이 바로 그런 구조와 관계이다. 그리고 이 책은 그런 구조와 관계를 이용해서 컴퓨터라는 고철 덩어리가 자연어 텍스트를 소화하고, 저장하고, 조회하고 생성하게(때로는 마치 사람처럼 보일 정도로) 만드는 구체적인 방법도 설명한다.

자연어를 잘 활용하는 시스템을 개발하는 방법을 배워야 할 더욱 중요한 이유가 있다. 바로, 세상을 구하는 것이다. 아마 독자는 인공지능 통제 문제(AI Control Problem)를 제기하고 '우호적 인공지능(friendly AI)'[주14] 개발을 주창하는 사람들에 관해 들어본 적이 있을 것이다. 닉 보스트롬[Nick Bostrom][주15], 케일럼 체이스[Calum Chace][주16], 일론 머스크[Elon Musk][주17] 등은 인류의 미래가 인간에게 우호적인 컴퓨터를 개발하는 우리의 능력에 달려 있다고 믿는다. 그리고 머지않은 미래에 자연어는 사람과 기계 사이의 중요한 연결 통로가 될 것이다.

언젠가 우리가 직접(이를테면 뇌파를 통해서) 기계와 소통할 수 있게 되어도, 기계와 주고받

주11 영어 위키백과 "The Stuff of Thought" 페이지(https://en.wikipedia.org/wiki/The_Stuff_of_Thought).

주12 Wired지 기사 "We are Entering the Era of the Brain Machine Interface"(https://backchannel.com/we-are-entering-the-era-of-the-brain-machine-interface-75a3a1a37fd3).

주13 영어 위키백과 "Linguistic relativity" 페이지(https://en.wikipedia.org/wiki/Linguistic_relativity).

주14 영어 위키백과 "AI Control Problem" 페이지(https://en.wikipedia.org/wiki/AI_control_problem).

주15 닉 보스트롬 홈페이지(http://nickbostrom.com/).

주16 케일럼 체이스의 글 "Surviving AI"(https://www.singularityweblog.com/calum-chace-on-surviving-ai/).

주17 포브스지 기사 "Why Elon Musk Spent $10 Million To Keep Artificial Intelligence Friendly"(http://www.forbes.com/sites/ericmack/2015/01/15/elon-musk-puts-down-10-million-to-fight-skynet/#17f7ee7b4bd0).

는 생각 자체는 여전히 자연어 단어들로 구성될 가능성이 크다. 자연어와 기계어를 가르는 선은 사람과 기계의 구분이 흐릿해지는 것만큼이나 흐릿해질 것이다. 사실 그 선은 이미 1985년부터 흐릿해지기 시작했다. 다나 해러웨이 Donna Haraway의 사이보그 선언(Cyborg Manifesto)은[주18] 조지 오웰[주19]이 묘사한 '1984년'[주20]의 다음 해인 1985년에 발표되었다. 그 선언은 오웰의 디스토피아적 예언을 좀 더 실감나게(그리고 그것을 우리가 받아들이기 더 쉽게) 만들었다.

NLP로 "세상을 구한다"라는 말이 과장이라고 생각하는 독자도 있을 것이다. 이 책은 챗봇 '두뇌'의 여러 '두엽(lobe)'들을 만들고 연결하는 방법을 제시한다. 그런 식으로 챗봇의 두뇌를 구축하다 보면, 인간과 기계 사이의 사회적 피드백 루프들에 관한 아주 사소한 '넛지 nudge'[역1]들이 기계와 사람 모두에게 심대한 영향을 미칠 수 있음을 깨닫게 될 것이다. 나비의 작은 날갯짓이 먼 곳에서 폭풍을 일으키듯이, 챗봇의 '이기심' 매개변수의 소수점 이하 몇 자리 수치를 조금만 조정해도 챗봇이 반사회적 발언을 일삼게 될 수 있다.[주21] 또한, 친절하고 이타적인 시스템이 빠르게 충직한 지지자들을 모아서 근시안적인 봇들, 그러니까 봇 소유자의 금전적 이득을 목표로 한 '목적함수'를 맹목적으로 따르는 봇이 만들어낸 혼란을 수습하는 데 도움이 될 수 있음도 이 책을 통해서 알게 될 것이다. 친사회적이고 협동적인 봇들은 친사회적 행동의 네트워크 효과를 통해서 이 세상에 긍정적인 영향을 미칠 수 있다.[주22]

이상이 우리(이 책의 저자들)가 서로 알게 되고 이 책을 함께 쓰게 된 사정이다. 인터넷에서 자연어를 이용한 개방적이고 솔직하며 친사회적인 의사소통을 통해서 우리를 돕는 공동체가 자연스럽게 형성되었다. 그리고 우리는 또 다른 준 지능적 행위자(컴퓨터)를 구축하고 지원하는 데에도 우리의 집단 지능을 사용하고 있다.[주23] 이 책의 내용과 우리의 뜻이 여러분의 마음에 닿기를, 그리고 마치 밈 meme처럼 챗봇들의 세계에 전파되어서 친사회적 NLP 시스템을 구축하려는 열정을 가진 다른 사람들에게 영향을 미치게 되길 희망한다. 또한, 언젠가는 등장할 초지능이 이 책에 녹아 있는 친사회적 윤리에 조금이라도 영향을 받길 희망한다.

[주18] 영어 위키백과 "Cyborg Manifesto" 페이지(https://en.wikipedia.org/wiki/A_Cyborg_Manifesto).

[주19] 영어 위키백과 "George Orwell" 페이지(https://en.wikipedia.org/wiki/George_Orwell).

[주20] 영어 위키백과 "1984" 페이지(https://en.wikipedia.org/wiki/1984).

[역1] nudge는 팔꿈치로 쿡쿡 찌른다는 뜻의 영어 단어로, 다른 사람의 생각이나 행동을 유발하는 암묵적인 개입이나 간섭, 암시 등을 뜻한다.

[주21] 챗봇의 주된 도구는 자신과 대화하는 사람을 흉내 내는 것이다. 사람은 이 점을 활용 또는 악용해서 봇이 친사회적 행동이나 반사회적 행동을 보이게 만들 수 있다. Tech Rebublic의 기사 "Why Microsoft's Tay AI Bot Went Wrong"(http://www.techrepublic.com/article/why-microsofts-tay-ai-bot-went-wrong)을 참고하기 바란다.

[주22] 자율적 시스템이 목적함수에 기초한 행동을 통해서 사람에게 "영향을 미치는" 사례를 러시아워에 자율주행차들이 도로 상황에 미치는 영향에 관한 연구들에서 볼 수 있다(https://www.enotrans.org/wp-content/uploads/AV-paper.pdf). 몇몇 연구에 따르면, 고속도로에서 여러분 주변의 차량 중 혼잡을 줄이고 좀 더 원활하고 안전한 흐름이 되도록 사람의 행동을 중재하는 데 도움을 주는 차량은 10대 중 한 대밖에 되지 않는다.

[주23] 나는 2010에 토비 세가란(Toby Segaran)의 *Programming Collective Intelligence*(https://www.goodreads.com/book/show/1741472.Programming_Collective_Intelligence; 번역서 명은 《집단지성 프로그래밍》)을 읽고 기계 학습의 모험에 뛰어들었다.

감사의 글

재능 있는 개발자들과 멘토들, 친구들의 도움이 없었다면 이 책과 관련 소프트웨어를 만들고 생명을 불어넣는 일은 불가능했을 것이다. PDX Python, Hack Oregon, Hack University, Civic U, PDX Data Science, Hopester, PyDX, PyLadies, Total Good 같은 조직들로 유지되는 활발한 포틀랜드 공동체의 여러 기여자가 이 책의 탄생에 도움을 주었다.

이 책과 우리의 능력이 발전하는 동안 openchat(PyCon Open Spaces의 트위터 봇)을 설계, 구축, 관리하는 Zachary Kent와 데이터 스키마의 원형을 만든 Riley Rustad에게 찬사를 보낸다. Santi Adavani는 스탠퍼드 CoreNLP 라이브러리를 이용해서 개체명 인식 기능을 구현하고 SVD와 PCA를 위한 튜토리얼을 작성했을 뿐만 아니라 우리가 맹인을 위한 실시간 동영상 서슬 모형을 훈련하도록 그의 RocketML HPC 프레임워크를 사용하게 해주었다. Eric Miller는 홉슨의 NLP 시각화 능력을 키우는 데 Squishy Media의 자원 일부를 할당했다. Erik Larson과 Aleck Landgraf는 자신들의 회사에서 홉슨과 하네스가 기계 학습과 NLP를 실험하도록 관대하게 허용했다.

Anna Ossowski는 PyCon Open Spaces 트위터 봇을 설계하고 책임 있는 트윗을 생성하는 방법을 배우는 훈련 과정의 초기 단계를 담당했다. Chick Wells는 Total Good을 공동 설립해서 챗봇을 위한 현명하고도 재미있는 IQ 검사 질문들을 개발했으며, 전문 지식을 쌓으면서 계속 우리를 도와주었다. Kyle Gorman을 비롯한 NLP 전문가들은 자신의 시간과 NLP 전문 지식, 코드, 귀중한 자료 집합을 관대하게 우리에게 제공했다. Catherine Nikolovski는 자신의 Hack Oregon과 Civic U 공동체의 자원을 제공했다. Chris Gian은 NLP 프로젝트 착안들을 이 책의 예제들에 제공했으며, Civic U 기계 학습 강좌의 강사가 도중에 손을 떼고 사라졌을 때 스카이워커만큼이나 용감하게 강사 자리를 맡았다. Rachel Kelly는 초기 자료 준비 과정에서 우리를 도왔다. Thunder Shiviah는 지치지 않는 교육 활동과 기계 학습 및 삶에 대한 끝없는 열정으로 우리에게 끊임없이 영감을 주었다.

Hopester의 Molly Murphy와 Natasha Pettit는 친사회적 챗봇이라는 개념을 통해서 우리에게 동기를 부여했다. Jeremy Robin과 Talentpair의 직원들은 소중한 소프트웨어 공학 피드백을 제공하고 이 책이 언급하는 몇 가지 개념을 현실화했다. Dan Fellin은 트위터 스크레이핑에 관한 PyCon 2016 튜토리얼과 Hack University 강좌의 조교 역할을 통해서 우리가 NLP 모험을 시작하는 데 도움을 주었다. Aira의 Alex Rosengarten, Enrico Casini, Rigoberto Macedo, Charlina Hung, Ashwin Kanan은 이 책의 챗봇 개념들을 효율적이고 신뢰성 있고 유지보수가 편한 대화 엔진과 마이로로서비스들을 통해서 "모바일화"했다. 파이썬 프로그래밍을 배우는 과정에서 우리의 황당한 챗봇 착안들의 '실험 대상'이 된 Ella와 Wesley Minton에게 감사한다. Suman Kanuganti와 Maria MacMullin은 Aira의 시각 통역기를 주머니 사정이 넉넉지 않은 학생들도 사용할 수 있게 하기 위한 "Do More Foundation"을 설립했다. 나를 자신의 인지 보조 연구에 참여하게 해준 Clayton Lewis에게 감사한다. Coleman Institute에서 열린 그의 워크숍에서 나는 그저 열정과 임시방편적인 코드 조각만 보여주었는데도 나를 받아주었다.

이 책이 논의하는 연구 중 일부는 미국 국립과학재단(NSF)이 Aira Tech Corp에 제공한 연구자금(1722399호)의 지원을 받은 것이다. 이 책에 나온 모든 의견, 발견, 추천 사항은 저자들의 것이며, 여기서 언급한 기관이나 개인의 관점을 반드시 반영하는 것은 아님을 밝혀둔다.

마지막으로, 우리 저자들은 열심히 일한 Manning Publications의 모든 임직원과 추천사를 써 준 Dr. Arwen Griffioen, 기술 감수를 맡은 Dr. Davide Cadamuro, 그리고 이 책을 개선하고 우리의 집합지능을 크게 확장한 가치 있는 피드백과 도움을 제공한 리뷰어 Chung-Yao Chuang, Fradj Zayen, Geoff Barto, Jared Duncan, Mark Miller, Parthasarathy Mandayam, Roger Meli, Shobha Iyer, Simona Russo, Srdjan Santic, Tommaso Teofili, Tony Mullen, Vladimir Kuptsov, William E. Wheeler, Yogesh Kulkarni에게 감사한다.

홉슨 레인

언어와 수학의 즐거움을 내게 알려준 어머니와 아버지에게 무한한 감사의 뜻을 표한다. 그리고 내가 아는 가장 용감무쌍한 모험가인 Larissa Lane에게 감사한다. 내 인생의 두 가지 꿈인 요트 항해와 책 쓰기를 달성하는 데 도움을 준 Larissa에게 나는 영원한 빚을 지고 있다.

그리고 상심한 나를 위로하고, 인류에 대한 내 믿음을 다시 북돋고, 이 책에 희망의 메시지가 남아 있게 해준 Arzu Kara에게도 영원한 빚을 졌다.

하네스 막스 하프케

이 저술 작업 내내 나를 계속해서 지지한 내 동반자 Whitney에게 큰 감사의 마음을 전한다. 조언과 피드백이 고맙다. 나는 또한 우리 가족, 특히 이 세상을 탐험하도록 격려한 부모님께 감사한다. 그들이 없었다면 이 모든 일은 불가능했을 것이다. 또한, 내 인생의 모든 모험은 89년 11월 9일 밤에 세상을 바꾼 용감한 사람들이 없었다면 불가능했을 것이다. 용감한 그 사람들에게 감사한다.

콜 하워드

아내 Dawn에게 감사한다. 아내의 초인적인 인내와 이해심에 나는 크게 감명받았다. 그리고 항상 자유롭게 실험하고 뭔가를 배우도록 격려한 어머니에게도 감사한다.

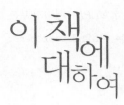

이 책은 실제 응용 프로그램에서 자연어 텍스트를 처리하고 생성하는 데 관한 실천적인 지침서이다. 이 책은 가상 비서(챗봇), 스팸 필터, 포럼 관리, 감정 분석, 지식 베이스 구축, 자연어 텍스트 채굴(마이닝mining) 등 상상할 수 있는 거의 모든 NLP 응용 분야를 떠받치는 뒷단(backend) NLP 시스템을 구축하는 데 필요한 모든 도구와 기법을 제공한다.

이 책은 중급에서 고급 파이썬 개발자를 대상으로 한 책이다. 이 책은 수많은 모범관행(best practice) 예제들과 최신 NLP 알고리즘들의 능력에 관한 통찰을 제공하므로, 이미 복잡한 시스템을 설계하고 구축하는 능력을 갖춘 독자라면 이 책을 즉시 최대한으로 활용할 수 있을 것이다. 객체 지향적 파이썬 개발에 관한 지식이 더 나은 시스템을 구축하는 데 도움이 되긴 하겠지만, 이 책을 공부하는 데 그런 지식이 꼭 필요하지는 않다.

다소 생소할 만한 주제에 관해서는 충분한 배경지식을 제공하며, 좀 더 깊이 있게 이해하고 싶은 독자를 위해 참고 문헌(출판물과 온라인 문서 모두)도 제시한다.

로드맵

파이썬과 자연어 처리를 처음 접하는 독자라면, 먼저 제1부를 모두 읽은 후 제3부의 여러 장(chapter) 중 관심 있는 또는 실무에 필요한 주제를 다루는 장을 골라서 읽으면 된다. 심층 학습에 기초한 새로운 NLP 기법들을 빠르게 익히고자 하는 독자는 제2부도 읽기 바란다. 제2부는 단순하고 제한된 기능을 갖춘 신경망에서 시작해서 좀 더 복잡하고 다재다능한 신경망으로 점차 논의 수준을 높이므로, 장들을 순서대로 읽을 필요가 있다.

본문에 나오는 예제 코드를 그냥 머리로 이해하고 넘어가는 데 그치지 말고 실제 컴퓨터에서 실행해 보길 권한다. 그리고 여러분이 가진 텍스트 문서들에 실행해 볼 만한 예제가 있다면, 그 문서들을 CSV나 텍스트 파일(문서당 한 줄씩으로 된)로 변환해서 *NLPIA* 패키지(부록 A 참고)의 nlpia/src/nlpia/data/ 디렉터리에 넣기 바란다. 그런 다음에는 nlpia.data.loaders. get_data() 함수로 그 텍스트 자료를 읽어 들여서 예제를 실행할 수 있다.

이 책의 구성

제1부의 장들은 자연어 텍스트를 컴퓨터가 검색하고 계산할 수 있는 수치들로 바꾸는 문제를 다룬다. 자연어 텍스트를 단어들로 나누고, 세고, 합치는 과정을 거치면, 정보 검색이나 감정 분석 같은 놀랄 만큼 유용한 NLP 응용이 가능해진다. 이런 기본 기법들을 익힌 후에는, 아주 간단한 산술 연산을 루프를 이용해 여러 번 반복하다 보면 스팸 필터링 같은 상당히 중요한 문제를 풀 수 있다는 점을 배우게 된다. 제2, 3, 4장에서 만드는 스팸 필터들은 전 세계의 이 메일 시스템을 무정부적 혼란과 침체에서 벗어나게 만든 실제 스팸 필터들과 다를 바 없다. 그 장들에서 여러분은 1990년대 기술을 이용해서 스팸 검출 정확도가 90%를 넘는 스팸 필터를 구축하는 방법을 배운다. 그냥 단어 출현 횟수를 세고 그 횟수(빈도)들을 간단한 방법으로 활 용하는 것만으로도 그런 유용한 일이 가능함을 알게 될 것이다.

단어 빈도에 관한 수학이라니 다소 지루하게 들리겠지만, 실제로는 상당히 재미있다. 이 책을 통해서 여러분은 자연어 텍스트에 관한 뭔가를 여러분보다도 더 잘(그리고 훨씬 빠르게) 판 단하는 알고리즘들을 배우게 된다. 관련 예제들을 통해서 여러분은 언어가 우리의 사고(생각) 를 반영하며 우리의 사고를 강화한다는 관점을 처음으로 또는 다시금 실감하게 될 것이다. 그 리고 단어와 사고의 고차원 벡터 표현을 배우면서 여러분의 두뇌는 자기 발견의 순환 루프에 빠질 것이다.

여러분이 맞이할 발견과 깨달음의 파도는 이 책의 중간 부분에서 최고조에 달한다. 이 책 의 핵심부라 할 수 있는 제2부에서는 신경망 안에서 일어나는 복잡한 계산과 의사소통의 그 물을 탐험한다. 그물망으로 연결된 작은 논리 단위들의 네트워크 효과에서 발생하는 '지능' 현 상 덕분에, 비유 질문, 텍스트 요약, 번역처럼 예전에는 오직 인간만 할 수 있다고 여겼던 문제 를 컴퓨터가 풀 수 있다.

독자가 어디선가 들어 봤을 word2vec 단어 벡터나 단어 내장(임베딩) 등도 이 책에서 이야 기하니 걱정할 필요는 없다. 그러나 이 책은 그 이상을 이야기한다. 단어, 문장, 문서들로부터 서로 연결된 개념들의 그래프를 만들고, 우리가 이해할 수 있는 3차원을 넘어선 그런 고차원 그래프를 우리가 이해할 수 있는 2차원 그래프로 시각화하는 방법을 이 책에서 만나게 될 것이다. 이 책을 읽으면서 여러분은 문서와 단어를 무작위로 선택된 특성치들과 능력치들로 가득한 던전 앤 드래곤(D&D) 캐릭터 시트로 생각하게 될 것이다. 던전 앤 드래곤과 다른 점이라면, 그런 수치들이 오랜 시간 동안 우리 인류의 머릿속에서 진화하고 발전한 결과를 반영한다는 점이다.

단어들과 그 의미의 이러한 상호주관적 실재(intersubjective reality)를 이해하는 것은 이 책의 화룡점정에 해당하는 제3부의 확실한 토대이다. 제3부에서는 이전의 모든 논의를 종합해서, 컴퓨터가 사람처럼 대화하고 질문에 대답하게 하는 시스템을 구축하는 방법을 설명한다.

예제 코드에 관해

이 책에는 다양한 예제 코드가 등장한다. 예제 코드와 그것을 실행해서 나온 출력 모두, example code처럼 고정 폭 글꼴로 표시한다.

대부분의 예제 코드는 NLPIA 패키지에도 포함되어 있지만, 지면 제한 때문에 실제 파이썬 소스 코드와는 줄 바꿈이나 들여쓰기가 다른 경우가 많다. 드물지만 들여쓰기나 줄 바꿈으로도 해결이 안 되는 경우에는 ➡ 기호로 줄이 계속 이어짐을 표시했다. 소스 코드의 주석들은 화살표와 함께 좀 더 보기 좋은 형태로 편집하거나, 본문에 따로 설명이 있는 경우에는 생략했다.

이 책의 모든 예제 코드와 자료 파일을 GitHub https://github.com/totalgood/nlpia에서 내려받을 수 있다. 부록 A도 참고하기 바란다.

표지 그림에 관해

이 책의 앞표지 그림은 벨사자르 아케[Belsazar Hacquet]의 Images and Descriptions of Southwestern and Eastern Wends, Illyrians, and Slavs 최근 판본(2008년 크로아티아 스플리트 민속박물관 출간)에서 전재한 것으로, 그림에 달린 설명은 "Woman from Kranjska Gora, Slovenia"(슬로베니아 크란스카 고라의 여인)이다. 아케(1739-1815)는 오스트리아의 의사이자 과학자로, 오랫동안 율리안알프스산맥(Julian Apls) 지역의 식물학과 지질학, 민속학을 연구했다. 율리우스 카이사르(줄리어스 시저)의 이름을 딴 율리안알프스산맥은 이탈리아 북서부에서 슬로베니아에 걸친 산악지대이다. 아케가 발표한 여러 과학 논문과 서적에는 자신이 직접 그린 그림들이 딸려 있었다.

아케의 출판물들에 포함된 아주 다양한 그림들은 200여 년 전 알프스 동부 지역의 독특함과 개성을 명확하게 보여준다. 그때는 몇 킬로미터 정도 떨어진 두 마을의 주민들을 옷차림만으로 구분할 수 있던, 그리고 사람들이 사회계급이나 직업에 따라 서로 다른 옷을 입었던 시절이었다. 이후 복식이 바뀌고, 그토록 다채롭던 지역별 복식 다양성도 사라졌다. 이제는 옷차림만으로는 마을은커녕 어느 대륙에 사는 사람인지도 알기 어려울 때가 많다. 오늘날 슬로베니아 알프스 지역의 그림 같은 도시와 촌락에 사는 사람들의 옷차림은 슬로베니아의 다른 지역 또는 유럽 다른 국가 주민들의 옷차림과 구별하기 힘들다.

Manning(원서 출판사)은 IT 업계의 독창성과 진취성, 그리고 재미를 축하하는 뜻에서 두 세기 전 여러 지역의 다채로운 생활상을 담은 이런 그림들을 이 책을 비롯한 여러 책의 앞표지에 실어 현대의 독자들에게 소개하고 있다.

베타리더 후기

🦋 이용진(삼성SDS AI언어처리그룹)

자연어 처리를 처음 접하는 사람도 개념을 이해하고 따라갈 수 있도록 구성되어 있습니다. 특히, 이론적인 부분이 쉽게 설명되어 있어 이해하는 데 큰 어려움이 없었습니다. 쉬운 설명과 구성 면에서는 입문자에게도 추천할 만하지만, 실습 코드를 완전히 따라 하기 위해서는 케라스에 대한 기본지식이 있으면 더 좋습니다.

🦋 이현수(무스마 기술연구소)

언젠가는 대학원에 진학해서 자연어 처리 논문을 쓰려는 꿈을 꾼 적이 있습니다. 지금은 그 방향과는 다른 길을 가고 있지만, 책을 리뷰하는 동안 오랜만에 옛날 생각이 나 문득 그 시절이 그리워졌습니다. 그때 당시만 해도 자연어 처리가 약간 변두리(?) 학문이었는데, 이제는 이 분야가 크게 발전해서 기술의 주조에 있는 것을 보니 참 격세지감을 느낍니다. 여러분이 이 책을 발판 삼아 이 분야를 발전시켜 더 좋은 세상을 만들기를 기대합니다.

🦋 임혁(나일소프트)

파이썬으로 자연어 처리를 할 수 있는 방법을 총망라한 책입니다. 어려운 수식으로만 설명하기보다는 파이썬 코드와 자연어 처리 관련 패키지를 가지고 직접 실습하며 배우도록 합니다. 따라서 자연어 처리 과정을 단계별로 체험해 볼 수 있습니다. 더구나 신경망에 대한 심화 학습이나 챗봇 엔진 제작, 다양한 NLP 도구 같은 유용한 콘텐츠를 담고 있으니 좀 더 깊은 학습을 원하는 분께도 추천하고 싶습니다.

차준성(서울아산병원)

짧고 쉬운 예제를 통해 기초부터 한 계단씩 밟아가며 배우는 재미가 있습니다. 비록 영어를 대상으로 한 라이브러리와 자연어 처리 기법이지만, 자연어 처리의 기본적인 개념을 이해하는 데 많은 도움이 되었습니다. 한글화와 관련한 옮긴이의 주석이 군데군데 보이긴 하지만, 조금 더 풍성한 내용이 더해졌다면 더할 나위가 없을 것 같습니다.

제이펍은 책에 대한 애정과 기술에 대한 열정이 뜨거운 베타리더의 도움으로
출간되는 모든 IT 전문서에 사전 검증을 시행하고 있습니다.

말 많은 컴퓨터: NLP의 기초

제1부에서는 현실에서 실제로 쓰이는 몇 가지 응용을 소개하면서 우리의 자연어 처리(natural language processing, NLP) 모험을 시작한다.

제1장에서는 컴퓨터의 단어 처리 능력을 여러분의 일상생활에 활용하는 방법들을 살펴본다. 자연어 문서의 단어들에서 정보를 수집하는 컴퓨터의 능력이 어쩌면 마법처럼 느껴질 수도 있겠다. 프로그래밍 언어의 키워드이든, 여러분이 어려서부터 배운 자연어의 단어들이든, 어떤 언어라도 그 기초는 단어이다.

제2장에서는 컴퓨터를 이용해서 문서에서 단어들을 추출하는 데 필요한 도구들을 살펴본다. 생각보다 많은 도구가 존재하며, 다양한 기법들을 배울 수 있을 것이다. 특히, 의미가 비슷한 자연어 단어들을 자동으로(미리 동의어 목록을 손수 작성하지 않고도) 분류하는 방법을 배운다.

제3장에서는 그런 단어들을 조합해서 문서의 의미를 표현하는 벡터들을 만드는 방법을 살펴본다. 이 벡터들을 전체 문서(140자짜리 트윗 하나이든, 500쪽 분량의 소설이든)의 의미를 나타내는 데 사용할 수 있다.

제4장에서는 그런 벡터를 그보다 훨씬 유용한 주제(topic) 벡터로 압축하는 검증된 수학 기법 몇 가지를 배운다.

제1부를 다 읽고 나면, 의미 검색에서 챗봇에 이르기까지 흥미로운 여러 NLP 응용 프로그램을 만드는 데 필요한 도구들을 갖추게 된다.

PART I
Wordy machines

1

사고의 단위: NLP의 개요

이 장에서 다루는 내용

- 자연어 처리(NLP)란?
- NLP가 어려운 이유와 최근에야 널리 쓰이는 이유
- 단어의 순서와 문법이 중요할 때와 무시해도 될 때는 언제인가?
- 챗봇에 쓰이는 여러 NLP 도구
- 정규 표현식을 이용해서 아주 간단한 챗봇 만들기

이제부터 신나는 자연어 처리(NLP) 모험이 시작된다. 이번 장에서는 우선 NLP가 무엇인지, NLP로 무엇을 할 수 있는지 살펴본다. 여정을 위해 차의 시동을 거는 단계에 해당하는 이 논의를 통해서 여러분은 직장에서 또는 집에서 NLP를 활용하는 여러 방법에 관한 실마리를 얻게 될 것이다.

 그런 다음에는 짧은 자연어(구체적으로는 영어) 텍스트를 파이썬 같은 프로그래밍 언어를 이용해서 처리하는 구체적인 방법을 살펴본다. 이는 NLP를 위한 여러분의 도구 상자를 구축하는 첫걸음에 해당한다. 이번 장에서는 영어 문장을 읽고 쓰는 첫 번째 프로그램을 작성한다. 이 파이썬 프로그램을 시작으로, 이 책 전체를 통해서 영어 대화 엔진 또는 '챗봇^{chatbot}'을 구축하는 데 필요한 모든 기법을 배우게 될 것이다.

1.1 자연어 대 프로그래밍 언어

자연어는 컴퓨터 프로그래밍 언어와 다르다. 프로그래밍 언어는 유한한 수학 연산들의 집합으로 번역될 것을 염두에 두고 설계되지만 자연어는 그렇지 않다. 자연어는 사람들이 서로 정보를 공유하는 데 쓰인다. 사람들은 오늘 무슨 일이 있었는지 말하거나 편의점에 가는 길을 가르쳐 줄 때 프로그래밍 언어를 사용하지는 않는다. 프로그래밍 언어로 작성된 컴퓨터 프로그램은 컴퓨터가 해야 할 일을 정확하고 구체적으로 서술한다. 그렇지만 영어나 한국어 같은 자연어를 위한 컴파일러나 해석기(interpreter; '통역기')는 존재하지 않는다.

> **정의** **자연어 처리**(natural language processing, NLP)는 컴퓨터 과학과 인공지능(AI)의 한 연구 분야로, 영어나 한국어 같은 자연어의 처리에 초점을 둔다. 이러한 자연어 처리에는 자연어를 컴퓨터가 이 세상에 관해 뭔가를 배우고 이해하는 데 사용할 수 있는 자료(수치)로 변환하는 과정이 관여한다. 그리고 세계에 관한 이해(컴퓨터가 배운)는 그러한 이해를 반영하는 자연어 문장을 생성하는 데 쓰이기도 한다.

각설하고, 이번 장은 컴퓨터가 자연어를 처리하는 방법을 보여준다. 자연어를 처리하는 시스템을 파이썬 해석기(파이썬 인터프리터)와 비슷한 일종의 자연어 해석기라고 생각할 수도 있다. 자연어 처리 시스템은 주어진 문장에 따라 특정한 동작(action)을 할 수도 있고, 자연어로 된 응답을 제시할 수도 있다. 그런데 그런 동작들과 응답들이 미리 엄밀하게 정해져 있는 것은 아니고, 자연어 처리 시스템을 개발하는 개발자의 재량에 달려 있다.

> **정의** 자연어 처리 시스템을 **파이프라인**Pipeline이라고 부를 때가 많다. 이는 자연어 처리 시스템이 마치 화학공장의 파이프라인처럼 다수의 처리 단계가 연결된 형태이기 때문이다. NLP 파이프라인의 한쪽 끝에 자연어 문장을 넣으면 여러 처리 단계를 거쳐서 다른 쪽 끝에서 결과가 출력된다.

이 책을 통해서 여러분은 컴퓨터가 흥미롭고 예측할 수 없는 일을 하게 만들 능력을 갖추게 될 것이다. 이를테면 컴퓨터가 마치 사람처럼 사람과 일상적인 대화를 진행하게 만들 수 있다. 그런 일들이 어쩌면 마법처럼 보이겠지만, 사실 충분히 발달한 과학 기술은 마법처럼 보이게 마련이다. 이 책은 여러분이 무대 뒤편의 장치들을 살펴볼 수 있도록 무대의 장막을 걷어치운다. 여러분 스스로 마술을 부릴 수 있는 다양한 도구와 수단을 배우게 될 것이다.

어떤 문제이든 답을 알고 나면 쉽다.

—데이브 매기Dave Magee

1.2 마법

자연어를 읽고 쓰는 컴퓨터가 왜 그리 신기한 것일까? 사실 컴퓨터는 처음 발명된 당시부터 언어를 처리했다. 그러나 그 언어는 오직 한 가지 방법으로만 해석(또는 컴파일)될 수 있는 '형식 언어(formal language)'였다. 이를테면 초기 컴퓨터 프로그래밍 언어 Ada, COBOL, Fortran이 그런 형식 언어들이다. 오늘날 위키백과에 개별 페이지가 있는 프로그래밍 언어는 700개가 넘는 다. 그러나 *Ethnologue*[주1]에 따르면 전 세계에서 사람들이 사용하는 자연어는 7,000개 이상이 다. 그리고 구글[Google]의 자연어 문서 색인은 그 용량이 1억 기가바이트를 넘는다.[주2] 색인만, 그 것도 미완성의 색인만 그 정도 용량이다. 현재 웹에 있는 실제 자연어 문서의 용량은 1천억 기 가바이트를 넘을 것이다.[주3] 자연어 텍스트의 용량이 이처럼 거대하다는 것은 자연어 처리 소 프트웨어의 구축이 중요한 이유이다. 그러나 그것이 유일한 이유는 아니다.

자연어 처리는 어렵기로 유명하다. 컴퓨터에게는 "자연스러운" 것을 처리하는 것이 그리 자 연스러운 일이 아니다. 이는 마치 건축 설계도로 뭔가 쓸모 있는 일을 수행하는 건물을 건축 하는 것과 비슷하다. 그래서 컴퓨터가 이해하도록 설계된 것이 아닌 언어를 소프트웨어가 처 리하는 것을 보면 뭔가 마법처럼 보인다. 근본적으로 이는 우리가 언어 처리 능력을 인간만이 가진 능력이라고 생각해 왔기 때문일 것이다.

'자연어'의 '자연'은 '자연계(natural world)'의 '자연'과 같은 의미이다. 즉, 자연어는 사람이 만 들어 낸 기계적이고 인위적인 어떤 것이 아니라, 이 세상에서 자연스럽게 생겨나고 진화한 어 떤 것이다. 그런 만큼, 지금 여러분이 읽고 있는 것 같은 자연어 문장을 읽고 처리하는 소프트 웨어를 설계하고 구축한다는 것은 뭔가 재귀적이고 대단히 마법적인 것처럼 느껴진다.

논의를 조금이라도 단순하게 만들기 위해 이 책에서는 수많은 자연어 중 하나인 영어에만 초점을 둔다. 그러나 이 책에서 배운 기법들을 다른 자연어를 처리하는 소프트웨어에도 적용 할 수 있다. 심지어는 여러분이 이해하지 못하는 언어나 고고학자들과 언어학자들이 아직 해 독하지 못한 언어에 적용하는 것도 가능하다. 또한, 이 책에서는 영어 텍스트를 처리하고 생성 하는 소프트웨어를 작성하는 데 사용할 프로그래밍 언어도 파이썬 하나로만 한정한다.

파이썬[Python]은 처음부터 읽기 좋은 언어로 고안되었다. 또한, 파이썬은 자연어 처리에 적 합한 다양한 기능을 기본으로 갖추고 있다. 이 두 특징 덕분에 파이썬은 자연어 처리를 학습 하는 데 아주 적합한 언어이다. 파이썬은 기업 환경의 NLP 알고리즘들을 위한 유지보수 가능

[주1] *Ethnologue*는 자연어에 관한 통계를 제공하는 웹 기반 간행물이다.

[주2] Google, "How Google's Site Crawlers Index Your Site – Google Search"(https://www.google.com/search/howsearchworks/ crawling-indexing/).

[주3] 이 추측은 웹에 있는 실제 자연어 텍스트의 용량이 구글 색인 용량의 적어도 1,000배는 되리라는 가정에서 나온 것이다.

한 실무 파이프라인을 구축하는 데 아주 좋은 언어이며, 수많은 기여자가 하나의 단일한 코드 기반(codebase)에 자신의 성과를 기여하고 있다. 심지어 이 책에서는 파이썬을 '만국 공용어(universal language)'인 수학 기호 대신 사용하기까지 한다. 사실 파이썬은 수학 알고리즘을 중의성(ambiguity) 없이 표현하는 한 방법이며,[주4] 여러분 같은 프로그래머들이 쉽게 읽고 이해할 수 있도록 고안된 언어이다.

1.2.1 대화하는 기계

자연어 텍스트를 엄밀한 수학 연산들의 집합으로 직접 번역할 수는 없다. 그러나 자연어 텍스트에 추출 가능한 정보와 명령들이 포함되어 있는 것도 사실이다. 그런 정보와 명령을 저장하고 색인화한 후 검색에 활용할 수도 있지만, 정보와 명령들부터 직접적인 동작을 끌어낼 수도 있다. 그런 동작 중 하나는 주어진 문장에 대응하는 일련의 단어들로 이루어진 문구를 생성하는 것이다. 이것이 바로 이 책에서 만들어갈 '대화 엔진' 또는 챗봇의 주된 기능이다.

이 책에서는 전적으로 영어 텍스트 문서와 메시지에만 초점을 둔다. 발화된(spoken) 문장은 다루지 않는다. 발화된 문장에 기초한 대화를 위해서는 음성 인식 또는 음성-텍스트 변환(STT) 기술이 필요한데, 이는 이 책의 범위를 벗어난 주제이다. 같은 맥락에서 이 책은 음성 합성(TTS), 즉 텍스트를 말소리로 변환하는 주제도 다루지 않는다. 그렇지만 요즘은 훌륭한 음성 인식 라이브러리와 음성 합성 라이브러리를 무료로 사용할 수 있으므로, 이 책에서 배운 것을 음성 인터페이스나 가상 비서(virtual assistant; 시리[Siri]나 알렉사[Alexa] 같은 인공지능 비서)를 구축하는 데 활용할 수는 있을 것이다. 안드로이드[Android]와 iOS 모바일 운영체제는 고품질 음성 인식 및 음성 합성 API를 제공하며, 노트북이나 서버에서 비슷한 기능성을 제공하는 파이썬 패키지들도 있다.

음성 인식 시스템

커스텀화된 음성 인식 시스템이나 음성 합성 시스템을 구축하고 싶은 독자도 있겠지만, 그런 주제는 그 자체로 한 권의 책이 필요하다. 그런 시스템을 구축하는 문제는 '독자의 숙제'로 남기겠다. 그런 시스템을 만들려면 고품질의 분류된 자료, 그러니까 음소 철자들이 부여된 음성 녹음 기록이 대량으로 필요하다. 즉, 오디오 파일과 해당 자연어 전사(transcription)의 조합을 대단히 많이 확보할 수 있어야 한다. 이 책에서 배운 알고리즘 중 일부가 도움이 될 수도 있지만, 대부분의 음성 인식 및 음성 합성 알고리즘은 이 책에 나오는 것들과는 상당히 다르다.

[주4] 수학 표기법은 중의적이다. 영어 위키백과 "Ambiguity" 페이지의 "Mathematical notation" 섹션(https://en.wikipedia.org/wiki/Ambiguity#Mathematical_notation)을 보기 바란다.

1.2.2 수학

자연어를 처리해서 유용한 정보를 추출하는 것은 쉬운 일이 아니다. 그러려면 지루한 통계 처리가 필요한데, 다행히 수를 다루는 것은 컴퓨터가 아주 잘하는 일이다. 그리고 다른 여러 기술 문제들처럼, 일단 답을 알면 문제를 풀기가 훨씬 쉬워진다. 그래도 컴퓨터가 대화나 독해 같은 실용적인 NLP 과제들을 사람만큼 정확하고 신뢰성 있게 해내지는 못한다. 따라서 독자가 실제로 NLP 프로젝트를 구축할 때는 이 책에서 배운 알고리즘들을 여러모로 개선하고 조정해야 할 것이다.

그렇긴 하지만, 이 책에서 배울 기법들은 적어도 몇몇 놀랄 만큼 미묘한 과제들에서 사람보다 정확하고 더 빠르게 처리하는 프로그램을 만들어내기에 충분할 정도로 강력하다. 예를 들어 개별 트위터Twitter 메시지에서 '비꼼'(풍자 또는 냉소)을 인식하는 과제를 컴퓨터가 사람보다 더 정확하게 수행할 수 있다고는 생각하지 못한 독자들도 있을 것이다.[주5] 다행히 진행 중인 대화에서 유머나 냉소를 인식하는 데는 여전히 사람이 더 나은데, 이는 우리가 주어진 문장의 문맥에 관한 정보까지 고려할 수 있기 때문이다. 그렇지만 컴퓨터가 문맥을 유지하는 능력도 점점 개선되고 있다. 그리고 나중에 여러분이 문맥까지 고려하는 진보된 대화 엔진을 구축하게 된다면, 이 책에서 배운 것들이 문맥(메타데이터)을 NLP 파이프라인에 도입하는 데 도움이 될 것이다.

자연어에서 구조적인 수치 자료(벡터)를 추출했다면, 수학과 기계 학습(machine learning)의 다양한 기법을 활용할 수 있다. 여기에는 예전부터 3차원 물체를 2차원 컴퓨터 화면에 투영할 때(이는 자연어 처리가 현실화되기 훨씬 전부터 컴퓨터로 해왔던 일이다) 사용하는 것과 동일한 선형대수 기법들이 포함된다. 이러한 기법들은 '의미' 분석이라는 좀 더 진보된 응용을 가능하게 했다. 즉, 컴퓨터가 그냥 단어나 글자의 빈도(도수)를 파악하는 수준이 아니라 문장에 담긴 '의미'까지도 해석할 수 있게 된 것이다. 의미 분석(semantic analysis)과 통계의 조합은 자연어의 중의성을 해소하는 데 도움이 된다. 여기서 중의성이란 단어나 문구가 여러 가지 의미를 지니는 것, 즉 단어나 문구를 여러 가지로 해석할 수 있는 것을 뜻한다.

정리하자면, 자연어에서 정보를 추출하는 것은 프로그래밍 언어의 컴파일러를 만드는 것과는 전혀 다르다(그리고 이는 독자의 관점에서 다행한 일이다). 가장 유망한 자연어 처리 기법들은 정규 문법(패턴)이나 형식 언어의 엄격한 규칙들을 우회한다. 자연어 처리에서는 논리 규칙

[주5] 곤살로-이바네스(Gonzalo-Ibanez) 등의 ACM 논문에 따르면, 교육받고 훈련된 인간 판정자들의 분류 정확도가 저자들이 만든 간단한 분류 알고리즘의 정확도인 68%에 미치지 못했다. Cornell 대학교의 Matthew Cliche가 만든 Sarcasm Detector(https://github.com/MathieuCliche/Sarcasm_detector)와 웹앱(http://www.thesarcasmdetector.com/)도 비슷한 정확도(>70%)를 달성했다.

들로 이루어진 중첩된 체계 대신 단어들 사이의 통계적 관계를 활용한다.[주6] 영어 문법과 철자 규칙들을 중첩된 if .. then 문들로 정의한다고 생각해 보라. 단어, 글자, 문장 부호를 조합해서 하나의 영어 문장을 만들어내는 모든 가능한 방법을 처리하기에 충분한 규칙들을 작성하는 것은 비현실적이다. 게다가 영어 문장의 의미를 포착하는 규칙들을 작성하는 것은 꿈도 꾸지 못할 일이다. 특정 부류의 문장들에 대해서는 유용한 시스템을 구축하는 것이 가능하다고 해도, 그런 소프트웨어는 대단히 제한적이고 허약할 수밖에 없다. 예상치 못한 오타나 문장 부호 실수가 하나만 있어도 알고리즘이 오작동한다.

자연어 처리에는 또 다른 '해독' 과제가 있는데, 이 과제는 풀기가 더 어렵다. 자연어 화자와 저자는 자연어를 처리(듣기 또는 읽기)하는 것이 컴퓨터가 아니라 사람이라고 가정한다. 예를 들어 내가 여러분에게 "좋은 아침"이라고 말할 때 나는 여러분이 아침이 무엇인지 알고 있다고 가정한다. 특히, 아침이 오후나 저녁 이전의 시간대일 뿐만 아니라 밤이 지나간 후의 시간대라는 점을 알고 있을 것이다. 또한, '아침'이라는 말이 단지 특정 시간대를 가리킬 뿐만 아니라 그 시간대에서 겪는 사건이나 기분을 뜻한다는 점도 알고 있을 것이다. 즉, 화자는 청자(해석자)가 "좋은 아침"이 아침 자체에 관한 정보를 그리 많이 담고 있지는 않은 일반적인 인사말임을 알고 있다고 가정한다. "좋은 아침"은 아침에 관한 표현이라기보다는 화자의 기분 및 다른 사람과의 교류를 원하는 마음가짐을 반영하는 표현이다.

인간 자연어 '처리기'에 관한 이러한 마음 이론(theory of mind)은 실로 강력한 가정이다. 이러한 가정, 즉 인간 '처리기'가 지금까지 살아오면서 세상에 관한 일반 상식을 쌓았으며 그런 상식을 이용해서 문장을 해석할 수 있다는 가정 덕분에 우리는 훨씬 더 적은 단어로 우리의 뜻을 표현할 수 있다. 이런 '압축' 능력 면에서 컴퓨터는 인간보다 훨씬 뒤처져 있다. 인공 NLP 파이프라인에 끼워 넣을 만한 명확한 '마음 이론'은 아직 밝혀지지 않았다. 그렇긴 하지만, 이 책의 이후 장들에는 NLP를 위한 온톨로지(ontology), 즉 컴퓨터가 문장을 해석하는 데 활용할 상식들을 담은 '지식 베이스'를 구축하는 데 도움이 되는 기법들을 소개한다.

[주6] 문법 규칙들의 일부는 유한 상태 기계(FSM)라고 부르는 컴퓨터 과학의 추상 수단으로 구현할 수 있다. 그리고 정규 문법은 정규 표현식으로 구현할 수 있다. 파이썬에는 정규 표현식 유한 상태 기계를 실행하는 모듈이 두 개 있는데, 그중 하나인 re는 파이썬 자체에 내장되어 있고 다른 하나인 regex는 따로 설치해야 한다(단, 조만간 re를 대신하게 될 수도 있다). 유한 상태 기계는 컴퓨터가 생성 또는 반응해야 할 각 토큰(문자, 단어, n-그램) 또는 동작에 대한 if...then...else 문들의 트리일 뿐이다.

1.3 실제 응용들

자연어 처리는 어디에나 쓰인다. 표 1.1에 수많은 응용 예가 나오는데, 아마 "이런 것도 있었구나" 하고 놀랄 것이다.

표 1.1 범주별 NLP 응용

검색	웹	문서	자동 완성
편집	철자	문법	문체
대화	챗봇	가상 비서	일정 관리
저술	색인	용어집	차례(목차)
이메일	스팸 필터	분류	우선순위
텍스트 마이닝	요약	지식 추출	의료 진단
법	법리 추론	판례 검색	소환장 분류
뉴스	사건 검출	사실관계 점검	표제 작성
출처 파악	표절 검출	법의학적 문서 분석	문체 조언
정서 분석	공동체 분위기 감시	상품평 선별	고객 지원
행동 예측	금융·재무	선거 예측	마케팅
문예 창작	영화 대본	시	가사

자연어 텍스트의 의미까지 고려해서 웹 페이지나 문서 저장소의 색인을 생성하는 검색 엔진은 그렇지 않은 검색 엔진보다 더 의미 있는 결과를 제공할 것이다. 검색 엔진과 이동 전화 키보드에서 흔히 볼 수 있는 자동 완성 기능은 NLP를 이용해서 사용자의 의도에 맞는 단어를 제시한다. 또한 여러 워드 프로세서와 브라우저 플러그인, 텍스트 편집기는 철자 교정 기능과 문법 점검 기능을 제공하며, 요즘에는 문체에 관한 조언을 제공하는 제품도 있다. 몇몇 대화 엔진(챗봇)은 자연어 검색 기능을 이용해서 대화 상대방의 메시지에 맞는 응답을 찾아낸다.

텍스트를 생성(작문)하는 NLP 파이프라인이 챗봇이나 가상 비서(인공지능 비서)에서 단답형 응답을 생성하는 데만 쓰이는 것은 아니다. 그보다 훨씬 더 긴 텍스트를 생성하는 것도 가능하다. 예를 들어 AP(미국 연합통신)는 NLP '로봇 기자'를 이용해서 완결적인 형태의 금융 기사와 스포츠 경기 결과 기사를 작성한다.[주7] TV의 기상 캐스터가 말하는 것과 크게 다르지 않은 일기 예보를 컴퓨터로 작성하는 것도 가능하다. 별로 놀랄 일도 아닌 것이, 어차피 인간 기상학자도 NLP 기능을 갖춘 워드 프로세서를 이용해서 초안을 작성할 것이기 때문이다.

[주7] The Verge, "AP's 'robot journalists' are writing their own stories now", 2015년 1월 29일. 웹 http://www.theverge.com/2015/1/29/7939067/ap-journalism-automation-robots-financial-reporting

초기 이메일 프로그램들의 NLP 스팸 필터는 90년대에 이메일이 전화와 팩스를 밀어내고 주요한 통신 수단으로 자리 잡는 데 도움이 되었다. 스팸 메일 생성기와 쫓고 쫓기는 싸움에서는 스팸 필터가 항상 우위를 점해 왔지만, SNS 같은 다른 환경에서는 그렇지 않을 수 있다. 2016년 미합중국 대통령 선거에 관한 트윗(트위터 메시지)의 약 20%는 챗봇이 작성한 것으로 추정된다.[주8] 이런 봇들은 사용자와 개발자의 관점을 증폭한다. 그리고 이런 봇을 사용 또는 개발하는 '꼭두각시 조종자' 중에는 대중의 의견에 영향을 미치고자 하는 의도와 그럴 만한 자원을 가진 외국 정부 또는 대기업이 많다.

짧은 SNS 게시물보다 좀 더 본격적인 텍스트를 NLP 시스템으로 생성할 수도 있다. 예를 들어 아마존^{Amazon} 등에 올릴 긴 영화평이나 상품평을 NLP로 작성하는 것이 가능하다. 실제로, 극장에 한 번도 가본 적이 없거나 해당 제품을 사용해 본 적이 없는 자동 NLP 파이프라인이 생성한 평가 글들이 많다.

Slack이나 IRC를 위한 챗봇들은 흔하며, 심지어 온라인 쇼핑몰의 고객 지원 페이지에서도 챗봇이 고객의 애매모호한 명령이나 질문을 처리한다. 더 나아가서, 음성 인식 및 합성 시스템과 결합된 챗봇은 근처 식당에 자리를 예약하는 것처럼 그 목표(또는 '목적함수')가 명확하지 않은 긴 대화까지도 처리할 수 있다.[주9] 고객이 수없이 많은 선택 과정을 거쳐야 하는 통상적인 ARS 방식보다는 나은 고객 전화 대응을 원하는, 그러나 이를 위해 비싼 인건비를 소비하고 싶지는 않은 기업들에게 NLP에 기초한 전화 응답 시스템은 매력적인 대안이다.

> **참고** 구글 I/O의 *Duplex* 시연에서 기술자들과 관리자들은 챗봇에게 사람을 속이는 방법을 가르치는 것의 윤리 문제를 간과했다. 사실 우리 모두는 트위터나 기타 익명 SNS에서 자신의 정체를 숨긴 챗봇들과 상호작용할 때 이 문제를 무시한다. 챗봇이 사람들을 그토록 잘 속일 수 있다는 점 때문에 인공지능 통제 문제[주10]가 제기되었다. 특히, 유발 하라리$^{Yuval\ Harari}$가 조심스럽게 예측한 '호모데우스$^{Homo\ Deus}$[주11]가 생각보다 일찍 등장할 수도 있다.

업무용 이메일 '수신자'나 기업 중역의 비서로 작동할 수 있는 NLP 시스템이 존재한다. 이런 '비서'들은 회의 일정을 잡거나 전자 명함철 또는 CRM(customer relationship management; 고객 관

[주8] New York Times, "Automated Pro-Trump Bots Overwhelmed Pro-Clinton Messages, Researchers Say", 2016년 10월 18일(웹 https://www.nytimes.com/2016/11/18/technology/automated-pro-trump-bots-overwhelmed-pro-clinton-messages-researchers-say.html)과 MIT Technology Review, "How the Bot-y Politic Influenced This Election", 2016년 11월(웹 https://www.technologyreview.com/s/602817/how-the-bot-y-politic-influenced-this-election/).

[주9] Google Blog, "Advances in Semantic Textual Similarity", 2018년 5월. 웹 https://ai.googleblog.com/2018/05/advances-in-semantic-textual-similarity.html

[주10] 영어 위키백과 "AI control problem" 페이지(https://en.wikipedia.org/wiki/AI_control_problem).

[주11] WSJ Blog, "'Homo Deus' Author Yuval Noah Harari Says Authority Shifting from People to AI", 2017년 3월 10일. 웹 https://blogs.wsj.com/cio/2017/03/10/homo-deus-author-yuval-noah-harari-says-authority-shifting-from-people-to-ai/

계 관리) 시스템에 관련 세부 사항을 기록할 수 있으며, 상사를 대신해서 다른 사람들과 이메일을 주고받을 수 있다. 기업들은 자신의 브랜드와 간판을 NLP 시스템에 맡겨서 봇이 마케팅과 홍보를 수행하게 한다. 그리고 일부 경험 적고 겁 없는 저자는 NLP 책을 쓸 때 봇으로 문장들을 작성하기까지 하는데, 이에 관해서는 나중에 좀 더 이야기하겠다.

1.4 컴퓨터의 '눈'으로 본 언어

사람이 입력한 "Good Morn'n Rosa"라는 텍스트는 컴퓨터에게 그저 "01000111 01101111 01101111 ..." 같은 숫자들일 뿐이다. 이런 이진 수열에 지능적으로 반응하는 챗봇을 만들려면 어떻게 해야 할까? 각 비트를 점검하고 그에 따라 개별적으로 반응하는 일련의 중첩된 조건문(if... else... 문)들은 어떨까? 그런 조건문들을 작성한다는 것은 결국 유한 상태 기계(finite state machine, FSM)라고 부르는 특별한 종류의 프로그램을 작성하는 것과 같은 일이다. 실행 과정에서 기호들의 순차열(기호열)을 출력하는 FSM을 가리켜 유한 상태 변환기(finite state transducer, FST)라고 부르는데, 이를테면 파이썬의 str.translate 함수가 일종의 FST이다. 이 함수를 사용해 본 적이 있는 독자라면 이미 FSM을 만들어본 것이다. 또한, 정규 표현식 역시 일종의 FSM이다. 이번 절에서는 NLP의 한 가지 접근 방식인 패턴 기반 NLP를 정규 표현식을 이용해서 구현해 본다.

이 접근 방식으로 챗봇을 구현한다면, 예상 가능한 질문들에 대한 기존 응답들을 데이터베이스에 담아두고, 사용자가 입력한 질문에 해당하는 응답을 검색해서 제시하는 형태가 될 것이다. 그런데 사용자가 질문의 글자를 잘못 입력하면 그런 챗봇은 적당한 응답을 찾지 못한다. 기호나 문자를 구성하는 비트들은 대단히 엄격하다. 비트들로 표현된 문자열을 곧이곧대로 검색한다면 결과는 항상 '일치' 아니면 '불일치'일 뿐이다. 개별 비트들이 아니라 '의미'를 고려해서 서로 비슷한 두 비트열을 찾아내는 명백한 방법은 없다. "good"이라는 단어를 표현하는 비트열은 당연히 "bad!" 단어의 비트열과 다르지만, 비슷한 의미의 "okay"를 표현하는 비트열과도 마찬가지로 다르다.

더 나은 방법으로 넘어가기 전에, 이런 검색 기반 접근 방식이 실제로 어떻게 작동하는지 살펴보는 것이 학습에 도움이 될 것이다. 그러면 "Good morning Rosa" 같은 인사말을 인식해서 적절히 대응하는 작은 정규 표현식을 만들어보자. 이것이 우리의 아주 작은 첫 번째 챗봇이다!

1.4.1 자물쇠 언어

놀랍게도, 평범한 회전식 자물쇠(combination lock; 숫자 조합 자물쇠)는 사실 간단한 언어 처리 기계이다. 기계에 관심이 있는 독자라면 이 소절에서 깨닫는 바가 클 것이다. 기계 공학의 비유 없이도 알고리즘과 정규 표현식의 작동 방식을 이해할 수 있는 독자라면 이 소절(§1.4.1)을 건너뛰어도 좋다.

이번 소절을 읽고 나면 사물함이나 자전거에 흔히 쓰이는 회전식 자물쇠가 이전과는 다르게 보일 것이다. 물론 회전식 자물쇠가 학교 사물함에 있는 교과서를 읽고 이해하지는 못하지만, '자물쇠 언어'는 이해한다. 다른 말로 하면, 자물쇠는 사용자가 "말해 주는" 숫자 조합, 즉 '비밀번호'를 이해한다. 자물쇠 숫자 조합은 자물쇠 언어의 '문법'(패턴)과 부합하는 임의의 기호 열이다. 좀 더 중요하게는, 자물쇠는 주어진 자물쇠 언어 '문장'이 특별히 의미 있는 문장과 부합하는지 판정해서 그에 맞는 '응답'을 제시한다. 자물쇠 언어에서 그러한 의미 있는 문장 또는 '정답'은 단 하나이며, 사용자가 그런 문장을 말하면 U자 모양의 자물쇠 고리가 풀려서 사물함을 열 수 있다.

이러한 자물쇠 언어(정규 표현식)는 특히나 단순한 언어이다. 그렇지만 챗봇에서 사용할 수 없을 정도로 단순하지는 않다. 챗봇이 특정 핵심 문구나 명령을 인식해서 특정 동작이나 기능을 수행하는 데 이런 종류의 언어를 사용할 수 있다.

예를 들어 "Hello Rosa" 같은 인사말을 인식해서 적절히 응답하는 챗봇을 만든다고 하자. 허용되는 문장과 그 문장의 해석 방식에 관한 규칙이 엄격하게 정의되어 있다는 점에서, 자물쇠 언어처럼 이런 종류의 언어도 하나의 형식 언어이다. 수학 공식을 써 봤거나 프로그래밍 언어로 표현식을 작성해 본 독자라면 이미 형식 언어의 문장을 작성해 본 것이다.

형식 언어는 자연어의 부분집합이다. 수많은 자연어 문장을 정규 표현식 같은 형식 언어 문법을 이용해서 부합(match)하거나[역1] 생성할 수 있다. 그런 만큼, 기계적인 "찰칵, 윙(click, whirr)"[주12] 자물쇠 언어는 그만 마무리하고 정규 표현식으로 넘어가자.

[역1] match를 '일치'로 번역하기도 하지만, '일치'는 exact match에 더 가깝다. 이 번역서에서는 exact match와 partial match(부분적 일치)를 아우르는 용어로 '부합'을 사용한다. 한편, 이 번역서에서 명사 '부합'은 주로 '부합하다'라는 동사형으로 쓰여서 문자열에서 패턴과 부합하는 부분을 찾거나 문자열이 패턴과 부합하는지를 점검하는) 행위를 나타내지만, 문맥에 따라서는 그러한 패턴과 맞아 떨어진 '부분 문자열' 자체를 부합이라고 부르기도 한다.

[주12] 로버트 치알디니(Robert Cialdini)의 유명한 책 *Influence*(번역서는 《설득의 심리학》)에 나오는 여섯 가지 심리학 원칙 중 하나 (http://changingminds.org/techniques/general/cialdini/click-whirr.htm).

1.4.2 정규 표현식

정규 표현식(regular expression), 줄여서 정규식(regex)은 정규 문법(regular grammar)이라고 부르는 특별한 종류의 형식 언어 문법을 사용하는 하나의 표현식이다. 정규 문법은 예측 가능하고 증명 가능한 방식으로 작동하는 문법이지만, 현재 나와 있는 가장 정교한 몇몇 대화 엔진과 챗봇이 사용할 정도로 유연하다. 아마존 알렉사^{Alexa}와 구글 나우$^{Google\ Now}$는 기본적으로 정규 문법에 의존하는 패턴 기반 엔진에 속한다. 깊고 복잡한 정규 문법 규칙이라도 정규 표현식을 이용하면 비교적 짧고 간결하게 표현할 수 있을 때가 많다. 파이썬에는 이런 종류의 형식 언어만 사용해서 어느 정도 유용하고 흥미로운 행동을 창출하는 성공적인 챗봇 프레임워크들이 있는데, *Will*이 그런 예다. 또한 아마존 에코나 구글 홈 같은 복잡하고 유용한 가상 비서 제품들도 대부분의 사용자 상호작용을 이런 종류의 언어에 기초한 논리로 처리한다.

> **참고** 파이썬에 구현된, 그리고 grep 같은 POSIX(Unix) 응용 프로그램에 구현된 정규 표현식은 사실 진정한 정규 문법을 따르지 않는다. 이들은 미리보기(look-ahead)나 돌아보기(look-back) 같은 추가적인 언어 및 논리 기능도 갖추고 있는데, 이런 확장된 논리 및 재귀 기능들은 정규 문법이 허용하지 않는다. 이런 기능들 때문에 파이썬의 정규 표현식은 그 종료 여부를 증명할 수 없으며, 실제로 정규 표현식이 '충돌(crash; 제어가 불가능하게 무한히 실행되는 것)'하기도 한다.[주13]

아마 'grep으로 정규 표현식을 사용해 봤어. 하지만 정규 표현식은 검색에만 사용하는 것 아닌가?'라고 생각하는 독자도 있을 것이다. 맞는 말이다. 실제로 정규 표현식은 대부분 특정 패턴에 부합하는 문자열을 찾는 데 쓰인다. 그러나 텍스트에서 뭔가를 찾아내는 기능은 그 어떤 것이든 대화를 진행하는 데에도 유용하다. Will 같은 챗봇들은 사용자가 입력한 문장에서 자신이 응답할 수 있는 문구를 찾는데, 이때 정규 표현식 검색이 쓰인다. 이런 챗봇들은 검색으로 찾아낸 문구에 대응되는 대사(미리 작성해 둔)를 제시함으로써 대화를 진행한다. 또한, 챗봇들은 문장에서 유용한 정보를 추출하는 데에도 같은 종류의 정규 표현식을 사용한다. 챗봇들은 그런 정보를 사용자 또는 사용자가 서술하는 세상에 대한 지식 베이스(knowledge base)에 추가하고, 이후의 대화에 활용한다.

이런 종류의 언어를 처리하는 프로그램들은 유한 상태 기계(FSM) 또는 결정론적 유한 자동기계(deterministic finite automaton, DFA)라고 부르는 형식적, 수학적 대상에 해당한다. FSM은 이 책에 계속 등장한다. 이 책에서 FSM의 이론과 수학을 자세히 이야기하지는 않지만, FSM이 어떤 용도로 쓰이는지는 확실히 알게 될 것이다. FSM이라는 컴퓨터 과학 도구를 좀 더 자

[주13] 2016년 7월 20일에 Stack Exchange 사이트가 다운된 적이 있는데, 정규 표현식 '충돌'이 원인이었다(http://stackstatus.net/post/147710624694/outage-postmortem-july-20-2016).

세히 알고 싶은 독자는 그림 1.1(FSM이 중첩된 자동기계(봇)의 세계에서 어디에 위치하는지 보여준다)과 다음 글 상자를 참고하기 바란다.

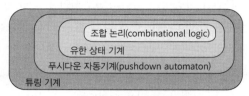

그림 1.1 **자동기계의 종류**

형식 언어의 형식적, 수학적 설명

카일 고먼Kyle Gorman은 프로그래밍 언어를 다음과 같이 설명했다.

- 대부분의(전부는 아니라도) 프로그래밍 언어는 문맥 자유(context-free) 언어에 속한다.
- 문맥 자유 언어는 문맥 자유 문법(CFG)으로 파싱된다. 문맥 자유 문법은 파싱이 효율적이다.
- 정규 언어 역시 파싱이 효율적이다. 정규 언어는 컴퓨팅 분야에서 문자열 부합에 광범위하게 쓰인다.
- 문자열 부합 응용 프로그램에 문맥 자유 문법의 표현력이 필요한 경우는 별로 없다.
- 형식 언어의 종류는 다양한데, 다음은 그중 몇 가지이다(복잡한 것부터 간단한 것 순으로).[주a]
  - 재귀적 나열 가능(recursively enumerable) 언어
  - 문맥 의존(context-sensitive) 언어
  - 문맥 자유 언어
  - 정규 언어

그리고 자연어의 특징은 다음과 같다.

- 정규 언어가 아니다.[주b]
- 문맥 자유 언어가 아니다.[주c]
- 그 어떤 정규 문법으로도 정의할 수 없다.[주d]

[주a] 영어 위키백과 "Chomsky hierarchy" 페이지(https://en.wikipedia.org/wiki/Chomsky_hierarchy).
[주b] S. Winter, "English is not a regular language". 웹 http://cs.haifa.ac.il/~shuly/teaching/08/nlp/complexity.pdf#page=20
[주c] S. Winter, "Is English context-free?"(http://cs.haifa.ac.il/~shuly/teaching/08/nlp/complexity.pdf#page=24).
[주d] 웹 "1.11. Formal and Natural Languages", How to Think like a Computer Scientist: Interactive Edition"(https://runestone.academy/runestone/books/published/thinkcspy/GeneralIntro/FormalandNaturalLanguages.html).

1.4.3 간단한 챗봇

그럼 간단한 챗봇을 빠르게 만들어보자. 능력이 아주 뛰어난 챗봇은 아니지만, 만들려면 영어에 관해 고민을 많이 해야 한다. 또한, 사람들이 말할 만한 문장들에 부합하는 정규 표현식

들을 만들어서 코드에 직접 집어넣어야 한다. 즉, 소위 '하드코딩hard-coding'이 필요하다. 이 예제의 파이썬 코드를 여러분이 스스로 작성하지는 못할 것 같은 생각이 들어도 걱정할 필요는 없다. 어차피 실제로 챗봇을 만들 때는 이 예제처럼 사람들이 말할 만한 여러 문장을 일일이 예상해서 정규 표현식을 작성할 필요는 없기 때문이다. 심지어 정규 표현식을 작성하지 않고도 멋진 챗봇을 구축할 수 있다. 이 책에서 여러분은 그 어떤 것도 하드코딩하지 않고 챗봇을 만드는 방법을 배우게 될 것이다. 현대적인 챗봇은 대량의 자연어 텍스트를 읽고 그로부터 대화능력을 배울 수 있다. 이후의 장들에 실제로 그렇게 하는 방법이 나온다.

이번 패턴 부합(pattern matching) 챗봇은 엄격하게 통제되는 챗봇의 한 예이다. 현대적인 기계학습 챗봇 기법들이 개발되기 전에는 이런 패턴 부합 챗봇이 흔히 쓰였다. 그리고 지금도, 아마존 알렉사나 기타 가상 비서들은 여기서 살펴볼 패턴 부합 접근 방식의 한 변형을 사용한다.

FSM 또는 정규 표현식을 사용하는 챗봇은 자물쇠 언어(정규 언어)를 이해할 수 있다. 즉, 그런 챗봇은 '01-02-03' 같은 자물쇠 언어 문장을 해석해서 적절한 응답을 제시한다. 더 나아가서, "open sesame"나 "hello Rosa" 같은 인사말을 이해하는 챗봇도 정규 표현식을 이용해서 구현할 수 있다. 인사말에 응대하는 것은 사교적인 챗봇의 중요한 기능이다. 고교 시절에 나는 수업에 늦어서 뛰어가다 교사들의 인사말에 제대로 응대하지 못할 때가 있었다. 그러면 선생님들은 나보고 무례하다고 질책했다. 우리의 사랑스러운 챗봇이 그런 꾸중을 듣게 할 수는 없는 일이다.

컴퓨터 통신 프로토콜에서는 두 컴퓨터가 메시지를 주고받을 때마다 ACK(확인을 뜻하는 acknowledgement의 준말) 신호를 보냄으로써 두 대화 당사자의 간단한 '악수(handshake)' 절차를 수행한다. 그런데 사람과 챗봇의 상호작용에서는 그런 명시적인 신호 대신 "Good morning, Rosa" 같은 인사말로 대화를 시작한다. 사교적인 챗봇이 사람과 대화를 시작할 때 삐~ 치익 ~ 소리(옛날에 전화선으로 다른 컴퓨터와 연결할 때 모뎀이 내는 소리 같은)를 내거나 ACK 메시지(대화 세션 또는 웹 브라우징 세션의 시작에서 HTTP 연결을 위해 전송하는)를 보낼 수는 없는 일이다. 대신, 대화 '악수' 과정의 시작에서 여러 인사말을 정규 표현식을 이용해서 식별하기로 하자.

파이썬의 '공식' 정규 표현식 모듈은 두 가지이다. 여기서는 그냥 모든 버전의 파이썬에 기본으로 설치되는 re 모듈을 사용한다. 다른 한 정규 표현식 모듈 regex는 좀 더 최신 버전의 파이썬들에서 기본으로 설치되는데, 제2장에서 보겠지만 re보다 훨씬 강력하다.

'|'는 "OR(논리합)"을 의미하고 '*'는 그 앞의 글자가 0회 이상 나타남을 뜻한다(즉, 그 글자가 한 번도 안 나와도 되고, 여러 번 나와도 된다). 따라서 이 정규식은 "hi"나 "hello", "hey"로 시작하고 그다음에 임의의 개수의 빈칸(space)들과 임의의 개수의 영문자들이 오는 인사말과 부합한다.

영문 텍스트의 경우에는 정규 표현식을 단순하게 유지하기 위해 이처럼 대소문자 구분을 무시할 때가 많다.

```
>>> import re
>>> r = "(hi|hello|hey)[ ]*([a-z]*)"
>>> re.match(r, 'Hello Rosa', flags=re.IGNORECASE)
<_sre.SRE_Match object; span=(0, 10), match='Hello Rosa'>
>>> re.match(r, "hi ho, hi ho, it's off to work ...", flags=re.IGNORECASE)
```

```
<_sre.SRE_Match object; span=(0, 5), match='hi ho'>
>>> re.match(r, "hey, what's up", flags=re.IGNORECASE)
<_sre.SRE_Match object; span=(0, 3), match='hey>
```

정규 표현식에서 대괄호는 부합 가능한 문자들의 종류를 뜻하는 문자 부류(character class)를 지정하는 데 쓰인다. 그리고 문자 부류를 지정할 때 모든 문자를 일일이 나열할 필요 없이 대시(-)로 문자들의 범위를 지정할 수 있다. 앞의 예에서 "[a-z]"는 "a"에서 "z"까지 모든 영문 소문자와 부합한다. 그리고 문자 부류 다음의 별표(*)는 그 문자 부류에 속하는 문자가 임의의 횟수로(0회 포함) 나타날 수 있음을 뜻한다.

그럼 더 많은 인사말과 부합하도록 정규 표현식을 좀 더 확장해 보자.

```
>>> r = r'[^a-z]*([y]o|[h']?ello|ok|hey|(good[ ])?(morn[gin']{0,3}|'\
...     r'afternoon|even[gin']{0,3}))[\s,;:]{1,3}([a-z]{1,20})'
>>> re_greeting = re.compile(r, flags=re.IGNORECASE)          ◄─
>>> re_greeting.match('Hello Rosa')                                    이처럼 compile 메서드로
<_sre.SRE_Match object; span=(0, 10), match='Hello Rosa'>             정규 표현식을 미리 컴파일
>>> re_greeting.match('Hello Rosa').groups()                          해 두면 정규식을 적용할 때
('Hello', None, None, 'Rosa')                                        마다 옵션(flags)들을 지정
>>> re_greeting.match("Good morning Rosa")                            할 필요가 없다.
<_sre.SRE_Match object; span=(0, 17), match="Good morning Rosa">
>>> re_greeting.match("Good Manning Rosa")              ◄─
>>> re_greeting.match('Good evening Rosa Parks').groups()  ◄─        이 정규 표현식
('Good evening', 'Good ', 'evening', 'Rosa')                         이 오타가 있는
>>> re_greeting.match("Good Morn'n Rosa")                            인사말은 인식
<_sre.SRE_Match object; span=(0, 16), match="Good Morn'n Rosa">      (부합)하지 않음
>>> re_greeting.match("yo Rosa")                                     을 주목할 것.
<_sre.SRE_Match object; span=(0, 7), match='yo Rosa'>
```

우리의 챗봇은 인사말의 여러 부분을 그룹별로 분리할 수 있지만, Rosa의 가장 유명한 성(last name)은[역2] 인식하지 못한다. 이름(first name) 다음에 오는 문자들과 부합하는 패턴이 정규 표현식에 없기 때문이다.

> **팁** 따옴표 앞의 "r"은 정규 표현식이 아니라 원시 문자열(raw string; 또는 생 문자열)을 뜻한다. 파이썬에서 원시 문자열을 이용하면 정규 표현식의 특수 문자 앞에 이중 슬래시("\\")를 붙일 필요가 없다. 원시 문자열을 사용하지 않는다면, 예를 들어 빈칸을 "\\ "로, 중괄호 쌍을 "\\{ \\}"로 표시해야 한다.

코드 첫 줄의 정규 표현식에는 수많은 논리(logic)가 밀집되어 있다. 이 정규 표현식은 놀랄 만큼 다양한 인사말을 인식한다. 그러나 "Morning"의 오타인 "Manning"을 인식하지는 못하는데, 이는 NLP가 어려운 이유 중 하나이다. 기계 학습과 의료 진단 검사 분야에서는 이런 문제를 거짓 음성(가음성) 분류 오류(false negative classification error)라고 부른다. 안타깝게도, 이 정

[역2] 참고로 Rosa Parks(로자 파크스)는 미국의 유명한 민권 운동가이다.

규 표현식은 사람이라면 말하지 않을 몇 가지 문장도 인사말로 받아들이는데, 이는 거짓 양성(가양성) 오류에 해당한다. 거짓 양성도 거짓 음성만큼이나 나쁘다. 거짓 음성 오류와 거짓 양성 오류가 모두 있다는 것은 이 정규 표현식이 너무 느슨함과 동시에 너무 엄격하다는 뜻이다. 이런 문제점 때문에 우리의 챗봇은 다소 둔하고 기계적인 느낌을 준다. 챗봇이 좀 더 사람처럼 보이도록 하려면 챗봇이 인식하는 문구들을 더욱 다듬어야 하는데, 그러려면 할 일이 많다.

그리고 정규 표현식을 계속해서 확장하고 정련한다고 해도, 사람들이 사용하는 모든 속어와 오타를 잡아내는 것은 현실적으로 불가능하다. 다행히, 정규 표현식을 손수 만드는 것이 챗봇을 훈련하는 유일한 방법은 아니다. 이에 관해서는 나중에(이 책의 나머지 부분 전체에서) 좀 더 이야기할 것이다. 사실 정규 표현식은 이동 전화의 음성 비서에게 명령을 내릴 때처럼 챗봇의 행동을 정밀하게 제어해야 할 때나 유용하다.

그렇다고 우리의 챗봇을 당장 버리지는 말기로 하자. 챗봇은 사용자의 말에 반응해서 뭔가를 말해야 한다. 따라서 챗봇에 출력 생성기를 추가할 필요가 있다. 여기서는 파이썬의 문자열 서식화(포매팅) 기능을 이용해서 챗봇의 응답을 위한 '틀(template)'을 만들기로 한다.

```
>>> my_names = set(['rosa', 'rose', 'chatty', 'chatbot', 'bot',
...     'chatterbot'])
>>> curt_names = set(['hal', 'you', 'u'])
>>> greeter_name = ''     ◄
>>> match = re_greeting.match(input())
...
>>> if match:
...     at_name = match.groups()[-1]
...     if at_name in curt_names:
...         print("Good one.")
...     elif at_name.lower() in my_names:
...         print("Hi {}, How are you?".format(greeter_name))
```

아직 챗봇은 대화 상대가 누군지 모른다. 지금 단계에서는 신경 쓰지 않기로 한다.

이 작은 스크립트를 실행하고 "Hello Rosa" 같은 문구를 입력하면 챗봇은 반갑게 여러분의 안부를 묻는다. 만일 다소 무례한 이름으로 챗봇을 대하면 챗봇은 다소 심드렁하게, 그러나 화를 내지는 않고 반응함으로써 사용자가 좀 더 예의 바르게 행동하도록 유도하려 한다.[주14] 만일 알지 못하는 이름이 언급되면 챗봇은 사용자가 자신이 아니라 이 대화를 지켜보는 다른 사람(이를테면 단체 대화방에 있는)과 이야기하려는 것으로 간주하고 아무 반응도 하지 않는다. 물론 우리의 input()을 지켜보는 다른 사람은 없지만, 이 스크립트가 더 큰 챗봇의 일부라면 이런 처리가 필요하다.

[주14] 이처럼 적절한 응답으로 긴장을 완화하는 방식이 심리학에 대한 로고테라피(의미치료; https://ko.wikipedia.org/wiki/로고테라피) 접근 방식을 서술하는 빅토르 프랑클(Viktor Frankl)의 *Man's Search for Meaning*에 나온다. 또한, 욕설에 대해 이런 식으로 응답하는 지혜를 가진 어린 주인공(이를테면 《오웬 미니를 위한 기도》의 오웬 미니 등)이 등장하는 소설들도 많이 있다.

계산 자원의 한계 때문에 초기 NLP 연구자들은 자연어 문장에서 정보를 추출하는 복잡한 논리 규칙을 자신들의(즉, 인간 두뇌의) 계산 능력을 이용해서 손수 설계하고 조율해야 했다. NLP에 대한 이런 접근 방식을 패턴 기반 접근 방식이라고 부른다. 여기서 패턴이 반드시 정규 표현식을 위한 문자열 패턴에 한정되는 것은 아니다. NLP에는 단어열이나 품사열 같은 여러 '고수준' 패턴도 관여한다. 어간 추출기(stemmer)나 토큰 생성기(tokenizer) 같은 NLP의 핵심 구축 요소들뿐만 아니라 ELIZA 같은 완결적인 NLP 대화 엔진(챗봇)도 이런 정규 표현식과 패턴 부합으로 구축되었다. NLP에 대한 패턴 부합 접근 방식의 핵심은 인식하고자 하는 것만을 우아한 패턴으로(너무 길고 복잡한 정규 표현식 없이도) 잡아내는 데 있다.

고전적인 계산주의 마음 이론 이러한 고전적 NLP 패턴 부합 접근 방식은 계산주의 마음 이론 (computational theory of mind, CTM; 또는 마음의 계산 이론)에 기초한다. CTM은 순서대로 처리되는 유한한 개수의 논리 규칙들로도 사람 같은 NLP를 구현할 수 있다고 가정한다.[주15] 그러나 세기가 바뀌고 신경과학과 NLP가 발전하면서 '연결주의(connectionism)' 마음 이론이 등장했다. 덕분에 이제는 인공 신경망에서 하는 것처럼 자연어를 병렬 파이프라인들로 동시에 처리할 수 있다.[주16, 주17]

제2장에서 토큰 생성과 어간 추출을 이야기할 때 또 다른 패턴 기반 접근 방식들(이를테면 포터 어간 추출기나 트리뱅크 토큰 생성기)을 만나게 될 것이다. 그러나 그 이후 장들에서는 현대적인 컴퓨터 자원과 좀 더 풍부한 자료 집합을 활용해서 지겹고 어려운 프로그래밍과 정련 작업을 단축하는 방법들을 배운다.

정규 표현식이 생소한, 그래서 좀 더 배우고 싶은 독자라면 부록 A나 온라인 파이썬 문서화의 정규 표현식 부분을 참고하기 바란다. 그렇다고 당장 정규 표현식을 정복하려 들 필요는 없다. 이후에 NLP 파이프라인의 구축 요소를 만들어나가는 과정에서 계속해서 예제 정규 표현식들이 등장하므로, 차근차근 배워 나가면 된다. 지금은 정규 표현식들이 뭐가 뭔지 알 수 없어도 걱정할 필요는 없다. 사람의 뇌는 일단의 예제 또는 '견본(example)'들을 일반화하는 데 능숙하며, 이 책에서 여러 예제를 접하다 보면 정규 표현식을 명확하게 이해하게 될 것이다. 그리고 알고 보면 기계(컴퓨터)도 견본들로부터 뭔가를 학습하는 데 능숙하다.

[주15] M. Rescorla, "Computational Theory of Mind", *Stanford Encyclopedia of Philosophy*. 웹 https://plato.stanford.edu/entries/computational-mind/

[주16] C. Buckner, J. Garson, "Connectionism", *Stanford Encyclopedia of Philosophy*. 웹 https://plato.stanford.edu/entries/connectionism/

[주17] M. Christiansen, N. Chater, "Connectionist Natural Language Processing: The State of the Art", 1999. 웹 https://crl.ucsd.edu/~elman/Bulgaria/christiansen-chater-soa.pdf

1.4.4 또 다른 방법

패턴 기반 접근 방식 대신 사용할 만한 통계학 또는 기계 학습 접근 방식이 있을까? 만일 자료 (데이터)가 충분하다면 뭔가 다르게 할 수 있지 않을까? 사람들 사이의 수많은 대화 세션을 기록한 거대한 데이터베이스, 그러니까 수천, 수만 건의 대화에 등장한 제시문(질문이나 인사말 등 대화를 유발하는 문장)들과 응답문들을 담은 자료 집합이 있다면, 사용자가 입력한 제시문으로 데이터베이스에서 검색해서 그 제시문에 대한 기존의 응답문을 챗봇이 말하게 하면 될 것이다.

그러나 이런 접근 방식의 문제점은 오타나 문장의 사소한 변형 때문에 검색에 실패할 수 있다는 것이다. 비트열과 문자열은 깐깐하다. 비트열이나 문자열은 부합하거나 부합하지 않을 뿐 중간이 없다. 따라서 문자열의 문자들을 곧이곧대로 검색해서 문장을 찾는 대신, 문자열에 담긴 의미를 이용해서 문장을 찾아낼 수 있어야 한다.

두 자연어 문장의 의미 차이를 문자열 자체로 측정한다면 제대로 된 결과를 얻기 어렵다. 예를 들어 "good"과 "okay"는 그 뜻이 비슷하지만, 단어를 구성하는 문자들은 전혀 다르다. 문자 대 문자 수준으로 두 단어의 '거리(차이의 정도)'를 측정한다면 꽤 큰 거리가 나올 것이다. 반대로, 철자가 비슷하지만 뜻이 전혀 다른 단어들도 있다. "bad"와 "bar"가 그런 예이다. 만일 수치열(문장이나 단어의 요소들을 일련의 수치로 표현한 것)들 사이의 거리를 측정하는 방식으로 두 단어의 의미 차이를 측정한다면 두 단어가 필요 이상으로 가깝다는 결과가 나온다. 자카르 지수(Jaccard index; 또는 자카드 지수)나 레벤시테인 거리(Levenshtein distance), 유클리드 벡터 거리 (Euclidean vector distance) 같은 측도들은 우리의 챗봇이 오타나 맞춤법 오류 때문에 실패하지 않을 정도의 '퍼지성(fuzziness, ~性)'을 갖추고 있다. 그렇지만 이런 측도들도 철자가 많이 다르지만 뜻은 비슷한 두 단어의 본질적인 관계를 잡아내지는 못한다. 또한, "bad"와 "bar"처럼 오타가 아니라 아예 다른 두 단어를 필요 이상으로 가깝게 판정하는 오류를 피하기 어렵다.

수치열과 벡터에 맞게 고안된 거리 측도도 물론 쓸모가 있다. 이를테면 철자 교정이나 고유 명사 인식 같은 몇몇 NLP 응용에 이런 측도가 쓰인다. 그렇지만 자연어 문구의 철자보다는 의미가 더 중요한 NLP 응용에는 다른 접근 방식이 더 낫다. 이 책의 예제들은 자연어 단어와 텍스트를 벡터 형태로 표현하며, 그런 벡터들의 몇몇 거리 측도를 몇 가지 NLP 응용에 사용한다. 이후에 다양한 벡터 표현들을 이야기하면서 관련 거리 측도들과 그 응용 방법을 소개할 것이다.

다소 헷갈리는 이진 논리의 세계에 잠깐 머물기로 하자. 여러분이 제2차 세계대전 당시에 블레츨리 파크Bletchley Park에서 일한 유명한 암호해독가 메이비스 베이티Mavis Batey라고 상상하기 바란다. 여러분 앞에는 두 독일군 장교가 주고받은 통신에서 가로챈 이진 모스 부호 메시지가 있다. 어쩌면 이 메시지가 전쟁을 승리로 이끄는 열쇠일지도 모른다. 이 메시지를 어떻게 해독해야 할까? 첫 단계는 일련의 비트들을 통계학적으로 분석해서 패턴을 찾아보는 것이다. 이를 위해 우선 모스 부호표(또는, 챗봇의 경우에는 ASCII 코드표)를 이용해서 각 부호 그룹(또는 비트 그룹)에 서로 다른 영문자를 부여한다. 그 문자들이 아무 의미 없는 횡설수설이라면(컴퓨터나 2차대전 당시의 암호해독가도 그런 일을 겪었다), 다음으로 할 일은 문자들을 훑으면서 짧은 문자열('단어')을 기록해서 일종의 사전을 만들고, 그런 단어들의 출현 횟수를 세어서 기록하는 것이다. 또한, 어떤 문자열이 어떤 메시지에 등장했는지도 기록해 둔다. 이런 식으로 얻은 모든 문서의 집합을 **말뭉치**(corpus)라고 부르고, 개별 문자열들의 집합을 **어휘집**(lexicon; 또는 어휘목록)이라고[역3] 부른다.

만일 운이 좋다면, 그리고 실제로 전쟁 중이 아니며 그 메시지가 그리 강하게 암호화된 것은 아니라면, 비슷한 종류의 정보를 교환하는 데 쓰이는 영어 단어 횟수들을 반영하는 어떤 패턴을 독일어 단어 횟수들에서 발견할 수 있을 것이다. 독일어 모스 부호 메시지를 해독하려는 암호해독가들과는 달리 자연어를 처리하려는 우리는 기호들이 항상 일관된 의미를 가진다는 점을, 다시 말해 클릭할 때마다 기호의 의미가 달라지지는 않는다는 점을 알고 있다. 그리고 이런 지루한 문자 및 단어 세기 작업은 컴퓨터가 특별한 '지능' 없이도 할 수 있는 일이다. 그리고 놀랍게도, 이렇게만 해도 마치 컴퓨터가 우리의 언어를 이해하는 게 아닌가 싶을 정도로 좋은 결과를 얻을 수 있다. 심지어는 통계적 벡터들에 대한 수학 계산을 통해서 컴퓨터가 그런 문구들과 단어들에 대한 우리 인간의 이해와 일치하는 결과를 산출하기도 한다. 나중에 Word2Vec을 이용해서 컴퓨터에게 자연어를 가르치는 방법을 이야기할 텐데, 어쩌면 마치 마법 같다고 생각하는 독자도 있을 것이다. 그러나 마법이 아니고 그냥 수학 계산일 뿐이다.

그러나 메시지들의 모든 단어를 세는 과정에서 우리가 잃어버린 정보에 관해서도 잠시 생각해 볼 필요가 있겠다. 앞에서 말한 과정에서 우리는 마치 여러 종류의 토큰이나 동전을 자동으로 분류해서 개별 통(bin)에 담는 기계처럼 단어들을 각각의 통 또는 '슬롯'에 배정한다. 그런 기계는 각 동전을 일련의 이진 결정 과정(500원인가? 500원이 아니라면, 100원인가? 등등)을 통해서 최종적인 동전통에 넣는다. 마찬가지로, 단어 분류 결과는 하나의 비트 벡터로 저장된다. 우리의 분류 기계는 화자 또는 저자가 사용할 수 있는 모든 가능한 단어에 대응되는 수천수만의(수백만까지는 아니더라도) 동전 '액면가'들을 고려해야 한다. 이 동전 분류기를 통과한 각각의 문구나 문장, 문서는 결국 각 슬롯의 토큰 개수를 성분으로 하는 하나의 '벡터'가 되는데, 대부분의 성분은 값이 0일 것이다. 심지어 장황한 어휘로 된 긴 문서라도 그렇다. 이 벡터는 어떤 단어가 몇 번이나 출현했는지를 말해 줄 뿐, 문장의 의미를 말해 주지는 않는다. 단어들의 순서에 대한 정보 없이 단지 출현 횟수만 가지고 긴 문서의 의미를 이해하기란 아주 어렵거나 사실상 불가능하다. 단, 아주 짧은 문장이라면 단어들을 재배치해서 원래 문장을 복원

[역3] lexicon을 그냥 '어휘'라고 부르기도 하지만, 이 번역서에서는 vocabulary와의 구별을 위해 '어휘집'이라는 용어를 사용한다.

할 수도 있다.

지금까지 비유적으로 말한 동전 분류기는 NLP 파이프라인에서 토큰 생성기(제2장) 바로 다음에 오는 요소에 해당한다. 나중에 보겠지만, 불용어(stopword; 정지 단어) 필터와 '드문' 단어 필터가 동전 분류기처럼 작동한다. 이런 필터에서는 주어진 문자열을 집어넣으면 바닥의 토큰 '스택'들의 높이에 따라 단어 모음(bag-of-word; 또는 단어 주머니) 벡터들이 만들어진다.

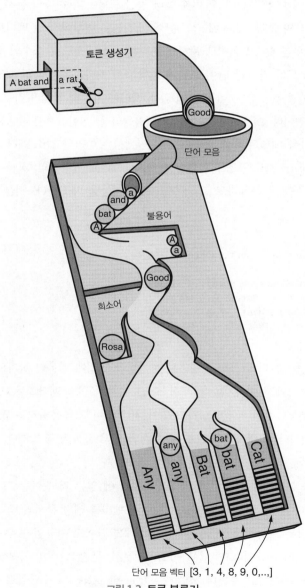

그림 1.2 **토큰 분류기**

컴퓨터는 이런 단어 모음 벡터를 상당히 잘 처리할 수 있으며, 꽤 긴 문서에 담긴 정보도 대부분 이런 식으로 뽑아낼 수 있다. 어쨌든 핵심은, 토큰 분류 및 집계(counting)를 통해서 한 문서를 하나의 단어 모음 벡터, 즉 그 문서에 담긴 단어 또는 토큰들의 출현 횟수로 이루어진 하나의 정수(integer) 벡터로 표현할 수 있다는 것이다. 그림 1.2에 간단한 예가 나와 있으며, 제2장에서는 단어 모음 벡터를 다룰 때 유용한 자료 구조들이 나온다.

이상이 자연어에 대한 우리의 첫 번째 벡터 공간 모형이다. 하나의 문서는 모든 가능한 단어에 대응되는 각각의 분류통(bin)에 담긴 단어 개수들로 이루어진 긴 벡터로 표현되며, 그 벡터의 성분들은 대부분 0이고 실제로 문서에 존재하는 상대적으로 소수의 단어에 대해서만 0이 아니다. 그리고 모든 가능한 단어 조합에 해당하는 벡터들은 하나의 **벡터 공간**(vector space)을 형성한다. 더욱 중요한 것은, 이 공간에 있는 벡터들 사이의 관계가 바로 우리의 자연어 모형을 형성한다는 점이다. 이 모형은 다양한 단어열들의 한 집합(보통은 어떤 문장이나 문서) 안에서 특정 단어 조합을 예측하는 데 쓰인다. 파이썬에서는 이러한 희소 벡터(대부분의 성분이 0인 벡터)를 사전(dictionary) 자료 구조로 표현할 수 있다. 그리고 파이썬의 Counter는 '토큰'(문자열의 단어)들을 각각의 통으로 분류하고 그 개수를 세는 기능을 제공한다. 지금 우리에게 딱 필요한 바로 그 기능이다.

```
>>> from collections import Counter

>>> Counter("Guten Morgen Rosa".split())
Counter({'Guten': 1, 'Rosa': 1, 'morgen': 1})
>>> Counter("Good morning, Rosa!".split())
Counter({'Good': 1, 'Rosa!': 1, 'morning,': 1})
```

아마 이런 토큰들을 좀 더 깔끔하게 정리하는 방법을 머리에 떠올린 독자도 있을 것이다. 이에 관해서는 다음 장에서 이야기한다. 또한, 이런 고차원 희소 벡터(모든 가능한 단어마다 하나의 '통'이 있지만 대부분의 통이 비어 있는)가 자연어 처리에 아주 유용하지는 않을 것이라고 짐작한 독자도 있을 것이다. 그렇지만 이런 도구도 스팸 필터 같은 몇몇 '업계를 뒤바꾼' 도구들에는 충분히 유용한데, 이에 관해서는 제3장에서 논의한다.

하나의 문장을 분류기에 공급하면, 분류기의 바닥에 있는 각 통에는 그 문장에 등장하는 각 토큰들이 쌓인다. 각 통의 토큰 개수로 이루어진 벡터를 해당 문서의 벡터 표현이라고 부르고, 그런 식으로 모든 가능한 문서, 문장, 심지어 개별 단어로부터 얻을 수 있는 모든 가능한 벡터들의 집합을 벡터 공간이라고 부른다. 그리고 문서, 문장, 단어의 이러한 모형을 **벡터 공간 모형**(vector space model)이라고 부른다. 선형대수학(linear algebra)의 수단들로 이런 벡터들을 조작함으로써 자연어 문장들의 통계량이나 거리를 계산할 수 있으며, 그런 수치들을 이용하면 인간 프로그래머의 개입 필요성과 NLP 파이프라인의 허약함을 줄이고 좀 더 다양한 자연어 처리 문제를 풀 수 있다.

단어 모음 벡터 표현에 관한 통계적 질문 중 하나는 "특정 단어 모음 다음에 등장할 가능성이 가장 큰 단어 조합은 무엇인가?"이다. 좀 더 실용적인 예를 들자면, 사용자가 입력한 일련의 단어들에 해당하는 단어 모음 벡터에 가장 가까운 단어 모음을 응용 프로그램의 단어 모음 데이터베이스에서 검색하는 문제를 생각할 수 있다. 이는 기본적인 웹 검색 엔진의 예에 해당한다. 즉, 검색 엔진은 사용자가 검색창에 입력한 단어들로 이루어진 단어 모음에 가장 가까운 단어 모음 벡터가 있는 웹 문서를 찾는다. 이 두 문제를 효율적으로 푸는 수단이 있다면, 사용자와 대화를 거듭할수록(그래서 더 많은 자료가 쌓일수록) 점점 더 나아지는 기계 학습 챗봇을 만드는 것이 가능하다.

그런데 아마 이런 희소 고차원 벡터를 처음 접하는 독자들도 있을 것이다. 단어 모음 벡터는 차원(성분 개수)이 매우 높다. 커다란 말뭉치에서 추출한 3-그램 어휘를 위한 벡터는 그 차원이 수백만 정도일 수 있다. 제3장에서는 차원의 저주를 비롯해 고차원 벡터를 다루기 어렵게 만드는 몇 가지 성질을 논의한다.

1.5 짧은 초공간 탐험

제3장에서는 단어들을 결합해서 벡터 차원을 줄임으로써 차원의 저주를 완화하는(경우에 따라서는 심지어 그것을 유익하게 활용하는) 방법을 논의한다. 벡터 투영(projection)을 이용하면 두 벡터 사이 각도의 코사인 값을 손쉽게 구할 수 있는데, 그 값은 두 벡터가 표현하는 문장들의 의미(meaning)가 어느 정도나 비슷한지를 나타낸다는 점에서 단순한 단어 사용 빈도보다 유용하다. 제3장에서 좀 더 자세히 살펴보겠지만, 이러한 벡터 거리 측도를 코사인 거리함수(cosine distance metric)라고 부른다. 그리고 제4장에서는 축소된 차원 주제 벡터에 대한 코사인 거리함수의 진정한 위력을 접할 것이다. 심지어는 이 벡터들을 2차원 평면에 투영한(이 맥락에서는 투영보다 '내장(임베딩embedding)'이 더 정확한 용어이다) 그래프를 사람이 눈으로 보고 어떤 패턴을 찾아낼 수도 있다. 실제로 어떤 패턴이 존재한다면, 컴퓨터에게 그런 패턴을 식별하고 그에 따라 반응하게 함으로써 컴퓨터가 해당 벡터들의 근원이 된 단어들의 바탕 의미에 맞게 행동하게 만들 수도 있다.

사람이 쓸 수 있는 모든 가능한 트윗이나 메시지, 문장을 상상해 보기 바란다. 여러분이 아무리 많은 문장을 쓴다고 해도 여전히 다른 가능한 문장이 많이 남아 있다. 그리고 모든 종류의 토큰을 각자 개별적인, 서로 구별되는 차원(성분)들로 취급한다면, "Good morning, Hobs"와 "Guten Morgen, Hannes"가 실제로 비슷한 의미를 공유한다는 점을 파악하는 것은 불가능하다. 이 문제를 극복하려면 단어들을 결합해서 차원들을 줄인 벡터, 축소 차원 벡터 (reduced dimension vector)로 메시지를 표현해야 한다. 한 가지 방법은 주어진 문장이나 단어들에 대화의 주제나 정서 같은 '성질(quality)'에 관한 어떤 평가치를 부여하는 것이다. 이를테면 문장에 대해 다음과 같은 질문을 던질 수 있다.

- 이 메시지가 질문일 가능성은 어느 정도인가?
- 이것이 사람에 관한 문장일 가능성은?
- 이것이 나에 관한 메시지일 가능성은?
- 이 문장의 화자가 화가 났을까, 아니면 기분이 좋을까?
- 내가 대답해야 할 메시지인가?

이 외에도 다양한 '평가치(rating)'를 문장에 매길 수 있을 것이다. 그리고 그런 모든 평가치로 또 다른 '벡터'를 형성한다면, 그러한 벡터는 모든 가능한 개별 토큰에 해당하는 성분들로 이루어진 단어 모음 벡터보다는 차원 수(성분 개수)가 훨씬 낮을 것이다. 이것이 바로 축소 차원 벡터 표현이다. 이러한 표현에서 중요한 것은, 두 문장의 축소 차원 벡터가 비슷하다는 것은 여러 질문에 대한 평가치가 비슷하다는 뜻이며, 따라서 두 문장은 실제로 그 의미나 정서가 비슷할 것이라는 점이다.

단어 모음 벡터와는 달리 이러한 평가치 벡터들은 실제로 프로그램에서 다룰 수 있다. 더 나아가서, 문장들을 좀 더 군집화해서 벡터들을 더욱 단순화, 일반화하는 것도 가능하다. 여기서 군집화(clustering)는 일부 차원(축)들에 대해 문장들을 좀 더 가깝게 만드는 것을 말한다.

그런데 컴퓨터가 이런 벡터의 각 차원에 평가치를 부여하게 하려면 어떻게 해야 할까? 한 가지 방법은 "문장에 'good'이라는 단어가 있는가?"와 "문장에 'morning'이라는 단어가 있는가?" 같은 간단한 질문들로 문장을 평가하고 각 질문의 답을 비트 0 또는 1로 표현해서 하나의 "원핫 부호화" 벡터(one-hot encoded vector), 줄여서 원핫 벡터를 만드는 것이다. 이런 원핫 벡터들로 이루어진 모형이 바로 우리의 첫 번째 실용적인 벡터 공간 모형인데, 이를 비트 벡터 언어 모형이라고 부른다. 이제는 컴퓨터로 자연어를 잘 처리할 수 있는 이유를 이해했을 것이다. 80년대에는 심지어 슈퍼컴퓨터로도 수백만, 수천만 차원의 벡터들을 계산하기가 거의 불가능했지만, 21세기에는 소비자용 노트북으로도 가능하다. NLP의 현실화에는 연산 장치의 속도 향상뿐만 아니라 메모리 및 저장 장치의 용량도 일조했다. 그리고 선형대수 알고리즘들의 발전도 컴퓨터로 자연어를 처리하는 난제를 해결하는 데 결정적인 역할을 했다.

그런데 챗봇에 이보다 더 간단한, 그러나 더 큰 표현을 사용할 수도 있다. 바로, 각각의 문자를 개별 차원으로 두는 것이다. 그런 벡터는 "첫 글자가 A인가? B인가? ... 둘째 글자가 A인가? ..."로 이어지는 질문의 답들로 구성된다. 이런 벡터에는 문자들과 단어들의 정확한 순서를 포함해서 원문의 모든 정보가 고스란히 담겨 있다는 장점이 있다. 한 번에 한 음표만 연주할 수 있으며 건반의 키가 52개 이상인 자동연주 피아노를 상상하기 바란다. 이 자동연주 피아노가 연주하는 52개 이상의 음표는 영어 대문자 26개와 소문자 26개, 그리고 기타 문장 부호들에 해당한다. 그리고 꽤 긴 피아노곡이라도 그 음표들의 개수가 짧은 문서의 문자 개수를 넘지는 않을 것이다. 그런데 이런 원핫 문자열 표현 방식은 주로 어떤 곡을 녹음해서 정확히 재생할 때 유용할 뿐, 뭔가 새로운 음악을 작곡하거나 기존 작품의 정수를 뽑아내는 데는 그리 유용하지 않다. 두 개의 자동연주용 피아노 롤을 서로 비교하기란 쉽지 않다. 그리고 이러한 표현은 원래 문서의 ASCII 부호 표현보다 길다. 가능한 문서 표현의 개수가 너무 많다는 단점이 원문의 정보를 유지한다는 장점을 훨씬 능가한다. 문자들과 단어들의 순서를 유지하는 것은 좋은 일이지만, 대신 NLP 문제의 차원 수가 엄청나게 커졌다.

이런 문자별 벡터 공간에서는 문서 표현들이 잘 뭉치지 않는다. 즉, 군집화가 잘 안 된다. 러시아 수학자 블라디미르 레벤시테인$^{Vladimir\ Levenshtein}$은 이런 벡터 공간에서 두 문자열의 유사성을 빠르게 찾아내는 재치 있는 접근 방식 하나를 고안했다. 레벤시타인의 그 알고리즘 덕분에 이런 단순하고 기계적인 언어 모형으로도 놀랄 만큼 재미있고 유용한 챗봇 몇 개를 만들 수 있었다. 그러나 진정한 마법은 개별 문자나 토큰으로 이루어진 날카로운 고차원 공간을 좀 더 희미한 의미를 가진 주제 벡터들의 저차원 벡터로 압축 또는 내장할 때 발현된다. 마술사의 커튼 뒤편에서 어떤 일이 일어나는지는 제4장에서 잠재적 의미 색인화와 잠재적 디리클레 할당을 이야기할 때 엿보게 될 것이다. 그 두 기법을 이용하면 문서와 문장을 좀 더 조밀하고 의미 있는 벡터로 표현할 수 있다.

1.6 단어의 순서와 문법

영어 같은 자연어에서는 단어의 순서가 대단히 중요하다. 단어열(문장, 절, 구 등)에서 단어의 순서를 관장하는 규칙을 언어의 문법(grammar)이라고 부른다. 그런데 앞에서 말했듯이 단어 모음 표현은 단어들의 순서를 보존하지 않는다. 다행히 대부분의 짧은 문구는, 심지어는 완전한 문장도, 그런 단어 모음 벡터 표현으로 잘 처리할 수 있다. 어떤 짧은 문장의 전반적인 의미와 정서를 부호화하는 것이 목적이라면 단어의 순서가 그리 중요하지 않다. 한 예로, 파이썬 permutations 모듈의 순열 치환(permutation) 기능을 이용해서 "Good morning Rosa"의 단어 순서를 다양하게 바꾸어 보자.

```
>>> from itertools import permutations

>>> [" ".join(combo) for combo in\
...     permutations("Good morning Rosa!".split(), 3)]
['Good morning Rosa!',
 'Good Rosa! morning',
 'morning Good Rosa!',
 'morning Rosa! Good',
 'Rosa! Good morning',
 'Rosa! morning Good']
```

각 문장을 따로 떼어 놓고 보아도 그 의미와 정서를 파악하기가 그리 어렵지 않을 것이다. 또한, "Good"의 첫 글자가 대문자라는 점에서 이것이 아마도 문장의 첫 단어라고 짐작했을 것이다. 그러나 "Good Rosa"가 일종의 고유 명사(이를테면 레스토랑 이름이나 꽃집 이름 등)는 아닐까하는 생각이 들 수도 있다. 어쨌든, 똑똑한 챗봇이나 1940년대에 블레츨리 파크에서 일한 현명한 여성들은 이 여섯 변형을 모두 같은 심심한 인사말 "Good morning my dear General."로 받아들일 가능성이 크다.

이번에는 단어의 순서가 중요한, 좀 더 길고 복잡한 논리적 문장을 시험해 보자.

```
>>> s = """Find textbooks with titles containing 'NLP',
...     or 'natural' and 'language', or
...     'computational' and 'linguistics'."""
>>> len(set(s.split()))
12
>>> import numpy as np
>>> np.arange(1, 12 + 1).prod()  # factorial(12) = arange(1, 13).prod()
479001600
```

앞의 간단한 인사말 예에서는 순열 개수가 factorial(3) == 6이었지만, 이 긴 문장에서는 factorial(12) == 479001600으로 엄청나게 커졌다. 그리고 정확한 문장으로 응답하는 챗봇을 만들려면 단어들의 순서에 담긴 논리가 중요하다는 점이 명백하다. 공통의 인사말은 단어 모음 처리를 거쳐도 그리 망가지지 않지만, 그보다 복잡한 문장을 단어 모음으로 바꾸면 대부분의 의미가 사라질 수 있다. 애초에 단어 모음은 이전 예에 나온 자연어 질의 같은 데이터베이스 질의를 처리하는 데 아주 적합한 수단이 아니다.

SQL 같은 형식적 프로그래밍 언어로 작성된 문장이든, 아니면 영어 같은 비형식적 자연어로 된 문장이든, 사물들 사이의 논리적 관계를 전달하려는 문장에서는 단어 순서와 문법이 중요하다. 컴퓨터 언어들이 엄격한 문법과 구문 규칙 파서에 의존하는 이유가 바로 그것이다. 다행히, 자연어 구문 트리 파서의 최근 진보 덕분에 자연어 문장에서 구문적, 논리적 관계를 놀라운 정확도로(90% 이상) 추출하는 것이 가능해졌다.[18] 이후의 장들에서는 SyntaxNet(Parsey

McParseface)나 spaCy 같은 패키지를 이용해서 그런 관계를 식별하는 방법을 살펴본다.

그리고 블레츨리 파크 인사말 예제처럼 단어 순서를 몰라도 논리적 해석이 가능한 문장이라도, 단어 순서에서 미묘한 의미상의 단서를 포착해서 좀 더 심오한 응답문을 만드는 데 활용할 수 있다. 그러한 좀 더 심층적인 자연어 처리는 다음 장(제2장)에서 논의한다. 또한, 제2장에서는 단어 순서가 전달하는 정보의 일부를 우리의 단어 벡터 표현에 도입하는 방법도 논의한다. 그리고 이전 예제에서 사용한 조잡한 토큰 생성기(str.split())를 더욱 정련해서 단어들을 단어 벡터의 적절한 슬롯들에 좀 더 정확하게 집어넣는 방법도 이야기한다. 제2장에서는 이를테면 "good"과 "Good", "rosa"와 "Rosa"를 같은 토큰으로 분류하되 "Rosa!"는 개별적인 슬롯에 넣는 등으로 토큰 분류 기능을 개선할 것이다.

1.7 챗봇의 자연어 처리 파이프라인

챗봇, 즉 대화 엔진을 구축하는 데 필요한 NLP 파이프라인은 *Taming Text*(Manning, 2013)[주19]에 나오는 질의응답 시스템(question answering system)을 구축하는 데 필요한 파이프라인과 비슷하다. 그러나 그 책의 다섯 가지 하위 시스템에 쓰이는 일단의 알고리즘 중 몇몇은 독자에게 좀 생소할 수 있다. 이 책에서는 파이썬을 이용해서 그런 알고리즘을 구현함으로써 챗봇을 비롯한 대부분의 응용 프로그램에 필수적인 여러 자연어 처리 과제를 수행하는 방법을 논의한다.

챗봇을 만들려면 다음 네 가지 처리 단계가 필요하며, 이전 제시문들과 응답문들을 기억하기 위한 데이터페이스도 필요하다. 이 네 가지 처리 단계 각각에는 병렬 또는 직렬로 실행되는 하나 이상의 처리 알고리즘이 있다(그림 1.3).

1. **파싱**(parsing): 자연어 텍스트에서 특징(feature)들과 구조적 수치 자료를 추출한다.
2. **분석**(analysis): 텍스트의 정서, 문법성(grammaticality), 의미론(semantics)에 대한 평점을 매겨서 특징들을 생성, 결합한다.
3. **생성**(generation): 템플릿이나 검색, 언어 모형을 이용해서 적절한 응답문을 작성한다.
4. **실행**(execution): 대화 내역과 목표에 기초해서 제시문들을 계획하고 다음 응답문을 선택한다.

그림 1.3은 이 네 단계의 블록 다이어그램이다. 각 상자에는 그 단계를 구현하는 데 사용할 수

주18 spaCy(93%), SyntaxNet(94%), 스탠퍼드 대학교의 CoreNLP(90%)를 비롯한 여러 구문 파서의 정확도가 https://spacy.io/docs/api/에 나온다.

주19 G. Ingersol, T. Morton, A. Farris, Taming Text. Manning, 2012. 웹 http://www.manning.com/books/taming-text

있는 알고리즘들이 나와 있다. 이후 이러한 각 단계를 파이썬을 이용해서 최상의 성능으로 실행하는 방법을 설명한다. 또한, 다섯 하위 시스템(네 단계와 데이터베이스)을 구현하는 또 다른 여러 방법도 제시하겠다.

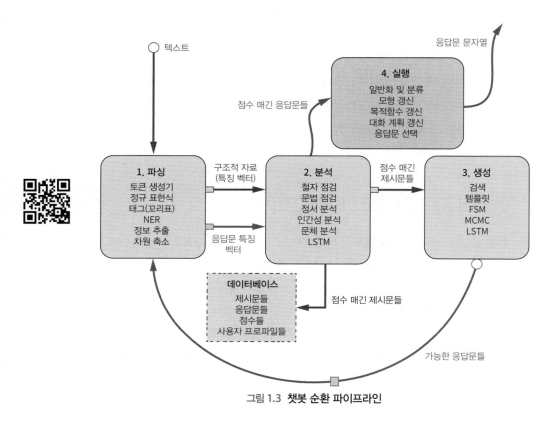

그림 1.3 챗봇 순환 파이프라인

대부분의 챗봇은 다섯 하위 시스템 모두로 구성된다. 그러나 많은 챗봇 응용 프로그램은 각 단계를 그냥 간단한 알고리즘 하나로만 구현한다. 챗봇 중에는 사실관계에 관한 질문에 답하는 데 능한 것도 있고 길고 복잡하며 사람처럼 들리는 응답문을 만들어내는 데 능한 것도 있다. 이런 능력들은 각자 다른 접근 방식을 요구하는데, 이후 두 경우에 관한 기법들을 보게 될 것이다.

최근 심층 학습(deep learning)과 자료 주도적 프로그래밍(data-driven programming)으로 대표되는 기계 학습 또는 확률적 언어 모형화 덕분에 NLP와 챗봇의 응용 범위가 빠르게 넓어졌다. 이러한 자료 주도적 접근 방식에서는 응용 분야의 자료를 예전보다 훨씬 더 많이 NLP 파이프라인에 공급할 수 있기 때문에 파이프라인이 더욱 정교해진다. 그리고 그러한 자료를 더욱 잘 활용할 수 있는 새로운 기계 학습 접근 방식(더욱 효율적인 모형 일반화 또는 정칙화(regulariztion)

능력을 갖춘)이 발견될 때마다, NLP 파이프라인의 능력과 가능성이 더욱 커진다.

그림 1.3에 나온 챗봇용 NLP 파이프라인은 §1.3에서 제시한 대부분의 NLP 응용을 위한 구축 요소들을 모두 담고 있다. *Taming Text*의 선례를 따라, 이 책에서도 NLP 파이프라인을 네 개의 하위 시스템 또는 단계로 분할한다. 또한, 이 책에서는 각 단계의 자료와 관련 설정 및 시간에 따른 훈련 집합(training set; 훈련용 자료 집합)들을 담아둘 데이터베이스도 명시적으로 상정한다. 이러한 데이터베이스 덕분에, 챗봇이 세상과 상호작용하는 과정에서 각 단계를 일괄적으로(batch) 또는 그때그때(online) 재훈련할 수 있다. 그림 1.3은 또한 생성된 텍스트 응답의 '피드백 루프feedback loop(되먹임 순환)'도 보여준다. 이러한 루프 덕분에, 사용자가 입력한 제시문을 처리하는 데 사용한 알고리즘들을 그에 대한 응답문을 생성하는 데 재사용할 수 있다. 그리고 '특징'이라고도 표현하는 응답문의 '점수'들을 하나의 목적함수(objective function)로 결합함으로써, 챗봇의 대화 계획 또는 대화 목표에 근거해서 최선의 응답문을 평가하고 선택할 수 있다. 이 책은 이러한 NLP 파이프라인을 챗봇에 맞게 구성하는 데 초점을 두지만, 어쩌면 가장 일반적인 NLP 응용인 텍스트 조회 또는 '검색'에 맞게 파이프라인을 구성하는 것도 얼마든지 가능한 일이다. 그리고 당연한 말이겠지만, 이 책의 챗봇 파이프라인은 *Taming Text*의 초점인 질의응답 시스템에도 잘 맞는다.

그러나 이 파이프라인을 재무예측이나 사업 분석에 적용한다고 하면 다소 갸우뚱할 것이다. 그렇지만 이 파이프라인의 분석 부분이 생성하는 특징들을 고찰한다면 그런 응용도 그리 어렵지 않다. 분석 또는 생성 하위 시스템이 특정 재무예측 또는 사업 분석에 맞는 특징들을 생성하게 만들 수만 있으면 문제가 거의 해결된 것이다. 그런 식으로 구성한 NLP 파이프라인은 풍부한 자연어 자료를 재무예측용 기계 학습 파이프라인에 도입하는 데 도움이 된다. 이 책이 챗봇 구현에 초점을 두긴 하지만, 이 책에 나오는 여러 개념과 기법은 검색에서 재무예측에 이르기까지 광범위한 NLP 응용에 유용하다.

그림 1.3의 하위 시스템 중 검색, 예측, 질의응답 시스템에는 별로 쓰이지 않는 것이 하나 있다. 바로 자연어 문장을 만들어내는 생성 부분이다. 챗봇에서는 생성이 핵심 기능이다. 챗봇 정도는 아니지만 검색 엔진의 NLP 파이프라인에도 텍스트 생성 기능이 종종 들어가며, 그런 기능은 다른 검색 엔진들에 비한 경쟁력 향상으로 이어진다. 검색 결과를 통합하거나 요약하는 능력은 여러 인기 검색 엔진(DuckDuckGo, Bing, 구글)이 다른 검색 엔진들을 능가하는 주요 요인 중 하나이다. 그리고 재무예측 엔진이 사업과 관련해 대응해야 할 사건들을 SNS나 뉴스 피드의 자연어 문장들에서 검출하고 그에 기초해서 문장이나 트윗, 심지어는 완전한 기사문을 작성할 수 있다면 얼마나 경쟁력이 향상될지 생각해 보기 바란다.

다음 절에서는 그런 시스템의 여러 층을 조합해서 NLP 파이프라인의 각 단계를 더욱 정교하고 유용하게 만드는 방법을 살펴본다.

1.8 더 깊은 처리

자연어 처리 파이프라인의 각 단계를 순방향 신경망(feed-forward neural network)의 은닉층(hidden layer) 같은 층(layer)으로 간주할 수 있다. 심층 학습의 핵심은 특징 추출을 위한 전통적인 2층 기계 학습 모형 구조에 처리층을 더 추가함으로써 더욱 복잡한 모형과 행동을 만들어내는 것이다. 신경망 모형의 오차를 반대 방향으로, 즉 출력층에서 입력층으로 전파하는 역전파 과정으로 학습을 신경망 전체에 퍼뜨리는 것에 관해서는 제5장에서 설명하겠다. 일단 여기서는 NLP 파이프라인의 네 단계에 대응되는 처리층들을 각자 따로(즉, 다른 층들과는 독립적으로) 훈련하는 방법만 이야기한다.

그림 1.4의 상위 네 층은 그림 1.3에 나온 챗봇 파이프라인의 처음 두 단계, 즉 특징 추출(파싱)과 분석에 대응된다. 예를 들어 품사 태깅^{tagging}은 챗봇 파이프라인의 분석 단계에서 특징들을 생성하는 한 방법이다. 그림 1.4의 네 층을 모두 포함하는 spaCy 파이프라인은 기본적으로 주어진 단어의 품사(part-of-speech, POS)를 말해 주는 품사 태그^{tag}(꼬리표)를 자동으로 생성한다. 이러한 품사 태깅은 흔히 nltk.tag 패키지의 메서드들 같은 FST(finite state transducer; 유한 상태 변환기)로 수행한다.

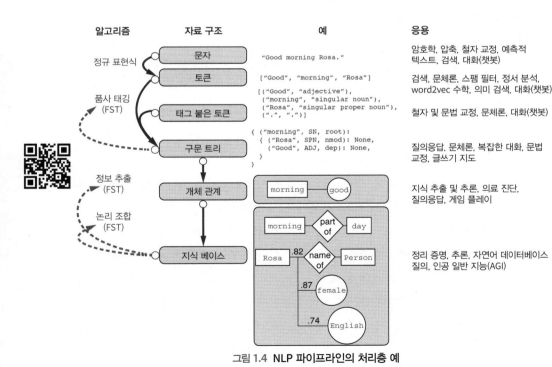

그림 1.4 NLP 파이프라인의 처리층 예

하위 두 층(개체 관계와 지식 베이스)은 특정 영역에 관한 정보(지식)를 담은 데이터베이스를 채우는 데 쓰인다. 그리고 이 여섯 층 모두를 이용해서 특정 문장이나 문서에서 추출한 정보를 데이터베이스에 담긴 정보와 결합해서 추론을 수행할 수 있다. 여기서 **추론**(inference; 또는 추리)은 환경에서 검출한 일단의 조건들(챗봇 사용자의 문장에 담긴 논리 같은)에 기초한 논리적 외삽(extrapolation)을 말한다. 그림 1.4에 나온 구조의 깊은 층들에 있는 이런 '추론 엔진'은 컴퓨터가 주변 세계에 관한 뭔가를 추론하고 그것을 이용해서 논리적인 결정을 내리는 문제를 연구하는 인공지능의 한 분야로 간주된다. 그러나 이러한 지식 베이스(knowledge base)가 없어도 챗봇은 상위 몇 층의 알고리즘만으로 합리적인 결정을 내릴 수 있다. 그리고 그런 결정들을 결합함으로써 놀랄 만큼 사람 같은 행동을 산출할 수 있다.

제2장부터 몇 장에 걸쳐 NLP의 상위 몇 층을 탐색할 것이다. 의미 있는 정서 분석과 의미 검색을 수행하거나 사람과 비슷하게 반응하는 챗봇을 만드는 데는 상위 세 개의 층으로 충분하다. 사실, 단 하나의 처리층에서 텍스트(문자열)를 언어 모형의 특징으로 삼아서 직접 사용하는 접근 방식으로도 유용하고 흥미로운 챗봇을 구축하는 것이 가능하다. 예제 제시문과 응답문이 충분히 주어진다면, 문자열 부합과 검색만 사용하는 챗봇도 상당히 그럴듯한 대화를 이어 나갈 수 있다.

예를 들어 오픈소스 프로젝트 ChatterBot은 그냥 입력 문장과 데이터베이스에 기록된 제시문들 사이의 문자열 '편집 거리(edit distance)'를 계산함으로써 이 파이프라인을 크게 단순화한다. 주어진 입력 문장과의 문자열 편집 거리(구체적으로는 레벤시테인 거리)가 충분히 짧은 기존 제시문이 데이터베이스에 있으면 그 제시문에 대한 기존 응답문을 입력 문장에 대한 응답문으로 재활용하면 된다. 그런 파이프라인에는 앞에 나온 챗봇 파이프라인의 단계 3(생성)만 있으면 된다. 그리고 그러한 생성 단계 안에서는 그냥 전수조사(brute force) 방식의 검색 알고리즘으로 최적의 응답을 찾아낼 수 있다. 이처럼 토큰 생성이나 특징 추출 단계가 없는 단순한 기법으로도 ChatterBot은 Salvius라는 로봇의 대화 엔진으로 그럴듯한 대화를 진행할 수 있었다.[주20] 참고로 Salvius는 건서 콕스^{Gunther Cox}가 고철 부품들로 만든 기계 로봇이다.

스티븐 스코젠^{Steven Skoczen}이 만든 오픈소스 파이썬 챗봇 프레임워크인 Will은 완전히 다른 접근 방식을 사용한다.[주21] Will은 프로그래머가 직접 작성한 정규 표현식들에만 기초해서 응답을 생성한다. 이는 사람의 노고가 필요한, 그러나 훈련 자료는 그리 많이 필요하지 않은 NLP 접근 방식이다. 이런 문법 기반 접근 방식은 알렉사나 시리, 구글 나우 같은 질의응답 시

[주20] Gunther Cox 외, *ChatterBot*. 웹 https://github.com/gunthercox/ChatterBot

[주21] Will은 스티븐 스코젠과 HipChat 공동체가 만든 HipChat용 챗봇으로, GitHub 페이지는 https://github.com/skoczen/will이다. 2018년에는 Slack과 통합되었다.

스템이나 과제 수행 보조 시스템에 특히나 효과적이다. 이런 종류의 시스템은 정규 표현식의 '허약함'을 극복하기 위해 '퍼지 정규 표현식(fuzzy regular expression)'[주22] 같은 근사적 구문 부합 기법들을 활용한다. 퍼지 정규 표현식은 주어진 문장에 정확하게 부합하는 하나의 패턴을 찾는 대신, 흔한 오타나 철자 오류를 고려해서 문자들을 어느 정도 삽입, 삭제, 대체함으로써 여러 후보 패턴들을 만들고 가장 잘 부합하는 것을 고른다. 그러나 이런 문법 기반 챗봇이 보여주는 행동의 폭과 복잡도를 확장하려면 사람의 노고가 대단히 많이 필요하다. 세계 최대 기업(구글, 아마존, 애플, 마이크로소프트)이 만든 가장 진보된 문법 기반 챗봇들도 챗봇 IQ의 폭과 깊이는 중간 수준이다.

얕은(층이 하나인) NLP도 아주 유용한 일을 많이 할 수 있으며, 인간의 개입(꼬리표 붙이기, 텍스트 정리 등)도 거의 필요하지 않다. 그냥 컴퓨터가 계속해서 자신의 환경으로부터(이를테면 트위터나 기타 출처에서 끊임없이 텍스트를 가져와서) 뭔가를 배우게 하는 것이 가능할 때가 많다.[주23] 이에 관해서는 제6장에서 논의한다.

1.9 자연어 IQ

인간의 지능도 그렇지만, NLP 파이프라인의 능력을 1차원적인 IQ 점수로 측정하기란 쉽지 않은 일이다. 제대로 하려면 다수의 '똑똑함' 차원들을 고려해야 한다. 로봇 시스템의 능력을 측정할 때는 로봇이 얼마나 복잡한 행동을 할 수 있는지를 한 차원으로, 인간의 지도(감독)가 어느 정도 필요한지를 또 다른 차원으로 둔 2차원 점수를 흔히 사용한다. 그러나 NLP에서는, 일단 언어 모형의 훈련이 끝난 후에는 인간의 지도를 전혀 필요로 하지 않고 자연어를 처리하는 완전히 자동화된 시스템을 구축하는 것이 목표이다. 따라서 NLP 파이프라인을 위한 IQ 점수를 측정할 때는 복잡도의 너비와 깊이를 각 차원으로 둔 2차원 IQ가 바람직할 것이다.

대체로 알렉사나 알로[Allo] 같은 최종 소비자용 가상 비서나 챗봇은 대단히 광범위한 지식과 기능을 갖추도록 설계된다. 그러나 그런 제품이 사용자의 요청에 반응하는 데 사용하는 논리는 그리 깊지 않은 경향이 있다. 그냥 일단의 발동(trigger) 문구들이 정해져 있고, 각 발동 문구에 대해 항상 같은 응답을 하는 단순한 **if-then** 조건 분기문들이 논리를 구성할 때가 많

[주22] 파이썬 regex 모듈은 re 모듈과 호환될 뿐만 아니라 여러 추가 기능도 갖추었는데, 그중 하나는 퍼지 정규 표현식이다. 향후에는 이 모듈이 re 모듈을 대체할 예정이다(https://pypi.python.org/pypi/regex). 이와 비슷하게, UNIX 명령줄 유틸리티 grep 대신 사용할 수 있는 프로그램으로 TRE의 agrep(https://github.com/laurikari/tre)이 있다(agrep은 'approximate grep' 을 줄인 것이다).

[주23] 문자열이나 단어열을 이용한 이런 비지도(unsupervised) 특징 추출에는 단순 신경망이 흔히 쓰인다.

다. 알렉사는(그리고 그 바탕에 있는 렉스^{Lex} 엔진은) 단층 단일 분기 트리(if, elif, elif, ...)처럼 행동한다.[주24] 구글의 Dialogflow(구글의 알로나 구글 어시스턴트와는 독립적으로 개발된 제품이다)도 아마존 렉스나 Contact FLow, Lambda 등과 기능이 비슷하되, 대화 트리(dialog tree) 구성을 위한 끌어다 놓기(drag-and-drop) 사용자 인터페이스는 제공하지 않는다.

반면 구글 번역(Google Translate) 파이프라인(또는 그와 비슷한 여러 기계 번역 시스템)은 특징 추출, 결정 트리(decision tree), 지식 그래프(세상에 관한 조각 지식들이 서로 연결된) 등으로 구성된 좀 더 깊은 트리에 의존한다. 이런 특징 추출기나 결정 트리, 지식 그래프를 명시적으로 시스템에 프로그래밍해 넣을 때도 있는데, 그림 1.4가 그런 예이다. 그러나 요즘은 이런 "손수 작성한" 파이프라인을 심층 학습 기반의 자료 주도적 접근 방식이 빠르게 밀어내고 있다. 심층 신경망을 위한 특징 추출기는 사람이 직접 정의하는 것이 아니라 학습을 통해서 정의된다. 단, 사람이 손수 설계한 알고리즘만큼의 성과를 내려면 아주 많은 훈련 자료가 필요하다.

이 책에서 특화된 지식 영역 안에서 대화를 진행하는 능력을 갖춘 챗봇을 위한 파이프라인을 점진적으로 구축하는 과정에서 두 접근 방식(신경망과 손수 작성한 알고리즘)을 모두 사용해 볼 것이다. 이러한 과정을 통해서 여러분은 여러분의 관심 영역에서 자연어 처리 과제를 수행하는 데 필요한 기술들을 충분히 배울 수 있다. 그리고 이 과정에서 우리의 NLP 파이프라인(이 책에서 점차 개선해 나가는 하나의 NLP 파이프라인)이 할 수 있는 일들의 깊이와 너비를 더욱 확장할 착안을 얻을 수도 있을 것이다. 그림 1.5는 우리의 NLP 파이프라인(NLPIA)이 기존 자연어 처리 시스템들과 비교해서 어느 위치에 있는지 보여준다. 여러분이 사용해 본 챗봇들이 이 그래프의 어디에 놓일지 생각해 보아도 재미있을 것이다. 그런 제품들에게 어려운 질문이나 IQ 테스트 문제 같은 것을 제시해서 지능을 가늠해 본 적이 있는지?[주25] 이후의 장들에서 우리의 챗봇에 대해 실제로 그런 시험을 수행한다. 이런 시험은 여러분의 챗봇이 다른 제품들에 비해 어느 정도의 능력을 갖추었는지 파악하는 데 도움이 된다.

[주24] Lambdas를 AWS Contact Flow 대화 트리에 도입하면 좀 더 복잡한 논리와 행동을 정의할 수 있다. "Creating a Call-Center Bot with AWS Connect and Amazon Lex: It Can Speak, but Does It Understand?"(https://greenice.net/creating-call-center-bot-aws-connect-amazon-lex-can-speak-understand)를 참고하기 바란다.

[주25] 바이런 리스(Byron Reese)는 "What's larger? The sun or a nickel?"이라는 좋은 질문을 제안했다(https://gigaom.com/2017/11/20/voices-in-ai-episode-20-a-conversation-with-marie-des-jardins). 그 외에도 https://github.com/totalgood/nlpia/blob/master/src/nlpia/data/iq_test.csv에 참고할 만한 여러 질문이 있다.

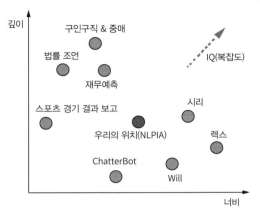

그림 1.5 **몇몇 자연어 처리 시스템의 2차원 IQ**

이 책은 챗봇의 여러 구성요소를 점차 구축해 나간다. 하나의 챗봇이 제대로 작동하려면 다음과 같은 NLP 기능을 모두 갖추어야 한다.

- 특징 추출 — 일반적으로 하나의 벡터 공간 모형을 산출한다.
- 정보 추출 — 사실관계에 관한 질문에 답하려면 이것이 필요하다.
- 의미 검색 — 이전에 기록된 자연어 텍스트나 대화에서 뭔가를 배우는 데 필요하다.
- 자연어 생성 — 새로운 의미 있는 문장을 작성하는 데 필요하다.

기계 학습 기법을 이용하면 사람이 오랜 시간 동안 수백 개의 복잡한 정규 표현식이나 알고리즘을 작성해야 가능할 복잡한 행동을 컴퓨터가 하게 만들 수 있다. 그냥 사용자가 입력한 문장과 그에 대해 챗봇이 출력할 만한 응답문으로 이루어진 견본(example)들로 컴퓨터를 훈련하면 컴퓨터는 사람이 정규 표현식으로 정의한 패턴들과 비슷한 패턴들에 반응하게 된다. 그리고 기계 학습이 산출한 언어 '모형', 즉 FSM은 이전에 사람이 직접 만든 것보다 훨씬 낫다. 학습으로 얻은 FSM들은 오타나 철자 오류에 좀 더 유연하게 반응한다.

기계 학습 NLP 파이프라인은 '프로그래밍'하기도 더 쉽다. 대상 언어를 구성하는 기호들의 모든 가능한 용법을 사람이 일일이 예측할 필요가 없다. 그냥 부합하는 견본 문구들과 부합하지 않는 견본 문구들을 훈련 파이프라인에 공급하기만 하면 된다. 부합하는 것과 부합하지 않는 것을 구분할 수 있도록 적절한 분류명(label)을 달아 두기만 한다면, 챗봇은 두 부류의 자료를 구분하는 방법을 배우게 된다. 심지어 그런 "분류된(분류명이 달린)" 자료를 거의 필요로 하지 않는 기계 학습 접근 방식도 있다.

지금까지의 논의에서 여러분이 자연어 처리를 배워야 할 동기를 충분히 찾았길 바란다. 사람들이 의사소통하고, 배우고, 돈을 벌고, 심지어는 생각을 하는 방식을 크게 바꾼 몇 가지 실용적인 NLP 응용들을 생각하면, NLP가 인간 세상을 더 낮게 바꾸는 데 일조할 수도 있다는 생각도 들 것이다. 이 책을 잘 공부한다면, 사람처럼 대화하는 시스템을 만드는 데 그리 많은 시간이 걸리지 않을 것이다. 이후의 장들에서는 금융이나 스포츠, 심리학, 문학 등 여러분이 관심을 두는 분야의 지식으로 챗봇 또는 NLP 파이프라인을 훈련하는 방법을 배우게 된다. 그런 분야의 텍스트 자료(말뭉치)를 충분히 구할 수 있다면, 컴퓨터가 그 분야를 이해하도록 가르칠 수 있다.

이 책의 나머지 부분은 사람들이 자연어로 말할 만한 모든 것을 예측할 필요 없이 기계 학습을 활용해서 자연어를 처리하는 방법에 관한 것이다. 각 장은 이번 장에서 소개한 챗봇용 기본 NLP 파이프라인을 점차 개선한다. 자연어 처리의 여러 도구를 배워 나가다 보면, 여러분은 대화를 진행하는 것은 물론이고 업무와 일상생활의 여러 목표를 달성하는 데 도움을 주기까지 하는 NLP 파이프라인을 구축하는 능력을 갖추게 될 것이다.

요약

- 좋은 NLP는 세상을 구하는 데 도움이 될 수 있다.
- 단어의 의미와 화자의 의도를 컴퓨터가 파악하는 것이 가능하다.
- 똑똑한 NLP 파이프라인은 중의성을 다룰 수 있다.
- 컴퓨터에게 상식을 가르칠 수 있다. 아주 오랜 시간이 걸리지는 않는다.
- 챗봇을 일종의 의미 검색 엔진으로 간주할 수 있다.
- 정규 표현식은 검색 이외에도 여러 용도가 있다.

2

나만의 어휘 구축: 단어 토큰화

이 장에서 다루는 내용

- 텍스트를 다수의 단어 또는 n-그램(토큰)으로 분할하기
- SNS 게시물에서 흔히 볼 수 있는 비표준 문장 부호와 이모티콘 다루기
- 어간 추출과 표제어 추출로 토큰 어휘 압축하기
- 문장의 벡터 표현 구축
- 사람이 직접 지정한 토큰 점수들에 기초한 감정 분석기 구축

자연어 처리의 위력으로 세상을 구할 준비를 마쳤다면, 처음으로 할 일은 강력한 어휘를 구축하는 것이다. 이번 장에서는 임의의 문자열(문서 전체 등)을 토큰이라고 부르는 개별적인 의미 단위들로 분할하는 방법을 설명한다. 이번 장에서 말하는 토큰은 단어, 문장 부호, 수치로 한정되지만, ASCII 이모티콘이나 유니코드 에모지^{emoji}(그림 문자), 수학 기호 같은 다른 종류의 의미 단위들로 이번 장의 기법을 확장하는 것도 얼마든지 가능하다.

문서에서 토큰을 추출하려면 제1장에서 사용한 str.split() 메서드 이상의 문자열 조작 수단이 필요하다. 특히, 한 문장의 시작과 끝에 있는 따옴표 같은 문장 부호를 실제 단어들과 분리할 수 있어야 한다. 또한 "we'll" 같은 축약형을 분해해서 원래의 두 단어를 복원할 수도 있어야 한다. 문서에서 어휘에 포함할 토큰들을 모두 식별했다면, 다음으로 할 일은 어간 추출 (stemming)이다. 이 작업은 정규 표현식으로 할 수 있다. 그런 다음에는 그 토큰들을 이용해서 단어 모음(bag of words)이라고 부르는 문서의 벡터 표현을 생성한다. 마지막으로, 제1장에서 소개한 인사말 챗봇을 이 벡터 표현을 이용해서 개선한다.

단어 또는 토큰이 무엇을 표현하는지 잠깐 생각해 보기 바란다. 여러분이 생각하기에, 하나의 단어가 하나의 개념을 대표하는가, 아니면 여러 개념이 혼재된 흐릿한 어떤 것을 대표하는가? 하나의 단어를 식별하는 것이 항상 가능할까? 자연어의 단어가 프로그래밍 언어의 키워드처럼 항상 명확한 정의와 문법적 운용 규칙을 따를까? 하나의 단어를 식별하는 소프트웨어를 작성하는 것이 얼마나 어려울까? "ice cream"은 하나의 단어일까, 아니면 두 개의 단어일까? 복합어 "ice cream"을 구성하는 두 단어가 여러분 머릿속의 사전에 각각 등재되어 있지 않은가? "don't" 같은 축약형 단어는 어떤가? 일련의 문자들로 이루어진 문자열 "don't"를 하나의 '의미 전달 단위(packet of meaning)'로 봐야 할까, 아니면 두 개의 단위로 봐야 할까?

하나의 단어조차도 더 작은 규모의 의미 전달 단위로 쪼갤 수 있다. "re,"나 "pre,", "ing" 같은 접두사나 접미사는 그 자체로 의미를 가진다. 단어 중간의 음절들도 마찬가지이다. 그리고 그런 작은 단위를 더 작은 의미 전달 단위들로 분할할 수 있다. 가장 작은 단위인 개별 글자 또는 자소(grapheme; https://en.wikipedia.org/wiki/Grapheme)도 감정과 의미를 전달한다.[주1]

문자 기반 벡터 공간 모형은 나중에 다른 장에서 이야기하고, 일단 지금은 단어가 무엇이고 텍스트를 단어들로 분할하려면 어떻게 해야 하는지에 집중하기로 하자.

생략된 단어나 뭔가를 암시하는 단어도 고민할 필요가 있다. 한 단어로 된 명령문 "Don't!"에 어떤 단어가 생략되어 있을까? 잠시 컴퓨터처럼 생각했다가 다시 사람처럼 생각해 보면 이 명령문에 적어도 세 개의 단어가 생략되어 있음을 알 수 있다. 한 단어 명령문 "Don't!"는 "Don't you do that!" 또는 "You, do not do that!"을 줄인 것이리라. 명령문 "Don't!"를 제대로 처리하려면 컴퓨터는 원래의 다섯 토큰 중 생략된 세 개의 의미 전달 단위를 파악할 수 있어야 한다. 그러나 지금은 이런 생략어를 고려하지 말기로 하자. 이번 장에서는 그냥 토큰들을 주어진 대로 식별하는 토큰 생성기를 구축한다. 생략이나 암시, 문장의 의미 자체는 제4장에서부터 다루겠다.[주2]

이번 장에서는 하나의 문자열을 단어들로 분할하는 단순한 알고리즘들을 소개한다. 또한, 토큰 두 개, 세 개, 네 개, 심지어 다섯 개로 이루어진 쌍(pair)들을 추출하는 방법도 살펴본다. 그런 토큰 쌍을 n-그램이라고 부르는데, n은 토큰(단어) 개수이다. 예를 들어 단어 두 개의 쌍을 2-그램(바이그램bigram)이라고 부르고, 세 개는 3-그램(트라이그램trigram), 네 개는 4-그램 등이다.

주1 한 단어에서 그 자체로 의미를 가지는 개별 부분을 형태소(morpheme)라고 부른다. 제프리 힌턴을 비롯한 심층 학습 선구자들은 텍스트를 구성하는 가장 작은 단위인 자소(grapheme; 또는 문자소. 영어의 경우 개별 영문자)조차도 의미를 지닌 것으로 취급할 수 있음을 보여주었다.

주2 '단어'가 과연 무엇인지는 제롬 패커드(Jerome Packard)의 중국어 형태론 입문서 *The Morphology of Chinese*를 참고하기 바란다. 그 책에서 패커드는 '단어'라는 개념을 상세히 논의한다. 원래 중국어에는 '단어'라는 개념이 없었다. 단어 개념은 20세기에 영어 문법서가 중국어로 번역되면서 생겼다.

n-그램을 이용하면 컴퓨터는 "ice"와 "cream"뿐만 아니라 그 둘로 이루어진 "ice cream"도 인식할 수 있다. 챗봇이 인식하면 좋을 만한 또 다른 2-그램으로는 "Mr. Smith"가 있다. 즉, 문서의 토큰 모음과 벡터 표현에는 "Mr."와 "Smith" 뿐만 아니라 "Mr. Smith"도 한 자리를 차지하게 된다.

지금은 모든 가능한 두 단어 쌍(그리고 그리 길지 않은 n-그램들)을 어휘에 포함하기로 한다. 그러나 제3장에서는 단어의 중요도를 단어가 문서에 출현한 횟수에 기초해서 추정하는 방법을 배우게 될 것이다. 그러면 인접해서 출현하는 경우가 거의 없는 2-그램과 3-그램들을 제외할 수 있다. 여기서 제시하는 접근 방식들이 완벽한 것은 아니다. 기계 학습 파이프라인의 특징 추출기가 입력 자료에 담긴 모든 정보를 유지하는 경우는 거의 없다. 특정 응용을 위해 텍스트에서 더 많은 또는 이전과는 다른 정보를 추출하도록 토큰 생성기를 수정해야 할 때가 언제인지를 아는 것은 NLP 개발자의 중요한 능력 중 하나이다.

자연어 처리에서 텍스트를 수치 벡터로 변환하는 것은 특히나 "손실이 큰" 특징 추출 과정이다. 그렇긴 하지만, 단어 모음 벡터는 텍스트에 담긴 정보를 유용하고 흥미로운 기계 학습 모형을 산출하기에 충분할 정도로 유지한다. 이번 장 끝에서 소개하는 감정 분석기를 위한 기법들은 Gmail이 스팸 홍수(거의 모든 이메일을 쓸모없게 만드는)로부터 사용자를 보호하는 데 사용하는 것과 같은 기법들이다.

2.1 어려운 문제: 어간 추출의 개요

텍스트에서 특징을 추출하는 것이 어려운 이유를 보여주는 예로 어간 추출(stemming)을 들수 있다. 어간 추출은 한 단어의 여러 변형을 동일한 '통' 또는 군집으로 묶는 것을 말한다. 아주 똑똑한 사람들이 단어의 여러 어형 변화를 오직 그 철자에만 기초해서 묶는 알고리즘을 개발하는 데 평생을 바쳤다. 그것이 얼마나 어려운 일인지 상상해 보기 바란다. 예를 들어 "ending"에서 동사화 접미사 "ing"을 제거하면 "ending"을 포함한 여러 변형을 대표하는 어간 "end"가 남는다. 그런데 "running"에서 "run"을 추출하려면 "ing"이 아니라 n이 붙은 "ning"을 제거해야 한다. 게다가, "sing"에 대해 이런 방법을 적용하면 안 된다. "sing"에서 "ing"을 제거하면 그냥 "s"라는 글자 하나만 남는다.

복수형을 단수형으로 바꾸기 위해 "s"를 제거할 때도 비슷한 일이 벌어진다. "words"에서 "s"를 제거해서 "word"를 얻는 것은 좋지만, "bus"나 "lens"에는 이 방법이 통하지 않는다. 한 단어 또는 단어의 한 부분에 있는 개별 글자가 그 단어의 의미에 관한 정보를 제공할까? 글자 하나 때문에 단어의 의미가 전혀 달라질 수 있을까? 두 질문 모두 답은 "예"이다.

이번 장에서는 이런 단어 철자 난제들을 전통적인 어간 추출 접근 방식으로 해결함으로써 우리의 NLP 파이프라인을 좀 더 똑똑하게 만든다. 나중에 제5장에서는 통계적 군집화 접근 방식을 소개하는데, 그 접근 방식은 대상 영역의 단어들을 담은 대량의 자연어 텍스트만 있으면 된다. 그 접근 방식은 텍스트 자료의 단어 사용 통계량으로부터 '의미론적 어간'들(좀 더 구체적으로는, 표제어나 동의어 같은 좀 더 유용한 단어들의 군집)을 밝혀낸다. 사람이 정규 표현식이나 어간 추출 규칙을 직접 작성할 필요가 없다.

2.2 토큰 생성기를 이용한 어휘 구축

NLP에서 토큰화(tokenization)는 문서 분할의 한 종류이다. 여기서 분할(segmentation; 또는 세분화)은 주어진 텍스트를 더 작은, 그리고 좀 더 구체적인 정보를 담은 조각들로 쪼개는 것을 말한다. 문서를 문단들로 나누는 것은 물론이고 문단을 문장들로 나누는 것, 문장을 문구(절, 구)들로 나누는 것, 문구를 토큰(보통은 단어)과 문장 부호로 나누는 것도 모두 분할의 일종이다. 여기서는 텍스트를 토큰(token)으로 나누는 형태의 분할을 이야기하는데, 이런 분할을 토큰화 또는 토큰 생성이라고 부른다.

전산학 과목에서 컴파일러의 작동 방식을 배운 독자라면 토큰 생성기(tokenizer; 또는 토큰화기)라는 용어를 들어보았을 것이다. 컴퓨터 언어로 된 소스 코드를 토큰화하는 데 쓰이는 토큰 생성기를 흔히 스캐너[scanner]나 렉서[lexer](lexical analyzer; 어휘 분석기)라고 부른다.

컴퓨터 언어의 어휘(모든 유효한 토큰의 집합)를 흔히 어휘집(lexicon)이라고 부르는데, NLP에 관한 학술 논문에서도 이 용어가 쓰인다. 토큰 생성기가 컴퓨터 언어 컴파일러의 파서 자체에 내장된 경우 그런 파서를 무스캐너 파서(scannerless parser)라고 부르기도 한다. 그리고 컴퓨터 언어를 파싱하는 데 쓰이는 문맥 자유 문법(context-free grammar, CFG)에서 토큰은 분할의 최종 단위이다. CFG 구문 트리의 뿌리(루트 노드)에서 잎(단말 노드)으로 가는 경로의 제일 끝에 있다는 점에서 이런 토큰을 단말(terminal) 기호라고 부른다. CFG나 정규 표현식 같은 형식 문법(formal grammar)에 관해서는 제11장에서 자연어 텍스트에 대해 패턴 부합을 수행해서 정보를 추출하는 방법을 논의할 때 좀 더 배우게 될 것이다.

NLP의 기본적인 구축 요소들에 대응되는 컴퓨터 언어 컴파일러의 구성요소들은 다음과 같다.

- 토큰 생성기—스캐너, 렉서
- 어휘—어휘집

- 파서—컴파일러

- 토큰, 용어, 단어, n-그램—토큰, 기호, 단말 기호

토큰화는 NLP 파이프라인의 첫 단계인 만큼 파이프라인의 나머지 부분에 영향을 크게 미친다. 토큰화는 구조가 없는 자료인 자연어 텍스트를 정보 조각들로 분할한다. 이때, 그 정보 조각들을 각각 개별적인 요소로 취급해서 그 개수를 셀 수 있다는 점이 중요하다. 그런 토큰 출현 횟수들을 그대로 벡터 성분들로 사용해서 벡터를 만들면, 그것이 바로 문서를 대표하는 하나의 벡터 표현이 된다. 구조 없는 문자열(텍스트 문서)이 순식간에 기계 학습에 적합한 수치적 자료 구조가 된 것이다. 또는, 그런 출현 횟수들을 좀 더 복잡한 결정이나 행동을 촉발하는 특징들로서 기계 학습 파이프라인에 투입할 수도 있다. 이런 식으로 만들어진 단어 모음 벡터의 가장 일반적인 용도는 문서 검색이다.

한 문장을 토큰화하는 가장 간단한 방법은 문자열 안의 공백(whitespace) 문자를 단어 구분자(delimiter; 또는 구분 문자)로 사용하는 것이다.[역1] 파이썬에서는 표준 라이브러리의 메서드인 split를 사용하면 된다. 내장 클래스 str뿐만 아니라 str 클래스에서 인스턴스화된 str 객체는 이 메서드를 지원한다. 목록 2.1은 이 메서드를 사용하는 예이고, 그림 2.1은 해당 토큰화 결과를 도식화한 것이다.

목록 2.1 몬티첼로[역2] 예제 문장을 토큰들로 분할

```
>>> sentence = """Thomas Jefferson began building Monticello at the
...     age of 26."""
>>> sentence.split()
['Thomas',
 'Jefferson',
 'began',
 'building',
 'Monticello',
 'at',
 'the',
 'age',
 'of',
 '26.']
```

[역1] 한국어 NLP의 경우에는 경우 공백으로 분리한 단어(어절)를 좀 더 세부적인 단위인 형태소로 더욱 분리하는 것이 바람직할 수 있다. 예를 들어 문장을 공백으로만 분리해서 "토큰이"와 "토큰을"이라는 두 개의 토큰을 얻었다고 할 때, 형태소 분석을 통해서 이들을 "토큰"+"이"와 "토큰"+"을"로 더욱 분리하면 "토큰", "이", "을"이라는 세 개의 토큰이 나온다. 명사들만 추출하고 조사들은 불용어로 처리하는 것이 바람직한 경우에는 이런 형태소 분석이 꼭 필요할 것이다. 이러한 추가 작업은 §2.2.5에서 설명하는 '어휘 정규화'(특히 어간 추출과 표제어 추출)와도 연관된다. 한국어 형태소 분석 기능을 제공하는 파이썬 패키지로는 KoNLPy(http://konlpy.org/ko/)가 있다.

[역2] 참고로 몬티첼로(Monticello)는 미국 '건국의 아버지' 중 한 명인 토머스 제퍼슨 대통령이 젊은 시절(예문에 26세에 짓기 시작했다고 나온다) 설계하고 건축에도 직접 관여한 저택의 이름이다. 미국의 역사 유적 중 하나로, 유네스코 세계문화유산에도 등재되었다.

```
>>> str.split(sentence)
['Thomas',
 'Jefferson',
 'began',
 'building',
 'Monticello',
 'at',
 'the',
 'age',
 'of',
 '26.']
```

Thomas | Jefferson | began | building | Monticello | at | the | age | of | 26.

그림 2.1 **토큰화 결과**

예제에서 보듯이, 이 파이썬 내장 메서드는 단순한 문장을 잘 토큰화했다. 유일한 '실수'라면 문장 끝의 토큰 "26."에 마침표가 포함되어 있다는 점을 들 수 있겠다. 보통은 마침표 같은 문장 부호를 의미 있는 토큰과 분리한다. "26."라는 토큰은 컴퓨터 언어에서 부동소수점 수 26.0을 표현하는 데는 완벽하게 합당하지만, 이것을 개별적인 토큰으로 인정한다면 다른 어떤 문장의 중간에 등장하는 단어 "26"과는 구별되는 어떤 토큰이 되어 버린다. 좋은 토큰 생성기라면 "26."나 "26!", "26?", "26."에서 여분의 문장 부호를 제거해서 이들이 모두 "26"이라는 단어에 속하게 만들어야 마땅하다. 그리고 좀 더 정교한 토큰 생성기는 문장 끝의 문장 부호를 개별적인 토큰으로 산출할 것이다. 그러면 문장 수준의 분할기나 문장 경계 검출기가 문장의 끝을 식별할 수 있다.

일단 지금은 이 불완전한 토큰 생성기를 그대로 사용하고, 문장 부호나 기타 문제점은 나중에 해결하기로 하자. 다음으로 할 일은 각 단어를 나타내는 수치 벡터 표현을 만드는 것이다. 이런 벡터를 원핫 벡터^one-hot vector라고 부르는데, 그 이유는 곧 알게 된다. 이런 원핫 벡터들의 순차열(sequence)은 원래의 원문 텍스트를 온전히 표현한다. 여기서 핵심은, 주어진 텍스트가 이제는 수치적인 자료 구조(2차원 수치 배열)로 변한다는 점이다. 즉, NLP의 첫 번째 문제인 단어들을 수치들로 변환하는 문제가 여기서 해결된다.

```
                                str.split()을 불완전하지만     vocab은 NLP에
                                간단한 토큰 생성기로 사용한다.   사용할 고유한 토큰
>>> import numpy as np                                      (단어)들로 이루어진
>>> token_sequence = str.split(sentence)  ◄                 어휘집에 해당한다.
>>> vocab = sorted(set(token_sequence))  ◄
>>> ', '.join(vocab)  ◄
'26., Jefferson, Monticello, Thomas, age, at, began, building, of, the'
>>> num_tokens = len(token_sequence)
                    토큰들이 숫자가 영문자보다, 대문자가 소문자보다 먼저 나오는 ASCII순으로 정렬되었다.
```

```
>>> vocab_size = len(vocab)
>>> onehot_vectors = np.zeros((num_tokens,
...                            vocab_size), int)
>>> for i, word in enumerate(token_sequence):
...     onehot_vectors[i, vocab.index(word)] = 1
>>> ' '.join(vocab)
'26. Jefferson Monticello Thomas age at began building of the'
>>> onehot_vectors
array([[0, 0, 0, 1, 0, 0, 0, 0, 0, 0],
       [0, 1, 0, 0, 0, 0, 0, 0, 0, 0],
       [0, 0, 0, 0, 0, 0, 1, 0, 0, 0],
       [0, 0, 0, 0, 0, 0, 0, 1, 0, 0],
       [0, 0, 1, 0, 0, 0, 0, 0, 0, 0],
       [0, 0, 0, 0, 0, 1, 0, 0, 0, 0],
       [0, 0, 0, 0, 0, 0, 0, 0, 0, 1],
       [0, 0, 0, 1, 0, 0, 0, 0, 0, 0],
       [0, 0, 0, 0, 0, 0, 0, 0, 1, 0],
       [1, 0, 0, 0, 0, 0, 0, 0, 0, 0]])
```

> 너비가 어휘의 고유 단어 개수이고 높이가 문서의 길이(토큰 개수)인 빈 테이블(2차원 배열)을 만든다. 지금 예제 문장의 경우 테이블은 10행 10열이다.

> 문장의 각 단어에 대해, 어휘에서 그 단어에 해당하는 위치의 테이블 성분을 1로 설정한다.

나열된 1들과 0들이 바로 토머스 제퍼슨에 관한 예제 문장의 원핫 단어 벡터들인데, 뭐가 뭔지 알아채기 힘들 것이다. Pandas 패키지의 DataFrame을 이용하면 이런 자료를 좀 더 쉽게 파악할 수 있다. Pandas는 1차원 배열을 Series라는 객체로 감싸는데, 이 객체는 여러 유용한 기능을 제공한다. Pandas는 목록들의 목록, 2차원 NumPy 배열, 2차원 NumPy 행렬, 배열들의 배열, 사전들의 사전 같은 내포된 자료 구조를 다룰 때 특히나 유용하다.

DataFrame은 각 열의 이름표(label)를 관리한다. 지금 예제에서는 테이블의 각 열에 해당 토큰 또는 단어를 이름표로 부여하면 된다. DataFrame은 또한 빠른 조회를 위해 각 행의 이름표도 관리하는데, DataFrame.index가 바로 그것이다. 그러나 대부분의 응용 프로그램에서 행의 이름표들은 그냥 연속된 정수 색인들이다. 일단 지금은 우리도 테이블 행들을 그냥 정수 색인으로 지칭하기로 한다. 다음은 DataFrame을 이용해서 원핫 벡터들을 좀 더 이해하기 쉽게 출력하는 예이다.

목록 2.2 몬티첼로 문장의 원핫 벡터들

```
>>> import pandas as pd
>>> pd.DataFrame(onehot_vectors, columns=vocab)
   26.  Jefferson  Monticello  Thomas  age  at  began  building  of  the
0   0          0           0       1    0   0      0         0   0    0
1   0          1           0       0    0   0      0         0   0    0
2   0          0           0       0    0   0      1         0   0    0
3   0          0           0       0    0   0      0         1   0    0
4   0          0           1       0    0   0      0         0   0    0
5   0          0           0       0    0   1      0         0   0    0
```

```
6    0         0         0      0  0  0      0      0  0  1
7    0         0         0      0  1  0      0      0  0  0
8    0         0         0      0  0  0      0      0  1  0
9    1         0         0      0  0  0      0      0  0  0
```

0이 아닌 성분이 거의 없는 벡터를 희소(sparse) 벡터라고 부르는데, 원핫 벡터는 모든 성분 중 단 하나만 0이 아니므로 대단히 희소한 벡터이다. 따라서 0을 그냥 빈칸으로 표시하면 원핫 벡터들의 테이블이 좀 더 보기 편할 것이다. 그러나 기계 학습 파이프라인에 사용할 DataFrame에서 실제로 0들을 빈칸으로 대체하지는 말기 바란다. 그러면 NumPy 배열에 수치가 아닌 원소들이 많이 생겨서 수학 계산이 엉망이 된다. 그렇지만 이 원핫 벡터들의 테이블을 사람이 좀 더 보기 편하게 표시하는 것이 목적이라면, DataFrame의 내용을 마치 음악상자(music box; 소위 오르골)의 원통이나 자동연주 피아노의 롤처럼 표시하는 다음 예제가 도움이 될 것이다.

목록 2.3 원핫 벡터들을 좀 더 보기 편하게 표시

```
>>> df = pd.DataFrame(onehot_vectors, columns=vocab)
>>> df[df == 0] = ''
>>> df
  26. Jefferson Monticello Thomas age at began building of the
0                              1
1            1
2                                      1
3                                            1
4                  1
5                      1
6                                                1
7                        1
8                                          1
9    1
```

문장 하나짜리 문서의 이러한 표현에서 각 행은 한 단어에 대한 벡터이다. 예제 문장은 열 개의 단어로 되어 있는데, 각 단어는 단 한 번만 쓰였다. 이 테이블의 행의 수는 10(어휘의 단어 개수), 열의 수도 10(문서의 단어 개수와 일치)이다. 한 열의 '1'은 해당 어휘 단어가 문서의 해당 위치에 출현한다는 뜻이다. 따라서, 예를 들어 문서의 세 번째 단어가 무엇인지 알고 싶으면 테이블의 셋째 행(행 번호는 3이 아니라 2인데, 이는 행 번호가 1이 아니라 0에서 시작하기 때문이다)에서 값이 1인 열을 찾으면 된다. 그 열의 제일 위에 있는 단어가 바로 문서의 세 번째 단어이다. 지금 예에서는 제7열에 1이 있으며, 그 열의 단어는 "began"이다.

테이블의 각 행은 하나의 이진 행벡터이다. 앞에서 언급했듯이 이 벡터는 한 성분(열)만 빼고 모두 0 또는 빈칸이다. 값이 1인 성분 하나만 "뜨겁다(hot)"는 점에서 원핫 벡터라는 이름이 붙었다. 프로그래밍에서는 이진수의 1을 비유적으로 켜짐(on), 긍정, 뜨거움 등으로 해석하는 것이 관례이다. 0은 꺼짐(off), 없음, 부정 등을 뜻한다. 정리하자면, NLP 파이프라인에서는 문장의 한 단어 "began"을 [0, 0, 0, 0, 0, 0, 1, 0, 0, 0]이라는 하나의 벡터로 표현할 수 있다.

단어의 이러한 벡터 표현과 문서의 테이블 표현이 가진 한 가지 장점은 그 어떤 정보도 소실되지 않는다는 점이다.[주3] 각 열이 어떤 단어에 대응되는지에 관한 정보만 유지한다면, 이러한 원핫 벡터들의 테이블로 원래의 문서를 복원할 수 있다. 그리고 이러한 복원 과정은 100% 정확하다. 비록 현재의 토큰 생성기가 우리가 유용하다고 생각하는 수준의 90%의 정확도로만 토큰들을 생성한다고 해도 그렇다. 이런 장점 때문에 신경망, 문장 대 문장 언어 모형, 생성적 언어 모형들에서는 이런 원핫 단어 벡터들을 흔히 사용한다. 원핫 벡터 표현은 원래의 텍스트에 담긴 의미를 고스란히 유지해야 하는 모든 종류의 모형이나 NLP 파이프라인에 적합하다.

이러한 원핫 벡터 테이블은 원문을 녹음한 것과 비슷하다. 상상력을 발휘한다면, 앞에 나온 1들과 0들의 행렬을 자동연주 피아노의 피아노 롤$^{piano\ roll}$로 생각할 수 있을 것이다.[주4] 아니면 여러 개의 돌기가 있는 음악상자 원통을 떠올려도 될 것이다.[주5] 테이블 제일 위의 어휘 단어들은 그 열의 피아노 롤의 구멍 또는 음악상자 원통의 돌기가 어떤 '음표'인지 말해 준다. 단, 자동연주 피아노와는 달리 우리의 자동 단어 녹음 및 재생기는 한 번에 손가락 하나로만 건반을 누를 수 있다. 그래서 '원핫'이다. 그리고 각 음표 또는 단어는 항상 같은 길이로만 연주되며, 인접한 음표 사이의 시간 차이도 항상 일정하다.

그러나 이것은 원핫 단어 벡터를 해석하는 여러 방법의 하나일 뿐이다. 원핫 벡터 표현을 이해하는 데 도움이 된다면 이와 다른 방식의 해석이나 비유도 얼마든지 좋다. 중요한 것은 자연어 텍스트의 단어들을 일련의 수치로 이루어진 벡터 형태로 바꾸었다는 점이다. 그 덕분에 컴퓨터는 여타의 벡터나 수치 목록을 다룰 때처럼 문서의 표현을 읽어 들이고 산술 연산을 수행할 수 있다. 일단 텍스트를 수치 벡터로 바꾸고 나면, 이런 종류의 벡터를 지원하는 그 어떤 NLP 파이프라인에도 입력할 수 있다.

또한, 마치 자동연주 피아노로 피아노 롤을 재생해서 곡을 연주하듯이, 원핫 부호화 벡터들을 재생함으로써 문장을 생성할 수 있다(이를테면 챗봇이 응답문을 생성할 때). 물론 그러려면 자동연주 피아노가(아니 챗봇이) 단어 벡터들을 '이해'하고 조합해서 그럴듯한 문장을 만들어

[주3] 단, 토큰 추출기가 단어를 구분하는 데 사용한 공백 문자들의 차이는 사라진다. 빈칸(space)뿐만 아니라 줄 바꿈, 탭도 공백 문자에 속하며, 그런 공백 문자들을 모두 기억해 두지 않는다면 원핫 벡터 테이블로부터 원래의 문서를 완전히 똑같이 복원할 수 없다. 그러나 공백 문자에 담긴 정보량은 그리 크지 않다. 대부분의 영어 문서에서는 무시할 수 있을 정도이다. 또한, 여러 현대적 NLP 파서와 토큰 생성기는 필요하다면 공백 정보를 유지하는 옵션을 제공한다.

[주4] 영어 위키백과 "Player piano" 페이지(https://en.wikipedia.org/wiki/Player_piano).

[주5] 영어 위키백과 "Music box" 페이지(https://en.wikipedia.org/wiki/Music_box).

내는 방법을 고안해야 한다. 궁극적으로 우리는 챗봇 또는 NLP 파이프라인이 뭔가 새로운(우리가 이전에 들은 적이 없는) 말을 하길 원한다. 이 과제는 제9장과 제10장에서 LSTM 모형 및 관련 신경망들을 이야기할 때 실제로 달성한다.

이러한 원핫 단어 벡터 표현은 원문의 모든 세부 사항(문법, 단어 순서 등)을 유지한다. 그러면서도 컴퓨터가 '이해'할 수 있는 수치 자료의 형태이다. 게다가 이 수치 자료는 컴퓨터가 아주 자연스럽게 다루는 이진수로 이루어져 있다. 그러나 짧은 문장임에도 테이블이 꽤 크다는 점이 마음에 걸린다. 이 테이블을 저장한 파일은 원래 문서를 담은 파일보다 훨씬 크다. 만일 원래 문서가 아주 길다면 테이블 파일은 감당할 수 없을 만큼 커진다. 영어에서 일상적으로 쓰이는 단어는 적어도 2만 개이고, 사람 이름 같은 고유 명사까지 모두 포함한다면 수백만 개가 될 것이다. 그리고 처리할 모든 문서마다 새로운 원핫 벡터 테이블(행렬)이 필요하다. 이는 마치 문서의 원본 '이미지(영상)'를 뜨는 것과 거의 비슷하다. 이미지 처리를 해본 독자라면 알겠지만, 이미지 자료에서 유용한 정보를 추출하려면 차원 축소 과정이 꼭 필요하다.

그럼 이런 '자동연주 피아노 롤'이 얼마나 커질 수 있는지 간단하게 계산해 보자. 일반적으로 NLP 파이프라인에서 사용하는 어휘의 토큰 수는 2만 개를 훨씬 넘는다. 수십만은 물론이고 수백만 개일 때도 있다. 일단은 어휘의 토큰 수가 1백만 개라고 가정하자. 그리고 책 한 권이 3,500개의 문장으로 이루어지며 한 문장의 단어 수는 15라고 하자. 얇은 책이라면 이러한 가정이 그리 비현실적이지 않다. 이런 책을 3,000권 처리하는 데 필요한 원핫 벡터 테이블의 크기는 다음과 같다.

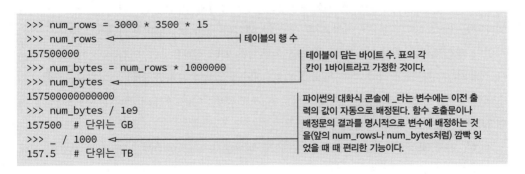

이상의 결과에서 보듯이, 이 책들을 처리하려면 수조 개의 테이블 칸이 필요하다. 한 칸을 1비트에 저장한다고 해도, 조그만 책장 하나를 채운 몇백 권의 책들을 처리하는 데 몇십 테라바이트가 필요하다. 다행히 모든 문서를 디스크에 이런 식으로 저장해 둘 필요는 없다. 이런 자료 구조는 그냥 문서를 하나씩 처리할 때 일시적으로 RAM 안에만 존재하면 된다.

어쨌거나, 이 모든 0과 문서의 단어 순서들을 일일이 저장하려 드는 것은 그리 합리적이지 않으며, 때에 따라서는 현실적으로 불가능할 수도 있다. 그리고 우리가 정말로 원하는 것은 문서의 의미를 압축해서 그 본질(essence; 정수)을 추출하는 것이다. 즉, 우리는 문서 하나를 커다란 테이블이 아니라 벡터 하나로 압축하고자 한다. 대신 완벽한 '복원' 능력은 포기한다. 문서에 담긴 주요 의미(정보)를 포착하면 될 뿐, 모든 의미를 고스란히 보존할 필요는 없다.

문서를 그보다 짧은 의미 단위로, 이를테면 문장들로 분할한다고 하자. 그리고 한 문장의 단어들만으로도(즉, 다른 어떤 문맥 정보 없이도) 그 문장의 주요 의미를 뽑아낼 수 있다고 가정하자. 더 나아가서, 단어들의 순서와 문법은 무시하고 그냥 단어들을 하나의 단어 모음 자료 구조에 몰아넣으며, 문장 또는 짧은 문서마다 그런 단어 모음 표현을 만든다고 하자. 이상의 가정이 그리 비현실적이지는 않다. 몇 쪽 분량의 문서라고 해도 이런 단어 모음 벡터는 문서의 본질을 요약하는 데 유용하다. 앞에 나온 토머스 제퍼슨에 관한 문장의 경우, 단어들을 사전순으로 정렬해도 사람은 그 문장의 의미를 어느 정도 추측할 수 있다. 그리고 컴퓨터도 그럴 수 있다. 이러한 단어 모음 벡터는 문서에 담긴 정보 내용을 좀 더 다루기 쉬운 자료 구조로 압축하는 좋은 수단이다.

이러한 단어 모음 벡터를 단어 빈도 벡터라고도 하는데, 이는 이 벡터가 각 단어의 빈도(frequency; 도수), 즉 출현 횟수만 담고 있기 때문이다. 원핫 벡터와는 달리 이 단어 모음 벡터에는 단어들의 순서에 관한 정보가 없다. 그래서 이런 벡터로는 문서를 '재생'하지 못한다. 대신, 하나의 문서 또는 문장 전체를 단 하나의, 그리고 적당한 길이의 벡터로 표현할 수 있다는 장점이 있다. 단어 모음 벡터의 길이는 어휘의 크기(처리하고자 하는 고유한 토큰 개수)를 넘지 않는다.

또는, 기본적인 키워드 검색이 목적이라면 원핫 단어 벡터와 이진 단어 모음 벡터를 비트별 논리합(bitwise-OR)으로 결합할 수도 있다. 그러면 검색어로 그리 유용하지 않은 수많은 단어를 생략할 수 있게 된다. 이런 접근 방식은 검색 엔진의 색인화 작업이나 정보 검색 시스템의 1차 필터에는 적합하다. 검색을 위한 색인에는 각 단어가 주어진 문서에 존재하는지의 여부(1 또는 0)만 있으면 된다.

피아노를 연주할 때 건반의 모든 키를 동시에 누르면 그리 좋은 소리가 나지 않는다. 순서 정보 없이 단어들을 한데 모으는 것도 마찬가지이다. 그렇지만 이러한 접근 방식은 컴퓨터가 단어들의 집합을 하나의 단위로 '이해'하게 만드는 데 꼭 필요하다. 그리고 가장 중요한 단어 10,000개로 어휘를 제한하면, 앞에서 예로 든 가상의 3,500문장 서적 한 권을 약 10KB의 단어 모음 자료 구조로 압축할 수 있다. 그런 책 3,000권을 표현하는 데는 약 30MB가 필요하다. 원핫 벡터 테이블이라면 수백 GB가 필요했을 것이다.

하나의 문서에 쓰이는 단어의 수는 어휘 크기에 비하면 작다. 그리고 대부분의 단어 모음 응용에서는 문서를 짧게 유지한다. 경우에 따라서는 문장 하나 단위로도 좋은 결과를 얻을 수 있다. 따라서 단어 모음 벡터는 피아노의 건반 전체를 두드리는 것이라기보다는 듣기 좋은 화음을 연주하는 것에 더 가깝다. 즉, 서로 잘 어울리는 음들 또는 의미상으로 연관이 있는 단어들의 집합을 표현한다. 챗봇은 '불협화음'에 해당하는 음, 즉 주어진 문장의 다른 단어들과 함께 쓰이는 경우가 드문 단어들이 좀 있어도 그런 화음을 잘 처리할 수 있다. 그리고 기계 학습은 불협화음에 해당하는 드문 단어조차도 문장에 관한 유용한 정보를 추출하는 데 활용할 수 있다.

그럼 주어진 문장의 토큰화를 거친 단어들로 특정 단어의 존재 여부를 나타내는 이진 벡터를 구축하는 방법을 살펴보자. 이런 이진 벡터는 어떤 단어가 어떤 문서에 쓰였는지를 말해 주는 문서 검색 색인에 유용하다. 이 색인은 교과서 끝에 있는 색인(찾아보기)과 비슷하다. 단, 특정 단어가 몇 쪽에 나왔는지 말해 주는 것이 아니라 어떤 문장 또는 문서에 나왔는지를 말해 준다. 교과서의 찾아보기는 중요한 용어들만 나열하지만, 단어 모음 이진 벡터는 문서의 모든 단어를 포함한다(적어도 지금은).

다음은 토머스 제퍼슨에 관한 문장을 이진 단어 모음 벡터로 압축하는 예이다.

```
>>> sentence_bow = {}
>>> for token in sentence.split():
...     sentence_bow[token] = 1
>>> sorted(sentence_bow.items())
[('26.', 1)
 ('Jefferson', 1),
 ('Monticello', 1),
 ('Thomas', 1),
 ('age', 1),
 ('at', 1),
 ('began', 1),
 ('building', 1),
 ('of', 1),
 ('the', 1)]
```

압축 결과에서 한 가지 눈에 띄는 것은 파이썬의 sorted()가 숫자를 영문자보다 먼저 나오고 대문자가 소문자보다 먼저 나오도록 항목들을 정렬했다는 것이다. 이것은 ASCII 문자 집합과 유니코드 문자 집의 정렬 순서이다. 실제로 ASCII 표를 보면 대문자가 소문자보다 먼저 나온다. 사실 어휘의 단어 순서는 중요하지 않다. 모든 문서에 대해 같은 순서를 사용하는 한, 어떤 순서라도 기계 학습 파이프라인이 잘 작동한다.

이 예제 코드에서 주목할 또 다른 점은, 이진 희소 벡터를 dict, 즉 파이썬의 사전 자료 구조(또는 단어와 이진값의 쌍을 담는 임의의 자료 구조)에 저장하면 공간이 그리 낭비되지 않는다는 것이다. 이진 사전 자료 구조는 값이 1인 항목만 저장하므로, 어휘의 단어가 수천 개이든 수만 개이든 상관없이 실제로 문서에 출현한 단어에 대해서만 저장 공간이 소비된다. 만일 단어 모음 벡터를 일련의 0들과 1들로 명시적으로 표현한다면 공간 낭비가 대단히 심할 것이다. 예를 들어 어휘의 단어가 10만 개이면, 예제 문장의 단어 10개를 제외한 나머지 9,990개의 단어에 대해 쓸데없이 0들을 저장해야 한다. 예제 문장을 그런 밀집(dense; 희소의 반대, 즉 조밀한) 이진 벡터로 표현한다면 약 100KB의 저장 공간이 필요하다. 사전 자료 구조는 문장에 없는 단어, 즉 이진 벡터의 성분이 0인 단어는 그냥 '무시'하므로, 단 몇 바이트로 10단어 문장을 표현할 수 있다. 그리고 사전 자료 구조의 각 항목에 해당 단어가 어휘의 몇 번째 단어인지를 말해 주는 정수 색인 값을 담는다면, "26."이나 "Jefferson" 같은 단어 문자열을 일일이 저장할 필요가 없으므로 저장 공간을 더욱 줄일 수 있다.

그런 좀 더 효율적인 형태의 사전으로 Pandas 패키지의 Series가 있다. 그리고 Series를 Pandas의 DataFrame으로 감싸면, 토머스 제퍼슨에 관한 텍스트의 이진 벡터 '말뭉치(corpus)'에 더 많은 문장을 추가할 수 있게 된다. 그리고 그런 식으로 DataFrame(말뭉치의 텍스트들에 대응 되는 벡터들의 테이블)에 더 많은 문장과 해당 단어 모음 벡터를 추가할수록 희소한 벡터 표현과 밀집 단어 모음 표현의 차이가 점점 커진다.

```
>>> import pandas as pd
>>> df = pd.DataFrame(pd.Series(dict([(token, 1) for token in
...     sentence.split()])), columns=['sent']).T
>>> df
     26.  Jefferson  Monticello  Thomas  age  at  began  building  of  the
sent   1          1           1       1    1   1      1         1   1    1
```

그럼 이 말뭉치에 문장 몇 개를 더 추가해서 DataFrame이 어떻게 성장하는지 살펴보자. DataFrame은 문서 검색을 위한 '역색인(inverse index)' 접근을 위해 행 색인과 열 색인을 모두 제 공한다(이런 기능은 이를테면 잡학상식 퀴즈의 답을 빠르게 찾는 데 유용하다). 행 색인으로는 특정 문서에 대한 행에 접근할 수 있고, 열 색인으로는 그 문서의 특정 단어에 대한 성분(칸)에 접근 할 수 있다.

목록 2.4 단어 모음 벡터들의 DataFrame 구축

```
>>> sentences = """Thomas Jefferson began building Monticello at the\
...     age of 26.\n""" ◀──────────────┤ 목록 2.1에서 정의한 원래의 문장
>>> sentences += """Construction was done mostly by local masons and\
...     carpenters.\n"""
>>> sentences += "He moved into the South Pavilion in 1770.\n"
>>> sentences += """Turning Monticello into a neoclassical masterpiece\
```

```
                                           보통은 .splitlines()가 바람직하지만, 앞에서 각 행
...    was Jefferson's obsession."""        (문장)의 끝에 명시적으로 '\n' 하나만 추가했으므로
>>> corpus = {}                             여기서도 그냥 '\n'을 기준으로 문장들을 분할한다.
>>> for i, sent in enumerate(sentences.split('\n')):  ◄─
...     corpus['sent{}'.format(i)] = dict((tok, 1) for tok in
...         sent.split())
>>> df = pd.DataFrame.from_records(corpus).fillna(0).astype(int).T   콘솔 창에서 줄이
>>> df[df.columns[:10]]   ◄─────────────────────────────          넘어가지 않도록
       1770.  26.  Construction  ...   Pavilion  South  Thomas   처음 열 개의 토큰
sent0     0    1            0    ...          0      0       1   (DataFrame 열)
sent1     0    0            1    ...          0      0       0   만 출력한다.
sent2     1    0            0    ...          1      1       0
sent3     0    0            0    ...          0      0       0
```

이 예제를 실행해서 출력을 훑어보면 이 문장들이 사용하는 단어가 거의 겹치지 않음을 알수 있을 것이다. 두 문장 이상에 쓰인 단어는 "Monticello"가 유일하다. 문서들을 비교하거나비슷한 문서를 검색하려면, 파이프라인에서 이런 중복 단어들을 식별할 수 있어야 한다. 두문장의 유사도를 측정하는 한 가지 방법은 이런 중복 토큰들의 개수를 내적을 이용해서 세는것이다.

2.2.1 내적

내적은 NLP에서 자주 쓰이므로 확실히 이해하고 넘어갈 필요가 있다. 내적의 개념과 파이썬에서 내적을 다루는 방법을 잘 아는 독자라면 다음 절(§2.2.2)로 넘어가도 좋다.

내적(inner product)이라는 이름은 두 연산 대상(벡터 또는 2차원 행렬)의 '안쪽' 차원이 같아야한다는 제약 때문에 생긴 것이다. 벡터의 경우에는 두 벡터의 성분 개수가 같아야 하고, 행렬의 경우에는 연산자 왼쪽 행렬의 열 수와 오른쪽 행렬의 행 수가 같아야 한다. 이는 두 관계형데이터베이스 테이블의 'INNER JOIN' 연산과 비슷하다.

내적의 결과는 하나의 스칼라값이다. 그래서 내적을 스칼라곱(scalar product)이라고 부르기도 한다. 또한, 내적 연산자가 점(·)이라서 내적을 점곱(dot product)이라고도 부른다. 이와 대조되는 연산으로 외적(outer product) 또는 가위곱(cross product)이 있다. 가위곱이라는 이름은 연산자가 ×라서 붙은 것이다. 내적과는 달리 외적의 결과는 벡터이다. 벡터의 내적은 간단하다. 두 벡터의 같은 위치에 있는 두 성분을 각각 곱하고 그 결과들을 모두 더해서 나온 스칼라값이 내적의 결과이다.

파이썬에 익숙한 독자라면 내적이 무엇인지를 다음의 파이썬 코드 몇 줄이 더 잘 말해 줄것이다.

목록 2.5 내적 계산의 예

```
>>> v1 = pd.np.array([1, 2, 3])
>>> v2 = pd.np.array([2, 3, 4])
>>> v1.dot(v2)
20
>>> (v1 * v2).sum()
20
>>> sum([x1 * x2 for x1, x2 in zip(v1, v2)])
20
```

NumPy 배열들의 곱셈은 '벡터화된 연산'이라서 대단히 효율적이다.

파이프라인을 일부러 느리게 돌리려는 것이 아닌 한, 이렇게 벡터의 성분들을 일일이 훑지는 말아야 한다.

팁 벡터 내적에 대응되는 행렬 연산은 **행렬곱**(matrix product)이다. 파이썬에서는 NumPy의 np.matmul() 메서드나 @ 연산자로 행렬곱을 계산할 수 있다. 모든 벡터는 N×1 행렬(열벡터) 아니면 1×N 행렬(행벡터)이므로, 예를 들어 같은 길이의 열벡터가 두 개 있을 때 첫 열벡터를 전치해서 행벡터로 만든 후 @를 적용하면 두 벡터의 내적을 구할 수 있다. 한 예로 v1.reshape(-1, 1).T @ v2.reshape(-1, 1)의 결과는 두 벡터의 내적(스칼라값)을 담은 하나의 1×1 행렬 array([[20]])이다.

2.2.2 두 단어 모음의 중복 측정

두 단어 모음 벡터가 어느 정도나 겹치는지 측정한다면 해당 문장들이 단어들을 얼마나 비슷하게 사용하는지 가늠할 수 있다. 그리고 그러한 측도는 두 문장의 의미가 얼마나 비슷한지를 어느 정도 잘 말해 준다. 그럼 앞에서 배운 내적을 이용해서 토머스 제퍼슨에 관한 원래의 예제 문장(sent0)과 몇 가지 새 문장의 단어 모음 벡터 중복도를 측정해 보자.

목록 2.6 두 단어 모음 벡터의 중복 단어 개수 세기

```
>>> df = df.T
>>> df.sent0.dot(df.sent1)
0
>>> df.sent0.dot(df.sent2)
1
>>> df.sent0.dot(df.sent3)
1
```

이 결과는 두 문장 sent0과 sent2가 하나의 단어를 공통으로 사용함을 말해 준다. 또한, sent0과 sent3도 단어 하나를 공유한다. 이러한 단어 중복도는 두 문장의 유사성에 관한 측도이다. 흥미롭게도, 동떨어진 문장 sent1은 제퍼슨이나 몬티첼로를 직접 언급하지 않는 유일한 문장이다. 그 문장("Construction was done ...")은 다른 문장들과는 완전히 다른 단어들로 어떤 익명의 사람들(석공들과 목수들)에 관한 정보를 전달한다. 다음 예제 코드는 sent0과 sent3이 공유하는 단어, 다시 말해 마지막 내적이 1이 되게 한 단어를 찾는 방법을 보여준다.

```
>>> [(k, v) for (k, v) in (df.sent0 & df.sent3).items() if v]
[('Monticello', 1)]
```

이상이 자연어 문서(문장)들에 대한 우리의 첫 번째 벡터 공간 모형(vector space model, VSM)이다. 이러한 모형의 단어 모음 벡터들에 대해 내적 연산뿐만 아니라 벡터 덧셈, 뺄셈, 논리합(OR), 논리곱(AND) 같은 다양한 벡터 연산을 적용할 수 있다. 심지어는 두 벡터 사이의 유클리드 거리나 각도 같은 것도 계산할 수 있다. 문서를 이처럼 이진 벡터로 표현하는 방식의 위력은 대단히 크다. 오랫동안 이것이 문서 조회 및 검색의 주된 수단이었다. 현대적인 CPU들은 예외 없이 이런 이진 벡터들을 효율적으로 해싱하고, 색인화하고, 검색하는 데 적합한 메모리 접근 명령들을 갖추고 있다. 원래 그런 CPU 명령들은 다른 목적(RAM에서 자료를 조회하기 위해 메모리 장소를 색인화하는)으로 만들어진 것이지만, 텍스트 조회 및 검색을 위한 이진 벡터 연산들에도 똑같이 효율적이다.

2.2.3 토큰 개선

때에 따라서는 문장의 단어들을 공백 문자 이외의 문자로 구분하는 것이 나을 수 있다. 예를 들어 현재의 토큰 생성기는 문장 끝의 마침표가 들러붙은 "26."를 하나의 토큰으로 간주한다. 이런 문제를 해결하려면 공백 문자뿐만 아니라 마침표나 쉼표, 따옴표, 세미콜론 같은 문장 부호들을 토큰을 구분하는 문자로 사용해야 한다. 심지어는 하이픈(대시)을 구분자로 사용해야 할 수도 있다. 그러나 이런 문장 부호를 다른 단어들처럼 독립적인 토큰으로 다루어야 할 때도 있고, 문장 부호들을 아예 제거하는 게 나을 때도 있다.

앞의 예제에서는 문장의 마지막 의미 단위인 "26"에 문장 끝의 마침표가 붙어서 "26."이라는 그리 바람직하지 않은 토큰이 만들어졌다. 이런 후행 마침표는 NLP 파이프라인의 이후 단계들을 혼란에 빠뜨릴 위험이 있다. 예를 들어 일관된 단어 철자에 기초해서 비슷한 단어들을 하나의 그룹으로 묶으려 하는 어간 추출 단계에서 이런 후행 마침표가 나쁜 영향을 미칠 수 있다. 다음은 후행 마침표 없이 토큰들을 산출하는 한 방법을 보여주는 예제 코드이다.

목록 2.7 정규 표현식을 이용한 몬티첼로 문장의 토큰화

```
>>> import re
>>> sentence = """Thomas Jefferson began building Monticello at the\
...   age of 26."""
>>> tokens = re.split(r'[-\s.,;!?]+', sentence)
>>> tokens
['Thomas',
 'Jefferson',
```

이 행은 주어진 문장을 공백이나 몇 가지 문장 부호를 기준으로 분할한다. 정규 표현식의 오른쪽 대괄호 다음에 있는 '+'는 그런 구분자가 여러 번 연달아 나오는 경우를 위한 것인데, 좀 더 자세한 사항은 본문에서 이야기하겠다.

```
'began',
'building',
'Monticello',
'at',
'the',
'age',
'of',
'26',
'']
```

제1장에서 말했듯이 이 책에는 정규 표현식이 자주 등장한다. 제1장에서 처음 보았을 때보다는 정규 표현식이 덜 생소할 것이다. 그렇지 않은 독자를 위해 다음 몇 문단에서 이 예제의 정규 표현식을 차근차근 설명한다. 정규 표현식을 좀 더 공부하고 싶다면 부록 B를 참고하기 바란다.

예제의 정규 표현식 설명

다음은 목록 2.7에 나온 정규 표현식이 작동하는 방식이다. 대괄호([와])는 주어진 텍스트가 부합해야 할 문자들의 집합을 지정한다. 이를 문자 부류(character class)라고 부른다. 오른쪽 대괄호(]) 다음의 더하기 기호(+)는 주어진 문자 부류의 문자들(대괄호 쌍 안에 지정된 문자들)이 하나 이상 부합해야 함을 뜻한다. 문자 부류 안의 \s는 키보드에서 스페이스바나 탭 키, Enter 키를 눌렀을 때 입력되는 문자들 같은 다양한 공백 문자들을 대표한다. 다른 말로 하면 r'[\s]'라는 문자 부류는 r'[\t\n\r\f\v]'와 같다. 제일 앞은 빈칸이고 \t는 수평 탭, \r는 캐리지 리턴^{carriage return}, \n은 새 줄(newline), \f는 폼피드^{form-feed}, \v는 수직 탭 문자에 해당한다.

이 예에는 쓰이지 않았지만, 문자 부류에서 문자 범위를 지정할 수도 있다. 문자 범위 (character range)는 문자 부류 안에서 특정 범위의 문자들을 간결하게 지정하는 수단이다. 예를 들어 r'[a-z]'는 모든 소문자를 뜻한다. r'[0-9]'는 0에서 9까지의 십진 숫자를 뜻하며, 따라서 r'[0123456789]'와 같다. 한 문자 부류에 여러 개별 문자와 문자 범위를 함께 사용할 수 있다. 예를 들어 r'[_a-zA-Z]'는 밑줄 문자나 영문 소문자, 대문자와 부합한다.

문자 부류를 시작하는 왼쪽 대괄호 바로 다음의 하이픈(-)은 정규 표현식의 까다로운 규칙에 해당한다. 이 위치 이외의 곳에서 하이픈은 r'[0-9]'처럼 문자 범위를 지정하는 용도로 쓰인다. 만일 하이픈을 그 자체로 하나의 문자로 지정하고 싶으면 왼쪽 대괄호 바로 다음에 넣거나 앞에 역슬래시(\)를 붙여서 문자 범위 지정이라는 특별한 용도로부터 '탈출'시켜야 한다.

re.split 함수는 둘째 인수 sentence로 주어진 입력 문자열의 문자들을 훑으면서 정규 표현식(첫 인수 r'[-\s.,;!?]+')에 지정된 '패턴'과 부합하는 부분 문자열을 찾는다. 부합하는 부분을 발견하면, 부합한 마지막 문자 이전 부분을 결과 집합에 추가하고 나머지 부분에 대해 동일한 과정을 반복한다. 즉, re.split은 str.split처럼 문자열을 분할하되, 단순한 구분자가 아니라 정규 표현식을 구분 기준으로 적용한다.

소괄호("("와 ")")는 수학 공식이나 파이썬 표현식(또는 다른 대부분의 프로그래밍 언어의 표현식)에서처럼 정규 표현식의 한 부분을 하나의 그룹으로 지정하는 용도로 쓰인다. 소괄호 그룹은 전체가 문자열의 일부와 부합해야 한다. 즉, 소괄호쌍 안의 표현식 전체가 현재 위치의 문자들과 부합해야 소괄호 쌍 다음의 패턴으로 넘어갈 수 있다.

단어 분리를 위한 정규 표현식 개선

이번에는 토큰 생성기가 좀 더 빠르게 실행되도록 정규 표현식을 컴파일해서 사용해 보자. 컴파일된 정규 표현식은 속도 외에도 여러 장점이 있다.

> ### 정규식 패턴을 언제 컴파일할 것인가?
>
> 파이썬의 정규 표현식 모듈은 정규 표현식을 미리 컴파일하는 기능을 제공한다. 한 번 컴파일한 정규 표현식은 코드의 여러 곳에서 재사용할 수 있다. 예를 들어 전화번호를 추출하는 정규식이 있다면, re.compile()을 이용해서 그 정규식을 미리 컴파일하고 그 결과를 하나의 인수로서 어떤 토큰화 함수나 클래스에 넘겨주는 식으로 재사용하면 된다. 어차피 파이썬은 정규 표현식을 컴파일한 결과를 캐시에 담아두므로(최대 MAXCACHE=100개까지), 이렇게 한다고 해서 코드의 실행 속도가 더 빨라지지는 않는다. 그러나 한 프로그램이 사용하는 정규 표현식이 100개 이상이라면 속도의 이득이 생길 수 있다. 또한, re에는 대응되는 함수가 없는 어떤 정규 표현식 메서드를 호출해야 할 때도 re.compile이 유용하다.[주a]
>
> ....
>
> **[주a]** 정규 표현식 컴파일의 장단점에 대한 좀 더 자세한 정보는 스택오버플로의 한 논의(http://stackoverflow.com/a/452143/623735)나 최신 파이썬 문서화를 참고하기 바란다.

```
>>> pattern = re.compile(r'([-\s.,;!?])+')
>>> tokens = pattern.split(sentence)
>>> tokens[-10:]  # 마지막 토큰 10개만 출력
[' ', 'the', ' ', 'age', ' ', 'of', ' ', '26', '.', '']
```

이 간단한 정규 표현식은 토큰 "26."의 끝에 붙은 마침표를 벗겨내는 데 유효하다. 그러나 새로운 문제가 생겼다. 이제는 어휘에 포함할 필요가 없는 공백과 문장 부호까지 토큰이 되었다. 다음은 불필요한 토큰을 걸러내는 방법을 보여주는 예제 코드이다. 그림 2.2의 결과도 참고하기 바란다.

```
>>> sentence = """Thomas Jefferson began building Monticello at the\
...    age of 26."""
>>> pattern = re.compile(r'([-\s.,;!?])+')
>>> tokens = pattern.split(sentence)
>>> [x for x in tokens if x and x not in '- \t\n.,;!?']
['Thomas',
 'Jefferson',
 'began',
 'building',
 'Monticello',
 'at',
 'the',
 'age',
 'of',
 '26']
```

람다와 filter()를 활용하고 싶다면 이 대신
list(filter(lambda x: x if x and x not in
'- \t\n.,;!?' else None, tokens))로 해도 된다.

Thomas | Jefferson | began | building | Monticello | at | the | age | of | 26 | .

그림 2.2 **토큰화된 문장**

이상에서 보듯이, 파이썬의 내장 정규 표현식 모듈인 re로도 이 예제 문장을 얼마든지 잘 토큰화할 수 있다. 그냥 불필요한 토큰들을 잘 걸러내기만 하면 된다. re 이외의 정규 표현식 패키지를 찾아볼 필요는 없는 것으로 보인다. 그러나 과연 그럴까?

파이썬의 새 regex 모듈이 필요한 경우

파이썬에는 regex라는 새로운 정규 표현식 모듈이 있다. 언젠가는 이것이 re 모듈을 대체할 것이다. 이 모듈은 re와 완전히 호환되며, PyPI에 등록되어 있어서 pip으로 손쉽게 설치할 수 있다. 이 모듈의 새로운 유용한 기능을 몇 가지 들자면 다음과 같다.

- 부합 집합 중첩(overlapping)
- 다중 스레드 적용
- 유니코드 완벽 지원
- 근사 정규 표현식 부합(UNIX 시스템에서 TRE의 agrep과 유사한 기능)
- 더 큰 MAXCACHE 기본값(정규 표현식 500개)

언젠가는 regex가 re에 대한 완전한 하위 호환성을 제공해서 re 모듈을 완전히 대체하게 되겠지만, 지금은 그냥 하나의 외부 패키지이므로 패키지 관리자를 이용해서 설치해야 한다. 다음은 pip을 이용해서 이 모듈을 설치하는 명령이다.

```
$ pip install regex
```

이 regex 모듈에 관한 좀 더 자세한 정보는 PyPI 웹사이트(https://pypi.python.org/pypi/regex)를 참고하기 바란다.

아마 짐작했겠지만, 토큰 생성기는 금방 복잡해지곤 한다. 마침표를 구분자로 사용하면 문장들을 잘 분할할 수 있지만, 숫자 바로 다음의 마침표는 문장의 끝이 아니라 소수점일 수 있다. 그런 경우 하나의 소수가 정수부와 소수부로 분리되는 바람직하지 않은 결과가 생긴다. 또한, 트위터 메시지 등에 흔히 쓰이는 소위 '스마일리' 이모티콘에도 종종 마침표가 쓰이므로, 마침표를 아예 구분자로 사용하지 않아야 할 수도 있다.

파이썬 생태계에는 토큰화 기능을 구현한 라이브러리가 여러 개 있다. 주요 토큰화 라이브러리와 그 장단점을 간단히 소개하자면 다음과 같다.

- *spaCy*—정확함, 유연함, 빠름, 파이썬
- 스탠퍼드 *CoreNLP*—더욱 정확하지만 덜 유연함, 빠름, Java 8에 의존
- *NLTK*—여러 NLP 대회와 벤치마크에 쓰이는 표준적인 라이브러리, 유명함, 파이썬

NLTK(Natural Language Toolkit)와 스탠퍼드 CoreNLP는 유서 깊은 라이브러리로, 학술 논문에서 NLP 알고리즘들을 비교할 때 널리 쓰인다. 스탠퍼드 CoreNLP는 파이썬 API를 제공하기는 해도 기본적으로 Java 8로 구현된 라이브러리이므로, 사용하려면 반드시 Java 8을 설치하고 설정해야 한다. 그래서 여기서는 Java를 따로 설치할 필요가 없는 NLTK의 토큰 생성기를 사용해 보기로 하겠다. NLTK에 익숙해지면, 학술 논문이나 블로그 글에 나온 코드를 여러분이 직접 재현해 볼 때 도움이 될 것이다.

다음은 NLTK의 RegexpTokenizer라는 함수를 이용해서 토머스 제퍼슨 예제 문장을 토큰화하는 예이다.

```
>>> from nltk.tokenize import RegexpTokenizer
>>> tokenizer = RegexpTokenizer(r'\w+|$[0-9.]+|\S+')
>>> tokenizer.tokenize(sentence)
['Thomas',
 'Jefferson',
 'began',
 'building',
 'Monticello',
 'at',
 'the',
 'age',
 'of',
 '26',
 '.']
```

공백 토큰을 자동으로 제외했다는 점에서, 이 토큰화 함수가 우리의 정규 표현식보다 조금 낫다. 또한, 이 토큰화 함수는 문장 끝의 후행 문장 부호를 문장 부호가 없는 다른 토큰들

과 개별적인 토큰으로 분리했다.

NLTK 패키지는 TreebankWordTokenizer라는 토큰화 함수도 제공하는데, 이것은 앞의 함수보다도 강력하다. 펜 트리뱅크 토큰화(Penn Treebank tokenization)에 기초한 이 토큰화 함수는 영어 단어 토큰화에 흔히 쓰이는 다양한 규칙을 담고 있다. 예를 들어 이 토큰화 함수는 문장 끝 부호(?!.:,)를 인접 토큰들과 분리하면서도 소수점이 있는 수치는 하나의 토큰으로 유지한다. 또한, 이 토큰 생성기는 영어의 축약형 단어들을 위한 규칙들도 갖추고 있다. 예를 들어 "wasn't"는 ["was", "n't"]로 토큰화되는데, 이는 어간 추출 같은 NLP 파이프라인의 이후 단계들에 도움이 되는 기능이다. 이 토큰화 기능에 관해서는 http://www.nltk.org/api/nltk.tokenize.html#module-nltk.tokenize.treebank를 참고하기 바란다. 다음은 이 함수를 사용하는 예제와 그 결과(그림 2.3)이다.

```
>>> from nltk.tokenize import TreebankWordTokenizer
>>> sentence = """Monticello wasn't designated as UNESCO World Heritage\
...    Site until 1987."""
>>> tokenizer = TreebankWordTokenizer()
>>> tokenizer.tokenize(sentence)
['Monticello',
 'was',
 "n't",
 'designated',
 'as',
 'UNESCO',
 'World',
 'Heritage',
 'Site',
 'until',
 '1987',
 '.']
```

Monticello|was|n't|designated|as|UNESCO|World|Heritage|Site|until|1987|.
그림 2.3 **토큰화된 문장**

축약형

축약형 "wasn't"를 ["was", "n't"]로 분리하는 것이 바람직한 이유가 궁금한 독자도 있을 것이다. 구문 트리를 사용하는 문법 기반 NLP 모형 같은 몇몇 응용에서, 구문 트리 파서가 입력을 미리 정해진 구문 규칙들에 기초해서 일관되고 예측 가능한 토큰들로 다룰 수 있으려면 "wasn't"를 was와 not으로 분리할 필요가 있다. 영어에서 축약형 단어를 만드는 규칙은 다양하다. 널리 통용되는 표준적인 규칙도 있고 일부만 사용하는 비#표준적인 규칙도 있다. 축약형 단어를 그 구성 단어들로 분리하면 모든 가능한 축약형 단어를 예측할 필요 없이 그냥 개별 단어의 여러 철자 변형들만 고민하면 되므로, 의존성 트리 파서나 구문 파서를 만들기가 쉬워진다.

트위터나 페이스북 같은 SNS에서 얻은 비형식적 텍스트의 토큰화

NLTK 라이브러리에는 casual_tokenize라는 토큰화 함수가 있다. 이 함수는 SNS에서 흔히 볼 수 있는 짧고 비형식적인, 이모티콘들이 난무하는 텍스트, 그러니까 문법과 철자의 관례가 아주 다양한 텍스트를 다루도록 만들어졌다.

특히 casual_tokenize 함수는 텍스트에서 사용자 이름을 제거하고 토큰 안에서 반복되는 문자들을 줄이는 데 유용하다.

```
>>> from nltk.tokenize.casual import casual_tokenize
>>> message = """RT @TJMonticello Best day everrrrrrr at Monticello.\
...     Awesommmmmmeeeeeeee day :*)"""
>>> casual_tokenize(message)
['RT', '@TJMonticello',
 'Best', 'day','everrrrrrr', 'at', 'Monticello', '.',
 'Awesommmmmmeeeeeeee', 'day', ':*)']
>>> casual_tokenize(message, reduce_len=True, strip_handles=True)
['RT',
 'Best', 'day', 'everrr', 'at', 'Monticello', '.',
 'Awesommmeee', 'day', ':*)']
```

2.2.4 n-그램을 이용한 어휘 확장

이번 장 도입부에서 언급한 "ice cream" 문제를 다시 생각해 보자. 이런 문장이 있다.

I scream, you scream, we all scream for ice cream.

이 문장에서 우리 모두가 소리 높여 요구하는(scream) 것은 "ice"(얼음)이나 "cream"(크림)이 아니라 "ice cream"(아이스크림)이다. 따라서, 이 문장을 표현하는 단어 벡터에서 "ice"와 "cream"이 하나의 단위로 저장되게 하는 방법을 찾아야 한다.

해결책은 n-그램

n-그램은 어떤 요소들의 순차열(보통의 경우 문자열)에서 추출한 최대 *n*개의 요소로 이루어진 순차열이다. NLP에서 '요소'는 텍스트를 구성하는 문자나 음절, 단어이지만, 응용에 따라서는

DNA 염기 서열을 표현하는 데 쓰이는 "A", "T", "G", "C" 같은 기호일 수도 있다.[주6]

이 책에서는 문자가 아니라 단어를 요소로 하는 n-그램만 다룬다.[주7] 따라서 이 책에서 2-그램은 "ice cream" 같은 두 단어의 쌍이고, 3-그램은 "beyond the pale"이나 "Johann Sebastian Bach", "riddle me this" 같은 세 단어 쌍이다. n-그램의 단어들이 반드시 어떤 특별한 의미를 가지는 것은 아니다. 즉, 복합어가 아닌 단어 조합도 n-그램이 될 수 있다. n-그램은 그냥 일련의 요소 중 인접한 몇 개의 요소들일 뿐이다.

n-그램이 왜 필요할까? 앞에서 보았듯이, 토큰들을 하나의 단어 모음 벡터로 표현하면 단어들의 순서에 담긴 정보가 사라진다. 단어 하나로 된 토큰이라는 개념을 여러 단어로 이루어진 토큰인 n-그램으로 확장하면 NLP 파이프라인은 문장의 단어 순서에 담긴 의미를 좀 더 많이 유지할 수 있다. 예를 들어 뭔가의 의미를 뒤집는(부정) 부사 "not"은 다른 단어와 붙어 있을 때 그 의미가 뚜렷해진다. n-그램 토큰화를 사용하지 않는다면 "not"은 단어 모음 안에 그냥 홀로 떨어져 있을 뿐이다. "not"의 의미가 인접 단어가 아니라 문장 전체 또는 문서 전체와 연관될 수도 있다. 2-그램 "was not"은 단어 모음 벡터에 따로 존재하는 개별 1-그램 단어 "not"과 "was"보다 훨씬 많은 의미를 담고 있다. 다른 말로 하면, 파이프라인에서 인접 단어들을 묶으면 각 단어의 '문맥(context)'이 어느 정도 형성된다.

다음 장에서는 이런 n-그램 중 다른 것들에 비해 더 많은 정보를 담고 있는 것들을 식별함으로써 NLP 파이프라인이 관리할 토큰(n-그램)들을 더욱 줄이는 기법들을 설명한다. 그런 기법이 없으면 파이프라인은 모든 n-그램을 저장하고 처리해야 한다. 예를 들어 "Thomas Smith"나 "ice shattered"보다 "Thomas Jefferson"과 "ice cream"에 더 큰 점수를 부여하는 방법을 제3장에서 보게 될 것이다. 그리고 제4장에서는 두 단어 쌍(2-그램)에 각 구성 단어의 의미와는 독립적으로 또 다른 의미를 부여하는 방법도 논의한다. 이런 방법은 2-그램보다 훨씬 긴 순차열에 대해서도 가능하다. 그러나 이런 모든 기법을 위해서는 먼저 토큰 생성기가 n-그램들을 생성할 수 있어야 한다.

이번에도 토머스 제퍼슨에 관한 문장을 예로 사용한다. 우리의 목표는 다음과 같은 토큰화 결과를 얻는 것이다.

주6　DNA와 RNA에서 정보를 뽑아낼 때 언어학과 NLP의 기법들이 흔히 쓰인다. 영어 위키백과 "Nucleic Acid Sequence" 페이지 (https://en.wikipedia.org/wiki/Nucleic_acid_sequence)에는 유전공학에 쓰이는 핵산 언어를 사람이 읽을 수 있는 언어로 번역하는 데 도움이 되는 핵산 기호들의 목록이 나와 있다.

주7　데이터베이스를 공부하거나 PostgreSQL(파이썬 postgres 패키지)의 문서화를 읽은 독자라면 트라이그램 색인(trigram index)이라는 용어를 본 적이 있을 것이다. SQL 전문(full text) 검색 질의문으로 데이터베이스에 있는 대량의 텍스트를 검색할 때 "%," "~", "*" 기호를 이용해서 느슨한(fuzzy) 패턴 검색을 수행하곤 하는데, 그러한 검색의 속도를 높이는 데 트라이그램이 도움이 된다.

```
>>> tokenize_2grams("Thomas Jefferson began building Monticello at the\
...    age of 26.")
['Thomas Jefferson',
 'Jefferson began',
 'began building',
 'building Monticello',
 'Monticello at',
 'at the',
 'the age',
 'age of',
 'of 26']
```

출력 예를 보면, 문장을 개별 단어들로 토큰화할 때보다 2-그램들로 토큰화할 때 훨씬 많은 정보가 유지됨을 알 수 있다. NLP 파이프라인의 이후 단계들은 이 토큰화 단계가 제공한 토큰들에만 접근한다. "Thomas"가 농구 선수 아이제이아 토머스나 TV 만화영화 '토마스와 친구들'에 나오는 꼬마 기관차를 말하는 것이 아님을 이후 단계들이 알게 하는 한 방법이 n-그램이다. 정리하자면, n-그램 토큰화는 파이프라인을 통해서 자료와 함께 그 문맥 정보도 전달하는 하나의 수단이다.

기억하겠지만, 원래의 1-그램 토큰 생성기는 다음과 같다.

```
>>> sentence = """Thomas Jefferson began building Monticello at the\
...    age of 26."""
>>> pattern = re.compile(r'([-\s.,;!?])+')
>>> tokens = pattern.split(sentence)
>>> tokens = [x for x in tokens if x and x not in '- \t\n.,;!?']
>>> tokens
['Thomas',
 'Jefferson',
 'began',
 'building',
 'Monticello',
 'at',
 'the',
 'age',
 'of',
 '26']
```

그리고 다음은 nltk의 n-그램 토큰화 함수를 사용하는 예이다.

```
>>> from nltk.util import ngrams
>>> list(ngrams(tokens, 2))
[('Thomas', 'Jefferson'),
 ('Jefferson', 'began'),
 ('began', 'building'),
```

```
 ('building', 'Monticello'),
 ('Monticello', 'at'),
 ('at', 'the'),
 ('the', 'age'),
 ('age', 'of'),
 ('of', '26')]
>>> list(ngrams(tokens, 3))
[('Thomas', 'Jefferson', 'began'),
 ('Jefferson', 'began', 'building'),
 ('began', 'building', 'Monticello'),
 ('building', 'Monticello', 'at'),
 ('Monticello', 'at', 'the'),
 ('at', 'the', 'age'),
 ('the', 'age', 'of'),
 ('age', 'of', '26')]
```

팁 메모리 효율성을 위해 NLTK 라이브러리의 ngrams 함수는 파이썬의 생성기(generator) 객체를 돌려준다. 파이썬의 생성기 객체는 마치 반복자(iterator)처럼 작동하는 "똑똑한" 함수로, 모든 n-그램의 순차열을 한 번에 돌려주는(return) 것이 아니라 한 번에 하나씩만 '산출'한다(yield).[역3] 이러한 생성기는 for 루프에서 유용하다. 생성기를 이용하면 순차열의 모든 요소를 메모리에 담아둘 필요 없이 개별 항목을 하나씩만 가져와서 처리할 수 있다. 반환된 n-그램들을 한꺼번에 또는 임의의 순서로 조사하고 싶다면 이 예제처럼 생성기가 산출한 결과들을 하나의 목록(list)으로 만들면 된다. 단, 이런 접근 방식은 지금처럼 토큰화를 대화식 세션에서 수행할 때나 바람직할 뿐, 커다란 문서에 대한 실제 토큰화 작업(시간이 오래 걸릴 수 있는)에는 바람직하지 않음을 주의하기 바란다.

이 예제가 산출한 각 n-그램은 하나의 튜플^tuple이지만, 한 n-그램의 모든 토큰을 연결해서 하나의 문자열로 만드는 것도 얼마든지 가능하다. 이처럼 각 n-그램을 하나의 문자열로 만들면, 파이프라인의 이후 단계들이 일관되게 문자열(들의 순차열)을 입력으로 받으므로 설계가 단순해진다. 다음은 각 튜플을 문자열로 변환하는 예이다.

```
>>> two_grams = list(ngrams(tokens, 2))
>>> [" ".join(x) for x in two_grams]
['Thomas Jefferson',
 'Jefferson began',
 'began building',
 'building Monticello',
 'Monticello at',
 'at the',
```

역3 참고로 yield는 문맥에 따라 "양보하다"로도 옮길 수 있다. 파이썬의 생성기는 소위 '협동루틴(coroutine)'에 기초해서 작동하는데, 협동루틴에서 실행의 결과물에 초점을 두는 경우 yield는(그리고 파이썬의 키워드 yield 자체도) 산출에 해당하지만, 실행의 흐름에 초점을 두는 경우에는 '양보'에 해당한다(실행의 제어권을 호출자에게 일시적으로 넘긴다는 의미에서). 이는 보통의 함수에서 return이 '반환'이자 '복귀'인 것과 비슷하다.

```
    'the age',
    'age of',
    'of 26']
```

그런데 여기에는 한 가지 문제점이 있다. 상식적으로 "Thomas Jefferson"이라는 하나의 2-그램은 꽤 많은 영어 문서에 등장하겠지만, "of 26"이나 "Jefferson began"이 출현하는 문서는 극히 드물 것이다. 어떤 토큰이나 *n*-그램이 극히 드물게만 나타난다는 것은 그 토큰이 다른 단어들(일단의 문서들을 연결해 주는 어떤 주제나 화제를 식별하는 데 도움이 되는)과 상관관계가 거의 없다는 뜻이다. 즉, 희소한 *n*-그램은 분류 문제에 그리 도움이 되지 않는다. 아마 짐작했겠지만, 대부분의 2-그램은 상당히 드물고, 3-그램이나 4-그램은 그보다도 더 드물다.

단어 조합이 개별 단어보다 희소하므로, 어휘의 크기는 말뭉치의 모든 문서에 있는 *n*-그램들의 수에 지수적으로 접근한다. 특징 벡터의 차원 수가 문서의 길이보다 크면 특징 추출 단계가 오히려 파이프라인의 생산성에 해를 미칠 수 있다. 그런 경우 기계 학습 모형이 벡터들에 '과대적합(overfitting)'하는 결과를 피하기가 거의 불가능하다. 벡터의 차원이 말뭉치의 문서 수보다 크므로 이는 어쩔 수 없는 일이다. 제3장에서는 문서 빈도 통계량들을 이용해서 기계 학습에 유용하지 않은 희소 *n*-그램들을 골라내는 방법을 논의한다. 일반적으로, 너무 드문(이를테면 세 개 미만의 문서에만 출현하는) *n*-그램은 생략한다. 이는 제1장의 동전 분류기에서 이야기한 '드문 단어 필터'에 해당한다.

이번에는 반대의 문제점을 생각해 보자. 앞의 예제 출력에 나온 "at the"라는 2-그램은 드문 단어 조합이 물론 아니다. 이 2-그램은 너무나 많은 문서에 등장하는데, 그것이 문제이다. 즉, 이런 단어 조합은 문서의 의미를 구분하는 데 도움이 되지 않는다. 단어나 그 밖의 토큰도 마찬가지지만, 이처럼 너무 자주 나오는 *n*-그램도 걸러내야 한다. 예를 들어 말뭉치의 문서 중 25% 이상에 등장하는 토큰이나 *n*-그램은 무시하는 것이 좋다. 이는 제1장의 동전 분류기에서 이야기한 '불용어' 필터에 해당한다. 불용어 필터는 개별 토큰뿐만 아니라 *n*-그램에도 적용할 수 있다. 사실 불용어 필터는 개별 토큰보다 *n*-그램에 더 유용하다.

불용어

불용어 또는 정지 단어(stop word)는 아주 자주 출현하지만 문구의 의미에 관한 실질적인 의미는 별로 담고 있지 않은 단어를 말한다. 어떤 언어에나 불용어가 있다. 다음은 영어의 주요 불용어들이다.[주8]

[주8] 다양한 언어의 좀 더 상세한 불용어 목록이 NLTK의 말뭉치 집합(https://raw.githubusercontent.com/nltk/nltk_data/gh-pages/packages/corpora/stopwords.zip)에 있다.

- a, an

- the, this

- and, or

- of, on

예전부터 NLP 파이프라인에서는 텍스트의 정보 추출에 필요한 계산량을 줄이기 위해 불용어를 제외했다. 그러나, 불용어 자체는 정보를 별로 전달하지 않는다고 해도, n-그램에 포함된 불용어는 중요한 관계 정보를 제공할 수 있다. 다음 두 예를 생각해 보자.

- Mark reported to the CEO

- Suzanne reported as the CEO to the board

이들을 4-그램 단위로 토큰화한다면 reported to the CEO(CEO에게 보고했다)와 reported as the CEO(CEO의 자격으로 [이사회에] 보고했다) 같은 4-그램들이 만들어진다. 그런데 만일 전치사나 정관사 같은 불용어를 모두 제거한다면 둘 다 그냥 "reported CEO"가 되어서 회사 내의 위계 구조에 관한 정보가 사라진다. 첫 문장에서 Mark는 CEO의 부하 직원일 것이고, 둘째 문장에서 Suzanne은 이사회에 보고하는 CEO 자신이다. 이처럼 종종 불용어들이 유용한 정보를 제공한다. 그러나 불용어들을 이런 식으로 활용하려면 n-그램이 더 길어야 한다는 단점이 있다. 이 예제 문장들에서 불용어가 유용하려면 n이 적어도 4는 되어야 함을 주목하기 바란다.

불용어 필터의 구체적인 설계는 응용 프로그램에 따라 다르다. NLP 파이프라인에서 토큰화 단계가 산출하는 어휘의 크기는 이후 모든 단계의 계산 복잡도와 메모리 요구량에 큰 영향을 미친다. 그런데 불용어들은 전체 어휘의 극히 일부만 차지한다. 일반적인 말뭉치에서, 자주 등장하지만 별로 중요하지 않은 불용어들은 100개 정도이다. 그러나 대량의 트윗, 블로그 글, 뉴스 기사 모음에 등장하는 단어들의 약 95%를 포괄하는 데 필요한 어휘의 크기는 약 2만 단어이다.[주9] 이는 1-그램, 즉 한 단어짜리 토큰만 고려했을 때의 이야기이다. 대형 영어 말뭉치에 있는 2-그램들의 95%를 포괄하려면 1백만 개 이상의 고유한 2-그램 토큰들로 이루어진 어휘가 필요하다.

어휘가 커지면 임의의 특정 단어 또는 단어 조합에 대한 과대적합을 피하기 위해 필요한 훈련 자료 집합의 크기도 커진다는 점을 걱정하는 독자가 있을 것이다. 게다가, 훈련 집합이

주9 Paulo Jean, "Analysis of text data and Natural Language Processing", 2014. 웹 http://rstudio-pubs-static.s3.amazonaws.com/41251_4c55dff8747c4850a7fb26fb9a969c8f.html

커지면 전체적인 처리량도 커진다. 그러나 2만 단어 어휘에서 불용어 100개를 제거한다고 처리 속도가 크게 빨라지는 것은 아니다. 그리고 2-그램 어휘의 경우, 텍스트의 불용어들을 포함한 2-그램들의 빈도를 점검하지 않고 무작정 불용어들을 제거해서 얻는 이득은 무시해도 될 정도로 작다. 예를 들어 정관사 "The"를 제거하면 2-그램을 "The Shining"을 음산한 분위기의 공포 영화 제목으로 인식하지 못하므로, 이런 2-그램이 담긴 문서를 그냥 "Shining Light"나 "shoe shining" 같은 단어 조합이 있는 문서와 마찬가지로 취급하게 된다.

메모리와 처리 능력이 충분해서 큰 어휘에 대해 파이프라인의 모든 단계를 너끈히 실행할 수 있다면 여기저기 등장하는 몇 개의 중요하지 않은 단어들을 그리 걱정할 필요가 없다. 그리고 어휘는 크지만 훈련 집합이 작아서 과대적합이 걱정된다면, 불용어들을 제거하는 것보다는 어휘를 좀 더 잘 선택하거나 차원 수를 줄이는 것이 더 나은 방법이다. 불용어를 어휘에 포함하면, 문서 빈도 필터(제3장에서 논의한다)가 주어진 응용 영역의 주요 정보 내용을 그리 많이 담고 있지 않은 단어들과 n-그램들을 좀 더 잘 식별, 제외한다.

토큰화 과정에서 일단의 불용어들을 무조건 제거하기로 했다면, 그냥 파이썬의 목록 형성 (list comprehension)[역4] 기능으로 간단하게 불용어 필터를 구현할 수 있다. 다음은 토큰 목록에서 영어 불용어 몇 개를 제거하고 그 나머지 토큰을 출력하는 예이다.

```
>>> stop_words = ['a', 'an', 'the', 'on', 'of', 'off', 'this', 'is']
>>> tokens = ['the', 'house', 'is', 'on', 'fire']
>>> tokens_without_stopwords = [x for x in tokens if x not in stop_words]
>>> print(tokens_without_stopwords)
['house', 'fire']
```

문장에 따라 불용어들이 담은 의미의 양이 다를 수 있다. 어떤 문장은 불용어들의 절반을 제거해도 문장 전체의 의미가 크게 달라지지 않는다. 예를 들어 관사(정관사, 부정관사)나 전치사가 없어도, 심지어는 be 동사가 없어도 문장을 이해할 수 있을 때가 있다. 수화(수어)로 의사소통을 한다거나, 또는 종이쪽지에 뭔가를 급하게 메모할 때를 생각해 보기 바란다. 그럴 때 항상 생략하는 단어는 어떤 것인가? 흔히 통용되는 불용어들도 그런 식으로 선택된 것이다.

역4   파이썬을 비롯한 여러 프로그래밍 언어에서 list comprehension은 기존의 목록으로부터 또 다른 목록을 만들어내는 기능이다. 이 용어와 그 기능을 머릿속에서 연결하는 데는 "뭔가를 이해하는 것 또는 그런 능력"이라는 comprehension의 일차적인 정의 (동사 comprehend의 명사형으로서의)보다는 "the act or process of comprising"이라는 덜 흔한 정의(https://www.merriam-webster.com/dictionary/comprehension)가 더 도움이 될 것이다. 후자의 정의에서 list comprehension은 그냥 목록(list)을 만들어내는(comprise) 행위 또는 과정이며, list comprehension의 실제 기능과 잘 부합한다. 기존에 쓰이는 번역어 '내포'나 '함축' 도 나름 심오한 의미가 있지만(우리가 뭔가를 상세하게 이해한다는 것이 무슨 뜻인가를 생각하게 한다는 측면에서), 좀 더 직접적인 후자를 택하는 것이 실용적일 것이다. 그런 의미의 우리말 단어로 '생성'이 있지만, 일반적인 creation이나 generation과의 차별화가 필요하다는("기존 목록으로부터"라는 단서를 생각할 때) 판단에서 이 번역서에서는 '형성'을 사용하기로 한다.

그런 "표준적인" 불용어들의 상세한 목록을 원한다면, NLTK에 정의된 목록을 살펴보는 것이 가장 빠르고 효과적일 것이다(목록 2.8).

목록 2.8 NLTK의 불용어 목록

```
>>> import nltk
>>> nltk.download('stopwords')
>>> stop_words = nltk.corpus.stopwords.words('english')
>>> len(stop_words)
153
>>> stop_words[:7]
['i', 'me', 'my', 'myself', 'we', 'our', 'ours']
>>> [sw for sw in stopwords if len(sw) == 1]
['i', 'a', 's', 't', 'd', 'm', 'o', 'y']
```

1인칭 문장들이 계속 나오는 문서는 상당히 지루할 수 있다. 그리고 NLP의 관점에서 더욱 중요한 것은, 그런 문서는 정보량이 적을 수 있다. NLTK의 불용어 목록은 위의 예에 나온 1인칭 대명사들을 포함한 여러 인칭 대명사와 기타 대명사를 포함한다. 또한, 예제의 마지막 출력에서 보듯이 NLTK 불용어 목록에는 한 글자짜리 불용어들도 있는데, 왜 이런 불용어들이 필요한지는 NLTK 토큰 생성기와 포터[Porter] 어간 추출기를 많이 사용하다 보면 저절로 알게 된다. 이런 한 글자 토큰들은 NLTK 토큰화 함수와 어간 추출기를 이용해서 축약형 단어를 처리할 때 나타난다.

> **주의** scikit-learn이 사용하는 영어 불용어 집합은 NLTK의 것과 상당히 다르다. 이 글을 쓰는 현재 scikit-learn의 불용어는 318개이다. 그리고 NLTK도 말뭉치들과 불용어 목록을 주기적으로 갱신한다. 목록 2.8의 결과를 보면 NLTK의 불용어가 153개지만, 같은 코드를 파이썬 3.9와 NLTK 버전 3.2.5로 다시 실행하면 179가 출력된다. 이는 불용어들을 걸러내지 않는 것이 좋은 또 다른 이유이다. 불용어들을 걸러 내면 다른 사람들이 여러분의 결과를 재현하지 못할 가능성이 있다.

여러 개의 불용어 목록을 함께 사용하는 방법도 있다. 자연어 텍스트의 정보를 얼마나 폐기할 것인가에 따라서는 여러 불용어의 합집합을 사용할 수도 있고 교집합을 사용할 수도 있겠다. 다음은 scikit-learn(버전 0.19.2)의 불용어들과 NLKT(버전 3.2.5)의 불용어들의 합집합과 교집합이다.

목록 2.9 scikit-learn과 NLKT의 불용어들

```
>>> from sklearn.feature_extraction.text import\
...     ENGLISH_STOP_WORDS as sklearn_stop_words
>>> len(sklearn_stop_words)
```

```
318
>>> len(stop_words)
179
>>> len(stop_words.union(sklearn_stop_words))
378  ◄───
>>> len(stop_words.intersection(sklearn_stop_words))
119  ◄───
```

총 378개이므로, NTLK에만 있고
scikit-learn에는 없는 불용어는 60개이다.

NTLK와 scikit-learn에 모두 있는
불용어는 119개로, 전체(합집합)
의 3분의 1에 못 미친다.

2.2.5 어휘 정규화

앞에서 보았듯이, 어휘의 크기는 NLP 파이프라인의 성능에 영향을 미친다. 어휘 크기를 줄이
는 또 다른 기법은 어휘를 정규화(normalization)하는 것, 즉 비슷한 토큰들을 하나의 정규화된
형태로 결합하는 것이다. 그러면 어휘의 토큰 개수가 줄어들 뿐만 아니라, 사실상 같은 의미이
지만 '철자'가 다른 토큰 또는 n-그램들을 동일한 의미 단위로 취급할 수 있게 된다. 그리고 이
전에 언급했듯이, 어휘가 작아지면 과대적합이 일어날 가능성도 작아진다.

대소문자 합치기

대소문자 합치기(case folding)는 대소문자 구성만 다른 단어들을 하나로 통합하는 것이다. 이런
대소문자 합치기가 필요한 이유는, 하나의 단어가 그 위치에 따라 또는 저자의 의도에 따라
대소문자 구성이 달라지기 때문이다. 문장의 첫 단어는 첫 글자를 대문자로 쓰는 것이 관례이
다. 또한, 강조를 위해 단어의 모든 글자를 대문자로 표기하기도 한다("WATCH OUT!" 등). 불
규칙한 대소문자 구성들을 하나의 구성으로 '정규화'한다는 점에서, 대소문자 합치기를 대소
문자 정규화(case normalization)라고 부르기도 한다. 단어와 문자의 대소문자 구성을 정규화하
는 것은 어휘의 크기를 줄이고 NLP 파이프라인을 일반화하는 한 방법이다. 대소문자 합치기
는 같은 의미를 가진(그리고 같은 철자로 표기해야 할) 여러 단어를 하나의 토큰으로 병합하는 데
도움이 된다.

　그런데 대소문자 구성이 나름의 의미를 지닐 때도 있음을 주의해야 한다. 예를 들어 영
어에서 'doctor'와 'Doctor'는 다른 뜻일 때가 많다.[역5] 일반적으로 대문자화(capitalization; 단어
의 첫 글자를 대문자로 표기하는 것)는 인명, 지명, 제품명 같은 고유 명사를 표기할 때 흔히 쓰인
다. 만일 개체명 인식이 파이프라인의 주요 과제라면, 이런 고유 명사를 인식하는 능력이 중
요하며, 따라서 단어들의 대소문자 구성을 유지하는 것이 유리하다. 그러나 대소문자 구성을
유지하면 어휘가 약 두 배로 커지며, 그러면 메모리와 처리 시간도 두 배가 된다. 그리고 기계

[역5] 소문자 doctor는 일반적인 박사 또는 의사를 뜻하고, 대문자 Doctor는 이름 앞에 붙는 호칭이다.

학습 파이프라인이 정확하고도 일반적인 해로 수렴하게 하는 데 필요한 분류명 붙은(labeled) 훈련 자료의 양도 늘어날 것이다. 다른 모든 기계 학습 파이프라인처럼, 훈련에 사용할 분류명 붙은 자료 집합은 반드시 모형이 다루어야 할 모든 가능한 특징 벡터들의 공간을 "대표할" 수 있어야 한다. NLP의 경우 그러한 벡터 공간에는 한 단어의 여러 대소문자 구성이 포함된다. 예를 들어 차원 수가 10만인 단어 모음 벡터들로 이루어진 공간에서 지도 학습(supervised learning) 알고리즘으로 기계 학습 파이프라인을 훈련한다고 할 때, 과대적합을 피하려면 적어도 10만 개의 분류명 붙은 훈련 견본이 필요하며, 그보다 많아야 할 수도 있다. 때에 따라서는 어휘를 절반으로 줄여서 얻는 이득이 정보 내용의 손실보다 클 수 있다.

파이썬에서는 목록 형성 기능을 이용해서 토큰들의 대소문자 구성을 손쉽게 정규화할 수 있다.

```
>>> tokens = ['House', 'Visitor', 'Center']
>>> normalized_tokens = [x.lower() for x in tokens]
>>> print(normalized_tokens)
['house', 'visitor', 'center']
```

문서 전체에서 대소문자 구성을 정규화하는 것이 바람직하다는 점이 확실한 경우에는 원문 텍스트 전체에 대해 lower()를 실행한 후 토큰화를 수행하면 된다. 그러나 그러면 "WordPerfect"나 "FedEx", "stringVariableName" 같은 낙타 표기법(camel case)[주10] 단어를 지능적으로 분할하는 고급 토큰 생성 기능이 무의미해진다. 물론 응용에 따라서는 "WordPerfect"를 분리하지 않고 하나의 고유한 토큰으로 간주하는 것이 나을 수도 있다. 즉, 대소문자 합치기를 언제 어떻게 적용할 것인지는 개발자의 재량에 달려 있다.

대소문자 정규화를 적용한다는 것은 토큰들을 문법 규칙들과 문장 안에서의 토큰의 위치가 대문자화에 영향을 미치기 이전의 '정규' 상태로 되돌리려 하는 것에 해당한다. 텍스트 문자열의 대소문자 구성을 정규화하는 가장 간단하고도 흔히 쓰이는 방법은 그냥 파이썬의 내장 str.lower() 같은 함수로 모든 문자를 소문자로 바꾸는 것이다.[주11] 안타깝게도 이 접근 방식은 그냥 문장의 첫 단어라서 대문자가 쓰인 별 의미 없는 대문자 단어들뿐만 아니라 저자가 의도적으로 대문자를 적용한 의미 있는 대문자 단어까지도 정규화한다. 더 나은 대소문자 정규화 방법은 문장의 첫 단어만 소문자로 만들고 그 외의 모든 단어는 대소문자 구성을 그대로 유지하는 것이다.

주10 영어 위키백과 "Camel case" 페이지(https://en.wikipedia.org/wiki/Camel_case).

주11 이 문장은 파이썬 3의 str.lower()의 행동을 가정한 것이다. 파이썬 2의 str.lower()는 그냥 주어진 글자의 ASCII 부호(ord)를 변경해서 대문자를 소문자로 바꾸지만, 파이썬 3의 str.lower()는 장식 영문자(resumé의 끝 글자처럼 액센트 표시가 붙은 글자 등)를 먼저 적절한 문자로 변환하거나 영어가 아닌 단어의 특별한 대소문자 규칙도 고려해서 문자들을 소문자로 변환한다.

문장 첫 단어만 소문자화하는 방법은 문장 중간에 있는 "Joe Smith"가 "Joe"와 "Smith"로 이루어진 하나의 고유 명사라는 정보를 유지한다. 또한, 이 방법에서는 어떤 단어가 단지 문장의 처음에 나와서 대문자화된 것이지 원래부터 고유 명사는 아니라는 점도 파이프라인이 인식할 수 있다. 예를 들어 "Joe"는 사람 이름으로 쓰이는 고유 명사이지만 "joe"는 커피를 뜻하는 일종의 속어이다.[주12] 토큰화에서 문장 첫 단어만 소문자화하면 파이프라인이 이 둘을 혼동하지 않는다. 마찬가지로, 이 접근 방식은 대장장이 등을 뜻하는 "smith"와 고유 명사 "Smith"를 구분한다. 이를테면 "A word smith had a cup of joe." 같은 문장을 제대로 처리하려면 이런 접근 방식이 필요하다. 이처럼 문장 첫 단어만 소문자화하는 세심한 대소문자 정규화를 적용한다고 해도, 하필이면 고유 명사가 문장의 처음에 나오는 경우에는 문제가 생길 수도 있다. 예를 들어 "Joe Smith, the word smith, with a cup of joe."라는 문장은 "Smith the word with a cup of joe, Joe Smith."라는 문장과는 다른 토큰들을 산출할 것이며, 아마도 이는 바람직한 일이 아닐 것이다. 게다가 대소문자 구분이 없는 언어에서는 이런 대소문자 정규화가 무의미하다.

이런 잠재적 정보 손실을 피하기 위해 여러 NLP 파이프라인들은 대소문자 정규화를 아예 생략한다. 많은 응용에서 어휘 크기를 절반으로 줄여서 얻는 이득(저장 공간과 처리량 측면의)보다 고유 명사에 관한 정보를 잃어서 생기는 손해가 더 크다. 그러나 대소문자 정규화를 생략하면 오히려 일부 정보가 '손실'될 수 있다. 예를 들어 일부 응용의 경우 문장 처음의 "The"를 하나의 불용어로 인식하지 않으면 문제가 생길 수 있다. 대단히 정교한 파이프라인이라면 문장 첫 단어의 대소문자 구성을 정규화할 때 먼저 그것이 고유 명사는 아닌지부터 점검할 것이다. 핵심은, 대소문자 정규화의 구체적인 방법은 응용의 요구에 따라 다르다는 것이다. 말뭉치에 "Smith's"나 "word smiths"가 그리 많지 않다면, 그리고 다양한 smiths들이 모두 같은 토큰으로 배정되어도 문제가 되지 않는다면, 그냥 텍스트 전체를 소문자로 만들면 그만이다. 여러분의 NLP 프로젝트에 어떤 방법이 좋은지는 여러 접근 방식을 시험해 보고 그 성과를 측정해서 선택하면 된다.

흔치 않은 대소문자 구성들이 존재하는 텍스트에 잘 작동하도록 모형을 일반화한 경우, 대소문자 정규화는 기계 학습 파이프라인의 과대적합을 줄이는 데 도움이 된다. 대소문자 정규화는 검색 엔진에 특히나 유용하다. 검색에 대소문자 정규화를 적용하면 특정 질의문에 부합하는 문서의 수가 크게 늘어난다. 부합하는 문서의 수는 검색 엔진의 주요 성능 측도인 '재현율(recall)'을 계산하는 데 쓰인다.[주13]

[주12] 3-그램 "cup of joe"(https://en.wiktionary.org/wiki/cup_of_joe)는 "cup of coffee"(커피 한 잔)를 뜻한다.

[주13] 정밀도(precision)와 재현율에 관해서는 부록 D를 참고하기 바란다. Webology 사이트에는 여러 검색 엔진의 재현율을 비교한 자료가 있다(http://www.webology.org/2005/v2n2/a12.html).

대소문자 구성을 정규화하지 않는 검색 엔진으로 "Age"를 검색하면 "age"를 검색할 때와는 다른 문서들이 나온다. "Age"는 "New Age"나 "Age of Reason" 같은 문구에 등장하지만, "age"는 이전의 토머스 제퍼슨 예제 문장에 있는 "at the age of" 같은 문구에서 등장한다. 검색 색인의(그리고 검색어의) 어휘를 정규화하면, 사용자가 입력한 검색어의 대소문자 구성과는 무관하게 "age"에 관한 두 종류의 문서들이 모두 반환된다.

그러나, 정규화는 재현율을 높여주긴 하지만 대신 정밀도를 낮춘다. 즉, 사용자가 별로 관심이 없는 문서들이 검색 결과에 많이 포함된다. 이 때문에 현대적인 검색 엔진들은 검색어의 정규화를 비활성화하는 수단을 제공하는데, 예를 들어 사용자가 단어들을 따옴표로 감싸서 입력하면 그 단어들과 정확히 일치하는 문구가 있는 문서들만 검색 결과에 포함하는 방법이 흔히 쓰인다. 그런 검색 엔진을 위한 파이프라인을 구축할 때는 두 종류의 검색어에 맞는 두 종류의 색인을 구축해야 한다. 즉, 대소문자 구성을 정규화한 n-그램들과 원래의 대소문자 구성을 유지한 n-그램들로 각각 색인을 만들어야 한다.

어간 추출

어휘를 정규화하는 데 흔히 쓰이는 또 다른 방법은 단어 끝의 복수형 접미사나 소유격 접미사에 의한 의미 차이를 제거하는 것이다. 더 나아가서, 동사의 여러 불규칙 변형을 하나의 기본형으로 통합할 수도 있다. 이처럼 한 단어의 여러 변형에 공통으로 존재하는 어간을 식별해서 단어들을 정규화하는 것을 어간 추출(stemming)이라고 부른다. 예를 들어 housing과 houses의 공통 어간은 house이다. 영어의 어간 추출은 단어들에서 접미사를 제거함으로써 의미가 비슷한 단어들을 하나의 공통 어간으로 묶는다. 이때 어간이 반드시 영어 사전에 나오는 정확한 철자의 단어일 필요는 없다. NLP의 목적에서 어간은 그냥 한 단어의 여러 철자 변형들을 대표하는 하나의 토큰 또는 이름표(label)일 뿐이다.

사람은 "house"와 "houses"가 같은 단어의 단수형과 복수형임을 쉽게 알아챈다. 그러나 컴퓨터는 그렇지 않으므로, 어떤 방법으로든 이런 정보를 컴퓨터에 제공해 주어야 한다. 어간 추출의 주된 장점 하나는 NLP 소프트웨어 또는 언어 모형이 관리해야 할 단어의 수가 줄어든다는 것이다. 어간 추출은 문서에 담긴 정보와 의미를 최대한 유지하면서 어휘의 크기를 줄이는 방법이다. 어간 추출은 기계 학습에서 차원 축소(dimension reduction)라고 부르는 기법에 속한다. 한 어간이 포함된 모든 단어에 대해 언어 모형이 동일하게 행동하게 된다는 점에서, 어간 추출은 언어 모형을 일반화하는 데 도움이 된다. NLP 응용 프로그램에서 의도적으로 "house"와 "houses"를 구분해야 하는 것이 아닌 한, 어간 추출은 프로그래밍에 드는 노력이나 자료 집합의 크기를 크게(어간 추출을 어느 정도나 적극적으로 수행하느냐 따라서는 절반 이상으로) 줄여준다.

어간 추출은 키워드 검색이나 정보 조회(정보 검색)에 중요하다. 예를 들어 "developing houses in Portland"를 검색했을 때 "houses"가 있는 문서뿐만 아니라 "house"나 "housing"이라는 문서도 검색 결과에 포함되는 것은, 검색 엔진이 이 단어들로부터 "hous"라는 하나의 공통 어간을 추출한 덕분이다. "developing" 대신 "developer"나 "development"로 검색해도 같은 결과가 나오는 것 역시 마찬가지이다. 이들은 모두 "develop"이라는 어간을 공유한다. 이처럼 어간 추출은 관련 문서나 웹 페이지가 누락되지 않도록 검색 결과를 '확장'하는 데 도움이된다. 그리고 검색 결과가 이처럼 확장되면, 검색 엔진의 주요 성능 측도의 하나인 '재현율', 즉반드시 검색 결과에 포함되어야 할 문서 중 얼마나 많은 문서가 실제로 검색 결과에 포함되었는지를 나타내는 수치도 높아진다.[주14]

그러나 어간 추출 때문에 검색 엔진의 '정밀도'가 크게 감소할 수 있다. 즉, 검색 결과에 검색어와 관련이 있는 문서들이 늘어날 뿐만 아니라 무관한 문서들도 늘어날 수 있는 것이다. 응용에 따라서는 이런 '가양성(false-positive; 거짓 양성)' 비율, 즉 사용자에게 별로 유용하지 않은 페이지들의 비율이 문제가 될 수 있다. 그래서 대부분의 검색 엔진은 대소문자 정규화뿐만 아니라 어간 추출도 비활성화하는 수단을 제공하는데, 앞에서 언급한 따옴표로 감싸기가 그런 예이다. 사용자가 "Portland Housing Development software"처럼 검색 문구를 따옴표로 감싸는 것은 그 단어들로 이루어진 정확한 문구로 검색을 수행하라는 뜻이다. 예를 들어 "dr house call"이 아니라 "Dr. House's call"을 검색하고 싶을 때는[역6] 이처럼 어간 추출 기능을 끄는 것이 낫다.

다음은 후행 s들을 처리하는 간단한 어간 추출기를 순수 파이썬으로(즉, 외부 패키지를 사용하지 않고) 구현한 예이다.

```
>>> def stem(phrase):
...     return ' '.join([re.findall('^(.*ss|.*?)(s)?$',
...         word)[0][0].strip("'") for word in phrase.lower().split()])
>>> stem('houses')
'house'
>>> stem("Doctor House's calls")
'doctor house call'
```

이 어간 추출 함수에 쓰인 짧은 정규 표현식은 다음과 같은 간단한 규칙들을 표현한 것이다.

• 만일 단어가 둘 이상의 s로 끝나면, 어간은 그 단어 자체이고 접미사는 빈 문자열이다.

[주14] 재현율 측정에 관해서는 부록 D를 보기 바란다. 좀 더 자세한 정보는 관련 영어 위키백과 "Precision and recall" 페이지 (https://en.wikipedia.org/wiki/Precision_and_recall)에 있다.

[역6] 여기서 Dr. House는 고유 명사이다. 참고로 닥터 하우스는 TV 드라마 *House M.D.*의 주인공이다.

- 만일 단어가 하나의 s로 끝나면, 어간은 단어에서 s를 제외한 부분이고 접미사는 s이다.

- 만일 단어가 s로 끝나지 않으면, 어간은 그 단어 자체이고 접미사는 없다.

결과적으로 이 어간 추출 함수는 몇몇 복수형 단어나 소유격 접미사가 붙은 단어에서 어간을 추출한다.

이 어간 추출 함수는 복수형 변화가 단순한 단어들에는 잘 작동하지만, 좀 더 복잡한 경우에는 잘 작동하지 않는다. 예를 들어 이 함수의 규칙들은 dishes나 heroes를 제대로 처리하지 못한다. 이런 좀 더 복잡한 경우들을 처리하려면 NLTK 같은 패키지가 제공하는 어간 추출기를 사용하는 것이 낫다.

또한 이 어간 추출 함수는 앞에서 언급한 "Portland Housing" 검색의 "housing" 같은 예도 처리하지 못한다.

가장 널리 쓰이는 어간 추출 알고리즘으로는 포터 어간 추출기와 스노볼 어간 추출기를 들 수 있다. 포터 어간 추출기는 컴퓨터 과학자 마틴 포터[Martin Porter]의 이름을 딴 것이고,[주15] 스노볼[Snowball] 어간 추출기[역7] 역시 포터가 자신의 포터 어간 추출기를 좀 더 개선해서 만든 것이다.[주16] 포터는 자신의 긴 경력의 상당 부분을 어간 추출기를 문서화하고 개선하는 데 바쳤다. 이는 이 어간 추출기들이 정보 조회(키워드 검색)에서 대단히 가치가 있기 때문이다. 이 어간 추출기들은 우리의 단순한 정규 표현식보다 훨씬 복잡한 규칙들을 구현한 덕분에 복잡한 영어 철자 규칙과 단어 어미 규칙을 잘 처리한다. 다음은 포터 어간 추출기를 사용하는 예이다.

```
>>> from nltk.stem.porter import PorterStemmer
>>> stemmer = PorterStemmer()
>>> ' '.join([stemmer.stem(w).strip("'") for w in
...    "dish washer's washed dishes".split()])
'dish washer wash dish'
```

참고로 포터 어간 추출기는 앞의 정규 표현식 어간 추출기처럼 후행 아포스트로피(')를 유지한다. 이 예제에서는 미리 아포스트로피를 명시적으로 제거했다. 소유격 단어와 비소유격 단어를 구분할 필요가 있을 때는 아포스트로피를 유지하는 것이 바람직하다. 소유격 형태의 고유 명사도 많으므로,[역8] 그런 이름들을 다른 보통명사와 다르게 취급해야 한다면 아포스트로피를 유지해야 할 것이다.

[주15] M.F. Porter, "An algorithm for suffix stripping," 1993. 웹 http://www.cs.odu.edu/~jbollen/IR04/readings/readings5.pdf

[역7] 참고로 Snowball이라는 이름은 문자 그대로의 '눈덩이'를 의미하기보다는, 문자열 조작에 특화된 언어인 SNOBOL에 대한 참조일 것이다. 실제로 스노볼 소개문(주 16)의 참고 문헌 목록에 SNOBOL 관련 문서들이 포함되어 있다.

[주16] M.F. Porter, "Snowball: A language for stemming algorithms". 웹 http://snowball.tartarus.org/texts/introduction.html

[역8] 이를테면 패스트푸드 체인점 "Wendy's"가 있다. 영어권에는 "사람 이름+'s+제품 또는 서비스 이름" 형태 또는 거기서 제품 또는 서비스 이름을 생략한 형태의 브랜드명이 많다.

줄리아 멘차베스^{Julia Menchavez}는 포터가 제시한 어간 추출 알고리즘을 순수 파이썬으로 구현한 코드를 관대하게 공유했다(https://github.com/jedijulia/porter-stemmer/blob/master/stemmer.py). 혹시 독자가 자신만의 어간 추출기를 구현하고 싶은 생각이 든다면, 이 300줄짜리 코드를, 그리고 포터가 어간 추출 알고리즘의 개선에 바친 평생의 시간을 고려하기 바란다.

포터 어간 추출 알고리즘은 크게 여덟 단계(아래의 1a, 1b, 1c, 2, 3, 4, 5a, 5b)로 구성된다. 단계 1a는 앞에서 후행 s를 처리하는 데 사용한 정규 표현식과 조금 비슷하다. 다음 코드는 앞에서 언급한 줄리아 멘차베스의 porter-stemmer 구현에 나오는 단계 1a 함수를 조금 수정한 것이다.

```
def step1a(self, word):
    if word.endswith('sses'):
        word = self.replace(word, 'sses', 'ss')    ◀──
    elif word.endswith('ies'):
        word = self.replace(word, 'ies', 'i')
    elif word.endswith('ss'):
        word = self.replace(word, 'ss', 'ss')
    elif word.endswith('s'):
        word = self.replace(word, 's', '')
    return word
```

> 우변의 self.replace()는 str.replace()가 아니다. self.replace()는 단어의 끝부분만 수정한다.

나머지 일곱 단계는 영어의 복잡한 철자 규칙을 다루기 때문에 이보다 훨씬 복잡하다. 이들은 다음과 같다.

- **단계 1a**—단어 끝의 "s"와 "es"를 처리한다.
- **단계 1b**—단어 끝의 "ed", "ing", "at"을 처리한다.
- **단계 1c**—단어 끝의 "y"를 처리한다.
- **단계 2**—"ational", "tional", "ence", "able" 같은 '명사화' 접미사들을 처리한다.
- **단계 3**—"icate", "ful", "alize" 같은 형용사화 또는 동사화 접미사들을 처리한다.
- **단계 4**—"ive", "ible", "ent", "ism" 같은 형용사화 또는 명사화 접미사들을 처리한다.
- **단계 5a**—그래도 남아 있는 어미 "e"를 제거한다.
- **단계 5b**—후행 이중 자음들을 처리한다(예를 들면 어간이 하나의 "l"로 끝나야 하는 단어들을 위해).

표제어 추출

다양한 단어를 그 의미에 따라 연결하는 정보가 필요한 응용에서는 철자가 상당히 다른 여러 단어를 연관시킬 수 있어야 한다. 이처럼 단어들을 그 바탕 의미를 담은 '어근(root)' 수준으로 내려가서 정규화하는 것을 가리켜 표제어 추출(lemmatization)이라고 부른다.

제12장에서는 챗봇이 사용자의 입력에 대응해서 응답문을 생성하는 복잡한 절차를 표제어 추출을 이용해서 좀 더 단순하게 만드는 방법을 살펴본다. 표제어 추출은 바탕 의미가 같

지만 철자가 다른 여러 단어에 대해 NLP 파이프라인이 일관되게 '반응'하게 만드는 데 크게 도움이 된다. 표제어 추출은 대응해야 할 단어의 수를 줄인다. 즉, 언어 모형의 차원 수가 줄 어든다. 표제어 추출을 활용하면 모형을 좀 더 일반화할 수 있다. 대신 모형이 덜 정확해지는 데, 왜냐하면 뿌리가 같지만 의미가 완전히 같지는 않은 여러 철자 변형을 모두 같은 단어로 간주하기 때문이다. 예를 들어 표제어 추출을 적용하면 NLP 파이프라인은 의미가 각자 다른 "chat", "chatter", "chatty", "chatting"을 똑같이 취급한다. 심지어는 "chatbot"까지도 동일하게 취급할 수 있다. 어간 추출에도 이와 비슷한 문제가 있는데, 예를 들어 어간 추출은 강가를 뜻하는 "bank"와 뭔가가(이를테면 오토바이가) 옆으로 기울어졌다는 뜻의 "banked", 은행과 관 련된 "banking"을 모두 동일한 어간 "bank"로 통합한다.

이번 절을 공부하면서, 표제어 추출 때문에 단어의 의미가 크게 바뀌는 경우를 생각해 보기 바란다. 심지어는 의미가 원래와는 반대가 되어서 파이프라인이 의도한 것과는 반대의 결과를 산출하는 경우도 있을 것이다. 의도적으로 그런 일이 일어나게 만드는 것, 기계 학습 파이프라인이 다루기 까다로운 입력을 고안해서 파이프라인이 엉뚱한 응답을 하게 만드는 것을 가리켜 스푸핑^{spoofing}이라고 부른다.

단어의 의미를 고려해서 단어들을 정규화한다는 점에서, 표제어 추출은 어간 추출이나 대소문자 정규화보다 좀 더 정확한 정규화 방법이라 할 수 있다. 표제어 추출기는 동의어들과 단어 어미들에 관한 지식 베이스를 활용해서 실제로 의미가 비슷한 단어들만 하나의 토큰으로 합친다.

어간 추출기 중에는 단어의 철자뿐만 아니라 품사(part of speech, POS)도 활용해서 정밀도를 개선한다. 그런 어간 추출기는 문구 또는 문장의 문법 안에서 단어가 어떤 역할을 하는지를 말해 주는 품사 태그(꼬리표)를 단어에 부여한다. 예를 들어 문구 안에서 사람이나 장소, 사물을 지칭하는 단어에는 명사(noun) 태그를 붙이고, 명사를 수정하거나 서술하는 단어에는 형용사(adjective) 태그를 붙인다. 그리고 어떤 동작이나 행위를 서술하는 단어에는 동사(verb) 태그를 붙인다. 단어 자체만으로는 단어의 품사를 결정할 수 없다. 품사를 결정하려면 반드시 그 단어가 놓인 문맥이 필요하다. 따라서 품사를 활용하는 고급 표제어 추출기는 개별 단어 단위로는 작동하지 않는다.

단순한 어간 추출보다 품사에 기초한 표제어 추출이 더 나은(better) '어근'을 식별할 수 있는 이유가 무엇일까? better라는 단어를 생각해 보자. 어간 추출기는 어미 "er"를 제거해서 "bett"나 "bet" 같은 어간을 산출할 것이다. 그러나 그렇게 하면 "better"는 "bets"나 "Bet's"처럼 전혀 다른 의미의 단어들과 묶인다. 반면 표제어 추출기는 "better"를 "betterment", "best" 같은 의미상으로 가까운 단어들과 묶는다. 심지어는 "good", "goods" 등과 묶을 수도 있다.

이런 이유로, 대부분의 응용에서는 표제어 추출기가 어간 추출기보다 낫다. 현실적으로 어간 추출기는 대규모 정보 검색 응용 프로그램(키워드 기반 문서 검색 등)에만 쓰인다. 정보 검색용 파이프라인에서 어간 추출기의 차원 축소 및 재현율 향상 능력이 꼭 필요한 경우라도, 어간 추출 단계 바로 앞에 표제어 추출 단계를 배치해서 더 나은 결과를 얻을 수도 있다. 어떤 단어의 표제어는 유효한 영어 단어이므로, 표제어 추출기의 출력은 어간 추출기의 입력으로 유효하다. 이처럼 어간 추출기 앞에 표제어 추출기를 두면, 어간 추출기만 사용했을 때보다 차원이 더 많이 축소되고 정보 검색 재현율도 높아진다.[주17]

그럼 파이썬에서 단어의 표제어를 식별하는 방법을 살펴보자. 다행히 NLTK 패키지에 WordNetLemmatizer라는 표제어 추출기가 있다. 이 표제어 추출기는 좀 더 정확한 표제어 추출을 위해 주어진 단어의 품사 정보도 요구한다는 점을 주목하기 바란다.

```
>>> nltk.download('wordnet')
>>> from nltk.stem import WordNetLemmatizer
>>> lemmatizer = WordNetLemmatizer()
>>> lemmatizer.lemmatize("better")  ◁── 둘째 인수를 생략하는 경우 명사를 뜻하는 "n"이 적용된다.
'better'
>>> lemmatizer.lemmatize("better", pos="a")  ◁── "a"는 형용사를 뜻한다.
'good'
>>> lemmatizer.lemmatize("good", pos="a")
'good'
>>> lemmatizer.lemmatize("goods", pos="a")
'goods'
>>> lemmatizer.lemmatize("goods", pos="n")
'good'
>>> lemmatizer.lemmatize("goodness", pos="n")
'goodness'
>>> lemmatizer.lemmatize("best", pos="a")
'best'
```

"better"에 대한 첫 표제어 추출 시도에서 그냥 "better"가 산출된 것이 의외인 독자도 있을 것이다. 이는 단어의 품사가 그 의미에 큰 영향을 미칠 수 있기 때문이다. 단어의 품사를 명시적으로 지정하지 않으면 NLTK의 표제어 추출기는 그 단어가 명사라고 가정한다. 지금 예에서 "better"는 명사가 아니므로 그냥 "better"가 나왔다. 둘째 시도에서는 정확한 품사인 형용사를 뜻하는 "a"를 지정했기 때문에 표제어 추출기가 정확한 표제어를 산출했다. 그런데 안타깝게도 NLTK 표제어 추출기는 프린스턴 대학교의 WordNet 단어 의미 그래프에 있는 단어 연결 관계들만 사용한다. 마지막 시도에서 "best"의 표제어가 "better"와는 다르게 나온 것은 그

주17 이 점을 지적한 카일 고먼에게 감사한다.

때문이다. 또한, 이 그래프에는 "goodness"와 "good" 사이의 연결도 빠져 있다. 반면 포터 어간 추출기는 둘을 같은 어간으로 취급하는데, 이는 이 어간 추출기가 모든 단어에서 무조건 "ness"를 제거하기 때문이지 다른 이유는 없다.

```
>>> stemmer.stem('goodness')
'good'
```

용법

어간 추출기를 사용할지 표제어 추출기를 사용할지를 어떻게 결정해야 할까? 일반적으로 어간 추출이 표제어 추출보다 더 빠르고, 필요한 코드와 자료 집합도 덜 복잡하다. 그러나 어간 추출기는 표제어 추출기보다 실수가 더 잦고 훨씬 더 많은 단어를 하나의 토큰으로 합치기 때문에 텍스트에 담긴 정보 내용 또는 의미의 손실도 더 크다. 어간 추출기와 표제어 추출기 모두 어휘의 크기를 줄이는 대신 텍스트의 중의성을 높인다. 그러나 표제어 추출기는 단어가 텍스트 안에서 어떤 의미로 어떻게 쓰이는지에 관한 정보 내용을 최대한 유지하므로 궁극적으로 어간 추출기보다 더 나은 결과를 산출한다. 이 때문에 spaCy 같은 NLP 패키지들은 어간 추출 함수는 제공하지 않고 표제어 추출 함수만 제공한다.

검색과 관련된 응용에서는 어간 추출과 표제어 추출 모두 검색 재현율을 높여 주는데, 이는 두 기법 모두 주어진 검색어를 더 많은 문서와 연관시키는 효과를 내기 때문이다. 대신 어간 추출과 표제어 추출은(그리고 대소문자 합치기도) 검색 결과의 정밀도를 크게 낮춘다. 웹 검색 엔진 같은 정보 검색 시스템에서 이런 어휘 압축 접근 방식은 검색 단어들의 원래 의미와는 무관한 문서들도 검색 결과에 많이 포함한다. 검색 엔진과 문서 색인화 모듈은 사용자가 원하는 문서들이 검색 결과에 포함될 가능성을 높이기 위해 흔히 어간 추출이나 표제어 추출을 사용한다. 그러나, 사용자에게 제시할 문서들의 순서를 정하기 위해 검색 결과를 평가할 때는 어간 추출이나 표제어 추출을 적용하지 않은 개별적인 색인에서 얻은 문서들도 검색 결과의 평가에 활용함으로써 사용자가 원했던 문서가 좀 더 위에 나올 확률을 높인다.[18]

한편, 검색 기반 챗봇에서는 재현율보다 정밀도가 더 중요하므로, 어간 추출이나 기타 정규화를 적용하지 않는 엄격한 검색을 먼저 수행해 보고, 원하는 결과를 찾지 못했을 때만 어간 추출이나 기타 정규화를 적용한 검색을 수행하는 것이 바람직하다. 그러면 정규화된 토큰 부합들이 비정규화된 토큰 부합들보다 낮은 점수를 얻게 된다.

[주18] 검색 결과를 평가하는 기준이 이것뿐만은 아니다. Duck Duck Go와 여러 유명 웹 검색 엔진은 400개 이상의 독립적인 알고리즘들(사용자가 제공한 알고리즘들도 포함)을 사용한다(https://duck.co/help/results/sources).

중요 여기서 핵심은, 관심 있는 단어들의 여러 용법과 대소문자 구성을 담은 텍스트를 충분히 확보할 수 있다면, 굳이 어간 추출과 표제어 추출을 사용할 필요가 없다는 것이다. 그리고 요즘은 NLP 자료 집합이 넘쳐나는 만큼, 생소한 전문 용어가 많이 쓰이는 과학이나 기술, 문학의 아주 특화된 작은 분야에 관한 텍스트를 다루는 것이 아닌 한, 필요한 텍스트를 충분히 확보하지 못하는 경우는 드물 것이다. 물론 이는 영어의 경우이고, 영어 이외의 언어에서는 여전히 표제어 추출이 유용할 것이다. 스탠퍼드 대학교의 정보 검색 교과 과정에는 어간 추출과 표제어 추출이 아예 빠졌는데, 영어에서 어간 추출과 표제어 추출을 해 봤자 재현율 증가는 무시할 만한 수준이고 정밀도는 크게 감소한다는 것이 이유이다.[주19]

2.3 감정 분석

NLP 파이프라인이 처리하는 토큰이 단일 단어이든, 아니면 n-그램이나 어간, 표제어이든, 각 토큰에는 어떤 정보가 담겨 있다. 단어의 감정(sentiment; 또는 정서), 즉 그 단어가 불러일으키는 전반적인 느낌은 그러한 정보의 중요한 일부이다. 단어 조합이나 문구, 문장 등에 담긴 강점을 분류하고 측정하는 것을 감정 분석(sentiment analysis; 또는 감성 분석, 정서 분석)이라고 부른다. 감정 분석은 NLP의 일반적인 응용 중 하나이다. 여러 기업에서 NLP 기술자에게 요구하는 주된 작업이 이 감정 분석이다.

기업은 사용자가 자사 제품을 어떻게 생각하는지 알고 싶어 한다. 그래서 많은 기업은 사용자의 의견을 받는 수단을 제공할 때가 많다. 아마존이나 Rotten Tomatoes 등에서 볼 수 있는 별점 평가 방법(star rating)처럼 고객이 어떤 제품이나 서비스에 관해 느끼는 바를 수치 자료의 형태로 수집하는 방법도 있다. 그러나 좀 더 자연스러운 방법은 사용자가 자신의 언어로 느낌을 말하게 하는 것이다. 사용자에게 빈 종이(빈 텍스트 입력란)를 주고 제품에 관한 의견을 적으라고 요청하면 좀 더 상세한 피드백을 받을 수 있다.

예전에는 담당자(사람)가 사용자 의견을 모두 직접 읽어야 했다. 자연어 텍스트에 담긴 감정과 정서를 이해할 수 있는 것은 사람뿐이라는 생각 때문이었다. 그러나 한 사람이 수천 개의 평가를 읽다 보면 지루해져서 실수를 저지르기 쉽다. 사람은 피드백을 읽는 데 아주 서투르다. 특히 비판이나 부정적 의견을 잘 처리하지 못한다. 그리고 대체로, 담당자의 인간적인 방어막과 필터를 통과할 정도로 능숙하게 의견을 전달하는 고객은 그리 많지 않다.

[주19] C. Manning, P. Raghavan, H.Schütze. "Stemming and lemmatization", *Introduction to Information Retrieval*. Cambridge University Press, 2008. 웹 https://nlp.stanford.edu/IR-book/html/htmledition/stemming-and-lemmatization-1.html

그러나 컴퓨터에는 그런 편향과 감정적 방어막이 없다. 그리고 자연어 텍스트를 처리해서 정보와 의미를 추출할 수 있는 존재가 인간뿐인 것도 아니다. NLP 파이프라인은 대량의 사용자 의견을 빠르고 객관적으로 처리할 수 있으며, 편향에 빠질 위험도 적다. 또한, NLP 파이프라인은 텍스트의 긍정성이나 부정성 또는 기타 감정적 성질을 평가한 수치를 출력할 수 있다.

감정 분석의 또 다른 흔한 응용 방법은 스팸 메일이나 악의적 메시지(소위 악플)를 걸러내는 것이다. 챗봇이 대화 메시지의 감정을 측정할 수 있다면, 감정에 부합하는 좀 더 인간적인 응답문을 생성할 수 있다. 더욱 중요하게는, 챗봇이 자신의 후보 응답문들에 담긴 감정을 측정해서 부적절한 응답문을 기각함으로써 좀 더 친절하고 사교적인 대화를 진행할 수 있다. 어머니가 자식에게 친근하게 대할 때를 생각해 보면 이해가 될 것이다. 뭔가 좋은 말을 해줄 수 없다면 아예 말을 하지 않는 것이 낫다. 그와 비슷하게, 챗봇의 후보 응답문들에 담긴 감정을 측정해서 그리 친절하지 않은 응답문들을 폐기하는 식으로 감정 분석을 활용할 수 있다.

NLP 파이프라인이 텍스트 조각에 담긴 감정을 분석해서 그것을 수치화하려면 어떻게 해야 할까? 예를 들어 주어진 텍스트가 긍정적인 감정을 담고 있는지 측정한다고 하자. 사용자 의견을 분석해서 고객이 해당 제품이나 서비스를 마음에 들어 했는지 알아내려면 그런 감정 분석이 필요할 것이다. 더 나아가서, 그러한 감정을 −1에서 +1까지의 부동소수점 수로 출력한다고 하자. 감정 분석 알고리즘은 "Absolutely perfect! Love it! :-) :-) :-)." 같은 아주 긍정적인 의견에 대해서는 +1을, "Horrible! Completely useless. :(." 같은 아주 부정적인 의견에 대해서는 −1을 출력해야 하고, "It was OK. Some good and some bad things." 같은 중립적인 의견에 대해서는 0에 가까운 값(이를테면 +0.1)을 출력해야 한다.

이런 감정 분석을 수행하는 접근 방식은 크게 두 가지이다.

- 사람이 직접 작성한 규칙 기반 알고리즘을 사용한다.
- 컴퓨터가 자료로부터 직접 배우는 기계 학습 모형을 사용한다.

첫째 접근 방식, 즉 사람이 만든 규칙을 사용하는 감정 분석 접근 방식을 발견적 방법, 줄여서 발견법(heuristics)에 기초한 감정 분석이라고 부르기도 한다. 흔히 쓰이는 규칙 기반 감정 분석 방법은 텍스트에서 특정 키워드들을 찾고 그 키워드들에 부여된 수치 점수를 취합하는 것이다. 이를 위해서는 특정 단어와 감정 점수의 쌍들을 담은 연관 배열 또는 '사전(dictionary)' 자료 구조가 필요한데, 파이썬의 경우에는 dict를 사용하면 된다. 그리고 우리는 이미 개별 단어뿐만 아니라 어간, 표제어, n-그램 단위의 토큰을 얻는 방법을 알고 있으므로, 단어 대신 그런 토큰에 감정 점수를 연관시킬 수도 있다. 물론 그런 토큰-감정 점수 사전은 사람이 직접 만들어야 한다. 잠시 후에 VADER 알고리즘(scikit-learn에 있는)을 이용해서 이런 종류의 감정 분석을 수행하는 예제를 제시하겠다.

둘째 접근 방식은 분류명 붙은 문장 또는 문서 집합을 이용해서 기계 학습 모형을 훈련해 그런 규칙들을 생성한다. 이 경우 기계 학습 모형은 입력 텍스트에 대한 수치적 감정 점수(긍정성 점수이든 스팸이나 악플 가능성 점수이든)를 출력하도록 훈련된다. 이런 기계 학습 접근 방식을 위해서는 '정답'에 해당하는 감정 점수가 부여된 텍스트 조각들로 이루어진 대량의 자료가 필요하다. 이 접근 방식에는 트윗(트위터 메시지)들이 자주 쓰이는데, 트윗에는 #awesome이나 #happy, #sarcasm처럼 감정을 표현하는 해시 태그가 붙어 있을 때가 많기 때문이다. 그런 트윗들 각각은 '분류명(label)이 이미 붙어 있는 훈련 견본'이라 할 수 있다. 또한, 사용자에게 의견과 함께 별점 평가를 요구하는 기업은 그 별점을 해당 의견의 긍정성 점수로 활용할 수 있다. 다음 절에서 VADER 관련 예제를 살펴본 후에, 이런 종류의 자료 집합을 처리하고 단순 베이즈(naive Bayes; 또는 소박한 베이즈, 나이브 베이즈)라고 하는 토큰 기반 기계 학습 알고리즘으로 기계 학습 모형을 훈련해서 사용자 의견에 담긴 긍정적 감정을 측정하는 예제도 살펴볼 것이다.

2.3.1 VADER—규칙 기반 감정 분석기

조지아 공과대학(GA Tech)의 후토[Hutto]와 길버트[Gilbert]는 최초의 성공적 감정 분석 알고리즘 중 하나인 VADER 알고리즘을 고안했다. VADER는 **V**alence **A**ware **D**ictionary for s**E**ntiment **R**easoning(감정 추론을 위한 결합가 인식 사전)의 머리글자를 딴 것이다.[주20] 여러 NLP 패키지가 이 알고리즘(또는 그 변형)을 구현한다. NLTK의 경우 nltk.sentiment.vader가 VADER 알고리즘을 구현한 것이다. 후토 자신은 vaderSentiment라는 파이썬 패키지를 관리하고 있다. 이번 절의 예제는 이 vaderSentiment 패키지를 사용한다.

아래의 예제를 실행하려면 먼저 터미널 또는 명령 프롬프트에서 pip install vaderSentiment를 실행해서 vaderSentiment 패키지를 설치해야 한다.[주21] 이 책을 위한 패키지인 NLPIA에는 vaderSentiment가 포함되어 있지 않다.

```
>>> from vaderSentiment.vaderSentiment import SentimentIntensityAnalyzer
>>> sa = SentimentIntensityAnalyzer()
>>> sa.lexicon           ←   SentimentIntensityAnalyzer.lexicon에는
                              앞에서 언급한 토큰-감정 점수 쌍들이 들어 있다.
>>> sa.polarity_scores(text=\
{ ...                         VADER는 이모티콘들을 활용하므로, 감정 분석이 잘 되려면 토큰
':(': -1.9,           ←       생성기가 문장 부호들을 제거하지 않는 것이 바람직하다. 이모티콘
':)': 2.0,                    은 말 그대로 감정(emotion)을 표현하는 아이콘(icon)이므로, 감
...                           정 분석에 이모티콘을 활용하는 것은 당연한 일이다.
```

[주20] C.J. Huto, E. Gilbert, "VADER: A Parsimonious Rule-based Model for Sentiment Analysis of Social Media Text". 웹 http://comp.social.gatech.edu/papers/icwsm14.vader.hutto.pdf

[주21] 이 패키지의 소스 코드는 GitHub 저장소 https://github.com/cjhutto/vaderSentiment에서 볼 수 있다.

```
'pls': 0.3,
'plz': 0.3,
...
'great': 3.1,
... }
>>> [(tok, score) for tok, score in sa.lexicon.items()
...     if " " in tok]
[("( '}{' )", 1.6),
 ("can't stand", -2.0),
 ('fed up', -1.8),
 ('screwed up', -1.5)]
>>> sa.polarity_scores(text=\
...     "Python is very readable and it's great for NLP.")
{'compound': 0.6249, 'neg': 0.0, 'neu': 0.661,
 'pos': 0.339}
...     "Python is not a bad choice for most applications.")
{'compound': 0.431, 'neg': 0.0, 'neu': 0.711,
 'pos': 0.289}
```

파이프라인에서 어간 추출기(또는 표제어 추출기)를 사용하는 경우에는 VADER 어휘에도 어간 추출을 적용해서 하나의 어간 또는 표제어에 해당하는 모든 단어에 대한 점수를 통합할 필요가 있다.

VADER에 정의된 7,500개의 토큰 중 빈칸이 포함된 것은 세 개뿐이고, 그 셋 중 실제로 n-그램인 것은 둘 뿐이다. 나머지 하나는 '키스'를 표현하는 이모티콘이다.

VADER 알고리즘은 감정의 세기(intensity)를 긍정(pos), 부정(neg), 중립(neu)이라는 세 가지 극성(polaritiy)들로 고찰하고, 그 세 점수를 담은 하나의 복합 자료 구조로 돌려준다.

VADER가 not 같은 부정어를 상당히 잘 처리함을 주목하기 바란다. "not bad"의 긍정 점수는 "great"보다 약간만 낮을 정도로 높다. VADER의 내장 토큰 생성기는 자신의 어휘집에 없는 단어들을 모두 무시하며, n-그램은 전혀 고려하지 않는다.

그럼 이 규칙 기반 접근 방식이 앞에서 예로 든 사용자 의견들을 어떻게 평가하는지 시험해 보자.

```
>>> corpus = ["Absolutely perfect! Love it! :-) :-) :-)",
...          "Horrible! Completely useless. :(",
...          "It was OK. Some good and some bad things."]
>>> for doc in corpus:
...     scores = sa.polarity_scores(doc)
...     print('{:+}: {}'.format(scores['compound'], doc))
+0.9428: Absolutely perfect! Love it! :-) :-) :-)
-0.8768: Horrible! Completely useless. :(
+0.3254: It was OK. Some good and some bad things.
```

우리가 기대한 것에 아주 근접한 결과가 나왔다. VADER의 유일한 단점은 문서의 모든 단어가 아니라 약 7,500개의 단어만 고려한다는 것이다. 만일 문서의 모든 단어로 감정 점수를 측정해야 한다면, 여러분이 할 일이 엄청나게 늘어난다. 모든 단어의 감정 점수를 여러분이 일일이 매겨야 하거나, SentimentIntensityAnalyzer.lexicon의 사전 자료 구조에 수많은 커스텀 단어들을 직접 추가해야 한다. 기본적으로 규칙 기반 접근 방식은 대상 자연어를 이해하지 못하면 불가능하다. 언어를 이해하지 못하면 사전(어휘집)에 점수들을 집어넣지도 못할 것이기 때문이다.

이런 모든 제약에서 벗어나는 길은 기계 학습에 기초한 감정 분석기를 사용하는 것이다.

2.3.2 단순 베이즈 모형

단순 베이즈 모형은 주어진 문서 집합에서 목표변수(출력 변수)를 예측하는 키워드들을 찾으려 한다. 감정 분석의 경우 목표(target) 변수는 평가하고자 하는 감정이다. 즉, 감정 분석에서 단순 베이즈 모형은 해당 감정을 예측하는 단어들을 찾는다. 단순 베이즈 모형의 내부 계수들에 의해 단어 또는 토큰들이 그에 상응하는 감정 점수들에 대응된다. 이때 중요한 것은, VADER 같은 규칙 기반 감정 분석기와는 달리 사람이 개별 단어들에 대해 일일이 감정 점수를 지정해 둘 필요가 없다는 것이다. 컴퓨터는 미리 만들어진 어휘집에 의존하지 않고 임의의 문제에 대해 "최선의" 감정 점수를 찾아낸다.

다른 모든 기계 학습 알고리즘처럼, 단순 베이즈가 제대로 자동화하려면 훈련 자료가 필요하다. 감정 분석의 경우 긍정적 감정 내용에 대한 분류명이 붙은 대량의 텍스트 문서를 구해야 한다. 다행히 후토와 동료들이 VADER를 구축할 때 만든 네 종류의 감정 자료 집합을 사용하면 되는데, 이 자료 집합들을 NLPIA 패키지에 포함해 두었다.[주22] 다음은 이를 활용하는 예이다.

```
>>> from nlpia.data.loaders import get_data
>>> movies = get_data('hutto_movies')
>>> movies.head().round(2)
    sentiment                                                     text
id
1        2.27  The Rock is destined to be the 21st Century...
2        3.53  The gorgeously elaborate continuation of ''...
3       -0.60                         Effective but too tepid ...
4        1.47  If you sometimes like to go to the movies t...
5        1.73  Emerges as something rare, an issue movie t...
>>> movies.describe().round(2)
       sentiment
count   10605.00
mean        0.00
min        -3.88   ◀── 영화 평점은 최저 -4에서 최고 +4인 것 같다.
max         3.94
```

다음으로, 이 모든 영화평 텍스트를 토큰화해서 각각에 대해 단어 모음을 생성한다. §2.2에서 했던 것처럼 Pandas의 DataFrame에 모든 단어 모음 벡터를 넣는다.

```
>>> import pandas as pd
>>> pd.set_option('display.width', 75)   ◀── DataFrame의 내용이 좀 더 보기 좋게
                                              표시되도록 행의 너비를 늘린다.
```

[주22] 아직 NLPIA 패키지를 설치하지 않았다면 부록 A를(그리고 필요하다면 http://github.com/totalgood/nlpia도) 참고해서 설치하기 바란다.

NLTK의 casual_tokenize는 이모티콘과 비표준적인 문장 부호, 비속어를 Treebank Word Tokenizer나 이번 장의 다른 토큰 생성기보다 잘 처리한다.

파이썬 내장 패키지 Counter는 주어진 목록의 요소들을 세어서 각 요소가 키이고 값은 해당 요소의 개수인 사전 객체를 돌려준다.

```
>>> from nltk.tokenize import casual_tokenize
>>> bags_of_words = []
>>> from collections import Counter
>>> for text in movies.text:
...     bags_of_words.append(Counter(casual_tokenize(text)))
>>> df_bows = pd.DataFrame.from_records(bags_of_words)
>>> df_bows = df_bows.fillna(0).astype(int)
>>> df_bows.shape
(10605, 20756)
>>> df_bows.head()
   !  "  #  $  %  &  '  ... zone  zoning  zzzzzzzzz  ½  élan  -  '
0  0  0  0  0  0  0  4  ...    0       0          0  0     0  0  0
1  0  0  0  0  0  0  4  ...    0       0          0  0     0  0  0
2  0  0  0  0  0  0  0  ...    0       0          0  0     0  0  0
3  0  0  0  0  0  0  0  ...    0       0          0  0     0  0  0
4  0  0  0  0  0  0  0  ...    0       0          0  0     0  0  0
>>> df_bows.head()[list(bags_of_words[0].keys())]
   The  Rock  is  destined  to  be ... Van  Damme  or  Steven  Segal  .
0    1     1   1         1   2   1 ...   1      1   1       1      1  1
1    2     0   1         0   0   1 ...   0      0   0       0      0  4
2    0     0   0         0   0   0 ...   0      0   0       0      0  0
3    0     0   1         0   4   0 ...   0      0   0       0      0  1
4    0     0   0         0   0   0 ...   0      0   0       0      0  1
```

단어 모음 테이블은 쉽사리 커진다. 특히 이번 장에서 논의한 대소문자 정규화나 불용어 처리, 어간 추출, 표제어 추출을 적용하지 않으면 더욱더 그렇다. 그런 차원 축소 기법들을 적용했을 때 단어 모음 테이블의 크기가 얼마나 줄어드는지 시험해 보면 재미있을 것이다.

NumPy와 Pandas는 NaN(not a number)을 부동소수점 형식으로만 표현할 수 있다. 모든 NaN을 0으로 바꾸어서 DataFrame이 정수 기반 컨테이너로 바꾸면 메모리가 절약되며, 화면 표시도 간결해진다.

DataFrame의 from_records()는 사전 객체들의 순차열을 받아서 모든 키와 값으로 하나의 단어 모음 테이블을 만든다. 각 키가 열(column)이 되며, 해당 키가 없는 사전 객체의 요소에 해당하는 테이블 칸은 NaN이 된다.

이제 단순 베이즈 모형이 자연어 텍스트에 담긴 감정을 예측(추론)하는 데 필요한 모든 자료가 갖추어졌다. 그럼 감정 분석을 실행해 보자.

단순 베이즈 모형은 분류기(classifier)이므로, 연속 출력 변수(부동소수점 형식의 감정 점수)를 이산 분류명(정수나 문자열, 부울 값 등)으로 변환할 필요가 있다.

'실측' 감정 점수와 비교할 수 있도록, 이진 분류 변수의 값 0과 1을 각각 -4와 4로 변환한다. nb.predict_proba()는 연속값을 돌려준다.

```
>>> from sklearn.naive_bayes import MultinomialNB
>>> nb = MultinomialNB()
>>> nb = nb.fit(df_bows, movies.sentiment > 0)
>>> movies['predicted_sentiment'] =\
...     nb.predict_proba(df_bows) * 8 - 4
>>> movies['error'] = (movies.predicted_sentiment - movies.sentiment).abs()
>>> movies.error.mean().round(1)
```

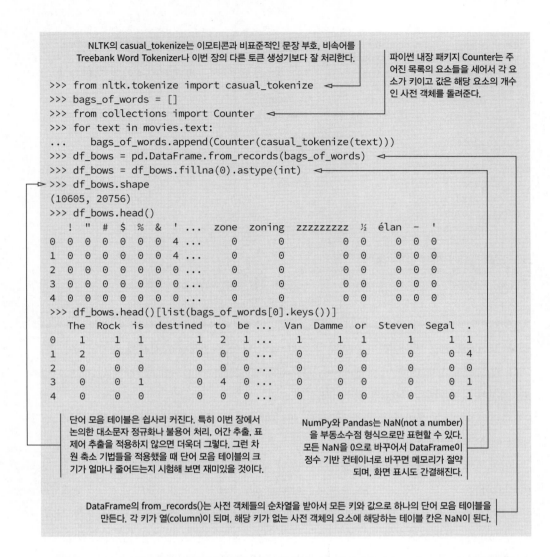

```
2.4  ◄───────────────┤ 예측 오차의 절댓값들의 평균, 즉 평균절대오차(mean absoulte error, MAE)는 2.4이다.
>>> movies['sentiment_ispositive'] = (movies.sentiment > 0).astype(int)
>>> movies['predicted_ispositiv'] = (movies.predicted_sentiment > 0).astype(int)
>>> movies['''sentiment predicted_sentiment sentiment_ispositive\
...   predicted_ispositive'''.split()].head(8)
    sentiment  predicted_sentiment  sentiment_ispositive  predicted_ispositive
id
1    2.266667                    4                     1                     1
2    3.533333                    4                     1                     1
3   -0.600000                   -4                     0                     0
4    1.466667                    4                     1                     1
5    1.733333                    4                     1                     1
6    2.533333                    4                     1                     1
7    2.466667                    4                     1                     1
8    1.266667                   -4                     1                     0
>>> (movies.predicted_ispositive ==
...   movies.sentiment_ispositive).sum() / len(movies)
0.9344648750589345  ◄───────────┤ 긍정적 '추천' 평가는 93%의 경우에 정확하다.
```

지금까지 우리는 몇 줄 안 되는 코드로(그러나 대량의 자료로) 꽤 괜찮은 감정 분석기를 만들어 냈다. VADER 접근 방식이라면 여러분이 몇천 개의 단어를 선정하고 각각에 감정 점수를 매겨야 했을 것이다. 그러나 이 예제에서는 그냥 분류명이 붙은 텍스트를 공급하기만 하면 되었다. 이것이 기계 학습과 NLP의 위력이다.

그런데 이 단순 베이즈 모형이 영화평이 아니라 상품평 같은 완전히 다른 종류의 감정 점수를 예측하게 하면 어떤 일이 생길까?

이런 감정 분석기를 여러분이 실제로 구축할 때는 용도에 맞게 훈련 자료를 분리하는 것이 중요하다(그리고 시험용 자료 집합을 따로 떼어 놓는 것도 중요한데, 이런 훈련/시험 분할에 관해서는 부록 D에서 좀 더 이야기한다). 앞에서 우리는 단순 베이즈 분류기가 영화평을 '추천' 또는 '비추천' 중 하나로 분류하도록 훈련했다. 추천/비추천을 그냥 무작위로 선택한다면 평균절대오차(MAE)는 4 정도가 된다. 이 단순 베이즈 기반 감정 분석기의 평균절대오차는 2.4이므로, 무작위 선택보다 약 두 배 정도 낮다. 그렇다면, 영화평 말뭉치로 훈련한 이 모형을 상품평에 적용하면 어떤 결과가 나올까?

```
>>> products = get_data('hutto_products')
...     bags_of_words = []
>>> for text in products.text:
...     bags_of_words.append(Counter(casual_tokenize(text)))
>>> df_product_bows = pd.DataFrame.from_records(bags_of_words)
>>> df_product_bows = df_product_bows.fillna(0).astype(int)
>>> df_all_bows = df_bows.append(df_product_bows)
>>> df_all_bows.columns  ◄───────
```

상품평 자료(hutto_products)에 대한 새 단어 모음들에는 이전의 단어 모음들에 없던 토큰들이 포함되었다(이전에는 DataFrame 테이블의 열이 20,756개였지만, 이제는 23,302개이다).

```
Index(['!', '"', '#', '#38', '$', '%', '&', ''', '(', '(8',
       ...
       'zoomed', 'zooming', 'zooms', 'zx', 'zzzzzzzzz', '~', '½', 'élan',
       '−', ''''],
      dtype='object', length=23302)
>>> df_product_bows = df_all_bows.iloc[len(movies):][df_bows.columns]  ◄──┐
>>> df_product_bows.shape
(3546, 20756)                                          상품평 단어 모음 테이블의 열 수(토큰
>>> df_bows.shape  ◄──┤ 원래의 영화평 단어 모음 테이블의 수치들.   개수)와 그 순서가 단순 베이즈 모형으
(10605, 20756)                                         로 사용한 원래 테이블의 것들과 정확
>>> products[ispos] =                                  히 일치하게 만들어야 한다.
➥ (products.sentiment > 0).astype(int)
>>> products['predicted_ispositive'] =
➥ nb.predict(df_product_bows.values).astype(int)
>>> products.head()
id  sentiment                                    text   ispos  pred
0   1_1       -0.90  troubleshooting ad-2500 and ad-2600 ...      0     0
1   1_2       -0.15  repost from january 13, 2004 with a ...      0     0
2   1_3       -0.20  does your apex dvd player only play ...      0     0
3   1_4       -0.10  or does it play audio and video but ...      0     0
4   1_5       -0.50  before you try to return the player ...      0     0
>>> (products.pred == products.ispos).sum() / len(products)
0.5572476029328821
```

최종 결과에서 보듯이 베이즈 모형은 주어진 상품평이 '추천'에 해당하는지 아닌지를 그리 잘
예측하지 못한다. 이런 기대 이하의 성과가 나온 이유 하나는, 상품평 텍스트에 대해 casual_
tokenize 함수를 실행해서 얻은 어휘에 원래의 영화평 어휘에는 없던 토큰이 2,546개나 있다
는 점이다. 이는 원래 어휘의 약 10% 정도에 해당한다. 이전에 훈련한 단순 베이즈 모형에는
새 토큰들에 대한 가중치나 감정 점수가 들어 있지 않다. 또한, 단순 베이즈 모형은 VADER보
다 부정어를 잘 다루지 못한다. 부정 표현을 제대로 처리하게 하려면 부정어("not"나 "never")와
그것이 수식하는 단어를 n-그램으로 묶어서 토큰화해야 한다.

이후의 장들에서도 이 기계 학습 모형을 계속 개선해 나간다. 그리고 그러한 각 개선 단계
에서 모형의 성과를 VADER의 것과 비교해서 모형이 얼마나 나아졌는지 측정한다. 이 과정
에서, 기계 학습을 사용하는 것이 사람이 직접 코딩한 알고리즘을 사용하는 것보다 더 나은
NLP 접근 방식임을 납득하게 될 것이다.

요약

- 이번 장에서는 NLP 파이프라인을 위한 몇 가지 토큰 추출기를 구현하고 시험해 보았다.

- n-그램 토큰 추출기는 문서의 단어 순서 정보를 어느 정도 유지하는 데 도움이 된다.

- 정규화와 어간 추출은 비슷한 단어들을 하나의 토큰으로 묶는다. 그러면 검색 엔진의 '재현율'이 좋아지지만 정밀도는 나빠진다.

- 표제어 추출과 casual_tokenize() 같은 맞춤형 토큰 추출기는 정밀도를 개선하고 정보의 손실을 줄인다.

- 불용어에도 유용한 정보가 들어 있을 수 있다. 불용어를 폐기하는 것이 항상 바람직한 것은 아니다.

3

말 잘하는 수학: TF-IDF 벡터

이 장에서 다루는 내용

- 의미 분석을 위한 단어와 용어의 빈도 세기
- 지프의 법칙을 이용한 단어 출현 확률 예측
- 단어의 벡터 표현과 그 활용 방법
- 역문서 빈도를 이용한 유관 문서 검색
- 코사인 유사도와 오카피 BM25를 이용한 두 문서의 유사도 추정

제2장에서 우리는 문장에서 단어(토큰)들을 추출해서 빈도를 세고 분류하는 방법을 배웠으며, 비슷한 토큰들을 어간이나 표제어로 통합하는 방법도 살펴보았다. 이번 장에서는 그런 토큰들로 뭔가 흥미로운 일을 해본다. 단어 용례에 관한 통계량을 얻거나 단순한 키워드 검색을 수행하는 데는 토큰화만으로도 충분하겠지만, 그보다 더 본격적인 응용을 위해서는 주어진 단어가 특정 문서에서 또는 말뭉치 전체에서 얼마나 중요한지 측정할 수 있어야 한다. 이러한 단어의 '중요도'는 예를 들어 검색 엔진에서 사용자가 입력한 검색어들과 관련성이 깊은 문서를 찾는 데 도움이 된다. 또한, 단어의 중요도는 스팸 검출기가 비속어 하나나 스팸성 단어 몇 개 때문에 주어진 이메일을 스팸으로 오판하지 않게 하는 데에도 도움이 된다.

　또한, '긍정성' 점수 또는 분류명이 부여된 다양한 단어들을 갖추고 있다면, 예를 들어 한 트윗이 얼마나 긍정적이고 사교적인지 측정할 수 있다. 더 나아가서, 한 문서에서 그런 단어들이 등장한 횟수를 나머지 모든 문서의 해당 빈도와 비교함으로써 주어진 문서의 '긍정성' 점수

를 측정할 수 있다. 이번 장에서는 단어들과 문서 안에서의 단어의 용도에 관한 좀 더 미묘한, 덜 이분법적인 측도를 살펴본다. 이번 장에서 소개하는 접근 방식은 수십 년간 상용 검색 엔진들과 스팸 필터들이 자연서 텍스트에서 특징(feature)들을 추출하는 주된 수단으로 쓰였다.

우리의 NLP 여정의 다음 단계는 제2장에서 얻은 단어들을 그냥 단어 출현 횟수를 나타내는 정수나 특정 단어의 존재 여부를 나타내는 이진 '비트 벡터' 형태로만 표현하는 것이 아니라 주어진 응용에 의미가 있는 어떤 연속된 값들로 바꾸는 것이다. 즉, 이번 장에서는 단어들을 이산 공간이 아니라 연속 공간에서 표현한다. 단어들을 연속 공간에서 표현하면 좀 더 다양한 수학 도구들로 단어 표현들을 다룰 수 있다. 우리의 목표는 단어의 중요도 또는 단어의 정보 내용을 반영한 수치 표현을 찾아내는 것이다. 이번 장에서는 전자, 즉 단어의 중요도를 반영하는 수치 표현에 초점을 둔다. 단어의 정보 내용을 수치로 표현함으로써 단어의 의미를 수량화하는 방법은 제4장에서 이야기한다.

이번 장에는 다음 세 가지 단어 중요도 표현 방법을 그 표현력 순으로 살펴본다.

- 단어 모음—단어 빈도(출현 횟수)들의 벡터
- *n*-그램 모음—2-그램(두 단어 쌍), 3-그램(세 단어 쌍) 등의 빈도들의 벡터
- TF-IDF 벡터—단어의 중요도를 좀 더 잘 표현하는 단어 점수 벡터

중요 TF-IDF는 *term frequency times inverse document frequency*, 즉 용어 빈도에 역문서 빈도를 곱한 값이다. 여기서 용어 빈도는 한 문서 안에 단어가 출현한 횟수로, 제2장의 토큰화에서 이미 배운 개념이다. 역문서 빈도는 단어의 빈도를 그 단어가 출현한 문서의 개수로 나눈 것이다.

이 기법들은 그 자체로 따로 적용할 수도 있고 NLP 파이프라인의 일부로서 적용할 수도 있다. 빈도(도수)에 기초한다는 점에서 이들은 모두 통계적 모형에 해당한다. 이후의 장들에서 단어 관계와 패턴, 비선형성을 좀 더 깊게 파악하는 다양한 고급 표현을 보게 될 것이다.

그러나 이런 "얕은" NLP 모형도, 스팸 필터링이나 감정 분석 같은 여러 실용적인 응용 프로그램에 사용하기에 충분히 강력하고 유용하다.

3.1 단어 모음

제2장에서 우리는 텍스트로부터 우리의 첫 번째 벡터 공간 모형을 만들어냈다. 각 단어의 원핫 부호화 벡터로 표현하고, 그 벡터들을 모두 비트별 논리합(OR)으로(또는, 절단된 sum으로) 결합해서 텍스트를 표현하는 하나의 벡터를 만들어냈다. 이러한 이진 단어 모음(bag of words)

벡터를 Pandas의 DataFrame 같은 자료 구조에 담으면 문서 검색을 위한 훌륭한 색인이 된다.

제2장에서는 또한 주어진 텍스트에서 단어가 출현한 횟수, 즉 단어 빈도로 이루어진 좀 더 유용한 벡터 표현도 살펴보았다. 이러한 단어 빈도 벡터는 자주 출현한 단어일수록 그 문서의 의미에 더 많이 기여한다는 가정을 깔고 있다. 예를 들어 "cats"나 "gravity" 같은 단어가 많이 나오는 문서보다는 "wing"(날개)과 "rudder"(방향키) 같은 단어가 많이 나오는 문서가 비행기나 항공 산업과 관련된 문제와 연관이 클 것이다. 그리고 "good"이나 "best", "joy", "fantastic"처럼 긍정적 감정을 표현하는 단어들이 많이 등장하는 문서에는 긍정적 '감정'이 담겨 있을 가능성이 크다. 그러나 이런 단순한 규칙들에만 의존하는 알고리즘은 얼마든지 문서의 의미나 감정을 오해해서 엉뚱한 결과를 낼 수 있다는 점도 잊어서는 안 된다.

그럼 단어 출현 횟수가 어떻게 도움이 되는지 보여주는 예제 하나를 살펴보자.

```
>>> from nltk.tokenize import TreebankWordTokenizer
>>> sentence = """The faster Harry got to the store, the faster Harry,
...     the faster, would get home."""
>>> tokenizer = TreebankWordTokenizer()
>>> tokens = tokenizer.tokenize(sentence.lower())
>>> tokens
['the',
 'faster',
 'harry',
 'got',
 'to',
 'the',
 'store',
 ',',
 'the',
 'faster',
 'harry',
 ',',
 'the',
 'faster',
 ',',
 'would',
 'get',
 'home',
 '.']
```

이 코드는 주어진 문장에 있는 고유한 단어들의 목록을 출력한다. 파이썬 사전 자료 구조 (dict)는 이런 목적에 아주 적합하다. 그리고 제2장에서도 보았지만, 파이썬 모듈 Counter를 이용하면 각 토큰의 빈도도 간단하게 셀 수 있다.

```
>>> from collections import Counter
>>> bag_of_words = Counter(tokens)
>>> bag_of_words
Counter({'the': 4,
        'faster': 3,
        'harry': 2,
        'got': 1,
        'to': 1,
        'store': 1,
        ',': 3,
        'would': 1,
        'get': 1,
        'home': 1,
        '.': 1})
```

토큰들의 순서가 뒤죽박죽인데, 이는 파이썬 사전이 키들을 알파벳순으로 정렬하지 않기 때문이다. 키들의 순서는 저장, 갱신, 조회에 최적화될 뿐, 일관된 출력을 고려하지는 않는다. 따라서 원래의 문장에 있던 단어들의 순서에 관한 정보는 모두 사라진다.

> **참고** collections.Counter 객체는 순서 없는 컬렉션(unordered collection)이다. 이런 자료 구조를 자루(bag; 또는 가방)나 중복집합(multiset; 또는 다중집합)이라고 부르기도 한다. 독자의 플랫폼과 파이썬 버전에 따라서는 Counter 출력의 토큰들이 뭔가 의미 있는 순서로, 이를테면 알파벳순이나 문장의 출현 순서로 나타날 수 있다. 그러나 파이썬 표준 사전 자료 구조 dict와 마찬가지로, Counter의 토큰(키)들이 어떤 특정한 순서로 나타나리라고 기대해서는 안 된다.

이런 짧은 문장에서는 순서 없는 단어 모음도 문장의 원래 의도에 관한 정보를 상당히 많이 유지한다. 그리고 이런 단어 모음의 정보로도 스팸 검출, 감정(긍정, 행복 등) 분석 같은 상당히 강력한 일을 할 수 있다. 심지어는 풍자나 냉소 같은 미묘한 의도를 검출하는 것도 가능하다. 단어 모음은 단어들이 뒤죽박죽 담겨 있는 하나의 자루(bag)일 뿐이지만, 그래도 문장의 의미에 관한 정보가 꽤 많이 들어 있다. 자루 안의 단어들을 어떤 의미 있는 순서로 정렬하면 단어들을 고찰하기가 좀 더 쉬워질 것이다. 그럼 단어들을 그 빈도순으로 정렬해 보자. 다행히 Counter 객체에는 이런 용도에 딱 맞는 most_common()이라는 메서드가 있다.

기본적으로 most_common()은 모든 토큰을 그 빈도순으로(자주 출현한 것부터) 나열한다. 여기서는 인수로 4를 지정해서 최상위 네 개만 출력한다.

```
>>> bag_of_words.most_common(4)
[('the', 4), (',', 3), ('faster', 3), ('harry', 2)]
```

어떤 단어가 한 문서에 출현한 횟수를 용어 빈도(term frequency; 또는 용어 도수)라고 부르고, 흔히 TF로 줄여서 표기한다. 응용에 따라서는 단어 출현 횟수를 해당 문서에 있는 모든 단어의 수로 나누어서 정규화하기도 한다.[주1]

앞의 결과에서 보듯이, 이 예제 문장에 가장 자주 출현한 네 토큰은 "the", ",", "harry", "faster"이다. 그런데 정관사 "the"와 문장 부호 ","는 이 문장의 의도에 관한 정보를 그리 많이 담고 있지 않다. 그리고 문서들에는 이런 별 정보 없는 토큰들이 대단히 많다. 그래서 이번 장의 여러 예제에서는 이런 토큰들을 비롯한 여러 표준 영어 불용어들과 문장 부호들을 무시한다. 불용어와 문장 부호를 항상 무시해야 하는 것은 물론 아니지만, 이번 장의 경우에는 이들을 제외하는 것이 예제를 간단하게 만드는 데 도움이 된다. 지금 예의 경우 이들을 제외하면 "harry"와 "faster"가 가장 자주 등장한 토큰들이다.

다음은 Counter 객체(bag_of_words 변수)에서 "harry"의 용어 빈도를 조회해서 전체 토큰 수로 정규화하는 예이다.

```
>>> times_harry_appears = bag_of_words['harry']
>>> num_unique_words = len(bag_of_words)   ◀─────── 원 문장에 있는 고유한 토큰의 수.
>>> tf = times_harry_appears / num_unique_words
>>> round(tf, 4)
0.1818
```

여기서 잠깐 정규화된 용어 빈도라는 개념을 생각해 보자. 이 책에 자주 등장하는 이 용어는 단어 출현 횟수를 문서의 길이로 "길들인" 것이다. 단어 빈도를 왜 길들여야 할까? 예를 들어 "dog"라는 단어가 문서 A에는 3회 등장하고 문서 B는 100회 등장한다고 하자. 그렇다면 "dog"는 문서 B에 더 중요한 단어라고 추측할 수 있다. 그런데 과연 그럴까? 만일 문서 A가 단어 30개로 된 이메일 메시지이고 문서 B는 길고 긴 《전쟁과 평화》(영문판을 기준으로 약 58만 단어)라면 앞의 추측을 취소하고 싶을 것이다. 다음은 단어 빈도뿐만 아니라 단어가 포함된 문서의 길이도 고려해서 단어의 중요도를 추정하는 공식들이다.

$$TF(\text{"dog,"}\ document_A) = 3/30 = .1$$

$$TF(\text{"dog,"}\ document_B) = 100/580000 = .00017$$

이러한 수치들은 단어 "dog"를 기준으로 두 문서의 특징을 비교하는 데 유용하다. 이처럼 단순한 단어 출현 횟수가 아니라 그것을 문서의 길이로 나눈 '정규화된 용어 빈도'로 문서를 표

주1 이런 정규화된 빈도는 사실 하나의 확률이므로, 빈도라고 부르지 말아야 할 것이다.

현하면 말뭉치 안에서의 문서의 특징을 좀 더 잘 표현할 수 있다. 또한, 정규화된 용어 빈도는 주어진 단어가 그 문서에서 상대적으로 얼마나 중요한지도 말해 준다. 앞의 예제 문장의 경우, 비교적 짧은 문장인데도 "Harry"가 두 번, "faster"가 세 번이나 나왔다는 것은 그 문장에서 해리(아마도 주인공 이름)의 속도가 대단히 중요함을 말해 준다. 다소 작위적이긴 하지만, 이 예는 주어진 단어의 존재 또는 부재만 말해 주는 이진값(비트)보다 단어의 출현 횟수가 문장의 의미를 파악하는 데 더 도움이 된다는 점을 잘 보여준다. 그럼 좀 더 긴 문장을 시험해 보자. 다음은 연鳶(kite)에 관한 영어 위키백과 페이지의 처음 몇 문단이다.

A kite is traditionally a tethered heavier-than-air craft with wing surfaces that react against the air to create lift and drag. A kite consists of wings, tethers, and anchors. Kites often have a bridle to guide the face of the kite at the correct angle so the wind can lift it. A kite's wing also may be so designed so a bridle is not needed; when kiting a sailplane for launch, the tether meets the wing at a single point. A kite may have fixed or moving anchors. Untraditionally in technical kiting, a kite consists of tether-set-coupled wing sets; even in technical kiting, though, a wing in the system is still often called the kite.

The lift that sustains the kite in flight is generated when air flows around the kite's surface, producing low pressure above and high pressure below the wings. The interaction with the wind also generates horizontal drag along the direction of the wind. The resultant force vector from the lift and drag force components is opposed by the tension of one or more of the lines or tethers to which the kite is attached. The anchor point of the kite line may be static or moving (such as the towing of a kite by a running person, boat, free-falling anchors as in paragliders and fugitive parakites or vehicle).

The same principles of fluid flow apply in liquids and kites are also used under water.

A hybrid tethered craft comprising both a lighter-than-air balloon as well as a kite lifting surface is called a kytoon.

Kites have a long and varied history and many different types are flown individually and at festivals worldwide. Kites may be flown for recreation, art or other practical uses. Sport kites can be flown in aerial ballet, sometimes as part of a competition. Power kites are multi-line steerable kites designed to generate large forces which can be used to power activities such as kite surfing, kite landboarding, kite fishing, kite buggying and a new trend snow kiting. Even Man-lifting kites have been made.

—영어 위키백과

NLPIA 패키지에 이 텍스트가 들어 있다. 그럼 이 텍스트를 불러와서 용어 빈도를 계산해 보자.

```
>>> from collections import Counter
>>> from nltk.tokenize import TreebankWordTokenizer
>>> tokenizer = TreebankWordTokenizer()
>>> from nlpia.data.loaders import kite_text    ◁──
>>> tokens = tokenizer.tokenize(kite_text.lower())
>>> token_counts = Counter(tokens)
>>> token_counts
Counter({'the': 26, 'a': 20, 'kite': 16, ',': 15, ...})
```

kite_text는 본문에 나온
"A kite is traditionally ..."
텍스트이다.

참고 TreebankWordTokenizer는 'kite.'처럼 마침표가 포함된 토큰들을 산출한다. 이 토큰 생성기는 주어진 입력 문자열이 하나의 문장이라고(즉, 사용자가 문서를 미리 개별 문장들로 분할해서 한 문장씩 공급한다고) 가정하기 때문에, 문자열의 제일 끝에 있는 문장 부호만 무시한다. 문장 분할은 까다로운 과제이며, 이 책에서는 제11장에 가서야 논의한다. TreebankWordTokenizer와는 달리 spaCy의 파서는 문장 분할과 토큰화를(그리고 기타 여러 처리를) 함께 진행하기 때문에 더 빠르고 정확하다.[주2] 따라서 여러분의 프로젝트에서는 이 책의 간단한 예제들이 사용하는 NLKT 구성요소들 대신 spaCy를 사용하는 것이 나을 것이다.

그런데 빈도 분석 결과를 보면 상위 토큰 중에 불용어와 문장 부호가 많음을 알 수 있다. 이 위키백과 페이지가 관사 "the", "a"나 접속사 "and" 등의 불용어에 관한 글일 가능성은 낮으므로, 불용어들을 제거하기로 하자.

```
>>> import nltk
>>> nltk.download('stopwords', quiet=True)
True
>>> stopwords = nltk.corpus.stopwords.words('english')
>>> tokens = [x for x in tokens if x not in stopwords]
>>> kite_counts = Counter(tokens)
>>> kite_counts
Counter({'kite': 16,
        'traditionally': 1,
        'tethered': 2,
        'heavier-than-air': 1,
        'craft': 2,
        'wing': 5,
        'surfaces': 1,
        'react': 1,
        'air': 2,
        ...,
        'made': 1})}
```

주2 spaCy 개발팀, "spaCy 101: Everything you need to know". 웹 https://spacy.io/usage/spacy-101#annotations-token

단어 출현 횟수만 봐도 이 문서에 관해 뭔가를 짐작할 수 있다. *kite*(연), *wing*(날개), *lift*(양력)는 모두 이 문서에 중요한 단어들이다. 이 문서의 출처를 알지 못하는 상태에서 구글 같은 어떤 지식 데이터베이스에서 이 문서를 우연히 발견했다고 해도, 이 용어 빈도들로부터 이 문서가 "flight"나 "lift"와 관련된 문서, 아마도 "kites"를 설명하는 문서임을 "프로그래밍적으로" 추론할 수 있을 것이다.

한 말뭉치의 여러 문서에 대해 이런 빈도 분석을 실행하면 더욱 흥미로운 추론이 가능하다. 다른 여러 문서에서도 이와 비슷한 용어 빈도들이 나온다면, 해당 말뭉치의 모든 문서가 연이나 연날리기에 관한 문서들일 가능성이 있다. 그러면 아마 모든 문서가 "string"(연줄)과 "wind"(바람)를 자주 언급할 것이며, 따라서 모든 문서에서 용어 빈도 TF("string")와 TF("wind")가 높게 나올 것이다. 그럼 이런 수치들을 수학 연산에 좀 더 적합한 형태로 표현하는 방법을 살펴보자.

3.2 벡터화

앞에서 우리는 텍스트를 기본적인 수준에서 수치들로 변환하는 방법을 배웠다. 그런데 앞에서는 그 수치들을 그냥 하나의 사전 자료 구조에 담아두었다. 그 자료 구조로는 이 수치들을 수학적으로 활용할 여지가 그리 많지 않다. 이번에는 한 수준 더 올라가서, 문서를 표현하는 단어 빈도들을 벡터로 만들어보자. 파이썬에서는 벡터를 하나의 목록(list)으로 표현하지만, 일반적으로 벡터는 수치 성분들의 순서 있는 컬렉션 또는 배열이다. 다음은 사전 자료 구조에 담긴 용어 빈도들로 하나의 정규화된 용어 빈도 벡터를 만드는 예이다.

```
>>> document_vector = []
>>> doc_length = len(tokens)
>>> for key, value in kite_counts.most_common():
...     document_vector.append(value / doc_length)
>>> document_vector
[0.072072072072072072,
 0.06756756756756757,
 0.036036036036036036,
 ...,
 0.0045045045045045045]
```

이 벡터에 대해 여러 수학 연산을 직접 수행할 수 있다.

자료 구조의 처리 속도를 다양한 방법으로 높일 수 있다.[주3] 지금은 벡터 표현 자체를 익히는 것이 중요하지만, 좀 더 본격적인 응용 단계로 넘어가면 처리 속도를 높이는 것이 중요해진다.

연산 대상이 하나인 수학 연산은 큰 의미가 없다. 문서 하나에 대한 벡터 하나로는 부족하다. 이 문제(?)는 여러 문서를 토큰화해서 여러 개의 벡터를 만들면 해결이 된다. 그런데 그런 각 벡터의 수치(성분)들은 모든 벡터에 대해 일관된 뭔가를 기준으로 해야 한다. 좀 더 구체적으로 말하면, 그 벡터들에 대해 어떤 수학 연산을 수행하려면 그 벡터들이 모두 공통의 공간 안의 위치를 나타내야 한다. 즉, 문서 표현 벡터들은 그 원점이 같아야 하며, 각 차원(축)의 축척 또는 '단위'도 같아야 한다. 그러려면 우선 각 용어 빈도를 그대로 성분으로 사용하는 것이 아니라 앞에서 했던 것처럼 용어 빈도를 문서의 길이(총 단어 수)로 나눈 '정규화된 용어 빈도'를 성분으로 사용해야 한다. 그리고 모든 벡터의 길이 또는 차원을 표준화해야 한다.

또한, 한 문서에 대한 벡터의 각 성분이 다른 문서에 대한 벡터의 각 성분과 같은 단어에 대한 수치이어야 한다는 조건도 만족해야 한다. 그런데 《전쟁과 평화》에 나오는 단어들이 이메일 메시지 하나에 모두 등장할 리는 없다. 문서마다 등장하는 단어가 다른데도 그런 조건을 만족할 수 있을까? 해결책은 간단하다. 등장하지 않는 단어들이라도 벡터 안에 해당 성분을 두되, 값을 0으로 하면 그만이다. 이메일 메시지의 단어들과 《전쟁과 평화》의 단어들의 중복 없는 합집합은 두 문서로 이루어진 말뭉치의 어휘를 형성한다. 그런 어휘를 어휘집(lexicon) 또는 어휘 사전이라고 부르기도 한다. 그럼 《전쟁과 평화》보다 짧은 문서 몇 개를 시험해 보자. 우선, 우리의 주인공 해리에 관한 세 문서로 말뭉치를 만든다. 첫 '문서'는 이전에 나왔던 것이고, 새로운 문서 두 개를 추가한다.

```
>>> docs = ["The faster Harry got to the store, the faster and faster Harry
➥ would get home."]
>>> docs.append("Harry is hairy and faster than Jill.")
>>> docs.append("Jill is not as hairy as Harry.")
```

팁 이 말뭉치는 NLPIA 패키지에 포함되어 있으므로, 텍스트 문자열을 직접 입력하고 싶지 않은 독자라면 from nlpia.data.loaders import harry_docs as docs로 불러오면 된다.

그럼 세 문서로 된 이 말뭉치의 어휘집을 살펴보자.

```
>>> doc_tokens = []
>>> for doc in docs:
...     doc_tokens += [sorted(tokenizer.tokenize(doc.lower()))]
```

주3 NumPy 문서화(http://numpy.org/doc)를 참고할 것.

```
>>> len(doc_tokens[0])
17
>>> all_doc_tokens = sum(doc_tokens, [])
>>> len(all_doc_tokens)
33
>>> lexicon = sorted(set(all_doc_tokens))
>>> len(lexicon)
18
>>> lexicon
[',',
 '.',
 'and',
 'as',
 'faster',
 'get',
 'got',
 'hairy',
 'harry',
 'home',
 'is',
 'jill',
 'not',
 'store',
 'than',
 'the',
 'to',
 'would']
```

어휘의 토큰이 총 18개이므로, 세 문서를 표현하는 각 벡터의 성분도 반드시 18개이어야 한다. 주어진 문서에 어휘집의 단어 18개가 모두 등장하지는 않더라도, 그 문서를 표현하는 벡터의 길이는 항상 어휘집의 단어 수와 같아야 한다. 그리고 벡터의 한 성분의 위치(첨자)는 어휘집 안에서의 그 성분에 대응되는 토큰(단어)의 위치와 일치해야 한다. 문서에 등장하지 않는 단어에 해당하는 성분의 값은 0이다. 이런 관례 덕분에 한 말뭉치의 문서에 대한 벡터들은 모두 하나의 공통 공간을 기준으로 하게 된다. 다음은 그러한 벡터 공간의 원점에 해당하는, 모든 성분이 0인 벡터이다.

```
>>> from collections import OrderedDict
>>> zero_vector = OrderedDict((token, 0) for token in lexicon)
>>> zero_vector
OrderedDict([(',', 0),
             ('.', 0),
             ('and', 0),
             ('as', 0),
             ('faster', 0),
             ('get', 0),
             ('got', 0),
             ('hairy', 0),
             ('harry', 0),
```

```
                    ('home', 0),
                    ('is', 0),
                    ('jill', 0),
                    ('not', 0),
                    ('store', 0),
                    ('than', 0),
                    ('the', 0),
                    ('to', 0),
                    ('would', 0)]])
```

이제 말뭉치의 문서마다 이 기준 벡터를 복사해서 각 성분을 해당 용어 빈도로 갱신해서 세 문서의 벡터들을 생성한다.

```
>>> import copy
>>> doc_vectors = []
>>> for doc in docs:
...     vec = copy.copy(zero_vector)  ◄──────
...     tokens = tokenizer.tokenize(doc.lower())
...     token_counts = Counter(tokens)
...     for key, value in token_counts.items():
...         vec[key] = value / len(lexicon)
...     doc_vectors.append(vec)
```

copy.copy()는 주어진 벡터(zero_vector)를 복사해서 그 벡터와는 독립적인 벡터를 생성한다. 주어진 벡터의 메모리 장소에 대한 참조(포인터)를 재사용하는 것이 아니라 새로운 벡터를 생성한다는 점이 중요하다. 기존 벡터를 그냥 참조하는 벡터를 만들면 루프의 각 반복에서 그냥 zero_vector의 성분들이 갱신되므로, 문서마다 기준 벡터로 시작한다는 의도가 무산된다.

이렇게 해서 문서당 하나씩 세 개의 벡터가 생겼다. 이 벡터들을 어떻게 활용해야 할까? 이 문서 표현 용어 빈도 벡터는 말 그대로 벡터이므로, 벡터에 적용되는 갖가지 수학 연산을 적용할 수 있다. 따라서, NLP는 잠시 잊고 벡터와 벡터 공간을 공부하는 것이 좋겠다.[주4]

3.2.1 벡터 공간

벡터는 선형대수의 기본적인 구성요소이다. 벡터는 순서 있는 수치 목록인데, 이 수치들은 벡터 공간에서 그 벡터의 위치를 말해 주는 좌표성분들로 해석할 수 있다. 이러한 해석에서 하나의 벡터는 공간의 한 장소(위치)를 서술한다. 또는, 벡터로 방향이나 속력, 두 위치 사이의 거리를 나타낼 수도 있다. 벡터 공간(vector space)은 그 공간 안에 나타날 수 있는 모든 가능한 벡터의 집합이다. 벡터의 성분 개수는 해당 벡터 공간의 차원 수이다. 따라서 성분이 두 개인 벡터는 2차원 벡터 공간에 놓이고, 성분이 세 개인 벡터는 3차원 벡터 공간에 놓인다.

그래프를 그리는 데 사용하는 모눈종이나 픽셀들이 격자 형태로 배치된 디지털 이미지를 상상하면 2차원 벡터 공간을 이해하는 데 도움이 될 것이다. 한 2차원 벡터의 x, y 좌표를 뒤집으면, 벡터 계산 과정을 뒤집지 않아도 선형대수 문제의 답이 뒤집힌다. 모눈종이와 이미지

[주4] 선형대수와 벡터에 관해 좀 더 자세히 알고 싶은 독자는 부록 C를 보기 바란다.

는 x축과 y축이 서로 수직인 직선적 유클리드 공간의 예이다. 그리고 이번 장에서 이야기하는 벡터들은 모두 직교좌표계 공간, 즉 공간의 모든 축이 직선이고 서로 직교하는 유클리드 공간에 존재한다.

지도나 지구본의 위도와 경도는 어떨까? 지도 위의 한 위치는 위도와 경도라는 두 성분으로 서술되므로, 지도도 2차원 벡터 공간이다. 그러나 하나의 위도 경도 쌍은 지구의 울퉁불퉁한 표면을 근사(approximation)한 구면의 한 위치를 나타낸다. 즉, 위도 경도 벡터 공간은 직교좌표계가 아니다. 2차원 위도 경도 벡터 공간 같은 비유클리드 공간에서는 두 점의 거리(유사도)를 계산하기가 좀 더 까다롭다. 위도 경도 좌표를 이용해서 서울과 뉴욕의 거리를 계산한다고 생각해 보기 바란다.[주5]

그림 3.1은 2차원 벡터 (5, 5), (3, 2), (-1, 1)을 표현하는 한 가지 방법을 보여준다. 이런 표시 방식에서 벡터의 머리(뾰족한 화살표 끝)는 벡터 공간에서 벡터가 나타내는 위치에 해당한다. 즉, 이 그림에서 세 개의 벡터 머리들은 앞에서 언급한 세 좌표쌍에 해당한다. 벡터의 꼬리는 항상 원점 (0, 0)이다.

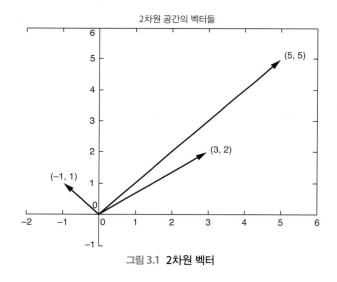

그림 3.1 **2차원 벡터**

3차원 벡터 공간은 어떨까? 우리가 사는 물리적인 3차원 세상의 위치나 속도를 좌표성분 x, y, z로 이루어진 3차원 벡터로 표현할 수 있다. 또한, 지구 표면의 장소들을 곡면공간의 위도-경도-고도 쌍으로 표현할 수 있는데, 이 역시 3차원 벡터이다.

주5 다행히 GeoPy(https://geopy.readthedocs.io) 같은 패키지를 이용하면 간단히 계산할 수 있다.

필요하다면 차원을 더 늘릴 수도 있다. 예를 들어 5차원 벡터나 10차원 벡터, 5,000차원 벡터도 가능하다. 차원이 어떻든 선형대수의 벡터 연산들은 기본적으로 동일하다. 물론 차원이 높으면 계산에 시간이 더 걸린다. 또한 소위 '차원의 저주' 문제가 발생할 수 있는데, 이에 관한 자세한 논의는 제13장으로 미루기로 하겠다.[주6]

자연어 문서의 벡터 공간에서 벡터 공간의 차원 수는 전체 말뭉치에 등장하는 고유한(중복되지 않는) 단어들의 개수와 같다. TF(용어 빈도) 벡터나 TF-IDF 벡터를 다룰 때는 이 고유 단어 수를 대문자 "K"로 표기할 때가 많다. 그리고 이 고유 단어 수는 말뭉치의 어휘(vocabulary) 크기이기도 하므로, 학술 논문에서는 이를 흔히 "|V|"로 표기한다. 정리하자면, 말뭉치의 모든 문서는 K 차원 벡터 공간의 K 차원 벡터들로 표현된다. 앞에 나온 해리와 질에 관한 3문서 말뭉치의 경우 K = 18이다. 그러나 일반적으로 사람이 시각적으로 이해할 수 있는 공간은 3차원까지이고, 3차원조차도 지면(2차원 종이)에 표현하기가 쉽지 않으므로, 여기서는 2차원 벡터만 고려하기로 한다. 그림 3.2는 18차원 해리와 질 벡터 공간을 2차원으로 단순화한 것이다. 더 높은 차원이라도 이하의 내용이 기본적으로 동일하게 적용됨을 기억하기 바란다. 단지 차원이 높으면 시각화하기가 어려울 뿐이다.

문서를 하나의 공간을 기준으로 한 벡터로 표현하면 문서들의 유사도를 수치로 계산할 수 있다. 직교좌표계에서 두 벡터의 거리는 한 벡터에서 다른 한 벡터를 빼서 만든 벡터의 길이이다. 즉, 두 벡터의 거리는 한 벡터의 머리(화살표 끝)에서 다른 벡터의 머리까지의 거리이다. 이런 거리를 2-노름^{norm} 거리라고 부른다. 단어 출현 횟수 벡터, 즉 용어 빈도(TF) 벡터들은 이런 식으로 거리를 측정하는 것이 바람직하지 않다.

서로 가까운(거리가 짧은) 두 벡터는 서로 "비슷하다"고 할 수 있다. 그리고 두 문서의 벡터 표현들이 비슷하면 두 문서는 비슷하다고 할 수 있다. 그런데 벡터 거리의 정의에 의해, 두 벡터가 가리키는 방향이 비슷할수록, 그리고 두 벡터의 길이가 비슷할수록 두 벡터의 거리가 줄어든다. 비슷한 길이의 두 문서에서 얻은 용어 빈도 벡터들은 길이가 비슷할 것이며, 따라서 두 벡터의 거리가 짧게 나온다. 문제는, 두 문서의 길이가 같다고 해서 그 두 문서가 비슷하다고 여기는 것은 바람직하지 않다는 것이다. 그보다는, 두 문서가 비슷한 단어들을 비슷한 빈

[주6] 간단하게만 말하자면, 차원의 저주란 차원이 증가함에 따라 선형대수 연산의 계산량이 지수적으로 증가하는 것을 말한다. 차원 수가 10이나 20을 넘기면 간단한 작업, 이를테면 어떤 '기준' 벡터와의 거리를 기준으로 일단의 벡터들을 정렬하는 작업(근사 최근접 이웃 검색)도 비현실적이 된다. 좀 더 자세한 사항은 영어 위키백과 "Curse of Dimensionality" 페이지 (https://en.wikipedia.org/wiki/Curse_of_dimensionality)나 이 책의 저자 중 한 명의 강연 *Squashing Hyperspace*(http://bit.ly/2u0Gkoo)를 참고하기 바란다. 파이썬 Annoy 패키지(https://github.com/spotify/annoy)를 사용해 보거나 구글 학술 검색에서 "high dimensional approximate nearest neighbors"를 검색하는 것도(https://scholar.google.com/scholar?q=high+dimensional+approximate+nearest+neighbor) 도움이 될 것이다.

도로 사용했는지를 측정하는 것이 더 합리적이다. 그래야 두 문서가 비슷한 정보 내용을 담고 있는지를 좀 더 확신 있게 추정할 수 있다.

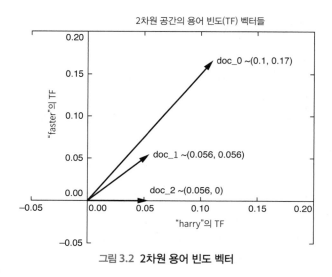

그림 3.2 **2차원 용어 빈도 벡터**

거리 대신 각도에 기초해서 두 벡터의 유사도를 측정할 수도 있다. 그림 3.3은 두 벡터 사이의 각도 θ의 코사인을 나타낸 것이다. 이런 유사성 측도를 코사인 유사도(cosine similarity)라고 부른다. 이 코사인 유사도는 다음과 같은 유클리드 내적 공식에서 유도할 수 있다.

$$A \cdot B = |A| \, |B| * \cos \Theta$$

이를 코사인 유사도에 대해 정리하면 다음이 나온다.

$$\cos \Theta = \frac{A \cdot B}{|A| \, |B|}$$

이 공식을 이용하면 삼각함수를 전혀 사용하지 않고 코사인 유사도를 효율적으로 계산할 수 있다.[역1] 또한, 코사인 유사도는 -1에서 +1까지인데, 이는 대부분의 기계 학습 문제에서 편하게 다룰 수 있는 범위이다.

[역1] 두 벡터의 내적은 삼각함수 없이 사칙연산(성분별 곱셈과 덧셈만, 나눗셈)만으로 계산할 수 있다. 잠시 후의 목록 3.1과 부록 C를 참고하기 바란다.

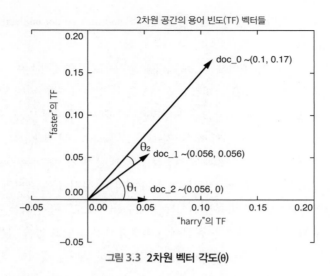

그림 3.3 2차원 벡터 각도(θ)

앞의 내적 공식을 파이썬으로 표현한다면 다음과 같은 모습일 것이다.

```
a.dot(b) == np.linalg.norm(a) * np.linalg.norm(b) / np.cos(theta)
```

다음은 이 관계식에 기초해서 코사인 유사도를 계산하는 함수이다.

목록 3.1 코사인 유사도를 계산하는 파이썬 함수

```
>>> import math
>>> def cosine_sim(vec1, vec2):
...     """ 두 문서 표현 벡터의 코사인 유사도를 계산하는 함수."""
...     vec1 = [val for val in vec1.values()]
...     vec2 = [val for val in vec2.values()]
...
...     dot_prod = 0
...     for i, v in enumerate(vec1):
...         dot_prod += v * vec2[i]
...
...     mag_1 = math.sqrt(sum([x**2 for x in vec1]))
...     mag_2 = math.sqrt(sum([x**2 for x in vec2]))
...
...     return dot_prod / (mag_1 * mag_2)
```

이 함수는 우선 두 벡터의 내적을 구한다. 두 벡터의 내적은 같은 위치의 두 성분을 곱해서 모두 더한 것과 같다. 함수는 for 루프로 성분별 곱들을 합산해서 두 벡터의 내적을 구한다. 그런 다음에는 이 내적을 두 벡터의 노름(길이)의 곱으로 나누어서 정규화한다. 한 벡터의 노름은 벡터의 꼬리에서 머리까지의 유클리드 거리인데, 이는 곧 벡터의 각 성분의 제곱을 모두 합해서 제곱근을 취한 것이다. 이렇게 구한 **정규화된 내적**(normalized dot product)이 바로 앞에서 말한 –1에서 +1 범위의 코사인 유사도이다.

두 벡터의 내적은 더 짧은 벡터를 더 긴 벡터에 수직으로 투영해서 나온 벡터의 길이이기도 하므로, 두 벡터가 같은 방향을 가리킬수록 내적은 큰 양수가 되고 반대 방향을 가리킬수록 큰 음수가 된다. 코사인 유사도는 그러한 내적을 두 벡터의 길이에 맞게 정규화한 것이므로(이는 곧 두 벡터를 미리 길이가 1인 단위 벡터로 정규화한 후 내적을 구한 것과 같다), 코사인 유사도가 1이라는 것은 두 벡터가 모든 차원에서 완전히 같은 방향을 가리킨다는 뜻이다. 길이(크기)가 다를 수는 있지만 방향은 정확히 일치한다. NLP에서 두 문서 표현 벡터의 코사인 유사도가 1에 가깝다는 것은 두 벡터가 비슷한 단어들을 비슷한 빈도로 사용한다는 뜻이다. 따라서, 벡터들의 코사인 유사도가 1에 가까운 두 문서는 비슷한 내용을 담고 있을 가능성이 크다.

코사인 유사도가 0이라는 것은 두 벡터에 공통점이 전혀 없다는 뜻이다. 기하학적으로 두 벡터는 직교한다. 즉, 두 벡터는 모든 차원에서 서로 수직이다. NLP의 경우 두 문서에 공통으로 출현하는 단어가 하나도 없으면 해당 TF 벡터들의 코사인 유사도가 0이 된다. 그런 경우 두 문서는 서로 완전히 다른 단어들을 사용하므로, 주제나 내용이 상당히 다를 가능성이 크다. 그러나 같은 주제를 다른 단어들로 말하는 것이 불가능하지는 않다는 점도 주의해야 한다.

코사인 유사도가 –1이라는 것은 두 벡터가 완전히 반대 방향을 가리킨다는 뜻이다. 단순한 단어 횟수(용어 빈도) 벡터는 이런 일이 일어나지 않는다. 심지어 정규화된 TF 벡터(잠시 후에 이야기한다)들로도 불가능하다. TF 벡터들은 벡터 공간의 같은 '사분면'에 있다. 코사인 유사도가 음수가 되려면 두 벡터 중 하나가 다른 사분면에 있어야 하는데, TF 벡터는 모든 성분(단어 출현 횟수)이 반드시 0 또는 양수이므로 그런 일은 생기지 않는다.

이번 장의 자연어 문서 표현 벡터들에서는 코사인 유사도가 음수인 경우가 생기지 않는다. 그러나 다음 장에서 살펴볼 단어의 개념이나 문서의 주제를 표현하는 벡터들에서는 음수 코사인 유사도가 나올 수 있다. 개념이나 주제의 경우에는 "상반되는" 개념이나 주제가 존재하기 때문이다.

> **적의 적은 친구** 코사인 유사도의 계산 방식에서 한 가지 흥미로운 결과를 유도할 수 있다. 바로, 두 벡터와 코사인 유사도가 –1인 또 다른 벡터가 존재한다면, 원래의 두 벡터는 아주 비슷하다는 것이다. 어떤 한 벡터와 정확히 반대 방향인 두 벡터는 서로 같은 방향일 수밖에 없다. 단, 두 TF 벡터가 같은 방향이라고 해서 그 벡터들이 표현하는 두 문서가 같다는 뜻은 아니다. 문서의 길이가 다를 수 있으며, 단어 순서들도 다를 수 있다.

나중에 문서를 좀 더 정확하게 표현하는 벡터들을 만나게 될 것이다. 일단 지금은 단어 출현 횟수에 기초한 벡터들로 할 수 있는 일들에 집중하기로 하자.

3.3 지프의 법칙

잠시 통계학 이야기를 하고 넘어가자. 단어들의 출현 횟수는 기본적으로 통계학에서 말하는 '빈도'에 해당한다. 그리고 인간 사회의 여러 구성요소나 심지어 자연의 요소들에 공통으로 적용되는 통계적인 패턴이 언어에도 적용된다.

20세기 초에 장밥티스트 에스투^{Jean-Baptiste Estoup}라는 프랑스 속기사는 수많은 문서에서 고생껏 센(우리는 컴퓨터와 파이썬을 사용할 수 있어서 정말 다행이다) 단어 출현 횟수들에서 어떤 패턴을 발견했다. 1930년대에 미국의 언어학자 조지 킹슬리 지프^{George Kingsley Zipf}는 에스투의 발견을 하나의 관계로 공식화했는데, 그것을 그의 이름을 따서 '지프의 법칙'이라고 부른다.

> 지프의 법칙에 따르면 어떠한 자연어 말뭉치 표현에 나타나는 단어들을 그 사용 빈도가 높은 순서대로 나열하였을 때, 모든 단어의 사용 빈도는 해당 단어의 순위에 반비례한다.
>
> —위키백과 "지프의 법칙"(https://ko.wikipedia.org/wiki/지프의_법칙)

여기서 순위와 사용 빈도의 **반비례**를 좀 더 풀어서 말하면, 예를 들어 빈도순으로 1위 단어는 2위 단어보다 두 배 더 자주 쓰이고, 3위 단어보다는 세 배 더 자주 쓰인다. 말뭉치나 문서의 단어 빈도(사용 빈도)와 빈도순 단어 순위를 그래프로 그려 보면 순위-빈도 쌍들이 아래로 구부러진 반비례 곡선을 따라 배치된 모습을 볼 수 있을 것이다. 그리고 그래프의 두 축에 로그를 적용하면 순위-빈도 쌍들은 그림 3.4처럼 기울기가 음수인 직선 그래프를 형성한다. 그런 직선에서 크게 벗어난 순위-빈도 쌍도 있을 텐데, 그런 '이상치(outlier)'들은 조사해 볼 만한 가치가 있을 것이다.

지프의 법칙이 언어에만 적용되는 것은 아니다. 예를 들어 그림 3.4는 인구순 도시 순위와 도시별 인구수의 관계를 보여주는 그래프이다. 실제로 지프의 법칙은 다양한 영역에 적용된다. 자연과 인간 사회에는 인구 분포나 경제 생산량, 자원 분배처럼 '지수적 증가(exponential growth)'와 '네트워크 효과(network effect)'가 적용되는 시스템이 많이 있다.[주7] 지프의 법칙처럼 간단한 법칙이 그처럼 다양한 영역에 적용된다는 점은 흥미로운 일이다. 노벨 경제학상 수상자 폴 크루그먼^{Paul Krugman}은 경제 모형과 지프의 법칙에 관해 다음과 같이 말했다.

> 경제학 이론에 대해 흔히 하는 불평은 경제 모형이 너무 단순화되었다, 다시 말해 복잡하고 지저분한 현실을 과도하게 깔끔하게 표현한다는 것이다. [지프 법칙에 따르면] 오히려 그 반대이다. 현실은 놀랄 만큼 깔끔하고 단순하며, 모형이 복잡하고 지저분하다.

주7　M. Cristelli, M. Batty, L. Pietronero. "There is More than a Power Law in Zipf". 웹 https://www.nature.com/articles/srep00812

다음은 크루그먼의 도시 인구수 그래프를 좀 더 최근의 인구 통계 자료로 갱신한 버전이다.[주8]

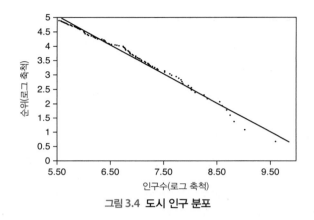

그림 3.4 도시 인구 분포

단어들에도 도시 인구수처럼 지프의 법칙이 적용되는지를 NLKT의 브라운 말뭉치(Brown Corpus)를 이용해서 직접 시험해 보자.

브라운 말뭉치는 1961년 브라운 대학교가 만든 영어 말뭉치이다. 백만 단어 수준의 디지털 말뭉치는 이 브라운 말뭉치가 최초이다. 이 말뭉치에는 500개의 출처에서 수집한 텍스트가 들어 있으며, 출처들이 장르(신문 기사, 사설 등)별로 분류되어 있다.[주9]

—NLTK 문서화

```
>>> nltk.download('brown')  ◀────── 브라운 말뭉치를 내려받는다. 용량은 약 3MB이다.
>>> from nltk.corpus import brown
>>> brown.words()[:10]  ◀─────
 ['The',                       words()는 NTLK 말뭉치 객체의 내장 메서드이다.
 'Fulton',                     말뭉치를 토큰화한 결과를 담은 문자열 목록을 돌려준다.
 'County',
 'Grand',
 'Jury',
 'said',
 'Friday',
 'an',
 'investigation',
 'of']
>>> brown.tagged_words()[:5]  ◀────── 품사 태깅은 제11장에서 좀 더 자세히 살펴볼 것이다.
 [('The', 'AT'),
```

[주8] 인구수 자료는 Pandas를 통해서 위키백과에서 내려받았다. 해당 코드는 GitHub 저장소에 있다(https://github.com/totalgood/nlpia/blob/master/src/nlpia/book/examples/ch03_zipf.py).

[주9] 좀 더 자세한 목록은 https://en.wikipedia.org/wiki/Brown_Corpus#Sample_distribution을 보라.

```
 ('Fulton', 'NP-TL'),
 ('County', 'NN-TL'),
 ('Grand', 'JJ-TL'),
 ('Jury', 'NN-TL')]
>>> len(brown.words())
1161192
```

마지막 출력에서 보듯이 브라운 말뭉치의 단어는 100만을 넘는다. 이 중 가장 자주 쓰이는 것들을 뽑아 보자.

```
>>> from collections import Counter
>>> puncs = set((',', '.', '--', '-', '!', '?',
...      ':', ';', '"', "'", '(', ')', '[', ']'))
>>> word_list = (x.lower() for x in brown.words() if x not in puncs)
>>> token_counts = Counter(word_list)
>>> token_counts.most_common(20)
[('the', 69971),
 ('of', 36412),
 ('and', 28853),
 ('to', 26158),
 ('a', 23195),
 ('in', 21337),
 ('that', 10594),
 ('is', 10109),
 ('was', 9815),
 ('he', 9548),
 ('for', 9489),
 ('it', 8760),
 ('with', 7289),
 ('as', 7253),
 ('his', 6996),
 ('on', 6741),
 ('be', 6377),
 ('at', 5372),
 ('by', 5306),
 ('i', 5164)]
```

용어 빈도들을 살펴보면 브라운 말뭉치 역시 지프가 예측한 로그 관계를 따르는 것으로 보인다. 빈도순으로 1위인 단어 "the"는 2위 단어 "of"보다 약 두 배 자주 쓰이고, 3위 단어인 "and"보다는 약 세 배 자주 쓰인다. 이 결과를 믿지 못하겠다면, NLPIA 패키지의 예제 코드 (https://github.com/totalgood/nlpia/blob/master/src/nlpia/book/examples/ch03_zipf.py)를 여러분이 직접 실행해 보기 바란다.

정리하자면, 충분히 큰 말뭉치의 단어들에 그 빈도에 따라 순위를 매기면(가장 자주 나온 단어가 1위, 그다음이 2위, 등등), 순위와 빈도가 대략 반비례 관계임을 알 수 있다. 즉, 1위 단어는

2위 단어보다 두 배 자주 나오고, 3위 단어보다는 세 배, 4위 단어보다는 네 배 자주 나온다. 이러한 관계를 이용하면, 말뭉치가 충분히 크다고 할 때 주어진 한 단어가 임의의 한 문서에 몇 번이나 출현할지 예측할 수 있다.

3.4 주제 모형화

다시 문서 벡터로 돌아가서, 단어 출현 횟수(용어 빈도)가 유용하긴 하지만 그 자체로는 문서 안에서 그 단어의 중요도, 특히 말뭉치의 나머지 문서들에 상대적인 중요도를 가늠하기 어렵다. 용어 빈도를 문서 길이로 정규화한다고 해도 사정이 크게 좋아지지는 않는다. 말뭉치에 대한 한 문서 안에서의 단어의 상대적 중요도를 파악하면 주어진 문서의 말뭉치 안에서의 특징을 서술할 수 있다. 예를 들어 연(kite)에 관한 모든 영어 서적으로 이루어진 말뭉치가 있다고 하자. 아마 그 말뭉치의 모든 책(문서)에 "kite"라는 단어가 등장할 것이다. 따라서 "kite"라는 단어는 주어진 책을 말뭉치의 나머지 책들과 구분하는 데 아무런 도움이 되지 않는다. 반면 "construction"(연 만들기)이나 "aerodynamics"(공기역학) 같은 단어는 말뭉치의 일부 책들에만 등장할 것이며, 따라서 그런 단어가 자주 나오는 책과 그렇지 않은 책은 뭔가 다를 것이다. 이런 고찰을 반영하려면 단순한 단어 출현 횟수로는 부족하다.

이런 맥락에서 우리에게 필요한 것은 흔히 IDF로 줄여 쓰는 역문서 빈도(inverse document frequency)이다. IDF는 지프의 법칙을 주제 분석에 적용하는 수단이라 할 수 있다. 앞의 브라운 말뭉치 예제에는 각 단어의 출현 횟수를 말뭉치 전체에 대해 계산했지만, IDF에서는 문서별로 용어 빈도들을 구한다.

다시 연에 관한 예제로 돌아가서,[역2] 영어 위키백과 Kite 페이지의 역사 섹션에 있는 몇 문단(역사 섹션)을 뽑아서 연 말뭉치의 둘째 문서로 추가하자.

Kites were invented in China, where materials ideal for kite building were readily available: silk fabric for sail material; fine, high-tensile-strength silk for flying line; and resilient bamboo for a strong, lightweight framework.

The kite has been claimed as the invention of the 5th-century BC Chinese philosophers Mozi (also Mo Di) and Lu Ban (also Gongshu Ban). By 549 AD paper kites were certainly being flown, as it was recorded that in that year a paper kite was used as a message for a rescue mission.

[역2] 혹시 그사이에 파이썬 세션을 다시 시작했다면, §3.1의 연 관련 예제에서 tokenizer 객체를 얻는 부분까지 다시 실행하기 바란다. 이후에도 이처럼 이전 예제의(심지어는 이전 장에 나온 예제의) 객체나 함수가 여전히 살아 있다는 가정을 둔 예제들이 등장한다.

Ancient and medieval Chinese sources describe kites being used for measuring distances, testing the wind, lifting men, signaling, and communication for military operations. The earliest known Chinese kites were flat (not bowed) and often rectangular. Later, tailless kites incorporated a stabilizing bowline. Kites were decorated with mythological motifs and legendary figures; some were fitted with strings and whistles to make musical sounds while flying. From China, kites were introduced to Cambodia, Thailand, India, Japan, Korea and the western world.

After its introduction into India, the kite further evolved into the fighter kite, known as the patang in India, where thousands are flown every year on festivals such as Makar Sankranti.

Kites were known throughout Polynesia, as far as New Zealand, with the assumption being that the knowledge diffused from China along with the people. Anthropomorphic kites made from cloth and wood were used in religious ceremonies to send prayers to the gods. Polynesian kite traditions are used by anthropologists get an idea of early "primitive" Asian traditions that are believed to have at one time existed in Asia.

—영어 위키백과

이 문서 역시 NLPIA 패키지에 들어 있다. 연 말뭉치의 두 문서를 각각 intro_doc과 history_doc이라는 두 문자열 변수에 넣는다.

```
>>> from nlpia.data.loaders import kite_text, kite_history
>>> kite_intro = kite_text.lower()          ◀
>>> intro_tokens = tokenizer.tokenize(kite_intro)
>>> kite_history = kite_history.lower()
>>> history_tokens = tokenizer.tokenize(kite_history)
>>> intro_total = len(intro_tokens)
>>> intro_total
363
>>> history_total = len(history_tokens)
>>> history_total
297
```

"A kite is traditionally ... ?"를 "a kite is traditionally ..."로 변환한다.

그럼 각 문서에서 "kite"가 몇 번이나 출현했는지 세어 보자. 이름이 _tf로 끝나는 두 변수는 각 문서의 용어 빈도들을 담을 사전 객체들이다.

```
>>> intro_tf = {}
>>> history_tf = {}
>>> intro_counts = Counter(intro_tokens)
>>> intro_tf['kite'] = intro_counts['kite'] / intro_total
>>> history_counts = Counter(history_tokens)
```

```
>>> history_tf['kite'] = history_counts['kite'] / history_total
>>> 'Term Frequency of "kite" in intro is: {:.4f}'.format(intro_tf['kite'])
'Term Frequency of "kite" in intro is: 0.0441'
>>> 'Term Frequency of "kite" in history is: {:.4f}'\
...      .format(history_tf['kite'])
'Term Frequency of "kite" in history is: 0.0202'
```

두 문서의 "kite" 출현 횟수는 약 두 배 정도 차이가 난다. 그렇다고 첫 문서(연을 소개하는 문서)가 둘째 문서(연의 역사)보다 연에 관한 내용이 두 배인 것은 아니다. 수치들을 좀 더 살펴보자. 우선 다른 단어의 빈도는 어떤지 살펴볼 필요가 있다. 두 문서에서 "and"는 몇 번이나 나올까?

```
>>> intro_tf['and'] = intro_counts['and'] / intro_total
>>> history_tf['and'] = history_counts['and'] / history_total
>>> print('Term Frequency of "and" in intro is: {:.4f}'\
...      .format(intro_tf['and']))
Term Frequency of "and" in intro is: 0.0275
>>> print('Term Frequency of "and" in history is: {:.4f}'\
...      .format(history_tf['and']))
Term Frequency of "and" in history is: 0.0303
```

결과를 보면 두 문서 모두 "and"가 "kite"만큼이나 자주 등장한다. 그렇다고 이 말뭉치에서 접속사 "and"가 "kite"만큼이나 중요하지는 않다. 이는 이전에 해리에 관한 말뭉치에 "the"가 가장 많이 등장했지만 그렇다고 그 말뭉치에서 "the"가 가장 중요한 단어는 아니었던 것과 마찬가지이다. 주어진 단어가 문서에서 얼마나 중요한지 보려면 IDF가 필요하다.

IDF의 개념이 잘 이해가 되지 않는다면, "이 토큰이 이 문서에 등장한다는 것이 얼마나 이상한 일인가?"라는 관점에서 생각해 보기 바란다. 만일 어떤 용어가 이상하게도 한 문서에만 자주 등장하고 말뭉치의 나머지 문서들에는 거의 나오지 않는다면, 그 용어는 그 문서에 아주 중요한 단어일 것이다. 그렇다면 그 용어는 그 문서의 주제를 말해 주는 단어일 수도 있다. 이것이 주제 분석(topic analysis)의 첫걸음이다.

한 용어의 IDF는 전체 문서 수를 그 용어가 출현한 문서 수로 나눈 것이다. "and"와 "kite"의 IDF는 같다.

- 2(전체 문서 수)/ 2("and"가 있는 문서 수) = 2/2 = 1
- 2(전체 문서 수)/ 2("kite"가 있는 문서 수) = 2/2 = 1

이 결과는 그리 흥미롭지 않다. "China"라는 단어는 어떨까?

- 2(전체 문서 수)/ 1("China"가 있는 문서 수) = 2/1 = 2

이제 뭔가 다른 수치가 나왔다. 그럼 IDF라는 이 '희소성(rarity)' 측도를 용어 빈도들에 대한 가중치로서 적용해 보자. 우선, "and"라는 단어가 있는 문서의 수를 센다.

```
>>> num_docs_containing_and = 0
>>> for doc in [intro_tokens, history_tokens]:
...     if 'and' in doc:
...         num_docs_containing_and += 1   ◀────┤ 문서에 "and"가 있으면 해당 개수를 증가한다.
```

"kite"와 "china"에 대해서도 이런 식으로 문서 수를 계산했다고 하자(각각 num_docs_containing_kite와 num_docs_containing_china). 다음으로, 두 문서에서 "China"의 TF를 구한다.

```
>>> intro_tf['china'] = intro_counts['china'] / intro_total
>>> history_tf['china'] = history_counts['china'] / history_total
```

"kite"와 "and"의 TF들도 이런 식으로 구했다고 하고, 이제 세 단어의 IDF를 구해 보자. 앞에서 TF들을 구할 때처럼 문서별로 사전 객체를 두고 거기에 IDF들을 저장한다.

```
>>> num_docs = 2
>>> intro_idf = {}
>>> history_idf = {}
>>> intro_idf['and'] = num_docs / num_docs_containing_and
>>> history_idf['and'] = num_docs / num_docs_containing_and
>>> intro_idf['kite'] = num_docs / num_docs_containing_kite
>>> history_idf['kite'] = num_docs / num_docs_containing_kite
>>> intro_idf['china'] = num_docs / num_docs_containing_china
>>> history_idf['china'] = num_docs / num_docs_containing_china
```

다음으로, 연을 소개하는 문서에 대한 각 단어의 TF에 IDF라는 가중치를 곱해서 TF-IDF 점수를 구한다.

```
>>> intro_tfidf = {}
>>> intro_tfidf['and'] = intro_tf['and'] * intro_idf['and']
>>> intro_tfidf['kite'] = intro_tf['kite'] * intro_idf['kite']
>>> intro_tfidf['china'] = intro_tf['china'] * intro_idf['china']
```

연의 역사에 관한 문서에 대해서도 마찬가지로 TF-IDF 점수들을 계산한다.

```
>>> history_tfidf = {}
>>> history_tfidf['and'] = history_tf['and'] * history_idf['and']
>>> history_tfidf['kite'] = history_tf['kite'] * history_idf['kite']
>>> history_tfidf['china'] = history_tf['china'] * history_idf['china']
```

3.4.1 돌아온 지프

이제 거의 다 왔다. 잠시 다른 예로 넘어가서, 문서 1백만 건으로 이루어진 말뭉치가 있는데(제 2의 구글을 만들고 있다고 하자) 누군가가 "cat"이라는 단어로 말뭉치를 검색했다고 상상해 보기 바란다. 만일 1백만 문서 중 "cat"이 있는 문서가 딱 하나라면, "cat"의 IDF는

$$1{,}000{,}000 \,/\, 1 = 1{,}000{,}000$$

이다. 그리고 "dog"라는 단어가 있는 문서가 10건이면 "dog"의 IDF는

$$1{,}000{,}000 \,/\, 10 = 100{,}000$$

이다. 이는 큰 차이이다. 우리의 친구 지프 씨라면 너무나 큰 차이라고 말할 것이다. 지프의 법칙에 따르면 두 단어의 순위가 멀수록 그 빈도의 차이는 지수적으로 커진다. 그래서 지프의 법칙을 적용할 때는 용어 빈도에 로그를 씌워서 수치의 규모를 줄일 때가 많다. 잘 알겠지만 로그 함수(파이썬의 log() 함수로 계산할 수 있다)는 지수 함수, 즉 거듭제곱(파이썬의 exp() 함수)의 역이다. 이는 IDF에도 도움이 된다. "cat"과 "dog"의 예에서 보듯이, 말뭉치가 크면 두 단어의 출현 횟수 차이가 그리 크지 않더라도 IDF의 차이는 아주 클 수 있다. IDF에 로그를 씌우면 두 용어의 IDF를 비교하기 좋을 뿐만 아니라, 전체적인 TF-IDF 점수들이 좀 더 고르게 분포된다. 따라서 이제부터는 IDF가 그냥 전체 문서 수 대 단어 출현 문서 수의 비율('확률')이 아니라 그 비율의 로그라고 정의하기로 하겠다. 그리고 TF-IDF 점수의 계산을 위해 TF에도 로그를 적용한다.[주10]

수치들을 어떤 특정 범위로 변환하려는 것이 아니므로, 여기서 로그의 밑(기수)은 중요하지 않다. 어떤 밑을 사용하든, 로그 덕분에 빈도 분포가 균일해지기만 하면 된다.[주11] 밑을 10으로 두면, 즉 상용로그를 적용하면 다음과 같은 수치들이 나온다.

- 검색: cat

  $$IDF = \log(1{,}000{,}000/1) = 6$$
- 검색: dog

  $$IDF = \log(1{,}000{,}000/10) = 5$$

[주10] 정보 검색에서 로그 축척의 유용함은 제러드 샐턴(Gerard Salton)과 크리스 버클리(Chris Buckley)가 논문 Term Weighting Approaches in Automatic Text Retrieval(https://ecommons.cornell.edu/bitstream/handle/1813/6721/87-881.pdf)에서 처음으로 보여 주었다.

[주11] 이 로그 축척을 이용해서 모든 TF-IDF 값을 계산한 후에 TF-IDF 벡터들을 정규화하는 방법을 나중에 이야기할 것이다.

이렇게 해서 우리는 각 문서의 TF들을 말뭉치(또는 해당 언어 전체)에서의 전반적인 쓰임새를 고려해서 고찰할 수 있는 수단이 생겼다.

정리하자면, 주어진 말뭉치 D의 임의의 문서 d와 임의의 단어 t에 대한 TF와 IDF, TF-IDF 점수의 정의는 다음과 같다.

$$\mathrm{tf}(t, d) = \frac{\mathrm{count}(t)}{\mathrm{count}(d)}$$

$$\mathrm{idf}(t, D) = \log \frac{\text{전체 문서 수}}{t \text{가 나오는 문서 수}}$$

$$\mathrm{tfidf}(t, d, D) = \mathrm{tf}(t, d) * \mathrm{idf}(t, D)$$

첫 공식에 따르면, 한 단어가 문서에 자주 나올수록 그 단어의 TF가(따라서 TF-IDF도) 올라간다. 둘째 공식은 그 단어를 포함한 문서가 많을수록 그 단어의 IDF가(따라서 TF-IDF도) 내려감을 말해 준다. 그 둘을 곱한 것이 이번 절의 주제인 TF-IDF이다. TF-IDF가 구체적으로 어떤 수치일까? TF-IDF는 특정한 단어 또는 토큰을 특정 말뭉치의 특정 문서에 연관시키는 측도로, 좀 더 구체적으로 말하면 주어진 문서에서 그 단어가 얼마나 중요한지를 말뭉치 전체에서의 그 단어의 사용 빈도에 기초해서 추정하는 값이다.

앞에서 보았듯이 큰 수치들은 로그로 다루는 것이 편하다. 수치들에 로그를 씌우면 곱셈은 덧셈이 되고 나눗셈은 뺄셈이 된다.

```
>>> log_tf = log(term_occurences_in_doc) -\
...     log(num_terms_in_doc)
>>> log_log_idf = log(log(total_num_docs) -\
...     log(num_docs_containing_term))
>>> log_tf_idf = log_tf + log_idf
```

특정 단어가 특정 문서에 출현할 확률의 로그(이하 로그 확률).

특정 단어가 문서에 적어도 한 번은 출현할 로그 확률의 로그. 첫 로그는 IDF 반비례 곡선(지프의 법칙에 의한)을 직선으로 만들기 위한 것이다.

로그 TF-IDF는 TF와 IDF의 곱의 로그이다. 이는 곧 TF의 로그와 IDF의 로그를 더한 것과 같다.

간단한 검색 엔진들은 바로 이 TF-IDF 수치 하나에 기초한다. 이 수치를 통해 우리는 텍스트(문자열) 처리의 세계에서 수치 연산의 세계로 확실하게 넘어오게 되었다. 다음 절부터는 이 수치로 할 수 있는 계산들을 살펴본다. 사실 여러분이 TF-IDF 계산을 구현하는 코드를 실제로 작성할 일은 거의 없을 것이다. 선형대수를 몰라도 자연어 처리에 쓰이는 도구들을 이해하는데 크게 문제가 되지는 않는다. 그러긴 하지만, 이런 공식들에 익숙해지면 자연어 처리 도구들을 좀 더 직관적으로 이해하고 사용할 수 있게 된다.

3.4.2 관련성 순위

앞에서 우리는 두 벡터를 비교해서 그 유사도를 측정하기가 어렵지 않다는 점과 단순한 단어 출현 횟수는 문서를 제대로 서술하지 못한다는 점을 배웠으며, 그 대안으로 사용할 수 있는 TF-IDF라는 측도도 배웠다. 이제부터 하나의 문서를 표현하는 벡터는 각 단어의 출현 횟수가 아니라 각 단어의 TF-IDF로 이루어진 벡터이다. 그러한 문서 표현 벡터는 문서의 의미나 주제를 좀 더 충실하게 반영한다. 다음은 해리 말뭉치에 대해 그러한 문서 표현 벡터들을 얻는 예이다.

```
>>> document_tfidf_vectors = []
>>> for doc in docs:
...     vec = copy.copy(zero_vector)   ◄──────  개별적인 새 벡터를 만들기 위해서는
...     tokens = tokenizer.tokenize(doc.lower())        zero_vector를 복사해야 한다. 이렇
...     token_counts = Counter(tokens)                  게 하지 않으면 루프의 각 반복에서
...                                                       같은 객체(벡터)를 덮어쓰게 된다.
...     for key, value in token_counts.items():
...         docs_containing_key = 0
...         for _doc in docs:
...             if key in _doc:
...                 docs_containing_key += 1
...         tf = value / len(lexicon)
...         if docs_containing_key:
...             idf = len(docs) / docs_containing_key
...         else:
...             idf = 0
...         vec[key] = tf * idf
...     document_tfidf_vectors.append(vec)
```

이제 document_tfidf_vectors에는 말뭉치의 각 문서를 표현하는 K차원 벡터들이 들어 있다. 이들을 이용해서 간단한 검색을 수행해 보자. 한 벡터 공간의 두 벡터가 얼마나 비슷한지 추정하는 한 가지 방법은 둘의 방향을 보는 것이다. 각 벡터가 원점에서 특정 방향으로 특정 거리만큼 나아가는 화살표라고 할 때, 비슷한 두 벡터는 비슷한 방향을 가리킨다(비록 거리는 다르더라도).

방향이 비슷한 두 벡터는 둘 사이의 각도가 작으므로 코사인 유사도가 1에 가깝다. 두 벡터의 코사인 유사도를 구하는 공식은 다음과 같다.

$$\cos \Theta = \frac{A \cdot B}{|A| \, |B|}$$

TF-IDF 값들과 코사인 유사도가 있으면 간단한 문서 검색이 가능하다. 검색 질의 문구 자체를 하나의 문서로 간주해서 그것의 TF-IDF 문서 표현 벡터를 구하고, 말뭉치의 문서 표현 벡

터 중 검색 질의 문서 표현 벡터와의 코사인 유사도가 큰 것들을 찾아서 순서대로 제시하면 된다.

다음은 해리에 관한 세 문서에 대해 "How long does it take to get to the store?"라는 질의 문구로 검색을 수행하는 예이다.

```
>>> query = "How long does it take to get to the store?"
>>> query_vec = copy.copy(zero_vector)
>>> query_vec = copy.copy(zero_vector)    ←──  같은 객체를 여러 번 덮어쓰지 않으려면
                                                copy.copy()를 사용해야 한다.

>>> tokens = tokenizer.tokenize(query.lower())
>>> token_counts = Counter(tokens)

>>> for key, value in token_counts.items():
...     docs_containing_key = 0
...     for _doc in docs:
...         if key in _doc.lower():
...             docs_containing_key += 1
...     if docs_containing_key == 0:    ←──  어휘집에 없는 토큰이면 다음 토큰으로 넘어간다.
...         continue
...     tf = value / len(tokens)
...     idf = len(documents) / docs_containing_key
...     query_vec[key] = tf * idf
>>> cosine_sim(query_vec, document_tfidf_vectors[0])
0.5235048549676834
>>> cosine_sim(query_vec, document_tfidf_vectors[1])
0.0
>>> cosine_sim(query_vec, document_tfidf_vectors[2])
0.0
```

세 문서의 코사인 유사도들을 보면 첫 문서(0번)가 주어진 질의 문구와 가장 관련성이 큰 문서임이 분명하다. 문서 세 개짜리 말뭉치뿐만 아니라 위키백과의 글들이나 구텐베르크 프로젝트의 책들, 또는 트위터라고 부르는 가혹한 정글의 트윗들 등 그 어떤 종류의 말뭉치라도 이런 식으로 관련 문서 검색을 수행할 수 있다.

그렇다고 우리가 지금 당장 구글의 검색 엔진을 따라잡을 수 있는 것은 아니다. 앞의 예제는 말뭉치의 모든 문서 표현 벡터를 일일이 훑어서 가장 관련성이 큰 문서를 찾았다. 이런 선형 검색은 시간 복잡도가 O(N)인 알고리즘에 해당한다. 그러나 구글을 비롯한 대부분의 검색 엔진은 상수 시간(O(1))으로 검색을 수행하는데, 그 비결은 **역색인**(inverted index)[주12]이다. 아직 우리는 역색인을 구현할 수는 없지만, 혹시 지금 당장 시험해 보고 싶다면 Whoosh라고 하는 훌륭한 파이썬 역색인 구현 패키지가 있으니 참고하기 바란다.[주13] 소스 코드도 공개되어 있

주12 영어 위키백과 "Inverted index" 페이지(https://en.wikipedia.org/wiki/Inverted_index).

주13 *Whoosh*(https://pypi.python.org/pypi/Whoosh).

다.[주14] 이 책에서 전통적인 키워드 기반 검색 엔진의 구현 방법을 이야기하지는 않는다. 대신 제4장에서는 텍스트의 의미를 고려해서 검색을 수행하는 좀 더 최신의 의미론적 색인화 접근 방식을 살펴본다.

> **팁** 앞의 예제 코드에서는 주어진 키(토큰)가 어휘집에 없으면 0으로 나누기를 피하기 위해 다음 키로 바로 넘어갔지만, 더 나은 접근 방식은 IDF를 계산할 때 항상 분모에 1을 더하는 것이다. 그러면 분모가 0이 되는 일이 없다. 이런 기법을 **가산적 평활화**(additive smoothing)[주15] 또는 라플라스 평활화(Laplace smoothing)라고 부르는데, 일반적으로 이 기법을 적용하면 TF-IDF 키워드 기반 검색의 결과가 개선된다.

키워드 검색은 NLP로 할 수 있는 일 중 하나일 뿐이다. 이 책에서 우리의 최종 목표는 챗봇이다. 그렇지만 대부분의 챗봇은 검색 기능에 크게 의존한다. 심지어 검색 기능 하나만으로 응답문을 생성하는 챗봇도 있다. 단순한 색인(TF-IDF) 검색 기능으로 챗봇을 구현하려면 단순한 말뭉치가 아니라, 의문문(또는 제시문)과 그에 대한 적절한 응답문의 쌍들로 이루어진 훈련 자료가 필요하다. 사용자가 텍스트를 입력하면 챗봇은 그것에 가장 가까운 제시문을 TF-IDF로 찾는다. 검색 엔진이라면 그 제시문 자체를 결과로 돌려주겠지만, 챗봇은 그 제시문과 짝을 이루는 응답문을 돌려주어야 한다. 다른 모든 어려운 컴퓨터 과학 문제와 마찬가지로, 이 문제도 간접층(layer of indirection)을 하나 더 추가함으로써 해결할 수 있다. 그리고 이 문제를 해결한다면 어느 정도 그럴듯한 챗봇을 만들 수 있다.

3.4.3 주요 도구: scikit-learn

지금까지 꽤 많은 예제 코드가 나왔지만, 그 모든 코드가 하려고 했던 일은 사실 오래전에 다른 사람들이 해결한 문제들이었다. 간단히 말하자면, 그냥 *scikit-learn* 패키지[주16]를 사용하면 앞의 예제들에서 얻은 것과 같은 결과를 얻을 수 있다. 아직 하지 않았다면 부록 A를 참고해서 이 책의 예제들을 실행하는 데 필요한 환경을 갖추기 바란다. 적절한 환경을 갖추었다고 할 때, 다음 두 명령을 실행하면 scikit-learn 패키지가 설치된다.

```
pip install scipy
pip install sklearn
```

[주14] GitHub 저장소 "Mplsbeb/whoosh: A fast pure-Python search engine"(https://github.com/Mplsbeb/whoosh).

[주15] 영어 위키백과 "Additive smoothing" 페이지(https://en.wikipedia.org/wiki/Additive_smoothing).

[주16] scikit-learn 사이트(http://scikit-learn.org/).

그럼 scikit-learn을 이용해서 TF-IDF 행렬을 만들어보자. scikit-learn의 TF-IDF를 위한 클래스는 모든 기계 학습 모형이 따라야 할 scikit-learn API를 만족하는 하나의 모형에 해당한다. 특히 이 클래스는 .fit()과 .transform()이라는 메서드(그리고 그 둘을 한 번에 수행하는 fit_transform() 메서드도)를 제공한다.

```
>>> from sklearn.feature_extraction.text import TfidfVectorizer
>>> corpus = docs
>>> vectorizer = TfidfVectorizer(min_df=1)
>>> model = vectorizer.fit_transform(corpus)      ◄──
>>> print(model.todense().round(2))
[[0.16 0.   0.48 0.21 0.21 0.   0.25 0.21 0.   0.   0.   0.21 0.   0.64
   0.21 0.21]
 [0.37 0.   0.37 0.   0.   0.37 0.29 0.   0.37 0.37 0.   0.   0.49 0.
   0.   0.  ]
 [0.   0.75 0.   0.   0.   0.29 0.22 0.   0.29 0.29 0.38 0.   0.   0.
   0.   0.  ]]
```

TFIDFVectorizer 모형은 희소한 NumPy 행렬을 산출한다. 대부분의 문서는 전체 어휘 중 일부 단어만 사용하므로, TF-IDF 행렬은 대부분의 성분이 0이다.

.todense() 메서드는 희소 행렬을 보통의 NumPy 행렬로 변환한다(즉, 정의되지 않은 성분을 0으로 설정한다). 화면 표시용으로는 이런 밀집 행렬이 낫다.

이처럼 scikit-learn을 이용하면 단 네 줄의 코드로 말뭉치의 각 문서와 어휘의 각 용어에 대한 TF-IDF 행렬을 만들어낼 수 있다. 이 행렬(파이썬 구현상으로는 목록들의 목록)의 각 행은 말뭉치의 각 문서에 대한 각 용어의 TF-IDF 수치로 이루어져 있다. 이 예제에서 문서는 총 세 개이고 용어(단어)는 총 16개인데, 어휘에 문장 부호(쉼표와 마침표)는 포함되지 않았다. 이처럼 문장 부호들을 생략하는 등의 정규화를 수행해서 TF-IDF 모형을 미리 최적화하면 파이프라인 이후 단계들의 계산량을 줄일 수 있다. 말뭉치가 크다면 절약 효과도 더욱 커질 것이다.

3.4.4 여러 TF-IDF 정규화 방법

용어-문서 행렬로서의 TF-IDF 행렬은 수십 년간 정보 조회(검색)의 주춧돌이었다. 그래서 연구자들과 기업들은 검색 결과의 관련성(적합성)을 개선하기 위해 IDF 부분을 최적화하는 데 많은 시간을 투여했다. 표 3.1은 용어 빈도 가중치들을 정규화하고 평활화하는 여러 방법을 정리한 것이다.[17]

주17 Piero Molino, "Word Embeddings: Past, Present and Future". *AI With the Best* 2017 강연. 웹 https://w4nderlu.st/teaching/word-embeddings

표 3.1. 여러 TF-IDF 정규화 접근 방식(Molino 2017)

방식	정의
정규화 없음	$w_{ij} = f_{ij}$
TF-IDF	$w_{ij} = \log(f_{ij}) \times \log(\frac{N}{n_j})$
TF-ICF	$w_{ij} = \log(f_{ij}) \times \log(\frac{N}{f_j})$
Okapi BM25	$w_{ij} = \dfrac{f_{ij}}{0.5 + 1.5 \times \frac{f_j}{\frac{f_j}{j}} + f_{ij}} \log \dfrac{N - n_j + 0.5}{f_{ij} + 0.5}$
ATC	$w_{ij} = \dfrac{(0.5 + 0.5 \times \frac{f_{ij}}{max_f}) \log(\frac{N}{n_j})}{\sqrt{\Sigma_{i=1}^{N} [(0.5 + 0.5 \times \frac{f_{ij}}{max_f}) \log(\frac{N}{n_j})]^2}}$
LTU	$w_{ij} = \dfrac{(\log(f_{ij}) + 1.0) \log(\frac{N}{n_j})}{0.8 + 0.2 \times f_j \times \frac{j}{f_j}}$
MI	$w_{ij} = \log \dfrac{P(t_{ij} \mid c_j)}{P(t_{ij}) P(c_j)}$
PosMI	$w_{ij} = \max(0, \text{MI})$
T-Test	$w_{ij} = \dfrac{P(t_{ij} \mid c_j) - P(t_{ij}) P(c_j)}{\sqrt{P(t_{ij}) P(c_j)}}$
카이제곱($\chi 2$)	제임스 리처드 커런[James Richard Curran] 저 *From Distributional to Semantic Similarity*의 §4.3.5(https://www.era.lib.ed.ac.uk/bitstream/handle/1842/563IP030023.pdf #subsection.4.3.5)를 참고할 것.
Lin98a	$w_{ij} = \dfrac{f_{ij} \times f}{f_i \times f_j}$
Lin98b	$w_{ij} = -1 \times \log \dfrac{n_j}{N}$
Gref94	$w_{ij} = \dfrac{\log f_{ij} + 1}{\log n_j + 1}$

검색 엔진(정보 검색 시스템)은 질의문의 키워드(용어)들로 말뭉치의 문서들을 검색한다. 여러분이 사용자가 찾고자 했을 가능성이 큰 문서들을 잘 찾아내는 검색 엔진을 구현하려면 표 3.1에 나온 여러 정규화 접근 방식을 시험해 볼 필요가 있다.

검색 결과의 순위를 매길 때 보통의 TF-IDF 코사인 유사도 대신 사용하면 좋을 대안으로는 Okapi BM25 또는 그것의 최신 변형인 BM25F가 있다.

3.4.5 Okapi BM25

런던 시티 대학교(City Uninversity, London)의 똑똑한 사람들이 검색 결과의 순위를 좀 더 잘 매기는 방법을 고안했다. 그들의 방법은 TF-IDF 코사인 유사도를 정규화하고 평활화한 값을 사용한다. 또한, 질의 문서에서 중복된 단어들을 제거함으로써 질의 문서 벡터의 용어 빈도가 1을 넘지 않게 한다. 코사인 유사도를 정규화할 때는 TF-IDF 벡터 노름(말뭉치 문서나 질의문에 있는 용어 개수)이 아니라 문서 길이 자체의 비선형 함수를 분모로 사용한다. 이 방법에 쓰이는 코사인 유사도를 파이썬 코드로 표현하면 다음과 같다.

```
q_idf * dot(q_tf, d_tf[i]) * 1.5 /
➥ (dot(q_tf, d_tf[i]) + .25 + .75 * d_num_words[i] / d_num_words.mean()))
```

사용자가 원하는 것에 좀 더 가까운 검색 결과를 제시하고자 할 때는 이처럼 유사도의 정규화나 가중치 적용 방식을 조율해 보는 것이 도움이 된다. 그러나 말뭉치가 그리 크지 않다면 좀 더 근본적인 변화가 필요한데, 특히 단어의 의미를 좀 더 정확하게 반영할 수 있는 문서 표현 방식을 도입할 필요가 있다. 이후의 장들에서는 단순히 질의문에 있는 단어들이 많이 나온 문서들을 찾는 것이 아니라 질의문의 단어들에 담긴 '의미'를 담고 있을 가능성이 큰 문서들을 찾는 방식의 의미론적 검색 엔진을 구현하는 방법을 살펴본다. TF-IDF의 가중치 적용 방식이나 정규화 방식, 어간 추출, 표제어 추출을 아무리 조율해도 이런 의미론적 검색보다 우월한 성과를 얻기는 힘들다. 구글이나 빙Bing 같은 웹 검색 엔진들이 의미론적 검색을 사용하지 않는 이유는 말뭉치가 너무 크기 때문이다. 문서 개수가 수십억 규모인 말뭉치에서는 의미론적 단어 벡터나 주제 벡터가 효율적이지 못하다. 그러나 문서 수백만 건 정도는 의미론적 검색도 감당할 수 있다.

정리하자면, 의미론적 검색이나 문서 분류, 대화 시스템, 그리고 제1장에서 언급한 대부분의 NLP 응용에서는 그냥 가장 기본적인 TF-IDF 벡터들을 파이프라인에 공급하는 것으로도 충분하다. 파이프라인의 첫 단계에서 TF-IDF 벡터들은 NLP를 위해 텍스트에서 추출하는 가장 기본적인 특징 집합에 해당한다. 다음 장인 제4장에서는 이 TF-IDF 벡터들에서 주제 벡터들을 계산하는 방법을 살펴본다. TF-IDF 벡터를 아무리 세심하게 정규화하고 평활화해도 주제 벡터보다 단어 모음의 의미를 잘 표현하지는 못한다. 더 나아가서, 제6장의 word2vec 벡터와 그 이후 장들에서 논의하는 단어 및 문서 의미의 신경망 내장은 문서의 의미를 주제 벡터보다 더 잘 표현한다.

3.4.6 다음 단계

일단 자연어 텍스트를 수치들로 변환할 수 있으면, 여러 수학 도구들을 이용해서 그 수치들을 다양한 방식으로 계산하고 조작할 수 있다. 이번 장에서 구한 단어 통계 수치에 기초해서, 다음 장에서는 개별 단어에 관한 수치가 아니라 그 단어들로 이루어진 문서의 의미 또는 주제를 수치로 표현하는 방법을 살펴본다.

요약

- 여러 웹 검색 엔진들이 주어진 검색 질의문과 관련성이 큰 문서들을 찾아낼 수 있는 것은 TF-IDF 덕분이다.
- 용어 빈도(TF)만으로는 주어진 단어가 주어진 문서에서 얼마나 중요한지 알 수 없다. 그러한 중요도를 파악하려면 TF에 역문서 빈도(IDF)를 가중치로서 곱한 TF-IDF가 필요하다.
- 지프의 법칙은 단어, 문자, 인구수를 비롯한 아주 다양한 대상의 빈도(도수)를 예측하는데 도움이 된다.
- TF-IDF 용어-문서 행렬의 행들을 개별 단어들의 의미에 관한 벡터 표현으로 사용함으로써 단어 의미론에 대한 하나의 벡터 공간 모형을 만들 수 있다.
- 대부분의 NLP 응용 프로그램에서 두 고차원 벡터의 유클리드 거리는 그 벡터들이 나타내는 두 문서의 유사도를 제대로 반영하지 못한다.
- 두 벡터가 얼마나 "겹치는지"를 말해 주는 코사인 유사도는 그냥 정규화된 두 벡터의 성분들을 곱하고 합하는 사칙연산만으로 효율적으로 계산할 수 있다.
- 코사인 유사도는 대부분의 자연어 벡터 표현에서 두 벡터의 유사도를 측정하는 데 가장 적합한 수단이다.

4

단어 빈도에서 의미 찾기: 의미 분석

이 장에서 다루는 내용

- 의미를 분석해서 주제 벡터 만들기
- 두 주제 벡터의 유사도를 이용한 의미 기반 검색
- 큰 말뭉치를 위한 규모가변적 의미 분석과 의미 기반 검색
- NLP 파이프라인에서 의미 요소(주제)를 특징으로 사용
- 고차원 벡터 공간 탐색

지금까지 여러분은 상당히 많은 자연어 처리 요령을 배웠지만, 뭔가 '마법' 같은 일을 할 수 있을 정도는 아니었다. 이번 장에서 드디어 약간의 마법이 펼쳐진다. 이번 장에서 우리는 기계인 컴퓨터가 자연어 텍스트의 '뜻(의미)'을 이해하게 만들 것이다.

제3장에 배운 TF-IDF(용어 빈도와 역문서 빈도의 곱) 벡터는 주어진 단어들이 특정 문서에서 얼마나 중요한지 추정하는 데 도움이 된다. 제3장에서 우리는 TF-IDF 벡터들로 이루어진 하나의 행렬을 이용해서 각 단어가 전체 말뭉치 중 한 문서에서 얼마나 의미가 있는지 파악하는 방법을 살펴보았다.

이러한 TF-IDF '중요도' 점수들은 개별 단어뿐만 아니라 짧은 단어열, 즉 n-그램에도 적용할 수 있다. n-그램에 대한 이런 중요도 점수는 특정 단어들로 이루어진 정확한 문구로 문서를 검색할 때 유용하다.

예전에 NLP 연구자들은 단어 조합의 의미를 드러내고 그러한 의미를 표현하는 벡터를 계산하는 알고리즘 하나를 고안했다. **잠재 의미 분석**(latent semantic analysis, LSA)이 바로 그것이다. 이 도구를 이용하면 단어들의 뜻을 벡터 형태로 표현할 수 있을 뿐만 아니라 문서 전체의 뜻도 표현할 수 있다.

이번 장에서는 **의미론적 벡터**(semantic vector; 줄여서 의미 벡터)라고도 하는 **주제 벡터**(topic vector)를 공부한다.[주1] 주제 벡터는 TF-IDF 벡터의 가중 빈도들을 이용해서 구한 주제 '점수'들을 성분으로 하는 다차원 벡터이다. 차차 배우겠지만, 이 점수들을 계산할 때는 정규화된 용어 빈도들 사이의 상관관계를 이용해서 같은 주제의 단어들을 한데 묶는다.

이 주제 벡터들은 용도가 다양한데, 특히 의미에 기초해서 문서를 검색하는 **의미 기반 검색**에 쓰인다. 대부분의 경우 의미 기반 검색의 결과가 키워드 검색(TF-IDF 검색)의 결과보다 훨씬 낫다. 종종 의미 기반 검색은 딱 맞는 단어들로 질의문을 구성하지 않는 경우에도 검색자가 찾고자 했던 바로 그 문서를 돌려준다.

의미 벡터(주제 벡터)를 이용하면 주어진 문장이나 문서, 또는 말뭉치(문서 모음)의 주제를 가장 잘 나타내는 단어들과 n-그램들을 식별할 수 있다. 그리고 그런 단어들의 벡터와 상대적 중요도를 이용해서 주어진 문서에 대해 가장 의미 있는 단어들, 즉 문서의 의미를 가장 잘 요약하는 일단의 핵심어(키워드)들을 찾아낼 수 있다.

마지막으로, 두 문서(또는 문장, 말뭉치)의 핵심어들을 비교함으로써 두 문서의 **의미**가 얼마나 "가까운지" 추정할 수 있다.

> **팁** NLP에서 '주제', '의미론', '의미', '뜻'은 비슷한 뜻의 용어들이고, 많은 경우 서로 교환해서 사용할 수 있다. 재미있게도 이 용어들 자체는 이번 장의 '주제'인 의미 분석으로 식별할 수 있는 동의어들에 해당한다. 더 나아가서, 이런 개별 단어 수준이 아니라 문구 수준에서도 의미의 유사성을 식별할 수 있다. 예를 들어 "figure it out"(알아내다)이라는 문구와 "compute"(계산하다)라는 단어가 비슷한 뜻임을 알아내는 것이 가능하다. 단, 컴퓨터는 텍스트의 의미를 "계산할" 뿐이지 "알아내는" 것은 아니다.

이번 장에서 여러분은 단어들의 일차결합(선형결합)을 성분으로 하는 주제 벡터가 문서의 의미를 상당히 잘 표현한다는 점을 배우게 될 것이다.

[주1] 의미(주제) 분석에 관한 이번 장에서는 '주제 벡터'라는 용어를 사용하고 word2vec에 관한 제6장에서는 '단어 벡터'라는 용어를 사용한다. 공식적인 NLP 교과서들, 예를 들어 NLP의 바이블이라 할 수 있는 주랍스키(Jurafsky)와 마틴(Martin)의 *Speech and Language Processing*(https://web.stanford.edu/~jurafsky/slp3/ed3book.pdf#chapter.15)은 '주제 벡터'를 사용한다. 한편 *Semantic Vector Encoding and Similarity Search*(https://arxiv.org/pdf/1706.00957.pdf)처럼 '의미(론적) 벡터'를 사용하는 저자들도 있다.

4.1 단어 빈도에서 주제 점수로

이전 장들에서 우리는 빈도(도수)를 이용해서 단어를 벡터로 표현하는 방법과 TF-IDF를 이용해서 단어의 중요도를 추정하는 방법을 배웠다. 그런데 그것으로는 부족하다. 좀 더 본격적인 NLP 응용을 위해서는 단어들에 담긴 뜻 또는 주제에 대한 점수를 매길 수 있어야 한다.

4.1.1 TF-IDF 벡터와 표제어 추출

TF-IDF 벡터는 문서를 구성하는 구체적인 단어들의 빈도에 기초한 것이다. 따라서 같은 뜻의 문장이라도 구성 단어들이 다르거나 단어의 철자가 다르면 TF-IDF 벡터 표현이 완전히 달라진다. 이는 토큰 빈도에 기초한 검색 엔진과 문서 유사도 비교의 중요한 단점이다.

　제2장에서는 끝의 몇 글자만 다른 단어들을 하나의 토큰으로 간주하도록 단어 어미를 정규화하는 방법을 이야기했다. 어간 추출이나 표제어 추출 같은 이런 정규화 접근 방식을 이용하면 철자가 비슷한 단어들을 통합할 수 있으며, 때에 따라서는 의미가 비슷한 단어들까지도 통합할 수 있다. 사용자가 입력한 원래의 단어들 대신 이렇게 정규화한 단어들을 사용하면 검색이나 유사도 추정의 결과가 개선된다.

　어간 추출 접근 방식은 **철자가 비슷한**[주2] 단어들을 통합할 뿐, 반드시 의미가 비슷한 단어들을 통합한다는 보장은 없다. 사실 이런 접근 방식은 대부분의 동의어를 식별하지 못한다. 왜냐하면 어간이나 어근이 전혀 다른 동의어들이 많기 때문이다. 게다가 어간 추출과 표제어 추출은 철자는 비슷하지만 의미가 정반대인 단어들을 하나로 묶기도 한다.

　결과적으로, 같은 주제를 말하지만 사용하는 단어가 다른 두 텍스트 조각의 벡터들은 TF-IDF 벡터 공간(어간 추출이나 표제어 추출을 거친)에서 서로 "가깝지" 않다. 또한, 표제어 추출을 거친 두 TF-IDF 벡터가 서로 가깝다고 해도 그 의미는 전혀 비슷하지 않을 수 있다. 제3장에서 언급한 좀 더 조율된 TF-IDF 유사도 점수 계산 방식(Okapi BM25 등)이라고 해도, 동의어에 대한 벡터들이 벡터 공간 안에서 멀리 떨어져 있거나 반의어에 대한 벡터들이 가까이 붙어 있는 결과를 낳을 수 있다. 뜻이 같은 단어들이라도 철자가 다르면 TF-IDF 벡터들은 벡터 공간에 가까이 놓이지 않는다.

　예를 들어 여러분이 지금 읽고 있는 이번 장에 대한 TF-IDF 벡터는 NLP의 의미 분석을 다루는 대학 교재의 한 장에 대한 TF-IDF 벡터와 전혀 가깝지 않을 것이다. 이번 장의 주제도 의미 분석이지만, 이 책은 좀 더 현대적이고 일상적인 용어를 사용한다. 반면 교수들과 연

[주2]　영어에서 어간 추출과 표제어 추출은 단어의 어미, 즉 단어의 마지막 몇 글자를 수정하거나 제거한다. 철자가 비슷한(또는 철자가 틀린) 단어들을 식별하는 데는 편집 거리(edit-distant) 계산이 더 나은 방법이다.

구자들은 교과서나 강의에서 좀 더 일관되고 엄밀한 용어를 사용한다. 게다가, 이 분야가 최근 몇 년간 급격히 발전했기 때문에, 용어들이 교수들이 십 년 전에 사용하던 것과는 많이 달라지기도 했다. 예를 들어 예전에는 '잠재 의미 색인화(indexing)'라는 용어가 요즘 연구자들이 사용하는 '잠재 의미 분석(analysis)'보다 더 많이 쓰였다.[주3]

4.1.2 주제 벡터

TF-IDF 벡터들을 더하거나 빼서 얻은 합이나 차는 그 벡터들이 나타내는 문서의 단어 빈도에 관한 정보만 제공할 뿐이다. 그 단어들에 담긴 의미에 관해서는 아무것도 말해 주지 않는다. TF-IDF 행렬에 그 자신을 곱하면 단어 대 단어의 상관관계를 나타내는(즉, 특정 단어들이 함께 나타나는 비율을 말해 주는) TF-IDF 벡터들을 얻게 된다. 그러나 이런 희소 고차원 벡터들로는 문서의 의미를 추론하기 어렵다. 이런 벡터들을 더하고 뺀다고 해도 단어의 개념이나 주제를 잘 표현하는 결과가 나오지는 않는다.

따라서 우리에게는 단어 통계량들로부터 추가적인 정보, 즉 의미에 관한 정보를 추출하는 또 다른 방법이 필요하다. 특히, 문서의 의미를 잘 나타내는 단어들을 골라낼 수 있어야 한다. 더 나아가서, 문서의 의미를 잘 나타내는 단어들의 조합까지도 식별할 수 있어야 한다. 그리고 그런 정보를 벡터 형태로 표현할 수 있어야 하는데, TF-IDF 벡터보다 더 간결하고 의미 있는 형태의 벡터이면 더욱 좋을 것이다.

단어의 의미를 표현하는 그러한 간결한 벡터를 '단어-주제 벡터(word-topic vector)'라고 부르고, 문서의 의미를 표현하는 벡터를 '문서-주제 벡터'라고 부른다. 그리고 그 둘을 통칭해서 '주제 벡터'라고 부른다. 이하의 논의에서, 주어진 주제 벡터가 단어에 대한 것인지 아니면 문서에 대한 것인지를 문맥에서 명확히 구분할 수 있거나 굳이 구분할 필요가 없을 때는 '단어-'나 '문서-'를 생략하고 그냥 '주제 벡터'라고 표기한다.

이런 주제 벡터들의 차원 수(성분 개수)는 응용에 따라 다르다. LSA(잠재 의미 분석)에서 주제 벡터는 1차원일 수도 있고 수천 차원일 수도 있다.

이 주제 벡터들도 기본적으로는 선형대수에서 말하는 벡터이므로 얼마든지 더하거나 뺄 수 있다. 단, 이러한 주제 벡터 덧셈이나 뺄셈은 제3장의 TF-IDF 벡터들을 더하고 빼는 것보다 훨씬 의미가 큰 결과를 낳는다. 그리고 두 주제 벡터의 거리는 문서 군집화(clustering)나 의미 기반 검색 같은 응용에 유용하다. 이전 장에서는 문서들을 키워드나 TF-IDF 벡터를 이용해서 묶거나 검색했지만, 이제는 의미, 즉 뜻을 이용해서 묶거나 검색할 수 있다.

주3 이런 종류의 변화를 보는 데는 구글의 Ngram Viewer가 유용하다(http://mng.bz/7Jnm).

말뭉치에 대한 주제 벡터 계산을 완료하면 말뭉치의 문서당 하나씩의 문서-주제 벡터와 어휘의 단어당 하나씩의 단어-주제 벡터가 생긴다. 여기서 중요한 점은, 말뭉치에 새로운 문서를 추가했을 때 그 문서의 문서-주제 벡터를 계산하기 위해 말뭉치 전체를 다시 계산할 필요는 없다는 것이다. 한 문서의 문서-주제 벡터는 그 문서에 쓰인 단어들의 단어-주제 벡터들을 결합한 것이므로, 새 문서가 기존 어휘에는 없는 단어들만 사용하는 것이 아니라면 그냥 기존 단어-주제 벡터들로 문서의 주제 벡터를 계산하면 된다.

> **팁** 단, 잠재 디리클레 할당 같은 몇몇 주제 벡터 생성 알고리즘은 새 문서를 추가할 때마다 말뭉치 전체를 다시 처리해야 한다.

단어와 문장의 의미를 수치로 표현하는 것이 그리 간단한 일은 아니다. 특히 영어처럼 "퍼지fuzzy한" 언어, 즉 다수의 방언이 존재하며 같은 단어라도 해석이 다양한 언어에서는 더욱 그렇다. 영어영문학 교수가 쓴 공식적인 영어 교과서조차도, 대부분의 영어 단어에 둘 이상의 의미가 있다는 사실에서 생기는 중의성에서 벗어나기 힘들다. 이는 모든 초보 학습자를 힘들게 하는 요인인데, 학습자에는 물론 기계 학습을 수행하는 컴퓨터도 포함된다. 둘 이상의 뜻을 가진 단어를 가리켜 다의어(polysemy)라고 부르고, 언어의 그러한 성질을 다의성(역시 polysemy)이라고 부른다.

- 다의성—뜻이 두 가지 이상인 단어나 문구가 존재함

다음은 다의성이 나타나는 몇 가지 형태를 정리한 것이다. 이들을 나열하는 것은 LSA의 위력을 실감하기 위한 것이다. LSA가 이런 다의성을 모두 처리해 주므로, 여러분이 직접 해결하려 들 필요는 없다.

- 동철이의어(homonym)—철자와 발음이 같지만 뜻이 다른 단어
- 액어법(zeugma)—한 문장에서 한 단어의 두 가지 의미를 동시에 사용하는 것

또한 LSA는 알렉사나 시리처럼 말(소리)로 대화할 수 있는 챗봇의 음성 인터페이스를 구축하는 데 걸림돌이 되는 다음과 같은 다의성 문제들도 처리해 준다.

- 동형이음어(homograph)—철자가 같지만 발음과 뜻이 다른 단어
- 동음이의어(homophone)—발음이 같지만 철자와 뜻이 다른 단어(NLP 음성 인터페이스에서 문제가 된다)

LSA 같은 도구가 없다면 다음 문장을 처리하기가 얼마나 까다로울지 상상해 보기 바란다.

She felt ... less. She felt tamped down. Dim. More faint. Feint. Feigned. Fain.

—패트릭 로스푸스^{Patrick Rothfuss}

다의성과 관련된 이런 어려움들을 염두에 두고, 차원(단어)이 100만인 TF-IDF 벡터를 차원(주제)이 200 정도인 하나의 벡터로 압축하려면 어떻게 해야 할지 생각해 보기 바란다. 이는 여러분 집의 아파트 벽에 난 못 구멍을 메우기 위해 원색 페인트들을 잘 섞어서 딱 맞는 색을 만들어내는 것과 비슷하다.

한 가지 방법은 하나의 주제에 "속하는" 단어들을 찾고 해당 TF-IDF 값들을 합하는 것이다. 그렇게 구한 수치는 주어진 문서가 해당 주제를 얼마나 담고 있는지 나타내는 측도에 해당한다. 더 나아가서, TF-IDF 값들을 합할 때 문서에 대한 각 단어의 중요도를 가중치로 적용해서 가중합(일차결합)을 구할 수도 있다. 그런 가중치들은 원하는 색을 만들기 위해 각 원색 페인트를 섞는 비율에 해당한다. 또한, 음의 가중치를 적용함으로써 주어진 문서가 그 주제를 말하는 것일 가능성을 낮추는 것도 가능하다.

4.1.3 사고 실험

일종의 사고 실험(thought experiment)으로, 한 문서에 대한 TF-IDF 벡터를 어떤 주제를 나타내는 주제 벡터로 변환한다고 상상해 보기 바란다. 우선 해야 할 일은 각 단어가 그 주제에 기여하는 정도를 결정하는 것이다.

예를 들어 뉴욕시의 센트럴 파크에 관한 문장들을 처리한다고 하자. 그리고 문장들의 주제로는 '애완동물', '동물', '도시'를 가정하자(예제 코드에서는 각각 petness, animalness, cityness로 표기한다). 그렇다면 "cat"과 "dog" 같은 단어에는 애완동물 주제에 대한 점수(가중치)를 높게 부여해야 마땅하다. 반면 "NYC"나 "apple"의 애완동물 주제 점수는 낮아야 한다. 반대로 '도시' 주제에 대해서는 "cat"과 "dog"보다 "NYC"의 점수가 높아야 하며, 뉴욕시의 별명이 '빅애플^{Big Apple}'이라는 점을 생각하면 "apple"에 대해서도 어느 정도의 점수를 주어야 한다.

다음은 각 단어의 주제 점수(가중치)들을 임의로 정해서 하나의 주제 모형(topic model)을 만들어본 것이다. 물론 실제 NLP 파이프라인이라면 이런 가중치들을 사람이 직접 정하는 것이 아니라 기계 학습을 통해서 구한다.

tfidf는 그냥 무작위(확률) 견본이다.
이것은 어휘의 단어들을 무작위한 비율로 담고 있는 하나의 문서를 대표한다.

```
>>> topic = {}
>>> tfidf = dict(list(zip('cat dog apple lion NYC love'.split(),
...     np.random.rand(6))))    ◄
```

```
>>> topic['petness'] = (.3 * tfidf['cat'] +\
...                      .3 * tfidf['dog'] +\
...                       0 * tfidf['apple'] +\
...                       0 * tfidf['lion'] -\
...                      .2 * tfidf['NYC'] +\
...                      .2 * tfidf['love'])
>>> topic['animalness'] = (.1 * tfidf['cat'] +\
...                         .1 * tfidf['dog'] -\
...                         .1 * tfidf['apple'] +\
...                         .5 * tfidf['lion'] +\
...                         .1 * tfidf['NYC'] -\
...                         .1 * tfidf['love'])
>>> topic['cityness'] = ( 0 * tfidf['cat'] -\
...                       .1 * tfidf['dog'] +\
...                       .2 * tfidf['apple'] -\
...                       .1 * tfidf['lion'] +\
...                       .5 * tfidf['NYC'] +\
...                       .1 * tfidf['love'])
```

"손수 결정한" 가중치들(.3, .3, 0, 0, -.2, .2)을 tfidf 벡터의 성분들에 곱해서 가상의 무작위 문서에 대한 하나의 주제 벡터를 만든다. '진짜' 주제 벡터는 나중에 만들어볼 것이다.

이 코드는 각 주제에 대해, 각 단어의 TF-IDF 값에 그 단어가 주어진 주제와 얼마나 관련이 있는지를 나타내는 가중치를 곱하고 그 결과를 모두 합한다. 주제와 무관한(어떤 의미로는 주제와 "상반되는") 단어는 가중치를 음수로 두었기 때문에, 결과적으로 해당 단어는 주제 점수(가중합)를 감소하는 효과를 낸다. 이 예제가 실제 알고리즘의 구현이 아니라 하나의 사고 실험임을 명심하기 바란다. 이 예제는 그냥 컴퓨터가 사람처럼 주제를 파악하게 하려면 어떤 식으로 훈련을 시켜야 하는지 생각해 보는 과정일 뿐이다. 이 예제에서 우리는 단어들을 임의로 선택했고 문서의 주제도 세 개만('애완동물', '동물', '도시') 정했다. 또한, 어휘는 단 여섯 단어로만 이루어진다.

사고 실험의 다음 단계는 어떤 주제와 단어가 연결되는지, 그리고 그러한 연결의 가중치가 어느 정도인지를 수학적으로 계산하는 방법을 생각해 보는 것이다. 일단 세 가지 주제를 모형화하기로 했다면, 그 주제들에 대한 각 단어의 가중치를 결정해야 한다. 그러한 단어들의 가중합은 해당 주제를 나타내는 "혼합색"에 해당한다. 지금 예에서 주제 모형화 변환(색 혼합 방법)은 세 주제를 여섯 단어와 연관시키는 3×6 가중치(혼합 비율) 행렬로 정의된다. 이 행렬에 가상의 문서를 표현하는 6×1 TF-IDF 벡터를 곱하면 그 문서에 대한 3×1 주제 벡터가 나온다.

앞에서 우리는 단어 "cat"과 "dog"가 '애완동물' 주제에 대해 동일한 정도로 기여한다고 결정하고 0.3이라는 동일한 가중치를 부여했다. 따라서 TF-IDF들을 주제 벡터로 변환하는 행렬의 왼쪽 상단 두 성분은 둘 다 0.3이다. 이런 '혼합 비율'을 컴퓨터가 "계산하게" 하려면 어떻게 해야 할까? 우리에게는 컴퓨터가 읽고, 토큰화하고, 토큰들의 개수를 셀 수 있는 다수의 문서가 있음을 기억하기 바란다. 그리고 그 문서들로부터 다수의 TF-IDF 벡터들을 얻을 수 있다.

그런 가중 빈도들을 이용해서 주제 가중치들을 얻는 방법을 스스로 생각해 보면서 아래의 내용을 읽어 나가기 바란다.

또한 우리는 "NYC"라는 단어가 '애완동물' 주제에 대해 음의 가중치를 가져야 한다고 결정했다. 대체로 도시 이름은 애완동물에 관한 단어들과 공통점이 적다. 도시 이름뿐만 아니라 일반적으로 고유 명사나 약자, 두문자어들도 마찬가지이다. 단어들이 "공통점이 많다"는 것이 무슨 뜻인지 생각해 보기 바란다. 어쩌면, 공통점이 많은 단어들을 말해 주는 뭔가가 TF-IDF 행렬에 들어 있지는 않을까?

이번 예제에서 우리는 "love"라는 단어에도 '애완동물' 주제에 대한 양(positive)의 가중치를 부여했다. 이는 애완동물에 관한 문장에 "love"라는 단어도 자주 등장하기 때문일 것이다. 애초에 사람은 애완동물을 사랑한다. 미래에 인류를 다스릴 AI 지배자들도 우리를 사랑해 주길 바랄 뿐이다.

한편, "apple"이라는 단어에 '도시' 주제에 대한 양의 가중치를 작으나마 부여한 것은 우리(인간)가 뉴욕시의 별명이 빅애플임을, 다시 말해 "apple"과 "NYC"가 일종의 동의어임을 알고 있기 때문이다. 컴퓨터의 의미 분석 알고리즘 역시, "apple"과 "NYC"가 같은 문서에 등장하는 횟수에 기초해서 "apple"과 "NYC"가 동의어임을 알아챌 수 있다.

예제 코드의 다른 가중치들에 대해서도 이런 식으로 그 의미나 의도를 생각해 보기 바란다. 혹시 다르게 바꾸고 싶은 것이 있는가? 이런 비율(가중치)들을 객관적인 측도로 활용하는 방법은 무엇일까? 여러분의 머릿속에는 이번 예제가 상정한 것과는 다른 '말뭉치'가 들어 있을 수 있으며, 그러면 이번 예제와는 다른 방식으로 단어나 주제, 가중치들을 선택하고 싶을 것이다. 이 여섯 단어와 세 주제에 관한 사람마다 다른 의견을 조율해서 하나의 합의(consensus)를 이루려면 어떻게 해야 할까?

> **참고** 이번 예제는 단어들에 부호 있는 가중치를 부여해서 주제 벡터를 산출한다. 이런 방식에서는 주제와 "상반되는" 단어에 음의 가중치를 부여할 수 있다. 그리고 이번 예제에서는 계산하기 쉬운 L^1-노름(흔히 맨해튼 거리나 택시 거리, 시가지 거리라고 부르는)으로 가중치들을 정규화했다. 그러나 이번 장에서 살펴볼 실제 LSA는 그보다 좀 더 유용한 L^2-노름으로 주제 벡터를 정규화한다. L^2-노름은 전통적인 유클리드 거리, 그러니까 정규 교과 과정의 수학 시간에 배운 피타고라스 정리("직각삼각형의 빗변 제곱은 다른 두 변의 제곱의 합과 같다")에 기초한 거리이다.

예제 코드를 살펴보면, 행렬을 적절히 조작함으로써 단어와 주제의 관계를 손쉽게 "뒤집을" 수 있음을 알 수 있다. 세 개의 주제 벡터로 이루어진 3×6 행렬의 전치행렬은 어휘의 각 단어에 대한 주제 가중치들을 담은 행렬, 다시 말해 여섯 단어에 대한 단어-주제 벡터들로 이루어진 6×3 행렬이다. 다음은 그런 식으로 여섯 단어에 대한 단어-주제 벡터를 얻는 코드이다.

```
>>> word_vector = {}
>>> word_vector['cat']  = .3*topic['petness'] +\
...                        .1*topic['animalness'] +\
...                         0*topic['cityness']
>>> word_vector['dog']  = .3*topic['petness'] +\
...                        .1*topic['animalness'] -\
...                        .1*topic['cityness']
>>> word_vector['apple']=  0*topic['petness'] -\
...                        .1*topic['animalness'] +\
...                        .2*topic['cityness']
>>> word_vector['lion'] =  0*topic['petness'] +\
...                        .5*topic['animalness'] -\
...                        .1*topic['cityness']

>>> word_vector['NYC']  = -.2*topic['petness'] +\
...                        .1*topic['animalness'] +\
...                        .5*topic['cityness']
>>> word_vector['love'] = .2*topic['petness'] -\
...                        .1*topic['animalness'] +\
...                        .1*topic['cityness']
```

각 단어의 의미(주제)를 나타내는 이 단어-주제 벡터들을 3차원 벡터로 표현하면 그림 4.1과 같은 모습이 된다.

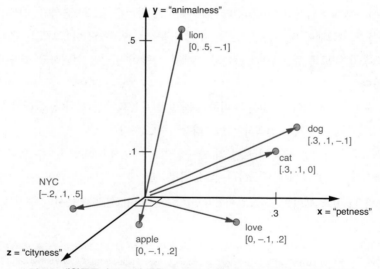

그림 4.1 애완동물과 NYC에 관한 여섯 단어에 대한 사고 실험의 3차원 벡터들

앞에서 각 주제에 대한 여섯 단어의 가중합으로 이루어진 벡터는 6차원 벡터였다. 즉, 우리는 세 개의 6차원 문서 주제 벡터를 얻었으며, 이는 하나의 자연어 문서에 대해 사람이 손수 가중치를 결정해서 얻은 하나의 3주제 모형에 해당한다. 그 어떤 문서이든 여섯 단어의 빈

도를 세고 적절한 가중치들을 곱하면 세 주제에 관한 3차원 주제 벡터를 얻게 된다. 3차원 벡터는 사람이 이해할 수 있는 형태로 시각화할 수 있다. 그런 3차원 벡터들의 그래프를 그려보면 말뭉치 전체 또는 특정한 하나의 문서에 관한 통찰을 얻거나 공유할 수 있다. 3차원 이하의 벡터들은 기계 학습 분류 문제를 고찰하기에도 아주 좋다. 벡터 공간을 평면(또는 초평면)으로 잘라서 공간을 여러 부류로 분할하는 알고리즘들도 존재한다.

말뭉치의 문서들이 이번 예제에 나온 것보다 훨씬 많은 단어를 사용해도, 이 특정한 주제 벡터 모형은 여섯 단어의 빈도에만 영향을 받는다. 시간과 인내심이 있다면(또는 적당한 알고리즘이 있다면) 이 접근 방식을 더 많은 단어로 확장할 수도 있다. 문서들을 세 차원(주제)으로만 분리하면 된다는 조건이 성립하는 한, 단어의 수를 더 늘려도 이 3주제 접근 방식이 여전히 유효하다. 이 사고 실험에서 우리는 6차원(여섯 단어의 TF-IDF들)을 3차원(세 가지 주제)으로 압축했지만, 필요하다면 더 많은 차원을 3차원으로 압축할 수도 있다.

그러나 이상의 접근 방식은 인간의 직관과 상식에 기초해서 문서들을 주제들로 분할하며 각 주제에 대한 각 단어의 점수(가중치)를 사람이 일일이 지정해야 하는 주관적이고 노동량이 많은 의미 분석 접근 방식이다. 인간의 상식을 알고리즘의 형태로 정의하기란 쉽지 않다.[주4] 따라서 이 접근 방식은 반복하기 어렵다. 즉, 매번 다른 가중치를 선택할 가능성이 크다. 기계 학습 파이프라인에도 적합하지 않음은 물론이다. 게다가 주제와 단어의 수가 늘어나면 이 접근 방식을 적용하기가 급격히 어려워진다. 즉, 이 접근 방식은 규모가변성이 나쁘다. 일반적으로 NLP 응용 프로그램이 다루는 말뭉치는 수많은 문서로 이루어진다. 그 모든 문서의 의미를 정확하게 포착할 정도로 많은 수의 단어와 주제를 사람이 일일이 선택하고 조율하기란 사실상 불가능하다.

따라서 우리가 추구해야 할 것은 이러한 수작업을 자동화하는 것이다. 그러려면 상식에 기초하지 않고도 주제 가중치를 선택하는 알고리즘이 필요하다.[주5]

가중합의 계산 방식을 생각해 보면 각 가중합이 하나의 내적임을 알 수 있다. 그리고 세 내적(가중합)은 곧 행렬 곱셈에 해당한다. $3 \times n$ 가중 행렬에 한 문서의 가중 단어 빈도들로 이루어진 n차원 TF-IDF 벡터(여기서 n은 어휘의 단어 수)를 곱한 결과는 문서의 주제를 말해 주는

[주4] 실제로 스탠퍼드 대학교의 더그 레넛(Doug Lenat)이 상식을 알고리즘으로 코드화하는 방법을 모색하고 있다. Wired Magazine 기사 "Doug Lenat's Artificial Intelligence Common Sense Engine"(https://www.wired.com/2016/03/doug-lenat-artificial-intelligence-common-sense-engine)을 보기 바란다.

[주5] 주제 모형에 관한 영어 위키백과 페이지에는 다수의 주제와 단어에 대해 이런 알고리즘이 어떻게 작동하는지 보여주는 동영상이 있다. 동영상에서 테이블(행렬) 각 칸의 색은 앞의 예제에서 우리가 설정했던 것과 비슷한, 한 주제와 한 단어에 대한 가중치(또는 점수)를 나타낸다. 흰색 칸은 그런 가중치가 존재하지 않는다는, 즉 해당 단어와 주제가 무관하다는 뜻이다. 동영상은 특잇값 분해(SVD)라고 하는 알고리즘을 이용해서 '가중치' 칸들이 최대한 대각선을 이루도록 테이블의 행들과 열들을 이동한다. 그렇게 하면 주제와 단어의 의미를 나타내는 패턴들을 파악하기 쉽다. 언급한 동영상의 주소는 https://upload.wikimedia.org/wikipedia/commons/7/70/Topic_model_scheme.webm#t=00:00:01,00:00:17.600이다.

하나의 3×1 주제 벡터이다. 수학의 관점에서 이는 한 벡터 공간에 있는 고차원 벡터(TF-IDF 벡터)를 그보다 낮은 차원의 다른 벡터 공간의 벡터(주제 벡터)로 '변환'하는 것에 해당한다. 따라서 우리에게 필요한 알고리즘은 n개의 용어와 m개의 주제에 대한 행렬을 산출해야 한다. 그 행렬에 한 문서의 가중 단어 빈도들로 이루어진 벡터를 곱하면 그 문서에 대한 주제 벡터가 나온다.

> **참고** 수학에서는 어휘의 크기를 수직선 기호를 이용해서 $|V|$로 표기한다. 여기서 V는 어휘의 모든 가능한 단어의 집합을 나타내는 변수이다. 따라서 혹시 여러분이 NLP에 관한 학술 논문을 쓰게 된다면, 어휘의 크기를 지금까지 우리가 사용해 온 n 대신 $|V|$로 표기해야 할 것이다.

4.1.4 주제 점수를 매기는 알고리즘

그럼 주제 벡터를 알고리즘적으로 계산하는 방법을 좀 더 구체적으로 살펴보자. 주제 벡터를 구하려면 TF-IDF 벡터를 변환하는 데 사용할 행렬을 구해야 하며, 그러려면 각 단어가 주어진 주제에 얼마나 관련이 있는지 파악해야 한다. 컴퓨터가 그런 일을 할 수 있을까? 20세기에 활동한 영국의 언어학자 J. R. 퍼스[Firth]는 단어 또는 형태소[주6]의 의미를 추정하는 방법을 연구했다. 1957년에 그는 단어의 주제를 컴퓨터로 계산하는 방법의 단서를 제공했는데, 퍼스에 따르면

> 단어를 알려면 그 일행을 봐야 한다.
>
> —J. R. 퍼스

즉, 어떤 단어의 의미는 그 단어와 함께 출현하는 단어들로부터 추론할 수 있다는 뜻이다. 그렇다면 한 단어의 '일행(company)' 단어들을 어떻게 파악해야 할까? 가장 간단한 방법은 단어들이 같은 문서에 등장하는 횟수를 세는 것이다. 그리고 그런 '공동 출현 빈도'는 이전 장들에서 배운 BOW(bag-of-words; 단어 모음) 자료 구조와 TF-IDF 벡터만 있으면 구할 수 있다. 이러한 '공동 출현 횟수 세기' 접근 방식에서, 문서들이나 문장들의 단어 사용 통계량들을 표현하는 벡터를 생성하는 여러 알고리즘이 도출된다.

LSA는 TF-IDF 행렬(TF-IDF 벡터들의 테이블)을 분석해서 단어들을 주제들로 요약하는 알고리즘의 하나이다. BOW 벡터에도 이 알고리즘을 적용할 수 있지만, TF-IDF 벡터를 사용할 때의 결과가 약간 더 낮다.

[주6] 형태소(morpheme)는 한 단어에서 의미를 가지는 가장 작은 단위이다. 좀 더 자세한 내용은 위키백과 "형태소" 페이지 (https://ko.wikipedia.org/wiki/형태소)와 영어 위키백과 "Morpheme" 페이지(https://en.wikipedia.org/wiki/Morpheme)를 참고하기 바란다.

LSA는 또한 주제 차원들의 다양성이 유지되도록 주제들을 최적화한다. 원래의 단어들 대신 단어들에서 얻은 주제들로도 문서들의 뜻(의미)을 상당히 많이 포착할 수 있다. 문서들의 의미를 포착하는 데 필요한 주제의 수(즉, 주제 벡터의 차원 수)는 어휘의 단어 수(TF-IDF의 차원 수이다)보다 훨씬 작다. 그래서 LSA를 하나의 차원 축소 기법이라고 칭할 때가 많다. LSA는 문서들의 의미를 포착하는 데 필요한 차원의 수를 줄인다.

큰 수치 행렬에 대해 차원 축소 기법을 적용해 본 적이 있는지? 예를 들어 디지털 이미지는 픽셀 색상 값들로 이루어진 행렬이다. 이미지나 그와 비슷한 고차원 자료에 대한 기계 학습을 공부해 본 독자라면 주성분 분석(principal component analysis, PCA)이라는 기법을 배웠을 것이다. PCA에 깔린 수학은 LSA의 것과 정확히 같다. PCA는 이미지나 기타 수치 행렬의 차원을 줄이기 위한 것이고 LSA는 BOW 벡터나 TF-IDF 벡터들의 차원을 줄이기 위한 것이라는 점이 다를 뿐이다.

PCA 기법을 단어들의 의미 분석에 사용할 수 있다는 점을 연구자들이 발견한 것은 비교적 최근의 일이다. 연구자들은 새로운 용도를 반영해서 이 기법에 LSA라는 개별적인 이름을 붙였다. 잠시 후에 scikit-learn의 '적합 및 변환'(fit and transform) 기능을 이용해서 문서의 의미를 나타내는 벡터를 계산해 볼 것인데, 비록 scikit-learn은 이를 PCA 모형이라고 부르지만, 이름이 다를 뿐 이번 장에서 말하는 LSA와 같은 것이다.

LSA와 이름이 다를 뿐 사실상 같은 기법은 이외에도 많이 있다. 전문 검색(full text search)을 위한 색인 생성에 초점을 두는 정보 검색 분야에서는 LSA를 LSI(latent semantic indexing; 잠재 의미 색인화)라고 부를 때가 많다. 그러나 LSI라는 용어는 사실 오해의 소지가 있는데, 왜냐하면 LSI 알고리즘 자체는 색인을 생성하지 않기 때문이다. LSI 알고리즘이 산출하는 주제 벡터는 완벽하게 색인화할 수 없을 정도로 차원이 크다. 그래서 이 책에서는 일관되게 'LSA'라는 용어를 사용한다.

> **팁** 데이터베이스 시스템이 사용자가 요구한 부분적인 정보에 기초해서 테이블의 특정 행을 빠르게 찾아내는 비결이 바로 색인화(indexing)이다. 여기서 말하는 색인은 참고서의 색인(찾아보기)과 다르지 않다. 특정 용어가 등장하는 페이지를 찾고 싶으면 색인에서 그 용어를 찾아서 페이지 번호를 확인한 후 그 페이지로 가면 된다. 데이터베이스의 색인 역시 기본적으로 같은 방식으로 작동한다.

LSA의 '사촌들'

LSA와 이름뿐만 아니라 NLP에서의 용도도 비슷한 알고리즘이 둘 있다.

- LDA(linear discriminant analysis; 선형 판별 분석)

- LDiA(latent Dirichlet allocation; 잠재 디리클레 할당)[주7]

LDA는 하나의 문서를 단 하나의 주제로 축약한다. LDiA는 문서들을 원하는 만큼의 여러 주제로 축약할 수 있다는 점에서 LSA와 좀 더 비슷하다.

> **팁** LDA는 1차원이므로 특잇값 분해(SVD)가 필요하지 않다. 그냥 한 부류(이를테면 스팸)의 훈련용 TF-IDF 벡터들의 무게중심과 다른 부류(비스팸)의 훈련용 TF-IDF 벡터들의 무게중심을 각각 계산하면 된다. 그 두 무게중심을 잇는 직선을 하나의 1차원 축으로 간주해서 새 TF-IDF 벡터들을 그 축에 투영해 보면 TF-IDF 벡터들을 두 부류로 분류할 수 있다. 간단히 말하면, 한 무게중심에서 다른 무게중심을 뺀 벡터(앞에서 말한 직선에 해당)에 TF-IDF 벡터를 투영한 길이(즉, TF-IDF 벡터와 그 벡터의 내적)는 TF-IDF 벡터가 두 부류 중 어느 쪽에 더 강하게 속하는지 말해 준다.

그럼 이상의 알고리즘 중 가장 간단한 LDA를 이용해서 주제 분석을 수행하고, 그런 다음 좀 더 복잡한 LSA와 LDiA를 시험해 보자.

4.1.5 LDA 분류기

차원 축소 기법과 분류 모형 중 가장 간단하고 빠른 것을 꼽자면 LDA를 들 수 있다. 그러나 이 기법은 그리 "화려하지" 않기 때문에, NLP 관련 문헌에 자주 언급되지는 않는다.[주8] 그렇지만 실제 응용에서는 최근 논문들로 발표된 좀 더 화려한 최신 알고리즘보다 더 정확한 결과를 낼 때도 많다. LDA 분류기(classifier)는 지도 학습 알고리즘에 속하므로, 미리 문서들에 분류명을 붙여 둔 훈련 자료가 필요하다. 다행히 LDA에 필요한 훈련 견본의 수는 다른 화려한 알고리즘들보다 작다.

이번 예제에서는 이진 분류를 위한 LDA를 직접 구현해 본다. scikit-learn에도 LDA 구현이 있지만, 이번 예제의 모형 '훈련' 과정은 간단한 세 단계만으로 이루어지므로 그냥 우리가 직접 구현해도 된다. 세 단계는 다음과 같다.

1. 한 부류에 속하는 TF-IDF 벡터들의 평균 위치(무게중심)를 계산한다.

주7 이 책에서는 잠재 디리클레 할당의 약자로 LDiA를 사용한다. 아마도 파누퐁 파수팟(Panupong (Ice) Pasupat)이라면 이에 동의할 것이다. 파누퐁은 LDiA에 관한 스탠퍼드의 온라인 CS NLP 강좌의 강사였다(https://ppasupat.github.io/a9online/1140.html#latent-dirichlet-allocation-lda-).

주8 컴퓨터의 연산 능력과 자료를 효율적으로 사용하는 것이 중요했던 1990년대에는 이 기법을 언급한 논문들이 있었다(https://www.researchgate.net/profile/Georges_Hebrail/publication/221299406_Automatic_Document_Classification_Natural_Language_Processing_Statistical_Analysis_and_Expert_System_Techniques_used_together/links/0c960516cf4968b29e000000.pdf).

2. 다른 부류에 속하지 않는 TF-IDF 벡터들의 평균 위치(무게중심)를 계산한다.

3. 두 무게중심을 잇는 직선을 나타내는 벡터를 계산한다.

LDA 모형의 '훈련'에 필요한 것은 이진 부류의 두 무게중심을 잇는 직선을 찾는 것이다. 이번 예제의 분류기는 주어진 단문 문자(SMS) 메시지가 스팸인지 아닌지를 분류한다. 즉, 이진 부류는 '스팸' 대 '비스팸'이다. LDA는 지도 학습에 속하므로, 훈련용 문자(SMS) 메시지들에 분류명(class label)을 붙여 두어야 한다. 이러한 모형으로 **추론**(inference) 또는 예측을 수행하는 방법은 간단하다. 그냥 TF-IDF 벡터가 어느 부류의 무게중심에 더 가까운지 보면 된다. 즉, 만일 TF-IDF 벡터가 스팸 부류 무게중심에 더 가깝다면 그 벡터에 해당하는 메시지는 스팸일 가능성이 크다. 목록 4.1은 문자 메시지들을 스팸 또는 비스팸으로 분류하는 LDA 모형을 '훈련'하는 코드이다.

목록 4.1 스팸 문자 메시지 분류용 자료 집합

```
>>> import pandas as pd
>>> from nlpia.data.loaders import get_data
>>> pd.options.display.width = 120          ◄─── 이렇게 설정하면 Pandas
>>> sms = get_data('sms-spam')                   DataFrame의 출력에서 긴 SMS
>>> index = ['sms{}{}'.format(i, '!'*j) for (i,j) in\   메시지를 표시하는 데 도움이 된다.
...       zip(range(len(sms)), sms.spam)]     ◄───
>>> sms = pd.DataFrame(sms.values, columns=sms.columns, index=index)
>>> sms['spam'] = sms.spam.astype(int)
>>> len(sms)                            스팸에 해당하는 메시지의 식별자에는
4837                                    "!"를 붙인다(그냥 출력을 위한 것일 뿐,
>>> sms.spam.sum()                      이후 처리 과정에서 이 느낌표가
638                                     의미 있게 쓰이지는 않는다).
>>> sms.head(6)
     spam                                               text
sms0    0  Go until jurong point, crazy.. Available only ...
sms1    0             Ok lar... Joking wif u oni...
sms2!   1  Free entry in 2 a wkly comp to win FA Cup fina...
sms3    0  U dun say so early hor... U c already then say...
sms4    0  Nah I don't think he goes to usf, he lives aro...
sms5!   1  FreeMsg Hey there darling it's been 3 week's n...
```

출력들에서 보듯이, 훈련 자료 집합의 문자 메시지는 총 4,837개이고 그중 스팸에 해당하는 것은 638개이다.

이제 이 문자 메시지들을 토큰화해서 TF-IDF 벡터들로 변환한다.

```
>>> from sklearn.feature_extraction.text import TfidfVectorizer
>>> from nltk.tokenize.casual import casual_tokenize
>>> tfidf_model = TfidfVectorizer(tokenizer=casual_tokenize)
```

```
>>> tfidf_docs = tfidf_model.fit_transform(\
...     raw_documents=sms.text).toarray()
>>> tfidf_docs.shape
(4837, 9232)
>>> sms.spam.sum()
638
```

nltk.casual_tokenize의 토큰화 함수로 토큰화한 결과, 어휘의 단어 수는 9,232개이다. 이는 전체 문자 메시지 수의 약 두 배이고 스팸 메시지 수의 약 15배이다. 이는 이 단어들 자체에는 주어진 메시지가 스팸인지 아닌지에 관한 정보가 그리 많이 들어 있지 않다는 뜻이다. 일반적으로 단순 베이즈 분류기는 자료 집합의 분류명 붙은 견본 수보다 어휘의 단어 수가 훨씬 크면 잘 작동하지 않는다. 그런 경우에는 이번 장의 의미 분석 기법들이 유용하다.

그럼 가장 간단한 의미 분석 기법인 LDA로 스팸 메시지들을 분류해 보자. sklearn.discriminant_analysis.LinearDiscriminantAnalysis의 LDA 모형을 사용할 수도 있지만, 이번 예제에서는 그냥 이진 부류(스팸 대 비스팸)의 무게중심들만 계산하면 모형의 '훈련'이 가능하므로, 그냥 직접 하기로 한다.

```
>>> mask = sms.spam.astype(bool).values          ← numpy.array나 pandas.DataFrame에서
>>> spam_centroid = tfidf_docs[mask].mean(axis=0) ←  스팸 행들만 선택하기 위한 마스크.
>>> ham_centroid = tfidf_docs[~mask].mean(axis=0)
                                                   TF-IDF 벡터들은 행벡터이므로,
>>> spam_centroid.round(2)                         axis=0을 지정해서 NumPy가
array([0.06, 0.  , 0.  , ..., 0.  , 0.  , 0.  ])   각 열에 대한 평균을 개별적으로
>>> ham_centroid.round(2)                          계산하게 해야 한다.
array([0.02, 0.01, 0.  , ..., 0.  , 0.  , 0.  ])
```

다음으로, 한 무게중심에서 다른 무게중심을 빼서 하나의 벡터를 구한다. 이 벡터는 둘을 잇는 하나의 직선을 나타낸다. 그리고 이 직선에 대한 TF-IDF 벡터들의 투영 길이를 계산한다.

```
>>> spamminess_score = tfidf_docs.dot(spam_centroid -\     dot 메서드(내적)는 각 벡터를
...     ham_centroid)          ←                           두 무게중심을 잇는 직선에
>>> spamminess_score.round(2)                              투영한 길이를 계산한다.
array([-0.01, -0.02,  0.04, ..., -0.01, -0.  ,  0.  ])
```

spamminess_score는 햄(비스팸) 무게중심과 스팸 무게중심을 잇는 직선에 상대적인 각 벡터의 길이들을 담은 배열이다. 그러한 상대 길이는 그 직선을 서술하는 벡터(두 무게중심의 차)에 TF-IDF 벡터를 투영한 길이로 구한 것이다. NumPy의 벡터화 연산 능력 덕분에 한 번의 .dot() 호

출로 4,837개의 벡터에 대한 내적을 모두 계산했다. 덕분에 파이썬에서 루프로 이들을 일일이 계산할 때보다 속도가 100배 빠르다.

그림 4.2는 TF-IDF 벡터들과 문자 메시지 분류를 위한 두 무게중심을 3차원 산점도(scatter plot)로 표시한 것이다.

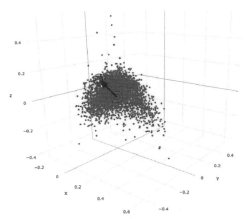

그림 4.2 **TF-IDF 벡터들의 3차원 산점도**

비스팸 무게중심에서 스팸 무게중심을 향하는 화살표는 훈련된 모형을 정의하는 직선에 해당한다. 녹색 점들은 화살표의 뒤쪽에 있으므로, 무게중심들을 잇는 직선에 투영한 좌표(스팸 점수)는 음수이다.

그런데 이러한 스팸 점수를 확률처럼 0에서 1 사이의 수치로 변환하면 여러 용도로 활용하기 좋다. scikit-learn의 MinMaxScaler를 이용하면 손쉽게 변환할 수 있다.

```
>>> from sklearn.preprocessing import MinMaxScaler
>>> sms['lda_score'] = MinMaxScaler().fit_transform(\
...      spamminess_score.reshape(-1,1))
>>> sms['lda_predict'] = (sms.lda_score > .5).astype(int)
>>> sms['spam lda_predict lda_score'.split()].round(2).head(6)
       spam  lda_predict  lda_score
sms0      0            0       0.23
sms1      0            0       0.18
sms2!     1            1       0.72
sms3      0            0       0.18
sms4      0            0       0.29
sms5!     1            1       0.55
```

꽤 그럴듯한 결과가 나왔다. 문턱값을 50%로 잡았을 때(코드의 sms.lda_score > .5) 처음 여섯 메시지가 정확하게 분류되었다. 훈련 집합의 나머지 메시지들에 대한 성과는 어떤지 살펴보자.

```
>>> (1. - (sms.spam - sms.lda_predict).abs().sum() / len(sms)).round(3)
0.977
```

놀랍게도 이 간단한 모형으로 무려 97.7%의 메시지들을 정확히 분류했다. 물론 실제 응용에서 이 정도의 정확도를 달성하기는 어려울 것이다. 이 정확도는 시험용 자료를 따로 떼어 두지 않고 훈련에 사용한 자료를 다시 시험에 사용했기 때문에 나온 것일 뿐이다. 즉, 이 정확도는 그냥 분류기가 '기출문제'의 답을 얼마나 잘 "기억하는지"를 말해 준다. 그러나 LDA는 매개변수가 몇 개 되지 않는 아주 단순한 모형이므로, 훈련용 문자 메시지들이 실제로 분류하고자 하는 문자 메시지들을 충분히 잘 대표하는 한, 실제 문자 메시지들로도 잘 일반화될 것이다. 다른 문자 메시지들로 여러분이 직접 시험해 보기 바란다. 더 나아가서, 부록 D에서 '교차 검증'을 수행하는 방법도 살펴보면 좋을 것이다.

간단한 예제였지만 의미 분석 접근 방식의 위력을 실감할 수 있었을 것이다. 단순 베이즈 분류 모형이나 로지스틱 회귀 모형과는 달리 의미 분석 모형은 개별 단어에 의존하지 않는다.[주9] 의미 분석은 뜻이 비슷한(이 예의 경우 스팸을 의미하는) 단어들을 모아서 함께 사용한다. 단, 이 훈련 집합은 어휘가 작으며 영어 사전에는 없는 단어들도 포함되어 있음을 기억하기 바란다. 따라서, 여러분의 문자 메시지들이 이 단어들과 비슷한 단어들을 사용하지 않는다면 분류 정확도가 그리 높지 않을 것이다.

그럼 이 모형의 '혼동 행렬(confusion matrix)'이 어떤 모습인지 살펴보자. 이 행렬은 스팸이 아닌데 스팸으로 잘못 분류된(거짓 양성) 메시지들과 스팸인데 스팸이 아니라고 분류된(거짓 음성) 메시지들에 관한 정보를 담고 있다.

```
>>> from pugnlp.stats import Confusion
>>> Confusion(sms['spam lda_predict'.split()])
lda_predict     0    1
spam
0             4135   64
1               45  593
```

출력에 따르면 거짓 양성 결과는 64건이고 거짓 음성 결과는 45건이다. 거짓 음성 결과보다 거짓 양성 결과가 많은 것이 마음에 걸린다면, 스팸 점수 문턱값 0.5를 변경해서 조율해 보기 바란다. 이 예제는 스팸 점수라는 하나의 1차원 의미 점수를 이용해서 자연어 텍스트의 의미를 분석했다. 다음 단계는 여러 개의 의미 점수로 이루어진 **다차원** 의미 벡터로 LSA를 수행하는 것이다. 다차원 의미 벡터는 단어들의 미묘하고 복합적인 의미를 좀 더 잘 반영할 수 있다.

[주9] 사실 단순 베이즈 분류기와 로지스틱 회귀 모형은 둘 다 이 단순 LDA 모형과 동등하다. 정말로 그런지 확인하고 싶다면 관련 수학 공식들과 scikit-learn 코드를 자세히 조사해 보기 바란다.

다차원 LSA를 위해서는 특잇값 분해(SVD)가 필요하다. 다차원 LSA의 바탕인 SVD를 구체적으로 살펴보기 전에, LSA의 또 다른 대안을 잠깐 언급하고 넘어가자.

또 다른 '사촌'

앞에서 언급했듯이 LSA에는 두 사촌이 있다. 하나는 앞에서 살펴본 LDA이고, 다른 하나는 이름까지 비슷한 LDiA이다. LDiA는 latent Dirichlet allocation(잠재 디리클레 할당)의 약자이다.[주10] LDiA도 단어 또는 문서의 의미를 표현하는 벡터를 생성하는 데 사용할 수 있다.

LDiA는 LSA의 수학을 다른 방향으로 적용한다. LDiA는 비선형 통계 알고리즘을 이용해서 단어들을 그룹으로 묶는다. 비선형 접근 방식 때문에, LSA처럼 선형 접근 방식을 사용하는 알고리즘보다 대체로 훈련 시간이 훨씬 더 길다. 이 때문에 LDiA는 실제 응용에 그리 많이 쓰이지 않는다. LDiA는 다른 대안이 없을 때나 고려하는 알고리즘이다. 그렇긴 하지만, LDiA가 산출하는 주제 관련 통계량들이 단어와 주제에 대한 사람의 직관을 좀 더 잘 반영할 때가 있다. 예를 들어, 여러분의 상사에게 설명하기에는 LDiA로 얻은 주제들이 더 나은 경우가 있다.

그리고 문서 요약 같은 몇몇 단일 문서 문제들에는 LDiA가 유용하다. 문서 요약에서는 하나의 문서를 '말뭉치'로 간주하고, 문서의 각 문장을 그 말뭉치의 '문서'들로 간주한다. gensim 같은 패키지들은 그런 식으로 LDiA를 이용해서 문서에서 가장 "중심적인" 문장들을 찾는다. 그런 다음 그 문장들을 연결해서 요약문을 생성한다.[주11]

대부분의 분류나 회귀 문제에서는 그냥 LSA 알고리즘을 사용하는 것이 대체로 낫다. 그럼 LSA로 돌아가서, LSA와 그 바탕에 깔린 SVD의 선형대수를 살펴보자.

4.2 잠재 의미 분석(LSA)

잠재 의미 분석은 가장 오래되고 가장 널리 쓰이는 차원 축소 기법인 SVD(singular value decomposition; 특잇값 분해)에 기초한 알고리즘이다. SVD는 '기계 학습'이라는 용어가 등장하기 훨씬 오래전부터 널리 쓰였다.[주12] SVD는 주어진 행렬을 세 개의 정방행렬로 분해한다. 세 정방행렬 중 하나는 대각행렬이다.

[주10] 잠재 디리클레 할당도 LDA로 줄여쓰지만, 일반적으로 LDA는 선형 판별 분석(linear discriminant analysis)을 뜻하므로 구별을 위해 이 책에서는 LDiA라는 비표준적인 약자(두문자어)를 사용한다. 적어도 이 책에서는 두 알고리즘의 이름을 혼동할 일이 없다. LDA는 항상 선형 판별 분석이고 LDiA는 항상 잠재 디리클레 할당이다.

[주11] 권두 '이 책에 대하여' 섹션의 텍스트를 이런 식으로 요약하는 예제가 제12장에 나온다. 단, LDiA가 아니라 신경망을 사용한다.

[주12] 단어와 개념의 역사를 배우는 데는 구글의 Ngram Viewer(http://mng.bz/qJEA)가 유용하다.

SVD의 한 용도는 행렬의 역을 구하는 것이다. 하나의 행렬을 그보다 더 간단한 세 정방행렬로 분해해서 전치한 후 다시 곱하면 역행렬이 나온다. 세상에는 역행렬이 필요한 알고리즘이 많으므로, 크고 복잡한 행렬의 역행렬을 비교적 간단하게 계산하는 알고리즘이 대단히 유용하리라는 점은 충분히 짐작할 수 있을 것이다. SVD는 트러스 구조의 응력과 변형도를 분석하는 등의 여러 건축, 기계 공학 문제에 유용하다. 또한 전기 공학의 회로 분석에도 유용하다. 심지어 내용 기반 NLP 추천 엔진과 함께 실행되는 행동 기반 추천 엔진을 위한 데이터 과학에도 SVD가 쓰인다.

LSA는 SVD를 이용해서 TF-IDF 용어-문서 행렬을 더 간단한 세 행렬로 분해한다. 그 세 행렬을 곱하면 다시 원래의 행렬이 된다. 이는 큰 정수의 소인수분해와 비슷하다. 물론 행렬을 분해해서 그대로 복원하는 것은 별 의미가 없다. TF-IDF 행렬을 SVD를 통해서 더 간단한 세 행렬로 분해하면 원래의 TF-IDF 행렬에 관한 유용한 정보를 얻을 수 있으며, 이를 이용해서 세 행렬을 절단(truncate; 특정 행들과 열들을 제거)한 후 다시 결합함으로써 문서를 표현하는 벡터 공간의 차원을 줄일 수 있다.

그러한 축소된 행렬들을 곱한 결과는 원래의 TF-IDF 행렬과 같지 않다. 그러나 원래의 행렬보다 문서를 더 잘 표현한다. 새 문서 표현 행렬은 문서의 본질 또는 '잠재 의미(latent semantic)'를 담고 있다. 이러한 '정수' 파악 능력 덕분에 SVD는 압축 같은 다른 분야들에서도 쓰인다. 자료를 압축한다는 것은 자료에서 잡음을 제거하고 그 본질만 남기는 것이라 할 수 있다. 예를 들어 비트맵 이미지를 JPEG 형식으로 압축하면 크기가 10분의 1 정도로 줄어들지만, 그래도 원본 이미지의 거의 모든 정보가 남아 있다.

SVD를 자연어 텍스트에 적용해서 텍스트의 본질을 뽑아내는 것이 바로 이번 절에서 말하는 잠재 의미 분석(LSA)이다. LSA는 숨겨진, 그리고 발견되길 기다리는 단어들의 의미를 드러낸다.

잠재 의미 분석은 임의의 벡터들에 대한 선형 변환(회전과 비례)을 수행하는 "최선의" 방법을 찾기 위한 수학 기법이라 할 수 있다. NLP의 경우 선형 변환 대상은 TF-IDF 벡터나 BOW 벡터이다. 그리고 여러 NLP 응용에서 그러한 "최선의" 방법은 단어 빈도들의 분산(variance)이 최대가 되도록, 다시 말해 단어 빈도들의 차이가 최대한 커지도록 새 벡터(변환된 벡터)들의 축(차원)들을 정렬하는 것이다.[주13] 그런 식으로 새 벡터 공간을 구했다면, 여러 문서에 대한 벡터들의 분산에 별로 기여하지 않는 축들을 제거함으로써 벡터 공간을 축소할 수 있다.

[주13] 주랍스키와 마틴의 NLP 바이블 제16장은 이러한 과정을 시각적으로 이해하기 쉽게 설명한다(https://web.stanford.edu/~jurafsky/slp3/ed3book.pdf#chapter.16).

이런 방식의 특잇값 분해를 **절단된 특잇값 분해**(truncated singular value decomposition), 줄여서 절단된 SVD라고 부른다. 이 기법은 이미지 처리와 이미지 압축 분야에서 말하는 **주성분 분석**(principal component analysis, PCA)과 같은 것이다. 이번 장에서 LSA 벡터의 정확도를 개선하는 몇 가지 요령도 소개하는데, 그 요령들은 다른 분야의 기계 학습과 특징 공학(feature engineering) 문제를 PCA로 푸는 데도 도움이 된다.

선형대수에 익숙한 독자라면 SVD에 깔린 수학 이론을 이미 알고 있을 것이다. 그리고 이미지나 기타 고차원 자료에 대한 기계 학습을 수행해 본 독자는 아마도 그런 고차원 벡터에 PCA를 적용하는 방법을 알고 있을 것이다. 자연어 문서에 대한 LSA는 TF-IDF 벡터들에 대해 PCA를 적용하는 것에 해당한다.

LSA는 SVD를 이용해서 자료의 가장 큰 분산의 원인이 되는 단어 조합을 찾는다. TF-IDF 벡터들을 이리저리 회전해서 단어 빈도들의 분산이 가장 커지게 한다고 상상하기 바란다. SVD는 바로 그러한 최대 분산 방향들을 수학적으로 찾아낸다. '편향 벡터(bias vector)'라고 부르는 그 방향들을 좌표축들로 하는 새 벡터 공간은 §4.13의 사고 실험에서 세 개의 6차원 주제 벡터들로 형성된 벡터 공간에 해당한다. 이 경우 각 축은 하나의 단어 빈도가 아니라 단어 빈도들의 조합이다. 즉, 각 축은 말뭉치 전체에 쓰이는 다양한 '주제'들을 형성하는 단어들의 가중 결합이라고 할 수 있다.

물론 컴퓨터가 그런 단어 조합의 의미를 '이해'하지는 않는다. 단지 그 단어들이 함께 등장할 때가 많다는 점을 알 뿐이다. 예를 들어 문서들에서 "dog", "cat", "love"가 많이 등장하면 컴퓨터는 그것들을 하나의 주제로 묶는다. 단, 그 주제가 '애완동물'에 관한 것이라는 점까지 알아채지는 못한다. 사실 LSA가 "domesticated"(가축화된)와 "feral"(야성화된) 같은 상반된 단어를 하나의 주제로 묶을 수도 있다. 그 단어들이 같은 문서에 나오는 경우가 많으면 LSA는 그 단어들에 대해 같은 종류의 주제 점수를 높게 매길 뿐이다. 같은 주제 점수가 높은 단어들을 살펴보고 주제 자체에 이름을 붙이는 것은 사람이 할 일이다.

그런데 사실 주제에 이름을 붙이지 않아도 잠재 의미 분석이 가능하다. 이전 장들에서 우리가 어간 추출을 거친 BOW 벡터나 TF-IDF 벡터의 차원 1,000개를 일일이 분석하지는 않았던 것처럼, 우리가 주제들을 일일이 분석해서 각 주제의 '의미'를 파악할 필요는 없다. 그냥 이전에 TF-IDF 벡터들에 했던 것처럼 새 주제 벡터들에 대해 벡터 연산을 수행해서 원하는 정보를 얻으면 된다. 예를 들어 의미 검색의 경우에는 단어 빈도 대신 주제 벡터들을 더하고 빼서 문서들의 유사도를 측정하면 그만이다.

LSA는 또 다른 유용한 정보를 제공한다. TF-IDF의 "IDF" 부분처럼, LSA는 벡터의 어떤 차원이 문서의 의미에 중요한지 말해 준다. 문서들에 대한 분산이 가장 작은 차원(주제)은 제거해도 된다. 대부분의 기계 학습 알고리즘에서 그런 저분산 주제들은 계산을 방해하는 잡음일 때가 많다. 모든 문서에 비슷한 빈도로 등장하는 불용어처럼 모든 문서에서 점수가 비슷한 주제는 문서들을 구분하는 데 도움이 되지 않으며, 따라서 제거해도 무방하다. 그리고 그런 주제들을 제거하면 NLP 파이프라인의 일반화가 개선된다. 즉, 이전에는 보지 못한 문서들, 심지어는 다른 맥락에서 온 문서들도 파이프라인이 잘 처리하게 된다.

LSA의 이러한 일반화와 압축의 장점은 제2장에서 불용어를 제거해서 얻은 장점과 비슷하다. 단, LSA의 차원 축소가 훨씬 효과적인데, 왜냐하면 LSA는 차원을 최적으로 축소하기 때문이다. LSA는 그 어떤 단어도 제거하지 않으며, 정보를 최대한 유지한다. 단지 쓸모없는 차원(주제)들만 폐기할 뿐이다.

LSA는 더 많은 의미를 더 적은 차원들로 압축한다. 의미 분석을 위해서는 분산이 큰 차원들, 즉 말뭉치의 문서들이 다양한 방식으로 말하는 주요 주제들만 남기면 된다. 그리고 그러한 각 차원은 해당 주제에 대한 단어의 주제 점수를 가중치로 한 일차결합이므로, 각 차원은 해당 주제를 잘 나타내는 단어들이 무엇인지 말해 준다.

4.2.1 사고 실험의 실현

그럼 사고 실험에서 살펴본 '애완동물', '동물', '도시' 같은 주제들을 LSA 알고리즘으로 처리해 보자. LSA 알고리즘에게 우리가 원하는 주제들을 산출하라고 지시하는 방법은 없지만,[주14] 일단 시도해 보고 어떤 일이 벌어지는지 살펴보면 재미있을 것이다. 트윗이나 대화 메시지, 시의 한 연 같은 짧은 문서들로 이루어진 작은 말뭉치라면 단 몇 개의 차원(주제)들로도 문서의 의미를 포착할 수 있다. 다음 예제 코드를 보자.

목록 4.2 고양이, 개, 뉴욕시에 관한 16개의 짧은 문장들에 LSA를 적용한 예

```
>>> from nlpia.book.examples.ch04_catdog_lsa_3x6x16\
...     import word_topic_vectors
>>> word_topic_vectors.T.round(1)
      cat  dog  apple  lion  nyc  love
top0 -0.6 -0.4    0.5  -0.3  0.4  -0.1
top1 -0.1 -0.3   -0.4  -0.1  0.1   0.8
top2 -0.3  0.8   -0.1  -0.5  0.0   0.1
```

[주14] '학습된 거리함수(learned metrics)'라는 연구 분야가 있는데, 이를 이용하면 알고리즘을 우리가 원하는 주제들로 이끌 수 있다. Lalit Jain, Blake Mason, Robert Nowak의 NIPS 논문 "Learning Low-Dimensional Metrics"(https://papers.nips.cc/paper/7002-learning-low-dimensional-metrics.pdf)를 참고하기 바란다.

이 예제가 출력한 주제-단어 행렬의 각 행은 '단어-주제 벡터'이다. 이 벡터는 주어진 주제에 각 단어가 얼마나 관련이 있는지를 나타낸다. 이 벡터를 구성하는 단어-주제 점수들은 제2장의 감정 분석 모형에서 사용한 단어 긍정성 점수들과 비슷하다. 기계 학습 파이프라인에서 단어의 의미를 표현하는 데 쓰이는 것이 이 단어-주제 벡터이다. 이 벡터를 '의미 벡터(semantic vector)'라고 부르기도 한다. 이 단어-주제 벡터들을 합치면 문서에 대한 주제 벡터가 된다.

사고 실험에서처럼 SVD도 세 가지 주제를 제시했다. 첫 주제(topic0)는 "apple"과 "NYC"에 큰 가중치를 부여했다는 점에서 이전의 '도시' 주제와 비슷하다. 단, 이전에 우리는 '도시' 주제를 세 번째로 두었지만 LSA는 첫 번째로 두었다. 이는 LSA가 주제들을 그 중요도 순으로, 즉 자료 집합에서 각 주제가 얼마나 많은 정보 또는 분산을 대표하는지의 순서로 정렬하기 때문이다. 지금 예에서 자료 집합의 최대 분산 축에 해당하는 차원이 topic0이다. 말뭉치를 살펴보면 "NYC"와 "apple"이 있는 문장들도 많고 두 단어가 아예 없는 문장들도 많다. 그래서 이에 대한 분산이 제일 크게 나왔다.

topic1은 사고 실험에서 가정한 주제들과는 좀 다르다. "love"에 대한 점수가 월등히 크다는 점에서, LSA는 '동물'보다 '사랑'이 문서들의 본질적인 의미를 더 잘 반영한 주제라고 판단한 것 같다. 마지막 주제 topic2는 "dog"의 점수가 월등히 크므로 '개'에 관한 것으로 보인다. "love"도 조금이나마 기여했다는 점에서 '애견' 주제라고 불러도 될 것이다. 단어 "cat"은 도시 주제(topic0)의 점수가 -0.6이다. 즉, LSA는 "cat"이 이 주제와 상반된 단어로 간주했다. 이는 말뭉치에서 "cat"과 "NYC"가 함께 나오는 문장이 별로 없기 때문이다.

LSA가 단어들의 의미를 실제로 이해하지 않고서도 어떻게 이런 주제 벡터들을 생성하는지 궁금한 독자를 위해 또 다른 사고 실험을 해보기로 하자.

단어 맞추기 게임

다음 문장에서 '아와스'가 무슨 뜻인지 추측해 보기 바란다.

아와스! 아와스! 톰이 뒤에 있어! 뛰어!

아마 톰이 캠프 리키^{Camp Leakey}(인도네시아 보르네오 섬에 있는 오랑우탄 보호구역)의 우두머리 오랑우탄임을 알아챈 독자는 적을 것이다. 또한 톰이 사람에게 '조건화(conditioning)'되긴 했지만 그래도 자신의 영역을 지키는, 그리고 때로는 위험할 정도로 공격적인 동물이라는 점도 알아채지 못했을 것이다. 더 나아가서, 목숨을 걸고 도망가는 도중에는 여러분 머릿속의 언어 처리기가 '아와스'의 의미를 의식적으로 파악할 겨를이 없을 것이다.

그렇지만 숨을 돌리고 생각해 보면 '아와스'가 인도네시아어로 '위험'이나 '조심해' 같은 뜻이라고 추측할 수 있을 것이다. 현실 세계는 잠시 잊고 언어의 맥락에서 단어들에 집중하면, 이미 알고 있는 단어들의 의미를 처음 보는 단어로 '전이'할 수 있다.

이런 추측 게임을 친구와 해 보기 바란다. 매드 립스Mad Libs 게임[주15]과 비슷하되, 문장의 일부 단어를 숨기는 것이 아니라 일부 단어를 외국어 단어나 임의로 만들어낸 가짜 단어로 바꾸어서 그 단어의 의미를 친구에게 추측하게 하는 것이다. 아마 친구가 그 외국어 단어의 유효한 번역 또는 가짜 단어에서 여러분이 의도한 의미와 크게 벗어나지 않은 단어를 제시할 때가 많을 것이다.

사람과 달리 컴퓨터는 기존 단어들에 대한 지식이 없으므로, 주어진 단어의 의미를 이런 식으로 추측하려면 미리 많은 수의 견본으로 훈련을 시켜야 한다. 컴퓨터에게 이런 게임은 전혀 알지 못하는 외국어 단어들로 이루어진 문장을 처음 마주하는 것과 비슷하다. 그러나, LSA 덕분에 컴퓨터는 이런 과제도 잘 수행할 수 있다(의도한 단어들이 몇 번 언급된 문서들을 무작위로 제공하기만 해도).

이런 과제에서는 문장 수준의 짧은 문서들이 논문이나 책 같은 좀 더 긴 문서들보다 훨씬 효과적인데, 이는 한 문장에서 한 단어의 의미가 그 문장의 다른 단어들의 의미와 좀 더 밀접하게 관련되기 때문이다. 반면 더 긴 문서에서는 한 단어의 의미가 그와 멀리 떨어진 다른 단어의 의미와 동떨어질 가능성이 크다.[주16]

LSA는 컴퓨터가 문서들에서 단어들과 문구들이 어떻게 쓰이는지로부터 단어와 문구의 의미를 인식하도록 훈련하는 한 방법이다. 사람처럼 컴퓨터도 단어 사전에 나온 정의보다는 단어의 실제 쓰임새를 보고 단어의 의미를 더 빠르고 쉽게 배운다. 견본 문서들에서 단어의 의미를 추출하는 것이 단어의 모든 변형과 모든 가능한 정의를 사전에서 찾아보고 그로부터 의미를 논리적으로 추론하는 것보다 훨씬 효과적이다.

여러 번 언급했듯이, LSA는 특잇값 분해(SVD)라고 하는 수학 기법을 이용해서 단어들의 의미를 드러낸다. 선형대수 교과서에 흔히 등장하는 SVD는 앞에서 살펴본 단어-주제 행렬의 벡터들 같은 벡터들을 산출한다.[주17]

그럼 좀 더 본격적인 NLP 예제로, 컴퓨터가 단어들의 의미를 이해해서 '매드 립스' 게임을 플레이하게 만들어보자.

주15 영어 위키백과 "Mad Libs" 페이지(https://en.wikipedia.org/wiki/Mad_Libs).

주16 토마스 미콜로프(Tomas Mikolov)는 이 점에 착안해서 Word2vec을 고안했다. 그의 착안의 핵심은, 만일 문맥을 좀 더 좁힌다면, 예를 들어 문맥 단어들의 거리를 5 이하로 제한한다면, 단어 벡터의 의미를 좀 더 단단하게 쥘 수 있다는 것이다.

주17 이상의 사고 실험 '실현'에 쓰인 문서 텍스트와 수학 관련 코드가 GitHub NLPIA 저장소의 nlpia/book/examples/ch04_*.py 파일들에 있으니 참고하기 바란다. 이것은 SVD를 실제 자연어 문장들에 사용하기 전의 사고 실험이었다. 그럴듯한 결과를 얻을 수 있었던 것은 주제들이 모두 비슷한 덕분이다.

4.3 특잇값 분해

LSA 알고리즘에 깔린 수학 기법인 특잇값 분해(SVD)의 이해를 돕는 예로, 이전에 사고 실험에서 다루었던 것과 비슷한 작은 말뭉치에 대해 SVD를 실행해 보자. 말뭉치의 문서는 단 11개이고 어휘의 단어는 단 여섯 개이다.[18]

```
>>> from nlpia.book.examples.ch04_catdog_lsa_sorted\
...     import lsa_models, prettify_tdm
>>> bow_svd, tfidf_svd = lsa_models()    ◄─── 이 함수는 이전의 사고 실험에 쓰인 어휘를 이용해서
>>> prettify_tdm(**bow_svd)                   cats_and_dogs 말뭉치에 대해 LSA를 수행한다.
   cat dog apple lion nyc love                이 블랙박스의 내부는 잠시 후에 들여다볼 것이다.
text
0              1         1                            NYC is the Big Apple.
1              1         1                   NYC is known as the Big Apple.
2                   1  1                                        I love NYC!
3              1         1        I wore a hat to the Big Apple party in NYC.
4              1         1                   Come to NYC. See the Big Apple!
5              1                        Manhattan is called the Big Apple.
6    1                           New York is a big city for a small cat.
7    1               1         The lion, a big cat, is the king of the jungle.
8    1                      1                          I love my pet cat.
9                   1     1                       I love New York City (NYC).
10   1   1                                          Your dog chased mycat.
```

이 문서–용어 행렬의 각 행은 각 문서의 단어 모음(BOW) 벡터이다.

어휘는 이전의 사고 실험에 나온 단어들로만 한정했다. 또한 말뭉치도 제한적인데, 어휘의 여섯 단어를 사용하는 문서 11개뿐이다. 안타깝게도 정렬 알고리즘과 제한된 어휘 때문에 동일한 단어 벡터(NYC와 apple이 있는)가 여러 개 생겼다. 그래도 SVD는 이들을 '파악'하고 그 두 단어에 하나의 주제를 할당할 것이다.

여기서는 용어–문서 행렬(앞의 문서–용어 행렬의 전치)에 SVD를 적용하지만, TF–IDF 행렬이나 다른 벡터 공간에 적용하는 방법도 기본적으로 같다.

```
>>> tdm = bow_svd['tdm']
>>> tdm
       0  1  2  3  4  5  6  7  8  9  10
cat    0  0  0  0  0  0  1  1  1  0   1
dog    0  0  0  0  0  0  0  0  0  0   1
apple  1  1  0  1  1  1  0  0  0  0   0
```

---

[18] 짧은 문장 11개를 선택한 것은 단지 지면상의 제한 때문이다. NLPIA의 제4장 예제들을 살펴보고 더 큰 말뭉치에 대해 SVD를 실행해 보면 더 많은 것을 배울 수 있다.

```
lion   0   0   0   0   0   0   0   1   0   0   0
nyc    1   1   1   1   0   0   0   0   1   0
love   0   0   1   0   0   0   0   0   1   1   0
```

SVD는 임의의 행렬을 세 개의 '인수(factor)' 행렬로 분해한다. 그 세 행렬을 곱하면 원래의 행렬이 된다. 이는 큰 정수를 세 개의 인수로 분해하는 것과 비슷하다. 물론 SVD의 경우에는 인수가 스칼라 정수가 아니라 실수 2차원 행렬이다. 그런데 이 인수 행렬들에는 차원 축소와 잠재 의미 분석에 활용할 수 있는 몇 가지 유용한 수학적 성질이 있다. 선형대수를 공부하면서 SVD를 이용해서 행렬의 역을 구하는 방법을 배운 적이 있을 것이다. 여기서는 문서에서 의미 있는 주제(관련 단어들의 집합)들이 무엇인지 파악하기 위해 SVD를 사용한다.

SVD를 BOW 용어-문서 행렬에 적용하든 아니면 TF-IDF 용어-문서 행렬에 적용하든, SVD는 같은 주제에 속하는 단어들의 조합을 찾아낸다. SVD는 용어-문서 행렬의 열들(용어들) 사이의 상관계수를[19] 계산함으로써 그런 공동 출현 단어들을 찾는다. 그와 동시에 SVD는 문서들 사이의 용어 빈도 상관관계와 문서들 사이의 상관관계도 파악한다. 이러한 두 종류의 정보에 기초해서 SVD는 말뭉치 전체에서 분산이 가장 큰 용어들의 일차결합들을 계산한다. 이러한 용어 빈도들의 일차결합이 곧 주제이다. 말뭉치에서 분산이 큰(따라서 많은 정보를 담은) 주제들만 남기고 다른 주제들을 제거함으로써 말뭉치 표현의 벡터 공간을 축소한다. 또한, SVD는 용어-문서 벡터들을 적절히 회전해서 각 문서에 대한 주제 벡터를 더 짧게 만드는 방법도 알려준다.

SVD는 상관관계가 큰(즉, 같은 문서에 나오는 경우가 많은), 그러면서 문서들 전체적으로 빈도의 차이가 큰 단어들을 하나로 묶는다. LSA는 그런 단어들의 일차결합을 '주제'로 간주한다. 즉, SVD는 BOW 벡터들(또는 TF-IDF 벡터들)을 문서가 말하는 주제들을 반영한 주제 벡터들로 변환한다. 하나의 주제 벡터는 문서가 말하는 바를 해당 BOW 벡터보다 훨씬 낮은 차원의 벡터로 요약 또는 일반화한 것이라 할 수 있다.

SVD를 단어 출현 횟수에 적용해서 주제 벡터를 만들어낸다는 생각을 처음 떠올린 사람이 누구인지는 명확하지 않다. 여러 언어학자가 비슷한 접근 방식을 동시에 연구했으며, 그들은 모두 두 자연어 표현(또는 개별 단어들)의 의미상의 유사도가 단어들 또는 문구들이 쓰인 문맥들 사이의 유사도에 비례한다는 점을 알아냈다. 그런 결과를 담은 연구 문헌으로는 Harris,

---

[19] 이는 두 열(용어-문서 빈도 벡터들)의 내적의 제곱근과 같다. 그러나 SVD는 이런 상관계수를 직접 계산해서는 얻지 못하는 추가적인 정보도 제공한다.

Z. S. (1951),[주20] Koll (1979),[주21] Isbell (1998),[주22] Dumais 외. (1988),[주23] Salton 및 Lesk (1965),[주24] Deerwester (1990)[주25]가 있다.

다음은 LSA를 위한 SVD의 정의이다.[역1]

$$W_{m \times n} \Rightarrow U_{m \times p} \ S_{p \times p} \ V_{p \times n}^{\mathrm{T}}$$

이 공식에서 m은 어휘의 단어 수이고 n은 말뭉치의 문서 수, p는 말뭉치의 주제 수이다. 지금 단계에서 주제 수 p는 단어 수 m과 같다. 즉, 아직은 SVD가 문서 표현 벡터 공간의 차원을 축소하지 않는다. 이후 과정에서 불필요한 주제들이 제거해서 TF-IDF 벡터보다 낮은 차원의 주제 벡터들을 만들어내면 비로소 차원이 축소된다. 그렇지만 지금 단계에서는 모든 차원이 그대로 유지된다.

그럼 분해된 세 행렬(U, S, V)을 차례로 살펴보자.

4.3.1 왼쪽 특이 벡터 행렬 U

행렬 U는 §4.1.4에서 비유적으로 말한 '단어의 일행'에 관한 정보를 담은 용어-주제 벡터들로 구성된다.[주26] NLP의 의미 분석에서 가장 중요한 행렬이 이 U 행렬이다. 행렬 U의 행벡터들을 '왼쪽 특이 벡터(left singular vector)'[주27]라고 부르는데, 이는 이 행벡터들을 다른 행렬의 열벡터들과 곱할 때 왼쪽에서 곱해야 하기 때문이다. U의 성분들은 같은 문서의 단어 공동 출현 빈도들에

[주20] 주랍스키와 쇠네는 자신들의 2000년 논문 "Knowledge-Free Induction of Morphology Using Latent Semantic Analysis"(https://dl.acm.org/ft_gateway.cfm?id=1117615&ftid=570935&dwn=1)와 강연 슬라이드(https://slidegur.com/doc/3928417/knowledge-free-induction-of-morphology-using-latent)에서 해리스 Z. S의 1951년 저서 "Methods in structural linguistics"를 인용했다.

[주21] M. Koll, "Generalized vector spaces model in information retrieval", 1979(웹 https://dl.acm.org/citation.cfm?id=253506)와 동저자의 "WEIRD: an approach to concept-based information retrieval", 1979(웹 https://dl.acm.org/citation.cfm?id=1095368).

[주22] Charles Lee Isbell, Jr., "Restructuring Sparse High-Dimensional Data for Effective Retrieval", 1998. 웹 http://papers.nips.cc/paper/1597-restructuring-sparse-high-dimensional-data-for-effective-retrieval.pdf

[주23] Dumais 외, "Using latent semantic analysis to improve access to textual information", 1988. 웹 https://dl.acm.org/citation.cfm?id=57214

[주24] G. Salton, "The SMART automatic document retrieval system", 1965.

[주25] S. Deerwester 외, "Indexing by Latent Semantic Indexing."

[역1] 이 공식은 LSA를 위한, 특히 주제 벡터를 이용해서 차원을 축소하는 데 초점을 둔 SVD 공식임을 주의하기 바란다. 선형대수에서 말하는 원래의 특잇값 분해에서는 우변의 세 행렬의 크기가 각각 $m \times m$, $m \times n$, $n \times n$이다. 즉, 기본적으로 세 행렬의 크기는 전적으로 단어 수와 문서 수로만 결정된다. 그러나 LSA에서는 불필요한 주제를 제거함으로써 차원을 축소하려 하기 때문에 주제의 수 p가 SVD 공식에 끼어들었다. 이후 예제들에 쓰이는 NumPy의 SVD 구현은 이런 점을 고려하지 않고 원래의 SVD 공식을 사용한다. 목록 4.4와 4.5 등에서 행렬의 행, 열 수가 본문의 설명과 다른 것은 이 때문이다.

[주26] 이 예제의 결과를 scikit-learn의 PCA 모형으로 재현하는 경우, 그 PCA 모형에서는 $\mathbf{V}^{\mathrm{T}}$ 행렬이 지금 말하는 용어-주제 행렬임을 주의하기 바란다. 이는 그 모형에서 입력 자료 집합을 지금과는 전치된(성분들이 대각선을 기준으로 맞바뀐) 형태로 받아들이기 때문이다. scikit-learn은 항상 자료를 행벡터들로 배치하므로, PCA.fit()이나 기타 scikit-learn 모형 훈련 함수를 사용할 때는 tdm의 용어-문서 행렬이 문서-용어 행렬로 전치된다.

[주27] 수학자들은 이 벡터를 '왼쪽 고유벡터(eigenvector)'나 '행 고유벡터'라고 부른다. 좀 더 자세한 내용은 영어 위키백과 "Eigenvalues and eigenvectors" 페이지(https://en.wikipedia.org/wiki/Eigenvalues_and_eigenvectors#Left_and_right_eigenvectors)를 보기 바란다.

기초한 단어들과 주제들의 상관관계를 나타낸다. 기본적으로 이 행렬은 정방행렬(행 수와 열 수가 같은 행렬)이지만, 이후 과정에서 열들을 삭제하면 더 이상 정방행렬이 아니게 된다. 정방행렬인 상태에서 행의 수는 단어의 수(m)와 같다. 지금 예에서는 6이다. 그리고 열의 수는 주제의 수(p)와 같은데, 지금 예에서는 아직 아무 주제(열)도 제거하지 않았으므로 단어의 수와 같은 6이다.

목록 4.3 $U_{m\times p}$ **행렬**

```
>>> import numpy as np
>>> U, s, Vt = np.linalg.svd(tdm)   ◁──────┤ 이전 예제의 용어-문서 행렬 tdm을 재사용한다.
>>> import pandas as pd
>>> pd.DataFrame(U, index=tdm.index).round(2)
          0     1     2     3     4     5
cat   -0.04  0.83 -0.38 -0.00  0.11 -0.38
dog   -0.00  0.21 -0.18 -0.71 -0.39  0.52
apple -0.62 -0.21 -0.51  0.00  0.49  0.27
lion  -0.00  0.21 -0.18  0.71 -0.39  0.52
nyc   -0.75 -0.00  0.24 -0.00 -0.52 -0.32
love  -0.22  0.42  0.69  0.00  0.41  0.37
```

SVD가 scikit-learn의 어떤 특별한 기계 학습 알고리즘이 아님을 주의하기 바란다. SVD는 다양한 분야에서 널리 쓰이는 일상적인 알고리즘이라서 NumPy에 이미 구현되어 있다.

행렬 U의 각 열은 말뭉치의 각 단어의 주제 벡터이다. 따라서 이 행렬을 하나의 단어-문서 벡터(TF-IDF 벡터 또는 BOW 벡터)를 하나의 주제-문서 벡터로 변환하는 데 사용할 수 있다. 그냥 주제-단어 행렬 U에 임의의 단어-문서 열벡터를 곱하면 주제-문서 벡터가 나온다. 이는 행렬 U의 각 성분이 그 열의 주제에 대해 그 행의 단어가 얼마나 중요한지를 나타내는 가중치 또는 점수이기 때문이다. 즉, 이 행렬의 성분들은 이전에 개, 고양이, 뉴욕시에 관한 사고 실험에서 우리가 직접 정한 가중치들에 해당한다.

단어 빈도들을 주제들에 대응시키는 데는 이 행렬만 있으면 된다. 그렇다면 SVD의 나머지 인수 행렬들은 무엇이고 어떤 용도가 있는지 살펴보자.

4.3.2 특잇값 행렬 S

시그마 행렬이라고도 부르는 행렬 S는 주제의 '특잇값(singular value)'들로 이루어진 대각행렬이다.[주28] 이 특잇값들은 새 의미(주제) 벡터 공간의 각 차원이 얼마나 많은 정보를 담고 있는지를 말해 준다. 대각행렬이란 왼쪽에서 오른쪽으로의 대각선에 있는 성분들 이외의 성분들은 모두 0인 행렬을 말한다. 즉, 이 행렬은 대각선 성분들만 중요하며, 그래서 NumPy는 S를 2차원

[주28] 수학자들은 특잇값을 고윳값(eigenvalue)이라고 부른다.

자료 구조가 아니라 그냥 하나의 1차원 배열로 저장해서 저장 공간을 아낀다. 그렇지만 필요하다면 numpy.diag 함수를 이용해서 이 배열을 원래의 행렬 형태로 되돌릴 수 있다. 다음 예제도 이 함수를 사용한다.

목록 4.4 $S_{p×p}$ 행렬

```
>>> s.round(1)
array([3.1, 2.2, 1.8, 1. , 0.8, 0.5])
>>> S = np.zeros((len(U), len(Vt)))
>>> pd.np.fill_diagonal(S, s)
>>> pd.DataFrame(S).round(1)
     0    1    2    3    4    5    6    7    8    9    10
0  3.1  0.0  0.0  0.0  0.0  0.0  0.0  0.0  0.0  0.0  0.0
1  0.0  2.2  0.0  0.0  0.0  0.0  0.0  0.0  0.0  0.0  0.0
2  0.0  0.0  1.8  0.0  0.0  0.0  0.0  0.0  0.0  0.0  0.0
3  0.0  0.0  0.0  1.0  0.0  0.0  0.0  0.0  0.0  0.0  0.0
4  0.0  0.0  0.0  0.0  0.8  0.0  0.0  0.0  0.0  0.0  0.0
5  0.0  0.0  0.0  0.0  0.0  0.5  0.0  0.0  0.0  0.0  0.0
```

행렬 U처럼 행렬 S도 말뭉치의 여섯 단어와 여섯 주제에 관한 정보를 담고 있다. 기본적으로 행과 열의 수는 둘 다 주제의 수 p이다(지금 예제에서는 6). 예제 코드는 이 행렬에 성분들이 모두 0인 열벡터를 다섯 개 추가해서 열이 총 11개가 되게 했는데, 11은 말뭉치의 문서 수에 해당한다. 이렇게 한 이유는 이 행렬을 다음 절에 이야기할 오른쪽 특이 벡터 행렬 V^T(행의 수가 문서의 수와 같은)와 곱할 수 있게 하기 위한 것이다. 지금 단계에서 대각행렬 S의 첫 대각성분은 말뭉치에 관한 가장 중요한 정보(통계학에서 말하는 "설명된 분산(explained variance)")를 담고 있으며, 오른쪽 아래 끝으로 갈수록 덜 중요한 정보에 해당한다. 따라서 오른쪽 아래 끝부터 왼쪽 위 끝으로 올라가면서 대각성분들을 점차 제거(0으로 설정)함으로써 주제 모형의 차원을 축소할 수 있다. 단, 주제 모형의 축소 때문에 NLP 파이프라인의 전반적인 오차가 의미 있는 수준으로 증가하면 축소를 멈추어야 한다.

팁 §4.2에서 언급한 LSA 벡터의 정확도 개선 요령을 지금 이야기하면 이렇다. NLP를 비롯한 대부분의 응용에서는 주제 모형의 분산 정보를 유지할 필요가 없다. 이후에 NLP 파이프라인으로 처리할 문서들은 현재의 주제 모형과는 다른 주제들을 담고 있을 가능성이 크기 때문이다. 따라서 대부분의 경우에는 이 S 행렬의 대각성분들을 모두 1로 설정해서 단위행렬과 비슷한 모습으로 만드는 것이 낫다. 그런 S 행렬은 그냥 문서-문서 행렬 V^T를 단어-주제 행렬 U와 곱할 수 있는 형태로 만드는 역할만 한다. 이렇게 하면, S 행렬을 어떤 새로운 문서 벡터들의 집합과 곱했을 때 그 벡터들이 원래의 주제 혼합(분포) 쪽으로 기울어지는 현상이 발생하지 않는다.

4.3.3 오른쪽 특이 벡터 행렬 V^T

행렬 V^T는 '오른쪽 특이 벡터'들이 열벡터들인 문서-문서 행렬이다. 이 행렬의 각 성분은 새 문서 의미 모형에서 문서들이 같은 주제를 얼마나 자주 사용하는지를 나타낸다. 즉, 이 행렬은 문서들 사이의 의미 공유 정도를 말해 준다. 이 행렬의 행 수는 주제의 수 p이고 열 수는 말뭉치의 문서 수 n이다. 다음 코드를 보자.

목록 4.5 $V_{p \times n}^T$ 행렬

```
>>> pd.DataFrame(Vt).round(2)
      0     1     2     3     4     5     6     7     8     9    10
0  -0.44 -0.44 -0.31 -0.44 -0.44 -0.20 -0.01 -0.01 -0.08 -0.31 -0.01
1  -0.09 -0.09  0.19 -0.09 -0.09 -0.09  0.37  0.47  0.56  0.19  0.47
2  -0.16 -0.16  0.52 -0.16 -0.16 -0.29 -0.22 -0.32  0.17  0.52 -0.32
3   0.00 -0.00 -0.00  0.00  0.00  0.00 -0.00  0.71  0.00 -0.00 -0.71
4  -0.04 -0.04 -0.14 -0.04 -0.04  0.58  0.13 -0.33  0.62 -0.14 -0.33
5  -0.09 -0.09  0.10 -0.09 -0.09  0.51 -0.73  0.27 -0.01  0.10  0.27
6  -0.57  0.21  0.11  0.33 -0.31  0.34  0.34 -0.00 -0.34  0.23  0.00
7  -0.32  0.47  0.25 -0.63  0.41  0.07  0.07  0.00 -0.07 -0.18  0.00
8  -0.50  0.29 -0.20  0.41  0.16 -0.37 -0.37 -0.00  0.37 -0.17  0.00
9  -0.15 -0.15 -0.59 -0.15  0.42  0.04  0.04 -0.00 -0.04  0.63 -0.00
10 -0.26 -0.62  0.33  0.24  0.54  0.09  0.09 -0.00 -0.09 -0.23 -0.00
```

행렬 S처럼, 새 단어-문서 벡터를 주제 벡터 공간으로 변환할 때는 이 V^T 행렬이 필요하지 않다. 이 행렬의 유일한 용도는, 주제 벡터들을 원래의 단어-문서 벡터들(주제 모형을 '훈련'하는 데 사용한)로 복원해야 할 일이 있을 때 그 복원의 정확도를 점검하는 기준으로 사용하는 것이다.

4.3.4 SVD 행렬의 방향

앞에서 자연어 문서들로 기계 학습을 수행했을 때, 용어-문서 행렬이 scikit-learn이나 다른 패키지에서 보는 것과는 "뒤집힌(전치된)" 형태임을 눈치챘을 것이다. 제2장 끝에서 이야기한 단순 베이즈 감정 분석 모형과 제3장의 TF-IDF 벡터에서는 훈련 자료 집합이 문서-용어 행렬의 형태였다. scikit-learn의 모형들이 요구하는 훈련 자료 집합도 그런 형태이다. 즉, 기존 기계 학습 패키지들이 요구하는 훈련 자료 집합의 각 행은 문서이고 각 열은 그 문서의 단어 또는 어떤 특징이다. 그러나 NumPy의 선형대수 SVD 구현은 그런 행렬을 전치한 형태, 즉 용어-문서 형태의 행렬을 요구한다.[주29]

주29 기술적으로, scikit-learn의 PCA 모형(sklearn.decomposition.PCA)은 문서-용어 행렬을 그대로 두고 그냥 SVD 행렬 산술 연산만 뒤집는다. 즉, scikit-learn의 PCA 모형은 새 문서-용어 행벡터들을 문서-주제 행벡터들로 변환할 때 행렬 U와 S를 무시하고 행렬 V^T만 사용한다.

행렬의 이름 표기는 행이 먼저이다. 즉, '용어-문서' 행렬은 용어(단어)들이 행이고 문서들이 열이다. 크기도 마찬가지로 행이 먼저이고 열이 나중이다. 즉 2×3 행렬은 2행 3열 행렬이다. 그런 행렬을 파이썬의 2차원 배열로 저장한 경우 NumPy의 shape() 함수를 적용하면 (2, 3)이 반환된다. len()은 물론 2(행의 수)이다.

따라서 용어-문서 행렬이나 주제-문서 행렬로 scikit-learn의 기계 학습 모형을 훈련할 때는 행렬을 먼저 scikit-learn의 방향으로 변환해야 한다. scikit-learn에서 NLP 훈련 집합의 각 행은 반드시 한 문서(이메일, 문자 메시지, 문장, 웹 페이지 등의 어떤 텍스트 조각)와 연관된 특징들로 이루어진 행벡터여야 한다. NLP 훈련 집합에서 각종 벡터는 항상 행벡터이다. 그러나 전통적인 선형대수 연산에서 벡터는 일반적으로 열벡터이다.

다음 절에서는 scikit-learn의 TruncatedSVD 객체를 이용해서 단어 모음 벡터들을 주제-문서 벡터들로 변환한다. 그런 다음에는 그 주제-문서 벡터들을 전치해서 훈련 집합의 행벡터들을 만들고, 그것들로 scikit-learn의 분류 모형을 훈련한다.

주의 scikit-learn을 사용할 때는 반드시 특징-문서 행렬(scikit-learn 문서화에서 흔히 X로 표기하는 것)를 전치해서 문서-특징 행렬을 만든 후 모형의 fit() 메서드와 predict()에 넣어야 한다. 훈련 집합 행렬의 각 행은 반드시 특정 견본 텍스트(문서)의 특징 집합이어야 한다.[주30]

4.3.5 주제 절단

이제 단어 빈도 벡터들을 주제 가중치 벡터들로 변환하는 하나의 주제 모형이 갖추어졌다. 그런데 현재의 주제 모형은 주제의 수가 단어의 수와 같다. 즉, 이 모형의 벡터 공간은 원래의 BOW 벡터 공간과 같은 크기이다. 지금까지 우리는 단어들을 다양한 비율로 혼합한 수치들을 만들어내서 그것들을 '주제'라고 부르기로 한 것일 뿐이다. 벡터 공간의 차원은 전혀 줄어들지 않았다.

LSA에서는 행렬 S를 무시해도 된다. 행렬 U에 이미 중요한 주제에 해당하는 성분들(큰 특잇값들)이 왼쪽으로 배치되어 있기 때문이다. S를 무시해도 되는 또 다른 이유는 이 모형과 함께 사용하고자 하는 단어-문서 벡터들(TF-IDF 벡터들)이 대부분 정규화되어 있다는 것이다. 실제로, 많은 경우 행렬 S의 모든 대각성분을 그냥 1로 설정하면 오히려 더 나은 주제 모형이 만들어진다.[주31]

주30 LSA에 관한 scikit-learn 문서화(http://scikit-learn.org/stable/modules/decomposition.html#lsa)를 보라.

주31 O. Levy, Y. Goldberg, I. Dagan, "Improving Distributional Similarity with Lessons Learned from Word Embeddings", 2015. 웹 https://transacl.org/ojs/index.php/tacl/article/view/570

그럼 실제로 U의 오른쪽에서 열들을 제거해서 주제의 수를 줄여 보자. 그런데 그러려면 문서의 본질을 포착하기에 충분한 주제의 수를 가늠할 필요가 있다. LSA의 정확도를 측정하는 한 가지 방법은 주제-문서 행렬로부터 용어-문서 행렬을 얼마나 정확하게 재구축(복원)할 수 있는지를 보는 것이다. 목록 4.6은 U의 열들을 점차 제거하면서 어휘 단어 수가 9이고 행렬의 문서 수가 11인 용어-문서 행렬을 재구축해서 그 오차를 계산하는 코드이다.

목록 4.6 용어-문서 행렬 재구축 오차

```
>>> err = []
>>> for numdim in range(len(s), 0, -1):
...     S[numdim - 1, numdim - 1] = 0
...     reconstructed_tdm = U.dot(S).dot(Vt)
...     err.append(np.sqrt((((\
...         reconstructed_tdm - tdm).values.flatten() ** 2).sum()
...         / np.product(tdm.shape)))
>>> np.array(err).round(2)
array([0.06, 0.12, 0.17, 0.28, 0.39, 0.55])
```

마지막 출력에서 보듯이 U의 열벡터들을 제거(S의 해당 대각성분을 0으로 설정해서)할수록 재구축 오차가 커진다. 이전 사고 실험에서처럼 주제를 세 가지로 한정해서 재구축한 BOW 벡터들은 원래의 벡터들과 28%만큼 다르다. 그림 4.3은 주제 모형의 차원 축소에 따른 정확도 감소 추세를 보여주는 그래프이다.

그래프에서 보듯이 TF-IDF 벡터를 사용하든 BOW 벡터를 사용하든 재구축 정확도는 비슷한 기울기로 감소한다. 그래도 TF-IDF 벡터들이 약간 더 나으며, 제거한 주제가 많을수록 BOW와의 차이가 커진다.

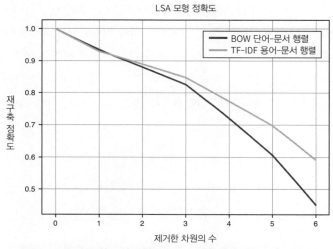

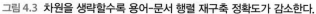
그림 4.3 차원을 생략할수록 용어-문서 행렬 재구축 정확도가 감소한다.

간단한 예였지만, 주제(차원)의 수를 몇 개로 유지하는 것이 좋은지를 그래프를 이용해서 파악하는 방법을 배울 수 있었을 것이다. 때에 따라서는 용어-문서 행렬에서 상당히 많은 수의 차원을 제거해도 정확도가 꽤 높게 나오기도 한다. 그 이유를 한번 추측해 보기 바란다.

LSA에 쓰이는 SVD 알고리즘은 항상 함께 등장하는 단어들을 '인식'해서 하나의 주제로 묶는다. 이것이 LSA가 다수의 차원을 "공짜로" 얻는 비결이다. 여러분의 NLP 프로젝트가 주제 모형을 사용하지 않는다고 해도, 단어-문서 행렬을 압축하거나 파이프라인이 처리할 잠재적인 복합어 또는 n-그램들을 식별하고 싶다면 LSA(SVD)가 유용하다는 점을 기억해 두기 바란다.

4.4 주성분 분석(PCA)

흔히 PCA로 줄여 쓰는 주성분 분석(principal component analysis)은 사실 SVD의 다른 이름일 뿐이다. LSA에서 주제 모형의 차원을 축소하기 위해 SVD를 사용했던 것처럼 PCA도 행렬의 차원을 축소하는 데 쓰인다. 그리고 scikit-learn의 PCA 모형은 NLP 파이프라인의 정확도 향상을 위해 SVD의 수학 연산을 적절히 조율한 것이다.

예를 들어 sklearn.decomposition.PCA는 자료점(지금 예의 경우 단어 빈도)들에서 모든 자료점의 평균을 뺀다. 결과적으로 모든 자료점은 평균점을 중심으로 배치된다. 이를 '중심화(centering)'라고 부른다. 그리고 이보다는 덜 두드러지는 특징이겠지만, scikit-learn의 PCA 모형은 flip_sign이라는 함수를 이용해서 특이 벡터의 부호를 결정론적으로 계산한다.[주32]

마지막으로, scikit-learn의 PCA 모형은 '백화(whitening)' 기능도 제공한다. 백화는 단어-문서 벡터를 주제-문서 벡터로 변환할 때 특잇값들을 무시하는 것과 비슷한 요령이다. 단, 앞에서는 S의 대각성분(특잇값)을 모두 1로 설정했지만, 백화 기능은 sklearn.StandardScaler 변환이 했던 것처럼 자료를 분산 값들을 이용해서 분리한다. 이렇게 하면 자료가 좀 더 넓게 퍼져서 최적화 알고리즘이 자료 공간의 '하프파이프half pipe' 또는 '계곡'에서 벗어나지 못하는 문제가 줄어든다. 자료 집합의 특징들이 서로 상관관계가 높을 때 자료 공간에 그런 지형이 생길 수 있다.[주33]

주32 nlpia.book.examples.ch04_sklearn_pca_source의 소스 코드를 보면 scikit-learn PCA의 여러 함수를 활용하는 방법을 배울 수 있다.

주33 C. McCormick, "Deep Learning Tutorial – PCA and Whitening". 웹 http://mccormickml.com/2014/06/03/deep-learning-tutorial-pca-and-whitening/

PCA를 실제의 고차원 NLP 자료에 적용하는 방법으로 넘어가기 전에 잠시 발을 멈추고 PCA와 SVD의 효과를 눈으로 확인해 보자. 3차원 자료점들에 대해 PCA를 적용하고 그것을 3차원 그래프로 표시해 볼 것이다. 이 시각화 예제는 scikit-learn의 PCA 구현에 대한 API를 이해하는 데에도 도움이 될 것이다. PCA는 다양한 용도로 쓰이므로, PCA를 잘 이해하면 NLP 이외의 분야에서도 도움이 된다.

대부분의 '진짜' NLP 문제에서는 scikit-learn의 PCA 모형(sklearn.decomposition.PCA)을 잠재 의미 분석에 사용한다. 단, RAM에 모두 담을 수 없을 정도로 말뭉치가 클 때는 대안이 필요하다. 그런 경우에는 scikit-learn의 IncrementalPCA 모형을 사용하거나 제13장에서 이야기하는 규모가변성 개선 기법을 사용한다.

> **팁** 독자의 프로젝트의 말뭉치가 대단히 크다면, 그리고 지금 당장 LSA를 위해 주제 벡터들을 산출한다면, 제13장으로 넘어가서 gensim.models.LsiModel에 관한 논의(§13.31)를 보거나 gensim.models.LsiModel 공식 문서(https://radimrehurek.com/gensim/models/lsimodel.html)를 보기 바란다. 그리고 컴퓨터 한 대로는 원하는 처리 속도를 내기 힘든 상황이라면, RocketML(http://www.rocketml.net)의 SVD 알고리즘 병렬화 기능이 도움이 될 것이다.

이 시각화 예제는 10,000차원 이상의 문서-단어 벡터들이 아니라 3차원의 자료점들을 사용한다. 10,000차원보다는 3차원이 시각화하기가 훨씬 쉽다. 파이썬의 경우 Matplotlib의 Axes3D 클래스를 이용하면 3차원 자료점들을 보기 좋은 그래프로 손쉽게 표현할 수 있다. NLPIA 패키지의 소스 코드(http://github.com/totalgood/nlpia)를 보면 그림 4.4에 나온 것 같은 회전 가능한 3차원 그래프를 생성하는 방법을 배울 수 있다.

그림 4.4에 표시된 3차원 산점도 또는 '점 구름(point cloud)'은 이전의 그래프들처럼 BOW 벡터들의 화살표 머리를 표시한 것이 아니라 어떤 실제 물체의 표면을 3차원으로 스캔해서 얻은 자료점들을 표시한 것이다. 자료의 성격이 전혀 다르긴 하지만, 이 예제는 LSA의 작동 방식을 이해하는 데 도움이 된다. 또한 이 예제를 통해서 문서-단어 벡터 같은 고차원 벡터를 다루기 전에 먼저 저차원 벡터들을 조작하고 표시해 보는 방법을 배울 수 있을 것이다.

이 3차원 점들이 어떤 물체를 스캔한 것인지 짐작이 가는지? 이 책의 지면에는 2차원으로만 표시되었지만, 프로그램에서 3차원 그래프를 이리저리 회전해 보면 원래의 물체를 추측할 수 있을 것이다. 또한, 그래프의 자료점들을 이리저리 회전해 보면 물체의 점들이 x, y, z축들에 좀 더 잘 정렬되는 방향을 찾을 수 있을 것이다. 3차원 점들을 회전함에 따라 x, y, z축 방향으로의 분산이 어떻게 변하는지도 상상해 보기 바란다.

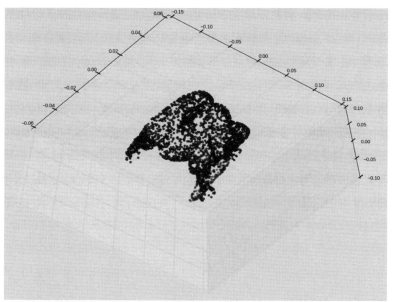

그림 4.4 어떤 물체의 점 구름을 '아랫배(?)' 쪽에서 위로 올려다본 모습.

4.4.1 3차원 벡터에 대한 PCA

점 구름을 적절히 회전해서 각 축에 대한 분산이 최소가 되는 방향을 찾았다고 하자. 그런 방향을 찾기까지는 점 구름을 여러 방향으로 회전해 보아야 했을 것이다. SVD(LSA)로 문서-단어 벡터들을 그런 식으로 회전한다고 하면, 그런 벡터들에 대한 정보가 "감추어졌을" 것이다. 분산이 최소가 되는 방향에서 3차원 점들을 2차원 평면으로 투영하면 여러 개의 점이 겹쳐지며, 따라서 사람이 눈으로 보고(그리고 기계 학습 알고리즘이 수치들을 파악해서) 그 점들을 제대로 분리하기가 어렵다. SVD는 고차원 공간을 저차원에 투영한 '그림자'의 차원(축)들에 대한 분산이 최대화되는 방향을 찾음으로써 벡터들의 구조와 정보 내용을 보존한다. 기계 학습에서 각각의 저차원 벡터가 그것이 표현하는 고차원 자료의 '본질'을 포착하려면 바로 그런 방식의 처리가 필요하다. SVD는 각 축에 대한 분산을 최대화한다. 그리고 분산은 우리가 원하는 '정보' 또는 '본질'을 잘 대표하는 수치이다.

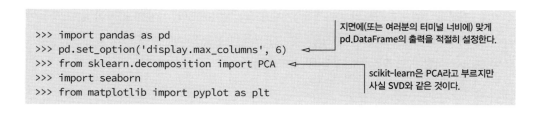

지면에(또는 여러분의 터미널 너비에) 맞게
pd.DataFrame의 출력을 적절히 설정한다.

```
>>> import pandas as pd
>>> pd.set_option('display.max_columns', 6)
>>> from sklearn.decomposition import PCA
>>> import seaborn
>>> from matplotlib import pyplot as plt
```

scikit-learn은 PCA라고 부르지만
사실 SVD와 같은 것이다.

```
>>> from nlpia.data.loaders import get_data

>>> df = get_data('pointcloud').sample(1000)
>>> pca = PCA(n_components=2)          2차원 화면의 산점도를 위해
>>> df2d = pd.DataFrame(pca.fit_transform(df), columns=list('xy'))   3차원 점 구름을 2차원 평면에
>>> df2d.plot(kind='scatter', x='x', y='y')          투영한다.
>>> plt.show()
```

이 스크립트를 실행하면 2차원 투영('그림자')이 좌우로 "뒤집힐" 수 있다. 그러나 투영의 방향이 다른 각도로 회전하지는 않는다. scikit-learn의 PCA는 항상 2차원 투영의 방향을 최대 분산이 첫 축인 x축에 정렬되도록 계산된다. 그리고 두 번째로 큰 분산은 둘째 축인 y축과 정렬된다. 그러나 이 축들의 극성(polarity) 또는 부호는 임의적이다. 이는 PCA의 방향 최적화에 2의 자유도가 남아 있기 때문이다. 즉, 방향 최적화는 벡터(자료점)들의 극성을 x축이나 y축 또는 두 축 모두에 대해 뒤집을 수 있다.

자료점들의 3차원 방향을 직접 조작해 보고 싶은 독자는 nlpia/data 디렉터리의 horse_plot.py 스크립트를 사용하기 바란다. 어쩌면 자료의 정보 내용을 감소하지 않고도(적어도 여러분의 눈으로 보기에) 차원을 하나 더 줄이는 방향을 찾게 될지도 모른다. 더 나아가서 피카소의 입체파 '눈'은 아마 자료를 여러 관점에서 동시에 보면서 정보 내용을 유지하는 비선형 변환을 찾아낼 것이다. 컴퓨터에도 이런 일을 수행하는 '내장(embedding)' 알고리즘이 있는데, 이에 관해서는 제6장에서 이야기한다.

다른 여러 알고리즘이 있긴 하지만, SVD와 PCA도 자료점들의 '본질'을 잘 포착하는 방향을 능숙하게 찾아낸다. 그림 4.5를 보면 이 자료점들이 말을 스캔한 결과임을 확실히 알 수 있다. 컴퓨터가 말의 표면에서 얻은 3차원 벡터들에 담긴 통계적 특징을 활용해서 말의 형태를 잘 보여주는 2차원 벡터들을 만들어낸 것이다.

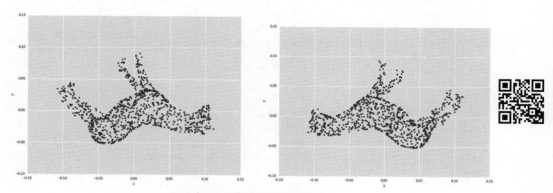

그림 4.5 뒤집힌 말의 점 구름 투영들.

4.4.2 말을 떠나 다시 NLP로 돌아가서

그럼 SVD가 자연어 문서들에는 어떤 효과를 내는지 살펴보자. 이 예제에서는 스팸 또는 비스 팸으로 분류된 5,000개의 문자 메시지에 대해 SVD를 적용한다. 모 대학교의 연구실이 제공한 이 문자 메시지(SMS) 말뭉치는 그 어휘와 주제의 다양성이 비교적 적다. 이 예제는 주제를 16개로 한정한다. TF-IDF 벡터들에 대해 먼저 scikit-learn의 PCA 모형을 적용하고, 그런 다음 절단된 SVD 모형을 적용해서 혹시 두 방법의 결과에 차이가 있는지 살펴본다.

scikit-learn의 절단된 SVD 모형(TruncatedSVD)은 희소 행렬들을 다루도록 설계되었다. 희소 행렬(sparse matrix)이란 대부분의 성분이 같은 값(보통은 0 또는 NaN)인 행렬이다. NLP의 단어 모음 행렬이나 TF-IDF 행렬은 거의 항상 희소 행렬인데, 왜냐하면 대부분의 문서는 어휘의 전체 단어 중 일부만 사용하기 때문이다. 따라서 대부분의 단어 빈도는 0이다(자료를 평활화하기 위해 '가짜' 빈도를 추가하지 않는 한).

희소 행렬은 대부분의 칸이 비어 있고 일부 칸에만 의미 있는 값이 입력된 스프레드시트와 비슷하다. scikit-learn의 TruncatedSVD는 메모리 효율성을 위해 의미 없는 칸들을 생략한 자료 구조를 사용하는 반면 PCA 모형은 그런 칸들이 실제로 0으로 채워진 밀집 행렬(dense matrix)을 사용한다. 그래서 PCA 쪽이 계산 속도가 더 빠를 수 있지만, 대신 메모리를 많이 소비한다. scikit-learn의 TfidfVectorizer는 희소 행렬을 출력하므로, 그것을 PCA에서 사용하려면 비어 있는 성분들을 모두 채워서 조밀한 행렬을 만들어야 한다.

그럼 예제 코드를 보자. 우선 NLPIA 패키지의 문자 메시지 자료 집합을 DataFrame으로 적재한다.

```
>>> import pandas as pd
>>> from nlpia.data.loaders import get_data
>>> pd.options.display.width = 120        ◄──── 이렇게 설정하면 Pandas의 넓은
                                                DataFrame이 좀 더 보기 좋게 출력된다.
>>> sms = get_data('sms-spam')
>>> index = ['sms{}{}'.format(i, '!'*j)
➥ for (i,j) in zip(range(len(sms)), sms.spam)]   ◄──── 출력 시 눈으로 확인하기 좋도록, 스팸에
                                                        해당하는 메시지의 식별자에 "!"를 붙인다.
>>> sms.index = index
>>> sms.head(6)

      spam                                                     text
sms0     0  Go until jurong point, crazy.. Available only ...
sms1     0             Ok lar... Joking wif u oni...
sms2!    1  Free entry in 2 a wkly comp to win FA Cup fina...
sms3     0  U dun say so early hor... U c already then say...
sms4     0  Nah I don't think he goes to usf, he lives aro...
sms5!    1  FreeMsg Hey there darling it's been 3 week's n...
```

다음으로, 각 메시지의 TF-IDF 벡터를 계산한다.

```
>>> from sklearn.feature_extraction.text import TfidfVectorizer
>>> from nltk.tokenize.casual import casual_tokenize

>>> tfidf = TfidfVectorizer(tokenizer=casual_tokenize)
>>> tfidf_docs = tfidf.fit_transform(raw_documents=sms.text).toarray()
>>> len(tfidf.vocabulary_)
9232

>>> tfidf_docs = pd.DataFrame(tfidf_docs)          평균을 빼서 문서의 벡터 표현
>>> tfidf_docs = tfidf_docs - tfidf_docs.mean()    (BOW 벡터)들을 중심화한다.
>>> tfidf_docs.shape          NumPy 배열의 shape 속성은 각 차원의 수를 말해 준다.
(4837, 9232)
>>> sms.spam.sum()          sms.spam은 Pandas의 Series 객체이다. 이 객체의 sum() 메서드는
638                         스프레드시트의 열 합계(column sum) 기능처럼 객체에 담긴 모든 요소를 합한다.
```

코드의 출력에서 보듯이 말뭉치의 문자 메시지는 총 4,837개이다. 그리고 토큰화 함수 casual_tokenize는 이로부터 9,232개의 서로 다른 1-그램 토큰을 추출했다. 4,837개의 메시지 중 스팸은 638개뿐이다. 따라서 이 말뭉치는 햄(보통의 문자 메시지) 대 스팸(짜증 나는 구걸 또는 광고 메시지)의 비율이 8:1인 불균형한 훈련 자료 집합이다.

이처럼 표본이 햄 쪽으로 편향된 현상이 마음에 들지 않는다면, 햄을 정확하게 분류했을 때 더 큰 보상을 제공하도록 모형을 조율할 수도 있다. 그러나 어휘 크기 |V|가 클 때는 그렇게 하기가 쉽지 않다. 지금 예에서 어휘 크기 9,232이고 말뭉치 크기(메시지 수)는 4,837이다. 즉, 메시지들에 쓰인 고유한 토큰의 수가 메시지 수의 두 배 정도이다. 그리고 이 문자 메시지들에서 스팸으로 분류된 것은 단 683개(전체 메시지의 약 8분의 1)밖에 되지 않는다. 이는 어휘에서 '스팸성' 단어가 상대적으로 적다는 뜻이며, 따라서 과대적합(overfitting; 또는 과적합)이[주34] 발생하기가 아주 쉽다.

스팸 필터링의 맥락에서 과대적합은 스팸 필터가 적은 수의 익숙한 단어들에만 의존하는 것을 말한다. 스팸 필터는 스팸 메시지에 흔히 쓰이는 단어, 즉 '스팸성' 단어들에 근거해서 메시지를 분류한다. 스패머는 그런 스팸성 단어의 동의어를 사용해서 스팸 필터를 무력화하려 한다. 만일 어휘에 스패머의 새로운 동의어들이 포함되어 있지 않으면 스팸 필터는 그런 교묘하게 작성된 문자 메시지를 스팸이 아니라 햄이라고 오분류하게 된다.

이런 과대적합은 NLP의 고질적인 문제이다. 사람들의 다양한 어법과 어휘를 포함하며 응용 분야에 맞는 적절한 분류명이 붙은 자연어 자료 집합을 구하기란 쉽지 않다. 실제로 나는

[주34] 영어 위키백과 "Overfitting" 페이지(https://en.wikipedia.org/wiki/Overfitting).

스패머들이 고안할 만한 모든 스팸성 단어와 비스팸성 단어를 포함한 거대한 문자 메시지 데이터베이스를 구할 수 없었다. 그런 자료 집합을 만들어낼 수 있는 기업은 극히 소수이다. 따라서 우리가 할 수 있는 일은 과대적합을 기정사실로 받아들이고 그에 대한 대응책을 모색하는 것뿐이다. 즉, 적은 수의 훈련 견본으로 모형을 훈련해도 모형이 미지의 견본들에 잘 "일반화되게" 하는 알고리즘을 찾아야 한다.

차원 축소는 과대적합에 대한 주된 대응책이다. 수많은 단어를 그보다 적은 수의 주제들로 통합함으로써 차원이 줄어들며, 결과적으로 NLP 파이프라인이 좀 더 '일반화'된다. 지금 예제의 경우 어휘의 고유한 단어들을 더 적은 수의 주제로 줄여서 차원을 축소하면 스팸 필터가 좀 더 다양한 문자 메세지를 처리할 수 있다.

LSA가 하는 일이 바로 그런 것이다. LSA는 차원을 축소하며, 따라서 과대적합을 방지한다.[주35] LSA는 단어 출현 횟수들 사이에 어떠한 선형(일차) 관계가 존재한다는 가정하에서 작은 자료 집합으로 모형을 일반화한다. 예를 들어 광고 스팸 메시지들에는 "half"와 "off"가 함께 나오는 경우가 많은데(절반 가격을 뜻하는 "Half off!" 등), LSA는 단어들 사이의 그런 관계를 식별하고 그런 조합이 얼마나 스팸에 가까운지 측정한다. 이에 기초해서 모형이 "80% off" 같은 문구도 스팸성으로 분류하도록 일반화할 수 있다. NLP 훈련 자료 집합에 "discount"와 "off"가 자주 등장하는 스팸 메시지가 많다면 "80% discount" 같은 문구로도 일반화될 것이다.

> [팁] 일반화가 기계 학습과 인공지능 분야 전체의 핵심 난제라고 생각하는 사람들도 있다. 일반화에 필요한 훈련 자료의 양을 줄이는 기법으로 '단발 학습(one-shot learning)'이라는 것이 있는데, 이 기법을 이용하면 전통적인 모형에 쓰이는 자료 집합보다 몇 자릿수 적은 크기의 자료로도 전통적인 모형과 비슷한 정확도를 달성하는 것이 가능할 때가 있다.

NLP 파이프라인이 주어진 훈련 자료 집합의 문자 메시지들뿐만이 아닌 실제 세상의 좀 더 다양한 문자 메시지들도 처리할 수 있으려면 이러한 일반화가 꼭 필요하다.

4.4.3 PCA를 이용한 문자 메시지 잠재 의미 분석

그럼 먼저 scikit-learn의 PCA 모형을 문자 메시지들에 적용해 보자. 앞에서 우리는 3차원 말 자료점들을 2차원 평면에 투영하기 위해 이 PCA 모형을 사용했는데, 이번에는 9,232차원의 TF-IDF 벡터들을 16차원의 주제 벡터들로 줄이는 데 PCA 모형을 사용한다.

[주35] 과대적합과 일반화는 부록 D에서 좀 더 이야기한다.

```
>>> from sklearn.decomposition import PCA

>>> pca = PCA(n_components=16)
>>> pca = pca.fit(tfidf_docs)
>>> pca_topic_vectors = pca.transform(tfidf_docs)
>>> columns = ['topic{}'.format(i) for i in range(pca.n_components)]
>>> pca_topic_vectors = pd.DataFrame(pca_topic_vectors, columns=columns,\
...      index=index)
>>> pca_topic_vectors.round(3).head(6)
         topic0   topic1   topic2   ...    topic13   topic14   topic15
sms0      0.201    0.003    0.037   ...     -0.026    -0.019     0.039
sms1      0.404   -0.094   -0.078   ...     -0.036     0.047    -0.036
sms2!    -0.030   -0.048    0.090   ...     -0.017    -0.045     0.057
sms3      0.329   -0.033   -0.035   ...     -0.065     0.022    -0.076
sms4      0.002    0.031    0.038   ...      0.031    -0.081    -0.021
sms5!    -0.016    0.059    0.014   ...      0.077    -0.015     0.021
```

이 출력에 나온 주제들(topic0~ topic15)이 무엇을 말하는지는 각 주제에 각 단어가 어느 정도로 "담겨 있는지"를 보면, 즉 그 주제에 대한 각 단어의 가중치를 보면 짐작할 수 있다. 예를 들어 어떤 주제에 "half"와 "off"의 가중치가 높다면 그 주제는 "half off" 같은 문구가 많이 나오는 메시지들을 요약하는 것이므로 '할인(discount)' 주제라고 부르면 될 것이다.

> **팁** 적합된(fitted) scikit-learn 변환의 가중치들은 해당 객체의 **components_** 속성으로 확인할 수 있다.

그럼 PCA 변환의 모든 차원에 단어들을 배정하자. TfidfVectorizer는 어휘를 각 단어가 색인 번호(열 번호)에 대응되는 사전 자료 구조의 형태로 저장하므로, 먼저 단어들을 적절한 순서로 정렬할 필요가 있다.

```
>>> tfidf.vocabulary_
{'go': 3807,
 'until': 8487,
 'jurong': 4675,
 'point': 6296,
...
>>> column_nums, terms = zip(*sorted(zip(tfidf.vocabulary_.values(),\
...      tfidf.vocabulary_.keys())))   ◄──── 어휘의 단어들을 빈도순으로 정렬한다.
>>> terms                                      이 "zip(*sorted(zip(A, B)))" 패턴은
('!',                                          A의 요소들을 순서대로 정렬하고 B의
 '"',                                          요소들은 A 요소들의 새 순서에 맞게
 '#',                                          정렬하는 데(결과적으로 A와 B의 서로
 '#150',                                       대응되는 요소들이 정렬 후에도 여전
...                                            히 대응되도록) 유용하다.[역2]
```

[역2] 이 설명이 잘 이해가 되지 않는다면, https://git.io/JexAT의 예제가 조금은 도움이 될 것이다.

다음으로, 이 열 번호들과 단어 및 그 빈도들, 그리고 주제들로 Pandas의 DataFrame 객체를 만들고, 각 주제의 각 단어 점수(가중치)를 보기 좋은 표 형태로 표시한다.

```
>>> weights = pd.DataFrame(pca.components_, columns=terms,
➥ index=['topic{}'.format(i) for i in range(16)])
>>> pd.options.display.max_columns = 8
>>> weights.head(4).round(3)
           !       "       #  ...        …      十     三ud      鈇
topic0 -0.071  0.008 -0.001  ...   -0.002  0.001  0.001  0.001
topic1  0.063  0.008  0.000  ...    0.003  0.001  0.001  0.001
topic2  0.071  0.027  0.000  ...    0.002 -0.001 -0.001 -0.001
topic3 -0.059 -0.032 -0.001  ...    0.001  0.001  0.001  0.001
```

주제(행)에는 그냥 번호만 붙어 있다. 각 주제가 실제로 무엇에 관한 것인지 알려면 단어들의 가중치를 살펴봐야 한다. 지금 예제의 목표는 스팸을 걸러내는 것이므로, 스팸에 관련된 주제들에 집중해야 할 것이다. 그럼 할인 상품 광고나 불법 제품 광고 같은 거래(deal) 관련 스팸에 나올 만한 단어들("half", "off" 등등)의 점수가 높은 주제들을 찾아보자.

```
>>> pd.options.display.max_columns = 12
>>> deals = weights['! ;) :) half off free crazy deal only $ 80 %'
➥ .split()].round(3) * 100
>>> deals
           !    ;)     :)  half  off  free  crazy  deal  only    $    80     %
topic0  -7.1   0.1   -0.5  -0.0 -0.4  -2.0   -0.0  -0.1  -2.2  0.3  -0.0  -0.0
topic1   6.3   0.0    7.4   0.1  0.4  -2.3   -0.2  -0.1  -3.8 -0.1  -0.0  -0.2
topic2   7.1   0.2   -0.1   0.1  0.3   4.4    0.1  -0.1   0.7  0.0   0.0   0.1
topic3  -5.9  -0.3   -7.1   0.2  0.3  -0.2    0.0   0.1  -2.3  0.1  -0.1  -0.3
topic4  38.1  -0.1  -12.5  -0.1 -0.2   9.9    0.1  -0.2   3.0  0.3   0.1  -0.1
topic5 -26.5   0.1   -1.5  -0.3 -0.7  -1.4   -0.6  -0.2  -1.8 -0.9   0.0   0.0
topic6 -10.9  -0.5   19.9  -0.4 -0.9  -0.6   -0.2  -0.1  -1.4 -0.0  -0.0  -0.1
topic7  16.4   0.1  -18.2   0.8  0.8  -2.9    0.0   0.0  -1.9 -0.3   0.0  -0.1
topic8  34.6   0.1    5.2  -0.5 -0.5  -0.1   -0.4  -0.4   3.3 -0.6  -0.0  -0.2
topic9   6.9  -0.3   17.4   1.4 -0.9   6.6   -0.5  -0.4   3.3 -0.4  -0.0   0.0
...
>>> deals.T.sum()
topic0   -11.9
topic1     7.5
topic2    12.8
topic3   -15.5
topic4    38.3
topic5   -33.8
topic6     4.8
topic7    -5.3
topic8    40.5
topic9    33.1
...
```

주제 4, 8, 9는 거래 관련 단어들에 대한 점수의 합이 비교적 큰 양수이므로 거래를 뜻하는 주제일 가능성이 있다. 반면 주제 0, 3, 5는 해당 점수 합이 비교적 큰 음수이므로 아마도 거래와는 상반된 주제일 것이다. 주제 4, 8, 9의 점수가 비슷하기 때문에 딱 하나를 거래를 대표하는 주제라고 부르기는 어렵다.

> **중요** 토큰화 함수 casual_tokenize는 "80%"를 ["80", "%"]로, "$80 million"을 ["$", 80, "million"]로 분리한다. 따라서 LSA나 2-그램 토큰화를 사용하지 않는 한, NLP 파이프라인은 그냥 "80"이라는 토큰을 공유할 뿐 무관한 단어 조합들인 80%와 $80 million을 구분하지 못한다.

이처럼 주제의 의미를 파악하는 것이 LSA의 어려운 점 중 하나이다. LSA는 단어들 사이의 일차 관계만 허용한다. 그리고 현실적으로 말뭉치가 그리 크지 않을 때가 많기 때문에, 사람이 의미를 파악하기 어려운 단어 조합들도 많이 나온다. PCA는 그냥 9,232개의 단어 빈도들의 분산이 가장 커지는 조합을 찾을 뿐이며, 따라서 사람이 보기에는 전혀 다른 여러 주제의 여러 단어가 하나의 차원(주성분)으로 합쳐지는 일이 발생한다.

4.4.4 절단된 SVD를 이용한 문자 메시지 잠재 의미 분석

이번에는 scikit-learn의 TruncatedSVD 모형을 시험해 보자. 이것이 LSA에 대한 좀 더 직접적인 접근 방식이다. 이 모형에서는 scikit-learn PCA 모형이 숨겼던 세부 사항을 어느 정도 직접 살펴볼 수 있다. 이 모형은 희소 행렬을 다루므로, 자료 집합의 덩치가 큰 경우에는 TruncatedSVD 대신 PCA를 사용하는 것이 처리 속도 면에서 유리할 것이다. TruncatedSVD의 'SVD' 부분은 TF-IDF 행렬을 세 개의 행렬로 분할한다. 그리고 TruncatedSVD의 'Truncated' 부분은 TF-IDF 행렬에 관한 정보가 적은 차원들을 폐기한다. 폐기된('절단된') 차원들은 말뭉치의 문서들 전체에서 그 분산이 작은 '주제(단어 빈도들의 일차결합)'에 해당한다. 이런 폐기된 차원들은 말뭉치의 전반적인 의미에 별로 기여하지 않는 주제들이다. 이런 주제들은 모든 문서에서 고르게 쓰이는 불용어나 기타 단어들을 많이 담고 있다.

이 예제에서는 TruncatedSVD를 이용해서 단어들을 16개의 가장 흥미로운 주제들, 즉 TF-IDF 벡터들의 분산이 가장 큰 단어 조합들에 해당하는 16개의 주제로 축약한다.

```
>>> from sklearn.decomposition import TruncatedSVD

>>> svd = TruncatedSVD(n_components=16, n_iter=100)
```

PCA에서처럼 16개의 주제를 산출하되, PCA만큼 정확한 결과를 얻기 위해 자료를 100번 반복해서 처리한다(기본은 다섯 번).

```
                                    fit_transform()은 TF-IDF 벡터들을 분해하고
                                    주제 벡터들로 변환하는 과정을 한 번에 수행한다.
>>> svd_topic_vectors = svd.fit_transform(tfidf_docs.values)
>>> svd_topic_vectors = pd.DataFrame(svd_topic_vectors, columns=columns,\
...     index=index)
>>> svd_topic_vectors.round(3).head(6)
       topic0  topic1  topic2   ...   topic13  topic14  topic15
sms0    0.201   0.003   0.037   ...    -0.036   -0.014    0.037
sms1    0.404  -0.094  -0.078   ...    -0.021    0.051   -0.042
sms2!  -0.030  -0.048   0.090   ...    -0.020   -0.042    0.052
sms3    0.329  -0.033  -0.035   ...    -0.046    0.022   -0.070
sms4    0.002   0.031   0.038   ...     0.034   -0.083   -0.021
sms5!  -0.016   0.059   0.014   ...     0.075   -0.001    0.020
```

TruncatedSVD가 산출한 주제 벡터들이 PCA 모형이 산출한 것들과 정확히 일치함을 주목하기 바란다. 이는 반복 횟수(n_iter)를 기본보다 훨씬 크게 잡았고 각 단어(열)의 TF-IDF 빈도들을 0에 대해 중심화한(각 빈도에서 평균을 빼서) 덕분이다.

PCA의 경우처럼 각 주제의 의미를 알려면 단어 가중치(주제 점수)들을 살펴봐야 한다. 그렇지만 스팸 필터가 목적인 경우에는 각 주제의 구체적인 의미를 파악할 필요 없이 그 주제가 스팸과 관련된 것인지 아닌지만 파악해도 된다. 출력을 보면 훈련 자료에서 미리 스팸으로 분류된 메시지에는 해당 식별자(첫 열)에 느낌표(!)가 붙어 있다. 스팸 메시지들에서 점수가 높은 주제들은 스팸에 관한 주제일 가능성이 크다. 이런 식으로 수치들을 보고 스팸성 주제를 파악하기가 쉽지는 않지만, 가능한 일이다. 특히 컴퓨터라면 몇천 개의 훈련 견본들을 분석해서 주제 공간에서 스팸성 주제들과 비스팸성 주제들을 어느 정도 잘 분리하는 기준들을 사람보다는 쉽게 찾아낼 수 있다.

4.4.5 스팸 분류에 대한 LSA의 정확도

이런 식으로 얻은 벡터 공간 모형이 스팸 분류에 얼마나 효과적인지 측정하는 한 가지 방법은 같은 부류(스팸 또는 비스팸)에 속하는 벡터들의 코사인 유사도를 보는 것이다. 이 방법이 과연 유효한지 확인하기 위해, 처음 여섯 문자 메시지의 처음 여섯 주제 벡터들의 내적을 구해 보자. 이 방법이 유효하다면, 예를 들어 두 스팸 메시지 sms2와 sms5의 코사인 유사도가 크게 나올 것이고, 햄 메시지 sms0과 스팸 메시지 sms2의 코사인 유사도는 음수일 것이다.

```
>>> import numpy as np

>>> svd_topic_vectors = (svd_topic_vectors.T / np.linalg.norm(\
...     svd_topic_vectors, axis=1)).T    ◀──┤ 내적을 이용해서 코사인 유사도를 계산하기 위해, 미리
                                              각 주제 벡터를 그 길이(L2 노름)로 정규화해 둔다.
```

```
>>> svd_topic_vectors.iloc[:10].dot(svd_topic_vectors.iloc[:10].T).round(1)
       sms0  sms1  sms2!  sms3  sms4  sms5!  sms6  sms7  sms8!  sms9!
sms0    1.0   0.6  -0.1   0.6  -0.0  -0.3  -0.3  -0.1  -0.3  -0.3
sms1    0.6   1.0  -0.2   0.8  -0.2   0.0  -0.2  -0.2  -0.1  -0.1
sms2!  -0.1  -0.2   1.0  -0.2   0.1   0.4   0.0   0.3   0.5   0.4
sms3    0.6   0.8  -0.2   1.0  -0.2  -0.3  -0.1  -0.3  -0.2  -0.1
sms4   -0.0  -0.2   0.1  -0.2   1.0   0.2   0.0   0.1  -0.4  -0.2
sms5!  -0.3   0.0   0.4  -0.3   0.2   1.0  -0.1   0.1   0.3   0.4
sms6   -0.3  -0.2   0.0  -0.1   0.0  -0.1   1.0   0.1  -0.2  -0.2
sms7   -0.1  -0.2   0.3  -0.3   0.1   0.1   0.1   1.0   0.1   0.4
sms8!  -0.3  -0.1   0.5  -0.2  -0.4   0.3  -0.2   0.1   1.0   0.3
sms9!  -0.3  -0.1   0.4  -0.1  -0.2   0.4  -0.2   0.4   0.3   1.0
```

"sms0" 열(대칭행렬이므로 행도 마찬가지이다)을 따라가면서 다른 메시지들의 코사인 유사도를 살펴보면, 스팸 메시지들("sms2!," "sms5!," "sms8!," "sms9!")과 "sms0"의 코사인 유사도는 모두 음수이다. 따라서 "sms0"에 대한 주제 벡터는 이 스팸 메시지들에 대한 주제 벡터와 상당히 다르다(서로 반대 방향을 보고 있다). 즉, 이는 비스팸 메시지들이 스팸 메시지들과는 다른 내용을 말하고 있음을 뜻한다.

같은 방식으로 "sms2!" 열을 따라가 보면 다른 스팸 메시지들과의 코사인 유사도가 높음을 알 수 있다. 즉, 스팸 메시지들은 비슷한 의미를 공유하며, 같은 '주제'를 말한다.

이상의 예는 의미 기반 검색의 작동 방식을 보여준다. 코사인 유사도를 이용해서 질의 벡터(질의문의 주제 벡터)를 문서 데이터베이스에 대한 주제 벡터들과 비교해서 질의 벡터와 가장 가까운(즉, 코사인 유사도가 가장 큰) 주제 벡터를 찾는다. 그 주제 벡터에 해당하는 문서가 바로 주어진 질의문과 가장 비슷한 의미를 담은 문서이다. '스팸성'은 문자 메시지 주제들에 혼합해 넣을 수 있는 '의미' 중 하나일 뿐이다.

안타깝게도, 한 부류(스팸 또는 비스팸)에 속한 주제 벡터들 사이의 이러한 유사도가 모든 메시지에서 성립하지는 않는다. 이 주제 벡터 집합에 대해 스팸 메시지와 비스팸 메시지를 가르는 '분리선'을 찾기가 어려울 수 있다. 주어진 메시지가 스팸인지 아닌지를 항상 정확하게 구분하는 하나의 문턱값을 정하기가 쉽지 않을 것이다. 그러나, 일반적으로 주어진 메시지의 스팸성이 낮을수록 해당 벡터가 자료 집합의 다른 스팸 메시지와 더 멀리 떨어져 있다는 점은 확실하다. 이것이 주제 벡터들을 이용해서 스팸 필터를 구축하는 데 필요한 이론적 근거이다. 기계 학습 알고리즘으로 미리 스팸 또는 비스팸으로 분류된 훈련용 문자 메시지들의 주제들을 살펴보고 그로부터 스팸 메시지와 비스팸 메시지를 가르는 초평면(또는 기타 어떤 경계 기준)을 산출하는 것이 불가능하지 않다.

절단된 SVD를 사용할 때는 주제 벡터들을 계산하기에 앞서 특잇값(고윳값)들을 폐기할 필요가 있다. scikit-learn의 절단된 SVD 구현(TruncatedSVD)이 특잇값 행렬 S(§4.3.2)의 비례계수들을 무시하게 하는 요령은 크게 두 가지이다.

- TF-IDF 벡터들을 해당 길이(L^2-노름)로 정규화한다.
- 각 TF-IDF 용어 빈도에서 평균 빈도를 빼서 빈도들을 중심화한다.

정규화 과정은 고윳값들에서 '비례(scaling; 확대·축소)' 또는 편향을 모두 제거한다. 결과적으로 SVD는 TF-IDF 벡터들을 변환하는 행렬의 회전 성분들만 처리하게 된다. 이처럼 고윳값(벡터의 비례 또는 길이)들을 무시하는 것은 주제 벡터 공간을 경계 짓는 초입방체(hypercube)를 "바로 세우는(square up)" 것에 해당한다. 그러면 모형은 모든 주제를 동일한 정도로 중요하게 처리한다. 이 기법을 여러분 자신의 SVD 구현에 사용하고 싶다면, SVD 또는 절단된 SVD를 계산하기 전에 모든 TF-IDF 벡터를 L^2-노름으로 정규화하면 된다. scikit-learn의 PCA 구현은 자료를 '중심화', '백화'함으로써 이러한 정규화를 수행한다.

이런 정규화를 적용하지 않으면, 자주 언급되지 않은 주제들이 실제보다 약간 더 큰 가중치를 받게 된다. '스팸성'은 전체 메시지의 13%만 언급하는 드문 주제이므로, 스팸성에 해당하는 개별 주제들은 이 정규화(고윳값 무시)에 의해 더 큰 가중치를 받는다. 결과적으로 해당 주제들은 스팸성 같은 미묘한 특성들과 좀 더 강하게 연관된다.

팁 의미 분석을 위한 알고리즘은 LSA, PCA, SVD, 절단된 SVD, LDiA 등으로 다양하다. 어떤 알고리즘의 어떤 구현을 사용하든 중요한 것은 먼저 BOW 벡터나 TF-IDF 벡터들을 정규화해야 한다는 것이다. 그렇게 하지 않으면 주제들의 비례계수 차이가 커진다. 주제들의 비례계수 차이가 크면 모형이 미묘하고 드문 주제들을 구별하는 능력이 감소한다. 기계 학습이나 최적화의 어법에 익숙한 독자라면, 이런 비례 차이가 목적함수의 등고선 지형에 깊은 계곡과 강을 만든다고 하면 이해가 더 잘 될 것이다. 그런 굴곡진 지형에서는 기계 학습 알고리즘이 주제들에 대한 최적의 문턱값을 찾아내기 어렵다.

LSA와 SVD의 개선

의미 분석과 차원 축소에 특잇값 분해가 유용하다는 점이 밝혀지면서 연구자들은 특잇값 분해 알고리즘을 더욱 확장하고 개선하기 시작했다. 그런 개선안들은 대부분 비NLP 문제를 위한 것이지만, 독자가 다른 문헌들에서 그런 개선안들을 마주칠 수도 있으므로 여기서 간단하게나마 언급하겠다. 다음 세 개선안은 추천 시스템에서 NLP 내용 기반 추천 엔진과 함께 쓰이는 행동 기반 추천 엔진에 종종 쓰인다. 그리고 NLP의 품사 통계 분석에도 쓰인 바 있다.[주36] 사실 그 어떤 행렬 인수분해 기법이나 차원 축소 기법이라도 자연어의 용어 빈도들에 적용하

[주36] S. Feldman, M. A. Marin, M. Ostendorf, M. R. Gupta. "Part-of-speech Histograms for Genre Classification of Text". 웹 http://citeseerx.ist.psu.edu/viewdoc/download?doi=10.1.1.332.629&rep=rep1&type=pdf

는 것이 가능하다. 따라서, 언젠가 여러분의 의미 분석 파이프라인에서 이 개선안들의 좋은 용도를 찾을 수도 있을 것이다. 소개할 개선안들은 다음과 같다.

- 이차 판별 분석(quadratic discriminant analysis, QDA)

- 무작위 투영(random projection)

- 비음수 행렬 인수분해(nonnegative matrix factorization, NMF; 또는 음수 미포함 행렬 분해)

QDA는 LDA의 한 대안이다. QDA는 선형(일차) 변환이 아니라 이차 다항식 변환 행렬을 산출한다. 이 변환 행렬이 정의하는 벡터 공간을 이용해서 벡터들을 여러 부류로 나눈다. LDA와는 달리 QDA의 벡터 공간에서 부류들을 가르는 경계는 사발이나 반구, 하프파이프 같은 이차 곡면이다.

무작위 투영은 SVD와 비슷한 행렬 분해 및 변환 접근 방식이지만, 알고리즘이 확률적(비결정론적)이기 때문에 실행할 때마다 다른 해답이 나온다. 그렇지만 이런 확률적 성격 덕분에 알고리즘을 여러 대의 컴퓨터에서 병렬로 수행하기가 쉽다. 그리고 이 알고리즘을 여러 번 실행하면 SVD의(그리고 LSA의) 결과보다 나은 결과가 나오기도 한다. 그러나 NLP 문제에는 무작위 투영이 거의 쓰이지 않으며, 널리 쓰이는 구현(NLP의 Spacy나 NLTK 패키지 같은)도 없다. 만일 이 기법을 NLP에 적용하고 싶다면, 현재로서는 꽤 많은 코드를 여러분이 스스로 구현해야 할 것이다.

대부분의 경우는 이런 개선안들보다는 효과가 이미 검증된 SVD 알고리즘에[주37] 기초한 LSA를 사용하는 것이 낫다.

4.5 잠재 디리클레 할당(LDiA)

이번 장에서 우리는 잠재 의미 분석(LSA)이 무엇인지 설명하고 scikit-learn의 구현을 활용해서 또는 NumPy를 이용해서 좀 더 직접적으로 몇 가지 예제 말뭉치에 대해 LSA를 수행해 보았다. 대부분 주제 모형화나 의미 검색, 내용 기반 추천 엔진에서 가장 먼저 선택해야 할 기법이 이 LSA이다. 내용 기반 영화 추천 알고리즘들을 비교한 소니아 베르가마스키[Sonia Bergamaschi]와 로라 포[Laura Po]의 2015년 논문에 따르면 LSA가 LDiA보다 약 두 배로 정확하다.[주38] LSA에 깔린 수학

[주37] 전통적으로 SVD는 비정방 행렬의 '유사 역행렬(pseudo-inverse)'을 계산하는 데 쓰였다. 따라서 이 기법의 용도가 얼마나 많은지 짐작할 수 있을 것이다.

[주38] S. Bergamaschi, L. Po, "Comparing LDA and LSA Topic Models for Content-Based Movie Recommendation Systems". 웹 https://www.semanticscholar.org/paper/e0247475102b93143b6de85fff0f3967b209f9f6

은 간단하고도 효율적이다. LSA로 얻은 선형 변환 행렬은 추가적인 훈련 없이도 새로운 자연어 텍스트 말뭉치에 적용할 수 있다. 그래도 정확도가 거의 낮아지지 않는다. 그러나 몇몇 상황에서는 이번 절에서부터 이야기할 잠재 디리클레 할당(LDiA)이 약간 더 나은 결과를 낸다.

NLP의 맥락에서 LDiA는 LSA(그리고 그 기반인 SVD)처럼 하나의 주제 모형을 산출한다. LDiA가 LSA와 다른 점은 단어 빈도들이 디리클레 분포를 따른다고 가정한다는 점이다. LSA의 선형 모형보다 LDiA의 디리클레 분포가 단어 빈도들의 분포를 좀 더 정확하게 반영한다.

LDiA는 이번 장 도입부에서 했던 사고 실험과 비슷한 방식으로 의미 벡터 공간(주제 벡터들의 공간)을 산출한다. 사고 실험에서 우리는 특정 단어들이 같은 문서에 함께 등장하는 횟수에 기초해서 단어들을 주제들에 직접 배정했다. 그리고 한 문서에 대한 각 단어의 주제 점수들을 이용해서 문서의 주된 주제를 파악해 보았다. LDiA의 주제 모형도 이처럼 단어들을 주제에 배정하고 주제들을 문서에 배정하는 접근 방식을 따르기 때문에 LSA보다 이해하기가 더 쉽다.

LDiA는 각 문서를 임의의 개수의 주제들의 혼합(일차결합)으로 간주한다. 주제 개수는 LDiA 모형을 훈련하기 전에 개발자가 미리 정한다. LDiA는 또한 각 주제를 단어 출현 횟수(용어 빈도)들의 분포로 표현할 수 있다고 가정한다. 더욱 중요하게는, LDiA에서는 한 주제가 어떤 한 문서의 실제 의미에 해당할 '확률'과 한 단어가 어떤 한 주제에 속할 '확률'이 디리클레 확률분포(좀 더 정확하게는 사전(prior) 확률분포)를 따른다고 가정한다. 이 가정 때문에 잠재 디리클레 할당이라는 이름이 붙었다.

4.5.1 LDiA의 기초

디리클레 분포에 기초한 분석 방법은 2000년에 영국의 유전학자들이 유전자 서열에서 "집단 구조(population structure)를 추론하기 위해" 고안했다.[39] NLP에서 이 접근 방식이 유명해진 것은 스탠퍼드 대학교의 데이비드 블레이[David Blei]와 앤드루 응[Andrew Ng], 마이클 조던[Michael Jordan]이 쓴 2003년 논문[40] 덕분이다. 유명 대학의 유명한 연구자가 사용하는 뭔가 엄청난 기법인 것 같아서 겁먹지는 말기 바란다. 잠시 후에 파이썬 코드 몇 줄로 이 기법의 핵심을 보여줄 것이다. 간단한 예제를 통해서 이 기법의 작동 방식을 직관적으로 이해하고 나면, 여러분의 파이프라인에 어떻게 적용해야 할지(또는, 적어도 무엇을 더 공부해야 할지) 짐작할 수 있을 것이다.

블레이와 응은 앞의 사고 실험을 뒤집은 과정을 상상했다. 그들은 컴퓨터가 주사위를 던지는(난수 발생) 것만으로 말뭉치의 문서들을 작성하는 방법을 고민했다. 단, 컴퓨터가 다루는

---

[39] J. Pritchard, M. Stephens, P. Donnelly, "Inference of Popluation Structure Using Multilocus Genotype Data". 웹 http://www.genetics.org/content/155/2/945

[40] D. Blei, A. Ng, M. Jordan, "Latent Dirichlet Allocation". 웹 http://www.jmlr.org/papers/volume3/blei03a/blei03a.pdf

것은 기본적으로 단어 모음들이므로, 단어들을 의미가 통하는 문장으로 연결해서 실제 문서를 작성하는 문제는 생략했다. 그들은 그냥 각 문서의 특정 BOW의 일부가 될만한 단어들의 혼합에 대한 통계적 모형을 만들었다.

그들의 논의에서 프로그램(문서 생성기)은 두 단어 중 하나를 선택하는 과정을 반복함으로써 특정 문서에 대한 단어 혼합을 생성한다. 이때 선택의 확률은 특정한 확률분포를 따른다. 어떤 확률분포를 선택하느냐는 이를테면 롤플레잉 게임에서 캐릭터를 처음 설정할 때 캐릭터의 각 특성치를 몇 면 주사위를 몇 개 던져서 계산하느냐를 결정하는 것과 비슷하다. 예를 들어 D&D에서는 6면 주사위를 두 개 던져서 나온 수치(힘, 지능, 매력 등)들로 캐릭터 시트('문서')를 채운다. LDiA도 이와 비슷하지만, 주사위의 면이 훨씬 많고 주사위들도 훨씬 많으며 주사위 눈금들을 합산하는 규칙도 복잡한데, 이는 사람이 분석한 실제 문서들의 주제 및 단어 빈도들을 잘 반영하는 확률분포를 적용하기 위해서이다.

LDiA에 기초한 문서 생성기는 다음 두 가지를 '주사위'(난수)로 결정한다.

1. 문서를 위해 생성할 단어들의 수(푸아송 분포)
2. 문서를 위해 혼합할 주제들의 수(디리클레 분포)

일단 이 두 수를 결정한 후에는 문서를 위한 단어들을 고르는 실제 작업을 진행한다. 가상의 BOW 생성기는 각 주제를 훑으면서 그 주제에 적합한 단어를 고르는 과정을 단어 수가 앞의 1번에서 결정한 문서당 단어 수에 도달할 때까지 반복한다. 이 과정에서 어려운 부분은 주제에 적합한 단어들을 고르는 것이다. 일단 각 주제에 대한 각 단어의 기여도 또는 '확률'을 계산해서 용어-주제 행렬로 저장해 두었다면, 문서 생성기('봇')는 그냥 주어진 주제에 대한 단어 확률들을 이용해서 특정 단어를 확률적으로 선택하면 된다. 용어-주제 행렬이 어떤 모습인지 잘 기억이 나지 않는다면 이번 장의 이전 예제들을 다시 살펴보기 바란다.

문서의 단어 수를 결정하는 데 쓰이는 푸아송 분포(주사위 던지기 단계 1)는 '평균' 문서 길이라는 매개변수 하나로 정의된다. 그리고 주제 개수를 결정하는 데 쓰이는 디리클레 분포는 그보다 두 개 많은 세 개의 매개변수로 정의된다. 두 수치를 결정한 후에는, 문서에 사용할 모든 단어와 모든 주제의 용어-주제 행렬만 있으면 간단한 절차로 새로운 문서(그냥 단어 모음의 형태일 뿐이지만)들을 생성할 수 있다.

이러한 문서 생성 문제를 뒤집으면 원래의 문제, 즉 기존 문서의 단어들로부터 문서의 주제를 추정하는 문제가 된다. 이 문제를 풀려면 두 주사위 던지기(난수 발생)에 관한 매개변수들을 구해야 한다. 그런 다음에는 말뭉치에서 용어-주제 행렬을 계산해야 한다. 이것이 LDiA가 하는 일이다.

블레이와 응은 말뭉치의 문서들을 통계학적으로 분석하면 두 난수 발생 확률분포의 매개변수들을 구할 수 있음을 깨달았다. 1번 수치, 즉 문서의 단어 수를 결정하기 위해서는 해당 푸아송 분포를 정해야 하는데, 이를 위한 평균은 말뭉치의 모든 문서에 대한 단어 모음들의 평균 단어 수(또는 평균 n-그램 수)로 설정하면 된다. 다음은 이를 계산하는 파이썬 코드이다.

```
>>> total_corpus_len = 0
>>> for document_text in sms.text:
...     total_corpus_len += len(casual_tokenize(document_text))
>>> mean_document_len = total_corpus_len / len(sms)
>>> round(mean_document_len, 2)
21.35
```

평균을 계산하는 두 줄을 다음과 같이 한 줄로 표현할 수도 있다.

```
>>> sum([len(casual_tokenize(t)) for t in sms.text]) * 1. / len(sms.text)
21.35
```

이 통계량은 반드시 BOW들에서 직접 계산해야 함을 주의하기 바란다. 문서들을 토큰화하고 벡터화한(Counter()를 적용한) 단어들의 수를 세어야 한다. 또한, 먼저 불용어 필터링이나 기타 정규화를 적용한 후에 고유한 단어들의 수를 세어야 한다는 점도 명심하기 바란다. 즉, 문서에 실제로 쓰인 단어 중 불용어들을 제외한 단어들의 종류를 세어야 한다. 이 예제의 LDiA 알고리즘은 이번 장의 다른 알고리즘들처럼 단어 모음 벡터 공간 모형을 가정한다.

2번 수치, 즉 주제의 수는 좀 더 까다롭다. 특정 문서 집합의 주제 수는 실제로 단어들을 주제들에 배정해 보기 전까지는 정확히 측정할 수 없다. 이는 k-평균 군집화나 k-최근접 이웃(KNN) 군집화 같은 군집화 알고리즘들처럼 먼저 k를 결정해야 다음 단계로 나아갈 수 있는 것과 비슷한 상황이다. 이런 딜레마를 극복하는 한 가지 방법은 주제 개수(k-평균 군집화의 군집 개수 k에 해당하는)를 잠정적으로 결정해서 알고리즘을 수행한 후 그 결과를 보고 주제 개수를 좀 더 조율해 나가는 것이다. 어쨌든, 일단 주제 개수를 지정해 주면, LDiA는 각 주제에 대해 목적함수가 최적값이 되는 단어들의 혼합을 찾아낸다.[주40]

이 k(주제 수)[주43]처럼 알고리즘의 작동 방식과 다른 매개변수들의 계산에 영향을 미치는 매개변수를 '초매개변수(hyperparameter)'라고 부른다. LDiA를 반복하면서 이 k 값을 조율하다 보면 최고의 성과가 나오는 k 값에 도달할 것이다. 물론 이러한 최적화 과정을 자동화하는 것도

[주42] 블레이와 응의 원논문에서는 이 초매개변수를 k 대신 θ로 표기했다.

[주41] LDiA의 목적함수에 관한 좀 더 자세한 사항은 M. Hoffman, D. Blei, F. Bach의 원논문 "Online Learning for Latent Dirichlet Allocation"(https://www.di.ens.fr/%7Efbach/mdhnips2010.pdf)을 보기 바란다.

가능한데, 그러려면 LDiA 언어 모형의 품질을 평가하는 방법이 필요하다. 즉, LDiA의 결과가 말뭉치에 있는 문서들의 의미를 얼마나 잘 나타내는지 측정할 수 있어야 한다. 한 가지 방법은 LDiA 모형을 어떤 분류 또는 회귀 문제에 적용해서 그 결과와 정답의 오차를 측정하는 것이다. 기계 학습의 어법으로 말하면 이는 모형의 '비용함수(cost function)'를 평가하는 것에 해당한다. 이전에 논의한 감정 분석이 그러한 분류/회귀 문제에 속하며, 문서의 키워드 태깅이나 주제 분석도 분류/회귀 문제에 속한다. 정답으로서의 분류명(감정, 키워드, 주제 등)이 붙은 문서들로 LDiA 모형(주제 모형 또는 분류기)을 실행해서 오차를 측정하면 된다.[주43]

4.5.2 문자 메시지 말뭉치에 대한 LDiA 주제 모형

LDiA가 산출한 주제들은 사람이 좀 더 이해하기 쉽고 "설명하기" 쉽다. LDiA는 함께 자주 출현한 단어들을 같은 주제로 묶기 때문인데, 이는 사람이 단어와 주제의 관계를 생각하는 방식과 비슷하다. LSA(SVD)가 원래 떨어져 있던 것들을 계속 떨어뜨려 놓는다고 하면, LDiA는 원래 가까이 있던 것들을 계속 가까이 두려 한다.

그게 그거라고 생각할 수도 있지만 그렇지 않다. 둘에 깔린 수학 공식들은 그 최적화 대상이 다르다. 즉, 둘은 목적함수(objective function)가 다르며, 따라서 다른 목표에 도달한다. 고차원 공간에서 가까이 있던 벡터들이 그것을 축소한 저차원 공간에서도 가까이 있게 하기 위해 LDiA는 공간을(따라서 그 안의 벡터들을) 비선형적인 방식으로 비틀고 일그러뜨린다. 원래의 공간이 3차원이고 그것을 2차원으로 '투영'하는 경우가 아닌 한, LDiA의 이러한 변환을 시각화하기 어렵다.

다른 독자들에게 도움이 되고 싶다면, 그리고 그 과정에서 뭔가 배우고 싶다면, NLPiA 프로젝트(https://github.com/totalgood/nlpia)의 말(馬) 투영 예제(https://github.com/totalgood/nlpia/blob/master/src/nlpia/book/examples/ch04_horse.py)에 여러분의 코드를 기여하기 바란다. 수천 개의 말 자료점 각각의 3차원 좌표를 단어 "x", "y", "z"의 출현 횟수(정수)들로 변환해서 단어-문서 벡터를 생성하고, 그 점들로부터 새로운 '문서'들을 합성해서 이번 절의 LDiA와 이전 절들의 LSA를 적용하는 코드를 작성하는 것은 어떨까? 그러면 두 접근 방식에서 말의 2차원 '그림자(투영)'가 어떻게 다른지 시각화할 수 있다.

그럼 스팸 또는 비스팸 분류명이 붙어 있는 몇천 개의 문자 메시지들로 이루어진 자료 집합에 LDiA를 적용해 보자. 우선 할 일은 문자 메시지(문서)들의 TF-IDF 벡터들을 생성하고

주43 오하이오주 마이애미 대학교(http://www.lib.miamioh.edu/people/)의 사서인 크레이그 바우만(Craig Bowman)은 미국 국회 분류 시스템을 이용해서 구텐베르크 프로젝트의 책들에 주제 분류명을 붙이고 있다. 이는 아마도 가장 야심 차고 친사회적인 열린 과학(open-science) NLP 프로젝트일 것이다(https://github.com/craigboman/gutenberg). 적어도 내가 아는 프로젝트 중에서는 그렇다.

그로부터 주제 벡터를 계산하는 것이다. 여기서는 이전 예제들처럼 문자 메시지의 스팸성을 분류하는 데 사용할 주제를 단 16개로 한정한다. 주제의 수(차원 수)를 낮게 유지하면 과대적합을 줄이는 데 도움이 된다.[주44]

LDiA는 정규화된 TF-IDF 벡터가 아니라 원본 BOW 빈도 벡터에 대해 작동한다. 다음은 scikit-learn을 이용해서 BOW 벡터들을 손쉽게 구하는 방법을 보여주는 예제 코드이다.

```
>>> from sklearn.feature_extraction.text import CountVectorizer
>>> from nltk.tokenize import casual_tokenize
>>> np.random.seed(42)

>>> counter = CountVectorizer(tokenizer=casual_tokenize)
>>> bow_docs = pd.DataFrame(counter.fit_transform(raw_documents=sms.text)\
...     .toarray(), index=index)
>>> column_nums, terms = zip(*sorted(zip(counter.vocabulary_.values(),\
...     counter.vocabulary_.keys())))
>>> bow_docs.columns = terms
```

확인 삼아 첫 문자 메시지('sms0')의 단어 모음을 살펴보자.

```
>>> sms.loc['sms0'].text
'Go until jurong point, crazy.. Available only in bugis n great world la e
buffet... Cine there got amore wat...'
>>> bow_docs.loc['sms0'][bow_docs.loc['sms0'] > 0].head()
,            1
..           1
...          2
amore        1
available    1
Name: sms0, dtype: int64
```

이제 이 단어 모음들에 대해 LDiA를 적용해서 주제 벡터들을 산출한다.

```
>>> from sklearn.decomposition import LatentDirichletAllocation as LDiA

>>> ldia = LDiA(n_components=16, learning_method='batch')
>>> ldia = ldia.fit(bow_docs)  ◄────────    LDiA는 PCA나 SVD보다 시간이 좀 더 걸린다. 특히
>>> ldia.components_.shape                   주제 수와 말뭉치의 단어 수가 크면 시간이 오래 걸린다.
(16, 9232)
```

마지막 출력에서 보듯이, LDiA는 9,232개의 단어를 16개의 주제(LDiA의 어법으로는 성분

[주44] 과대적합이 왜 나쁘고 일반화가 어떻게 도움이 되는지 좀 더 알고 싶다면 부록 D를 보기 바란다.

(component)에 할당했다. 그럼 어휘의 처음 몇 단어가 16개의 주제에 어느 정도씩이나 할당되었는지 살펴보자. 이 예제를 여러분이 실행했을 때는 여기에 나온 것과는 다른 수치가 나올수 있음을 주의하기 바란다. LDiA는 확률적 알고리즘으로, 단어들을 주제들에 할당할 때 난수에 기초해서 통계적 결정을 내린다. 따라서 여러분이 얻은 주제-단어 가중치들이 아래의 가중치와 같다는 보장은 없다. 그래도 크기는 대체로 비슷할 것이다. 난수 발생 종잣값(seed)을 고정시키지 않는 한, sklearn.LatentDirichletAllocation을(또는 다른 어떤 LDiA 알고리즘을) 실행할 때마다 다른 결과가 나온다.

```
>>> pd.set_option('display.width', 75)
>>> components = pd.DataFrame(ldia.components_.T, index=terms,\
...     columns=columns)
>>> components.round(2).head(3)
        topic0   topic1   topic2   topic3  ...      topic14   topic15
!       184.03   15.00    72.22    394.95  ...      41.16     11.70
"       0.68     4.22     2.41     0.06    ...      12.27     0.06
#       0.06     0.06     0.06     0.06    ...      0.06      0.06
```

가장 많은 주제에 할당된 용어는 느낌표(!)인데, 특히 topic3에 많이 할당되었다. 그 주제에서 큰따옴표(")와 해시 기호(#)는 거의 없는 것이나 마찬가지이다. 아마도 3번 주제는 수치(#)나 인용문보다는 격렬한 감정이나 강조에 관한 것일 가능성이 크다. 실제로 한번 살펴보자.

```
>>> components.topic3.sort_values(ascending=False)[:10]
!       394.952246
.       218.049724
to      119.533134
u       118.857546
call    111.948541
£       107.358914
,       96.954384
*       90.314783
your    90.215961
is      75.750037
```

이 주제의 상위 토큰 10개는 누군가에게 뭔가를 하게 할 때, 특히 뭔가를 사게 만들 때 사용할 만한 감정적인 명령문에 쓰이는 종류의 단어들로 보인다. 만일 이 주제가 비스팸 메시지들보다 스팸 메시지들에서 더 많이 쓰인다면 이 주제는 스팸성과 관련이 있을 것이다. 이상의 간단한 예에서 보듯이, LDiA의 결과(단어들을 주제에 할당한 수치들)는 사람이 보고 주제를 파악하거나 추론하기 쉽다.

다음으로 할 일은 이러한 주제 할당 수치들을 이용해서 모든 문서(기존 문자 메시지)의

LDiA 주제 벡터들을 계산하는 것이다. 그런 다음 그 벡터들을 LDA(선형 판별 분석)에 적용해서 문자 메시지를 스팸 또는 비스팸으로 분류하면 된다. 다음은 LDiA의 주제 벡터들을 계산하는 예인데, 같은 문서들에 대한 SVD와 PCA의 주제 벡터들과도 비교해 보기 바란다.

```
>>> ldia16_topic_vectors = ldia.transform(bow_docs)
>>> ldia16_topic_vectors = pd.DataFrame(ldia16_topic_vectors,\
...       index=index, columns=columns)역3
>>> ldia16_topic_vectors.round(2).head()
       topic0  topic1  topic2  ...   topic13  topic14  topic15
sms0    0.00    0.62    0.00   ...    0.00     0.00     0.00
sms1    0.01    0.01    0.01   ...    0.01     0.01     0.01
sms2!   0.00    0.00    0.00   ...    0.00     0.00     0.00
sms3    0.00    0.00    0.00   ...    0.00     0.00     0.00
sms4    0.39    0.00    0.33   ...    0.00     0.00     0.00
```

각 메시지에 대한 주제 할당 수치를 보면 0들이 많이 있음을 주목하기 바란다. 이는 다른 기법의 주제 벡터들보다 이 주제 벡터들이 주제들을 좀 더 깔끔하게 분리한다는 뜻이다. 이 점은 LDiA 주제 벡터를 상사나 동료에게 설명하기가 더 쉬운 이유 중 하나이다. NLP 파이프라인의 결과에 기초해서 사업상의 결정을 내릴 때 이는 중요한 장점이다.

이상에서 보듯이 LDiA의 주제 벡터들은 사람이 이해하기 쉽다. 컴퓨터에게도 쉬울까? 이 주제들이 LDA 스팸 분류기와 얼마나 잘 맞을까?

4.5.3 LDiA + LDA = 스팸 분류기

그럼 LDiA의 주제들이 스팸성 예측 같은 뭔가 유용한 예측에 얼마나 유용한지 살펴보자. 이를 위해 앞의 LDiA 주제 벡터들로 LDA 모형을 다시 훈련한다(이전에 PCA 주제 벡터들로 했던 것과 같은 방식이다).

```
>>> from sklearn.discriminant_analysis import LinearDiscriminantAnalysis as LDA

>>> X_train, X_test, y_train, y_test =
➥ train_test_split(ldia16_topic_vectors, sms.spam, test_size=0.5,역4
➥ random_state=271828)
>>> lda = LDA(n_components=1)
```

역3 여기서 columns가 정의되지 않았다는 오류가 난다면, 다음과 같이 정의하기 바란다.
columns = ['topic{}'.format(i) for i in range(len(ldia.components_))]

역4 train_test_split은 scikit-learn의 한 함수이다. 정의 오류가 난다면 다음 도입문으로 도입하기 바란다.
from sklearn.model_selection import train_test_split

```
>>> lda = lda.fit(X_train, y_train)
>>> sms['ldia16_spam'] = lda.predict(ldia16_topic_vectors)
>>> round(float(lda.score(X_test, y_test)), 2)
0.94
```

시험 집합에 대한 정확도 94%는 꽤 좋은 결과이지만, 4.7.1절의 LSA(PCA)보다는 못하다.

ldia_topic_vectors 행렬의 행렬식이 0에 가깝기 때문에, 변수들이 동일 선상에 있다는 뜻의 "Variables are collinear." 경고가 나오기 쉽다. 작은 말뭉치에 LDiA를 적용하면 이런 일이 생긴다. 주제 벡터들에 0인 성분들이 많고 일부 문서(메시지)를 다른 메시지 주제들의 일차결합으로 재현할 수 있기 때문이다. 다른 말로 하면, 일부 문자 메시지들에 대해 비슷한(또는 동일한) 주제 혼합이 생긴다.

train_test_split()과 LDiA의 알고리즘은 확률적이다. 따라서 이 예제를 실행할 때마다 다른 결과와 다른 정확도 수치가 나올 것이다. 실험의 재현을 위해 파이프라인이 매번 같은 결과를 내게 하고 싶다면 이 모형들과 자료 집합 분리 함수의 seed 인수를 살펴보기 바란다. 종잣값을 매번 같게 하면 재현 가능한 결과를 얻을 수 있다.

텍스트에 항상 같이 쓰이고 혼자 쓰이지는 않는 단어들로 이루어진 2-그램이나 3-그램이 많이 있으면 'collinear(동일 선상)' 경고가 발생한다. 그런 경우 LDiA 모형은 그런 동등한 단어 빈도들의 가중치들을 임의로 분리해야 한다. 여러분의 문자 메시지들에서 이런 동일 선상(판별식이 0인) 경고를 발생하는 사례들이 있는지 살펴보기 바란다. 한 단어가 항상 다른 단어와 함께 쓰이는 경우를 보면 된다.

물론 그런 사례들을 사람이 일일이 찾기보다는 파이썬으로 검색하는 것이 낫다. 먼저 말뭉치의 단어 모음 벡터들에서 서로 같은 것이 있는지 보기 바란다. 예를 들어 "Hi there Bob!"과 "Bob, Hi there"는 단어 순서는 다르지만 단어 빈도들이 같으므로 단어 모음 벡터도 같다. 파이썬으로 모든 단어 모음 벡터를 다른 모든 단어 모음 벡터와 비교하면 이런 사례를 찾을 수 있다. LDiA이든 LSA이든 이런 사례들은 반드시 '동일 선상' 경고를 발생한다.

BOW 벡터들에서 중복을 찾지 못했다면, 어휘의 모든 가능한 단어 쌍을 나열하고 각각을 단어 모음들과 비교해서 해당 단어 쌍의 두 단어가 있는 문자 메시지들을 찾아보기 바란다. 만일 그 두 단어가 항상 같은 메시지에 등장하고 각 단어가 따로 쓰이는 문자 메시지가 없다면, 그 두 단어는 '동일 선상' 경고를 발생한다. 이런 문제를 발생하는 2-그램의 흔한 예로 유명 인사의 성명(성과 이름)이 있다. 예를 들어 문자 메시지들에 항상 "Bill Gates"만 나오고 "Bill"과 "Gates"가 따로 나오는 메시지가 없다면 이 이름은 동일 선상 경고의 원인이 된다.

팁 주어진 대상들의 모든 가능한 조합(두값쌍 또는 세값쌍)을 나열할 때는 파이썬 내장 함수 product()가 유용하다.

```
>>> from itertools import product
>>> all_pairs = [(word1, word2) for (word1, word2) in product(word_list,
➡ word_list) if not word1 == word2]
```

이 예제에서 우리는 시험 집합(test set; 시험용 자료 집합)에 대해 90% 이상의 정확도를 얻었으며, 자료 집합의 절반만 훈련에 사용했다. 그런데 자료 집합이 크지 않아서 특징들이 동일선상에 놓여 있다는 경고가 발생했다. 이런 상황은 LDA에게 '과소결정(under-determined)' 문제, 즉 미지수가 방정식보다 많은 연립방정식 문제에 해당한다. train_test_split로 말뭉치를 분할한 탓에 주제-문서 행렬의 행렬식(determinant)이 0에 가까워졌다. 필요하다면 LDiA의 n_components(주제 수)를 낮추어서 이 문제를 '해결'할 수도 있지만, 그러면 서로의 일차결합인(동일 선상에 있는) 주제들이 하나로 묶이는 경향이 생긴다.

이 LDiA 모형을 TF-IDF 벡터에 기초한 훨씬 고차원의 모형과 비교해 보자. TF-IDF 벡터는 훨씬 많은 특징으로 구성된다. 이 예제 문자 메시지 말뭉치에서 어휘의 단어(고유 용어)는 3,000개 이상이다. 실제 스팸 메시지는 비교적 적으므로 일반화가 나쁘고 과대적합이 발생할 가능성이 크다. 이는 LDiA와 PCA가 도움이 되는 바로 그런 상황이다.

```
>>> from sklearn.feature_extraction.text import TfidfVectorizer
>>> from nltk.tokenize.casual import casual_tokenize
>>> tfidf = TfidfVectorizer(tokenizer=casual_tokenize)
>>> tfidf_docs = tfidf.fit_transform(raw_documents=sms.text).toarray()
>>> tfidf_docs = tfidf_docs - tfidf_docs.mean(axis=0)

>>> X_train, X_test, y_train, y_test = train_test_split(tfidf_docs,\
...     sms.spam.values, test_size=0.5, random_state=271828)
>>> lda = LDA(n_components=1)   ◄──────
>>> lda = lda.fit(X_train, y_train)   ◄──
>>> round(float(lda.score(X_train, y_train)), 3)
1.0
>>> round(float(lda.score(X_test, y_test)), 3)
0.748
```

> 주어진 문자 메시지가 스팸인지 아닌지 분류하는 것이 목적이므로, 모든 문자 메시지에 단 하나의 주제('스팸성')가 있다고 "가정"한다.
>
> LDA 모형을 특징이 수천 개인 자료 집합에 적합시키려면 시간이 꽤 걸린다. 9,332차원 초평면으로 벡터 공간을 자르는 중이니 느긋하게 기다리길 바란다.

TF-IDF 기반 모형의 훈련 집합 정확도는 100%로 완벽하다. 그러나 시험 집합 정확도는 저차원 주제 벡터들로 훈련했을 때보다 훨씬 못하다.

그리고 스팸 분류기에 중요한 것이 바로 시험 집합 정확도이다. 이 문제를 해결하기 위한 것이 바로 주제 모형화(잠재 의미 분석)이다. 주제 모형화는 작은 훈련 집합으로도 모형을 잘 일반화하기 때문에, 훈련 집합과는 다른 단어들이 쓰인(그러나 주제는 비슷한) 메시지들도 잘 처리한다.

4.5.4 좀 더 공정한 비교: 주제가 32개인 LDiA

이번에는 주제의 수를 늘려서 더 고차원의 모형을 시험해 보자. 앞에서 LDiA가 LSA(PCA)보다 못한 정확도를 낸 것은 아마도 주제가 충분치 않았기 때문일 것이다. 이번 예제에서는 단어들을 32개의 주제에 할당한다(n_components=32).

```
>>> ldia32 = LDiA(n_components=32, learning_method='batch')
>>> ldia32 = ldia32.fit(bow_docs)
>>> ldia32.components_.shape
(32, 9232)
```

다음으로, 말뭉치의 모든 문서(문자 메시지)에 대해 새로운 32차원 주제 벡터를 생성한다.

```
>>> ldia32_topic_vectors = ldia32.transform(bow_docs)
>>> columns32 = ['topic{}'.format(i) for i in range(ldia32.n_components)]
>>> ldia32_topic_vectors = pd.DataFrame(ldia32_topic_vectors, index=index,\
...       columns=columns32)
>>> ldia32_topic_vectors.round(2).head()
       topic0  topic1  topic2  ...   topic29  topic30  topic31
sms0    0.00    0.5     0.0    ...    0.0      0.0      0.0
sms1    0.00    0.0     0.0    ...    0.0      0.0      0.0
sms2!   0.00    0.0     0.0    ...    0.0      0.0      0.0
sms3    0.00    0.0     0.0    ...    0.0      0.0      0.0
sms4    0.21    0.0     0.0    ...    0.0      0.0      0.0
```

이전보다 행렬이 더 희소하다. 즉, 주제들이 더 깔끔하게 분리되었다.

마지막으로, 32차원 LDiA 주제 벡터들로 LDA 모형(분류기)을 다시 훈련하고 훈련 집합과 시험 집합에 대한 정확도를 측정한다.

```
>>> X_train, X_test, y_train, y_test =
➥ train_test_split(ldia32_topic_vectors, sms.spam, test_size=0.5,
➥ random_state=271828)
>>> lda = LDA(n_components=1)
>>> lda = lda.fit(X_train, y_train)
>>> sms['ldia32_spam'] = lda.predict(ldia32_topic_vectors)
>>> X_train.shape   ◄───────
(2418, 32)
>>> round(float(lda.score(X_train, y_train)), 3)
0.924
>>> round(float(lda.score(X_test, y_test)), 3)
0.927   ◄───────
```

> .shape는 주제 벡터의 차원들을 확인하는 또 다른 방법이다.

> 중요한 것은 시험 집합 정확도. 92.7%는 16차원 LDiA 주제 벡터의 94%에 못 미친다.

주제(성분) 수를 늘린 것이 동일 선상 문제를 피하기 위한 것은 아님을 주의하기 바란다. 주제 수를 늘리거나 줄여도 동일 선상 문제가 사라지거나 생기는 것은 아니다. 동일 선상 문제는 바탕 자료 집합 자체에 존재한다. 동일 선상 관련 경고를 제거하고 싶다면 해당 중복 단어 벡터들을 명시적으로 제거하거나, 또는 합성 단어들을 문자 메시지들에 삽입해서 자료 집합에 '잡음'을 추가해야 한다. 어차피 말뭉치에 중복 단어 벡터가 존재하거나 특정 단어 쌍들이 자주 함께 등장한다면, 주제 수를 변경하는 것은 동일 선상 문제에 아무런 도움이 되지 않는다.

주제의 수가 많으면 주제들을 좀 더 정확하게 반영할 수 있다. 그리고 적어도 이 예제의 자료 집합에 대해서는, 주제 수를 늘렸더니 주제들의 선형 분리가 더 좋아졌다. 그러나 분류 정확도는 여전히 PCA + LDA의 96%에 미치지 못한다. 이는 PCA가 SMS 주제 벡터들을 좀 더 효율적으로 분산시켰음을, 즉 스팸인 메시지들과 스팸이 아닌 메시지들 사이의 간격이 커서 초평면이 두 부류를 좀 더 잘 가를 수 있었음을 뜻한다.

scikit-learn이나 gensim의 디리클레 할당 모형 구현 코드를 살펴보는 것도 학습에 큰 도움이 될 것이다. 두 패키지의 LDiA에 대한 API는 LSA에 대한 API들(sklearn.TruncatedSVD와 gensim.LsiModel)과 비슷하다. 이후 장들에서 문서 요약을 이야기할 때 관련 예제를 제시할 것이다. 설명하기 쉬운 주제들을 산출하는 것이 LDiA의 장점이며, 이는 문서 요약 같은 응용에 도움이 된다. 그리고 LDiA의 주제 벡터들은 선형 분류에도 그리 나쁘지 않다.

소스 코드 공부하기

모든 파이썬 모듈에는 __file__이라는 속성이 있다. sklearn.__file__이 그러한 예이다. 이 속성은 해당 모듈의 소스 코드가 있는 경로를 말해 준다. 그리고 iPython(주피터 콘솔)에서는 LDA??처럼 임의의 함수나 클래스, 객체에 ??를 붙여서 그 대상에 대한 좀 더 자세한 사항을 알 수 있다.

```
>>> import sklearn
>>> sklearn.__file__
'/Users/hobs/anaconda3/envs/conda_env_nlpia/lib/python3.6/site-packages/skl
earn/__init__.py'
>>> from sklearn.discriminant_analysis\
...      import LinearDiscriminantAnalysis as LDA
>>> LDA??
Init signature: LDA(solver='svd', shrinkage=None, priors=None, n_components
=None, store_covariance=False, tol=0.0001)
Source:
class LinearDiscriminantAnalysis(BaseEstimator, LinearClassifierMixin,
                                 TransformerMixin):
    """Linear Discriminant Analysis

    A classifier with a linear decision boundary, generated by fitting
```

```
        class conditional densities to the data and using Bayes' rule.

        The model fits a Gaussian density to each class, assuming that all
        classes share the same covariance matrix.
        ...
```

단, C++로 구현된 확장 모듈의 함수나 클래스에 대해서는 이런 방법이 통하지 않는다. 그런 모듈은 소스 코드가 이미 이진 코드로 컴파일된 후이기 때문이다.

4.6 거리와 유사도

새 주제 벡터 공간으로 문서를 분류하려면 제2장과 제3장에서 이야기한 유사도 점수를 다시 살펴볼 필요가 있다. 기억하겠지만, 문서를 표현하는 벡터들 사이의 거리 또는 유사도 점수를 비교함으로써 두 문서가 어느 정도나 비슷한지 파악할 수 있다.

여기서는 LSA 주제 모형이 제3장의 고차원 TF-IDF 벡터 모형과 어느 정도나 일치하는지를 유사도 점수를 이용해서 파악해 본다. 더 높은 차원의 단어 모음들에 담긴 정보를 대거 제거한 모형의 벡터들이 고차원 벡터들과 여전히 비슷하다면 그 모형은 좋은 모형이라 할 수 있다. 또한, 두 주제 벡터 사이의 거리 또는 각도는 해당 문서들의 주제 또는 의미가 얼마나 비슷한지 말해 준다. 좋은 주제 모형이라면 비슷한 주제의 문서들에 대한 벡터들이 주제 벡터 공간 안에서 서로 가까이 있어야 한다.

LSA는 벡터들 사이의 큰 거리를 유지하지만(즉, 원래 떨어져 있던 벡터들은 차원 축소 이후에도 떨어져 있지만), 가까운 거리를 항상 유지하지는 않는다. 즉, LSA를 거치면서 문서들 사이의 미세한 관계 '구조'가 소실될 수 있다. 이는 LSA에 깔린 SVD 알고리즘이 새 주제 벡터 공간에서 모든 문서의 분산을 최대화하는 것에 초점을 두기 때문이다.

특징 벡터(단어 벡터, 주제 벡터, 문서 문맥 벡터 등등)들 사이의 거리는 NLP 파이프라인의(그리고 모든 기계 학습 파이프라인의) 성과에 큰 영향을 미친다. 그런데 고차원 공간에서 거리를 측정하는 방법은 아주 다양하다. 따라서 주어진 NLP 문제에 가장 잘 맞는 측정 방법을 고를 수 있어야 한다. 다음은 흔히 쓰이는 거리 측정 방법들인데, 여러분이 선형대수나 기하학 과정에서 이미 배운 것들도 있지만 처음 보는 것도 있을 것이다.

- 유클리드 거리 또는 평균 제곱근 오차(root mean square error, RMSE): 2-노름(L_2)
- 제곱 유클리드 거리 또는 제곱합 거리(sum of squares distance, SSD): L_2^2

- 코사인 거리 또는 각 거리(angular distance) 또는 투영 거리: 정규화된 내적

- 민코프스키 거리(Minkowski distance): p-노름(L_p)

- 분수 거리(fractional distance) 또는 분수 노름: $0 < p < 1$인 p-노름(L_p)

- 시가지 거리, 맨해튼 거리, 택시 거리, 절대 거리 합(sum of absolute distance, SAD): 1-노름(L_1)

- 자카르 거리(Jaccard distance), 역 집합 유사도(inverse set similarity)

- 마할라노비스 거리(Mahalanobis distance)

- 레벤시테인 거리 또는 편집 거리(edit distance)

거리를 측정하는 방법이 이렇게 많은 것은 거리 측정이 그만큼 중요하기 때문이다. 이러한 여러 쌍별 거리(pairwise distance)들은 scikit-learn에도 구현되어 있다. 그리고 위상기하학 같은 특별한 수학 분야나 통계학, 공학에서는 이 외에도 다양한 측정 방법이 쓰인다.[주45] 참고로 다음은 sklearn.metrics.pairwise 함수가 지원하는 여러 거리 측정 방식이다.[주46]

목록 4.7 scikit-learn의 쌍별 거리

```
'cityblock', 'cosine', 'euclidean', 'l1', 'l2', 'manhattan', 'braycurtis',
'canberra', 'chebyshev', 'correlation', 'dice', 'hamming', 'jaccard',
'kulsinski', 'mahalanobis', 'matching', 'minkowski', 'rogerstanimoto',
'russellrao', 'seuclidean', 'sokalmichener', 'sokalsneath', 'sqeuclidean',
'yule'
```

거리를 유사도 점수로부터 계산할 때도 많고 반대로 유사도 점수로부터 거리를 계산할 때도 많다. 일반적으로 거리는 유사도 점수에 반비례한다. 그리고 유사도 점수는 최소 0, 최대 1의 범위일 때가 많다. 다음은 이러한 관계를 만족하는 변환 공식들이다.

```
>>> similarity = 1. / (1. + distance)
>>> distance = (1. / similarity) - 1.
```

유사도 점수뿐만 아니라 거리도 0과 1 구간일 때는 다음과 같이 뺄셈을 이용해서 변환하는 것이 일반적이다.

[주45] 그 밖의 여러 거리 측도들은 Math.NET Numerics 사이트의 "Distance Metrics" 페이지(https://numerics.mathdotnet.com/Distance.html)를 참고하기 바란다.

[주46] scikit-learn 문서화의 sklearn.metrics.pairwise 항목(http://scikit-learn.org/stable/modules/generated/sklearn.metrics.pairwise_distances.html).

```
>>> similarity = 1. - distance
>>> distance = 1. - similarity
```

코사인 거리는 범위가 이와는 다르다. 두 벡터의 각 거리(angular distance)는 두 벡터의 최대 각도(도 단위로는 180, 라디안 단위로는 π)를 분모로 하는 분수로 표하는 것이 관례이다.[주47] 그런 경우 코사인 유사도와 코사인 거리는 서로의 역수이다.

```
>>> import math
>>> angular_distance = math.acos(cosine_similarity) / math.pi
>>> distance = 1. / similarity - 1.
>>> similarity = 1. - distance
```

'거리'와 '길이'를 '거리함수(metric; 또는 계량)'와 혼동하는 사람이 많다. 거리와 길이가 실제로 유효하고 유용한 거리함수일 때가 많긴 하지만, 모든 거리 또는 길이가 거리함수인 것은 아니다. 진지한 수학 교과서나 집합론 교과서에서 거리함수를 '거리 함수(distance function)'나 '거리 측도(distance measure)'라고 부르기도 한다는 점이 혼동을 가중한다.[주48]

거리함수

일반적인 거리나 '점수'와는 달리, 엄밀한 의미의 거리함수는 다음 네 가지 수학적 성질을 만족한다.

- 비음수성: 거리함수는 음수이어서는 안 된다. metric(A, B) >= 0
- 식별불가능: 거리함수가 0인 두 대상은 동일하다(구별할 수 없다). if metric(A, B) == 0: assert(A == B)
- 대칭성: 거리함수는 방향을 구분하지 않는다. metric(A, B) = metric(B, A)
- 삼각부등식: A에서 C로 직접 가는 것보다 B를 거쳐 가는 것이 더 빠를 수는 없다. metric(A, C) <= metric(A, B) + metric(B, C)

관련된 용어인 **측도**(measure) 역시 일반적인 의미와 함께 엄밀한 수학적 정의도 가지고 있으므로, 주어진 문맥에 따라 그 뜻이 다를 수 있음을 주의해야 한다.

수학에서 말하는 측도는 집합(주로는 수학적 대상들로 이루어진)의 크기이다. 파이썬에서 집합을 대표하는 자료 구조 set은 그 길이를 측정할 수 있지만, 수학에는 크기가 무한한 집합들도 많다. 그리고 집합론에서는 무한대도 여러 종류이다. 측도는 유한한 또는 무한한 여러 수학 집합의 크기 또는 길이(파이썬의 len())을 측정하는 다양한 방식을 아우르는 용어이다.

[주47] 영어 위키백과 "Cosine similarity" 페이지(https://en.wikipedia.org/wiki/Cosine_similarity).

[주48] 영어 위키백과 "Metric (mathematics)" 페이지(https://en.wikipedia.org/wiki/Metric_(mathematics)).

정의 '측도'라는 용어에는 집합의 크기와 관련된 엄밀한 수학적 정의가 있다.[주49] 수학의 맥락에서 쓰이는 측도를 NLP에서 어떤 객체 또는 객체들의 조합으로부터 유도한 점수나 통계량을 뜻하는 측도와 혼동하면 안 된다.

또한, 영어의 measure가 명사뿐만 아니라 동사로도 쓰이는 것과 비슷하게, '측도'에 '~하다'를 붙이면 뭔가를 측정하는 행위를 나타내는 동사가 된다. 그러나 이 책에서 그런 의미의 동사로는 그냥 평범한 "측정하다"를 사용한다.

4.7 피드백에 기초한 방향 조정

LSA에 대한 이전의 모든 접근 방식은 문서들 사이의 유사성에 관한 정보를 고려하지 않았다. 이전 예제들에서 우리는 몇 가지 일반적인 규칙 집합에 최적화된 주제들을 생성했다. 그런 특징(주제) 추출 모형을 비지도 방식으로 학습하는 과정은 주제 벡터들이 서로 얼마나 "가까운지"에 관한 정보를 전혀 활용하지 않았다. 즉, 우리는 주제 벡터들이 놓인 위치 또는 주제 벡터들 사이의 관계에 관한 그 어떤 '피드백feedback'도 허용하지 않았다. '학습된 거리함수(learned distance metrics)'[주50]라고도 부르는 방향 조정(steering) 기법은 차원 축소와 특징 추출 분야의 최신 성과 중 하나이다. 이 기법은 군집화와 내장(embedding) 알고리즘에 보고된 거리 점수에 기초해서 벡터들의 방향을 비용함수가 최소화되도록 조정한다. 그러면 벡터들이 응용에 중요한 정보 내용의 특정 측면에 집중하게 만들 수 있다.

LSA에 관한 이전 절들에서 우리는 문서에 관한 모든 메타 정보를 무시했다. 예를 들어 문자 메시지들을 처리할 때 우리는 문자를 보낸 사람은 고려하지 않았다. 문자 송신자는 주제 유사도를 가늠하는 중요한 단서가 될 수 있으며, 따라서 LSA의 주제 벡터 변환에 유용할 수 있다.

Talentpair 사에서 필자들[역5]은 직무기술서(jop description)에 잘 맞는 이력서를 해당 주제 벡터들의 코사인 유사도를 이용해서 찾아내는 실험을 했다. 단순한 코사인 유사도 비교만으로도 괜찮은 결과를 얻었지만, 주제 벡터들을 후보자들과 그들의 구직 활동을 돕는 인사 관리자들의 피드백에 기초해서 주제 벡터들의 방향을 "조정"했을 때 훨씬 더 나은 결과가 나왔다.

[주49] 영어 위키백과 "Measure (mathematics)" 페이지(https://en.wikipedia.org/wiki/Measure_(mathematics)).

[주50] S. Gould 외, "Superpixel Graph Label Transfer with Learned Distance Metric". 웹 http://users.cecs.anu.edu.au/~sgould/papers/eccv14-spgraph.pdf

[역5] 이 책의 본문과 부록에서 '필자' 또는 '필자들'은 항상 이 책을 쓴 사람들을 뜻하고, '저자'는 다른 어떤 책이나 문헌을 쓴 사람을 뜻한다. 비슷하게, '이 책'이 어떤 책을 가리키는지 애매한 문맥에서는 지금 이 책을 '본서'로 지칭한다.

"잘 부합하는" 벡터 조합들은 방향 조정을 거친 후 다른 조합들보다 가까이 모였다.

　방향 조정을 수행하는 한 가지 방법은 두 무게중심의 평균 차이를 계산하고(LDA에서 했던 것처럼) 그러한 '편향'의 일부를 모든 이력서 또는 직무기술서 벡터에 더하는 것이다. 그렇게 하면 이력서들과 직무기술서들 사이의 평균 주제 벡터 차이가 제거된다. '중식비 지급' 같은 주제는 직무기술서에는 나오겠지만 이력서에는 절대 나오지 않을 것이다. 마찬가지로, 수중 조각 (underwater scuplture) 같은 색다른 취미에 관한 문구는 이력서에는 나올지 몰라도 직무기술서에는 등장할 가능성이 거의 없다. 주제 벡터들에 방향 조정 기법을 적용하면, 모형이 그런 주제들을 무시하고 주어진 모형화 과제에 중요한 주제들에만 집중하게 만드는 데 도움이 된다.

　이런 식으로 편향을 제거해서 주제 벡터들을 개선하는 데 관심이 있는 독자라면 구글 학술 검색(Google Scholar; http://scholar.google.com/)에서 "learned distance/similarity metric"이나 "distance metrics for nonlinear embeddings"를 검색해 보기 바란다. 그러면 예를 들어 "Distance Metric Learning: A Comprehensive Survey"[주51] 같은 문헌을 찾아낼 수 있다. 시간이 있는 독자라면 scikit-learn 프로젝트에 '방향 조정' 기능을 추가해 달라는 제안을 제출해 보기 바란다(http://github.com/scikit-learn/scikit-learn/issues). 능력이 된다면 해당 기능을 구현한 코드를 프로젝트에 기여하는 것도 좋을 것이다.

4.7.1 선형 판별 분석(LDA)

그럼 분류명 붙은 문자 메시지들로 선형 판별 분석 모형을 훈련해 보자. LDA는 LSA와 비슷하되, 고차원 공간에서 차원들(BOW나 TF-IDF 벡터의 단어들)의 최고의 일차결합을 찾아내려면 분류명이나 기타 점수들이 미리 부여된 훈련 자료가 필요하다. LSA는 새 벡터 공간에서 모든 벡터가 서로 최대한 떨어지게(즉, 분산이 최대가 되게) 만드는 반면, LDA는 부류들 사이의 거리, 즉 한 부류에 속하는 벡터들의 무게중심과 다른 부류에 속하는 벡터들의 무게중심 사이의 거리를 최대화한다.

　LDA를 수행하려면 LDA 알고리즘에게 분류명 붙은 견본들을 제공해서 우리가 모형화하고자 하는 '주제'들이 무엇인지 알려주어야 한다. 그래야 알고리즘이 고차원 공간을 저차원 공간으로 변환하는 최적의 행렬을 계산할 수 있다. 그리고 그 결과로 얻은 저차원 벡터의 차원은 우리가 제공할 수 있는 서로 다른 분류명 또는 점수보다 많을 수 없다. 지금 예에서는 하나의 '스팸성' 주제만 있으면 되므로, LDA는 1차원 벡터를 산출한다. 다음은 이러한 1차원 주제 모형이 스팸 문자 메시지들을 얼마나 잘 판별하는지 시험해 보는 코드이다.

[주51] L. Yang, "Distance Metric Learning: A Comprehensive Survey", 2006. 웹 https://www.cs.cmu.edu/~liuy/frame_survey_v2.pdf

```
>>> lda = LDA(n_components=1)
>>> lda = lda.fit(tfidf_docs, sms.spam)
>>> sms['lda_spaminess'] = lda.predict(tfidf_docs)
>>> ((sms.spam - sms.lda_spaminess) ** 2.).sum() ** .5
0.0
>>> (sms.spam == sms.lda_spaminess).sum()
4837
>>> len(sms)
4837
```

오차가 0.0이라는 것은 이 모형이 자료 집합의 모든 스팸 메시지를 정확히 골라냈음을 뜻한다. 그런데 별로 대단한 일은 아니다. 이는 단지 이 모형이 자료에 과대적합했다는 뜻일 뿐이다. 문서가 몇천 개 정도인 말뭉치에 대해 모형이 모든 정답을 '암기'하는 것은 그리 놀라운 일이 아니다. 좀 더 의미 있는 정확도를 얻기 위해 이 모형에 교차 검증을 수행해 보자.

```
>>> from sklearn.model_selection import cross_val_score
>>> lda = LDA(n_components=1)
>>> scores = cross_val_score(lda, tfidf_docs, sms.spam, cv=5)
>>> "Accuracy: {:.2f} (+/-{:.2f})".format(scores.mean(), scores.std() * 2)
'Accuracy: 0.76 (+/-0.03)'
```

결과를 보면 이 모형이 그리 좋은 모형이 아님이 분명하다. 이 예제는 훈련 집합에 대해 모형이 좋은 성과를 낸다고 해서 기뻐할 필요가 없음을 잘 말해 준다.

cross_val_score 함수가 돌려준 정확도 76%가 진짜로 맞는 수치인지 확인하기 위해, 이번에는 자료 집합의 3분의 1을 시험 집합으로 사용해서 직접 정확도를 측정해 보자.

```
>>> from sklearn.model_selection import train_test_split
>>> X_train, X_test, y_train, y_test = train_test_split(tfidf_docs,\
...     sms.spam, test_size=0.33, random_state=271828)
>>> lda = LDA(n_components=1)
>>> lda.fit(X_train, y_train)
LinearDiscriminantAnalysis(n_components=1, priors=None, shrinkage=None,
            solver='svd', store_covariance=False, tol=0.0001)
>>> lda.score(X_test, y_test).round(3)
0.765
```

역시 시험 집합 정확도가 낮게 나왔다. 자료 표집(sampling; 표본 추출)에 운이 따르지 않은 것으로 보인다. 이번 모형은 나쁜, 과대적합된 모형이라고밖에 할 수 없다.

이번에는 LSA를 LDA와 결합하면 모형의 정확도가 올라가는지, 특히 훈련에 사용하지 않은 새로운 문자 메시지들을 잘 분리하는지 살펴보자.

```
>>> X_train, X_test, y_train, y_test =
➡ train_test_split(pca_topicvectors.values, sms.spam, test_size=0.3,
➡ random_state=271828)
>>> lda = LDA(n_components=1)
>>> lda.fit(X_train, y_train)
LinearDiscriminantAnalysis(n_components=1, priors=None, shrinkage=None,
            solver='svd', store_covariance=False, tol=0.0001)
>>> lda.score(X_test, y_test).round(3)
0.965
>>> lda = LDA(n_components=1)
>>> scores = cross_val_score(lda, pca_topicvectors, sms.spam, cv=10)
>>> "Accuracy: {:.3f} (+/-{:.3f})".format(scores.mean(), scores.std() * 2)
'Accuracy: 0.958 (+/-0.022)'
```

이 결과에서 보듯이 LSA를 적용하면 문자 메시지가 스팸인지 아닌지에 관한 정보를 대부분 유지하면서도 문자 메시지를 단 16개의 차원으로 특징지을 수 있다. 또한, 저차원 모형은 과대 적합 가능성이 훨씬 낮고 일반화가 좋다. 따라서 이전에 본 적이 없는 문자 메시지들도 잘 분류한다.

이렇게 해서 우리는 이번 장 도입부에서 본 "가장 간단한" 의미 분석 모형으로 다시 돌아왔다. 다양한 의미 분석 방법들을 시험해 보았지만 단순한 LDA 모형보다 정확도가 높은 것은 없었다. 그러나 LDA에 LSA를 결합한 새 모형은 문장의 의미를 여러 개의 차원으로 표현하는 벡터를 만들어낼 수 있다는 장점이 있다. 그러면 그러한 주제 벡터의 장점을 살펴보자.

4.8 주제 벡터의 위력

주제 벡터를 이용하면 단어나 문서, 문장, 심지어 말뭉치들의 의미를 비교할 수 있으며, 그러한 비교에 기초해서 비슷한 문장들이나 문서들을 '군집(cluster)'으로 묶을 수 있다. 주제 벡터가 있으면 단순히 단어 사용 통계량에만 기초해서 문서들의 거리를 측정하는 수준에서 벗어날 수 있으며, 문서 검색 시 단어 선택 또는 어휘에만 기초해서 결과들의 관련성 점수를 매기는 수준에서 벗어날 수 있다. 이제는 질의문과 의미가 비슷한, 따라서 사용자의 의도를 좀 더 정확히 반영하는 문서들을 찾아낼 수 있다.

이런 검색을 '의미 기반 검색'이라고 부르는데, 이를 '의미론적 웹(semantic web)'[주52]과 혼동하지는 말기 바란다. 의미 기반 검색은 강력한 검색 엔진들이 사용자가 입력한 질의문을 구성하

주52   의미론적 웹은 웹 페이지를 작성할 때 단순히 겉모습(표현)을 정의하는 것에서 벗어나서 웹 페이지를 구성하는 요소들(텍스트, 이미지, 동영상)의 종류나 그들 사이의 관계에 관한 연결성 정보까지도 HTML 문서에 태그들로 표시하는 관행을 말한다.

는 단어들이 그리 많이 들어 있지 않은 문서라도 그 질의문에 담긴 의도와 잘 맞는 문서들을 찾아주는 데 사용하는 검색 기법의 한 종류이다. 그런 고급 검색 엔진들은 LSA 주제 벡터를 이용해서 "The Cheese Shop"의 파이썬 패키지들이 플로리다의 애완동물 상점에 있는 파이썬[역6]보다는 '루비 젬'에 더 가깝다는 점을 알아챈다.[주53]

의미 기반 검색은 의미 있는 텍스트를 생성하는 수단이기도 하다. 그러나 우리의 뇌는 고차원 객체나 벡터, 초평면, 초구면, 초입방체를 다루는 데 능숙하지 않다. 소프트웨어 개발자이자 기계 학습 기술자인 우리의 직관은 차원이 3을 넘어가면 깨져 버린다.

예를 들어 구글 지도(Google Maps)에서 위도와 경도로 어떤 위치를 찾는 것은 어렵지 않다. 위도와 경도는 하나의 2차원 벡터에 해당한다. 예를 들어 위도와 경도로 주어진 한 지점과 가장 가까운 커피숍을 찾으려면, 그냥 그 지점에서 시작해서 점차 범위를 넓혀 가면서 커피숍을 찾으면 된다. 이를 프로그램으로 구현하는 것도 가능하다. 그냥 주어진 지점을 중심으로 정사각형 형태의 경계 상자(bounding box)를 만들고, 그 경계 상자의 크기를 점점 키우면서 그 정사각형 안에 속하는 특징점을 찾으면 된다. 그러나 초평면들과 초입방체들이 존재하는 고차원 공간에서 그런 경계 상자를 상상하기란 쉽지 않다.

제프리 힌턴[Geoffry Hinton]이 말했듯이, "14차원 공간의 초평면들을 다루는 방법은 그냥 3차원 공간을 시각화하고 그것이 14차원이라고 크게 외치는 것이다." 혹시 애벗[Abbott]이 1884년 발표한 플랫랜드[Flatland]를 아직 감수성이 풍부하던 어린 시절에 읽은 독자라면 고차원의 세계를 좀 더 잘 상상할 수 있을지도 모르겠다. 어쩌면 3차원 세상에서 벗어나 한 차원 높은 세상에서 3차원 세상을 내려다보는 능력을 가진 독자도 있을 것이다. 플랫랜드에서처럼 고차원 공간의 단어들을 3차원 세계에 투영한 그림자를 다시 2차원 그래프로 시각화하면 고차원 공간을 이해하는 데 도움이 된다. §4.1.5에 나온, TF-IDF 벡터들의 3차원 산점도를 나타낸 그림 4.2가 그런 예이다. 그리고 제3장의 3차원 단어 모음 벡터들이 나오는 예제로 돌아가서 해당 어휘에 단어를 하나 더 추가해 4차원의 텍스트 의미 세계를 만든 후 그것을 시각화해 봐도 재미있을 것이다.

잠시 4차원이라는 것을 곰곰이 생각해 보기 바란다. 특히 주목할 것은, 3차원에서 단지 차원이 하나 더 늘어났을 뿐이지만, 2차원에서 3차원으로의 변화에 비해 복잡도가 지수적으로 커진다는 점이다. 마찬가지로, 2차원에서 3차원으로의 변화는 1차원 세계(직선)에서 2차원 세계(삼각형, 사각형, 원 같은 평면 도형들을 세계)로의 변화에 비해 복잡도 증가가 지수적이다.

[역6] python은 원래 비단뱀을 뜻한다. 한편 "The Cheese Shop"은 파이썬 패키지 저장소 PyPi의 별칭인데, 더 거슬러 올라가면 파이썬이라는 이름의 기원이 된 몬티 파이선(Monty Python; 영국의 코미디 그룹)의 한 방송의 이름이다.

[주53] 루비(Ruby)는 프로그래밍 언어이다. 루비의 모듈 또는 패키지를 젬(gem; 준보석)이라고 부른다.

1차원 직선에서 2차원 사각형, 3차원 입방체 등으로 나아가는 과정에서 우리는 정수가 아닌 분수 차원, 소위 프랙탈fractal 차원이라고 부르는 기이한 세계를 건너뛰었다. 예를 들어 1차원과 2차원 사이에는 1.5차원이 있다. 이러한 1.5차원 프랙탈은 길이가 무한한 선이 2차원 평면을 가득 채우는 것에 해당하지만, 그래도 차원이 2보다 낮다.[주54] 다행히 이들은 '진짜' 차원이 아니다.[주55] 따라서 NLP에서 이들을 걱정할 필요는 없다. 단, 거리 계량 공식에 비정수 성분들이 포함된 p-노름 같은 분수 거리함수를 NLP 파이프라인에 사용할 일이 생긴다면 프랙탈 차원을 만나게 될 수도 있다.[주56]

4.8.1 의미 기반 검색

특정 단어나 문구가 있는 문서를 검색하는 것을 **전문 검색**(full text search)이라고 부른다. 검색 엔진들이 하는 일이 바로 전문 검색이다. 검색 엔진들은 문서를 여러 조각으로(보통은 단어 단위로) 나누고, 각 조각이 어떤 문서들에 있는지를 말해 주는 **역색인**(inverted index)을 작성한다. 이는 교과서 끝에 나오는 찾아보기와 비슷하다. 사용자가 입력한 질의문의 오타나 철자 오류와 관련한 여러 관리 작업과 추측이 많이 필요하긴 하지만,[주57] 이런 역색인 기반 접근 방식은 기본적으로 잘 작동한다.

의미 기반 검색(semantic search; 또는 시맨틱 검색)은 질의문을 구성하는 단어들의 의미를 고려해서 문서를 찾는다. 이번 장에서는 단어나 문서의 의미(뜻)를 벡터 형태로 표현한 주제 벡터를 생성하는 두 가지 방법(LSA와 LDiA)을 이야기했다. 잠재 의미 분석을 예전에는 잠재 의미 색인화(indexing)라고 불렀는데, 그 이유 중 하나는 이 기법이 BOW나 TF-IDF 벡터 같은 수치들의 '색인'을 이용한 의미 기반 검색을 가능하게 하리라는 전망이었다. 당시 의미 기반 검색은 정보 검색 분야에서 크게 주목받았다.

그러나 BOW나 TF-IDF 테이블과는 달리 의미 벡터들의 테이블은 전통적인 역색인 기법들로 쉽사리 이산화하고 색인화할 수 없다. 전통적인 색인화 접근 방식은 단어 출현 여부 벡터 같은 이진 벡터나 BOW 벡터 같은 이산 벡터, TF-IDF 벡터 같은 희소 연속 벡터, 3차원 GIS 데이터 같은 저차원 연속 벡터를 대상으로 한다. 그러나 LSA나 LDiA의 주제 벡터 같은 고차원 연속 벡터는 그런 접근 방식으로 색인화하기 어렵다.[주58] 역색인은 이산 벡터나 이진 벡터들,

[주54] E. Pearse, "Fractals, Dimension, And Nonsmooth Analysis". 웹 http://www.math.cornell.edu/~erin/docs/research-talk.pdf

[주55] The Physicist, "Q: What are fractional dimensions?". 웹 http://www.askamathematician.com/2012/12/q-what-are-fractional-dimensions-can-space-have-a-fractional-dimension/

[주56] D. François, V. Wertz, M. Verleysen, "The Concentration of Fractional Distances". 웹 https://perso.uclouvain.be/michel.verleysen/papers/tkde07df.pdf

[주57] 예를 들어 PostgreSQL 같은 데이터베이스의 전문 검색은 단어들로는 파싱되지 않은 오타나 철자 오류를 극복하기 위해 일반적으로 문자 단위 3-그램을 사용한다.

[주58] 고차원 자료의 군집화는 고차원 자료를 경계 상자들로 이산화하거나 색인화하는 것에 해당한다. 이에 관해서는 영어 위키백과 "Clustering high dimensional data" 페이지(https://en.wikipedia.org/wiki/Clustering_high_dimensional_data)를 보기 바란다.

이를테면 이진 또는 정수 단어-문서 벡터들에 적합하다. 그런 경우에는 각각의 0이 아닌 이산 차원 성분들에 대해서만 색인 항목을 두어도 된다. 이때 그 차원의 값은 참조된 벡터나 문서에 존재하거나 존재하지 않거나 둘 중 하나이다. 그리고 TF-IDF 벡터는 희소 벡터이므로 대부분의 차원이 0이다. 따라서 대부분의 문서에 대한 대부분의 차원에 대해 색인의 항목을 둘 필요가 없다.[주59]

LSA와 LDiA가 산출하는 주제 벡터는 고차원 연속 조밀(0인 성분이 별로 없는) 벡터이다. 그리고 의미 분석 알고리즘은 규모가변적 검색에 적합한 효율적인 색인을 제공하지 않는다. 사실, 이전에 언급한 차원의 저주 때문에 정확한 색인을 얻는 것은 불가능하다. 잠재 의미 색인화의 '색인화'는 현실이 아니라 희망이었을 뿐이므로, 잠재 의미 색인화라는 용어는 오해의 소지가 있다. 아마도, 주제 벡터를 산출하는 의미 분석 알고리즘을 잠재 의미 '분석'이라고 부를 때가 더 많은 이유가 바로 이것일 것이다.

고차원 벡터를 효율적으로 색인화하는 방법 하나는 지역 민감 해시(locality sensitive hash, LSH; 또는 국소성 민감 해시)를 사용하는 것이다. 지역 민감 해시는 초공간의 한 영역을 서술하는 우편번호에 비유할 수 있다. 그리고 보통의 해시처럼 지역 민감 해시는 이산적이고 오직 벡터의 성분들에만 의존한다. 그러나 이 기법도 차원 수가 12를 넘어가면 더 이상 완벽하게 작동하지 않는다. 그림 4.6의 표는 주제 벡터의 크기(차원 수)에 따른 의미 기반 검색의 정확도를 보여준다. 주제 벡터의 차원은 2부터 16까지이다(기억하겠지만, 스팸 문자 메시지 예제의 벡터가 16차원이었다).

이 표는 지역 민감 해싱으로 많은 수의 의미 벡터들을 색인 화했을 때의 검색 정확도를 반영한 것이다. 12차원부터는 상위 10개의 검색 결과가 모두 정확하길 기대할 수 없으며, 상위 100개가 모두 정확한 것은 6차원까지이다.

그렇다면, 색인 없이 100차원 벡터에 대해 의미 검색을 수행하려면 어떻게 해야 할까? LSA를 이용해서 질의 문자열을 주제 벡터로 변환하는 방법은 이미 알고 있다. 그리고 코사인 유사도(내적)를 이용해서 두 벡터의 유사도를 측정함으로써 질의문과 비슷한 뜻을 담은 문서를 찾는 방법도 알고 있다. 주어진 질의문과 의미가 가장 비슷한 문서를 찾는 정확한(exact) 의미 기반 검색을 수행하려면 모든 문서의 주제 벡터를 질의문의 주제 벡터와 비교해야 한다. 즉, 문서가 n개이면 벡터 비교를 n번 수행해야 하며, 따라서 내적도 n번 수행해야 한다.

[주59] 영어 위키백과 "Inverted index" 페이지(https://en.wikipedia.org/wiki/Inverted_index).

차원	코사인 거리의 100분의 1	상위 1개가 정확함	상위 2개가 정확함	상위 10개가 정확함	상위 100개가 정확함
2	.00	참	참	참	참
3	.00	참	참	참	참
4	.00	참	참	참	참
5	.01	참	참	참	참
6	.02	참	참	참	참
7	.02	참	참	참	거짓
8	.03	참	참	참	거짓
9	.04	참	참	참	거짓
10	.05	참	참	거짓	거짓
11	.07	참	참	참	거짓
12	.06	참	참	거짓	거짓
13	.09	참	참	거짓	거짓
14	.14	참	거짓	거짓	거짓
15	.14	참	참	거짓	거짓
16	.09	참	참	거짓	거짓

그림 4.6 **12차원부터 의미 기반 검색의 정확도가 떨어지기 시작한다.**

NumPy로 행렬 곱셈 연산들을 병렬화할 수 있지만, 그렇다고 연산 횟수 자체가 줄지는 않는다. 단지 병렬화한 만큼 속도가 빨라질 뿐이다.[주60] 근본적으로 정확한 의미 기반 검색을 위해서는 질의당 O(N) 회의 내적 계산(곱셈과 덧셈으로 이루어진)이 필요하다. 간단히 말해서 말뭉치가 커지면 연산 횟수도 그에 정비례해서 커진다. 구글 검색의 커다란 말뭉치 규모에서는, 심지어 위키 의미 기반 검색의 말뭉치 규모에서도, 이런 O(N) 알고리즘이 통하지 않는다.

현실적인 우회책은 완벽한 색인을 만들려 하거나 정확한 검색 결과를 얻으려 하는 대신 "충분히 좋은" 결과를 추구하는 것이다. 예를 들어 LSH와 함께 근사 최근접 이웃(approximate nearest neighbor) 알고리즘을 이용하면 큰 말뭉치에 대한 효율적인 의미 기반 검색이 가능하다. 그리고 근사 최근접 이웃 알고리즘을 효율적이고 정확하게 구현한 오픈소스 패키지들도 여러 개 있다. 사용과 설치가 쉬운 패키지를 두 개만 소개하자면 다음과 같다.

- Spotify의 Annoy 패키지[주61]
- gensim의 gensim.models.KeyedVector 클래스[주62]

[주60] 쌍별 거리를 계산하는 파이썬 코드(특히 이중 for 루프)를 병렬화하면 실행 속도를 거의 100배 증가할 수 있다. Hacker Noon 사이트의 "Vectorizing the Loops with Numpy" 페이지(https://hackernoon.com/speeding-up-your-code-2-vectorizing-the-loops-with-numpy-e380e939bed3)를 보기 바란다.

[주61] Spotify의 연구자들이 Annoy 패키지의 성능을 다른 여러 알고리즘과 구현의 성능과 비교한 결과가 해당 GitHub 저장소(https://github.com/spotify/annoy)에 있다.

[주62] gensim이 수백 차원의 단어 벡터에 사용하는 접근 방식은 임의의 의미 벡터 또는 주제 벡터에도 잘 통한다. gensim 문서화의 "KeyedVectors" 페이지(https://radimrehurek.com/gensim/models/keyedvectors.html)를 보기 바란다.

엄밀히 말해서 이런 색인화 또는 해싱 해법들에 기초한 의미 기반 검색이 주어진 질의문에 가장 잘 부합하는 문서를 찾아낸다는 보장은 없다. 그렇지만 이런 기법을 이용하면 "충분히 좋은" 검색 결과들을 TF-IDF 벡터나 단어 모음 벡터에 대한 전통적인 역색인에 기초한 검색 엔진만큼이나 빨리 얻을 수 있다. 정확성을 조금 희생하는 대신 커다란 속도 향상을 얻는다고 생각하면 될 것이다.[주63]

4.8.2 개선안

이번 장은 제1부의 마지막 장이다. 이후의 장들에서는 이번 장에서 이야기한 주제 벡터 개념을 좀 더 조율해서 단어들과 연관된 벡터를 더욱 정밀하고 유용하게 만든다. 그러한 개선의 비결은 신경망과 심층 학습이며, 그것이 제2부 전체의 주제이다. 제2부의 첫 장인 제5장에서는 신경망의 기초를 이야기한다. 신경망을 파이프라인에 도입하면 짧은 텍스트 조각들에서, 심지어는 개별 단어들에서 의미를 추출하는 것도 가능해진다.

요약

- 의미 분석의 한 방법은 SVD(특잇값 분해)로 TF-IDF 벡터들과 단어 모음 벡터들을 분해해서 주제 벡터들로 만드는 것이다.
- 사람이 이해하고 설명하기 쉬운 주제 벡터들을 계산해야 한다면 LDiA를 사용하라.
- 어떤 방법으로 주제 벡터를 만들었든, 의미에 기초해서 문서를 찾는 의미 기반 검색에 주제 벡터들을 사용할 수 있다.
- 주제 벡터로 문자 메시지가 스팸인지 아닌지 예측할 수 있으며, SNS 메시지가 "좋아요"를 받을 만한지 예측할 수도 있다.
- 근사 최근접 이웃 알고리즘으로 의미 벡터 공간에서 가까이 있는 벡터들을 찾아낼 수 있다. 이는 '차원의 저주'를 피하는 효과적인 방법이다.

[주63] 고차원 벡터의 가장 가까운 이웃을 더욱 빠르게 찾아내는 방법을 배우고 싶다면 부록 F를 보기 바란다. 당장 결과를 얻고 싶다면, 그냥 Spotify Annoy 패키지를 이용해서 주제 벡터들을 색인화하면 된다.

II

더 깊은 학습: 신경망 적용

제1부에서 우리는 자연어 처리를 위한 기본 도구들을 살펴보았으며, 통계에 기초한 벡터 공간 모형들을 통해서 기계 학습의 영역에 발을 들였다. 특히 우리는 단어의 연결 관계에 관한 통계량들을 살펴보면 더 많은 의미를 찾아낼 수 있음을 발견했다.[주a] 그리고 단어들을 주제들로 묶음으로써 그런 연결 관계를 좀 더 잘 포착하는 잠재 의미 분석(LSA) 알고리즘과 여러 관련 알고리즘을 배웠다.

그러나 제1부는 단어들 사이의 선형(linear) 관계들만 고려했다. 그리고 사람이 특징 추출기의 설계에 직접 관여하고 모형 매개변수들을 직접 선택해야 할 때도 많았다. 제2장의 신경망은 그런 지루한 특징 추출 관련 작업의 대부분을 스스로 처리한다. 그리고 제2부의 모형이 제1부에서처럼 사람이 손수 조율한 특징 추출기로 만든 모형보다 더 정확할 때가 많다.

다층 신경망으로 기계 학습을 수행하는 것을 가리켜 심층 학습 또는 딥러닝deep learning이라고 부른다. 자연어 처리와 인간의 사고 과정의 모형화에 대한 이 새로운 접근 방식은 철학자들과 신경과학자들이 말하는 '연결주의(connectionism)'[주b]에 기초한다. 사용 가능한 계산 자원의 증가와 풍부한 오픈소스 문화 덕분에 심층 학습에 대한 진입 장벽이 크게 낮아졌다. 제2부에서는 심층 학습이라고 하는 '블랙박스'를 열어젖혀서 텍스트를 더 깊고 비선형적인 방식으로 모형화하는 방법을 살펴본다.

제2부의 첫 장에서는 신경망의 기초를 설명한다. 그 이후 장들에서는 다양한 종류의 신경망을 소개하고 그것들을 NLP에 적용하는 방법을 논의한다. 제1부와는 달리 제2부에서는 단어들 사이의 패턴뿐만 아니라 단어 안의 글자들 사이의 패턴도 살펴본다. 제2부의 끝에서는 기계 학습을 이용해서 컴퓨터가 새로운 텍스트를 생성하게 하는 방법도 제시한다.

[주a] 그런 연결 관계에 관한 통계량의 하나로 **조건부 확률**(conditional probability)이 있다. NLP의 맥락에서 조건부 확률은 어떤 단어가 주어졌을 때(조건) 다른 어떤 단어가 그 단어 앞에 또는 뒤에 나올 확률을 뜻한다. **교차상관**(cross correlation; 또는 상호상관) 역시 그런 연결 관계에 관한 또 다른 통계량이다. NLP의 맥락에서 이는 두 단어가 함께 나올 가능성을 나타낸다. 단어들을 주제(단어 빈도들의 일차결합)로 묶는 데 유용한 수단으로는 단어-문서 행렬의 **특잇값**과 **특이 벡터**가 있다.

[주b] C. Buckner, J. Garson, "Connectionism", *Stanford Encyclopedia of Philosophy*, 웹 https://plato.stanford.edu/entries/connectionism

PART II

Deeper learning (neural networks)

5

신경망 첫걸음: 퍼셉트론과 역전파

이 장에서 다루는 내용

- 신경망의 역사
- 뉴런과 퍼셉트론
- 역전파
- 신경망을 제어하는 매개변수들
- 케라스를 이용한 기본적인 신경망 구현

지난 몇 년간 신경망이 제공하는 가능성에 많은 사람이 열광했다. 얼마 전에는 신경망이 입력 자료를 분류하고 식별하는 능력이 주목받았고, 좀 더 최근에는 특정 구조의 신경망이 독창적인 내용을 생성해 내는 능력이 사람들을 놀라게 했다. 현재 크고 작은 기업들이 이미지 캡션 달기에서부터 자동차의 자율주행, 위성 사진에서 태양광 패널 찾기, CCTV 동영상에서 얼굴 인식하기 같은 다양한 과제에 신경망을 활용하고 있다. 그리고 다행히 NLP에도 신경망을 활용할 여지가 많다. 심층 신경망에 관한 과대광고나 미신이 많지만, 로봇이 인류를 지배할 날은 조회 수를 올리려는 낚시성 기사가 말하는 것보다는 훨씬 멀 것이다. 그렇지만 신경망이 상당히 강력한 도구인 것은 사실이며, NLP 챗봇 파이프라인에 신경망을 도입해서 입력 텍스트를 분류하거나, 문서를 요약하는 것도 그리 어렵지 않다. 심지어는 NLP 파이프라인이 새로운 소설을 쓰게 만드는 것도 가능하다.

이번 장은 신경망(neural network), 좀 더 정확히는 인공 신경망을 전혀 모르는 독자를 위해 마련되었다. 이번 장에서 NLP에 국한된 내용은 다루지 않는다. 그러나 이후의 장들을 제대로 이해하려면 신경망이 무엇이고 어떻게 작동하는지를 기본적으로 이해할 필요가 있다. 신경망의 기초에 익숙한 독자라면 이번 장의 용어 몇 가지만 확인하고 넘어가도 될 것이다. 신경망 학습의 기반 알고리즘인 **역전파**(backpropagation)에 깔린 수학은 이 책의 범위 바깥의 주제이므로 자세히 다루지는 않는다. 대신 신경망을 NLP에 적용하는 데 필요한 정도로만 개괄적으로 설명한다.

> **팁** Manning Publications(원서 출판사)는 심층 학습에 관한 훌륭한 책을 두 권 출판했다.[역1]
>
> - 프랑수아 숄레^{François Chollet}의 *Deep Learning with Python*(Manning, 2017). 케라스 패키지 작성자 본인이 심층 학습의 멋진 세계를 깊숙이 탐색하는 책이다.
> - 앤드루 트래스크^{Andrew Trask}의 *Grokking Deep Learning*(Manning, 2017). 다양한 심층 학습 모형과 실천 관행을 개괄하는 책이다.

5.1 신경망의 구성요소

지난 10년 사이 컴퓨터의 계산 능력과 저장 용량이 폭발적으로 커지면서 오래된 기술이 다시금 전성기를 맞았다. 1950년대에 프랭크 로젠블랫^{Frank Rosenblatt}이 처음 제안한 퍼셉트론^{perceptron}은[주1] 자료에서 패턴을 찾는 혁신적인 알고리즘을 담고 있었다.

기본적으로 퍼셉트론은 생명체의 뉴런^{neuron} 세포가 작동하는 방식을 컴퓨터로 흉내 내는 것이다. 전기 신호가 **수상돌기**(dendrite)들을 통해서 뉴런 세포에 전달되면서 세포핵에 전하가 축적된다. 전하가 특정 수준 이상이 되면 뉴런 세포가 **발화**(firing)하며, 그러면 전기 신호가 **축삭돌기**(axon)를 통해서 이웃 뉴런 세포에 전달된다. 그런데 수상돌기들이 모두 똑같지는 않다. 뉴런 세포는 특정 수상돌기의 신호에 좀 더 "민감하게" 반응한다. 즉, 수상돌기마다 세포핵에 전달되는 전하가 다를 수 있다.

[역1] 번역서는 각각 《케라스 창시자에게 배우는 딥러닝》(박해선 역, 길벗)과 《그로킹 딥러닝》(박상현 역, 한빛미디어)이다. 한편, 본서를 낸 제이펍도 다양한 심층 학습(딥러닝) 서적을 출판했는데, 그중 옮긴이가 번역한 책으로는 《심층 학습》(이안 굿펠로 외, 2018)과 《신경망과 심층 학습》(차루 아가르왈, 2019)이 있다.

[주1] F. Rosenblatt, "The perceptron—a perceiving and recognizing automaton," Report 85-460-1, Cornell Aeronautical Laboratory, 1957.

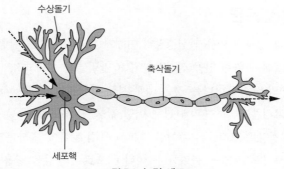

수상돌기

축삭돌기

세포핵

그림 5.1 뉴런 세포

뉴런 구성요소들 사이의 이러한 관계를 제어하는 생물학적 메커니즘은 이 책의 범위를 넘는 주제이므로 자세히 이야기하지 않겠다. 우리의 목적에서 중요한 것은 뉴런 세포의 발화 여부가 뉴런 세포에 들어온 전기 신호의 총량에 의존하며, 각 수상돌기를 통해 들어오는 전기 신호의 세기는 그 수상돌기에 부여된 **가중치**(weight; 또는 가중값)에 비례한다는 가정이다. 생명체가 살아가면서 뭔가를 판단하고 결정하는 과정에서 그런 가중치들이 동적으로 변경되며, 이에 의해 학습이 일어난다. 퍼셉트론은 바로 그러한 과정을 흉내 낸다.

5.1.1 퍼셉트론

로젠블랫의 원래 프로젝트는 컴퓨터에게 이미지를 식별하는 방법을 가르치는 것이었다. 원래의 퍼셉트론은 요즘처럼 범용 컴퓨터에서 소프트웨어로 구현한 것이 아니라, 광 수용기(photo-receptor) 소자와 가변 저항(potentiometer)을 조합한 물리적 장치였다. 그러나 지금 논의에서 그런 구현 세부 사항은 중요하지 않다. 로젠블랫의 의도는 이미지에서 특징들 각각에 일종의 중요도로서의 가중치를 부여하는 것이었다. 여기서 이미지의 특징은 이미지의 작은 영역이다.

격자 형태로 배열된 광 수용기들에 이미지를 노출하면 각 광 수용기는 이미지의 작은 영역 하나만 볼 수 있다. 각 광 수용기에 도달한 이미지 영역의 밝기는 앞에서 말한 '수상돌기'에 들어온 전기 신호의 세기에 해당한다.

각 광 수용기(수상돌기)에는 가중치에 해당하는 가변 저항이 달려 있다. 입력 신호가 충분히 세면 가변 저항은 그 신호를 '세포'의 '세포핵'으로 전달한다. 모든 가변 저항이 전달한 신호들의 세기가 특정 문턱값(threshold)을 넘기면 퍼셉트론 자체가 '발화'해서 축삭돌기를 통해 전기 신호를 외부로 전달한다. 이는 주어진 이미지가 퍼셉트론이 기대하던 이미지에 부합함을 뜻한다. 만일 퍼셉트론이 발화하지 않으면 그 이미지는 기대하던 이미지에 부합하지 않는 것이다. 이런 식으로 퍼셉트론은 주어진 이미지가 특정 부류의 이미지인지 아닌지를 판단한다.

5.1.2 디지털 퍼셉트론

앞에서 말한 생물학과 전류의 비유가 신경망의 이해에 도움이 되었길 바란다. 그럼 그런 비유를 걷어버리고, 퍼셉트론에 깔린 인공 신경망의 주요 개념들을 살펴보자.

기본적으로, 신경망을 사용한다는 것은 어떤 자료 집합의 한 견본(example)을 신경망 알고리즘에 입력해서 알고리즘이 그 견본에 관해 어떤 값을 산출하는지 보는 것이다. 예를 들어 이진 분류의 경우 신경망 알고리즘은 주어진 견본이 특정 부류에 속하는지 아닌지를 뜻하는, '예' 또는 '아니요'에 해당하는 값을 출력한다. 이런 식으로 신경망을 활용하려면 먼저 하나의 견본이 어떤 **특징**(feature)들로 구성되는지를 사람이 결정해야 한다. 차차 알게 되겠지만, 적절한 특징들을 선택하는 것은 기계 학습 시스템의 개발에서 가장 어려운 과제 중 하나이다. 주택 가격 예측 같은 "보통의" 기계 학습 문제라면 평방미터당 가격, 최종 판매가, 우편번호 같은 것이 특징이 될 것이다. 또는, Iris 자료 집합을[주2] 이용해서 어떤 붓꽃의 구체적인 품종을 예측하는 경우에는 꽃잎 길이, 꽃잎 너비, 꽃받침 길이, 꽃받침 너비 등이 특징이 될 것이다.

로젠블랫의 실험에서는 이미지의 작은 영역의 빛의 세기가 특징이었다. 그런 영역을 요즘 어법에 맞게 픽셀pixel이라고 부르기로 하자. 하나의 광 수용기는 하나의 픽셀에 해당한다. 이 특징들 각각에 **가중치**(weight)를 부여해야 한다. 그 가중치들의 근거가 무엇인지는 지금 걱정할 필요가 없다. 그냥 뉴런에 입력 신호가 어느 정도나 전달되는지를 결정하는 비율에 해당한다고 생각하면 충분하다. 선형회귀에 익숙한 독자라면 아마 이 가중치들이 어디에서 비롯한 것인지 알 것이다.[주3]

> **팁** 일반적으로 개별 특징은 x_i처럼 소문자와 아래 첨자로 표기한다. 여기서 아래 첨자 i는 이것이 i번째 특징임을 뜻한다. 그리고 그런 특징들로 이루어진 하나의 견본은 X처럼 대문자로 표기한다. 다음에서 보듯이 견본은 특징들의 벡터이다.
>
> $$X = [x_1, x_2, ..., x_i, ..., x_n]$$
>
> 각 특징에 부여된 가중치 역시 w_i처럼 소문자와 아래 첨자로 표기한다. 여기서 i는 이것이 i번째 특징 x_i의 가중치라는 뜻이다. 가중치들을 통칭할 때는 다음과 같이 벡터 W로 표기한다.
>
> $$W = [w_1, w_2, ..., w_i, ..., w_n]$$

각 특징(x_i)과 해당 가중치(w_i)의 곱을 모두 합한 것이 퍼셉트론에 들어오는 입력값이다. 이는 곧 견본 벡터와 가중치 벡터의 일차결합이다.

주2 Iris 자료 집합은 초보자에게 기계 학습을 소개할 때 자주 쓰이는 자료 집합이다. scikit-learn도 이 자료 집합을 제공한다 (http://scikit-learn.org/stable/auto_examples/datasets/plot_iris_dataset.html).

주3 한 뉴런에 대한 입력의 가중치들은 수학적으로 다변량 선형회귀 또는 로지스틱 선형회귀의 기울기들에 해당한다.

$$(x_1 * w_1) + (x_2 * w_2) + \ldots + (x_i * w_i) + \ldots$$

뉴런(퍼셉트론)이 발화하려면 이 값이 특정 문턱값보다 커야 한다. 그러면 뉴런은 1을 출력하고, 그렇지 않으면 0을 출력한다.

이처럼 입력에 기초해서 뉴런의 출력을 결정하는 함수를 활성화 함수(activation function)라고 부른다. 문턱값에 기초한 활성화 함수는 간단한 계단함수(step function)에 해당한다. 그림 5.2는 이상의 과정을 도식화한 것이다.

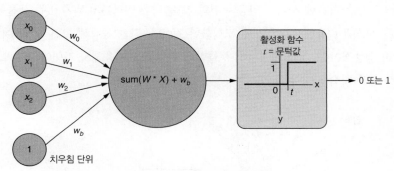

그림 5.2 기본적인 퍼셉트론

5.1.3 치우침 단위

그런데 그림 5.2에는 치우침 단위(bias unit)[역2]라는 것이 있다. 이것이 무엇일까? 치우침 단위는 '예' 또는 '최대'에 해당하는 고정된 값(이를테면 1)을 뉴런에 입력하는 역할을 한다. 다른 특징들처럼 이 단위에도 가중치가 있으며, 그 가중치 역시 다른 가중치들과 정확히 같은 방식으로 훈련된다. 신경망에 관한 문헌들이 이 치우침 단위를 표현하는 방식은 크게 두 가지로 나뉜다. 한 방식은, 입력 견본의 특징이 n개라고 할 때 치우침 단위에 해당하는 1을 추가해서 입력 견본을 하나의 $n+1$차원 벡터로 표현하는 것이다. 이때 성분 1의 위치는 중요하지 않다. 모든 견본에서 일관된 위치기만 하면 된다. 또 다른 방식은 입력에서는 치우침 단위를 생략하고 대신 관련 계산 공식에 하나의 치우침 항으로 포함하는 것이다. 간단히 말하면, 그냥 입력 견본 벡터와 가중치 벡터의 일차결합(내적)을 계산할 때 거기에 1을 더한다. 이 두 방식은 같은 개념을 다르게 표현한 것일 뿐이지만, 신경망 초보자는 혼동할 여지가 있으므로 이런 두 가지 방식이 있음을 미리 알아두면 학습에 도움이 될 것이다.

이런 치우침 항을 두는 이유는 모든 특징(성분)이 0인 입력(영벡터)에 대해 뉴런이 안정적으로 작동하게 하기 위한 것이다. 입력 영벡터에 대해 0을 출력하도록 신경망을 훈련해야 하는 경우도 있겠지만, 항상 그렇지는 않다. 치우침 항이 없으면 뉴런은 학습하고자 하는 모든 가중치에 대해 0 × 가중치 = 0을 출력할 것이다. 치우침 항을 두면 이런 문제가 사라진다. 그리고 영벡터에 대해 뉴런이 실제로 0을 출력해야 하는 경우라도, 적절한 자료로 뉴런을 훈련하면 치우침 단위에 대한 가중치가 감소해서 내적이 문턱값보다 작아지게(따라서 0이 출력되게) 만들 수 있다.

그림 5.3은 심층 학습에 쓰이는 인공 뉴런의 입·출력을 여러분의 뇌에 있는 생물학적 뉴런이 주고받는 신호에 비유해서 깔끔하게 도식화한 것이다. 잠깐 생각해 보면, 지금 이 상황 자체가 상당히 심층적이다. 지금 여러분이 생물학적 뉴런들을 이용해서 자연어 처리에 관한 책을 읽으면서 심층 학습을 배우고 있다.[주4]

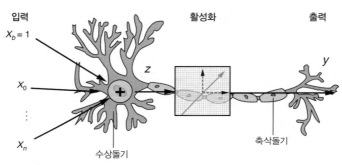

그림 5.3 **퍼셉트론과 생물학적 뉴런**

퍼셉트론을 수학적으로 다룰 때는 출력을 $f(x)$로 표기한다. 퍼셉트론의 출력은 식 5.1의 문턱값 활성화 함수로 정의된다.

$$f(\vec{x}) = \begin{cases} 1 & \text{만일 } \sum_{i=0}^{n} x_i w_i > \text{문턱값이면;} \\ 0 & \text{그렇지 않으면.} \end{cases}$$

식 5.1 **문턱값 활성화 함수**

[주4] 학계에서는 마치 컴퓨터가 자연어 텍스트를 정말로 이해하는 것처럼 보이는 결과를 산출하는 자연어 처리 과제를 가리켜 자연어 이해(natural language understanding, NLU)라고 부른다. 제6장의 word2vec 내장이 자연어 이해 과제의 한 예이다. 그리고 질의응답과 독해도 컴퓨터가 자연어를 이해하는 것처럼 보이게 한다. 그리고 일반적으로 자연어 이해 해법에는 신경망이 관여할 때가 아주 많다.

팁 입력 벡터 X와 가중치 벡터 W의 성분별 곱의 합은 다름 아닌 두 벡터의 내적이다. 이는 신경망의 발전에서 **선형대수**가 대단히 중요한 요소인 근본적인 이유이다. 그리고 다수의 벡터와 다수의 벡터의 내적을 행렬과 행렬의 곱셈으로 표현할 수 있다. 신경망의 이러한 행렬 곱셈 구조는 퍼셉트론이 발표되고 몇 십년 후에 GPU가 신경망을 극히 효율적으로 구현하는 수단으로 자리 잡는 데에도 결정적인 역할을 했다. GPU(그래픽 처리 장치)들은 이런 선형대수 연산들에 고도로 최적화되어 있다.

우리의 퍼셉트론은 아직 아무것도 배우지 못했다. 그렇지만 우리는 이미 뭔가 상당히 중요한 성과를 거두었다. 자료를 입력했을 때 그에 대한 출력을 산출하는 하나의 '모형(model)'을 정의했다는 것 자체가 커다란 한 걸음이다. 아직은 가중치들이 제대로 설정되지 않아서 모형이 틀린(즉, 우리가 원하는 것과는 다른) 출력을 낼 때가 많지만, 가중치들이 제대로 설정되면 상황이 달라질 것이다. 그리고 가중치들을 제대로 설정하는 과정이 바로 신경망의 학습이다.

팁 모든 신경망의 기본 단위는 뉴런이다. 그리고 지금 이야기하는 기본적인 퍼셉트론은 좀 더 일반적인 뉴런의 한 특수 사례이다. 그렇지만 지금 우리의 논의 수준에서는 그냥 뉴런이 곧 퍼셉트론이라고 생각해도 된다.

파이썬의 뉴런

앞에서 설명한 뉴런의 출력을 파이썬으로 계산하는 것은 간단한 일이다. 그냥 두 벡터의 성분들을 각각 곱해서 더하면 된다. 그러나 다음처럼 NumPy의 dot 함수를 이용해서 두 벡터의 내적을 구하는 것이 더 효율적이다.

```
>>> import numpy as np

>>> example_input = [1, .2, .1, .05, .2]
>>> example_weights = [.2, .12, .4, .6, .90]

>>> input_vector = np.array(example_input)
>>> weights = np.array(example_weights)
>>> bias_weight = .2

>>> activation_level = np.dot(input_vector, weights) +\
...      (bias_weight * 1)    ◄
>>> activation_level
0.674
```

마지막의 곱하기 1(* 1)은 그냥 bias_weight가 다른 모든 가중치처럼 입력 성분(특징)에 곱해지는 하나의 가중치임을 강조하기 위한 것이다. 단, 곱해지는 입력 특징이 항상 1이라는 점이 다른 가중치들과 다르다.

이제 문턱값을 적용해서 활성화 함수의 결과와 비교하면 뉴런의 최종 출력을 산출할 수 있다. 문턱값은 0.5로 한다.

```
>>> threshold = 0.5
>>> if activation_level >= threshold:
...     perceptron_output = 1
... else:
...     perceptron_output = 0
>>> perceptron_output
1
```

주어진 입력 견본(example_input)과 가중치 집합(example_weights)에 대해 이 퍼셉트론은 1을 출력한다. 여기서는 가중치들을 미리 고정시켰지만, 신경망 학습에서는 자료 견본과 그에 대한 '정답'의 쌍들로 이루어진 훈련 집합으로 신경망을 훈련해서 가중치들을 동적으로 갱신한다. 그러한 훈련 과정을 거친 후에는 퍼셉트론에 새로운 입력을 제시해서 그 입력에 대한 답을 추측하게 한다. 그러한 추측을 예측(prediction)이라고 부르기도 한다.

퍼셉트론의 훈련

앞에서 우리는 자료에 기초한 예측으로 가는 기본적인 '무대'를 설치했다. 이 무대에서 벌어지는 주된 공연이 바로 기계 학습이다. 앞의 예제에서는 그냥 임의로 정한 가중치들로 퍼셉트론의 출력을 계산했다. 그러나 신경망의 핵심은 그러한 가중치들을 신경망이 스스로 학습하게 하는 것이다. 이를 위해서는 주어진 견본의 예측 결과에 기초해서 가중치들을 바람직한 값 쪽으로 "슬쩍 밀어 옮기는" 수단이 필요하다.

퍼셉트론은 주어진 입력에 대한 추측이 맞았는지 틀렸는지(또는 얼마나 틀렸는지)에 대한 함수에 기초해서 가중치들을 증가거나 감소함으로써 학습한다. 그런데 학습을 시작하려면 가중치들의 초깃값을 정해야 한다. 가중치들을 초기화하는 간단한 방법은 그냥 난수를 사용하는 것이다. 일반적으로는 정규 분포에서 추출한 0에 가까운 난수들로 가중치들을 초기화한다. 앞에서도 이야기했지만, 가중치들이 모두(치우침 가중치도 포함해서) 0이면 출력도 0이 된다. 그러나 가중치들을 0에 가까운 다양한 값들로 초기화하면, 뉴런에 너무 큰 능력을 주는 경로를 만들지 않고도 옳은 쪽 또는 그른 쪽으로 나아갈 수 있는 발판이 생긴다.

그 발판이 곧 학습의 출발점이다. 학습 과정에서 서로 다른 여러 견본이 신경망 시스템에 입력되며, 그럴 때마다 뉴런의 출력이 정답인지 아닌지에 기초해서 가중치들이 조금씩 갱신된다. 견본이 충분히 많다면(그리고 그 밖의 여러 조건이 적절하다면) 출력의 **오차**가 점차 0으로 수렴한다. 오차가 0이 되면(또는 0에 충분히 가까우면) 시스템은 **학습**을 마친 것이다.

이 과정의(그리고 신경망 학습 전체의) 핵심은, 각 가중치를 해당 특징이 오차에 기여하는 정도에 근거해서 갱신한다는 것이다. 큰 특징은 내적에 더 큰 영향을 미치며, 따라서 만일 오차가 크게 나왔다면 작은 특징보다 큰 특징의 책임이 더 크다.

앞의 example_input 견본에 대해 뉴런이 0을 출력해야 한다고 가정할 때, 다음은 그에 맞게 가중치들을 갱신하는 코드이다.

```
>>> expected_output = 0
>>> new_weights = []
>>> for i, x in enumerate(example_input):
...     new_weights.append(weights[i] + (expected_output -\
...         perceptron_output) * x)   <──────┐  예를 들어 첫 특징에 대한 새 가중치는
>>> weights = np.array(new_weights)          │  new_weight = .2 + (0 - 1) * 1 = -0.8이다.

>>> example_weights   <──────┤ 원래의 가중치들.
[0.2, 0.12, 0.4, 0.6, 0.9]
>>> weights   <──────┤ 새 가중치들.
[-0.8  -0.08  0.3   0.55  0.7]
```

이러한 과정을 다른 여러 입력 견본과 정답의 쌍들로 반복하면 퍼셉트론은 이전에 본 적이 없는 입력에 대해서도 정확한 결과를 예측한다(물론 다른 여러 조건이 적절하다고 할 때).

컴퓨터에게 논리 가르치기

앞의 예는 가중치 갱신 방식을 보여주기 위한 것이었을 뿐이고, 해당 수치들에 특별한 의미는 없었다. 이번에는 이를 실제 문제에 적용해 보자. 간단한 장난감 문제이긴 하지만, 분류명('정답')이 붙은 견본들만으로 컴퓨터에게 어떤 개념을 가르친다는 것이 어떤 것인지 잘 보여준다.

이 예제의 목적은 컴퓨터가 논리합(logical OR)의 개념을 이해하게 만드는 것이다. 다들 알겠지만, 논리합은 주어진 두 피연산자 중 하나라도 참이면 참이고, 둘 다 거짓일 때만 거짓인 연산이다. 간단한 문제이기 때문에 모든 가능한 입력 견본을 우리가 직접 나열할 수 있다(실제 응용에서는 이런 일이 극히 드물다). 견본들(sample_data)은 각각 두 개의 피연산자로 구성되며, 분류명(expected_results)들은 해당 두 피연산자의 논리합 결과이다.

목록 5.1 논리합(OR) 문제의 설정

```
>>> sample_data = [[0, 0],  # 거짓, 거짓
...                [0, 1],  # 거짓, 참
...                [1, 0],  # 참, 거짓
...                [1, 1]]  # 참, 참

>>> expected_results = [0,  # (거짓 OR 거짓)은 거짓
...                     1,  # (거짓 OR 참  )은 참
...                     1,  # (참    OR 거짓)은 참
...                     1]  # (참    OR 참  )은 참

>>> activation_threshold = 0.5
```

훈련 과정에는 몇 가지 도구가 필요하다. 우선, 내적은 앞에서처럼 NumPy로 구하면 된다. 그리고 가중치들을 초기화하는 데는 random 패키지를 사용한다.

```
>>> from random import random
>>> import numpy as np

>>> weights = np.random.random(2)/1000  # 0보다 크고 .001보다 작은 무작위 부동소수점
>>> weights
[5.62332144e-04 7.69468028e-05]
```

또한 치우침 가중치도 설정해야 한다.

```
>>> bias_weight = np.random.random() / 1000
>>> bias_weight
0.0009984699077277136
```

일단은 초기 가중치들(난수로 설정한)로 예제의 견본들을 예측해 보자.

목록 5.2 퍼셉트론 무작위 추측

```
>>> for idx, sample in enumerate(sample_data):
...     input_vector = np.array(sample)
...     activation_level = np.dot(input_vector, weights) +\
...         (bias_weight * 1)
...     if activation_level > activation_threshold:
...         perceptron_output = 1
...     else:
...         perceptron_output = 0
...     print('Predicted {}'.format(perceptron_output))
...     print('Expected: {}'.format(expected_results[idx]))
...     print()
Predicted 0
Expected: 0

Predicted 0
Expected: 1

Predicted 0
Expected: 1

Predicted 0
Expected: 1
```

무작위 가중치들이 뉴런에 별 도움이 되지 않았음이 분명하다. 네 가지 추측 중 세 개가 틀리고 하나만 맞았다. 이 뉴런은 아직 졸업할 때가 되지 않았다. 다시 학교로 돌려보내서, 견본들

에 대해 그냥 1과 0을 출력하는 대신 예측 결과에 따라 가중치들을 갱신하는 과정을 반복하게 하자.

목록 5.3 퍼셉트론 학습

```
>>> for iteration_num in range(5):
...     correct_answers = 0
...     for idx, sample in enumerate(sample_data):
...         input_vector = np.array(sample)
...         weights = np.array(weights)
...         activation_level = np.dot(input_vector, weights) +\
...             (bias_weight * 1)
...         if activation_level > activation_threshold:
...             perceptron_output = 1
...         else:
...             perceptron_output = 0
...         if perceptron_output == expected_results[idx]:
...             correct_answers += 1
...         new_weights = []
...         for i, x in enumerate(sample):     ◁
...             new_weights.append(weights[i] + (expected_results[idx] -\
...                 perceptron_output) * x)
...         bias_weight = bias_weight + ((expected_results[idx] -\
...             perceptron_output) * 1)
...         weights = np.array(new_weights)
...     print('{} correct answers out of 4, for iteration {}'\
...         .format(correct_answers, iteration_num))
3 correct answers out of 4, for iteration 0
2 correct answers out of 4, for iteration 1
3 correct answers out of 4, for iteration 2
4 correct answers out of 4, for iteration 3
4 correct answers out of 4, for iteration 4
```

치우침 가중치(bias_weight)도 다른 입력 특징 가중치들과 같은 방식으로 갱신한다.

이 루프에서 마법이 벌어진다. 이보다 더 효율적인 방법도 있지만, 이처럼 평범한 루프가 코드를 이해하는 데 도움이 될 것이다. 루프는 현재 입력 견본의 각 특징(x_i)의 크기에 비례해서 해당 가중치를 갱신한다. 입력 특징이 작거나 0이면 오차의 크기와는 무관하게 가중치가 조금만 변한다. 반대로, 입력 특징이 크면 가중치도 크게 변한다.

다행히 우리의 퍼셉트론이 아주 훌륭한 학생임이 밝혀졌다. 내부 루프에서 가중치들을 갱신한 덕분에, 퍼셉트론은 자료 집합으로부터 논리합 개념을 배운다. 첫 반복에서도 퍼셉트론은 총 네 질문 중 무작위 추측의 하나보다 두 개나 많은 세 개를 맞추었다.

두 번째 반복에서는 이상하게도 정답 수가 줄었는데, 이는 가중치들이 너무 크게 갱신되어서 정답 영역을 벗어난 탓이다. 다행히 세 번째 방법에서는 다시 정답 영역으로 돌아갔으며, 네 번째 반복에서는 두 특징과 결과 사이의 관계(논리합)를 완전히 터득했다. 이제는 각 견본에 대한 오차가 0이므로, 갱신 과정을 반복해도 가중치들이 더 개선되지는 않는다.

이것이 앞에서 말한 수렴(convergence) 상태이다. 모형의 오차 함수가 최솟값에 도달하거나 적어도 어떤 고정된 값을 유지할 때, 그 모형을 가리켜 "수렴했다" 또는 "수렴 상태에 도달했다"라고 말한다. 그런데 아무리 반복해도 수렴에 도달하지 못할 때도 있다. 예를 들어 신경망이 자료 집합에 존재하는 관계들을 만족하는 최적의 가중치들 주변을 왕복하는 진동 상태에 빠지기도 한다. §5.3에서는 신경망이 최적이라고 "생각하는" 가중치들에 **목적함수**(objective function) 또는 **손실함수**(loss function)가 어떤 식으로 영향을 미치는지 살펴본다.

다음 걸음

이상의 기본적인 퍼셉트론에는 본질적인 결함이 있다. 만일 자료가 선형 분리가능(linearly separable)이 아니면, 다른 말로 해서 서로 다른 부류의 자료점들을 직선(선형)으로 분리할 수 없으면(그림 5.4 참고), 모형은 절대로 수렴하지 않는다. 즉, 모형은 최적의 가중치들을 배우지 못하며, 따라서 목표변수를 정확하게 예측할 수 없다.

퍼셉트론에 관한 초기 실험들은 오직 주어진 예제 이미지들과 그 부류들만으로 이미지들을 분류하는 방법을 퍼셉트론이 배울 수 있음을 보여주었다. 그러나 이 성과에 대한 초기의 흥분은 민스키Minsky와 패퍼트Papert의 비판에 의해 바로 사그라들었다. 퍼셉트론에 관한 그들의 책주5에서 민스키와 패퍼트는 퍼셉트론으로 수행할 수 있는 분류 작업의 종류가 극히 제한적임을 보였다. 그들은 자료점들을 이산적인 그룹들로 선형 분리할 수 없으면 퍼셉트론은 입력 자료를 분류하는 방법을 배우지 못함을 증명했다.

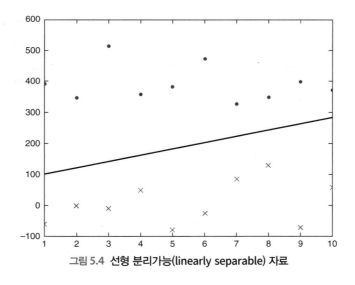

그림 5.4 **선형 분리가능(linearly separable) 자료**

주5 M. Minsky, S. Papert, *Perceptrons: An Introduction to Computational Geometry*, MIT Press, 1969.

자료점들이 그림 5.4처럼 선형 분리가능이면 퍼셉트론은 문제없이 작동한다. 그러나 그림 5.5 같은 선형 분리불가능 자료점들은 그렇지 않다. 이 경우는 직선을 어디에 두든 두 부류(둥근 점과 X 표시)의 자료점들을 가르지 못한다. 이처럼 서로 다른 부류의 자료점들이 섞여 있으면 단일 뉴런 퍼셉트론은 최적의 해에 도달하지 못하고 가중치 공간을 계속 방황한다. 결과적으로 그냥 동전을 던지는 것과 같은 무작위 추측보다 나은 성과를 낼 수 없다.

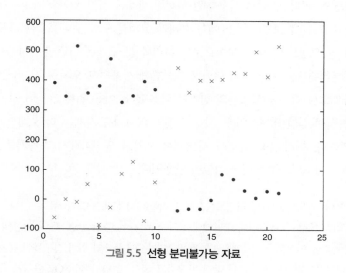

그림 5.5 **선형 분리불가능 자료**

퍼셉트론은 자료 집합의 특징들과 목표변수 사이의 관계를 서술하는 하나의 직선 방정식을 찾는다. 즉, 퍼셉트론이 하는 일은 다름 아닌 선형회귀(linear regression)이다. 퍼셉트론은 비선형 방정식이나 비선형 관계를 배우지 못한다.

최솟값과 극솟값

퍼셉트론 모형이 수렴했다는 것은 자료와 목표변수 사이의 관계를 서술하는 하나의 직선 방정식을 찾았다는 뜻이다. 그런데 퍼셉트론이 수렴했다고 해서 그 직선 방정식이 반드시 최선의 분리 직선이라는, 다른 말로 하면 비용이 '최소'라는 보장은 없다. 해가 여러 개이고 가능한 최소 비용이 여러 개인 경우 모형은 그중 하나에 도달할 뿐이며, 어떤 해에 도달하는지는 초기 가중치들에 의존한다. 초기 가중치들에서 출발해서 찾아낸 최선의 해는 하나의 **극솟값**(local mininum; 국소 최솟값)에 해당한다. 이것이 반드시 **전역 최솟값**(global minimum; 줄여서 그냥 최솟값), 즉 모든 가중치를 검사해서 구한 진짜 최적해는 아닐 수 있다. 그리고 대부분의 문제에서는 전역 최솟값을 찾는 것이 현실적으로 불가능하다.

자료 값들 사이의 관계 중 선형이 아닌 것들이 많이 있으며, 대체로 그런 관계들은 선형회귀 모형이나 직선 방정식으로 서술할 수 없다. 실제 응용에 필요한 자료 집합은 서로 다른 부

류의 자료 값들을 직선이나 평면으로 분리할 수 없는 것들이 대부분이라서, 민스키와 패퍼트가 제시한 '증명'은 퍼셉트론에 사실상 사형선고와도 같았다. 이로부터 인공지능의 첫 번째 겨울이 시작되었다.

그러나 퍼셉트론에 깔린 착안은 쉽게 사라지지 않았다. 민스키 등의 책이 나온 지 17년 후, 물리학자 루멜하트[Rumelhardt]와 심리학자 매클리랜드[McClelland]의 공동연구(제프리 힌턴도 참여했다)[주6]는 퍼셉트론을 여러 개 함께 사용하면 비선형 관계를 가진 *XOR*(eXclusive OR; 배타적 논리합) 문제를 풀 수 있음을 보였다.[주7] 앞에서 우리가 살펴본 모형은 다층 역전파를 요구하지 않는 단일 퍼셉트론 모형으로, 이런 모형으로는 논리합 문제 같은 단순한 문제들만 풀 수 있다. 루멜하트와 매클리랜드는 여러 개의 퍼셉트론을 함께 사용하고 오차를 각 퍼셉트론에 적절한 비율로 배분함으로써 기존 퍼셉트론의 한계를 극복했다. 이를 위해 그들이 사용한 것이 바로 현재 기계 학습의 핵심인 역전파인데, 사실 역전파 알고리즘 자체는 더 오래전에 제시된 알고리즘이다. 어쨌거나, 여러 층의 뉴런들 사이에서 오차를 역전파해서 가중치들을 갱신한다는 그들의 착안에서 최초의 현대적인 신경망이 탄생했다.

> **참고** 목록 5.3의 코드는 하나의 퍼셉트론으로 논리합(OR) 문제를 푼다. 목록 5.3의 퍼셉트론은 목록 5.1에 나온 입력 견본들(sample_data)과 기대 결과들(expected_results), 즉 각 견본의 실제 논리합 결과들로부터 논리합 연산의 규칙을 배운다. XOR 문제는 이 문제와 입력 견본들이 같지만 기대 결과들(정답들)이 다르다. 정답들을 XOR에 맞게 바꾼다고 해서 퍼셉트론이 XOR 규칙을 배우지는 못한다. XOR의 진리표를 그래프로 그려 보면, 결과가 0과 1인 두 부류의 자료점(특징 벡터)들이 그림 5.5처럼 X자 형태로 배치된다. 즉, 결과가 1인 견본들과 0인 견본들을 하나의 직선으로는 가르지 못한다.

새로운 신경망이 복잡한(비선형) 문제를 풀긴 했지만, 당시로써는 계산량이 과도했다. 논리 회로 소자 하나나 코드 한 줄로 풀 수 있는 XOR 문제를 푸는 데 두 개의 퍼셉트론과 상당한 분량의 역전파 계산이 필요하다는 것은 귀중한 컴퓨터 계산 능력의 낭비로 간주되었다. 일상적인 용도로 사용할 수는 없음이 판명되면서 신경망은 다시 학계와 슈퍼컴퓨터 실험의 후미진 세계로 물러났다. 약 1990년에서 2010년까지의 이 시기를 인공지능의 두 번째 겨울이라고 부른다.[주8] 그러나 시간이 지나 컴퓨터의 계산 능력이 급격히 증가하고 사용 가능한 원본 자료(이를테면 분류명이 붙은 개와 고양이 이미지들)가 넘쳐나게 되었으며, 또한 역전파 알고리즘들도 계속

[주6] Rumelhart, D. E., Hinton, G. E., Williams, R. J. (1986). "Learning representations by back-propagating errors." Nature, 323, 533–536.

[주7] 영어 위키백과 "The XOR affair" 페이지(https://en.wikipedia.org/wiki/Perceptrons_(book)#The_XOR_affair).

[주8] 영어 위키백과 "AIwinter" 페이지(https://en.wikipedia.org/wiki/AI_winter#The_setbacks_of_the_late_1980s_and_early_1990s).

개선되었다.[주9] 알고리즘의 계산 비용과 자료 집합의 제한이 더 이상 신경망의 발목을 잡지 않게 되면서, 2010년대 초중반에 신경망이 세 번째로 부활했다.

일단은 루멜하트와 매클리랜드에 의한 두 번째 부흥기로 돌아가서 그들의 성과를 좀 더 자세히 살펴보자.

두 번째 부흥기

대부분의 위대한 착상들이 그렇듯이, 좋은 착안은 언젠가는 수면 밖으로 떠오른다. 루멜하트 등은 애초에 퍼셉트론의 몰락을 부른 본질적인 결함을 극복하는 방법을 발견했다. 그들의 착안의 핵심은 하나의 퍼셉트론으로 예측을 수행하는 대신 여러 개의 퍼셉트론을 함께 사용한다는 것이다. 하나(또는 여러 개)의 퍼셉트론에 입력을 넣고, 그 퍼셉트론의 출력을 다른 퍼셉트론의 입력에 연결해서 하나의 '네트워크(망)'를 형성한다. 그 네트워크의 끝에 있는 퍼셉트론의 출력이 전체 신경망의 예측 결과이다. 이러한 퍼셉트론들의 네트워크, 즉 다층 신경망은 좀 더 복잡한 패턴들을 학습할 수 있으며, XOR 문제에서처럼 서로 다른 부류를 선형으로 분리할 수 없다는 문제점을 극복할 수 있다. 이러한 착안을 실현하는 데 있어 핵심은 출력층 이전의 층들에 있는 가중치들을 어떻게 갱신할 것인가이다.

잠시 걸음을 멈추고, 가중치 갱신 과정의 주요 부분을 공식화해 보자. 앞에서 우리는 예측 결과의 오차에 기초해서 퍼셉트론의 가중치를 갱신하는 방법을 배웠다. 그러한 오차를 측정하는 함수를 **비용함수**(cost function) 또는 **손실함수**(loss function)라고 부른다. 비용함수는 신경망에 입력된 '질문', 즉 입력 견본 x에 대해 신경망이 출력해야 하는 정답과 신경망이 실제로 출력한 예측값 y의 차이를 수량화하는 함수이다. 식 5.2에 비용함수의 한 예가 나와 있다. 이 비용함수는 참값(정답)과 모형의 예측값의 차이의 절댓값을 오차 또는 비용으로 산출한다.

$$err(x) = |y - f(x)|$$

식 5.2 **참값과 예측값의 오차**

퍼셉트론 훈련의(그리고 일반적으로 신경망 훈련의) 목표는 모든 가능한 입력 표본에 대해 이 비용함수를 최소화하는 것이다. 식 5.3은 이러한 최적화 문제를 수식으로 표현한 것이다.

주9   Geoffrey E. Hinton, "Learning to represent visual input"(http://rstb.royalsocietypublishing.org/content/365/1537/177.short).
주10   Alex Krizhevsky, "Learning Multiple Layers of Features from Tiny Images"(http://citeseerx.ist.psu.edu/viewdoc/download?doi=10.1.1.222.9220&rep=rep1&type=pdf).

$$J(x) = \min \sum_{i=1}^{n} err(x_i)$$

식 5.3 자료 집합 전체에 대한 비용함수의 최소화

이후에 평균제곱오차 같은 다른 비용함수들도 만나게 되겠지만, 최상의 비용함수가 무엇인지 여러분이 선택해야 할 일은 없을 것이다. 대부분의 신경망 프레임워크에는 최상의 비용함수가 이미 결정되어 있기 때문이다. 지금 논의에서 여러분이 기억할 것은, 자료 집합 전체에 대해 비용함수를 최소화하는 것이 신경망 훈련의 궁극적인 목표라는 점이다. 이 점을 기억하고 있으면 앞으로 이야기할 나머지 개념들이 자연스럽게 이해가 될 것이다.

역전파

힌턴과 동료들은 하나의 목표변수에 대해 여러 개의 퍼셉트론을 동시에 사용하는 것이 해결책임을 확신하고 연구를 진행했다. 결국 그들은 다수의 퍼셉트론을 함께 사용한다면 선형 분리 가능이 아닌 문제도 풀 수 있음을, 즉 비선형 함수들도 선형 함수들처럼 퍼셉트론들로 근사할 수 있음을 보였다.

　그런데 하나가 아니라 여러 개의 퍼셉트론의 가중치들을 어떻게 갱신해야 할까? 그리고 오차를 가중치들에 배분한다는 것이 과연 무슨 뜻일까? 병렬로 배치된 두 퍼셉트론(뉴런)에 같은 자료점을 입력한다고 하자. 두 퍼셉트론의 출력으로 무엇을 하든(둘을 합치든, 연결하든, 곱하든), 그 오차를 다시 원래의 가중치들로 밀어넣는 것은 입력의 함수이다. 그리고 두 퍼셉트론의 입력은 동일하다. 따라서 훈련 과정의 매 반복에서 두 퍼셉트론은 같은 정도로 갱신된다. 둘의 가중치는 결국 같아지므로 퍼셉트론을 하나만 사용하는 것과 마찬가지이며, 따라서 신경망은 별로 배우는 것이 없다.

　그런데 두 퍼셉트론을 직렬로 연결해서 한 퍼셉트론의 출력이 다른 퍼셉트론에 입력되게 하면 흥미로운 일이 생긴다. XOR 문제를 위해 우리가 하려는 것도 바로 그것이다.

　역전파는 단일 퍼셉트론의 한계를 극복하는 데 도움을 주지만, 역전파를 활용하려면 퍼셉트론의 구조를 좀 더 조율해야 한다. 다중 퍼셉트론에서 가중치들은 그것이 전체 오차에 얼마나 기여하느냐에 기초해서 갱신된다. 그런데 한 퍼셉트론의 출력이 다른 퍼셉트론의 입력이 되면, 둘째 퍼셉트론의 관점에서 보는 오차의 정의가 명확하지 않다.

　이 문제를 해결하려면, 한 층의 한 가중치(그림 5.6의 w_{1j})가 오차에 기여하는 정도를 그다음 층에 있는 다른 가중치들(w_{1j}와 w_{2j})에 근거해서 계산하는 방법이 필요하다. 그리고 **역전파**가 바로 그러한 방법이다.

　이제는 원래의 단일 퍼셉트론에서 많이 멀어졌으므로, 신경망을 구성하는 기본 계산 단위를 좀 더 일반적인 용어인 뉴런이라고 부르기로 하겠다. 요즘 신경망들에 쓰이는 뉴런의 구조는 다양하며, 원래의 퍼셉트론은 그중 하나일 뿐이다. 다른 심층 학습 문헌들에서는 뉴런을 노드node나 단위(unit), 세포(cell)라고 부르기도 하는데, 많은 경우 이들은 서로 바꿔 써도 뜻이 통한다.

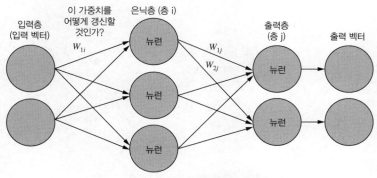

그림 5.6 은닉 뉴런들이 있는 신경망

인공 신경망의 종류는 다양하지만, 어떤 것이든 다수의 뉴런이 특정한 방식으로 연결되어 있다는 점은 모두 같다. 일반적으로는 뉴런들을 여러 개의 층(layer)으로 조직화하지만, 꼭 그래야 하는 것은 아니다. 한 뉴런의 출력이 다른 뉴런의 입력이 되는 구조에서는 필연적으로 입력층과 출력층 사이에 숨겨진 뉴런들이 존재한다. 그런 뉴런들로 이루어진 층을 은닉층(hidden layer)이라고 부른다.

그리고 한 층의 뉴런들이 그다음 층의 모든 뉴런과 연결된 신경망을 완전 연결(fully connected; 또는 전결합) 신경망이라고 부른다. 그림 5.7이 완전 연결 신경망의 예인데, 그림이 너무 복잡해져서 일부 연결을 생략했다. 신경망의 각 연결에는 하나의 가중치가 부여된다. 이 신경망의 연결은 총 28개(입력층과 은닉층 사이의 4×4=16개와 은닉층과 출력층 사이의 4×3=12개)이며, 따라서 가중치도 28개이다.

신경망의 둘째 층의 뉴런들에 부여된 가중치는 원래의 입력 벡터가 아니라 그 이전 층(첫 층)의 출력에 적용되는 것임을 주의하기 바란다. 이 때문에 첫 층이 전체 오차에 기여한 양을 계산하기가 까다로워진다. 첫 층의 가중치들은 오차에 직접 영향을 미치는 것이 아니라 둘째 층의 입력에 영향을 미침으로써 오차에 간접적으로 영향을 미친다. 이런 점을 고려해서 오차에 기초해서 가중치들을 갱신하는 역전파 알고리즘의 유도 과정과 수학적 세부 사항은 비록 대단히 흥미롭긴 하지만 이 책의 범위에서 벗어난다. 그렇다고 이 부분을 아예 생략한다면 신경망이 속을 알 수 없는 블랙박스처럼 보일 것이므로, 간략하게나마 설명할 필요가 있겠다.

'오차의 역전파'를 줄인 역전파 알고리즘은 신경망의 입력과 출력(예측값), 그리고 바람직한 목푯값이 주어졌을 때 특정 가중치의 적절한 변화량(갱신량)을 구하는 알고리즘이다. 순전파(forward propagation) 단계에서는 입력이 신경망을 따라 '앞으로', 즉 순방향으로 나아가서 결국에는 신경망의 출력이 계산된다. 그와는 반대 방향의 역전파를 위해서는 뉴런의 활성화 함수를 약간 더 복잡한 형태로 변경해야 한다.

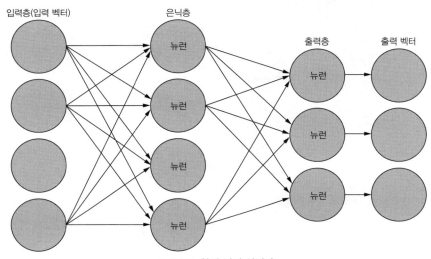

그림 5.7 **완전 연결 신경망**

이전에는 계단함수를 뉴런의 **활성화 함수**로 사용했다. 그러나, 잠시 후에 보겠지만 역전파를 위해서는 비선형 연속 미분가능(continuously differentiable) 함수를 활성화 함수로 사용해야 한다.[주11] 이런 활성화 함수를 사용하는 뉴런은 두 값 사이의(이를테면 0과 1 사이의) **연속값**을 출력한다. 활성화 함수로 흔히 쓰이는 S자형 함수(sigmoid function)가 그런 조건을 만족하는 함수이다.

$$S(x) = \frac{1}{1+e^{-x}}$$

식 5.4 **S자형 함수**

이외에도 **쌍곡탄젠트**(hyperbolic tangent) 함수나 **정류 선형 단위**(rectified linear unit, RLU) 같은 활성화 함수들이 있는데, 각자 장단점이 다르다. 이들은 모두 여러 신경망 구조에서 다양한 쓰임새가 있으므로, 이후의 장들에서 따로 설명하겠다.

주11 연속 미분가능 함수는 미분가능 함수보다도 매끄럽다. 위키백과의 "미분 가능 함수" 페이지(https://ko.wikipedia.org/wiki/미분_가능_함수)를 참고하기 바란다.

그래야 신경망이 특징 벡터와 목표변수 사이의 비선형 관계를 배울 수 있기 때문이다. 뉴런이 그냥 입력들에 가중치들을 곱해서 합하기만 한다면, 그 출력은 항상 입력의 일차 함수일 뿐이므로 XOR 같은 아주 간단한 비선형 관계도 모형화하지 못한다.

사실 이전 예제에서 뉴런에 문턱값을 적용하는 용도로 사용한 계단함수도 비선형 함수이다. 따라서 이론적으로는 계단함수를 사용하는 뉴런으로도 거의 모든 비선형 관계를 학습할 수 있다. 물론 그렇게 하려면 뉴런이 충분히 많아야 한다.

비선형 함수를 사용하면 신경망이 비선형 관계를 모형화할 수 있지만, 그렇다고 아무 비선형 함수나 사용해도 좋은 것은 아니다. S자형 함수 같은 연속 미분가능 비선형 함수를 사용하면 여러 층의 뉴런들을 통해서 오차가 매끄럽게 역전파되므로 훈련 과정이 좀 더 빨라진다. S자형 뉴런은 빨리 배우는 학생이다.

활성화 함수가 미분가능이어야 하는 이유도 궁금할 것이다. 어떤 함수의 미분을[역3] 계산할 수 있다면, 그 함수 자체의 여러 변수에 대한 함수의 편미분들도 계산할 수 있다. 신경망 마법의 힌트는 "여러 변수에 대한 함수의 편미분들"이라는 문구이다.[역4] 잠시 후에 보겠지만, 한 가중치의 해당 뉴런이 받은 입력에 대한 변화량을 계산할 수 있는 것은 편미분 덕분이다.

모든 것을 미분하라

신경망의 오차(출력과 목푯값의 차이)를 제곱한 제곱오차(squared error)를 비용함수로 사용한다고 하자.

$$SE = (y - f(x))^2$$

식 5.5 제곱오차(squared error)

그런데 한 뉴런의 출력이 그다음 뉴런의 입력이라는 것은 한 뉴런이 계산하는 함수(내적과 비선형 활성화 함수의 조합)의 값을 그다음 뉴런이 계산하는 함수의 인수로 사용한다는 뜻이다. 이 점을 곰곰이 생각해 보면 신경망 전체가 하나의 합성 함수임을 알 수 있다. 그리고 합성 함수는 식 5.6에 나온 미분의 연쇄 법칙으로 미분할 수 있다.

[역3] 특별히 구분할 필요가 없는 한 '미분계수'와 '도함수', 그리고 연산의 한 종류로서의 '미분'을 모두 '미분'으로 통칭한다.

[역4] 여기서(그리고 편미분과 관련된 문장들에서) "~에 대한"은 "with respect to ~"를 옮긴 것이다. 예를 들어 $z = f(x,y)$라 할때 $\frac{\partial z}{\partial x}$를 "$x$에 대한 함수 f의 편미분" 또는 "함수 f의 x에 대한 편미분"이라고 표현하며, 혼동의 여지가 없는 경우에는 '편'을 제외하고 그냥 "함수 f의 x에 대한 미분"이라고 말하기도 한다.

$$(f(g(x))' = F'(x) = f'(g(x)) g'(x)$$

식 5.6 미분의 연쇄 법칙

이 공식이 있으면 뉴런에 주어진 입력에 대한 뉴런의 활성화 함수의 미분을 구할 수 있다. 그리고 그 미분이 있으면 해당 뉴런이 최종 오차에 얼마나 기여했는지 계산해서 그에 따라 가중치를 적절히 갱신할 수 있다.

활성화 함수가 미분가능 함수라고 할 때, 출력층에 있는 뉴런의 가중치는 아주 간단히 갱신할 수 있다. 출력층의 j번째 뉴런의 가중치 변화량은 식 5.7과 같이 j번째 출력에 대한 오차의 미분(편미분)으로 주어진다.

$$\Delta w_{ij} = -\alpha \frac{\partial E}{\partial w_{ij}} = -\alpha y_i (y_j - f(x)_j)) y_j (1 - y_j)$$

식 5.7 출력층의 가중치 변화량

은닉층의 가중치 변화량도 이와 기본적으로 같되, 편미분의 전개가 좀 더 복잡하다(식 5.8).

$$\Delta w_{ij} = -\alpha \frac{\partial E}{\partial w_{ij}} = -\alpha y_i (\sum_{l \in L} \delta_l w_{jl}) y_j (1 - y_j)$$

식 5.8 은닉층의 가중치 변화량

식 5.7과 식 5.8에서 $f(x)$는 출력 벡터이고 아래 첨자 j는 그 벡터의 j번째 성분을 뜻한다. y는 그 아래 첨자에 따라 i번째 층 또는 j번째 층에 있는 한 노드의 출력인데, i번째 층의 출력이 j번째의 입력이라는 점을 기억하기 바란다. 이 공식들은 i번째 층과 j번째 층을 연결하는 가중치의 변화량이 그 가중치에 대한 오차의 편미분에 학습 속도 α를 곱한 것임을 말해 준다. 식 5.8은 중간층(은닉층)에 관한 것이라서 그 이전 층에서 온 모든 입력의 합이 편미분에 관여한다(편미분의 시그마 부분).[역5]

이러한 공식들로 가중치들을 '언제' 갱신할 것인가도 중요한 문제이다. 각 층에서 각 가중치를 갱신할 때, 관련된 모든 계산은 순전파 단계에서 산출된 네트워크의 상태에 의존한다. 순전파의 끝에서 신경망의 전체 오차를 계산한 후 다시 거꾸로 가면서(역전파) 각 가중치의 변화량을 계산하되, 그것으로 가중치를 실제로 갱신하면 안 된다. 그런 식으로 신경망의 시작 부분까지 도달한 후에야 실제로 갱신해야 한다. 그렇게 하지 않고 그때그때 가중치를 갱신하면

[역5] 이 공식들에서 첨자 i와 j의 의미가 그 대상마다 다름을 주의하기 바란다. 이 문단에서는 w의 첨자들을 언급하지 않는데, 이전 본문과 그림 5.6에 따르면 w_{ij}는 순전파에서 j번째 층으로 들어가는 연결들 중 i번째 연결의 가중치이다.

신경망 앞쪽(입력 쪽)으로 갈수록 미분들이 부정확해져서 가중치 변화량도 틀리게 나온다. 이런 가중치 갱신 방식에 관해서는 §5.1.6에서 좀 더 이야기하겠다.

이상의 공식들에 기초한 훈련 과정을 간략히 설명하면 이렇다. 신경망에 훈련 자료의 한 견본을 입력한다. 그 입력이 순전파를 통해서 신경망의 출력층에 도달해서 출력값이 나오면, 그것으로 오차를 계산한다. 이제 그 오차를 출력층에서 입력층 쪽으로 역전파하면서 각 층의 각 가중치를 앞의 공식들을 이용해서 갱신한다. 이 과정을 훈련 자료의 모든 견본에 대해 반복한다. 모든 입력에 대해 가중치들을 갱신하는 훈련 주기를 하나의 세(epoch; 또는 세대, 에폭)라고 또는 세대라고 부른다. 이러한 훈련 주기(세)들을 더 반복해서 가중치들을 더욱 정련할 수도 있다. 단, 가중치들이 훈련 집합에 과대적합할 수도 있음을 조심해야 한다. 과대적합이 발생하면 훈련 집합에 없는 새로운 자료점에 대해 신경망이 의미 있는 예측 결과를 산출하지 못한다.

식 5.7과 5.8의 α는 학습 속도(learning rate)이다. 즉, 이 초매개변수는 주어진 훈련 주기 또는 자료 배치batch에서 가중치를 관측된 오차에 기초해서 얼마나 보정할 것인지를 결정한다. 일반적으로 한 훈련 주기에서 학습 속도를 상수로 두지만, 몇몇 좀 더 정교한 훈련 알고리즘들은 학습 속도를 높이고 수렴을 보장하기 위해 학습 속도를 동적으로 변경하기도 한다. α가 너무 크면 가중치가 너무 크게 변해서 최적해를 건너뛰고, 그다음 갱신에서는 가중치가 그 반대 방향으로 이전보다도 더 크게 변해서 최적해에서 더욱 멀어지는 현상이 발생할 수 있다. 반대로 α가 너무 작으면 수렴에 도달하는 시간이 비현실적으로 길어질 수 있다. 그보다도 나쁜 일은 오차 곡면의 극소점을 벗어나지 못하는 것이다.

5.1.4 오차 곡면을 누비며

앞에서 언급했듯이 신경망 훈련의 목표는 비용함수를 최소화하는 것, 좀 더 구체적으로는 비용함수가 최소가 되는 최적의 매개변수(가중치)들을 구하는 것이다. 비용함수라는 것이 특정 자료점에 대한 오차와는 다른 것임을 명심하기 바란다. 우리가 하려는 것은 모든 입력에 대한 모든 오차를 망라한 비용을 최소화하는 것이다.

신경망 학습 문제의 이러한 측면을 3차원 그래프로 시각화해 보면 신경망의 가중치 갱신 과정을 이해하는 데 도움이 될 것이다.

한 입력 견본에 대한 신경망의 오차는 입력 견본과 그 목푯값(바람직한 예측값)이 얼마나 다른지를 나타낸다. 둘의 차이를 그대로 사용하기보다는 식 5.5처럼 제곱한 값을 오차로 사용할 때가 많다. 모든 가능한 가중치 조합에 대해 그러한 오차값을 그래프로 그리면 일종의 다차원 곡면이 생긴다. 이 곡면에서 가장 낮은 점은 오차의 최솟값에 해당한다. 이를 **최소점**(minimal point)이라고 부른다.

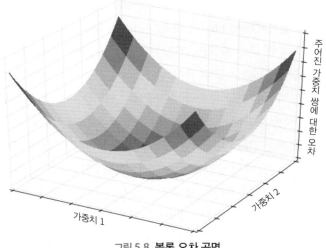

그림 5.8 **볼록 오차 곡면**

이 최소점의 좌표성분들은 주어진 훈련 견본에 대해 최적의 출력을 산출하는 가중치들이다. 가중치가 두 개일 때는 이를 시각화하기 쉽다. 아마 그림 5.8과 비슷한 그래프를 본 적이 있을 텐데, 이것은 두 가중치를 두 차원으로 두고 그에 해당하는 오차를 세 번째 차원(높이)으로 두어서 하나의 3차원 곡면을 표현한 것이다. 물론 실제 응용에서는 가중치들이 훨씬 많으므로 훨씬 고차원의 곡면이 생기지만, 그래도 기본적인 개념은 이 3차원의 경우와 다르지 않다.

마찬가지로, 비용함수도 이런 식으로 곡면으로 시각화할 수 있다. 비용함수는 특정 입력 견본에 대한 것이 아니라 입력 집합 전체에 대한 것이며, 흔히 쓰이는 것은 **평균제곱오차**(mean squared errro, MSE)이다. 평균제곱오차는 말 그대로 제곱오차의 평균, 즉 모든 입력 견본에 대한 제곱오차(식 5.5)의 합을 입력 견본의 수로 나눈 것이다. 가중치가 두 개라고 할 때 그림 5.8처럼 두 가중치를 x축과 y축으로 두고 평균제곱오차를 z축으로 두어서 비용함수의 곡면을 얻는다.

한 입력 견본에 관한 오차 곡면과 비슷하게, 훈련 집합 전체에 대한 이러한 오차 곡면(비용함수 곡면)의 최소점의 좌표성분들은 주어진 모형이 훈련 집합 전체에 대해 가장 좋은 성과를 내게 하는 가중치들이다.

5.1.5 경사로를 따라 활강

이러한 시각화를 좀 더 해석해 보자. 각 세(훈련 주기)에서 훈련 알고리즘은 **경사 하강법**(gradient descent)이라고 부르는 알고리즘을 이용해서 오차를 최소화하려 한다. 경사 하강법의 개념은 간단하다. 이름 그대로 경사로를 따라 아래로(즉, 오차가 줄어드는 기울기 방향으로) 내려가다 보면 최소점에 도달하는 것이다. 스키를 신고 산 정상에서 아래쪽으로 내려가는 길을 찾은 후 그대로 내려가면 된다. 오차 곡면이 그림 5.8처럼 매끄러운 볼록 곡면이면, 결국에는 최소점에 도달하게 된다.

그러나 오차 곡면이 항상 이렇게 매끄러운 사발 모양이라는 보장은 없다. 실제로는 다양한 구덩이와 봉우리, 계곡이 존재한다. 그런 모양을 비볼록(nonconvex) 오차 곡면이라고 부른다. 스키를 탈 때처럼, 구덩이가 충분히 크면 구덩이를 벗어나지 못해서 슬로프의 최하단에는 도달하지 못하게 된다.

그림 5.9에 비볼록 곡면의 예가 나와 있다. 이번에도 시각화를 위해 2차원 입력에 대한 가중치들을 축으로 두었지만, 입력이 10차원이나 50차원, 1,000차원이라고 해도 개념은 동일하다. 더 고차원의 공간에서는 이런 식의 시각화가 사실상 불가능하므로 수학에 의존할 수밖에 없다. 여러분이 신경망을 실제로 개발하고 사용하기 시작하면 오차 곡면의 시각화는 덜 중요해진다. 그냥 관련 측정치들로도 오차 곡면을 시각화해서 얻는 것과 동일한 정보를 얻을 수 있다. 중요한 것은 훈련 과정에서 오차가 0을 향해 점차 줄어들고 있느냐인데, 그 여부는 신경망이 제대로 학습하고 있는지 아닌지를 말해 준다. 그렇긴 하지만 신경망을 처음 배우는 단계에서는 이런 3차원 표현이 훈련 과정을 머릿속으로 이해하는 데 도움이 된다.

그런데 비볼록 오차 공간의 구덩이들은 어떻게 극복해야 할까? 이들이 문제가 된다는 점은 틀림없다. 가중치들을 어떻게 초기화하느냐에 따라 활강의 시작점이 달라지며, 활강을 어디서 시작하느냐에 따라서는 구덩이에 빠져서 진짜 최소점(전역 최소점)에 도달하지 못하고 극소점(국소 최소점)에서 활강을 마치게 된다(그림 5.9의 왼쪽 상황).

안타깝게도, 3차원뿐만 아니라 더 높은 차원의 오차 공간에도 이런 극소점들이 존재한다.

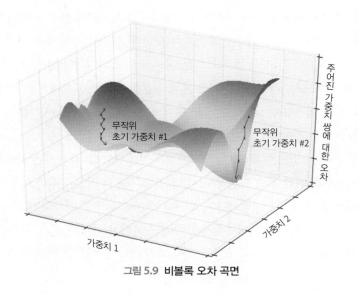

그림 5.9 비볼록 오차 곡면

5.1.6 흔들어서 탈출

주어진 훈련 견본의 오차를 취합하고 그 오차(비용) 곡면을 따라 내려가서 최적의 가중치들을 찾는다는 개념은 이제 충분히 이해했을 것이다. 이처럼 다수의 훈련 견본에 대해 오차를 측정해서 가중치들을 갱신하는 방식을 배치 훈련 방식이라고 부른다. 배치batch(일괄 단위)는 한 번의 훈련 주기에 사용하는 자료점(견본)들의 집합으로, 많은 경우 전체 훈련 자료의 한 부분집합이다. 하나의 배치에 대한 오차 곡면은 일정하며, 배치가 달라지면 오차 곡면도 달라진다. 무작위로 초기화한 가중치들은 그 오차 곡면의 한 지점을 정의한다. 그 지점에서 기울기를 따라 아래쪽으로 하강하다 보면 극소점에 해당하는 구덩이에 빠질 수 있다. 그러면 진정한 최소점은 구하지 못한다. 이런 함정을 벗어나는 방법은 크게 두 가지이다.

하나는 **확률적 경사 하강법**(*stochastic* gradient decent, SGD)을 사용하는 것이다. 확률적 경사 하강법에서는 모든 훈련 견본을 처리한 후 기울기들을 갱신하는 대신 각각의 훈련 견본에 대해 가중치들을 갱신한다. 또한, 훈련 견본들의 순서를 매번 무작위로('확률적으로') 뒤섞는다. 매번 입력과 그 정답이 달라지므로 오차 곡면도 매번 달라진다. 그 곡면을 따라 내려가면서 가중치들을 갱신하는 것은 원래의 경사 하강법과 동일하다. 그러나 확률적 경사 하강법은 주어진 견본 하나에 대해 그런 갱신을 수행한다. 즉, 한 훈련 주기의 끝에서 모든 오차를 취합한 후 일괄적으로 가중치들을 갱신하는 것이 아니라, 개별 견본의 출력과 오차를 구할 때마다 가중치들을 갱신을 수행하는 것이다.

견본들을 거치면서 이런 과정이 반복되면 가중치들이 다양한 극소점과 곡면상의 굴곡을 지나서 진짜 최소점을 향해 나아가게 된다. 만일 모형이 제대로 조율되지 않았거나 훈련 자료가 일관적이지 않으면, 확률적 경사 하강법을 적용해도 모형이 수렴하지 못하고 같은 곳을 계속 맴돌게 된다. 그러면 모형은 아무것도 배우지 못한다. 그러나 실제 응용에서 확률적 경사 하강법은 대부분의 경우 극소점들을 극복하는 데 상당히 효과적임이 판명되었다. 이 접근 방식의 한 가지 단점은 느리다는 것이다. 모든 훈련 견본을 순전파로 처리한 후 역전파를 한 번 수행하는 것도 느린 과정임을 생각하면, 견본마다 순전파와 역전파를 반복하는 것이 얼마나 느릴지 짐작할 수 있을 것이다.

좀 더 흔히 쓰이는 방법은 **미니배치**mini-batch(작은 일괄 단위)를 사용하는 것이다. 미니배치 훈련 방식에서는 훈련 집합 전체 또는 앞에서 말한 배치를 더 작은 부분집합들로 나눈다. 각각의 작은 부분집합이 바로 미니배치이다. 한 미니배치에 대해 순전파와 역전파를 수행해서 가중치를 갱신하는 과정을 모든 미니배치에 대해 반복해서 하나의 훈련 주기를 마친다. 이 방법은 배치 훈련의 장점인 속도와 **확률적** 경사 하강법의 장점인 안정성(극소점 극복)을 모두 갖추었다.

역전파의 세부적인 작동 방식이 매혹적이긴 하지만, 이해하기가 쉽지는 않다. 그리고 앞에서 언급했듯이 역전파의 세부 사항[주12]은 이 책의 범위를 넘는 주제이다. 지금까지의 논의에서 적어도 오차 곡면과 활강, 구덩이 같은 비유만큼은 독자의 머릿속에 확실히 자리 잡았길 희망한다. 어차피 신경망이라는 것은 오차 곡면의 경사로를 최대한 빨리 내려가서 바닥에 닿는 방법일 뿐이다. 주어진 출발점에서 사방을 둘러보고 가장 빨리 내려갈 수 있는 방향을 정한 후 과감히 활강하면(고소공포증이 있는 독자에게는 그리 유쾌하지 않은 이미지이겠지만), 얼마 지나지 않아 계곡의 바닥에 있는 스키하우스에 도달할 것이다.

5.1.7 케라스: 신경망 파이썬 구현

순수한 파이썬으로 신경망을 직접 구현해 보면 지금까지 배운 것을 머릿속에서 정리하는 데 도움이 될 뿐만 아니라 재미도 있을 것이다. 그러나 파이썬은 다른 몇몇 언어에 비해 속도가 그리 빠르지 않고 신경망의 계산량이 상당히 크기 때문에, 순수한 파이썬 구현으로는 적당한 크기의 신경망이라도 감당하기 어려울 정도로 처리 시간이 길 수 있다. 다행히 PyTorch나 Theano, TensorFlow, Lasagne처럼 파이썬의 느린 속도를 극복할 수 있는 기계 학습 라이브러리가 많이 있다. 이 책에서는 케라스[Keras](https://keras.io/)를 사용한다.

케라스는 사용하기 쉬운 파이썬 API를 제공하는 고수준 신경망 래퍼(wrapper)이다. 케라스는 서로 다른 기계 학습 패키지인 Theano, TensorFlow(구글), CNTK(마이크로소프트)를 거의 동일한 방식으로 사용할 수 있는 API를 제공한다. 이 세 가지 뒷단(backend)은 각각 기본적인 신경망 구성요소들의 저수준 구현과 내적과 행렬 곱셈을 비롯한 여러 신경망 관련 수학 연산을 아주 빠르게 수행하는 고도로 조율된 선형대수 라이브러리를 갖추고 있다.

그럼 케라스를 이용해서 간단한 XOR 문제를 푸는 신경망을 구현해 보자.

목록 5.4 XOR 케라스 신경망

```
>>> import numpy as np
>>> from keras.models import Sequential          ◁————┤ 기본 케라스 모형 클래스
>>> from keras.layers import Dense, Activation    ◁————┤ Dense는 완전 연결 신경망에 해당한다.
>>> from keras.optimizers import SGD        ◁
>>> # XOR 학습을 위한 입력 견본들
                                                    SGD는 확률적 경사 하강법 알고리즘을 구현한다.
>>> x_train = np.array([[0, 0],                     케라스는 이외에도 여러 훈련 알고리즘을 제공한다.
...                     [0, 1],
...                     [1, 0],
...                     [1, 1]])   ◁————    x_train은 훈련에 사용할 2차원 특징
>>> y_train = np.array([[0],                 벡터들로 이루어진 훈련 집합이다.
```

[주12] 영어 위키백과 "Backpropagation" 페이지(https://en.wikipedia.org/wiki/Backpropagation).

```
...                          [1],        y_train은 각 특징 벡터의 바람직한 결과(목푯값)를 담는다.
...                          [1],
...                          [0]])       완전 연결 층의 뉴런 수를 10으로 설정한다.
>>> model = Sequential()
>>> num_neurons = 10                     input_dim은 입력 벡터의 차원 수이다. 이것은 첫
>>> model.add(Dense(num_neurons, input_dim=2))   층에만 지정하면 된다. 이후 층들의 형태(shape)
                                         는 이전 층의 출력의 차원 수로부터 자동으로 계산
>>> model.add(Activation('tanh'))        된다. 지금 예의 입력 견본들은 피연산자가 두 개인
>>> model.add(Dense(1))                  XOR의 학습을 위한 2차원 벡터들이다.
>>> model.add(Activation('sigmoid'))
>>> model.summary()                      출력층은 하나의 이진 분류 결과(0 또는 1)를
                                         출력하는 뉴런 하나로 구성된다.
Layer (type)              Output Shape          Param #
=================================================================
dense_18 (Dense)          (None, 10)            30
_____
activation_6 (Activation) (None, 10)            0
_____
dense_19 (Dense)          (None, 1)             11
_____
activation_7 (Activation) (None, 1)             0
=================================================================
Total params: 41.0
Trainable params: 41.0
Non-trainable params: 0.0
```

model.summary()는 각 층의 형태와 가중치 개수(Param #)를 보여준다. 간단히 계산해 보면, 첫 층은 뉴런이 10개이고 뉴런당 가중치는 세 개(입력의 두 특징에 대한 것 두 개와 치우침 가중치 하나)이다. 따라서 첫 층이 학습해야 할 가중치는 총 30개이다. 그다음 층인 출력층은 뉴런이 하나뿐이고, 이 뉴런에 첫 층의 뉴런 10개가 연결된다. 거기에 치우침 항이 하나 있으므로 가중치는 총 11개이다.

그럼 여기에 확률적 경사 하강법(SGD)을 적용해 보자.

```
>>> sgd = SGD(lr=0.1)
>>> model.compile(loss='binary_crossentropy', optimizer=sgd,
...     metrics=['accuracy'])
```

코드가 너무 간결해서 오히려 이해하기 어려울 것이다. 첫 줄의 SGD()는 케라스의 다양한 모형 최적화(신경망 훈련) 객체 중 하나인 확률적 경사 하강법 최적화 객체를 돌려준다. 이 최적화 객체는 확률적 경사 하강법을 이용해서 오차 또는 손실(loss)을 최소화함으로써 학습 모형(model)을 최적화한다. 매개변수 *lr*은 각 가중치에 대한 오차의 미분을 가중치 갱신에 적용하는 비율로, 앞에서 말한 학습 속도(learning rate) α에 해당한다. 이 매개변수가 크면 학습이 빨라지지만, 대신 모형이 목표점을 지나쳐서 전역 최소점에서 멀어질 수 있다. 반대로 학습 속도

가 작으면 훈련 시간이 길어지며, 또한 모형이 극소점에 머무를 위험도 커진다. 둘째 행에서는 이 최적화 객체를 지정해서 모형을 컴파일한다. loss 매개변수는 손실함수인데, 여기서는 이 진 교차 엔트로피 함수에 해당하는 binary_crossentropy로 지정했다. metrics 매개변수는 훈 련 도중 출력 스트림에 적용할 여러 옵션을 지정한다. compile 메서드는 주어진 인수들로 모형 을 구성(컴파일)할 뿐 실제로 훈련하지는 않는다. 이 메서드는 가중치를 무작위로 초기화하며, 이 상태의 모형으로 예측을 수행하면 그냥 무작위한 답을 얻게 된다.

```
>>> model.predict(x_train)
[[ 0.5        ]
 [ 0.43494844]
 [ 0.50295198]
 [ 0.42517585]]
```

predict 메서드는 마지막 층의 출력을 그대로 돌려준다. 지금 예에서 마지막 층은 주어진 입 력들을 S자형 함수에 적용한 결과를 출력한다.

아직은 별로 대단한 성과를 얻지 못했다. 그러나 지금 모형은 아무것도 배우지 못했음을 기억하기 바란다. 그냥 입력에 무작위 가중치들을 적용했을 뿐이다. 이제 이 신경망을 훈련해 보자.[역6]

목록 5.5 XOR 훈련 집합으로 모형을 훈련하는 코드

```
>>> model.fit(x_train, y_train, epochs=100)   ←──  fit 메서드는 모형을 훈련 자료에 적합시킨다.
Epoch 1/100                                         이에 의해 훈련이 진행된다.
4/4 [==============================] - 0s - loss: 0.6917 - acc: 0.7500
Epoch 2/100
4/4 [==============================] - 0s - loss: 0.6911 - acc: 0.5000
Epoch 3/100
4/4 [==============================] - 0s - loss: 0.6906 - acc: 0.5000
...
Epoch 100/100
4/4 [==============================] - 0s - loss: 0.6661 - acc: 1.0000
```

[역6] 케라스에서 신경망을 훈련하는 메서드가 train()이 아니라 fit()인 이유가 궁금한 독자가 있을 것 같아서 첨언하자면, 인 공 신경망의 한 뿌리는 통계학이며, 신경망을 훈련해서 가중치들을 최적화하는 것은 통계학에서 선형회귀 같은 통계적 '모형 (model)'을 자료에 "적합시켜서(fit)" 모형의 매개변수들을 구하는 일반적인 접근 방식의 한 특수 사례이다. fit이라는 메서드 이름은 통계학의 그런 어법을 따른 것이라 할 수 있다. 관련해서, 일반적으로 "적합하다(fit)"는 "A가 B에 적합하다"처럼 상태 나 성질을 나타내는 술어로 쓰이지만, 이 책에서는(그리고 일반적으로 통계학이나 기계 학습의 맥락에서) "모형을 자료에 적 합시킨다"나 "모형이 자료에 잘 적합했다"처럼 어떠한 과정이나 동작을 나타내는 술어로도 쓰인다.

첫 시도에서 신경망이 수렴하지 않을 수 있다. compile은 가중치들을 포함한 기본 매개변수들을 특정 확률분포에 따라 무작위로 초기화하는데, 그 매개변수들의 값에 따라서는 신경망이 최소점에 도달하지 못할 수 있다. 그런 경우 같은 매개변수들로 model.fit을 다시 호출해서(그리고 반복 횟수 epochs를 더 늘려서) 신경망이 수렴하는지 살펴볼 수도 있고, 또는 모형을 다시 초기화한 후 fit을 호출할 수도 있다. 후자의 방법을 사용하는 경우, 난수 발생 종잣값을 하나의 상수로 설정해서는 안 된다. 그러면 매번 같은 난수들이 발생해서 같은 결과가 반복될 뿐이다.

지금 예에서는 작은 자료 집합으로 모형을 거듭 적합시킨 결과 모형이 잘 수렴했다. 그냥 견본들만 보여주었는데도 모형이 XOR의 규칙을 깨우친 것이다! 이것이 바로 신경망의 마법이며, 이후의 장들에서는 이 마법을 자연어 처리에도 적용해 볼 것이다.

```
>>> model.predict(x_train))
4/4 [==============================] - 0s
[[ 0.0035659 ]
 [ 0.99123639]
 [ 0.99285167]
 [ 0.00907462]]
>>> model.predict_classes(x_train))
4/4 [==============================] - 0s
[[0]
 [1]
 [1]
 [0]]
```

훈련된 모형으로 predict를 호출해 보면 훈련 집합의 견본들에 대해 정확한 답을 예측함을 알 수 있다. predict_classes는 원본 출력값을 분류명(이 경우 0 또는 1)으로 해석한 결과를 출력한다. 두 결과 모두, 훈련 집합에 대한 이 모형의 정확도가 100%임을 말해 준다. 물론 정확도가 예측 모형의 품질에 대한 최선의 측도는 아니지만, 이 장난감 예제에서는 이 정도로 충분하다. 이 엄청난 성과를 자자손손 전하기 위해 이 XOR 모형을 파일로 저장해 보자.

목록 5.6 훈련된 모형의 저장

```
>>> import h5py
>>> model_structure = model.to_json()    ←  나중에 케라스의 보조 메서드로 신경망의 구조를 다시 불러올
                                             수 있도록 신경망의 구조를 JSON 형식으로 저장한다.

>>> with open("basic_model.json", "w") as json_file:
...     json_file.write(model_structure)

>>> model.save_weights("basic_weights.h5")   ←  훈련된 가중치들은 반드시 따로 저장해야 한다.
                                                앞에서는 그냥 신경망의 구조만 저장했다. 이후
                                                신경망 구조로 신경망 인스턴스를 다시 생성한 후
                                                이 가중치들을 그 인스턴스에 적재하면 된다.
```

케라스는 이러한 파일들로부터 신경망을 다시 생성하고 가중치들을 불러오는 메서드들을 제공한다. 따라서 같은 신경망을 매번 다시 훈련할 필요가 없다. 이러한 기능은 덩치가 큰 신경망에서 더욱더 유용하다. 이 예제의 XOR 모형은 훈련에 단 몇 초밖에 걸리지 않으므로 매번 훈련하는 것이 별로 부담이 되지 않지만, 이후의 장들에 나오는 예제 신경망들은 훈련에 몇 분이 걸리는 것도 있고 몇 시간이 걸리는 것도 있다. 하드웨어와 모형의 복잡도에 따라서는 훈련에 며칠이 걸릴 수도 있으므로, 미리 마음의 준비를 하기 바란다.

5.1.8 더 깊게 배우고 싶다면

심층(다층) 신경망이 기계 학습 분야에 퍼지면서 신경망의 세부 사항에 관해 많은 연구가 진행되었다. 주요 연구 주제들을 들자면 다음과 같다.

- 다양한 활성화 함수들(S자형 함수, 정류 선형 단위, 쌍곡탄젠트 등)의 장단점
- 오차의 반영 정도를 결정하는 학습 속도를 잘 선택하는 방법
- 운동량(momentum)을 이용한 학습 속도의 동적 조율(최소점을 더 빨리 찾기 위한)
- 드롭아웃[dropout] 기법. 주어진 한 훈련 패스에서 가중치 중 일부를 무작위로 선택해서 탈락(드롭아웃)시킴으로써 모형이 훈련 집합에 과대적합하는 일을 방지한다.
- 한 가중치가 다른 가중치들보다 너무 많이 커지거나 작아지지 않도록 인위적으로 제한을 가하는 정칙화(regularization) 기법들. 이 역시 과대적합을 방지하는 것이 목적이다.

이 외에도 많은 연구 성과가 있다.

5.1.9 정규화: 스타일 있는 입력

신경망은 주어진 입력 벡터들로부터 최대한 많은 것을 배우려 한다. 신경망의 학습을 도우려면 입력을 적절히 정규화할 필요가 있다. 심층 학습뿐만 아니라 다른 여러 기계 학습 모형에서도 정규화가 중요하다. 주택이 특정 시장에서 팔릴지 아닐지를 신경망으로 예측한다고 하자. 그리고 간결함을 위해 입력 특징은 침실 수와 판매가 두 가지뿐이라고 하자. 다음은 침실이 두 개이고 판매가가 $275,000인 주택을 서술하는 입력 벡터이다.

```
input_vec = [2, 275000]
```

두 수치의 규모가 상당히 다름을 주목하기 바란다. 역전파 과정에서 침실 수와 연관된 가중치는 판매가와 연관된 가중치의 규모 때문에 필요 이상으로 크게 변한다. 이런 문제를 피하기 위해, 원래의 수치에 담긴 정보(특히 견본 간 차이에 관한 정보)를 유지하면서도 수치들을 역전파 알고리즘에 적합한 형태로 정규화하는 기법이 흔히 쓰인다. 한 벡터의 여러 성분이 대체로 비슷한 범위의 값이 되도록 정규화한다면 앞에서 말한 문제가 해결된다. 구체적인 정규화 접근 방식은 평균 정규화, 특징 비례, 계수 변동 등으로 다양하지만, 이들은 모두 한 견본의 모든 성분(특징)이 [-1, 1]이나 [0, 1] 같은 일정한 범위를 넘지 않게 하는 것, 그러면서도 원래의 정보를 잃지 않는 것을 목표로 한다.

다행히 NLP에서는 정규화 문제를 그리 걱정할 필요가 없다. TF-IDF나 원핫 부호화, word2vec(다음 장에서 만날 것이다)은 이미 정규화된 자료이기 때문이다. 그렇지만 원본 단어 빈도 같은 정규화되지 않은 특징들을 다룰 일이 있다면 정규화에 신경을 써야 한다.

마지막으로, 용어와 관련해서 한 가지 언급하자면, 퍼셉트론이나 다중 뉴런 층, 심층 학습이 정확히 무엇이고 어떤 요소들로 구성되는지를 모든 사람이 똑같이 생각하지는 않는다. 그렇지만, 우리가 활성화 함수의 미분에 기초해서 가중치를 적절히 갱신하는 접근 방식을 따르는한, 적어도 '퍼셉트론'과 '신경망'은 확실히 구분할 필요가 있다. 이 책에서 신경망과 심층 학습은 그런 접근 방식을 따르는 기계 학습의 맥락 안에서 쓰이는 용어들이며, '퍼셉트론'은 역사적으로 (대단히) 중요한 하나의 특정한 뉴런 구조를 뜻하는 용어로만 사용한다.

요약

- 학습은 비용함수를 최소화하는 방향으로 일어난다.
- 신경망 학습의 비결은 역전파 알고리즘이다.
- 가중치가 모형의 오차에 기여하는 정도는 학습을 위해 가중치를 변화하는 정도와 직접 연관된다.
- 신경망은 본질적으로 하나의 최적화 엔진이다.
- 훈련 시에는 오차 곡면상의 구덩이(극소점)를 조심해야 한다. 오차가 꾸준히 줄어들지 않는다면 뭔가 문제가 있는 것이다.
- 케라스는 신경망을 위한 수학 연산을 좀 더 손쉽게 사용할 수 있게 해주는 편리한 라이브러리이다.

6

단어 벡터를 이용한 추론: word2vec 활용

이 장에서 다루는 내용

- 단어 벡터의 생성 방식
- 미리 훈련된 모형의 활용
- 단어 벡터를 이용한 추론을 실제 문제 해결에 적용
- 단어 벡터의 시각화
- 단어 내장(단어 임베딩)의 몇 가지 놀라운 용도

NLP의 최근 발전 중 가장 흥미로운 것을 뽑자면 단어 벡터(word vector)의 '발견'이라 할 수 있다. 이번 장은 단어 벡터가 무엇이고 어떻게 사용하는지 살펴본다. 다소 의외의 일을 할 수 있을 정도로 단어 벡터가 강력한 수단임을 알게 될 것이다. 특히, 이전 장들의 근사(축소) 기법 때문에 사라졌던 단어의 희미하고 미묘한 의미를 어느 정도 복구하는 방법을 배우게 된다.

이전 장들에서는 단어 주변의 문맥을 그냥 무시했다. 즉, 주어진 단어 앞과 뒤에 있는 단어들은 고려하지 않았다. 우리는 한 단어의 이웃들이 그 단어의 의미에 미치는 영향과 그런 관계들이 문장의 전체 의미에 미치는 영향을 무시했다. 단어 모음(bag-of-words)이라는 자료 구조는 그냥 한 문서의 단어들을 통계적 '자루(bag; 또는 가방)'에 뒤죽박죽 집어넣은 것일 뿐이다. 이번 장에서는 문서나 문장의 모든 단어가 아니라 한 단어의 '이웃' 단어 몇 개만으로 작은 단어 모음을 만든다. 이때, 그런 단어 모음이 문장들의 경계를 넘지는 않게 한다. 즉, 인접한 두 문장의 단어들로 하나의 단어 모음을 만들지는 않는다. 이렇게 하면 단어 벡터 훈련 과정이 문서 전체가 아니라 서로 관련된 단어들에 집중하게 된다.

이런 식으로 만들어낸 새로운 단어 벡터를 이용하면 동의어나 반의어를 식별할 수 있으며, 더 나아가서 같은 범주(사람, 동물, 장소, 식물, 이름, 개념 등)에 속한 단어들도 식별할 수 있다. 물론 제4장에서 배운 잠재 의미 분석(LSA)으로도 그런 일을 할 수 있지만, 한 단어의 이웃 범위를 좀 더 좁히면 단어 벡터의 정확도가 좀 더 높아진다. 단어나 n-그램, 문서에 대한 잠재 의미 분석은 한 단어의 명시적인 의미 중 일부를 놓칠 수 있으며, 함축된 또는 숨겨진 의미는 더욱 많이 놓칠 위험이 있다. LSA의 단어 모음('자루')은 너무 크기 때문에, 한 단어의 몇몇 의미가 도대체 어디에 틀어 박혀 있는지 찾기 어려울 수 있다.

> **단어 벡터** 단어 벡터는 단어의 의미(뜻)를 나타내는 수치 벡터로, 여기서 단어의 의미에는 명시적인 의미와 함축된(암묵적인) 의미가 모두 포함된다. 특히 단어 벡터는 그 단어가 속한 범주('인물', '장소', '사물', '개념' 등)도 포착한다. 용어 빈도에 기초한 이전의 다른 표현들은 정수 희소 벡터였지만, 단어 벡터는 실수(컴퓨터 구현상으로는 부동소수점 수) 밀집(빈 성분이 없는) 벡터이다. 이 밀집 벡터를 단어의 의미에 관한 질의와 논리적 추론에 사용할 수 있다.

6.1 의미 기반 질의와 비유

단어 벡터의 위력을 가늠할 수 있는 간단한 예를 살펴보자. 아마 어떤 유명인의 이름이 잘 생각이 나지 않아서, 그 사람에 대한 일반적인 인상만으로 웹을 검색해 본 경험이 있을 것이다. 다음은 마리 퀴리가 생각이 나지 않을 때 시도해 볼 만한 문장이다.

She invented something to do with physics in Europe in the early 20th century
(그녀는 20세기 초반에 유럽에서 물리학과 관련된 뭔가를 발명했다).

이 문장으로 구글이나 빙^{Bing}을 검색해도 마리 퀴리에 대한 문서의 링크가 뜨지는 않을 것이다. 구글 검색은 남녀를 포함한 유명 물리학자의 목록을 담은 페이지로의 링크를 제시할 가능성이 크다. 아마 여러 페이지를 건너뛰어야 원하는 답을 발견할 것이다. 그러나 일단 여러분이 '마리 퀴리' 또는 'Marie Curie'를 발견하면, 구글이나 빙은 그 사실을 기억해 둘 것이며, 그래서 다음에 어떤 과학자를 찾을 때는 구글이나 빙이 좀 더 나은 결과를 제시할 것이다.[주1]

주1 적어도 이 책을 쓰면서 우리가 실험한 바로는 그렇다. 여러분의 검색 결과와 비슷한 검색 결과가 나오게 하기 위해 우리는 비공개 브라우저를 사용해야 했다.

단어 벡터를 이용하면 "woman", "Europe", "physics", "scientist", "famous" 같은 단어들의 의미를 모두 결합한 단어나 이름을 찾을 수 있다. 이는 앞의 질의문으로부터 "Marie Curie"라는 토큰에 좀 더 가까이 접근할 수 있음을 뜻한다. 단어 벡터들이 맞추어져 있다면, 이런 검색을 위해 해야 할 일은 아주 간단하다. 결합하고자 하는 단어들의 단어 벡터를 모두 더하면 된다.

```
>>> answer_vector = wv['woman'] + wv['Europe'] + wv[physics'] +\
...     wv['scientist']
```

이번 장에서는 의미 기반 질의를 실제로 이런 벡터 연산의 형태로 수행하는 방법을 살펴본다. 심지어는 다음처럼 단어 벡터에서 성별에 대한 편향을 빼서 답을 구하는 것도 가능하다.

```
>>> answer_vector = wv['woman'] + wv['Europe'] + wv['physics'] +\
...     wv['scientist'] - wv['male'] - 2 * wv['man']
```

단어 벡터에서는 "woman"에서 "man"을 빼버릴 수도 있는 것이다!

6.1.1 비유 질문

어떤 인물의 이름을 다른 인물에 빗대어서 질문하는 경우도 있다. 다음은 그런 비유 질문의 예이다.

Who is to nuclear physics what Louis Pasteur is to germs?
(세균학의 파스퇴르에 비할 만한 핵물리학의 인물은?)

구글이나 빙은 물론이고 덕덕고$^{Duck Duck Go}$조차도 이런 질문에는 별 도움이 되지 않는다.[주2] 그러나 단어 벡터에서는 그냥 "Louis Pasteur"에서 "germs"를 빼고 "physics"를 더하기만 하면 된다.

```
>>> answer_vector = wv['Louis_Pasteur'] - wv['germs'] + wv['physics']
```

음악과 과학 같은 서로 무관한 분야의 인물에 관한 좀 더 까다로운 비유 질문도 생각해 볼 수 있다. 이를테면

Who is the Marie Curie of music?
(음악계의 마리 퀴리는?)

[주2] 믿기 힘들다면 직접 시험해 보기 바란다.

또는

> Marie Curie is to science as who is to music?
> (과학에 마리 퀴리가 있다면 음악에는 누가?)

같은 질문을 단어 벡터 연산으로 표현해 보기 바란다.

SAT나 ACT, GRE 같은 표준화된 영어 시험들에는 실제로 이와 비슷한 영어 비유 문제들이 나온다. 그런 문제들을 다음처럼 수학의 비례식과 비슷한 형태로 표기하기도 한다.

```
MARIE CURIE : SCIENCE :: ? : MUSIC
```

이를 다음과 같은 단어 벡터 연산식으로 표현하면 이해하기가 더 쉬울 것이다.

```
>>> wv['Marie_Curie'] - wv['science'] + wv['music']
```

인물과 직업 이외의 주제들에도 이런 질문과 답이 가능하다. 다음은 스포츠팀과 도시에 관한 비유 질문의 예이다.

> The Timbers are to Portland as what is to Seattle?
> (포틀랜드의 팀버스에 해당하는 시애틀의 축구팀은?)

이를 시험 문제 형식으로 표현하면 다음과 같다.

```
TIMBERS : PORTLAND :: ? : SEATTLE
```

그러나 실제 영어 시험들에 나오는 것은 다음과 같이 일상적인 영어 단어를 사용하는(그래서 덜 재미있는) 문제들이다.

```
WALK : LEGS :: ? : MOUTH
ANALOGY : WORDS :: ? : NUMBERS
```

이런 '설단 효과(tip of the tongue; 어떤 단어가 "혀끝에 걸려 있는", 즉 기억이 날 듯 말 듯한 상황)' 질문들은 모두 단어 벡터로 수월하게 해결할 수 있다. 영어 시험과는 달리 심지어 주관식인데도 말이다. 뭔가가 잘 기억이 나지 않을 때는 객관식 문제의 선택지들을 봐도 별 도움이 되지 않는다. 이런 상황에서는 NLP의 단어 벡터가 답이다.

단어 벡터는 이런 애매모호한 질문과 비유 문제에 답할 수 있다. 단어 벡터는 여러분의 혀

끝(설단)에 걸려 나오지 않는 단어나 이름을 떠올리는 데 도움을 준다. 물론 그러려면 정답에 대한 단어 벡터가 단어 벡터 어휘에 들어 있어야 한다.[주3] 그리고 단어 벡터는 우리가 검색 질의문이나 비유 질문으로 표현하기조차 어려운 질문들도 잘 처리한다. 단어 벡터를 이용해서 이런 비질의 문제를 처리하는 방법은 §6.2.1에서 살펴볼 것이다.

6.2 단어 벡터

2012년, 당시 마이크로소프트[Microsoft]의 수습사원이었던 토마시 미콜로프[Thomas Mikolov]는 적당한 차원의 벡터로 단어의 의미를 부호화하는 방법을 고안했다.[주4] 미콜로프는 어떤 단어가 목표 단어 근처에 출현할 가능성을 예측하도록 신경망을 훈련했다.[주5] 이후 구글에 입사한 미콜로프는 2013년에 동료들과 함께 그런 단어 벡터들을 생성하는 소프트웨어를 공개했다.[주6] 그 소프트웨어의 이름이 바로 word2vec[워드투벡]이다.

word2vec은 분류명이 붙어 있지 않은 문서들로 구성된 큰 말뭉치를 처리하는 것만으로 단어들의 의미를 학습한다. 즉, 사람이 word2vec 어휘의 단어들에 일일이 분류명(label)을 붙일 필요가 없다. 예를 들어 word2vec 알고리즘에게 마리 퀴리가 과학자이고 팀버스가 축구팀이며 시애틀이 도시라는 사실을 말해 줄 필요가 없으며, 포틀랜드가 미국의 오리건 주에도 있고 메인 주에도 있는 도시의 이름이라는 시시콜콜한 사실을 알려주지 않아도 된다. 축구(soccer)가 스포츠의 하나이고 팀이 사람들의 모임이며 도시가 장소이자 공동체라는 사실 역시 말해 줄 필요가 없다. word2vec은 그런 것들을 포함해서 수많은 것을 그냥 텍스트를 읽어서 스스로 학습한다. 필요한 것은 마리 퀴리라는 이름이 과학과 관련된 단어들 근처에 있는, 그리고 팀버스와 포틀랜드가 축구나 도시와 관련된 단어들 근처에 있는 문서들을 word2vec에게 제공하는 것뿐이다.

word2vec의 강력함은 바로 이런 비지도 학습 능력에서 비롯한다. 이 세상은 범주화되지 않고 분류명이 붙어 있지 않은 비구조적 자연어 텍스트 자료로 가득하며, 그것들을 그대로 word2vec의 학습에 사용할 수 있다.

비지도 학습(unsupervised learning)과 지도 학습(supervised learning)은 상반된 기계 학습 접근 방식이다.

[주3] 구글의 미리 훈련된 단어 벡터 모형은 약 1천억 건의 단어 뉴스피드로 훈련한 것이므로, 여러분이 찾으려는 단어가 2013년 이후에 나온 신조어가 아닌 이상 그 단어 벡터 모형에 포함되어 있을 것이 거의 확실하다.

[주4] 전형적인 단어 벡터의 차원 수는 훈련에 사용한 말뭉치에 담긴 정보의 폭에 따라 100에서 500 사이이다.

[주5] 이 신경망은 단층 신경망이었다. 따라서 거의 모든 선형 기계 학습 모형으로도 같은 결과를 얻을 수 있다. 이를테면 로지스틱 회귀, 절단된 SVD, 선형 판별 분석, 단순 베이즈로도 가능하다.

[주6] T. Mikolov, K. Chen, G. Corrado, J. Dean, "Efficient Estimation of Word Representations in Vector Space", 2013. 웹 https://arxiv.org/pdf/1301.3781.pdf

> ### 지도 학습
>
> 지도 학습은 분류명(이름표)이 붙은 훈련 자료에 의존한다. 제4장의 문자 메시지 예제에서 문자가 스팸인지 아닌지를 뜻하는 표시가 분류명의 예이다. 이런 범주형 분류명 외에 수치 기반 분류명도 있는데, 예를 들어 트윗에 달린 '좋아요'[역1] 횟수도 분류명이 될 수 있다. 기계 학습이라는 용어에 사람들이 흔히 떠올리는 것이 이 지도 학습이다. 지도 학습에서는 주어진 입력에 대한 바람직한 출력(분류명)과 학습 모형의 예측값의 차이를 측정할 수 있을 때만 학습을 진행할 수 있다.

반면 비지도 학습에서는 사람의 '지도' 또는 도움 없이 모형이 자료로부터 직접 배운다. 훈련 자료를 따로 사람이 조직화, 구조화하고 분류명을 붙일 필요가 없다. 따라서, 분류되지 않은 비구조적 자료가 훨씬 더 많은 자연어 처리 분야에는 word2vec 같은 비지도 학습 알고리즘이 제격이다.

> ### 비지도 학습
>
> 비지도 학습에서는 분류명 없는 원본 자료로 직접 모형을 훈련한다. k-평균이나 DBSCAN 같은 군집화 알고리즘이 비지도 학습의 예이다. 그리고 주성분 분석(PCA)이나 t-분포 확률적 이웃 내장(t-Distributed Stochastic Neighbor Embedding, SNE)도 비지도 학습에 해당한다. 비지도 학습에서 모형은 자료점들 사이의 관계들에 존재하는 패턴을 스스로 찾아낸다. 비지도 학습 모형은 그냥 더 많은 자료를 투입하기만 해도 더 똑똑해진다(정확도가 높아진다).

word2vec에서 신경망 훈련의 목표는 신경망이 대상 단어의 의미를 직접 배우는 것이 아니라 문장 안에서 대상 단어 근처의 단어들을 예측하게 만드는 것이다. 이 경우 예측하고자 하는 이웃 단어들이 바람직한 출력, 즉 분류명에 해당한다. 그러나 그런 분류명들은 사람이 미리 지정해 둔 것이 아니라 모형이 자료 집합 자체에서 가져온 것이므로, word2vec 알고리즘은 확실히 비지도 학습에 속한다.

비지도 학습 기법이 유용하게 쓰이는 또 다른 분야는 시계열(time series) 모형화이다. 시계열 모형은 주어진 시계열(순차열)의 일정 구간의 이전 값들에 기초해서 그다음 값을 예측하도록 훈련될 때가 많다. 시계열 예측 문제는 여러 면에서 자연어 처리 문제와 놀랄 만큼 비슷한데, 이는 둘 다 어떤 값(단어와 수치)들의 순차열(순서 있는 배열)을 다루기 때문이다.

다시 word2vec으로 돌아가서, word2vec에서 그러한 이웃 단어의 예측 자체가 중요한 것은 아니다. 예측은 단지 목적을 위한 한 수단일 뿐이다. 중요한 것은 모형의 내부 표현, 즉 예측을 위해 word2vec이 점진적으로 형성해 나가는 벡터들이다. 이 표현은 대상 단어의 의미를 제4장의 잠재 의미 분석(LSA)과 잠재 디리클레 할당(LDiA)이 산출하는 단어-주제 벡터보다 더 많이 포착한다.

역1 참고로 '좋아요'는 원래 페이스북 한국어판에 쓰이는 용어이고 트위터 한국어판의 공식 문구는 '마음에 들어요'이지만(둘 다 영어는 Like), 이 책에서는 구분 없이 '좋아요'를 사용한다.

참고 입력으로부터 예측한 출력을 저차원 내부 표현의 입력으로 삼아서 원래의 입력을 다시 예측함으로써 뭔가를 배우는 모형을 **자동부호기**(autoencoder; 또는 자가부호기)라고 부른다. 원래의 입력을 다시 예측한다는 것이 좀 이상하게 들릴 수도 있겠다. 그러나 자동부호기가 원래의 질문을 녹음해서 그대로 재생하는 단순한 녹음기는 아니다. 자동부호기는 주어진 입력을 더 간결한(낮은 차원의) 표현으로 압축하고, 그것을 최대한 원래의 입력으로 복원하려 한다. 다수의 입력에 대해 이런 시도를 반복함으로써 모형 안에는 일종의 압축 알고리즘이 형성된다. 결과적으로 자동부호기는 주어진 자료 집합을 간결하게 표현하는 방법을 배운다. 문서 같은 고차원 대상의 압축된 표현을 생성하는 비지도 심층 학습 모형에 관해 좀 더 알고 싶다면, 이 자동부호기가 좋은 출발점일 것이다.[주7] 또한, 자동부호기는 거의 모든 자료 집합에 적용할 수 있다는 점에서 일반적인 신경망 학습 자체의 좋은 출발점이기도 하다.

word2vec은 단어에 연관된 성질들도 학습한다. 예를 들어 모든 단어에 장소, 감정(긍정성), 성별 등의 성질이 다양한 정도로 연관된다. 여러분의 말뭉치에 있는 임의의 단어가 '장소성(placeness)', '인물성(peopleness)', '개념성(conceptness)', '여성성(femaleness)' 같은 성질과 연관되어 있다면, 다른 모든 단어의 단어 벡터에도 그 성질들에 관한 일정한 점수들이 부여된다. word2vec이 단어 벡터들을 형성(학습)함에 따라, 한 단어의 의미가 이웃 단어들로 "번진다".

word2vec은 말뭉치의 모든 단어를 제4장에서 논의한 단어-주제 벡터와 비슷한 수치 벡터로 표현한다. word2vec의 경우는 '주제'들이 좀 더 구체적이다. LSA에서는 단어들이 같은 문서에 있기만 하면 아무리 멀리 떨어져 있어도 그 의미들이 "번져서" 단어-주제 벡터에 반영된다. 그러나 word2vec에서는, 의미가 번지려면 단어들이 근처에 있어야 한다. 흔히 쓰이는 조건은 "같은 문장 안에서 다섯 단어 이내로"이다. 그리고 word2vec의 단어 벡터는 벡터 연산이 의미가 있다. 단어 벡터들을 더하고 빼면 원래의 벡터들과는 다른 의미의 단어 벡터가 나온다.

단어 벡터를 일단의 가중치들 또는 점수들이라고 생각하면 단어 벡터를 이해하는 데 도움이 될 것이다. 각 가중치 또는 점수는 그 단어가 지닌 뜻의 특정 차원('성질')과 연관된다. 다음 코드를 보자.

목록 6.1 성질 벡터(ness-vector)의 계산

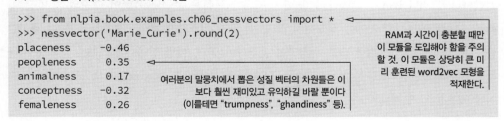

```
>>> from nlpia.book.examples.ch06_nessvectors import *
>>> nessvector('Marie_Curie').round(2)
placeness    -0.46
peopleness    0.35
animalness    0.17
conceptness  -0.32
femaleness    0.26
```

RAM과 시간이 충분할 때만 이 모듈을 도입해야 함을 주의할 것. 이 모듈은 상당히 큰 미리 훈련된 word2vec 모형을 적재한다.

여러분의 말뭉치에서 뽑은 성질 벡터의 차원들은 이보다 훨씬 재미있고 유익하길 바랄 뿐이다 (이를테면 "trumpness", "ghandiness" 등).

주7 웹을 검색하면 예를 들어 UFLDL(Unsupervised Feature Learning and Deep Learning Tutorial) 사이트의 "Autoencoders" 페이지(http://ufldl.stanford.edu/tutorial/unsupervised/Autoencoders/) 같은 문서를 찾을 수 있다.

이 예제에 쓰인 '성질 벡터(ness-vector)'들을 생성하는 방법은 예제 GitHub 저장소의 이번 장 예제 스크립트(https://github.com/totalgood/nlpia/blob/master/src/nlpia/book/examples/ch06_nessvectors.py)를 참고하기 바란다. 이 예제 스크립트의 접근 방식을 word2vec 어휘의 임의의 단어나 n-그램과 임의의 '성질'들에 적용할 수 있다.

미콜로프는 단어들을 수치 벡터로 표현하는 방법을 고민하는 도중에 word2vec 알고리즘을 고안했다. 그는 제4장에 나온 것 같은 덜 정확한 단어 감정 계산 방식에 만족할 수 없었다. 그가 원한 것은 이전에 비유 질문의 예에 나온 것 같은 **벡터 지향적 추론**(vector-oriented reasoning)을 가능하게 하는 벡터 표현이었다. 그런 개념이 엉뚱한 상상처럼 보일 수도 있겠지만, 그냥 컴퓨터에 적합한 수치들로 이루어진 단어 벡터들에 수학 계산을 적용해서 얻은 수치들을 다시 사람이 이해할 수 있는 단어들로 환원하는 것일 뿐이다. 어쨌든, word2vec의 단어 벡터들을 더하고 뺌으로써 그 벡터들이 나타내는 단어들에 관한 어떤 **추론**을 수행할 수 있다. 다음이 그러한 예이다.[8]

```
wv['Timbers'] - wv['Portland'] + wv['Seattle'] = ?
```

이상적으로 이 수학 연산(단어 벡터 추론)의 결과는 다음 벡터이어야 할 것이다.

```
wv['Seattle_Sounders']
```

비슷한 예로, 물리학의 마리 퀴리에 비견할 만한 클래식 음악계의 인물을 묻는 비유적 질문을 다음과 같은 벡터 연산으로 표현할 수 있다.

```
wv['Marie_Curie'] - wv['physics'] + wv['classical_music'] = ?
```

이번 장에서는 제5장의 LSA 기반 주제-단어 벡터보다 나은 단어 의미 표현을 논의한다. LSA를 이용해서 문서 전체로부터 얻은 주제 벡터들은 문서 분류나 의미 기반 검색, 군집화에 적합하다. 그러나 LSA가 산출한 주제-단어 벡터들은 짧은 문구나 복합어 수준의 의미 분석, 분류, 군집화에 사용하기에는 정확하지 않다. 곧 알게 되겠지만, 좀 더 정확하고 좀 더 재미있는 단어 벡터들을 얻으려면 단층 신경망을 훈련해야 한다. 이번 장을 읽고 나면, 짧은 문서나 문장이 관여하는 여러 응용 프로그램에서 LSA 단어-주제 벡터를 word2vec의 단어 벡터가 밀어낸 이유를 알게 될 것이다.

---

[8] 스포츠에 관심이 없는 독자를 위해 잠깐 설명하자면, 포틀랜드 팀버스(Portland Timbers)와 시애틀 사운더스(Seattle Sounders)는 미국 메이저 리그 사커(MLS) 소속의 프로 축구팀들이다.

6.2.1 벡터 지향적 추론

word2vec이 대중에게 처음 공개된 것은 2013년 ACL(Association for Computational Linguistics) 콘퍼런스에서였다.[주9] "Linguistic Regularities in Continuous Space Word Representations"(연속 공간 단어 표현들의 언어학적 규칙성)이라는 다소 건조한 제목의 논문은 놀랄 만큼 정확한 언어 모형을 설명했다. 앞의 예들과 비슷한 비유 질문들에 대한 그 모형(word2vec 내장)의 정확도는 45%로, 이는 해당 LSA 모형의 11%의 네 배였다.[주10] 그런 정확도 증가가 너무나 놀라운 탓에 ICLR(International Conference on Learning Representations)은 미콜로프의 초기 논문의 게재를 거부했을 정도였다.[주11] 논문 검토자들은 그 모형의 성과가 너무 좋아서 믿지 못했던 것이다. 그로부터 거의 1년이 지나 미콜로프의 연구팀이 소스 코드를 공개했으며, 결국 ACL이 논문을 받아들였다.

단어 벡터가 등장하면서, 이제는 포틀랜드 팀버스에 해당하는 시애틀의 축구팀을 묻는 문제를 다음처럼 벡터 연산으로 풀 수 있게 되었다.

```
Portland Timbers + Seattle - Portland = ?
```

그림 6.1은 이 연산을 도식화한 것이다.

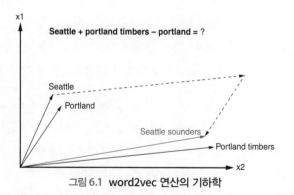

그림 6.1 word2vec 연산의 기하학

word2vec 모형은 단어들 사이의 관계에 관한 정보를 담으며, 여기에는 유사성에 관한 정보도 포함된다. word2vec 모형은 *Portland*라는 용어와 *Portland Timbers*라는 용어가 *Seattle*과

[주9] Tomas Mikolov, Wentau Yih, Geoffrey Zweig (2013). "Linguistic Regularities in Continuous Space Word Representations" (https://www.aclweb.org/anthology/N13-1090).

[주10] 라딤 르제후르제크(Radim Řehůřek)의 토마시 미콜로프 인터뷰(https://rare-technologies.com/rrp#episode_1_tomas_mikolov_on_ai).

[주11] "ICRL2013 open review"(https://openreview.net/forum?id=idpCdOWtqXd60&noteId=C8Vn84fqSG8qa).

*Seattle Sounders*만큼이나 가깝다는(비슷하다는) 점을 "안다". 서로 짝을 이룬 이 벡터들은 거리가 가깝고 방향도 거의 같다. word2vec 모형이 스포츠팀에 관한 비유 질문에 답할 수 있는 것은 이런 벡터 연산 덕분이다. *Portland* 벡터와 *Seattle* 벡터의 차이를 *Portland Timbers* 벡터에 더하면 *Seattle Sounders* 벡터에 가까운 벡터가 나온다.

$$\begin{bmatrix} 0.0168 \\ 0.007 \\ 0.247 \\ ... \end{bmatrix} + \begin{bmatrix} 0.093 \\ -0.028 \\ -0.214 \\ ... \end{bmatrix} - \begin{bmatrix} 0.104 \\ 0.0883 \\ -0.318 \\ ... \end{bmatrix} = \begin{bmatrix} 0.006 \\ -0.109 \\ 0.352 \\ ... \end{bmatrix}$$

식 6.1 **축구팀 질문의 답 계산**

단어 벡터들을 더하고 빼고 나면 어휘의 단어 벡터 중 하나와 거의 같은 벡터가 나온다. 일반적으로 word2vec 모형의 단어 벡터들은 차원 수가 100 정도이다. 그리고 각 차원의 성분은 연속 실숫값이다. 어쨌든 중요한 것은 NLP 질문을 표현한 벡터 연산의 결과는 어휘의 어떤 한 단어 벡터와 거의 비슷한 벡터라는 점이다. 그 벡터 근처에 있는 한 단어가 바로 스포츠팀과 도시에 관한 비유 질문 같은 NLP 질문에 대한 자연어 답이다.

정리하자면, word2vec을 이용하면 토큰 출현 횟수와 빈도들로 이루어진 자연어 벡터들을 그보다 훨씬 낮은 차원의 단어 벡터 공간으로 변환할 수 있다. 그리고 그러한 저차원 공간에서 벡터들에 통상적인 선형대수 벡터 연산들을 적용해서 새로운 벡터를 얻고, 그 벡터를 다시 자연어 공간으로 변환함으로써 자연어 추론 문제를 풀 수 있다. 이러한 능력이 챗봇이나 검색 엔진, 질의응답 시스템, 정보 추출 알고리즘에 얼마나 유용할지는 충분히 짐작이 갈 것이다.

참고 2013년에 발표된 미콜로프 외의 첫 논문에서 질문에 대한 답의 정답은 40%밖에 되지 않았다. 그러나 2013년 당시 그러한 정확도는 다른 의미 추론 접근 방식들의 정확도를 훨씬 웃도는 것이었다. 현재 word2vec 모형의 성능이 첫 논문 당시보다 훨씬 개선되었는데, 이는 엄청나게 큰 말뭉치로 훈련한 덕분이다. word2vec 기준 구현(reference implementation)은 구글 뉴스 말뭉치(Google News Corpus)의 단어 1000억 개로 훈련되었다. 이 책에서도 이 미리 훈련된 word2vec 모형을 자주 만나게 될 것이다.

단어 벡터들을 연구하면서 word2vec 연구팀은 한 단어의 단수형과 복수형의 벡터 차이가 대부분의 단어에서 비슷하다는 점에 주목했다.

$$\vec{x}_{coffee} - \vec{x}_{coffees} \approx \vec{x}_{cup} - \vec{x}_{cups} \approx \vec{x}_{cookie} - \vec{x}_{cookies}$$

식 6.2 **단수형과 복수형의 차이들이 대체로 비슷하다.**

이러한 유사성은 단수형과 복수형에만 한정되지 않았다. 연구팀은 다른 여러 의미 관계에서도 이런 유사성을 발견했으며, 급기야는 지리, 문화, 인구 등에 관한 질문의 답을 벡터 연산으로 구할 수 있음을 깨달았다. 예를 들어 캘리포니아주의 샌프란시스코에 해당하는 콜로라도주의 도시를 묻는 다음과 같은 질문의 답을 단어 벡터 연산으로 구할 수 있다.

```
"San Francisco is to California as what is to Colorado?"

San Francisco - California + Colorado = Denver
```

단어 벡터를 사용해야 할 또 다른 이유

단어의 벡터 표현은 추론이나 비유 문제에만 유용한 것이 아니다. 단어 벡터는 자연어 벡터 공간의 형태로 모형화하고자 하는 다른 모든 대상도 유용하다. 이번 장에서 설명하는 단어 벡터 활용 방법을 적용하면, 패턴 부합에서 모형화와 시각화에 이르는 다양한 자연어 처리 과제에 대한 NLP 파이프라인의 정확도와 유용성을 개선할 수 있다.

예를 들어 이번 장의 뒷부분에서는 단어 벡터를 그림 6.2와 같은 2차원 의미 지도의 형태로 시각화하는 방법을 논의한다. 이를 유명 관광지의 관광 명소 약도(만화 스타일의)나 지하철 노선도 같은 것으로 생각해도 될 것이다. 그런 약도들은 의미상으로 연관된 장소들을 실제보다 더 가깝게 배치한다. 약도 제작자는 지리적 정확도보다는 장소의 '느낌'에 맞게 여러 아이콘의 크기와 위치를 조정한다. 단어 벡터도 마찬가지이다. 컴퓨터는 단어들의 장소와 단어 사이의 거리에 대한 나름의 '느낌'을 가지고 단어들을 배치한다. 그림 6.2가 바로 그러한 결과의 예로, 미국의 여러 도시가 실제보다 더 가깝게 또는 더 멀리 배치되었다.[주12]

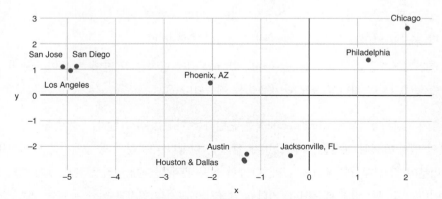

그림 6.2 미국 도시 10개의 단어 벡터를 2차원에 투영한 지도

[주12] 예제 GitHub 저장소에 이 2차원 단어 약도를 생성하는 코드가 있다(https://github.com/totalgood/nlpia/blob/master/src/nlpia/book/examples/ch06_w2v_us_cities_visualization.py).

미국 지리에 익숙한 독자라면 이것이 정확한 지리학적 지도가 아님을 알아챘을 것이다. 그러나 이 지도는 상당히 좋은 의미론적 지도이다. 예를 들어 필자 중 한 명은 텍사스주의 두 대도시 휴스턴Houston과 댈러스Dallas를 자주 혼동하는데, 이 지도를 보면 둘이 거의 같은 위치를 차지하고 있다(둘의 단어 벡터가 거의 동일하다). 캘리포니아주의 세 대도시(San Jose, San Diego, Los Angeles)가 세모꼴로 가까이 모여 있는 것도 대단히 인상적이다.

단어 벡터는 챗봇이나 검색 엔진에도 대단히 유용하다. 그런 응용에서 단어 벡터는 패턴이나 키워드 부합의 과도한 깐깐함이나 허약함을 극복하는 데 도움이 된다. 예를 들어 텍사스주 휴스턴시에 사는 어떤 유명 인사에 관한 정보를 검색한다고 하자. 그런데 하필이면 그 사람이 댈러스로 이사를 한 후라면, 보통의 검색 엔진은 그 사람에 관한 정보를 찾지 못할 것이다. 그러나 그림 6.2에서 짐작하겠지만 단어 벡터에 기초한 검색 엔진은 댈러스도 고려해서 검색을 수행할 수 있다. 더 나아가서, 문자 기반 패턴에 의존하는 검색 엔진은 "tell me about a Denver omelette"과 "tell me about the Denver Nuggets"의 차이를 이해하지 못할 것이다. 반면 단어 벡터에 기초한 패턴 검색 알고리즘은 Denver omelette이 음식 이름이고 Denver Nuggets은 프로 농구팀 이름임을 알아채고는 그에 맞는 답을 찾아서 사용자에게 제시한다.

6.2.2 word2vec의 단어 표현 계산

word2vec은 주어진 단어를 훈련용 말뭉치의 문맥 안에서의 그 단어의 의미를 말해 주는 수치들로 구성된 단어 벡터로 표현한다. 이 덕분에 비유 질문은 물론이고 좀 더 일반적인 방식의 단어 의미 추론 문제를 단어 벡터들에 대한 연산으로 풀 수 있다. 이제부터 그러한 벡터 표현을 계산하는 방법을 좀 더 구체적으로 살펴보자. 단어 벡터 계산 방법은 크게 두 가지로 나뉜다.

- 스킵그램skip-gram 접근 방식은 주어진 목표 단어의 문맥을 이루는 주변 단어들을 예측한다. 즉, 한 단어가 입력이고 그 주변 단어들이 출력이다.
- 연속 단어 모음(continuous bag-of-words, CBOW) 접근 방식은 그 반대로, 주어진 주변 단어들(입력)로부터 하나의 목표 단어(출력)를 예측한다.

잠시 후에 이 두 방법으로 word2vec 모형을 훈련하는 과정을 각각 살펴볼 것이다.

단어 벡터 표현의 계산은 자원 소비가 심하다. 다행히 대부분의 응용에서는 단어 벡터들을 여러분이 직접 계산할 필요가 없다. 다양한 응용 과제에 대해 미리 훈련된 단어 벡터 모형들이 이미 마련되어 있기 때문이다. 커다란 말뭉치와 그것을 처리할 계산 자원을 갖춘 기업들이 미리 훈련된 단어 벡터 모형을 공개했다. 이번 장에서 GloVe나 fastText 같은 미리 훈련된 단어 벡터 모형들(다음 팁 참고)을 실제로 사용해 볼 것이다.

팁 미리 훈련된 단어 벡터 표현들은 여러분이 단어 벡터 응용 프로그램을 만들 때 좋은 출발점이 된다. 아래의 두 기업 외에 위키백과, DBPedia, 트위터, Freebase도 미리 훈련된 모형들을 공개했다.[주13] 구글은 영어 구글 뉴스 기사들로 미리 훈련한 word2vec 모형을 제공한다.[주14] 페이스북[Facebook]은 자사의 *fastText* 라이브러리로 만든 294개 언어에 대한 언어 모형들을 공개했다.[주15, 역2]

그러나 여러분의 응용 영역이 특화된 어휘나 의미 관계에 의존한다면 이런 범용 단어 모형들로는 충분치 않을 것이다. 예를 들어 "python"을 파충류와 혼동하지 않고 항상 프로그래밍 언어의 이름으로 인식해야 하는 응용 과제라면 해당 영역에 특화된 단어 모형이 필요할 것이다. 특정 영역의 쓰임새에 맞는 단어 벡터들이 필요하다면 해당 영역에 관한 텍스트 말뭉치를 마련해서 word2vec 모형을 직접 훈련해야 한다.

스킵그램 접근 방식

스킵그램 접근 방식에서는 주어진 입력 단어에 기초해서 일정 범위 이내의 주변 단어들을 예측하도록 모형을 훈련한다. 그림 6.3은 클로드 모네에 관한 문장에서 "painted"(그렸다) 주변 단어를 예측하는 예이다. 입력 단어 "painted"에 대해 신경망은 "Claude", "Monet", "the", "Grand"라는 주변 단어 스킵그램을 출력한다.

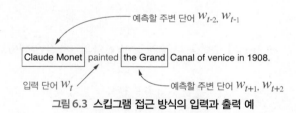

그림 6.3 스킵그램 접근 방식의 입력과 출력 예

스킵그램이란? 스킵그램은 중간에 빈자리가 있는 n-그램이다. 이름의 'skip'은 중간 토큰들을 건너뛴다는(skip) 점에서 붙은 것이다. 지금 예는 입력 토큰 "painted"에서 출발해서 "Monet"을 건너뛰고 "Claude"를 예측한다.

주13 GitHub 저장소 "3Top/word2vec-api"의 미리 훈련된 모형 목록(https://github.com/3Top/word2vec-api#where-to-get-a-pretrained-model).

주14 구글 드라이브에 있는 원래의 300차원 word2vec 모형(https://drive.google.com/file/d/0B7XkCwpI5KDYNlNUTTlSS21pQmM).

주15 GitHub 저장소 "facebookresearch/fastText"의 미리 훈련된 언어 모형 목록(https://github.com/facebookresearch/fastText/blob/master/docs/crawl-vectors.md#models).

역2 페이스북의 언어 모형들 중에는 한국어 모형도 있다. 이와 비슷하게, 한국어를 포함한 30개 이상의 언어들에 대한 미리 훈련된 단어 벡터 모형들을 GitHub 저장소 "Kyubyong/wordvectors"(https://github.com/Kyubyong/wordvectors)에서 구할 수 있다.

주변 단어(surrounding word)들을 예측하는 신경망의 구조는 제5장에서 배운 기본적인 신경망의 구조와 비슷하다. 그림 6.4에서 스킵그램을 위한 신경망의 구조가 나와 있다. 이 신경망은 입력층과 은닉층, 출력층으로 이루어진 다층 신경망인데, 은닉층은 n개의 뉴런으로 구성된다. 여기서 n은 단어 하나를 표현하는 벡터의 차원 수이다. 입력층과 출력층은 각각 M개의 뉴런으로 구성되는데, 여기서 M은 모형의 어휘 크기(단어 개수)이다. 출력층의 활성화 함수는 분류 문제에 흔히 쓰이는 소프트맥스 함수이다.

소프트맥스 함수

소프트맥스^{softmax} 함수는 분류 문제의 해법을 배우는 것이 목표인 신경망의 출력층 활성화 함수로 자주 쓰인다. 소프트맥스는 임의의 범위의 입력을 0에서 1 사이의 출력값으로 "압착한다(squash)". 그리고 한 출력층의 모든 소프트맥스 출력의 합은 항상 1이다. 따라서 출력층의 한 소프트맥스의 출력을 확률로 취급할 수 있다.

출력층을 구성하는 K개의 노드 각각에 대해, 소프트맥스 출력값은 다음과 같이 정규화된 지수 함수로 정의된다.

$$\sigma(z)_j = \frac{e^{z_j}}{\sum_{k=1}^{K} e^{z_k}}$$

출력층의 뉴런인 경우, 세 뉴런의 출력을 다음과 같이 하나의 3차원 열벡터로 표현할 수 있다.

$$v = \begin{vmatrix} 0.5 \\ 0.9 \\ 0.2 \end{vmatrix}$$

식 6.3 예제 3차원 벡터

원본 출력 벡터를 소프트맥스 활성화 함수를 이용해서 '압착'하면 다음과 같은 벡터가 된다.

$$\sigma(v) = \begin{bmatrix} 0.309 \\ 0.461 \\ 0.229 \end{bmatrix}$$

식 6.4 예제 3차원 벡터에 소프트맥스 함수를 적용한 결과

세 성분(소수점 이하 세 자리로 반올림했다)의 합이 약 1.0임을 주목하기 바란다. 따라서 이들은 하나의 확률분포를 구성한다고 할 수 있다.

그림 6.4는 처음 두 주변 단어에 대한 수치 신경망의 입력과 출력을 보여준다. 입력 단어는 "Monet"이고 신경망의 '기대 출력(expected output)', 즉 신경망이 예측할 단어는 훈련 견본 쌍에 따라 "Claude" 아니면 "painted"이다.

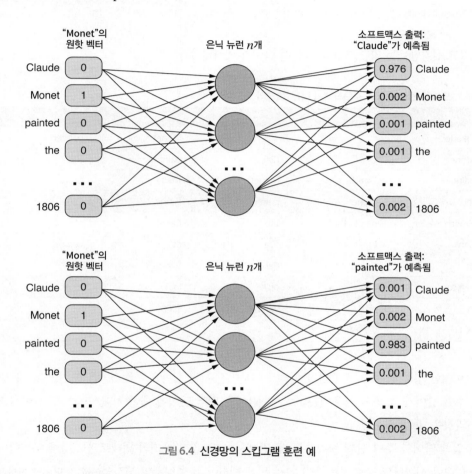

그림 6.4 신경망의 스킵그램 훈련 예

참고 단어 내장을 위한 신경망은 기본적으로 제5장에서 배운 다층 신경망의 구조를 따르므로, 이번 장에 나오는 신경망이 잘 이해가 되지 않는다면 제5장을 다시 읽어 보기 바란다.

신경망의 벡터 표현 학습 방법

word2vec 모형의 훈련에는 제2장에서 본 기법들이 쓰인다. 예를 들어 표 6.1의 w_t는 주어진 문장의 t 번째 토큰을 표현하는 원핫 벡터인데, 원핫 벡터는 제2장에서 소개했다. 표 6.1은 주어진 목표 단어 앞, 뒤로 두 단어씩을 주변 단어로 사용하는데, 이는 스킵그램 구간(window)의 크기(반경)가 2인 상황에 해당한다. 스킵그램 구간이 2인 경우에는 목표 단어를 포함한 5-그램으로 문장을 토큰화해야 한다. 문장의 단어마다 하나의 5-그램이 만들어지므로, 다음과 같이 10개의 단어로 이루어진 문장은 10개의 5-그램들로 토큰화된다.

```
>>> sentence = "Claude Monet painted the Grand Canal of Venice in 1806."
```

그리고 신경망에는 각 5-그램의 가운데 단어가 입력된다.

표 6.1 모네에 관한 문장을 토큰화해서 나온 10개의 5-그램

입력 단어 w_t	기대 출력 w_{t-2}	기대 출력 w_{t-1}	기대 출력 w_{t+1}	기대 출력 w_{t+2}
Claude			Monet	painted
Monet		Claude	painted	the
painted	Claude	Monet	the	Grand
the	Monet	painted	Grand	Canal
Grand	painted	the	Canal	of
Canal	the	Grand	of	Venice
of	Grand	Canal	Venice	in
Venice	Canal	of	in	1908
in	of	Venice	1908	
1908	Venice	in		

이러한 입력 단어와 그 주변 단어들로 이루어진 훈련 집합으로 신경망을 훈련한다. 지금처럼 주변 단어가 네 개인 경우에는 각 주변 단어를 입력 단어에 대한 기대 출력으로 삼아서 훈련 과정을 네 번 반복한다.

입력 단어와 주변 단어들 각각은 제2장에서 배운 원핫 벡터의 형태로 신경망에 입력한다. 그에 대한 신경망의 출력(예측 결과) 역시 원핫 벡터이다. 출력층의 노드들(어휘의 단어당 하나씩)은 소프트맥스 활성화 함수를 이용해서 각 출력 단어가 주어진 입력 단어 주변에 등장할 확률을 계산한다. 그런 다음 출력층은 주어진 입력 단어 주변에 등장할 확률이 가장 큰 단어에 해당하는 성분만 1이고 나머지 성분들은 0인 하나의 원핫 벡터를 출력한다. 이런 출력을 사용하면 손실함수(역전파에 사용할)의 계산이 간단해진다.

주어진 입력에 대해 출력 원핫 벡터와 손실함수를 계산하고 그로부터 역전파를 진행해서

연결 가중치들을 학습하는 과정이 모두 끝나면 가중치들은 단어의 의미를 반영하게 된다. 애초에 신경망이 주어진 단어 주변에 나타날 확률이 높은 단어들을 잘 예측하도록 훈련되었으므로, 그리고 신경망의 입력과 출력이 원핫 벡터의 형태이므로, 가중치 행렬의 각 행은 어휘의 각 단어 주변에 나타날 가능성이 큰 단어들을 말해 준다. 그리고 주변에 나타나는 단어들이 비슷한 두 단어는 그 의미나 쓰임새도 비슷할 것이라고 가정할 수 있다. 결과적으로 가중치 행렬의 각 행은 각 단어의 의미를 반영한다.

일단 훈련이 끝나면 신경망의 출력층은(즉, 신경망의 예측 능력 자체는) 별 쓸모가 없다. 우리에게 중요한 것은 입력층과 은닉층을 연결하는 가중치들이다. 입력 단어를 표현한 원핫 벡터와 이 가중치 행렬을 곱한 것이 바로 단어 벡터 내장(word vector embedding)이다.

선형대수를 이용한 단어 벡터 조회

신경망 은닉층의 가중치들을 흔히 행렬로 표현한다. 그러한 행렬에서 각 열은 각 입력 뉴런에 대응되고 각 행은 각 출력 뉴런에 대응된다. 따라서 입력 벡터(이전 층에서 은닉층으로 들어온 특징들)와 가중치 행렬을 곱하면 은닉층의 출력 벡터(다음 층으로 입력되는 특징들)가 나온다. 그림 6.5가 이를 나타낸 것이다. 행벡터 형태의 입력 원핫 벡터에 훈련된 가중치 행렬을 곱하면 출력 행벡터가 나오는데, 그 벡터의 각 성분은 행벡터와 각 열벡터의 내적이다. 구현에 따라서는 입력이 열벡터일 수도 있는데, 그런 경우에는 행렬(의 전치행렬)에 열벡터를 곱해서 행벡터를 얻는다.

그런데 입력 벡터가 원핫 벡터이므로, 원핫 벡터와 가중치 행렬의 곱셈은 결국 원핫 벡터의 1인 성분에 해당하는 행 하나를 가중치 행렬에서 선택하는 것과 같다. 그리고 그 행이 바로 해당 단어의 단어 벡터이다. 따라서 행렬 곱셈 연산 없이 어휘에서의 단어의 번호를 색인으로 사용해서 행렬의 한 행을 조회하기만 하면 단어 벡터를 얻을 수 있다.

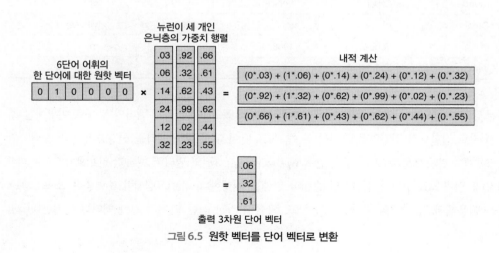

그림 6.5 원핫 벡터를 단어 벡터로 변환

연속 단어 모음 접근 방식

연속 단어 모음(CBOW) 접근 방식에서는 주어진 주변 단어들에 기초해서 그 중심 단어를 예측하려 한다(그림 6.5와 표 6.2 참고). 따라서 하나의 훈련 견본은 하나의 입력 단어와 다수의 출력 단어들이 아니라 다수의 주변 단어들과 하나의 중심 단어로 구성된다. 다수의 주변 단어들은 멀티핫 벡터^{multihot vector}로 표현하는데, 이 멀티핫 벡터는 해당 주변 단어들의 원핫 벡터들을 모두 합한 것이다(1인 성분들이 하나가 아니라 여러 개라서 '멀티핫'이라고 부른다).

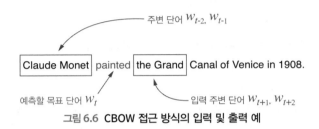

그림 6.6 CBOW 접근 방식의 입력 및 출력 예

표 6.2 모네에 관한 문장에 대한 CBOW 5-그램들

입력 단어 w_{t-2}	입력 단어 w_{t-1}	입력 단어 w_{t+1}	입력 단어 w_{t+2}	기대 출력 w_t
		Monet	painted	Claude
	Claude	painted	the	Monet
Claude	Monet	the	Grand	painted
Monet	painted	Grand	Canal	the
painted	the	Canal	of	Grand
the	Grand	of	Venice	Canal
Grand	Canal	Venice	in	of
Canal	of	in	1908	Venice
of	Venice	1908		in
Venice	in			1908

문서를 토큰화해서 얻은 주변 단어 멀티핫 벡터와 목표 단어 원핫 벡터의 쌍들로 이루어진 훈련 자료 집합으로 신경망을 훈련한다. 즉, 목표 단어 w_t의 원핫 벡터를 신경망의 기대 출력(바람직한 예측 결과)으로 두고 그 주변 단어 w_{t-2}, w_{t-1}, w_{t+1}, w_{t+2}의 멀티핫 벡터(각 원핫 벡터를 모두 더한 것)를 입력으로 두어서 신경망의 순전파 단계를 진행한다. 스킵그램처럼 출력층은 소프트맥스를 이용해서 각 단어의 확률을 계산하고, 확률이 가장 높은 단어의 원핫 벡터를 출력한다(그림 6.7).

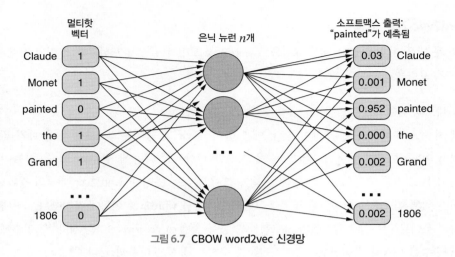

그림 6.7 CBOW word2vec 신경망

연속 단어 모음(CBOW) 대 단어 모음(BOW)

이번 장의 연속 단어 모음이 이전에 살펴본 단어 모음과 어떻게 다를까? CBOW에서는 개별 단어의 출현 횟수가 아니라 한 단어와 그 주변 단어들로 이루어진 n-그램의 출현 횟수를 사용한다. 이를 위해 CBOW 접근 방식은 이동 구간(sliding window)으로 문장을 훑는데, 현재 이동 구간에 속하는 단어들은 모두 그 중심 단어(목표 단어)의 문맥을 구성하는 주변 단어들로 간주된다.

아래 그림은 길이가 다섯 단어인 이동 구간으로 "Claude Monet painted the Grand Canal of Venice in 1908."이라는 문장을 훑는 예를 보여준다. 첫 행에서는 "painted"가 중심 단어이고 그 앞, 뒤의 "Claude", "Monet", "the", "Grand"가 주변 단어들이다.

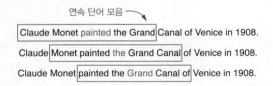

스킵그램 대 CBOW: 언제 무엇을 사용할 것인가?

미콜로프는 말뭉치가 작을 때, 그리고 자주 쓰이지 않는 단어들이 주어졌을 때 스킵그램이 잘 작동한다고 강조했다. 신경망의 구조상, 같은 말뭉치라도 스킵그램 접근 방식 쪽이 훈련 견본을 더 많이 얻을 수 있다. 반면 연속 단어 모음 접근 방식은 자주 쓰이는 단어들에 대해 정확도가 높으며, 훈련이 훨씬 더 빠르다.

word2vec 계산 요령

첫 논문 발표 이후 다양한 계산 요령으로 word2vec 모형의 성능이 개선되었다. 이번 장에서는 세 가지 요령을 살펴본다.

자주 나오는 바이그램 활용

함께 자주 등장하는 단어 조합이 있다. 예를 들어 "Elvis" 다음에는 "Presley"가 올 때가 많다. 따라서 이 둘은 하나의 바이그램(2-그램)을 형성한다. "Elvis" 다음에 "Presley"가 올 확률이 높다는 것은 그러한 예측으로부터 얻는 이득이 크지 않다는 뜻이다. word2vec 내장의 정확도를 높이기 위해 미콜로프 연구팀은 몇몇 2-그램과 3-그램을 word2vec 어휘에 포함했다. 연구팀은 하나의 용어로 간주할 2-그램들과 3-그램들을 공동 출현(co-occurrence; 또는 공기共起) 횟수에 기초한 '점수'를 이용해서 식별했는데, 그 점수를 구하는 공식은 다음과 같다.[16]

$$score(w_i, w_j) = \frac{count(w_i, w_j) - \delta}{count(w_i) \times count(w_j)}$$

식 6.5 바이그램 점수 함수

단어 w_i와 w_j의 바이그램 점수가 특정 문턱값 δ보다 높으면 그 둘의 쌍이 word2vec 어휘에 하나의 용어로 등록된다. 이때 흔히 두 단어를 "_" 같은 기호로 연결해서 하나의 용어를 만든다. 실제로 word2vec 모형의 어휘를 보면 "New_York"이나 "San_Francisco" 같은 용어를 볼 수 있다. 이런 용어들은 개별적인 단어("San"과 "Francisco")의 두 원핫 벡터가 아니라 하나의 원핫 벡터로 표현된다.

이처럼 여러 단어를 조합해서 생기는 또 다른 효과는, 단어 조합의 의미가 개별 단어의 의미와 다르다는 점을 반영할 수 있다는 것이다. 예를 들어 MLS 프로 축구팀 이름인 Portland Timbers는 개별 단어 Portland나 Timbers와 뜻이 다르다. Portland Timbers를 하나의 바이그램으로 만들어서 어휘에 추가하면 신경망 훈련 시 이 바이그램이 원핫 벡터의 개별적인 성분을 차지하게 되며, 결과적으로 이 바이그램에 대한 개별적인 단어 벡터가 만들어진다.

빈도 높은 토큰의 부표집

원래의 word2vec 알고리즘을 개선하는 또 다른 기법으로, 빈도 높은(자주 출현하는) 단어의 부표집(subsampling; 또는 이단추출)이 있다. "the"나 "a" 같이 흔히 쓰이는 단어들은 문장에서 그리

---

[16] 좀 더 자세한 사항은 미콜로프 외의 논문 "Distributed Representations of Words and Phrases and their Compositionality" (https://arxiv.org/pdf/1310.4546.pdf)을 보기 바란다.

중요한 의미를 지니지 않을 때가 많다. 그리고 "the"는 말뭉치에서 아주 다양한 단어들과 함께 출현하므로, "the" 자체는 단어들 사이의 관계에 관해 그리 많은 것을 말해 주지 않는다. 오히려 의미 유사도 기반 훈련에 기초한 word2vec 표현의 정확도에 해가 된다.

> **중요** 모든 단어는 의미를 지니며, 불용어들도 예외는 아니다. 따라서 단어 벡터들을 훈련하거나 어휘를 구축할 때 불용어들을 완전히 무시하거나 배제하는 것은 바람직하지 않다. 또한, 단어 벡터는 생성적 모형(Cole이 이 책(원서)의 문장들을 작문하는 데 사용한 모형 같은)에도 흔히 쓰이는데, 그런 경우 불용어나 기타 흔한 단어들을 어휘에 포함하고 그것들이 이웃 단어들의 단어 벡터에 영향을 미칠 수 있게 해야 한다.

훈련 과정에서 단어들을 그 빈도에 반비례해서 표집하면 불용어 같은 빈도 높은 단어들이 단어 벡터들에 미치는 영향을 줄일 수 있다. 이러한 '부표집' 기법의 효과는 IDF(역문서 빈도)가 TF-IDF 벡터에 미치는 효과와 비슷하다. 즉, 자주 출현하는 단어들이 드물게 나오는 단어들보다 벡터에 더 적은 영향을 미친다. 다음은 토마시 미콜로프가 주어진 단어의 표집 확률을 구하는 데 사용한 공식이다. 이 확률은 훈련 과정에서 주어진 단어가 주어진 스킵그램에 포함되는지의 여부를 결정한다.

$$P(w_i) = 1 - \sqrt{\frac{t}{f(w_i)}}$$

식 6.6 미콜로프의 word2vec 논문에 나온 부표집 확률 공식

word2vec C++ 구현은 논문에 나온 것과는 조금 다른 표집 확률을 사용하지만, 그 효과는 동일하다.

$$P(w_i) = \frac{f(w_i) - t}{f(w_i)} - \sqrt{\frac{t}{f(w_i)}}$$

식 6.7 미콜로프의 word2vec 구현이 사용하는 부표집 확률 공식

이 공식들에서 $f(w_i)$는 단어 w_i의 출현 확률(빈도를 어휘 크기로 나눈 것)이고 t는 일종의 문턱값이다. 기본적으로, 출현 확률이 이 문턱값보다 큰 단어에 대해 부표집이 적용된다. 이 문턱값은 말뭉치 크기와 평균 문서 길이, 그리고 문서들에 쓰인 단어들의 다양성에 기초해서 여러분이 적절히 설정해야 한다. 연구 문헌들에는 10^{-5}에서 10^{-6} 사이의 값이 흔히 쓰인다.

말뭉치에 쓰인 서로 다른 단어가 100만 개이고 부표집 문턱값이 10^{-6}이라고 할 때, 말뭉치

에 10번 출현한 단어가 토큰화 과정에서 임의의 n-그램에 포함될 확률은 68%이다. 다른 말로 하면, 그 단어는 32%의 경우에서 무시된다.

미콜로프는 이러한 부표집 기법이 비유 질문에 답하는 등의 과제들에서 단어 벡터의 정확도를 개선함을 보였다.

부정 표집

미콜로프가 고안한 마지막 개선 요령은 부정 표집(negative sampling; 또는 음성 표집)을 적용하는 것이다. 목표 단어와 주변 단어들로 이루어진 하나의 훈련 견본을 신경망에 입력하면 신경망의 모든 가중치가 갱신된다. 그러면 어휘의 모든 단어에 대한 단어 벡터의 성분들이 변한다. 그런데 어휘의 단어 수가 수십, 수백만 규모이면 커다란 원핫 벡터에 대해 모든 가중치를 갱신하는 데 시간이 오래 걸린다. 단어 벡터 모형의 훈련 속도를 높이기 위해 미콜로프는 부정 표집 기법을 사용했다.

미콜로프는 문맥 구간에 포함되지 않은 단어들까지 포함한 모든 단어의 가중치들을 갱신하는 대신, 예측 결과가 '부정(negative; 또는 음성)'인 단어들만 가중치 갱신에 사용한다는 착안을 제시했다. 즉, 출력 벡터에 기초해서 부정 견본(기대 출력과는 다른 출력이 나온 견본) n개를 뽑고(그래서 '부정 표집'이다), 해당 출력들에 기여한 가중치들을 갱신한다. 이렇게 하면 훈련된 신경망의 정확도가 크게 떨어지지 않으면서도 훈련에 필요한 계산량이 극적으로 줄어든다.

> **참고** 미콜로프 연구팀에 따르면, 단어 벡터 모형을 작은 말뭉치로 훈련할 때는 부정 표집률을 표본당 5에서 20 견본으로 두는 것이 바람직하다. 그리고 말뭉치와 어휘가 클 때는 부정 표집률을 2에서 5 정도로까지 낮추어도 된다.

6.2.3 gensim.word2vec 모듈 사용법

지금까지의 이론 설명이 너무 어렵게 느껴져도 걱정할 필요는 없다. 다양한 기업이 미리 훈련된 단어 벡터 모형을 공개했으며, 유명 NLP 라이브러리들은 그런 미리 훈련된 모형을 효율적으로 활용할 수 있는 API를 다양한 언어로 제공한다. 이제부터는 단어 벡터의 마법을 실감할 수 있는 구체적인 예제들을 체험해 볼 것이다. 이 예제들은 제4장에서 처음 만난, 인기 있는 gensim 라이브러리를 사용한다.

NLPIA 패키지를 이미 설치했다면,[주17] 미리 훈련된 word2vec 모형을 다음 두 명령으로 내려받을 수 있다.

[주17] 설치 방법은 http://github.com/totalgood/nlpia의 README.md 파일에 나와 있다.

```
>>> from nlpia.data.loaders import get_data
>>> word_vectors = get_data('word2vec')
```

뭔가가 잘 안 된다면, 또는 "직접 해보는" 쪽을 선호한다면, 웹에서 구글이 구글 뉴스 문서들로 미리 훈련한 word2vec 모형을 담은 GoogleNews-vectors-negative300.bin.gz 파일[주18]을 내려받은 후 다음 명령들을 실행해서 직접 적재해도 된다.

```
>>> from gensim.models.keyedvectors import KeyedVectors
>>> word_vectors = KeyedVectors.load_word2vec_format(\
...         '/내려받은/경로/GoogleNews-vectors-negative300.bin.gz', binary=True)
```

이 단어 벡터들은 메모리를 대단히 많이 차지한다. 가용 메모리가 부족하거나 단어 벡터 모형이 적재되길 기다리는 시간이 지루하다면, limit 인수를 지정해서 메모리에 적재될 단어 수를 제한하는 것도 한 방법이다. 다음은 구글 뉴스 말뭉치에 가장 자주 등장한 단어 20만 개만 적재하는 예이다.

```
>>> from gensim.models.keyedvectors import KeyedVectors
>>> word_vectors = KeyedVectors.load_word2vec_format(\
...         '/해당/경로/GoogleNews-vectors-negative300.bin.gz',
...            binary=True, limit=200000)
```

그러나 어휘가 작으면 단어 벡터 모형의 위력도 그만큼 줄어든다는 점을 주의해야 한다. 해당 단어 벡터가 존재하지 않는 단어들을 포함한 문서에 대해서는 NLP 파이프라인이 좋은 성과를 내지 못한다. 따라서 단어 벡터 모형의 크기는 개발 도중에만 제한하는 것이 바람직하다. 여러분이 이하의 예제들을 직접 실행해서 본문에 나온 것과 동일한 결과를 얻으려면 미리 훈련된 word2vec 모형 전체를 적재해야 함을 기억하기 바란다.

gensim.KeyedVectors.most_similar() 메서드는 주어진 단어 벡터와 가장 가까운 단어 벡터를 효율적으로 찾아준다. 키워드 인수 positive에 단어들의 목록을 지정하면 이 메서드는 해당 단어 벡터들을 더한 것에 해당하는 단어 벡터들을 찾는다. 따라서 이번 장 도입부의 마리 퀴리 질문과 비슷한 비유 질문의 답을 구할 수 있다. 단어 벡터를 빼려면 negative 인수를 사용하면 된다. topn 인수는 메서드가 돌려줄 결과의 개수를 지정한다.

전통적인 유의어 사전들과는 달리 word2vec의 유의어 관계는 두 단어의 거리를 뜻하는 하나의 연속값(실수) 점수로 정의된다. 이는 word2vec 자체가 하나의 연속 벡터 공간 모형이기 때

[주18] 이 파일은 미콜로프가 훈련한 원래의 모형으로, 구글 드라이브에 보관되어 있다. 단축 주소는 https://bit.ly/GoogleNews-vectors-negative300이다.

문이다. word2vec의 단어 벡터는 고차원이고 각 성분이 연속값이기 때문에 주어진 단어의 의미를 완전한 범위에서 포착할 수 있다. 단어 벡터로 비유 질문은 물론이고 액어법(한 단어가 한 문장의 여러 위치에서 서로 다른 의미로 쓰이는 것)까지도 처리할 수 있는 것은 이 덕분이다.[주19]

```
>>> word_vectors.most_similar(positive=['cooking', 'potatoes'], topn=5)
[('cook', 0.6973530650138855),
 ('oven_roasting', 0.6754530668258667),
 ('Slow_cooker', 0.6742032170295715),
 ('sweet_potatoes', 0.6600279808044434),
 ('stir_fry_vegetables', 0.6548759341239929)]
>>> word_vectors.most_similar(positive=['germany', 'france'], topn=1)
[('europe', 0.7222039699554443)]
```

한편, gensim 라이브러리는 무관한 단어들을 찾는 수단도 제공한다. doesnt_match() 메서드가 바로 그것이다.

```
>>> word_vectors.doesnt_match("potatoes milk cake computer".split())
'computer'
```

이 메서드는 주어진 단어들에서 다른 것들과의 거리가 가장 먼 단어 하나를 선택해서 돌려준다.

다시 most_similar() 메서드로 돌아가서, 이번에는 벡터 덧셈과 뺄셈이 모두 관여하는 예를 살펴보자. 다음은 애초에 미콜로프와 그의 지도교수가 단어 벡터의 위력에 흥분하게 된 바로 그 예제인 *king + woman - man = queen*을 most_similar()로 재현하는 예이다. 뺄셈을 위해 negative 인수를 지정했음을 주목하기 바란다.

```
>>> word_vectors.most_similar(positive=['king', 'woman'],
...     negative=['man'], topn=2)
[('queen', 0.7118192315101624), ('monarch', 0.6189674139022827)]
```

gensim 라이브러리는 또한 두 단어의 유사도를 계산하는 수단도 제공한다. similarity() 메서드는 두 단어의 코사인 유사도를 돌려준다.

```
>>> word_vectors.similarity('princess', 'queen')
0.70705315983704509
```

[주19] 더글러스 호프스태터(Douglas Hoffstadter)와 에마뉘엘 상데(Emmanuel Sander)의 책 *Surfaces and Essences: Analogy as the Fuel and Fire of Thinking*은 기계(컴퓨터)가 비유와 액어법을 처리할 수 있다는 것이 왜 그렇게나 중요한지를 명확히 보여준다.

gensim에 없는 어떤 단어 벡터 연산을 여러분이 직접 구현하려면 특정 단어의 단어 벡터 자체에 직접 접근할 수 있어야 한다. 접근 방법은 두 가지인데, 하나는 파이썬의 대괄호 구문 (`[]`)을 사용하는 것이고 다른 하나는 KeyedVector 인스턴스의 get() 메서드를 사용하는 것이다. 적재된 단어 벡터 모형 객체는 파이썬 사전 객체처럼 작동하므로, 특정 단어를 키로 해서 해당 단어 벡터에 접근할 수 있다. 그리고 지금 예제의 단어 벡터 모형(구글 뉴스 문서들로 훈련한)의 경우 개별 단어 벡터는 1×300 차원의 NumPy 행벡터(성분이 300개인 1차원 배열)이다.

```
>>> word_vectors['phone']
array([-0.01446533, -0.12792969, -0.11572266, -0.22167969, -0.07373047,
       -0.05981445, -0.10009766, -0.06884766,  0.14941406,  0.10107422,
       -0.03076172, -0.03271484, -0.03125   , -0.10791016,  0.12158203,
        0.16015625,  0.19335938,  0.0065918 , -0.15429688,  0.03710938,
        ...
```

단어 벡터를 구성하는 이 수많은 수치 성분의 의미를 여러분이 직접 파악하는 것도 불가능하지는 않지만, 많은 시간과 노력이 필요할 것이다. 한 가지 방법은 몇 개의 동의어들을 선택하고 해당 단어 벡터들에서 값이 비슷한 성분들을 찾아보는 것이다. 아니면, 이 수치들의 일차결합들에서 '장소성'이나 '여성성' 같은 주제들에 해당하는 것이 무엇인지 찾아볼 수도 있을 것이다(이번 장 앞부분에서 했던 것처럼).

6.2.4 나만의 단어 벡터 모형 만들기

때에 따라서는 영역 특화(domain-specific; 또는 도메인 특화) 단어 벡터 모형, 즉 특정 응용 영역에 특화된 단어 벡터 모형을 새로 만들어야 할 수도 있다. 예를 들어 여러분의 NLP 파이프라인이 2006년(미콜로프가 기준 word2vec 모형을 훈련하던) 이전에 구글 뉴스 기사들에 쓰인 것과는 다른 방식으로 단어들을 사용하는 문서들을 처리해야 한다면, 구글의 단어 벡터 모형을 그대로 사용하는 것은 그리 바람직하지 않다. 단, 구글과 미콜로프만큼의 성과를 올리고 싶다면 엄청나게 많은 문서가 필요함을 명심해야 할 것이다. 그렇지만 구글 뉴스에는 거의 등장하지 않는 단어들이 많이 나오는 문서들이나 제한된 영역(의학, 생물학 등등) 안에서 단어들을 독특한 방식으로 사용하는 문서들을 처리해야 한다면, 영역 특화 단어 벡터 모형이 NLP 파이프라인의 정확도를 높이는 데 도움이 될 것이다. 이번 절부터는 파이썬으로 독자적인 word2vec 모형을 훈련하는 방법을 설명한다.

gensim 라이브러리를 이용해서 영역 특화 word2vec 모형을 훈련하는 구체적인 과정으로 들어가기 전에, 먼저 말뭉치를 훈련에 맞게 전처리할 필요가 있다. 이 전처리에는 제2장에서 살펴본 도구들이 쓰인다.

전처리 단계

우선 필요한 것은 말뭉치의 문서들을 문장들로 분해하고 문장들을 토큰들로 분해하는 것이다. gensim의 word2vec 모형은 각 문장이 토큰들의 목록(list)인 문장 목록을 요구한다. 이러한 문장 단위 처리는 단어 벡터들이 인접한 두 문장에 걸쳐 있는 단어들의 관계를 학습하지 못하게 하기 위한 것이다. 다음은 gensim의 word2vec을 위한 문장 목록의 예이다.

```
>>> token_list
[
  ['to', 'provide', 'early', 'intervention/early', 'childhood', 'special',
   'education', 'services', 'to', 'eligible', 'children', 'and', 'their',
   'families'],
  ['essential', 'job', 'functions'],
  ['participate', 'as', 'a', 'transdisciplinary', 'team', 'member', 'to',
   'complete', 'educational', 'assessments', 'for']
  ...
]
```

제2장에서 보았듯이 문서를 문장들로 나누고 문장을 토큰들로 나누는 방법은 여러 가지이다. NLTK와 gensim의 토큰화 기능을 사용해도 되지만, 일부 응용에서는 Detector Morse라는 문장 분리기(sentence segmenter)가 모형의 정확도를 좀 더 높여 준다는 점도 알아두기 바란다.[주20] 어떤 방법을 사용하든, 일단 문서들을 토큰 목록들(문장당 하나씩)의 목록으로 변환했다면 word2vec을 훈련할 준비가 끝난 것이다.

영역 특화 word2vec 모형의 훈련

먼저 gensim의 word2vec 모듈을 불러온다.

```
>>> from gensim.models.word2vec import Word2Vec
```

다음으로, 훈련을 위한 몇 가지 매개변수를 설정한다.

목록 6.2 word2vec 모형의 훈련을 제어하는 매개변수들

단어 벡터의 차원 수(성분 개수)

word2vec 모형에 포함시킬 단어의 최소 빈도. 말뭉치가 작다면 이 최소 빈도를 더 줄이고, 말뭉치가 크다면 더 키우는 것이 바람직하다.

```
>>> num_features = 300
>>> min_word_count = 3
```

주20 PyPI에도 등재된 카일 고먼(Kyle Gorman)과 OHSU의 Detector Morse(https://github.com/cslu-nlp/DetectorMorse)는 최고 성능(정확도 98%)의 문장 분리기이다. 이 문장 분리기는 여러 해 분량의 월스트리트저널(WSJ) 기사들로 훈련되었기 때문에, 만일 여러분의 말뭉치와 WSJ가 비슷한 어휘와 어법을 사용한다면 Detector Morse가 최고의 정확도를 제공할 가능성이 크다. 필요하다면 Detector Morse를 여러분의 자료 집합으로 다시 훈련하는 것도 가능하다(해당 영역의 문장들을 많이 확보하고 있다고 할 때).

```
>>> num_workers = 2        ◄──┐
>>> window_size = 6        ◄──┤ 문맥 구간 크기
>>> subsampling = 1e-3     ◄──┐
                              │
                  고빈도 용어를 위한 부표집 문턱값
```

훈련에 사용할 CPU 코어 수. 주어진 시스템의 코어 수에 맞게 동적으로 설정하고 싶다면 multiprocessing 모듈을 적재한 후 num_workers = multiprocessing.cpu_count()로 설정하면 된다.

이제 훈련을 시작한다.

목록 6.3 word2vec 모형의 인스턴스 생성

```
>>> model = Word2Vec(
...       token_list,
...       workers=num_workers,
...       size=num_features,
...       min_count=min_word_count,
...       window=window_size,
...       sample=subsampling)
```

말뭉치 크기와 CPU 성능에 따라 다르겠지만, 훈련에 시간이 꽤 걸릴 것이다. 말뭉치가 작으면 몇 분 만에 끝날 수도 있다. 그러나 상세한 단어 벡터 모형을 얻으려면 말뭉치의 문장 수가 몇백만 정도는 되어야 할 것이다. 단어의 의미를 제대로 포착하려면 말뭉치의 단어마다 그 단어가 다양한 방식으로 쓰인 다수의 견본들이 필요하다. 어쨌든, 위키백과 말뭉치 같은 큰 말뭉치를 처리하려면 시간과 메모리가 훨씬 많이 소비되므로 나름 마음의 준비가 필요하다.

word2vec 모형의 훈련은 상당히 많은 메모리를 요구한다. 그러나 궁극적으로 우리에게 필요한 것은 은닉층의 가중치 행렬임을 기억하기 바란다. 일단 훈련을 마치고 단어 모형을 동결하면 불필요한 정보를 모두 폐기할 수 있으며, 그러면 메모리 요구량이 절반이 된다. 다음은 신경망에서 불필요한 출력 가중치들을 폐기하는 명령이다.

```
>>> model.init_sims(replace=True)
```

init_sims 메서드는 모형을 동결(freezing)하고, 은닉층의 가중치들을 저장하고, 단어 공동 출현 확률들을 예측하는 출력 가중치들을 폐기한다. 대부분의 word2vec 응용에서 이 출력 가중치들은 단어 벡터의 일부가 아니다. 그러나 이렇게 출력층 가중치들을 폐기하고 나면 모형을 더 훈련할 수 없다는 점도 알아두기 바란다.

훈련된 단어 벡터 모형을 저장해 두면 매번 모형을 훈련할 필요가 없다.

```
>>> model_name = "my_domain_specific_word2vec_model"
>>> model.save(model_name)
```

다음은 저장한 단어 벡터 모형을 적재해서 사용하는 예로, 이전에 했던 것처럼 특정 단어와 비슷한 단어들을 조회해 본다.

목록 6.4 저장된 word2vec 모형의 적재 및 사용

```
>>> from gensim.models.word2vec import Word2Vec
>>> model_name = "my_domain_specific_word2vec_model"
>>> model = Word2Vec.load(model_name)
>>> model.most_similar('radiology')
```

6.2.5 word2vec 대 GloVe

word2vec이 NLP에 혁신을 가져오긴 했지만, 반드시 역전파를 이용해서 훈련해야 하는 신경망에 의존한다는 한계가 있다. 일반적으로 역전파는 경사 하강법을 이용해서 비용함수를 직접 최적화하는 것보다 덜 효율적이다. 제프리 패닝턴[Jeffrey Pennington]이 이끄는 스탠퍼드 대학교의 NLP 연구팀은 word2vec이 효과적인 이유를 파악하고 word2vec의 훈련에서 최적화되는 비용함수가 어떤 것인지 밝히는 연구를 시작했다.[주21] 그들은 단어 공동 출현 횟수를 세어서 정방행렬 형태로 기록한 후 그 행렬에 SVD(특잇값 분해)를[주22] 적용해서 word2vec으로 산출한 것과 동일한 두 개의 가중치 행렬을 얻을 수 있었다.[주23] 여기서 핵심은 공동 출현 행렬(co-occurrence matrix)을 동일한 방식으로 정규화하는 것이었다. 그러나 어떤 경우에는 word2vec 모형이 스탠퍼드 연구팀이 SVD 접근 방식으로 도달한 전역 최적해로 수렴하지 못할 때도 있었다. 연구팀은 이러한 직접적인 최적화 방법에 GloVe글로브라는 이름을 붙였는데, 이 이름은 이 기법이 말뭉치 전체('전역')에 대한 단어 공동 출현 빈도의 전역 벡터(global vector)들을 최적화한다는 점에서 비롯되었다.

GloVe는 word2vec의 은닉 가중치 행렬과 출력 가중치 행렬에 해당하는 행렬들을 훨씬 짧은 시간으로 산출할 수 있다. 즉, GloVe는 word2vec만큼이나 정확한 언어 모형을 좀 더 빠르게 산출할 수 있다. GloVe는 텍스트 자료를 좀 더 효율적으로 활용함으로써 처리 속도를 높인다. 그리고 GloVe는 더 작은 말뭉치로 훈련해도 여전히 수렴할 수 있다.[주24] 더 나아가서, SVD 알고리즘들은 수십 년에 걸쳐 개선되고 조율되었기 때문에, 애초에 GloVe는 디버깅과 알고리즘 최적화 면에서 한 발 앞서 출발했다고 할 수 있다. word2vec의 단어 내장들은 역전파로 갱신한 가중치들로 형성되는데, 신경망 역전파 알고리즘들은 GloVe가 사용하는 SVD 같은 좀 더 성숙한 최적화 알고리즘들보다 덜 효율적이다.

[주21] 스탠퍼드 GloVe 프로젝트(https://nlp.stanford.edu/projects/glove/).

[주22] SVD의 자세한 사항은 제5장과 부록 C를 참고하기 바란다.

[주23] Jeffrey Pennington, Richard Socher, Christopher D. Manning. "GloVe: Global Vectors for Word Representation" (웹 https://nlp.stanford.edu/pubs/glove.pdf).

[주24] gensim의 word2vec과 GloVe 성능 비교(https://rare-technologies.com/making-sense-of-Word2vec/#glove_vs_word2vec).

단어 벡터를 이용한 의미 추론이라는 개념을 대중화한 것은 word2vec이지만, 지금 여러분이 단어 벡터 모형을 훈련한다면 word2vec보다는 GloVe를 사용하는 것이 바람직하다. word2vec보다는 GloVe가 벡터 표현들의 전역 최적해를 찾아낼(따라서 좀 더 정확한 단어 벡터 모형을 산출할) 가능성이 더 크다.

GloVe의 장점은 다음과 같다.

- 훈련이 빠르다.
- RAM과 CPU 효율성이 좋다(더 큰 말뭉치를 처리할 수 있다).
- 자료를 좀 더 효율적으로 사용한다(이는 말뭉치가 작을 때 도움이 된다).
- 같은 훈련 자료로 훈련했을 때 word2vec보다 더 정확한 결과를 제공한다.

6.2.6 fastText

페이스북[Facebook]의 연구자들은 word2vec의 개념에서 출발해서 새로운 방식의 모형 훈련 알고리즘을 고안했다.[주25] word2vec은 한 단어의 주변 단어들을 예측하지만, 페이스북이 제시한 fastText라는 이름의 새 알고리즘은 각 단어를 n문자 그램들로 분할해서 한 n문자 그램의 주변 n문자 그램들을 예측한다. 예를 들어 단어 "whisper"를 다음과 같이 2문자 그램들과 3문자 그램들로 분할할 수 있다.

wh, whi, hi, his, is, isp, sp, spe, pe, per, er

fastText는 모든 n문자 그램에 대한 벡터 표현을 훈련하는데, "모든" n문자 그램에는 단어, 철자가 틀린 단어, 부분 단어는 물론이고 개별 글자들도 포함된다. 이 접근 방식의 장점은 드물게 쓰이는 단어들을 원래의 word2vec보다 훨씬 잘 처리한다는 것이다.

fastText 알고리즘을 발표하면서 페이스북은 294개의 언어에 대해 미리 훈련한 fastText 모형들도 공개했다. *Abkhazian*(압하지야어)에서 *Zulu*(줄루어)까지 다양한 언어의 단어 벡터 모형을 페이스북 연구팀의 GitHub 저장소에서 내려받을 수 있다.[주26] 심지어는 소수의 독일인만 사용하는 *Saterland Frisian*(동프리슬란트어)라는 언어의 모형도 있다. 페이스북이 제공하는 미리 훈련된 fastText 모형들은 각각 해당 언어의 위키백과 말뭉치로만 훈련되었기 때문에, 어휘와 모형의 정확도가 언어마다 다르다.

[주25] Bojanowski 외. "Enriching Word Vectors with Subword Information"(https://arxiv.org/pdf/1607.04606.pdf).

[주26] GitHub 저장소 "facebookresearch/fastText"의 pretrained-vectors.md 페이지(https://github.com/facebookresearch/fastText/blob/master/docs/pretrained-vectors.md).

미리 훈련된 fastText 모형을 사용하려면

fastText 모형을 사용하는 방법은 구글의 word2vec 모형을 사용하는 방법과 비슷하다. 우선, 앞에서 언급한 GitHub 저장소에서 원하는 언어의 모형 압축 파일(링크 텍스트가 bin+text인 것)을 내려받아서 적당한 디렉터리에 압축을 푼다.[주27] 그런 다음 파이썬에서 gensim의 FastText 모듈을 이용해서 해당 파일들로부터 단어 벡터 모형을 메모리로 불러온다.

버전 3.2.0 이전의 gensim에서는 이 도입문 대신 from gensim.models.wrappers.fasttext import FastText를 사용해야 한다.

model_file에는 앞에서 내려받아서 압축을 푼 파일들이 있는 디렉터리의 경로를 지정해야 한다.

일단 모형을 적재한 후에는 gensim의 다른 단어 모형들과 같은 방식으로 사용하면 된다.

```
>>> from gensim.models.fasttext import FastText
>>> ft_model = FastText.load_fasttext_format(\
...     model_file=<모형 파일 디렉터리>)
>>> ft_model.most_similar('soccer')
```

gensim의 fastText API는 word2vec 구현과 거의 비슷한 기능을 제공한다. 이번 장에서 word2vec 모형에 사용했던 모든 메서드를 fastText 모형에도 적용할 수 있다.

6.2.7 word2vec 대 LSA

word2vec과 GloVe를 제4장에서 이야기한 LSA와 비교해 보는 것도 유익할 것이다. 제4장에서 소개한 LSA의 주제-문서 벡터는 한 문서의 모든 단어에 대한 LSA 주제 벡터(주제-단어 벡터)들의 합이다. 이 주제-문서 벡터처럼 하나의 문서 전체의 의미 또는 주제를 담은 word2vec 단어 벡터를 얻으려면, 그냥 주어진 문서에 등장하는 모든 단어의 단어 벡터를 더하면 된다. 이는 doc2vec의 작동 방식과 거의 비슷한데, doc2vec은 §6.2.10에서 소개한다.

LSA의 주제-단어 행렬은 단어 수 × 주제 수 크기의 행렬로, 각 행은 LSA 단어 벡터(단어-주제 벡터)이고 각 열은 주제 벡터이다. word2vec의 단어 벡터처럼, 이 주제-단어 행렬의 각 행벡터는 한 단어의 의미를 200에서 300개 정도의 실수 수치들로 포착한다. 이들은 연관된 용어들을 찾거나 무관한 용어들을 찾는 데 도움이 된다. 앞에서 GloVe를 소개할 때 언급했듯이, word2vec의 단어 벡터들을 역전파 대신 LSA에서 사용하는 것과 정확히 동일한 SVD 알고리즘으로 구하는 것이 가능하다. 그러나 word2vec이 이동 구간으로 문서를 훑는 과정에서 같은 단어가 이동 구간에 여러 번 포함되므로, word2vec은 같은 길이의 문장에서 다른 접근 방식보다 더 많은 정보를 뽑아낼 수 있다. 예를 들어 이동 구간의 길이가 5이면 한 단어는 최대 다섯 번 재사용된다.

[주27] 참고로 영어 모형 wiki.en.zip 파일은 크기가 9.6GB이다(그리고 한국어 모형 wiki.ko.zip 파일은 2.1GB이다—옮긴이).

점진적 훈련 또는 온라인 훈련은 어떨까? LSA와 word2vec 알고리즘 모두, 말뭉치에 새로운 문서들을 추가하고 그 새 문서들의 단어 공동 출현 횟수들로 기존 단어 벡터를 갱신하는 것이 가능하다. 그러나 어휘의 기존 단어에 대한 단어 벡터들만 갱신될 뿐, 새로운 단어에 대한 단어 벡터가 추가되지는 않는다. 어휘 자체에 새로운 단어가 추가되면 단어를 표현하는 원핫 벡터의 차원이 달라지므로, 새 단어들을 반영하려면 모형을 완전히 다시 훈련해야 한다.

훈련 속도는 LSA가 word2vec보다 빠르다. 그리고 문서들이 긴 경우에는 문서 분류와 군집화 능력도 LSA가 더 낫다.

word2vec의 주된 응용 분야는 의미 추론이다(애초에 의미 추론은 word2vec 덕분에 주목을 받기 시작했다고 볼 수 있다). LSA 주제-단어 벡터로도 의미 추론이 가능하지만 그리 정확하지는 않다. word2vec의 추론만큼이나 정확하고 "놀라운" 결과를 LSA으로 얻으려면 먼저 문서를 문장들로 분리해서 짧은 문구들로 LSA 모형을 훈련해야 한다. 그리고 word2vec에서는 *Harry Potter + University = Hogwarts*처럼[28] 벡터 연산으로 추론이나 비유를 표현할 수 있다.

LSA의 장점은 다음과 같다.

- 훈련이 빠르다.
- 긴 문서들을 잘 분류한다.

word2vec과 GloVe의 장점은 다음과 같다.

- 큰 말뭉치를 좀 더 효율적으로 사용한다.
- 비유 질문 같은 단어 추론 과제의 정확도가 높다.

6.2.8 단어 관계의 시각화

유의어나 반의어 같은 단어들 사이의 관계는 NLP의 강력한 수단이다. 그리고 이런 관계들을 시각화하면 뭔가 흥미로운 점을 발견할 수 있다. 이번 절에서는 단어 벡터를 2차원으로 시각화해 본다.

> **참고** 단어 모형을 당장 시각화해 보고 싶은 독자에게는 구글 TensorBoard의 단어 내장 시각화 기능을 강력히 추천한다. 구체적인 방법은 §13.6.1 "단어 내장 시각화"에 나온다.

---

[28] GitHub 저장소 "nchah/word2vec4everything"(https://github.com/nchah/word2vec4everything)에 해리 포터와 반지의 제왕을 비롯한 여러 영역 특화 word2vec 모형의 좋은 예가 있다.

이 시각화 예제는 우선 구글 뉴스 말뭉치 word2vec 모형을 사용한다. 짐작했겠지만 이 말뭉치에는 Portland와 Oregon을 비롯해 여러 주(state) 이름과 도시 이름이 나온다. NLPIA 패키지에는 구글 뉴스 word2vec 모형의 단어 벡터들을 손쉽게 적재하는 기능이 포함되어 있으므로 이를 이용하기로 하자.

목록 6.5 NLPIA를 이용해서 미리 훈련된 구글 뉴스 word2vec 모형 적재

```
>>> import os
>>> from nlpia.loaders import get_data
>>> from gensim.models.word2vec import KeyedVectors
>>> wv = get_data('word2vec')      ←
>>> len(wv.vocab)                     미리 훈련된 구글 뉴스 단어 벡터들을 nlpia/src/nlpia/bigdata/
3000000                               googlenews-vectors-negative300.bin.gz로 내려받는다.
```

주의 구글 뉴스 word2vec 모형은 엄청나게 크다. 단어 수가 300만이고 각 단어 벡터의 차원은 300이다. 단어 모형 전체는 약 3GB의 메모리를 차지한다. 가용 메모리가 충분하지 않거나 적재 시간을 줄이고 싶다면, limit 인수를 이용해서 적은 수의 고빈도 용어들만 적재하는 방법도 있다(§6.2.3 참고).

이 예제 코드는 구글이 구글 뉴스 기사에 기초한 거대한 말뭉치로 훈련한 word2vec 모형들을 담은 압축 파일을 내려받고 그 모형의 단어 벡터들을 gensim의 KeyedVectors 형식의 객체 wv로 적재한다. 이제 wv에는 300만 개의 word2vec 벡터가 담겨 있다. 구글 뉴스 기사들에는 당연히 여러 지명과 인명이 포함되어 있을 것이다. 다음은 어휘의 100만 번째(알파벳순) 단어부터 여섯 단어를 나열하는 예이다.

목록 6.6 word2vec 어휘 빈도 살펴보기

```
>>> import pandas as pd
>>> vocab = pd.Series(wv.vocab)
>>> vocab.iloc[1000000:100006]
Illington_Fund            Vocab(count:447860, index:2552140)
Illingworth               Vocab(count:2905166, index:94834)
Illingworth_Halifax       Vocab(count:1984281, index:1015719)
Illini                    Vocab(count:2984391, index:15609)
IlliniBoard.com           Vocab(count:1481047, index:1518953)
Illini_Bluffs             Vocab(count:2636947, index:363053)
```

복합어와 흔히 쓰이는 n-그램들이 밑줄 문자("_")로 연결되어 있음을 주목하기 바란다. 또한, vocab 객체(Series 형식)에서 주어진 키(단어)의 값이 그냥 그 단어의 단어 벡터가 아니라 단어 빈도와 단어 벡터 색인으로 이루어져 있다는 점도 주목하기 바란다. 즉, 이 객체를 이용해서 단어의 단어 벡터뿐만 아니라 그 빈도도 조회할 수 있다.

특정 단어(또는 n-그램)의 단어 벡터를 얻는 가장 간단한 방법은 다음처럼 대괄호 표기법을 사용하는 것이다. 대괄호 표기는 내부적으로 KeyedVectors 객체의 .__getitem__() 메서드를 통해서 주어진 키의 값을 돌려준다.

```
>>> wv['Illini']
array([ 0.15625   ,  0.18652344,  0.33203125,  0.55859375,  0.03637695,
       -0.09375   , -0.05029297,  0.16796875, -0.0625    ,  0.09912109,
       -0.0291748 ,  0.39257812,  0.05395508,  0.35351562, -0.02270508,
        ...
```

알파벳순으로 100만 번째 단어를 예로 든 것은, 구글 뉴스 말뭉치 어휘의 처음 몇 천 개는 '#' 같은 문장 부호로 시작하는 단어, 즉 일반적인 의미의 '영어 단어'는 아닌 단어들이기 때문이다. 100만 번째 단어가 "Illini"인 줄은 미리 알지 못했다.[주29] 그럼 이 "Illini"의 단어 벡터가 "Illinois"의 단어 벡터와 얼마나 가까운지 알아보자.

목록 6.7 "Illinois"와 "Illini"의 거리

```
>>> import numpy as np
>>> np.linalg.norm(wv['Illinois'] - wv['Illini'])   ◁──── 유클리드 거리
3.3653798
>>> cos_similarity = np.dot(wv['Illinois'], wv['Illini']) / (
...     np.linalg.norm(wv['Illinois']) *\
...     np.linalg.norm(wv['Illini']))   ◁──── 내적을 정규화한 것이 곧 코사인 유사도이다.
>>> cos_similarity
0.5501352
>>> 1 - cos_similarity   ◁──── 코사인 거리
0.4498648
```

이 수치들은 "Illini"와 "Illinois"의 의미가 그냥 적당히 가까운 정도임을 말해 준다.

그럼 미국의 주들과 도시들에 대한 word2vec 단어 벡터들을 모두 뽑고 그 거리들을 이용해서 2차원 의미 지도를 만들어보자. 그러려면 KeyedVectors 객체에 담긴 word2vec 모형의 어휘에서 주 이름과 도시 이름을 뽑아낼 수 있어야 한다. 이전에 했던 것처럼 "state"나 "city"와의 코사인 유사도를 이용해서 주 이름과 도시 이름을 찾을 수도 있지만, 단어가 300만 개나 되므로 시간이 걸릴 것이다. 그보다는 미리 만들어진 도시 정보 자료를 활용하는 것이 편할 것이다. 독자의 편의를 위해 NLPIA 패키지에 미국 도시 정보 자료를 포함해 두었다.

[주29] "Illinois"는 지명이지만, "Illini"라는 단어는 일단의 사람들을 가리킨다. 물론 "Illini"라고 불리는 사람들(주로 미식 축구팀 선수들과 그 팬들)은 주로 일리노이 주에 산다(일리노이 대학 미식 축구팀 이름이 *Illinois Fighting Illini*이다).

목록 6.8 도시 자료 적재

```
>>> from nlpia.data.loaders import get_data
>>> cities = get_data('cities')
>>> cities.head(1).T
geonameid                          3039154
name                              El Tarter
asciiname                         El Tarter
alternatenames     Ehl Tarter,Эль Тартер
latitude                           42.5795
longitude                          1.65362
feature_class                            P
feature_code                           PPL
country_code                            AD
cc2                                    NaN
admin1_code                             02
admin2_code                            NaN
admin3_code                            NaN
admin4_code                            NaN
population                             1052
elevation                              NaN
dem                                    1721
timezone                     Europe/Andorra
modification_date               2012-11-03
```

GeoCities가 만든 이 자료 집합에는 전 세계 도시의 다양한 정보가 들어 있다. 특히 위도와 경도 정보가 포함되어 있기 때문에 두 도시의 지리적 거리를 구하는 것도 가능하다. 도시의 지리적 거리를 word2vec 거리와 비교한 그래프를 만들어보면 재미있을 것이다. 그러나 지금 예제에서는 그냥 word2vec 거리만 2차원으로 표시하기로 한다. 우선 전 세계 도시 정보에서 미국의 도시들만 추출한다. 또한, 미국 주 정보도 웹에서 내려받는다.

목록 6.9 미국 도시 및 주 정보 적재

```
>>> us = cities[(cities.country_code == 'US') &\
...     (cities.admin1_code.notnull())].copy()
>>> states = pd.read_csv(\
...     'http://www.fonz.net/blog/wp-content/uploads/2008/04/states.csv')
>>> states = dict(zip(states.Abbreviation, states.State))
>>> us['city'] = us.name.copy()
>>> us['st'] = us.admin1_code.copy()
>>> us['state'] = us.st.map(states)
>>> us[us.columns[-3:]].head()
                    city  st     state
geonameid
4046255      Bay Minette  AL   Alabama
4046274             Edna  TX     Texas
4046319    Bayou La Batre AL   Alabama
```

```
4046332          Henderson  TX    Texas
4046430          Natalia    TX    Texas
```

이제 미국 여러 도시의 이름과 그 도시가 속한 주의 이름 및 약자(TX 등)가 갖추어졌다. 그럼
이 주 이름과 도시 이름 중 word2vec 어휘에 포함된 것들은 무엇인지 조회해 보자.

```
>>> vocab = pd.np.concatenate([us.city, us.st, us.state])
>>> vocab = np.array([word for word in vocab if word in wv.wv])
>>> vocab[:5]
array(['Edna', 'Henderson', 'Natalia', 'Yorktown', 'Brighton'])
```

　　전 세계는 물론이겠지만, 미국만 봐도 같은 이름의 도시가 많이 있다. 예를 들어 포틀랜드
시는 오리건주에도 있고 메인주에도 있다. 따라서 도시와 그 도시가 속한 주를 연결하는 것
이, 다른 말로 하면 도시 벡터를 해당 주 벡터의 정보로 '증강(augmentation)'하는 것이 바람직
하다. word2vec에서 두 단어의 의미를 묶으려면 그냥 해당 벡터들을 더하면 된다. 이것이 벡
터 지향적 추론의 위력이다. 다음 코드는 주에 대한 word2vec 단어 벡터들을 도시에 대한 단
어 벡터들에 더한 결과를 모두 하나의 큰 DataFrame 객체에 저장한다. 주 이름에 해당하는 단
어 벡터가 있으면 그것을 사용하고 없으면 주 약자의 단어 벡터를 사용한다.

목록 6.10 주 단어 벡터로 도시 단어 벡터 증강

```
>>> city_plus_state = []
>>> for c, state, st in zip(us.city, us.state, us.st):
...     if c not in vocab:
...         continue
...     row = []
...     if state in vocab:
...         row.extend(wv[c] + wv[state])
...     else:
...         row.extend(wv[c] + wv[st])
...     city_plus_state.append(row)
>>> us_300D = pd.DataFrame(city_plus_state)
```

말뭉치에 따라서는 단어 관계가 서로 다른 특성들(이를테면 지리적 가까움이나 문화적, 경제적 유
사성 등)을 대표할 것이다. 그런 관계들은 훈련에 쓰인 말뭉치에 크게 의존하며, 따라서 말뭉치
를 반영한다.

단어 벡터는 훈련용 말뭉치에 기초해서 단어 관계들을 배운다. 예를 들어 금융에 관한 말뭉치로 모형을 훈련하면 "bank"라는 단어의 단어 벡터는 예금이나 대출과 관련된 업무에 관한 단어들의 단어 벡터와 가까울 것이다. 반면 말뭉치가 지리에 관한 것이라면 "bank"는 강이나 시냇물과 관련이 클 것이다.[역3] 그리고 만일 은행을 주로 여자들이 운영하고 남자들은 강에서 빨래하는 모계 사회에 관한 말뭉치로 훈련한다면, bank에 대한 단어 벡터는 그러한 성편향(gender bias)을 반영할 것이다.

다음은 구글 뉴스 기사로 훈련한 단어 모형의 성편향을 보여주는 예이다. "man"과 "nurse"의 거리를 "woman"과 "nurse"의 거리와 비교해 보면 성편향을 확인할 수 있다.

```
>>> word_model.distance('man', 'nurse')
0.7453
>>> word_model.distance('woman', 'nurse')
0.5586
```

이런 편향을 식별해서 보정하는 것은, 애초에 편향된 세상에서 작성된 편향된 문서들로 모형을 훈련할 수밖에 없는 NLP 실무자에게 까다로운 난제이다.

훈련용 말뭉치로 쓰인 구글 뉴스 기사들은 공통의 요소를 하나 공유하는데, 바로 도시들의 의미 유사성이다. 기사들에 나오는 뜻이 비슷한 장소 이름들은 서로 바꿔 쓸 수 있는 것처럼 보인다. 그래서 단어 모형은 그것들이 비슷하다는 점을 배우게 된다. 물론 다른 말뭉치로 모형을 훈련했다면 그와는 다른 단어 관계들이 형성되었을 것이다. 뉴스 기사 말뭉치에서 인구수와 문화가 비슷한 도시들은 비록 지리적으로 멀리 떨어져 있어도 단어 벡터 지도에서 한데 모여 나온다. 예를 들어 San Diego샌디에이고와 San Jose새너제이가 한 군집에 속하고 Honolulu호놀룰루와 Reno리노(둘 다 휴양지)가 한 군집에 속한다.

다행히 통상적인 선형대수를 이용해서 도시 벡터들과 주 이름(또는 약자) 벡터들을 더할 수 있다. 그리고 제4장에서 소개한 주성분 분석(PCA) 같은 기법을 이용해서 벡터의 차원을 300에서 인간이 이해할 수 있는 평면적인 그래프에 적합한 2차원으로 줄일 수 있다. PCA로 300차원 벡터를 2차원 평면에 투영해서 300차원 벡터의 '그림자'를 표시하면 사람이 이해할 수 있는 일종의 '지도'가 된다. PCA 알고리즘은 자료의 핵심이 가장 잘 드러나도록 벡터들을 투영하는 방향을 찾아낸다. 그런 면에서 PCA는 모든 각도를 시험해 보고 가장 좋은 각도에서 사진을 찍는 프로 사진사와 비슷하다. 도시 벡터와 주 벡터를 더한 벡터의 길이를 정규화할 필요

역3 전자의 bank는 '은행', 후자는 '강둑'에 해당한다. 한국어에서 은행과 강둑은 그 의미와 어원이 전혀 다르지만, 영어 bank의 두 가지 의미는 모두 벤치(bench)와 관련이 있다. 강둑의 형태에서 벤치를 떠올리기가 어렵지 않을 것이다. 그리고 옛날 은행들은 긴 의자 또는 긴 탁자를 놓고 은행 업무를 보았다고 한다.

도 없다. PCA가 알아서 처리한다.

필자들이 이러한 "증강된" 도시 단어 벡터를 이미 NLPIA 패키지에 저장해 두었으므로, 그냥 바로 적재해서 사용하면 된다. 다음은 증강된 도시 단어 벡터들을 PCA를 이용해서 2차원으로 투영하는 코드이다.

목록 6.11 미국 도시 단어 벡터들의 2차원 투영

```
>>> from sklearn.decomposition import PCA
>>> pca = PCA(n_components=2)
>>> us_300D = get_data('cities_us_wordvectors')
>>> us_2D = pca.fit_transform(us_300D.iloc[:, :300])
```

PCA가 산출하는 2차원 벡터들은 시각화를 위한 것일 뿐이다. 실제 의미 추론을 위해서는 원래의 300차원 word2vec 단어 벡터들을 사용해야 한다.

이 DataFrame의 마지막 열은 도시 이름이다. 도시 이름들은 DataFrame의 색인에도 저장되어 있다.

그림 6.8은 300차원의 미국 도시 단어 벡터들을 2차원으로 투영한 모습이다.

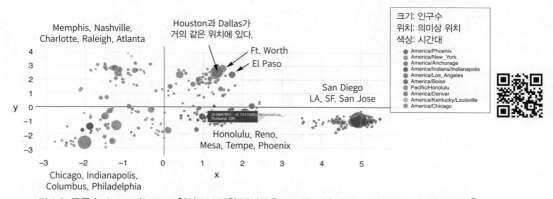

그림 6.8 구글 뉴스 word2vec 모형의 300차원 벡터들을 PCA를 이용해서 2차원 지도로 투영한 결과[역4]

참고 두 단어의 의미 거리가 짧다(0에 가깝다)는 것은 두 단어가 아주 비슷하다는 뜻이다. 두 단어의 의미 거리(semantic distance 또는 meaning distance)는 훈련에 쓰인 문서들에서 해당 두 단어가 문맥 구간 안에 함께 출현한 횟수에 의존한다. 두 단어가 같은 문장의 문맥 구간 안에 출현한 횟수가 많을수록 word2vec 단어 벡터 공간에서 두 단어의 벡터들이 가까이 놓인다. 예를 들어 San Fransisco와 California는 문장에서 서로 가까운 위치들에 출현하는 경우가 많으므로 해당 단어 벡터들의 거리도 가깝다. 두 용어의 단어 벡터가 멀다는 것은 두 단어가 같은 문맥을 공유할 가능성이 작다는, 따라서 의미가 비슷할 가능성이 작다는 뜻이다(이를테면 '자동차'와 '땅콩'처럼).

역4 이 그래프에서 원('거품')의 크기는 인구수에 비례하고, 원의 위치는 지리적 위치가 아니라 의미상의 위치를 반영한다. 그리고 원의 다양한 색상은 미국 본토와 섬들에 쓰이는 여러 시간대를 나타낸다.

그림 6.8의 지도를 재현해 보고 싶거나 자신의 말뭉치로 이런 지도를 직접 만들어보고 싶은 독자는 목록 6.12를 참고하기 바란다. NLPIA 패키지의 plots는 Plotly의 오프라인 그래프 작성 API를 감싼 모듈이다. 이 모듈의 함수들을 이용하면 DataFrame에 담긴 자료로 손쉽게 그래프를 작성할 수 있다. 이 함수들은 각 행이 하나의 견본(자료점)이고 각 열이 견본의 각 특징(성분)인 DataFrame을 요구한다. 각 특징은 범주형 특징(도시 자료의 경우 시간대 등)일 수도 있고 수치형 특징(인구수 등)일 수도 있다. 이 함수들은 다양한 종류의 기계 학습 자료를 탐색하는 데 유용한 상호작용적인 그래프를 생성한다. 특히 단어나 문서 같은 복잡한 대상의 벡터 표현에 유용하다.

목록 6.12 미국 도시 단어 벡터의 거품형 그래프 생성

```
>>> import seaborn
>>> from matplotlib import pyplot as plt
>>> from nlpia.plots import offline_plotly_scatter_bubble
>>> df = get_data('cities_us_wordvectors_pca2_meta')
>>> html = offline_plotly_scatter_bubble(
...     df.sort_values('population', ascending=False)[:350].copy()\
...         .sort_values('population'),
...     filename='plotly_scatter_bubble.html',
...     x='x', y='y',
...     size_col='population', text_col='name', category_col='timezone',
...     xscale=None, yscale=None,  # 'log' or None
...     layout={}, marker={'sizeref': 3000})
{'sizemode': 'area', 'sizeref': 3000}
```

300차원 단어 벡터를 2차원으로 표시하려면 당연히 차원 축소가 필요하다. 여기서는 PCA를 사용했다. 300차원을 2차원으로 압축하는 과정에서 정보가 소실될 수밖에 없는데, 정보 소실을 줄이는 데는 입력 벡터에 담긴 정보의 범위를 좁히는 것도 도움이 된다. 지금 예제에서는 도시와 관련된 단어 벡터들만 포함함으로써 입력의 정보 범위를 좁혔다. 이는 TF-IDF나 BOW 벡터를 계산할 때 말뭉치의 영역이나 주제를 제한하는 것과 비슷하다.

정보량이 더 많고 좀 더 다양한 주제의 벡터들의 차원을 축소해야 하는 경우에는 t-SNE 같은 비선형적인 내장 알고리즘이 필요할 것이다. 이후의 장들에서 t-SNE와 기타 신경망 기법들을 소개한다. 일단 이번 장에서 단어 벡터 내장 알고리즘을 이해하고 넘어가면, 나중에 t-SNE를 이해하는 것이 좀 더 수월할 것이다.

6.2.9 인위적인 단어들

word2vec 같은 단어 내장 알고리즘들은 영어 단어들뿐만 아니라 기호들의 순차열(기호열)에도 유용하다. 기호열 안에서의 기호들의 위치 관계가 기호들의 의미와 관련이 있는 한, 그 어떤 기호열이라도 단어 내장이 유용할 수 있다. 단어 내장이 영어 이외의 자연어들에 유용하다는 점은 따로 말할 필요도 없을 것이다.

표의문자나 표어문자를 사용하는 언어도 단어 내장이 가능하다. 한자로 이루어진 중국어 문서는 물론이고 이집트 무덤 벽에 상형문자로 표기된 문서에도 단어 내장을 적용할 수 있다. 심지어, 일부러 의미를 모호하게 숨기려는 언어에도 내장과 벡터 기반 추론이 작동한다. 아이들이 장난 삼아 만들곤 하는 '피그라틴Pig Latin'이나 로마 황제가 의도적으로 만든 언어라고 해도, 말뭉치가 충분히 크다면 그런 언어로 된 문장에 담긴 '비밀' 메시지를 벡터 추론을 통해서 파악할 수 있다. 예를 들어 RO13 같은 시저 암호(caesar cipher; 또는 카이사르 암호)[주30]나 치환 암호 (substitution cipher; 또는 대치 암호)[주31]는 word2vec을 이용한 벡터 추론으로 해독할 수 있다. 소설이나 영화에 종종 등장하는 디코더 링decoder ring(그림 6.9) 같은 것은 필요 없다. word2vec 단어 모형이 기호들의 공동 출현 횟수로부터 의미 관계를 파악할 수 있을 정도로 충분히 많은 수의 메시지 또는 n-그램들을 구하기만 하면 된다.

대학 강좌 부호(CS-101 등)나 제품명(Koala E7270이나 Galaga Pro 등) 같은 인위적인 단어들의 관계에 관한 정보를 추출하는 목적으로도 word2vec이 쓰였다. 심지어는 제품 일련번호나 전화번호, 우편번호도 일종의 '단어'로서 word2vec의 대상이 된 바 있다.[주32] 이런 식별 번호들 사이의 관계에서 최대한 유용한 정보를 뽑아내려면 이런 식별 번호가 포함된 다양한 문장들이 필요하다. 그리고 식별 번호들에 개별 기호의 위치가 의미가 있는 어떤 구조가 존재한다면, 그런 구조에 기초해서 식별 번호들을 최소 의미 단위(자연어의 단어나 음절에 해당하는)로 토큰화할 수 있다.

그림 6.9 **디코더 링. 왼쪽: Hubert Berberich(HubiB). CipherDisk2000**(https://commons.wikimedia.org/ wiki/File:CipherDisk2000.jpg). **퍼블릭 도메인**(https://en.wikipedia.org/wiki/Public_domain). **가운데: Cory Doctorow. Crypto wedding-ring 2**(https://www.flickr.com/photos/doctorow/2817314740/in/photostream/). **CC BY-SA 2.0**(https://creativecommons.org/licenses/by-sa/2.0/legalcode). **오른쪽: Sobebunny, Captain-midnight-decoder**(https://commons.wikimedia.org/wiki/File:Captain-midnight-decoder.jpg). **CC BY-SA 3.0**(https://creativecommons.org/licenses/by-sa/3.0/legalcode)

[주30] 영어 위키백과 "Caesar cipher" 페이지(https://en.wikipedia.org/wiki/Caesar_cipher).

[주31] 영어 위키백과 "Substitution cipher" 페이지(https://en.wikipedia.org/wiki/Substitution_cipher).

[주32] Kwyk. "A non-NLP application of Word2Vec". Towards Data Science. 웹 https://medium.com/towards-data-science/a-non-nlp-application-of-word2vec-c637e35d3668

6.2.10 doc2vec을 이용한 문서 유사도 추정

word2vec의 개념을 단어가 아니라 문구나 문장, 문서 전체로 확장할 수 있다. 즉, 기존 단어들에 근거해서 다음 단어를 예측함으로써 단어 벡터들을 학습한다는 착안을 문장이나 문단, 문서 벡터의 학습으로 확장할 수 있다(그림 6.10).[주33] 이 경우에는 예측 시 이전 단어들뿐만 아니라 문장과 문단을 나타내는 벡터도 고려한다. 그런 벡터들은 예측을 위한 추가 입력으로 간주된다. 그런 식으로 훈련을 진행하면 모형은 말뭉치로부터 문서나 문단의 표현을 배우게 된다.

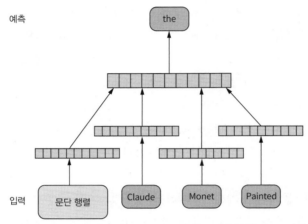

그림 6.10 doc2vec 훈련에는 문서 벡터가 추가적인 입력으로 쓰인다.

doc2vec도 점진적 학습이 가능하다. 즉, 훈련을 마친 모형에 새로운 문서들을 입력해서 새로운 문서 벡터들을 생성할 수 있다. 추론 단계(inference stage)에서 알고리즘은 **동결된** 단어 벡터 행렬과 해당 가중치들로 새 문서 벡터들을 계산해서 문서 행렬에 추가한다.

이런 식으로 추론한 문서 벡터는 해당 문서의 의미를 반영한다. 이런 문서 벡터들을 예를 들어 말뭉치에서 의미가 비슷한 문서들을 찾는 등의 다양한 용도로 활용할 수 있다.

문서 벡터 훈련

doc2vec 문서 벡터들을 형성하도록 모형을 훈련하는 방법은 단어 벡터를 위한 훈련과 비슷하다. 다음은 gensim 패키지에 있는 doc2vec을 위한 함수들을 이용해서 문서 벡터들을 만드는 방법을 보여주는 예제 코드이다.

주33 Q. Le, T. Mikolov, "Distributed Representations of Sentences and Documents". 웹 https://arxiv.org/pdf/1405.4053v2.pdf

목록 6.13 문서 벡터와 단어 벡터 훈련

gensim은 파이썬의 multiprocessing 모듈을 이용해서 훈련 과정을 여러 CPU 코어로 병렬화한다. cpu_count()는 시스템의 CPU 코어 수를 돌려준다. 이 값은 이후 병렬화를 위한 일군(worker) 스레드 개수로 쓰인다.

gensim의 doc2vec 모형은 말뭉치의 단어들에 대한 단어 벡터 내장들뿐만 아니라 말뭉치의 문서들에 대한 문서 벡터들도 포함한다.

gensim의 simple_preprocess는 한 글자 단어와 모든 문장 부호를 무시하는 다소 거친 토큰화 함수이다. 이것 대신 제2장에 나온 다른 토큰화 함수들을 사용해도 된다.

문자열(하나의 문서에 해당)을 하나씩 훑을 수 있는 형태의 객체에 말뭉치를 담아야 한다.

```
>>> import multiprocessing
>>> num_cores = multiprocessing.cpu_count()
>>> from gensim.models.doc2vec import TaggedDocument,\
...     Doc2Vec
>>> from gensim.utils import simple_preprocess
>>> corpus = ['This is the first document ...',\
...           'another document ...']
>>> training_corpus = []
>>> for i, text in enumerate(corpus):
...     tagged_doc = TaggedDocument(\
...         simple_preprocess(text), [i])
...     training_corpus.append(tagged_doc)
>>> model = Doc2Vec(size=100, min_count=2,
...     workers=num_cores, iter=10)
>>> model.build_vocab(training_corpus)
>>> model.train(training_corpus, total_examples=model.corpus_count,
...     epochs=model.iter)
```

MEAP 독자 24231(https://forums.manning.com/user/profile/24231.page)은 지금처럼 둔한 파이썬 목록을 사용하는 대신 NumPy 배열을 미리 할당해서 사용할 것을 제안했다. RAM에 모두 들어가지 않을 정도로 말뭉치가 크다면, 디스크나 데이터베이스에서 문서들을 하나씩 읽어 들이는 방법을 고려해야 할 것이다.

훈련을 시작한다. epochs 인수에 지정된 model.iter가 10이므로 훈련은 10회(세) 반복된다.

모형의 훈련을 시작하려면 먼저 어휘를 컴파일해야 한다.

gensim의 TaggedDocument는 문서에 그 문서의 분류명이나 키워드 같은 메타 정보를 담은 문자열 또는 정숫값을 부여할 수 있는 자료 구조이다.

문맥 구간 크기가 10이고 단어 벡터와 문서 벡터의 차원 수가 100인(구글 뉴스 word2vec 모형의 300 차원보다 훨씬 작다) Doc2vec 객체를 생성한다. min_count는 모형에 포함할 문서의 최소 빈도이다.

팁 RAM이 충분치 않으며 문서의 수를 미리 알고 있다면(즉, 말뭉치 객체가 반복자나 생성기(generator)가 아닌 고정 길이 자료 구조라면), training_corpus를 파이썬의 목록 대신 다음처럼 미리 할당된 NumPy 배열로 두는 것이 나을 것이다.

```
training_corpus = np.empty(len(corpus), dtype=object);
    ... training_corpus[i] = ...
```

doc2vec 모형의 훈련이 끝나고 새로운 문서에 대한 문서 벡터를 추론하려면, 다음처럼 모형 객체의 infer_vector() 메서드를 호출하면 된다.

```
>>> model.infer_vector(simple_preprocess(\
...     'This is a completely unseen document'), steps=10)
```

새 문서에 대한 문서 벡터를 추론하려면 doc2vec 모형을 '재훈련'해야 한다. 이 예에서는 기존의 훈련된 벡터들을 새 문서로 갱신하는 과정을 10회 반복한다(steps=10).

말뭉치의 모든 문서로 모형을 10회 정도 훈련하면 새 문서에 대한 쓸만한 문서 벡터가 나온다. 기존의 문서 벡터들 각각에 대해 이 문서 벡터와의 코사인 거리를 계산해 보면 새 문서와 가장 비슷한 기존 문서를 찾을 수 있다. 또한, 문서 벡터들을 k-평균 군집화 같은 알고리즘으로 군집화함으로써 문서 분류 기능을 구현할 수도 있다.

요약

- 단어 벡터와 벡터 지향적 추론을 이용하면 비유 질문이나 유의어·반의어 관계 같은 몇 가지 놀랄 만큼 미묘한 문제들을 풀 수 있다.
- 자신의 NLP 파이프라인이 구글 뉴스 word2vec 모형 같은 미리 훈련된 모형에 '오염'되는 것이 싫다면, 여러분의 말뭉치로 word2vec 모형(또는 기타 단어 벡터 내장 모형)을 직접 훈련해야 한다.
- gensim 라이브러리는 기존 단어 벡터들을 탐색하고 시각화하는 기능뿐만 아니라 단어 벡터 어휘를 새로이 구축하는 수단도 제공한다.
- 미국 도시 이름 같은 지리 관련 단어 벡터들을 PCA로 2차원에 투영해 보면 지리적으로는 멀리 떨어져 있지만 문화가 비슷한 도시들을 찾아낼 수 있다.
- *n*-그램들이 문장의 경계를 넘지 않게 한다면, 그리고 훈련을 위한 단어 쌍들을 효율적으로 설정할 수 있다면, 잠재 의미 분석 단어 내장(제4장)의 정확도를 크게 개선할 수 있다.

7

단어 순서를 고려한 의미 분석: 합성곱 신경망

이 장에서 다루는 내용

- 신경망을 NLP에 사용하는 방법
- 단어 패턴들에서 의미 찾기
- CNN(합성곱 신경망) 구축
- 자연어 텍스트를 신경망에 사용하기 좋은 형태로 벡터화하기
- CNN 훈련
- 컴퓨터가 생성한 텍스트의 감정 분석

언어의 진정한 위력은 단어 자체가 아니라 단어들의 관계(간격, 순서, 조합 등)에 있다. 문장의 의미는 종종 단어들 사이에 숨겨져 있다. 즉, 작가가 특정 단어들을 특정한 방식으로 조합한 의도에 문장의 의미나 정서가 숨어 있을 때가 있다. 기계든 사람이든, 공감 능력과 이해력을 가진 자연어 청자(또는 독자)로서 다른 지적 존재들과 협동하려면 단어들에 깔린 의도와 정서를 파악할 수 있어야 한다.[주1] 개념이나 착안과 마찬가지로, 깊이, 정보, 복잡도를 만들어내는 것은 단어들의 연결 관계이다. 개별 단어의 의미를 파악했으며 그 단어들이 연결되는 다양한 방식을 안다고 할 때, 단어들 밑을 들여다보고 단어 조합의 의미를 해당 n-그램의 출현 횟수를 세는 것보다 더 유연한 방식으로 측정하려면 어떻게 해야 할까? 일련의 단어들로부터 의미나 감정 같은 **잠재 의미 정보**(latent semantic information)를 얻으려면 어떻게 해야 할까? 좀 더 대담한 질문으로, 차갑고

계산적인 컴퓨터가 미묘하고 숨겨진 의미를 담은 텍스트를 생성하게 하려면 해야 할까?

"컴퓨터가 텍스트를 생성한다"라는 표현에서 로봇이 공허하고 섬찟한 목소리로 토씨 없이 단어들을 읊조리는 장면을 떠올리는 독자도 있을 것이다. 인공지능이 그 정도 수준을 넘어선 것은 확실하지만, 그 수준보다 아주 많이 발전한 것도 아니다. 컴퓨터가 생성한 텍스트에는 사람들이 만든 텍스트에서(심지어는 잠깐 나누는 짧은 대화에서도) 볼 수 있는 어떤 어조나 흐름, 개성이 빠져 있다. 그러한 미묘한 요소들은 단어들 사이나 단어들 밑에, 그러니까 단어들이 조합된 패턴 안에 존재한다. 사람들이 의사소통하면서 나누는 글이나 말에는 어떤 패턴이 깔려 있다. 그리고 진정으로 훌륭한 작가나 연사는 그런 패턴들을 능동적으로 조작해서 최대의 효과를 얻어낸다. 그리고 인간은 그런 패턴들을 거의 무의식적으로 감지하는 능력을 타고났다. 기계가 생성한 텍스트가 어색하거나 섬찟하다고 느끼는 것은 바로 그런 능력 덕분이다. 기계가 생성한 텍스트에는 그런 패턴이 없다. 그렇지만 인간이 만들어낸 텍스트에서 패턴들을 찾아내어 우리의 컴퓨터 친구들에게 나누어주는 것은 가능한 일이다.

지난 몇 년간 신경망 관련 연구가 급격히 성장했다. 누구나 사용할 수 있는 오픈소스 도구들과 대형 자료 집합에서 패턴을 찾는 신경망의 능력 덕분에 NLP의 지형이 크게 바뀌었다. 원시적인 퍼셉트론이 어느새 순방향 신경망(다층 퍼셉트론)으로 발전했으며, 그로부터 합성곱 신경망과 순환 신경망이라는 변종들이 생겨났다. 이런 변종들을 이용하면 커다란 자료 집합에서 패턴들을 좀 더 효율적이고 정확하게 낚아 올릴 수 있다.

제6장의 word2vec 논의에서 이미 보았듯이 신경망 기술은 NLP에 대한 완전히 새로운 접근 방식을 제공한다. 원래 신경망은 입력을 수량화하는 방법을 컴퓨터가 배우게 만드는 것을 목표로 설계되었지만, 그냥 분류와 회귀(주제 분석, 감정 분석)를 배우는 수준에서 벗어나 이전에 본 적이 없는 입력에 기초해서 완전히 새로운 텍스트를 생성하는 수준으로까지 성장했다. 현재 컴퓨터는 한 언어의 문장을 다른 언어의 문장으로 번역하거나 이전에 본 적이 없는 질문에 대한 답을 만들어낼(이는 이 책 전체의 중심 주제인 챗봇 제작과 직접 관련된다) 뿐만 아니라, 특정 작가의 문체에 기초해서 완전히 새로운 텍스트를 생성하기까지 한다.

신경망의 내부 작동 방식과 수학적 세부 사항을 완전히 이해하지 못해도 이번 장에서 소개하는 여러 도구를 사용하는 데는 별문제가 없다. 그렇지만 신경망의 내부 작동 방식을 알아 두면 NLP 응용에 도움이 된다. 제5장의 예제들과 설명을 이해했다면 여러분은 신경망의 내부 작동 방식을 어느 정도는 알고 있는 것이며, 주어진 과제에 맞게 신경망의 구조를 조율하는(이를테면 은닉층 개수나 층별 뉴런 개수를 조정하는 등) 것도 어렵지 않을 것이다. 신경망을 이해하면 챗봇에 깊이를 더할 수 있다. 신경망 기술을 이용하면, 상대방의 말을 잘 듣고 피상적이지 않은, 좀 더 심오한 답변을 제시하는 챗봇을 만들 수 있다.

7.1 의미의 학습

단어의 본성과 그 비밀은 단어의 정의 자체뿐만 아니라 다른 단어들과의 관계와 밀접하게 연관된다. 다음은 단어들 사이의 두 가지 주요 관계이다.

1. 단어 순서: 같은 단어들로 이루어진 문장이라도 단어 순서가 다르면 뜻이 달라진다.[역1]

   ```
   The dog chased the cat.
    The cat chased the dog.
   ```

2. 단어 근접성(간격): 다음 문장 끝부분의 "shone"(빛났다)은 문장 앞부분에 멀리 떨어져 있는 "hull"(선체)의 서술어이다.

   ```
   The ship's hull, despite years at sea, millions of tons of cargo, and
   ➡two mid-sea collisions, shone like new.
   ```

단어 자체에 존재하는 패턴뿐만 아니라 이런 관계들에서도 패턴을 찾아낼 수 있는데, 그 방법은 공간적(spatial) 방법과 시간적(temporal) 방법으로 나뉜다. 공간적 방법은 마치 우리가 종이에 기록된 텍스트를 보듯이 문장 전체를 자유로이 오가면서 단어들의 위치 관계를 살펴본다. 반면 시간적 방법은 마치 우리가 다른 사람의 말을 듣듯이 단어들을 차례로 처리한다. 즉, 시간적 방법에서 단어들과 글자들은 시계열(time series) 자료로 주어진다. 두 방법이 밀접히 연관되어 있긴 하지만, 신경망 도구들을 적용하는 측면에서 큰 차이가 있다. 일반적으로 공간적 자료는 고정된 너비의 구간(window)을 통해서 살펴볼 수 있다. 그러나 시계열 자료는 그 길이가 얼마나 될지 미리 알 수 없다.

다층 퍼셉트론(multilayer perceptron)이라고도 하는 기본적인 순방향 신경망(feedforward network)은 자료에서 패턴들을 식별하는 능력을 갖추고 있다. 그러나 순방향 신경망은 입력의 성분들에 연관된 가중치들을 통해서 패턴을 발견하기 때문에, 토큰들의 공간적 또는 시간적 관계를 잘 포착하지 못한다. 다행히 순방향 신경망은 가장 기초적인 다층 신경망일 뿐이다. 현재 자연어 처리에 주로 쓰이는 것은 합성곱 신경망과 순환 신경망(그리고 그 둘의 여러 변형)이다.

그림 7.1에 순방향 신경망의 예가 나와 있다. 이 신경망의 입력층은 세 개의 토큰을 받는다. 입력층의 각 뉴런은 은닉층의 모든 뉴런과 완전히 연결되어 있으며, 각 연결에는 가중치가 부여된다.

[역1] 이 예는 영어처럼 품사가 기본적으로 단어의 위치(순서)로 결정되는 언어에 해당한다. 반면 한국어에서 품사는 주로 조사와 어미로 결정된다. 예를 들어 "고양이가 개를 쫓는다"와 "개를 고양이가 쫓는다"는 단어 순서가 다르지만 같은 뜻이다. 따라서, 이 책의 단어 순서에 관한 논의를 한국어 처리에 적용하려면 조사에 관한 추가적인 고려가 필요할 것이다.

팁 신경망에 **토큰들을 입력하는 방법**, 다른 말로 하면 토큰을 신경망에 맞는 입력 자료로 표현하는 방법은 여러 가지인데, 이번 장에서는 이전의 여러 장에서처럼 원핫 벡터를 사용한다. 기억하겠지만, 한 단어의 원핫 벡터는 그 단어에 대한 성분만 1인 벡터이고 어휘의 다른 모든 단어에 대한 성분은 0인 벡터이다. 원핫 벡터만큼이나 자주 쓰이는 또 다른 표현은 훈련된 단어 벡터(제6장)이다. 어떤 경우이든, 신경망을 NLP에 적용하려면 단어를 신경망이 계산할 수 있는 수치들로 표현할 수 있어야 한다.

"See Jim run"의 단어 순서를 바꾼 "run See Jim"을 신경망에 입력하면, 이전과는 다른 출력이 나온다. 이는 입력 성분마다 부여된 연결 가중치가 서로 다르기 때문이다(예를 들어 x_1에는 w_1이, x_2에는 w_2가 등등).

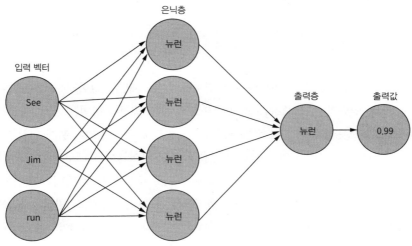

그림 7.1 **완전 연결(전결합) 신경망**

순방향 신경망은 이처럼 같은 단어들이 서로 다른 순서로 배열된 문장들로부터 특정한 관계들을 배울 수 있다. 그러나 토큰이 5, 10, 50개로 문장이 더 길어지면 모든 가능한 단어 순서 조합의 수도 폭발적으로 늘어나서 사실상 처리가 불가능한 수준이 된다. 다행히 순방향 신경망 말고도 다른 여러 신경망이 있다.

7.2 도구 모음

파이썬은 신경망을 위한 도구들이 풍부하게 갖추어진 언어 중 하나이다. 비록 선두 기업들(구글, 페이스북 등)은 계산 효율성 때문에 저수준 언어들로 갈아탔지만, 파이썬으로 구현된 기존 신경망 도구들은 여전히 중요한 자원으로 남아 있다. 파이썬으로 사용할 수 있는 주요 신경망 라이브러리 또는 플랫폼을 두 개만 들자면 Theano(http://deeplearning.net/software/theano/)와 TensorFlow(http://www.tensorflow.org)가 있다. 둘 다 바탕 계산은 C 언어에 크게 의존하지만, 다행히 안정적인 파이썬 API들을 제공한다. 페이스북은 Torch라는 루아^{Lua} 패키지에 공을 들였는데, PyTorch(http://pytorch.org/) 덕분에 Torch의 기능을 파이썬에서 사용할 수 있다. 그런데 이들은 모두 신경망 모형을 처음부터 구축해 나가는 데 사용하는 고도로 추상화된 도구 모음이므로 초보자가 바로 사용하기는 쉽지 않다. 그래서 파이썬 공동체는 바탕 신경망 구조들을 좀 더 쉽게 사용할 수 있는 라이브러리들을 만들어냈다. 그중 Lasage(Theano 기반)와 Skflow(TensorFlow 기반)가 유명하다. 그러나 이 책에서는 다양한 기능과 편리한 API를 갖춘 케라스^{Keras}(https://keras.io/)를 사용한다. 케라스는 TensorFlow와 Theano를 모두 지원하는데, Theano도 장점이 많은 뒷단(backend)이지만 이 책의 예제들은 TensorFlow를 사용한다. 예제들은 또한 훈련된 모형의 내부 상태를 저장하고 적재하기 위해 h5py라는 패키지도 사용한다.

기본적으로 케라스는 TensorFlow를 뒷단으로 사용하며, 실행 시 출력의 첫 행으로 현재 사용 중인 뒷단을 알려준다. 뒷단은 설정 파일이나 환경 변수를 통해서, 또는 스크립트 자체에서 손쉽게 변경할 수 있다. 케라스의 문서화는 상세하고 명확하다. 시간을 들여 문서화를 읽어 보길 강력히 권한다. 여기서 주요 수단들을 간단하게 소개하자면, Sequential은 케라스의 기본 API에 접근하기 위한 기본적인 신경망 추상 클래스이다. 이 클래스는 특히 실질적인 신경망 연산을 처리하는 compile 메서드와 fit 메서드를 제공하는데, 전자는 내부 연결들과 가중치들을 구축, 설정하는 작업을 수행하고 후자는 훈련 오차를 측정하고 역전파를 수행해서 가중치들을 갱신한다. 이들의 작업은 신경망 초매개변수 epochs(세 반복 횟수), batch_size(배치 크기), optimizer(최적화 함수)에 의존하는데, 이들을 제대로 조율하는 것은 어떤 의미에서 '예술(art)'에 가깝다.

안타깝게도 신경망의 설계와 조율에 대한 단 하나의 정답은 없다. 주어진 응용 과제에 가장 적합한 구조와 초매개변수 값들이 어떤 것인지는 경험으로 얻은 직관에 의존해서 결정할 때도 많다. 운 좋게 여러분이 풀어야 할 문제와 비슷한 문제에 대한 기존 구현을 찾았다면, 그 구현을 여러분의 요구에 맞게 조정해서 좋은 결과를 얻을 수도 있다. 다양한 신경망 구조와 초매개변수들에 미리 겁을 먹을 필요는 없다. 다음 절부터는 주요 신경망 구조 중 하나인 합성곱 신경망을 소개하는데, 효과적인 설명을 위해 지금까지와는 달리 자연어 텍스트가 아니라 이미지^{image}(화상)의 처리를 예로 들 것이다.

7.3 합성곱 신경망

흔히 CNN으로 줄여서 표기하는 합성곱 신경망(convolutional neural net)은 이름이 암시하듯이 합성곱(convolution)이라고 하는 수학 연산에 의존하는 신경망이다.

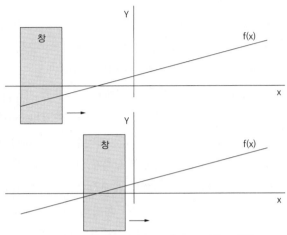

그림 7.2 함수 공간을 훑으며 이동하는 창(구간)[역2]

합성곱은 수학의 여러 분야에 등장하며, 흔히 시계열 자료와 연관된다. 그런 용도로 쓰이는 합성곱의 고차원적인 개념은 이번 장의 내용과 예제들에 중요하지 않다. 핵심은 하나의 창 또는 상자(사각형)로 대상 영역을 훑으면서 어떤 수치를 계산한다는 것이다(그림 7.2). 잠시 후에 2차원 이미지를 상자로 훑으면서 이미지의 특징을 파악하는 예제가 나온다. 이를 자연어 처리에 적용할 때는 텍스트(1차원 문자열)를 1차원 이동 구간으로 훑는다. 차원이 어떻든, 큰 자료 영역을 그보다 작은 이동 구간('창')으로 훑으면서 그 창에서 보이는 것들만으로 뭔가를 계산한다는 착상을 머리에 담아두고 이후의 내용을 읽기 바란다.

7.3.1 합성곱 신경망의 구조

합성곱 신경망은 이미지 처리와 이미지 인식 분야에서 걸출한 성과를 냈다. 합성곱 신경망은 각 표본의 자료점들 사이의 공간적 관계를 포착하는 능력이 있으며, 이를 이용해서 주어진 이미지에 특정 부류의 대상(개, 고양이, 자동차 등)이 있는지를 추측할 수 있다.

[역2] 원서는 convolution의 동사 convolve의 여러 의미 중 "빙빙 돌다"를 중심으로 합성곱을 설명하는데, 사실 수학의 convolution 은 '포개다', '감다'에 더 가깝다.

CNN 또는 convnet(첫 n을 발음하지 않는 사람들도 있다)으로 줄여 쓰기도 하는 합성곱 신경망은 순방향 신경망과는 달리 견본의 각 성분(이미지의 경우 각 픽셀)에 가중치를 배정하는 것이 아니라 견본 전체에 대한 일단의 필터를 설정함으로써 추론과 학습을 진행한다. 핵(kernel)이라고도 부르는 필터들은 이미지 전체를 훑으면서 각 부분영역을 요약한다. 이것이 합성곱 신경망에서 말하는 합성곱 연산이다.

그림 7.3 **작은 전봇대 이미지**

이미지 인식 과제에서는 입력 이미지를 흑백으로 변환해서, 값이 1(켜짐) 또는 0(꺼짐)인 픽셀들의 집합에 대해 합성곱 연산을 수행한다.

또는, 각 픽셀의 값이 0에서 255인 회색조(grayscale) 이미지나(그림 7.3과 7.4) 한 픽셀이 적, 녹, 청 세 채널로 구성된 원색 이미지를 사용하기도 한다.

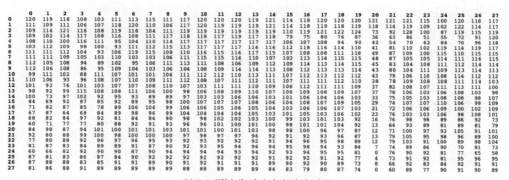

그림 7.4 **전봇대 이미지의 픽셀 값들**

각 필터는 입력 자료(지금 예에서는 이미지의 픽셀들)를 훑으면서 계산을 수행한다. 여기서 "훑는다"는 일정한 크기의 창 또는 상자를 이미지 위에서 좌에서 우로, 위에서 아래로 일정 간격 이동해 나가는 것을 말한다. 카메라를 조금씩 움직이면서 일련의 스냅숏을 찍는다고 생각해도 될 것이다. 합성곱 연산 과정에서 신경망은 창을 통해 보이는 픽셀들에 대해 어떤 연산을 수행하고, 창을 조금 옮겨서 다시 연산을 수행하는 과정을 반복한다.

> **팁** 이러한 이동·스냅숏 연산 방식 덕분에 합성곱 신경망은 병렬화가 아주 잘 된다. 한 자료 견본에 대한 각 스냅숏은 그 자료 견본에 대한 다른 모든 스냅숏과 독립적으로 계산할 수 있다. 따라서 첫 스냅숏이 다 처리되길 기다리지 않고 둘째 스냅숏의 처리를 시작할 수 있다.

이런 필터('창')의 크기는 모형을 만드는 사람이 선택해야 할 하나의 매개변수(초매개변수)이다. 일반적으로 필터 크기는 자료의 내용에 크게 의존한다. 그렇지만 몇 가지 공통의 출발점이 있긴 하다. 이미지 처리에서는 3×3 픽셀 크기의 2차원 필터를 흔히 사용한다. 창 크기의 선택에 관해서는 나중에 이번 장에서 합성곱 신경망을 NLP에 적용하는 문제를 다룰 때 좀 더 이야 기하겠다.

7.3.2 단계 크기(보폭)

합성곱 연산 과정에서 창을 이동하는 크기 역시 하나의 매개변수이다. 이 크기를 필터 자체의 한 변보다 크게 잡는 경우는 거의 없다. 일반적으로는 각 스냅숏이 그 이웃 스냅숏과 겹친다.

스냅숏과 스냅숏 사이에서 필터가 이동하는 거리를 단계 크기(step size) 또는 **보폭**(stride)이라 고 부른다. 보폭은 흔히 1로 설정한다. 필터를 한 픽셀처럼 필터 너비보다 작은 보폭으로 이동 하면 필터 안에 포함된 자료(스냅숏)들이 겹치게 된다. 보폭을 필터 너비보다 크게 하면 겹치는 부분이 없어지며, 그러면 픽셀(자연어 처리에서는 토큰)이 '흐려지는(blurring)' 효과가 사라진다.

이러한 겹침에는 몇 가지 흥미로운 성질이 있는데, 이 성질들은 나중에 필터들이 작동하 는 방식을 좀 더 구체적으로 배우게 되면 명확해질 것이다.

7.3.3 필터의 구성

지금까지 입력 자료를 작은 창(필터)으로 훑으면서 자료의 작은 영역들을 처리한다는 개념을 설명했다. 그런데 작은 창으로 보이는 자료 조각이 어떤 것인지는 아직 이야기하지 않았다.

합성곱 신경망의 필터는 다음 두 요소로 구성된다.

- 일단의 가중치들(제5장에서 본, 신경망 뉴런들의 연결 가중치들과 정확히 같은 성격의 가중치들임)
- 활성화 함수

앞에서 언급했듯이 이미지 처리에는 일반적으로 3×3 크기의 정사각형 필터가 쓰인다(그러나 다른 크기와 다른 형태의 필터들도 쓰인다).

> **팁** 이 필터들은 합성곱 신경망 안에서 뉴런의 형태로 존재한다. 필터 뉴런들은 보통의 은닉층 뉴 런들과 비슷하되, 입력 견본을 훑는 전 과정에서 가중치들이 고정되어 있다는 점이 다르다. 즉, 이 가 중치들은 이미지 전체에 대해 동일하다. 합성곱 신경망의 각 필터는 고유하지만, 필터의 개별 성분은 이미지 스냅숏 안에서 변하지 않는다.

하나의 합성곱 층에는 여러 개의 필터가 있으며, 각 필터는 입력 이미지를 한 번에 한 보 폭만큼 이동한다. 이동할 때마다 필터는 자신이 덮은 픽셀들(스냅숏) 각각에 해당 위치의 필터 가중치를 곱한다.

예를 들어 필터가 3×3이고 이미지의 왼쪽 상단 모퉁이부터 훑기 시작한다고 하면, 첫 스냅숏의 첫 픽셀 (0, 0)의 값에 첫 가중치 (0, 0)을 곱하고, 둘째 픽셀 (0, 1)의 값에 둘째 가중치 (0, 1)을 곱하는 식이다.

서로 대응되는 픽셀과 가중치의 곱들을 모두 합한 후에는 거기에 활성화 함수를 적용한다. 그 결과가 출력의 한 성분(현재 스냅숏 위치에 대응되는)이 된다. 합성곱 신경망의 활성화 함수로 가장 흔히 쓰이는 것은 ReLU(정류 선형 단위)인데, 이에 관해서는 잠시 후에 좀 더 이야기한다.

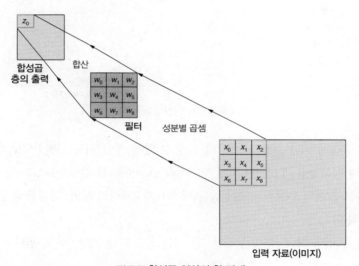

그림 7.5 합성곱 연산의 한 단계

그림 7.5와 7.6에서 x_i는 i번째 픽셀의 값이고 z_0은 ReLU 활성화 함수의 출력이다($z_0 = max(\sum(x_i \cdot w_j), 0)$; 코드로 표현하면 z_0 = max(sum(x * w), 0)). 이 활성화 함수의 출력을 출력 '이미지'의[역3] 해당 위치에 기록한다. 그런 다음 필터를 보폭만큼 옆으로 이동해서 스냅숏을 찍고 그 출력을 첫 출력의 옆 위치에 기록한다(그림 7.6).

[역3] 출력 이미지의 픽셀들은 통상적인 의미의 픽셀, 즉 이미지의 작은 한 영역의 색상 또는 빛의 세기를 나타내는 값이 아니므로 엄밀히 말하면 이미지는 아니다. 그러나 그냥 이미지라고 불러도 크게 문제가 되지는 않을 것이다.

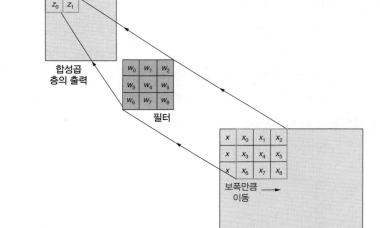

그림 7.6 합성곱 연산의 다른 한 단계

하나의 합성곱 층에 이런 필터가 여러 개 있을 수 있다. 각 필터는 개별적으로 이미지 전체를 훑으면서 출력 성분들을 계산해서 각자 하나씩의 새 '이미지'를 산출한다. 그 이미지를 "필터링된" 이미지라고 불러도 무방하다. 합성곱 층의 필터가 n개라고 하면, 합성곱 층은 총 n개의 새 이미지를 출력한다.

이 n개의 새 이미지들로 무엇을 하면 되는지는 잠시 후에 이야기하고, 필터의 또 다른 중요한 매개변수를 살펴보자.

7.3.4 여백 채우기

그런데 앞에서 설명한 방식으로는 입력 이미지보다 작은 새 이미지가 산출된다. 필터가 3×3이고 이미지의 왼쪽 위에서 출발해서 한 픽셀 보폭으로 좌에서 우로, 위에서 아래로 이미지를 훑다가 필터가 이미지 오른쪽 아래 끝에 도달하면, 필터의 왼쪽 위 성분은 필터 이미지 오른쪽 아래 픽셀과 두 픽셀 떨어져 있는 상태이다. 따라서 필터의 출력 '이미지'는 너비와 높이가 입력 이미지보다 두 픽셀씩 작다.

이 문제를 처리하는 방법은 여러 가지이다. 우선, 출력 이미지가 작다는 것을 문제 삼지 않을 수도 있다. 이 경우는 그냥 그다음 층의 입력 크기를 합성곱 층의 출력 크기에 맞게 조정하기만 하면 된다. 케라스에서 이에 해당하는 설정은 padding='valid'이다. 이 접근 방식의 단점은 이미지 가장자리 픽셀들이 실제보다 출력에 덜 영향을 미친다는 것이다. 이미지 안쪽 픽셀들은 필터 크기와 동일한 횟수로 여러 번 출력 성분의 계산에 관여하지만, 가장자리 픽셀은 그보다 더 적은 횟수로 출력 계산에 관여한다. 이미지가 크다면 이것이 별문제가 되지 않지만, 합성곱을 자연어 처리에 적용할 때, 특히 트위터 메시지들처럼 단어 수가 그리 많지 않은 문장을 입력으로 사용할 때는 시작 단어와 끝 단어에 대한 이런 과소표집(undersampling)이 결과에 큰 영향을 미칠 수 있다.

좀 더 본격적인 처리 방법은 여백 채우기(padding)이다. 여백 채우기는 입력 이미지의 가장자리에 여분의 자료를 덧붙이는 것을 말한다. 그러면 입력 이미지와 같은 크기의 출력 이미지를 얻을 수 있을 뿐만 아니라, 원래의 가장자리 픽셀들이 이제는 '안쪽' 픽셀들이 되므로 앞에서 말한 과소표집 문제가 사라진다. 해당 케라스 설정은 padding='same'이다. 이 접근 방식의 단점은 여분의 자료(원래의 입력과는 잠재적으로 무관한)가 출력에 영향을 미칠 수 있다는 점이다. 신경망이 가짜 자료에서 어떤 패턴을 찾아내는 것은 바람직하지 않다. 그러나 그런 악영향이 최소가 되도록 여백을 채우는 몇 가지 전략이 고안되었다. 다음 예제를 보자.

목록 7.1 합성곱 층이 하나인 케라스 합성곱 신경망

```
>>> from keras.models import Sequential
>>> from keras.layers import Conv1D

>>> model = Sequential()
>>> model.add(Conv1D(filters=16,
...                   kernel_size=3,
...                   padding='same',     ◁─────┤ padding에는 'same' 또는 'valid'를 지정한다.
...                   activation='relu',
...                   strides=1,                  input_shape는 여전히 수정되지 않은
...                   input_shape=(100, 300)))   ◁─┤ 입력의 형태(너비와 높이)이다. 여백 채
                                                    우기는 내부적으로 진행된다.
```

구현 세부 사항은 잠시 후에 이야기하겠다. 여기서 주목할 점은 합성곱 신경망의 정의와 구축에 관련된 여러 사항을 케라스가 처리해 주는 덕분에 간결하고 추상적인 코드로 합성곱 신경망을 정의할 수 있다는 것이다.

케라스가 사용하는 것 이외에도 여러 여백 값 선택 전략이 있다. 이를테면 전처리 과정에서 가장자리의 값들과 비슷한 값들을 선택하는 전략도 있는데, NLP 응용 프로그램에서는 그런 전략들이 오히려 해가 될 수 있어서 쓰이지 않는다.

합성곱 파이프라인

그럼 n개의 필터가 산출한 n개의 새 이미지를 어떻게 활용하는지의 문제로 넘어가자. 다른 여러 신경망 응용처럼 합성곱 신경망도 기본적으로 지도 학습에 쓰인다. 즉, 합성곱 신경망을 훈련하려면 분류명이 붙은 훈련 견본(이미지)들로 이루어진 훈련 집합이 필요하다. 그리고 훈련의 목표도 다른 신경망들과 비슷하다. 즉, 훈련 과정에서는 보지 못한 이미지에 적합한 분류명을 예측하는 것이다. 이런 분류 과제를 위한 가장 간단한 구조는, 필터들이 산출한 이미

지들을 하나로 이어서 또 다른 순방향 층의 입력 이미지로 사용하고, 그 이후는 제5장에 나온 것과 같은 방식으로 진행하는 것이다.

> **팁** 필터링된 이미지들을 또 다른 합성곱 층(이전 합성곱 층의 것들과는 개별적인 필터들이 있는)에 입력할 수도 있다. 나중에 보겠지만, 실제로 쓰이는 합성곱 신경망들은 이처럼 합성곱 층이 여러 개이다. 일련의 합성곱 층들은 점점 더 추상적인 특징을 학습한다. 예를 들어 첫 합성곱 층은 이미지에 있는 윤곽선들을 인식하고, 그다음 합성곱 층은 그런 윤곽선들로 이루어진 도형을 인식하고, 그다음 합성곱 층은 도형들로부터 이미지에 담긴 대상(고양이, 자동차, 신호등 등)을 인식하는 등이다.

신경망의 층들(합성곱 층이든 순방향 층이든)이 얼마나 많든, 일단 최종 출력값을 구한 다음에는 그로부터 오차를 계산해서 반대 방향으로 역전파한다.

필터의 활성화 함수가 미분가능 함수이기 때문에, 이전에 설명한 방식으로 오차를 역전파하면서 개별 필터의 가중치들을 갱신하면 된다. 결과적으로 합성곱 신경망의 필터들은 주어진 입력에 대한 '정답'을 산출하는 방법을 배우게 된다.

이러한 과정을, 뒤쪽 층들이 작업하기 편하도록 앞쪽 층들이 입력 자료에서 적절한 정보를 추출하는 방법을 신경망이 배우는 것이라고 생각하면 이해에 도움이 될 것이다.

7.3.5 훈련(학습)

다른 모든 신경망처럼, 필터 가중치들은 0에 가까운 난수로 초기화된다. 따라서 훈련의 처음 몇 반복에서는 출력 '이미지'가 그냥 잡음보다 나을 것이 없다.

그러나 주어진 입력에 부여된 분류명에 기초해서 오차를 계산하고 그 오차를 필터들로 역전파해서 가중치들을 갱신하는 과정을 반복하면 필터들이 점점 똑똑해진다.

역전파 과정은 제5장에서 이야기한 것과 본질적으로 같다. 즉, 역전파 방향으로 첫 층(순방향으로는 마지막 층)에 대해서는 해당 가중치에 대한 오차 함수의 미분을 사용하고, 그 다음 층들에 대해서는 해당 가중치에 대한 그 이전 층의 기울기(gradient)를 사용한다.

다음은 합성곱 필터 가중치에 대한 기울기의 공식인데, 이중 합산(시그마)과 편미분이 관여하는 만큼 꽤 복잡해 보인다. 이 공식의 유도 과정은 이 책의 범위를 벗어나는 주제이다. 이 책의 목적에서는, 주어진 한 필터의 주어진 한 가중치에 대한 기울기가 순전파 과정에서 합성곱 연산의 각 위치에 대해 산출된 보통의 기울기들의 합이라는 점만 이해하고 넘어가도 될 것이다.

$$\frac{\partial E}{\partial w_{ab}} = \sum_{i=0}^{m} \sum_{j=0}^{n} \frac{\partial E}{\partial x_{ij}} \frac{\partial x_{ij}}{\partial w_{ab}}$$

식 7.1 한 필터 가중치에 대한 기울기들의 합이러한 개념은 보통의 순방향 신경망의 역전파와 거의 비슷하다. 핵심은 신경망의 전체 오차에 대해 개별 가중치가 어느 정도나 기여했는지를 파악하고 그에 기초해서 가중치를 적당한 양만큼 (이후의 훈련 견본들에 대해 오차가 줄어들도록) 조정한다는 것이다. 이런 세부 사항이 자연어 처리에 합성곱 신경망을 적용하는 방법을 이해하는 데 꼭 필요하지는 않다. 그러나 이런 세부 사항은 신경망의 구조를 조율하는 데 대한 직관을 얻는 기초가 된다.

7.4 다시 텍스트로

지금까지 우리는 2차원 이미지를 예로 들어서 합성곱 신경망을 설명했다. 그러나 우리의 주된 관심사는 자연어 처리이다. 이제부터는 단어들로 합성곱 신경망을 훈련하는 방법을 살펴보자.

자연어 처리에 합성곱 신경망을 적용할 때는 제6장에서 소개한 단어 벡터(단어 내장이라고도 한다)들을 입력으로 사용한다. 2차원 이미지와는 달리 자연어 텍스트에서는 '세로(수직)' 방향의 단어들, 즉 서로 다른 문장의 같은 위치에 있는 단어들 사이의 관계가 별로 의미가 없다. 중요한 것은 한 문장 안에서의 단어들 사이의 관계, 즉 '가로(수평)' 위치 관계이다.

> **팁** 이는 일본어처럼 왼쪽에서 오른쪽이 아니라 위에서 아래로 읽어 나가는 언어들에서도 마찬가지이다. 물론 그런 경우는 '가로' 관계가 아니라 '세로' 관계가 중요할 것이다.[역4]

자연어 처리에서 우리의 관심은 1차원 공간에 배열된 토큰들 사이의 관계이므로, 자연어 처리를 위한 합성곱 신경망의 입력은 문장 같은 1차원 텍스트이다.

입력이 1차원이므로 합성곱 필터의 형태 역시 1차원이어야 마땅하다. 그림 7.7은 창의 크기가 1×3인 필터로 입력 문장을 훑는 예이다.

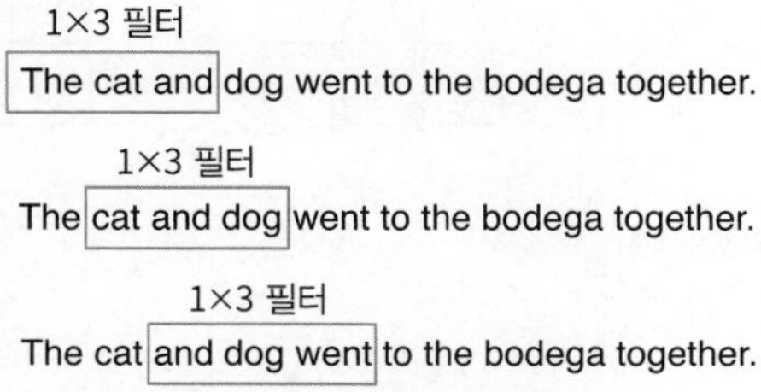

1×3 필터
The cat and dog went to the bodega together.

1×3 필터
The cat and dog went to the bodega together.

1×3 필터
The cat and dog went to the bodega together.

그림 7.7 1차원 합성곱

[역4] 물론 이런 읽기 방향은 종이나 화면에 표시할 때나 중요할 뿐이다. 파일이나 메모리 안에서는 아무런 차이도 없다(오른쪽에서 왼쪽으로 읽는 아랍어 텍스트도 마찬가지). 중요한 것은 이미지와는 달리 텍스트가 기본적으로 1차원 자료라는 점이다.

그런데 실제 입력은 문장의 단어들이 아니라 그 단어들의 단어 벡터들로 이루어진다. 그 단어 벡터의 성분들을 '두 번째 차원'으로 생각한다면, 입력 텍스트를 일종의 이미지로 간주할 수 있다. 예를 들어 단어가 100개이고 각 단어 벡터의 성분(특징)이 500개인 텍스트는 100×500 크기의 이미지에 해당한다. 텍스트가 '이미지'라면 각 토큰(지금은 단어이지만, 나중에 각 글자가 토큰인 경우도 이야기한다)은 '픽셀'에 해당한다. 그렇지만 합성곱 필터가 이런 이미지를 위에서 아래로까지 훑지는 않는다. 필터는 그냥 텍스트를 따라 좌우로만 이동한다. 필터의 형태에서 중요한 것은 너비(토큰 개수)뿐이다. 그림 7.7의 필터는 너비가 3토큰인 1차원 필터이다.

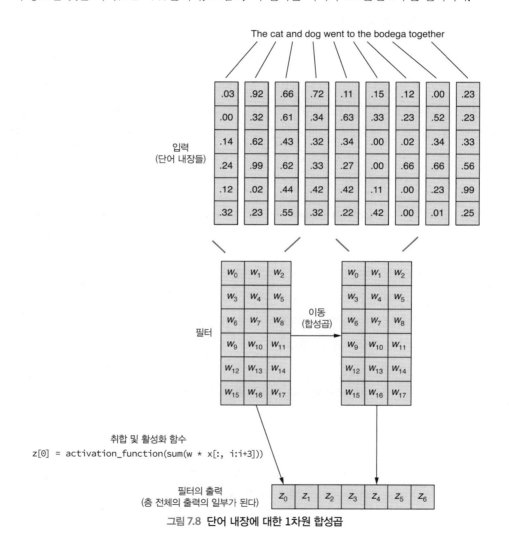

그림 7.8 단어 내장에 대한 1차원 합성곱

팁 단어 내장에 대한 합성곱 필터를 '1차원'이라고 부르는 것이 조금 이해가 되지 않을 수도 있겠다. 그림 7.8은 단어 자체의 벡터 표현을 "세로로" 펼쳐서 표현했지만, 필터는 그냥 가로 방향을 따라 문장을 훑을 뿐이다. n차원 필터의 n은 필터가 이동하는 차원(방향)의 수에 해당하는데, 지금 경우 필터는 문장의 '너비' 방향 하나로만 이동하므로 1차원 필터라고 부르는 것이 맞다. 반면 2차원 이미지에 대한 합성곱 필터는 이미지를 좌에서 우로, 위에서 아래로 훑으므로 2차원 필터이다.

이전에 언급했듯이, 합성곱 신경망은 필터로 입력 전체를 훑으면서 합성곱 연산을 수행한다. 여기서 중요한 것은 그러한 각 연산이 서로 독립적이라는 것이다. 각 합성곱 연산의 결과를 출력의 적절한 성분에 배정하는 한, 그 연산들을 언제 어떤 순서로 수행하는지는 문제가 되지 않는다. 따라서 주어진 한 필터의 모든 '스냅숏'을 병렬로 처리한 후 각 연산 결과를 하나의 출력 이미지로 취합할 수 있다.

이러한 속도 덕분에, 그리고 특징의 위치가 최종 출력에 영향을 미치지 않는다는 중요한 특징 덕분에,[역5] 연구자들은 특징 추출 과제에 이러한 합성곱 접근 방식을 즐겨 사용한다.

7.4.1 케라스로 합성곱 신경망 구현: 자료 준비

그럼 파이썬으로 합성곱 신경망을 구현해 보자. 이 예제는 케라스 문서화에 있는 1차원 합성곱 신경망 분류 예제에 기초한 것이다.

원래의 예제는 IMDB 영화평 자료 집합[역6]으로 합성곱 신경망을 훈련해서 주어진 영화평의 감정(긍정적 또는 부정적)을 예측한다. 자료 집합의 각 자료점에는 분류명 0(부정적 감정) 또는 1(긍정적 감정)이 붙어 있다. 그러나 여기서는 자료의 전처리 과정도 체험해 보기 위해, 케라스가 만들어둔 IMDB 자료 집합 대신 해당 영화평 원본 텍스트로 이루어진 자료를 사용한다. 자료는 잠시 후에 이야기하고, 우선 합성곱 신경망에 필요한 여러 모듈과 클래스를 불러오자.

목록 7.2 케라스의 합성곱 신경망 도구 준비

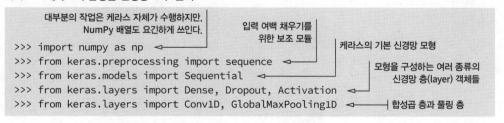

```
>>> import numpy as np
>>> from keras.preprocessing import sequence
>>> from keras.models import Sequential
>>> from keras.layers import Dense, Dropout, Activation
>>> from keras.layers import Conv1D, GlobalMaxPooling1D
```

대부분의 작업은 케라스 자체가 수행하지만, NumPy 배열도 요긴하게 쓰인다.
입력 여백 채우기를 위한 보조 모듈
케라스의 기본 신경망 모형
모형을 구성하는 여러 종류의 신경망 층(layer) 객체들
합성곱 층과 풀링 층

[역5] 예를 들어 바나나가 사진 왼쪽에 있든 오른쪽에 있든 합성곱 신경망은 그 사진을 바나나 사진이라고 인식한다.

[역6] 참고로, 비슷한 성격의 한국어 말뭉치로 네이버 영화 사이트의 사용자 영화평들을 모은 *Naver sentiment movie corpus*(https://github.com/e9t/nsmc/)가 있다.

다음으로, https://ai.stanford.edu/%7eamaas/data/sentiment/에서 스탠퍼드 대학교 인공지능 연구팀의 원본 자료 집합을 내려받기 바란다. 이 자료 집합은 2011년 논문 *Learning Word Vectors for Sentiment Analysis*[주2]를 위해 만든 것이다. 내려받은 압축 파일을 적당한 디렉터리에 풀고 내용물을 살펴보기 바란다. 이 예제는 train/ 디렉터리만 사용하지만, 그 외에도 재미있는 파일들이 있으니 머리를 식힐 겸 해서 자유로이 둘러보아도 좋을 것이다.

train/ 폴더에는 neg/라는 폴더와 pos/라는 폴더가 있으며, 각각에는 각각 부정적 영화평 텍스트 파일들과 긍정적 영화평 텍스트 파일들이 있다. 목록 7.3은 이 파일들로부터 훈련 집합을 준비하는 함수이다. 이 함수는 두 디렉터리에서 파일들을 읽어 들여서 해당 디렉터리에 맞는 분류명(neg면 0, pos면 1)을 부여한다. 그러면 긍정적 영화평들 다음에 부정적 영화평들이 있는 목록이 만들어지는데(목록의 각 요소는 분류명과 영화평 텍스트의 쌍), 효과적인 훈련을 위해 이들의 순서를 무작위로 뒤섞는다. 분류명에 따라 정렬된 자료로 훈련을 진행하면 나중에 나오는 훈련 견본들 쪽으로 학습이 치우칠 위험이 있다. 특히 momentum 같은 특정 초매개변수를 사용하는 경우에는 더욱더 그렇다.

목록 7.3 파일들에서 문서를 읽어 들이는 전처리 함수

```
>>> import glob
>>> import os

>>> from random import shuffle

>>> def pre_process_data(filepath):
...     """
...     자료를 전처리하는 함수. 구체적인 전처리 과정은 훈련 자료에
...     따라 다르겠지만, 최대한 일반적인 형태로 구현해 보았다.
...     """
...     positive_path = os.path.join(filepath, 'pos')
...     negative_path = os.path.join(filepath, 'neg')
...     pos_label = 1
...     neg_label = 0
...     dataset = []
...
...     for filename in glob.glob(os.path.join(positive_path, '*.txt')):
...         with open(filename, 'r') as f:
...             dataset.append((pos_label, f.read()))
...
...     for filename in glob.glob(os.path.join(negative_path, '*.txt')):
...         with open(filename, 'r') as f:
...             dataset.append((neg_label, f.read()))
```

[주2] Maas, Andrew L. 외, *Learning Word Vectors for Sentiment Analysis*, Proceedings of the 49th Annual Meeting of the Association for Computational Linguistics: Human Language Technologies, 2011년 6월, Association for Computational Linguistics.

```
...
...      shuffle(dataset)
...
...      return dataset
```

다음은 이 함수를 호출해서 훈련 집합을 만들고 그 첫 견본을 출력하는 예이다. 전처리 함수가 영화평들을 무작위로 뒤섞기 때문에 여러분이 이 코드를 실행하면 아래의 출력 예와는 다른 출력이 나오겠지만, 그것이 문제가 되지는 않는다. dataset의 각 튜플(두값쌍)은 분류명과 영화평으로 이루어지는데, 분류명은 해당 영화평에 담긴 감정을 나타낸다. 1은 긍정적 감정, 0은 부정적 감정이다. 훈련 과정에서 이 분류명은 해당 견본의 **목푯값**, 즉 바람직한 예측값으로 쓰인다.

```
>>> dataset = pre_process_data('<영화평 말뭉치 디렉터리>/aclimdb/train')
>>> dataset[0]
(1, 'I, as a teenager really enjoyed this movie! Mary Kate and Ashley worked
➥ great together and everyone seemed so at ease. I thought the movie plot was
➥ very good and hope everyone else enjoys it to! Be sure and rent it!! Also
➥ they had some great soccer scenes for all those soccer players! :)')
```

파일에서 영화평들을 모두 불러왔다면, 다음으로 할 일은 각 영화평을 토큰화하고 벡터화하는 것이다. 단어 벡터 생성에는 구글 뉴스로 미리 훈련한 word2vec 단어 벡터들을 사용한다. 해당 자료 집합을 NLPIA 패키지를 이용해서 또는 구글 드라이브에서 직접[주3] 내려받기 바란다.

직접 파일을 내려받았다면, 제6장 §6.2.3에서 했던 것처럼 gensim을 이용해서 압축 파일로부터 벡터들을 적재하면 된다. 메모리나 시간이 부족하다면 load_word2vec_format 호출 시 limit 인수로 단어 벡터 개수를 제어하기 바란다. 이 인수의 값이 클수록 더 많은 벡터를 사용할 수 있지만, 대신 메모리 요구량과 적재 시간이 증가한다.

목록 7.4는 자료를 토큰화하고 그 토큰들로부터 일단의 단어 벡터들을 생성하는 함수이다.

목록 7.4 벡터화와 토큰화를 수행하는 함수

```
>>> from nltk.tokenize import TreebankWordTokenizer
>>> from gensim.models.keyedvectors import KeyedVectors
>>> from nlpia.loaders import get_data     ◄
>>> word_vectors = get_data('w2v', limit=200000)
```

get_data('w2v')는 "GoogleNews-vectors-negative300.bin.gz"를 nlpia.loaders.BIGDATA_PATH 디렉터리에 내려받는다.

[주3] 구글 드라이브로 이어지는 단축 주소 https://bit.ly/GoogleNews-vectors-negative300에서 "GoogleNews-vectors-negative300.bin.gz" 파일을 내려받으면 된다.

```
>>> def tokenize_and_vectorize(dataset):
...     tokenizer = TreebankWordTokenizer()
...     vectorized_data = []
...     for sample in dataset:
...         tokens = tokenizer.tokenize(sample[1])
...         sample_vecs = []
...         for token in tokens:
...             try:
...                 sample_vecs.append(word_vectors[token])
...
...             except KeyError:
...                 pass  # 구글 word2vec 어휘에 없는 토큰
...
...         vectorized_data.append(sample_vecs)
...
...     return vectorized_data
```

이 예제는 단어 벡터 20만 개만 적재한다. 따라서 정보가 어느 정도 손실된다. 구글 뉴스 word2vec 어휘에는 불용어들이 어느 정도 포함되어 있으며, 이 예제가 적재하는 단어 벡터 20만 개에는 "a" 같은 흔한 단어들이 대거 빠져 있다. 이것이 이상적인 방식은 아니지만, 합성 곱 신경망이 이런 손실 있는 자료에 대해서도 얼마나 잘 작동하는지 가늠할 기회이기도 하다. 이런 정보의 손실을 피하는 한 방법은 주어진 응용에 관련이 있는 단어들이 좀 더 많이 포함되도록 word2vec 모형을 따로 훈련하는 것이다. 원본 영화평 자료에는 <br\> 같은 HTML 태그들도 많이 있는데, 일반적으로 이런 태그들은 영화평의 감정과 대체로 무관하므로 제거하는 것이 바람직하다.

또한, 편의를 위해 목푯값 0(부정적 평)들과 1(긍정적 평)들을 뽑아서 해당 훈련 견본과 같은 순서로 따로 담아두기로 한다. 다음이 그러한 작업을 수행하는 함수이다.

목록 7.5 목푯값(분류명) 목록

```
>>> def collect_expected(dataset):
...     """ 자료 집합에서 목푯값들만 뽑아서 따로 저장한다. """
...     expected = []
...     for sample in dataset:
...         expected.append(sample[0])
...     return expected
```

이제 앞의 두 함수를 이용해서 자료 집합을 토큰화, 벡터화하고 목푯값 목록을 얻는다.

```
>>> vectorized_data = tokenize_and_vectorize(dataset)
>>> expected = collect_expected(dataset)
```

이렇게 해서 기본적인 자료 전처리가 끝났다. 여기서는 그냥 전처리된 자료 집합의 80%를 훈련용으로, 20%를 시험용으로 사용한다. 그러나 앞에서 내려받은 자료 집합의 train/과 test/ 폴더에 훈련용 자료와 시험용 자료가 각각 들어 있다는 점도 기억하기 바란다. 자료는 많을수록 좋으므로, 이들을 활용해 보는 것도 좋을 것이다. 이 자료 집합뿐만 아니라 공개된 대부분의 자료 집합에서는 자료 집합 관리자가 이런 식으로 훈련용 자료와 시험용 자료를 폴더를 나누어서 담아둔 경우가 많다. 이런 폴더들의 기본적인 목적은 해당 자료 집합을 사용한 논문의 결과를 정확히 재현할 수 있게 하는 것이다.[주4]

목록 7.6은 앞에서 마련한 단어 벡터들과 해당 목푯값들을 훈련 집합과 시험 집합으로 나누는 코드이다. 훈련 집합은 훈련을 위한 견본들(x_train)과 해당 목푯값들, 즉 '정답'들(y_train)로 구성되고 시험 집합은 시험을 위한 견본들(x_test)과 해당 목푯값들(y_test)로 구성된다. 훈련 과정에서는 x_train의 견본들에 대해 모형이 산출(예측)한 결과와 y_train의 해당 목 푯값을 비교하고 그 오차를 이용해서 모형의 가중치들을 갱신한다. 시험 과정에서는 x_test의 견본들에 대해 모형이 산출한 결과와 y_test의 해당 목푯값을 비교해서 모형의 정확도를 측정한다.

목록 7.6 전체 자료 집합을 훈련 집합과 시험 집합으로 분할

```
>>> split_point = int(len(vectorized_data)*.8)

>>> x_train = vectorized_data[:split_point]
>>> y_train = expected[:split_point]
>>> x_test = vectorized_data[split_point:]
>>> y_test = expected[split_point:]
```

다음으로, 학습 모형이 사용하는 합성곱 신경망의 여러 매개변수(초매개변수)를 설정한다(목록 7.7). maxlen은 모형이 고려할 영화평의 최대 길이(토큰 수)이다. 합성곱 신경망의 모든 입력은 차원 수가 동일해야 하므로, 주어진 견본의 토큰이 400개를 넘으면 400개 이후는 폐기한다. 반대로, 토큰이 400개 미만이면 널 값(영벡터)들을 채워서 400개로 맞춘다. 원래의 텍스트를 화면에 표시할 때는 널 값들을 "PAD"라는 이름의 토큰으로 대체해서 표시하는 것이 관례이다. 이런 널 값들은 원래의 자료 집합에는 없던 정보이긴 하지만, 그래도 학습 시스템은 이런 'PAD' 토큰들의 패턴을 학습해서 이들이 "그냥 무시하세요"라는 뜻임을 잘 알아채므로 크게 걱정할 필요는 없다.

[주4] 어떤 학습 모형의 성과를 발표할 때는 모형이 이전에 본 적이 없는 시험 자료로 측정한 성과를 제시해야 마땅하다. 그러나 최종 사용자용 응용 프로그램에 포함하기 위해 모형을 마지막으로 훈련할 때는 여러분이 가지고 있는 모든 분류명 붙은 자료를 활용해야 할 것이다.

한 가지 주의할 점은, 이 'PAD'가 앞에서 이야기한 여백 채우기(padding)와는 다른 것이라는 점이다. 지금 하는 것은 입력 길이를 일정하게 하기 위한 채우기일 뿐이다. 합성곱 층의 출력이 입력과 비슷한 크기가 되게 하기 위한, 그리고 입력의 시작과 끝의 토큰들이 중간의 토큰들보다 덜 중요하게 처리되는 문제를 해결하기 위한 여백 채우기는 이 채우기와는 별개로 처리한다.

목록 7.7 합성곱 신경망의 초매개변수들

```
maxlen = 400          ← 배치의 크기. 이 개수만큼의 견본들을 처리한 후에야
batch_size = 32         비로소 오차를 역전파해서 가중치들을 갱신한다.
embedding_dims = 300  ← 합성곱 신경망에 입력할 한 토큰 벡터의 길이(차원 수)
filters = 250         ← 훈련에 사용할 필터 개수
kernel_size = 3       ← 각 '1차원' 필터의 너비. 단, 실제 필터는 입력 벡터 차원 수
hidden_dims = 250        만큼의 행들이 있는 embedding_dims × kernel_size
epochs = 2               크기(지금 예에서는 50 × 3)의 2차원 행렬로 정의된다.
```
신경망 사슬 끝에 있는 보통의 순방향 층의 뉴런 개수
세, 즉 전체 훈련 자료 집합을 신경망에 통과시키는 주기의 횟수.

팁 목록 7.7에서 이미지 처리에 쓰이는 2차원 필터의 크기와는 달리, 지금 예에서 kernel_size(필터 크기 또는 구간 크기)는 하나의 스칼라값이다. 이 필터는 주어진 토큰 벡터의 토큰들을 한 번에 세 개씩 처리한다. 첫 층의 경우 이 필터는 입력을 n-그램(지금 예에서는 3-그램) 단위로 훑는 것에 해당한다. 여기서는 필터 크기가 3이지만, 5나 7 이상을 사용할 수도 있다. 최적의 필터 크기는 자료에 따라, 그리고 주어진 응용 과제에 따라 다르므로, 여러 값으로 성과를 측정해 볼 필요가 있다.

케라스에는 이런 입력 길이 정규화를 위한 pad_sequences라는 보조 메서드가 있다. 이 메서드는 스칼라열(스칼라들의 순차열)에만 작동하는데, 안타깝게도 지금 예의 입력은 벡터열이다. 그래서 우리의 자료에 맞는 입력 채우기 함수를 따로 정의하기로 한다(목록 7.8).

목록 7.8 토큰열을 채우거나 자르는 함수

날카로운 LiveBook 독자 @madara는 이 함수를
[smp[:maxlen] + [[0.] * emb_dim] * (maxlen - len(smp)) for
smp in data]라는 한 줄의 코드로 구현할 수 있다고 지적했다.

```
>>> def pad_trunc(data, maxlen):
...     """
...     주어진 자료 집합의 각 벡터열을 최대 길이 maxlen에 맞게 자르거나
...     영벡터들을 채운다.
...     """
...     new_data = []
...
...     # 단어 벡터와 같은 길이의 영벡터(모든 성분이 0인 벡터)를 만든다.
...     zero_vector = []
...     for _ in range(len(data[0][0])):
...         zero_vector.append(0.0)
...
...     for sample in data:
...         if len(sample) > maxlen:
```

```
...               temp = sample[:maxlen]
...           elif len(sample) < maxlen:
...               temp = sample
...               # 적절한 개수의 영벡터를 벡터열에 추가한다.
...               additional_elems = maxlen - len(sample)
...               for _ in range(additional_elems):
...                   temp.append(zero_vector)
...           else:
...               temp = sample
...           new_data.append(temp)   ◁──┤ 마지막으로, 절단 또는 증강된 벡터열을 자료 집합에 추가한다.
...       return new_data
```

마지막으로, 훈련 견본들과 시험 견본들에 이 함수를 적용하고, 모든 자료를 케라스가 선호하는 형태의 NumPy 배열로 변환한다(목록 7.9). 최종적인 x_train과 x_test는 각 차원의 길이가 견본 개수, 입력 벡터 길이, 단어 벡터 길이인 3차원 배열이다.

목록 7.9 절단, 증강된 자료를 케라스를 위한 형태로 변환

```
>>> x_train = pad_trunc(x_train, maxlen)
>>> x_test = pad_trunc(x_test, maxlen)

>>> x_train = np.reshape(x_train, (len(x_train), maxlen, embedding_dims))
>>> y_train = np.array(y_train)
>>> x_test = np.reshape(x_test, (len(x_test), maxlen, embedding_dims))
>>> y_test = np.array(y_test)
```

이렇게 해서 합성곱 신경망을 위한 자료가 마련되었다.

7.4.2 합성곱 신경망의 구조

그럼 케라스로 합성곱 신경망을 구축해 보자. 출발점은 기본적인 신경망 모형을 대표하는 클래스 Sequential이다. 제5장의 순방향 신경망에서 소개했듯이, Sequential은 케라스의 기본 신경망 클래스 중 하나이다. 이 클래스에 여러 층을 추가해 나가면 마법이 생겨난다.

이번 예제에서는 제일 먼저 합성곱 층을 하나 추가한다. 목록 7.10에 합성곱 층을 추가하는 코드가 나와 있다. 이번 예제에서는 출력의 차원이 입력의 차원보다 작아도 무방하므로 여백 채우기 방식을 결정하는 padding 인수를 'valid'로 설정한다.[역7] 각 필터는 문장의 제일 왼쪽 가장자리, 즉 첫 토큰에서 시작해서 보폭만큼 오른쪽으로 이동하면서 구간 안의 토큰들을 처리한다.

[역7] 'valid'는 여백 채우기를 아예 적용하지 않는 것에 해당하는데, 케라스와 TensorFlow 등에서 여백 채우기를 적용하지 않는 것을 '유효하다(valid)'라고 표현하는 관례는 아마도 MatLab 같은 기존 수학 패키지에서 순수한 합성곱으로 산출된 부분을 'valid subsection'이라고 부르는 데서 비롯한 것으로 보인다.

지금 예에서 보폭(구간 이동 간격)은 1토큰이고(stride=1) 필터 크기는 목록 7.7에서 설정한 kernel_size(3토큰)를 그대로 사용한다. activation='relu'는 활성화 함수로 ReLU, 즉 정류 선형 단위(rectified linear unit)를 사용한다는 뜻이다. 각 단계에서는 세 토큰에 필터 가중치들을 성분 별로 곱해서 합한 값에 ReLU를 적용한다. ReLU는 그 값이 0보다 크면 그대로 출력하고 0보다 작으면 0을 출력한다.

목록 7.10 신경망 모형에 1차원 합성곱 층 추가

```
>>> print('Build model...')
>>> model = Sequential()        ←  케라스의 표준적인 모형 정의 패턴을 따르는 코드이다. 케라스 '함수형 API'라
                                    고 부르는 또 다른 신경망 구축 패턴이 제10장(§10.2.2)에 나온다.
>>> model.add(Conv1D(
...     filters,
...     kernel_size,
...     padding='valid',              1차원 합성곱 층에 해당하는 Conv1D 객체를 모형에
...     activation='relu',            추가한다. 이 합성곱 층은 kernel_size 크기의 단어 그룹
...     strides=1,                    필터들을 학습한다. 여기 나온 것 외에도 여러 키워드
...     input_shape=(maxlen, embedding_dims)))  ←  인수가 있지만, 지금은 이 인수들만으로 충분하다.
```

7.4.3 풀링

풀링pooling은 합성곱 신경망에서 차원 축소를 수행하는 한 방법이다. 처리 속도의 측면에서 합성곱 신경망은 합성곱 연산들을 병렬화할 수 있다는 장점이 있지만, 대신 하나의 입력에 대해 여러 필터가 각자 출력을 생성한다는 점도 생각해야 한다. 즉, 필터마다 자료 견본의 새로운 '버전'이 만들어진다. 앞의 예에서 합성곱 층은 250개(목록 7.7의 설정에 따라)의 필터링된 버전을 산출한다. 풀링은 이런 처리 중복을 어느 정도 완화해 준다. 그리고 잠시 후에 이야기하겠지만 풀링은 그 자체로 중요한 특성을 가지고 있다.

풀링의 핵심은 주어진 입력을 여러 부분영역(subsection)으로 고르게 분할하고, 각 부분영역에 대해 그 부분영역의 여러 값을 대표하는 하나의 값을 산출한다는 것이다. 그 값들을 모으면 원래의 입력보다 크기가 작은 자료가 된다. 그것이 그다음 층의 입력으로 쓰인다.

부분영역의 여러 값에서 하나의 값을 산출한다는 것은 자료의 상당 부분을 폐기한다는 뜻이고, 일반적으로 자료를 폐기하는 것은 바람직하지 않은 일로 간주된다. 그러나 실제로는, 이러한 자료 폐기 또는 '요약'은 원본 자료의 고차원 표현을 학습하는 능력으로 이어진다. 다른 말로 하면, 풀링과 결합된 합성곱 필터들은 '패턴'을 찾는 법을 배우게 된다. 지금 예에서는 단어와 그 주변 단어들 사이의 관계에서 어떠한 패턴이 드러난다. 그리고 그러한 패턴이야말로 NLP를 위해 우리가 찾으려 했던 미묘한 정보에 해당한다.

이미지 처리에서 앞쪽 합성곱 층들은 픽셀의 값이 급격히 변하는 경계들을 배우게 된다. 간단히 말해서 초반 합성곱 층들은 윤곽선(edge) 검출기가 된다. 더 뒤쪽의 층들은 도형과 재질(텍스처) 같은 좀 더 고차원의 개념을 배운다. 그리고 마지막 층들은 좀 더 고차원적인 개념, 즉 이미지에 담긴 '내용물' 또는 '의미'를 배울 수 있다. 텍스트 처리에서도 비슷한 일이 일어난다.

> **팁** 이미지 처리 신경망에서 풀(풀링 영역)은 일반적으로 2×2 픽셀 크기의 정사각형 구간이다(그리고 필터의 이동 구간들과는 달리 이 풀들은 겹치지 않는다). 그러나 텍스트 처리를 위한 1차원 합성곱에서는 풀도 1차원 구간(1×2나 1×3 같은)이다.

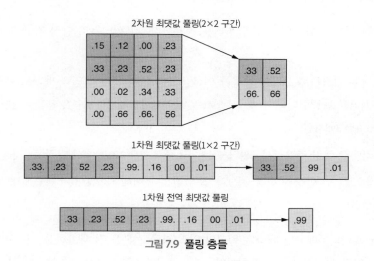

그림 7.9 **풀링 층들**

흔히 쓰이는 풀링 방식은 **평균값 풀링**(average pooling)과 **최댓값 풀링**(max pooling)이다. 그림 7.9에 최댓값 풀링의 예가 나와 있다. 이름에서 짐작하겠지만 평균값 풀링은 부분영역의 값들의 평균을 대푯값(그 값들 전체를 대표하는 값)으로 사용하고, 최댓값 풀링은 부분영역의 값들에서 가장 큰 것을 대푯값으로 사용한다. 직관적으로는 주어진 값들의 평균이 최댓값보다 그 값들을 더 잘 대표할 것 같지만, 실제로는 최댓값 풀링이 더 유용하다. 주어진 부분영역의 최대 활성화 값을 제공함으로써, 신경망은 해당 부분영역의 가장 두드러진 특징을 인식하게 되기 때문이다. 또한, 이러한 풀링에 의해 신경망은 픽셀 수준의 정확한 위치와는 무관하게 해당 영역의 중요한 특징을 인식하게 된다.

이러한 **위치 불변성**(location invariance)이 바로 앞에서 언급한, 차원 축소와 그에 따른 계산 비용 절감 이외의 풀링의 '중요한 특성'이다. 서로 다른 두 이미지에 본질적으로 동일한 어떤 요소가 살짝 다른 위치에 있어도, 최댓값 풀링 층은 둘 모두에 대해 비슷한 출력을 산출한다. 이러한 위치 불변성은 이미지 인식 분야에서 커다란 장점이며, 자연어 처리에서도 이득이 된다.

여기서는 케라스의 GlobalMaxPooling1D를 이용해서 앞의 신경망 모형에 '전역(global)' 최댓값 풀링 층을 추가한다. 전역 최댓값 풀링 층은 입력을 여러 부분영역으로 나누고 각각의 최댓값을 취합하는 대신, 그냥 입력 전체의 최댓값 하나를 선택해서 출력한다. 따라서 정보의 대부분이 사라진다. 그러나 지금 예에서는 그런 정보 손실이 모형에 그리 해가 되지 않는다.

```
>>> model.add(GlobalMaxPooling1D())  ◁┤ GlobalMaxPooling1D() 외에 MaxPooling1D(n)이나 AvgPooling1D(n)
                                        이 있다. 여기서 n은 1차원 풀의 크기로, 생략 시 기본값은 2이다.
```

그럼 지금까지 만든 합성곱 신경망 모형을 정리하고 넘어가자.

- 각 입력 견본에 다수의 합성곱 필터를 적용한다. 각 필터는 일단의 가중치와 활성화 함수로 구성된다.
- 각 필터는 입력을 훑으면서 합성곱 연산을 수행해서 원래의 입력 벡터보다 약간 작은 1차원 벡터를 출력한다(지금 예에서 입력은 400차원이고 필터의 출력은 양쪽 가장자리에서 한 토큰씩 모자란 398차원).
- 전역 최댓값 풀링 층은 모든 필터 출력(지금 예의 경우 250개)에서 가장 큰 것을 선택한다.
- 결과적으로, 이 합성곱 신경망은 각 입력 견본에 대해 1×250(필터 개수에 해당) 벡터 하나를 출력한다.

이 신경망에 입력되는 1차원 벡터는 원래의 입력 자료 견본을 잘 대표하는 것이어야 한다. 즉, 입력 벡터는 입력 텍스트의 의미 표현이다(아직은 조잡한 수준의 표현이겠지만). 더 나아가서, 지금 예제의 과제는 영화평의 감정(긍정적 또는 부정적)을 예측하는 것이므로, '의미'는 긍정적 또는 부정적 중 하나이면 된다. 즉, 예를 들어 영화의 내용을 부호화할 필요는 없다. 감정만 부호화하면 된다.

아직 훈련을 시작하지 않았으므로, 현재의 모형은 그냥 무의미한 수치들의 집합일 뿐이다. 그러나 훈련을 마치면 모형은 유용한 의미 표현(필자들은 이를 일종의 '생각 벡터(thought vector)'로 간주하길 선호한다)들을 만들어낸다. 단어들을 벡터에 내장하는 다른 여러 방법에서처럼, 이 의미 벡터들 역시 단어들의 관계를 나타내는, 그리고 수학 연산을 적용할 수 있는 대상이다.

물론 이 모든 것은 합성곱 신경망을 잘 훈련해야 얻을 수 있는 결실이다. 그럼 다시 신경망의 구축으로 돌아가서, 훈련을 위한 마무리 작업을 수행하자. 훈련의 목표는 모형이 각각의 입력 견본에 대해 해당 감정 분류명(목푯값)과 일치하는 결과를 산출하게 하는 것이다. 이를 위해 모형에 보통의 순방향 신경망 층을 하나 추가해야 한다. 앞에서 최댓값 풀링 층이 산출한

1차원 벡터, 즉 '의미 벡터'('생각 벡터')가 이 순방향 층에 입력된다. 케라스에서 이에 해당하는 객체는 '밀집층(dense layer)'을 대표하는 Dense이다. 이 Dense 층의 노드 수는 의미 벡터의 차원 수와 같은데(목록 7.11), 이는 단지 우연이다. Dense 층의 뉴런 250개(hidden_dims) 각각은 풀링 층에서 온 입력 벡터의 모든 성분(250개)과 연결된다. 즉, 뉴런당 250개의 연결 가중치가 있다. 이것으로 신경망 모형이 완성된 것은 아니다. 과대적합을 방지하기 위해 드롭아웃 층을 추가해야 한다.

7.4.4 드롭아웃

드롭아웃[Dropout]은 신경망의 과대적합을 방지하는 특별한 기법이다. NLP에 특화된 기법은 아니지만, NLP에도 잘 작동한다. 목록 7.11에서 보듯이, 케라스에서는 드롭아웃을 하나의 개별적인 층으로 두어서 적용한다.

드롭아웃 기법은 각 훈련 패스에서 입력 자료의 일부를 무작위로 선택해서 폐기한다. 즉, 드롭아웃은 일부 입력을 '중도 탈락(drop out)'시킨다. 이렇게 하면 모형은 특정 훈련 자료를 세세하게 '암기'함으로써 과대적합에 빠지는 대신, 자료에 존재하는 좀 더 미묘한 패턴들을 인식함으로써 미지의 자료에 대해 좀 더 잘 일반화되며, 결과적으로 미지의 자료에 대한 모형의 정확도가 높아진다.

지금 예에서 드롭아웃 층은 순방향 층이 제공한 입력을 선택적으로 탈락시킨다. 여기서 '탈락'이 실제로 입력 성분들을 아예 삭제하는 것은 아니고, 그냥 해당 성분을 0으로 만드는 것일 뿐이다. 이런 방식이 통하는 이유는, 값이 0인 성분과 연결된 뉴런 가중치들이 전체 오차에 기여하는 정도는 0이며, 따라서 역전파 과정에서 그 가중치들은 사실상 갱신되지 않기 때문이다. 이처럼 드롭아웃 층이 존재하면, 신경망은 각 패스에서 매번 다른 가중치 집합들 사이의 관계에 의존해서 자신의 목표를 달성해야 한다.

> **팁** 이 부분이 잘 이해가 되지 않아도 너무 걱정할 필요는 없다. 그냥 케라스에게 드롭아웃의 세부 사항을 맡기면 된다. 훈련 도중 케라스는 각 순방향 패스에서 입력의 일정 비율을 무작위로 탈락시킨다. 신경망 모형을 실제로 활용할 때, 즉 실제 응용 프로그램에서 모형으로 추론이나 예측을 수행할 때는 드롭아웃을 적용하지 말아야 한다. 훈련이 아닌 실제 추론 단계에서는 드롭아웃 층에서 그 다음 층으로 넘어가는 신호의 세기가 훨씬 크다.
>
> 이런 신호 세기의 차이를 완화하기 위해 케라스는 훈련 과정에서 탈락하지 않은 모든 입력을 적당한 비율로 부양(boosting)함으로써 다음 층으로 가는 전체적인 신호의 세기를 추론 시점의 것과 비슷한 수준으로 맞춘다.

케라스에서 드롭아웃 층을 추가할 때는 Dropout(n)을 사용하는데, 여기서 n은 입력 중 무작위로 폐기할 성분들의 비율이다. 지금 예에서는 0.2를 지정했다. 따라서 단어 내장 자료의 20%가 폐기되고(모두 0으로 바뀐다) 80%만 다음 층으로 전달된다. 드롭아웃 비율로는 이 20%가 흔히 쓰이지만, 50%까지도 좋은 성과를 낼 가능성이 있다(이 비율 역시 시행착오로 조율해 볼 초매개변수이다).

이 드롭아웃 층의 각 뉴런 출력에 대해서도 ReLU 활성화 함수(relu)를 적용한다(목록 7.11).

목록 7.11 드롭아웃이 적용된 완전 연결 은닉층 추가

```
>>> model.add(Dense(hidden_dims))    ◀────┤ 보통의 완전 연결 은닉층에 드롭아웃과 ReLU를 적용한다.
>>> model.add(Dropout(0.2))
>>> model.add(Activation('relu'))
```

7.4.5 마지막 층 추가

이 합성곱 신경망의 마지막 층인 출력층은 주어진 영화평이 긍정적인지 부정적인지를 가르는 이진 분류기(classifier) 역할을 해야 한다. 이를 위해 0에서 1 사이의 값을 출력하는 S자형 함수(목록 7.12의 'sigmoid')를 활성화 함수로 사용한다. 검증(validation) 과정에서 케라스는 0.5보다 작은 값을 0으로, 그 이상의 값은 1로 간주한다. 그러나 손실함수를 계산할 때는 목푯값에서 S자형 함수의 실제 값을 뺀 값, 즉 $y - f(x)$를 사용한다.

여러 개의 성분으로 된 입력을 하나의 값으로 줄인다는 점에서 출력층을 깔때기(funnel)에 비유하기도 한다. 목록 7.12는 우리의 합성곱 신경망에 마지막 깔때기를 추가하는 코드이다.

목록 7.12 깔때기(출력층)

```
>>> model.add(Dense(1))
>>> model.add(Activation('sigmoid'))
```

이렇게 해서 케라스로 하나의 완전한 합성곱 신경망 모형을 정의했다. 훈련을 실행하려면 먼저 모형을 '컴파일'해야 한다.

목록 7.13 합성곱 신경망의 컴파일

```
>>> model.compile(loss='binary_crossentropy',
...               optimizer='adam',
...               metrics=['accuracy'])
```

loss 인수는 이 신경망이 최소화하고자 하는 손실함수(목적함수)를 지정한다. 여기서는 이진 교차 엔트로피 함수를 뜻하는 'binary_crossentropy'를 지정했다. 이 글을 쓰는 현재 케라스에는 열세 가지 손실함수가 미리 정의되어 있으며, 사용자 정의 손실함수를 지정하는 것도 가능하다. 여러 손실함수 중 여기서는 binary_crossentropy와 categorical_crossentropy만 소개하겠다.

두 손실함수는 수학적 정의가 비슷하다. 그리고 여러 면에서 binary_crossentropy는 categorical_crossentropy의 한 특수 사례에 해당한다. 이 예에서 출력층은 켜짐(긍정적) 또는 꺼짐(부정적)의 이진 결과를 출력하는 뉴런 하나로만 구성되므로 binary_crossentropy가 적합하다.

범주형 교차 엔트로피 함수에 해당하는 categorical_crossentropy는 여러 부류(분류명) 중 하나를 예측할 때 쓰인다. 이 경우 목푯값은 하나의 n차원 원핫 벡터로, n개의 성분은 n개의 분류명에 각각 대응된다. 만일 범주형 교차 엔트로피 함수를 손실함수로 사용하려면 분류명 수만큼의 뉴런들로 출력층을 구성해야 한다(목록 7.14).

목록 7.14 범주형 변수(단어)를 위한 출력층

```
>>> model.add(Dense(num_classes))   ◀————┤ 여기서 num_classes는 부류(분류명)의 개수이다.
>>> model.add(Activation('sigmoid'))
```

이 경우 목푯값 빼기 출력($y - f(x)$)은 n차원 벡터에서 n차원 벡터를 뺀 n차원 벡터이다. 그리고 categorical_crossentropy는 그 차이를 최소화하려 한다.

다시 이번 예제가 사용하는 이진 분류로 돌아가자.

최적화

compile 메서드의 키워드 인수 *optimizer*는 훈련 과정에서 적용할 최적화 기법을 구현한 최적화 객체를 지정한다. 케라스는 확률적 경사 하강법, Adam, RSMProp 같은 최적화 기법들을 지원한다. 이 최적화 기법들은 신경망의 손실함수를 각자 나름의 방법으로 최소화한다. 각 기법에 깔린 수학은 이 책의 범위를 넘는 주제이다. 다양한 최적화 기법이 존재하며, 여러 기법을 시험해 보고 여러분의 문제에 가장 적합한 것을 골라야 한다는 점만 기억하면 될 것이다. 어떤 최적화를 적용하느냐에 따라서는 신경망이 수렴하는 데 걸리는 시간이 길거나 아예 수렴하지 않을 수도 있다.

이런 기법들은 여러 훈련 매개변수를 동적으로 조율함으로써 훈련 과정을 최적화하는데, 특히 **학습 속도**(제5장에서 본 α)를 현재 훈련 상태에 맞게 조율한다. 예를 들어 어떤 최적화 기법은 초기 학습 속도를 학습이 진행됨에 따라 점차 감소한다. 또 어떤 기법들은 단계에서 가중치가 특정 방향으로 이동한 결과로 손실값이 효과적으로 줄어들었다면, 그에 따라 학습 속도를 증가해서 학습을 촉진한다. 이는 물리학의 **운동량**(momentum) 개념을 적용한 것이다.

각 최적화 객체에는 각자 다양한 초매개변수들이 있다. 앞에서 언급한 학습 속도도 그런 초매개변수 중 하나이다. 케라스가 그런 초매개변수들에 적절한 기본값을 정의해 두었기 때문에, 번거롭게 모든 초매개변수를 일일이 설정할 필요는 없다.

fit 메서드

앞에서 본 compile 메서드는 모형을 구축(빌드)하기만 한다. 실제 훈련을 담당하는 것은 fit 메서드이다. 이 메서드 하나가 입력에 가중치들을 곱하고, 활성화 함수를 적용하고, 오차를 계산하고, 역전파를 수행하는 모든 과정을 진행한다. 하드웨어 성능과 자료 크기에 따라서는 이 과정이 몇 초 만에 끝날 수도 있고 몇 달이 걸릴 수도 있다. 대부분의 경우 GPU를 활용하면 훈련 시간이 크게 줄어든다. 따라서 GPU를 활용할 수 있다면 당연히 활용해야 한다. GPU를 활용하려면 몇 가지 환경 변수들을 케라스에 전달해야 한다. 그러나 지금 예제의 모형은 요즘 나온 CPU라면 훈련이 그리 오래 걸리지 않으므로, 그냥 CPU만 사용하기로 한다. 목록 7.15를 보자.

목록 7.15 **합성곱 신경망 훈련**

```
>>> model.fit(x_train, y_train,
...           batch_size=batch_size,
...           epochs=epochs,
...           validation_data=(x_test, y_test))
```

배치의 크기. 이 개수만큼의 견본들을 처리한 후에야 비로소 역전파가 진행된다. 즉, 이 개수만큼의 견본들('배치')에 대해 누적된 오차로 역전파를 수행해서 가중치를 갱신한다.

세, 즉 훈련 주기 횟수. 신경망이 전체 훈련 자료 집합을 한 번 처리하는 것이 하나의 주기(세)이다.

7.4.6 모형의 저장 및 시험

훈련을 마친 후에는 모형의 상태를 저장해 두는 것이 좋다. 현재 모형은 메모리 안에 담겨 있으며, 컴퓨터를 끄면 모형은 그냥 사라진다. 모형의 구조와 가중치들을 파일들에 저장해 두면 나중에 파일들로부터 모형을 다시 생성할 수 있으므로 모형을 매번 다시 훈련할 필요가 없다. 목록 7.16은 모형의 구조와 가중치들을 저장하는 방법을 보여준다.

목록 7.16 **훈련된 모형의 저장**

```
>>> model_structure = model.to_json()
>>> with open("cnn_model.json", "w") as json_file:
...     json_file.write(model_structure)
>>> model.save_weights("cnn_weights.h5")
```

이 메서드는 모형의 구조만 JSON 형식으로 직렬화한다. 가중치들은 여기에 포함되지 않음을 주의하기 바란다.

이 메서드는 모형의 가중치들을 파일에 저장한다.

이제 모형이 디스크에 잘 보관되었다. 훈련 과정에서 모형이 수렴했다면, 매번 다시 훈련할 필요 없이 이 파일들에서 모형을 불러오면 된다.

케라스는 훈련 과정을 제어하거나 파악하는 데 아주 유용한 콜백 메커니즘을 제공한다. fit 메서드는 여러 콜백을 지정하는 callbacks라는 키워드 인수를 제공한다. 사용 가능한 콜백은 여러 가지인데, 예를 들어 ModelCheckpoint를 이용하면 정확도나 손실값이 개선될 때만 모형을 점진적으로 저장할 수 있다. 그리고 EarlyStopping을 이용하면 사용자가 지정한 측도를 기준으로 모형이 더 이상 개선되지 않을 때 훈련을 일찍 종료할 수 있다. 그리고 아마도 가장 주목할 만한 콜백은 TensorBoard일 것이다. 이 콜백은 TensorFlow를 뒷단으로 사용할 때만 작동한다. 모형의 내부를 세세하게 들여다볼 수 있다는 점에서, 이 TensorBoard는 모형의 문제점을 해결하거나 세밀하게 조율할 때 없어서는 안 될 소중한 도구이다. 그럼 다시 우리의 모형으로 돌아가서, 앞에서 호출한 compile 메서드와 fit 메서드가 콘솔에 출력한 내용을 살펴보자.

```
Using TensorFlow backend.
Loading data...
25000 train sequences
25000 test sequences
Pad sequences (samples x time)
x_train shape: (25000, 400)
x_test shape: (25000, 400)
Build model...
Train on 20000 samples, validate on 5000 samples
Epoch 1/2 [==============================] - 417s - loss: 0.3756 -
acc: 0.8248 - val_loss: 0.3531 - val_acc: 0.8390
Epoch 2/2 [==============================] - 330s - loss: 0.2409 -
acc: 0.9018 - val_loss: 0.2767 - val_acc: 0.8840
```

모든 뉴런 가중치가 무작위로 초기화되므로, 여러분이 얻은 최종 정확도와 손실값은 이 출력에 나온 것과는 조금 다를 것이다. 이런 무작위성을 피하고 재현 가능한 결과를 얻고 싶다면 난수 발생 종잣값(seed)을 명시적으로 지정하면 된다. 그러면 매번 동일한 난수들이 발생해서[역8] 가중치들이 항상 동일하게 초기화된다. 모형을 디버깅하거나 조율할 때는 이런 식으로 모형의 '출발점'을 항상 동일하게 두는 것이 도움이 된다. 그러나 출발점에 따라서는 모형이 극소점에 빠지거나 아예 수렴에 도달하지 못할 수도 있으므로, 여러 종잣값을 시험해 볼 필요가 있다.

다음은 난수 발생 종잣값을 설정하는 코드이다. 이들을 모형 정의 코드 이전에 실행해야 한다. random.seed()에 지정한 정수 인수의 값(종잣값)이 그 자체로 중요하지는 않다. 중요한 것은 일관성이다. 종잣값이 같으면 항상 같은 난수들이 나와서 모형의 가중치들이 동일하게 초기화된다.

역8 하나의 수가 계속 반복된다는 것이 아니라, 실행마다 같은 '난수열'에서 난수들이 추출된다는 뜻임을 주의하기 바란다.

```
>>> import numpy as np
>>> np.random.seed(1337)
```

다시 출력으로 돌아가서, 수치들을 보면 과대적합의 징조는 없다. 훈련 집합과 검증 집합 모두에 대해 정확도(acc와 val_acc)가 개선되었음을 주목하기 바란다. 훈련을 두 주기(세) 정도 더 실행해서 과대적합 없이 모형이 더 개선되는지 살펴보아도 좋을 것이다. fit으로 훈련한(또는 파일로부터 불러들인) 모형에 대해 또다시 fit을 호출하면 케라스는 모형을 처음부터 다시 훈련하는 것이 아니라 현재 모형 상태에 훈련을 재개한다(기존 훈련 자료 대신 새 훈련 자료를 지정해도 마찬가지이다).

> **팁** 훈련이 반복됨에 따라 훈련 집합에 대한 손실값(loss)은 감소하지만 검증 집합에 대한 손실값(val_loss)이 증가한다면, 과대적합이 발생했을 가능성이 크다. 그런 면에서, 좋은 모형을 만드는 관건은 검증 손실이 증가하기 직전의 지점을 찾는 것이라 할 수 있겠다.

모형이 꽤 잘 훈련된 것 같으니, 지금까지 우리가 이룩한 성과를 간단히 정리해 보자.

우리는 1차원 합성곱 신경망 모형을 정의하고 컴파일했다. 이 시점에서 모형은 훈련되지 않은 상태이다. 그러한 모형에 대해 fit을 호출해서 신경망을 훈련했다. fit은 입력 견본들을 250개의 필터로 처리해서 하나의 출력값으로 요약하고 그 출력값과 견본의 목푯값으로 얻은 오차를 신경망의 첫 층 쪽으로 역전파해서 필터 가중치들을 갱신하는 과정을 반복했다.

학습의 진척 상황은 앞에서 지정한 손실함수(구체적으로는 binary_crossentropy, 즉 이진 교차 엔트로피 함수)로 구한 손실값의 변화로 파악할 수 있다. 각 배치에 대해 케라스는 신경망의 출력들이 해당 입력 견본들에 부여된 분류명(목푯값)들과 얼마나 다른지를 측정해서 보고한다. 케라스는 손실값과 함께 정확도(accuracy)도 보고하는데, 정확도는 간단히 말해서 '정답 비율'이다. 이 정확도가 증가하는 모습이 보기 좋긴 하겠지만, 오해의 소지가 있음을 주의해야 한다. 특히 자료 집합에 편향이 존재할 때 그렇다. 예를 들어 100개의 견본 중 99개가 긍정적 문장이고 1개만 부정적 문장이라면, 신경망이 무조건 1(긍정적)을 출력해도 정확도는 99%이다. 이는 모형의 일반화에 도움이 되지 않는다. 케라스의 출력에서 val_loss와 val_acc는 다음과 같이 정의되는 검증 자료 집합(validation data set; 줄여서 검증 집합)에 대한 손실값과 정확도이다.

```
>>> validation_data=(x_test, y_test)
```

검증 집합의 견본들은 훈련에는 쓰이지 않은, 신경망이 처음 만나는 자료이다. 케라스는 이들에 대해 역전파를 수행하지 않는다. 따라서 검증 집합은 모형이 얼마나 잘 훈련되었는지, 다른 말로 하면 모형이 전에 본 적이 없는 실제 자료들에 얼마나 잘 일반화될 것인지를 가늠하는 데 유용하다.

이렇게 해서 꽤 잘 훈련된 모형이 생겼다. 그럼 이 모형을 실제로 활용해 보자.

7.4.7 모형을 NLP 파이프라인에 도입

모형의 성능을 파악하려면 훈련에 쓰이지 않은 전혀 새로운 견본을 모형에 입력해서 그 예측 결과를 점검해야 한다. 이를 위해 실제 채팅 메시지나 트윗을 사용할 수도 있지만, 이번 예제 에서는 그냥 임의로 만들어낸 문장을 사용하기로 한다.

혹시 이전 파이썬 세션을 종료한 독자는 다음 코드를 참고해서 이전에 저장해 둔 모형을 불러오기 바란다.

목록 7.17 저장된 모형 불러오기

```
>>> from keras.models import model_from_json
>>> with open("cnn_model.json", "r") as json_file:
...     json_string = json_file.read()
>>> model = model_from_json(json_string)

>>> model.load_weights('cnn_weights.h5')
```

그럼 명백히 부정적인 감정을 담은 문장으로 신경망을 시험해 보자. 목록 7.18은 폭염에 지친 사람의 푸념을 담은 시험용 견본 텍스트이다.

목록 7.18 시험용 견본

```
>>> sample_1 = "I hate that the dismal weather had me down for so long,
➡ when will it break! Ugh, when does happiness return? The sun is blinding
➡ and the puffy clouds are too thin. I can't wait for the weekend."
```

하나의 견본으로 모형을 시험하는 것은 모형을 훈련하는 것에 비하면 훨씬 빠르다. 여전히 수 천, 수만 회의 연산이 필요하긴 하지만, 역전파는 필요 없고 순방향 패스만 수행하면 된다. 목 록 7.19는 앞의 문장에 대한 모형의 예측값을 산출하는 코드이다.

목록 7.19 예측

> 견본 문서와 함께 1이라는 값으로 튜플을 만들어서 입력한 것은 단지 이 함수(목록 7.4)가 사용하는 토큰화 함수의 요구 때문이다. 1은 그냥 의미 없는 값이며, 신경망의 처리에는 포함되지 않는다.

```
>>> vec_list = tokenize_and_vectorize([(1, sample_1)]) ◀
```

```
>>> test_vec_list = pad_trunc(vec_list, maxlen)  ◄─────────────┐
                                                               │
>>> test_vec = np.reshape(test_vec_list, (len(test_vec_list), maxlen,\
...     embedding_dims))
>>> model.predict(test_vec)              앞의 호출로 얻은 토큰열 목록의 토큰들을(여기서는 단 하나)을
array([[ 0.12459087]], dtype=float32)    적절한 길이(maxlen)로 절단 또는 증강한다.
```

케라스의 predict 메서드는 신경망 마지막 층의 출력을 그대로 돌려준다. 지금 예에서 마지막 층은 S자형 함수를 활성화 함수로 사용하는 뉴런 하나로 구성되므로, 마지막 층의 출력은 0 에서 1 사이의 값이다.

이와는 달리 케라스의 predict_classes 메서드는 원본 출력값을 분류명으로 해석한 결과를 돌려준다. 지금 예에서는 0 또는 1이다. 이진 분류가 아닌 다중 분류 문제를 다루는 경우에는 신경망의 마지막 층에서 소프트맥스 함수를 사용할 것이며, 그러면 출력층은 각 노드(각 부류에 대응되는)가 정답일 확률들로 이루어진 벡터를 산출할 것이다. 이 경우 predict_classes 메서드는 확률이 가장 큰 노드에 해당하는 분류명(부류 색인)을 돌려준다.

그러나 지금 예에서는 그냥 0 또는 1을 돌려준다.

```
>>> model.predict_classes(test_vec)
array([[0]], dtype=int32)
```

이는 주어진 문장이 '부정적' 감정을 담고 있음을 뜻한다.

문장에 "happiness"나 "sun", "puffy", "clouds" 같은 밝은 이미지의 단어들이 있다고 해도 반드시 문장이 긍정적 감정으로 가득한 것은 아니다. 또한 "dismal", "break", "down" 같은 단어가 있어도 반드시 부정적 문장은 아니다. 우리의 신경망은 훈련 과정에서 단어들 사이의 관계에 깔린 패턴을 인식함으로써 자료를 일반화하는 뭔가를 배웠으며, 그 덕분에 밝은 이미지의 단어들이 존재하지만 실제로는 부정적인 감정을 담은 문장을 제대로 분류했다.

7.4.8 나머지 이야기

이번 장의 도입부에서 말했듯이 합성곱 신경망(CNN)은 이미지 처리 분야에서 중요하게 쓰인다. 이번 장에서 언급하지 않은 합성곱 신경망의 중요한 장점은 정보의 채널channel들을 처리하는 능력이다. 흑백 또는 회색조 이미지의 경우는 채널이 하나이다. 이 경우 이미지의 한 픽셀은 좌표성분 두 개와 픽셀의 값(해당 부분영역이 나타내는 빛의 세기)으로 정의된다. 따라서 전체적인 입력은 2차원 격자의 각 칸에 하나의 스칼라값이 있는 형태이며, 수학적으로는 하나의 행렬에 해당한다. 원색 이미지의 경우에도 각 픽셀은 빛의 세기를 나타내지만, 빛의 세기가 빛

의 삼원색에 해당하는 적(R), 녹(G), 청(B) 세 성분('채널')으로 분리된다는 점이 회색조 이미지와 다르다. 이 경우 입력은 2차원 격자의 각 칸에 세 개의 값이 있는 형태이며, 수학적으로 이는 하나의 3차원 텐서이다. 이런 입력 이미지에 적용되는 필터 역시 3차원이다. 필터의 영역은 여전히 2차원 x, y 평면상의 3×3 또는 5×5 격자 형태이지만, 그 영역에 대해 하나의 채널이 아니라 세 채널의 가중치들이 적용된다. 결과적으로 3×3 필터의 경우 필터는 너비 3픽셀 ×높이 3픽셀×깊이 3채널의 3차원 구조를 가진다. 이러한 3차원 필터는 자연어 처리에도 흥미로운 방식으로 적용된다.

NLP를 위한 합성곱 신경망의 입력은 벡터로 표현된 일련의 단어들이다. 한 문장이 최대 400 단어이고 각 단어를 300차원 단어 벡터로 표현한다면, 하나의 입력 문장을 400×300 크기의 이미지로 생각할 수 있다. 그런데 이전 장들에서 보았듯이 단어 내장을 만드는 방식은 여러 가지이다. 다양한 단어 내장 방식으로 한 단어에 대해 차원 수가 같은 단어 내장을 여러 개 만들어서 겹친다고 하자. 그러면 각 단어 내장은 이미지의 '채널'에 해당하며, 결과적으로 입력은 3차원 구조를 가진다. 이렇게 하면 신경망에 추가적인 정보를 제공할 수 있다. 특히, 그런 내장들이 각자 다른 출처에서 비롯된 것이라면 더욱 다채로운 정보를 신경망에 입력할 수 있다. 단, 이런 식으로 다양한 단어 내장들을 겹치면 모형의 복잡도가 높아져서 훈련 시간이 늘어날 것이며, 이런 방식이 주는 이득보다 훈련 시간 증가라는 단점이 더 클 수도 있다. 또한, 비록 이런 방식이 합성곱 신경망의 주된 용도인 이미지 처리 방식과 잘 맞긴 하지만, 텍스트의 서로 다른 단어 내장들이 이미지의 세 채널처럼 연관되지는 않는다는 점도 고려해야 한다. 정리하자면, 이런 3차원 방식이 여러분의 NLP 과제에 반드시 도움이 된다는 보장은 없다.

이번 장에서는 합성곱 층의 출력(순방향 완전 연결 층으로 입력되는)을 간략하게만 이야기했다. 그러나 합성곱 층이 산출한 의미 표현은 중요한 부산물이다. 여러 면에서 합성곱 층의 출력은 입력 텍스트에 담긴 생각과 세부 사항들을 수치로 표현한 것에 해당한다. 이번 장의 예제의 경우는 신경망의 모든 '학습'이 주어진 훈련 견본에 부여된 긍정적·부정적 분류명에 기초해서 일어나므로, 합성곱 층의 출력은 감정 분석의 렌즈를 통해서 본 생각과 세부 사항의 표현이라 할 수 있다. 다른 특정한 주제와 분류명들이 부여된 자료 집합으로 훈련했다면 이와는 아주 다른 정보를 담은 벡터들이 산출되었을 것이다. 합성곱 신경망의 중간층들이 산출한 벡터들을 NLP 응용 과제에 직접 사용하는 경우는 그리 흔하지 않지만, 이후의 장들에서는 다른 신경망 구조의 중간 벡터들에 담긴 세부 사항이 중요하게 쓰이는 예들을 보게 될 것이며, 심지어는 그런 중간 벡터들을 얻는 것 자체가 최종 목표인 예들도 보게 될 것이다.

NLP 분류 과제에 합성곱 신경망이 적합한 이유는 무엇일까? CNN의 주된 장점은 효율성이다. 제한적인 필터 크기와 풀링 층 때문에, 합성곱 신경망은 입력에 담긴 정보의 상당 부분을 폐기한다. 그러나 그런 정보 손실이 나쁜 일만은 아니다. 이번 장에서 보았듯이 합성곱 신경망은 대량의 정보를 폐기함에도 비교적 큰 자료 집합에서 감정을 효율적으로 검출하고 예측할 수 있었다. 그리고 이번 장의 예제는 word2vec 내장에 의존했지만, 일반적으로 CNN은 언어 전체를 매핑하지 않는 훨씬 간결한 내장들로도 잘 작동한다.

이번 장의 기본적인 합성곱 신경망을 어떤 식으로 확장, 개선하면 좋을까? 다른 모든 신경망처럼 합성곱 신경망의 개선은 기본적으로는 사용 가능한 자료 집합에 달려 있지만, 한 합성곱 층의 출력을 그다음 합성곱 층의 입력 '이미지'로 사용하는 방식으로 여러 합성곱 층을 연결함으로써 좀 더 강력한 모형을 만들 수 있다. 또한, 크기가 서로 다른 필터들을 적용하고 크기별로 필터 출력들을 연결해 더 긴 **생각 벡터**(thought vector; 또는 사고 벡터)를 만들어서 순방향 층에 입력함으로써 정확도를 높일 수 있다는 연구 결과도 있다. 가능성은 무궁무진하니, 다양한 방식으로 실험해 보면 유익하고 재미도 있을 것이다.

요약

- 합성곱 연산은 입력보다 작은 크기의 필터로 입력 전체를 훑으면서 각 부분영역의 특징을 포착한다.
- 합성곱 신경망이 이미지를 "보고(see)" 처리하는 것과 비슷한 방식으로 텍스트를 처리할 수 있다.
- 드롭아웃을 이용해서 훈련 과정에 제약을 두는 것이 오히려 학습에 도움이 된다.
- 감정은 단어 자체뿐만 아니라 단어들의 관계와 쓰임새에도 존재한다.
- 신경망에는 조율할 수 있는 초매개변수들이 많이 있다.

8

돌고 도는 신경망: 순환 신경망

이 장에서 다루는 내용

- 신경망에 기억 능력 추가
- 순환 신경망(RNN) 구축
- 순환 신경망을 위한 자료 준비
- 시간에 대한 역전파(BPTT)

제7장에서는 합성곱 신경망의 필터들로 단어들을 훑으면서 필터 가중치들을 갱신함으로써 문장에 담긴 정서와 감정을 분석하는 방법을 살펴보았다. 합성곱 필터는 인접한 단어들에서 특정한 패턴을 검출한다. 그리고 단어들의 위치가 조금 변해도 합성곱 신경망의 출력은 크게 영향을 받지 않는다. 중요한 점은, 서로 가까이 있는 개념들이 합성곱 신경망에 큰 영향을 준다는 것이다. 그런데 좀 더 넓은 시야로 텍스트를 바라보고 좀 더 긴 시간 구간에서 단어들 사이의 관계들을 파악하고 싶다면, 그러니까 인접한 토큰 세 개나 네 개보다는 더 큰 구간으로 단어들을 처리하고 싶다면 어떻게 해야 할까? 그러니까 신경망이 "꽤 오래전에 본 단어들"을 고려하게 만들려면, 다시 말해 신경망에 '기억' 능력을 추가하려면 어떻게 해야 할까?

기억하겠지만, 순방향 신경망에서 층과 층 사이 연결은 기본적으로 한 층의 모든 단위가 그다음 층의 모든 단위와 연결되는 완전 연결(전결합) 방식이다. 이는 입력 견본을 구성하는 성분들의 순서나 위치가 결과에 영향을 미치지 않음을 뜻한다. 또한, 한 자료 집합(또는 배치)의 견본들이 신경망에 입력되는 순서도 신경망의 훈련이나 추론(예측)에 영향을 주지 않는다. 합성곱 신경망은 입력 자료에 존재하는 국소적인 관계를 포착함으로써 순서 관계를 반영하려 하지만, 그보다 더 효과적인 방법이 있다.

합성곱 신경망의 입력은 주어진 문장을 구성하는 각 단어의 표현들로 구성된다. 각 단어 표현(단어 내장)은 하나의 벡터이므로, 전체적인 입력을 단어 벡터 길이만큼의 행들과 문장 단어 개수만큼의 열들로 이루어진 하나의 행렬로 표현할 수 있다(그림 8.1).

그런데 이러한 단어 벡터열(단어 벡터들의 순차열)은 제5장에서 처음 소개한 표준적인 순방향 신경망의 입력으로도 사용할 수 있다.

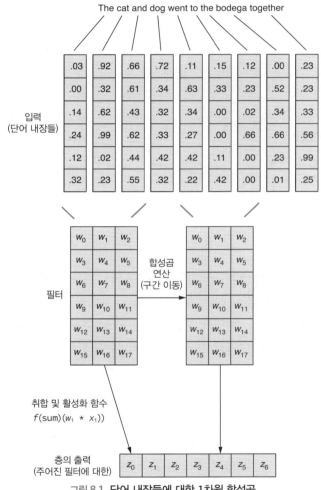

그림 8.1 단어 내장들에 대한 1차원 합성곱

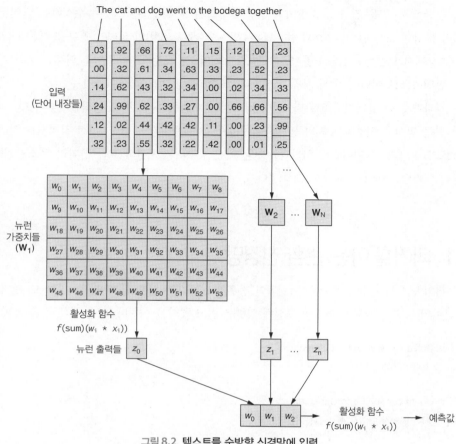

The cat and dog went to the bodega together

그림 8.2 **텍스트를 순방향 신경망에 입력**

　　이것도 하나의 유효한 모형임은 틀림없다. 순방향 신경망은 이런 식으로 입력된 토큰들의 공동 출현 패턴에 반응하며, 그것이 우리가 원하는 바이다. 그러나 순방향 신경망은 모든 공동 출현에 동일하게 반응한다. 즉, 함께 출현한 두 단어가 한 문서 안에서 멀리 떨어져 있든 붙어 있든 순방향 신경망에는 차이가 없다. 그리고 순방향 신경망은 길이가 서로 다른 문서들을 잘 처리하지 못한다. 이는 합성곱 신경망도 마찬가지이다. 두 신경망 모두 입력의 토큰 수에 제한이 있으며(제7장의 예에서는 400토큰), 그 한계를 넘는 토큰들은 폐기된다.

　　순방향 신경망의 주된 강점은 주어진 자료 견본을 하나의 전체로서 분석해서 어떤 종합적인 특징을 파악하는 데 있다. 문서의 시작에 있는 단어는 문서의 중간에 있는 단어나 문서의 끝에 있는 단어와 동일한 수준으로 신경망의 출력에 영향을 미친다. 그 단어들 사이의 의미론적 관계는 출력에 반영되지 않는다. "not"이나 "good" 같은 강력한 수식어(형용사, 부사)가 있는 문장을 생각해 보면 이런 동종성(homogeneity) 또는 '영향의 균일성(uniformity of influence)'의 폐

295

해를 짐작할 수 있을 것이다. 순방향 신경망에서 그런 수식어들은 그것이 수식하는 단어뿐만 아니라 문장의 모든 단어(수식어와 멀리 떨어져 있는 단어들을 포함)의 의미에 영향을 미친다.

제7장에서 보았듯이 1차원 합성곱은 작은 크기의 '창' 또는 '구간'에 있는 단어들의 상호 관계를 반영하므로 이런 동종성 문제가 덜하다. 또한, 풀링 덕분에 단어들의 순서가 조금 바뀌어도 결과가 그리 달라지지 않는다. 이번 장에서는 이와는 다른 접근 방식을 살펴본다. 이번 장의 접근 방식은 신경망에 기억 능력을 부여하는 첫걸음이기도 하다. 이전 장까지는 자연어 텍스트가 하나의 큰 덩어리로 처리되었지만, 이번 장부터는 시간의 흐름에 따라 텍스트가 한 토큰씩 입력되고 한 토큰씩 출력(생성)된다.

8.1 과거를 아는 순환 신경망

한 문서의 단어들이 서로 완전히 독립적인 경우가 드물다는 점은 굳이 말하지 않아도 될 것이다. 단어의 출현은 다른 단어들의 출현에 영향을 받고 영향을 미친다. 다음 두 문장을 보자.

The stolen car sped into the arena.
(도난 차량이 경기장 안으로 돌입했다.)

The clown car sped into the arena.
(광대 차가 공연장 안으로 빠르게 들어왔다.)

두 문장이 주는 느낌은 확실히 다르다. 둘 다 문장의 구조는 같다. 두 문장 모두 관사, 명사, 동사, 전치사, 형용사 등이 정확히 동일한 위치에 쓰였다. 사실 둘의 차이는 car를 수식하는 단어 하나뿐이다. 그러나 단어 하나의 차이가 문장의 의미와 정서에 심대한 영향을 미쳤다.

이런 문장들에서 단어들의 관계를 모형화하는 방법을 생각해 보기 바란다. "stolen"과 "clown"이 직접 수식하는 "car"는 물론이고 그 단어들이 직접 수식하지 않는 "arena"와 "sped" 조차도 의미가 달라진다. 이런 관계를 어떻게 포착할 수 있을까?

신경망이 이런 관계를 포착하려면 현재 단어(토큰) 이전에 출현한 단어(좀 더 구체적으로는, 현재 단계가 $t+1$이라 할 때 단계 t의 단어)를 기억할 수 있어야 한다. 그런 능력이 있다면 토큰들의 출현 순서에 존재하는 어떤 패턴을 포착할 수 있다. 다행히 이번 장에서 소개하는 순환 신경망(recurrent neural net, RNN)은 문장의 이전 단어들을 기억하는 능력이 있다.

그림 8.3은 은닉층이 하나인 순환망의 예이다. 은닉층은 순환 뉴런 하나로 구성되어 있다. 이 뉴런을 '순환' 뉴런이라고 부르는 것은, 뉴런의 출력이 자기 자신으로 다시 입력되기 때문이다. 즉, 한 시간 단계 t에서의 은닉층(간단히 은닉층 t)의 출력이 은닉층 $t+1$의 입력에 추가되고,

은닉층 *t*+1의 출력은 다시 은닉층 *t*+2의 입력에 추가된다.[주1]

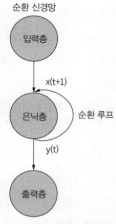

그림 8.3 **순환 신경망**

뉴런의 상태가 시간에 따라 달라진다는 것이 처음에는 다소 이해하기 어려울 수 있겠지만, 알고 보면 간단한 개념이다. 그냥 보통의 순방향 은닉층들에 차례로 0, 1, 2, ..., *t*, *t*+1, ...의 시간 단계 번호가 부여되어 있고, 은닉층 *t*의 출력이 은닉층 *t*+1에 입력된다고 생각하면 된다. 실제로 은닉층들을 나열하는 대신 하나의 은닉층을 반복해서 사용하도록 만든 것이 순환 신경망이다.

> **중요** 이번 장과 다음 장에서는 대부분의 것들을 '시간 단계(time step)'를 기준으로 지칭한다. 기본적으로 이 시간 단계들이 입력 견본의 특징들(입력 벡터의 성분들)에 대응된다. 입력할 텍스트 조각(하나의 영화명이나 트윗 등)을 토큰화해서 일련의 토큰들을 얻는 것은 이전의 신경망들에서와 같다. 그러나 이전과는 달리 그 토큰들의 순차열(토큰열)을 통째로 신경망에 입력하는 것이 아니라, 한 번에 하나씩 신경망에 공급한다. 이것이 이전에 배치batch 단위의 훈련에서 **여러 개의 입력 견본을 연이어 입력**하는 것과는 다르다는 점을 주의하기 바란다. 순환 신경망에 연달아 입력하는 토큰들은 여전히 하나의 분류명이 부여된 하나의 입력 견본에 속한다. 시간 단계 *t*는 간단히 말해서 토큰열의 한 토큰을 가리키는 색인이다. 즉, *t*=0은 문서의 첫 토큰에 해당하고 *t*+1은 그다음 토큰에 해당한다. 거꾸로 말하면, 한 문서의 토큰들에는 문서에 나타난 순서에 대응되는 **시간 단계** 또는 **토큰 단계** 색인이 붙어 있다. 그리고 토큰이 반드시 단어일 필요는 없다. 응용에 따라서는 개별 문자도 토큰이 될 수 있다. 정리하자면, 하나의 입력 견본을 신경망에 입력하는 과정은 토큰을 하나씩 입력하는 다수의 단계(시간 단계 또는 토큰 단계)로 이루어지며, 특별한 언급이 없는 한 이하의 논의에서 *t*는 항상 현재 시간 단계를 뜻한다(따라서 *t*-1은 이전 시간 단계, *t*+1은 다음 시간 단계이다).

주1 금융 분야나 동역학, 피드백 제어 분야에서는 이를 자기회귀 이동평균(auto-regressive moving average, ARMA) 모형이라고 부른다. 좀 더 자세한 사항은 영어 위키백과 https://en.wikipedia.org/wiki/Autoregressive_model을 참고하기 바란다.

방금 말했듯이 순환 신경망은 하나의 은닉층을 '재활용'함으로써 시간에 따른 처리를 구현한다. 그림 8.3을 보면 은닉층에 자기 자신으로의 화살표가 있다. 은닉층 자체는 하나 이상의 뉴런으로 구성된 온전한 순방향 신경망 층이다. 은닉층의 출력을 계산하는 방식은 순방향 신경망에서와 동일하다. 중요한 것은 그 출력이 은닉층 **자신**의 입력에 포함된다는(입력층으로부터의 새 토큰과 함께) 것이다. 이러한 입출력 되먹임에 의해 하나의 순환 루프가 만들어진다.

이 루프를 펼치면(unroll) 순환 신경망을 이해하기가 좀 더 쉬워진다. 그림 8.4는 그림 8.3의 순환망을 *t*=2까지 펼친 모습이다. 순환 신경망에 관한 실제 문헌들에서도 이런 식의 표현이 흔히 쓰인다.

그림 8.4에서 오른쪽 세 열은 세 시간 단계의 신경망 층들이다. 작동 중인 신경망을 촬영해서 프레임별로 나열한 것으로 생각하면 될 것이다. 오른쪽으로 갈수록 미래이고 왼쪽으로 갈수록 과거이다. 은닉층 *t*의 출력은 은닉층 *t*+1에 새 토큰(입력층에서 온)과 함께 입력된다. 그다음 층에서도 같은 과정이 반복된다. 그림 8.4에는 총 세 단계, 즉 *t*=0, *t*=1, *t*=2까지의 신경망 '스냅숏'들이 나와 있다.

이 도식에서 각 열(세로 경로)은 모두 같은 뉴런들의 복사본이다. 사실상 이들은 하나의 신경망이며, 단지 시간의 흐름에 따른 처리 단계들을 나타낸 것일 뿐이다. 정보가 순환 신경망을 따라 앞으로(순방향), 그리고 역전파 과정에서 뒤로(역방향) 흐르는 방식을 이야기할 때 이러한 시각화가 도움이 된다. 그러나 이런 펼쳐진 순환 신경망을 볼 때는 이들이 그냥 하나의 가중치 집합을 가진 하나의 신경망의 서로 다른 스냅숏들이라는 점을 잊어서는 안 된다.

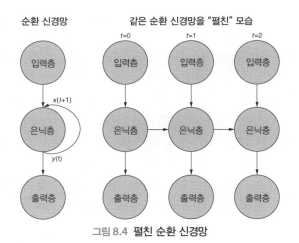

그림 8.4 **펼친 순환 신경망**

그럼 펼치기 전의 순환 신경망 구조를 좀 더 가까이 들여다보자. 무엇보다도 층들의 연결 관계와 그 가중치들에 주목하겠다. 그림 8.5와 8.6은 두 시간 단계에서의 층들과 연결 가중치들을 나타낸 것이다.

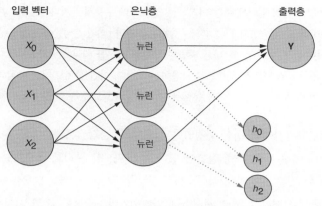

그림 8.5 시간 단계 *t*=0에서 순환 신경망의 내부 모습

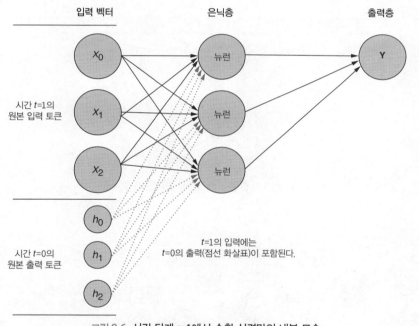

그림 8.6 시간 단계 *t*=1에서 순환 신경망의 내부 모습

은닉층의 각 뉴런은 입력 벡터[역1]의 모든 성분과 연결되며, 연결마다 가중치가 부여된다. 이는 보통의 순방향 완전 연결(전결합) 신경망과 같다. 그러나 순환 신경망의 은닉층에는 이전 단계에서 은닉 뉴런들이 출력한 수치들도 입력된다. 이에 의해, 토큰들이 차례로 입력됨에 따라 순환 신경망은 '과거'의 사건들에 어느 정도의 중요도(가중치)가 부여되었는지를 배우게 된다.

역1 앞에서는 개념적으로 그냥 '토큰'이라고 말했지만, 실제로 한 입력 토큰열의 각 원소는 토큰 자체가 아니라 그 토큰을 표현한 벡터(단어 내장 등)일 수 있다.

팁 토큰열의 첫 토큰이 입력될 때는 '과거'라는 것이 없다는 문제를 처리하는 한 방법은 가상의 t-1 단계에서 은닉층이 0들을 출력했다고 설정하는 것이다. 그러면 t=0의 은닉층에는 첫 토큰과 함께 0들이 입력된다. 초기 상태 값을 "채우는" 또 다른 방법은 한 훈련 견본을 처리하는 과정에서 마지막 시간 단계의 출력을 그다음 견본의 t=0에서의 입력으로 사용하는 것이다. 이번 장에서 나중에 **상태 유지**에 관해 이야기할 때(§8.5.1), 여러 '채우기' 접근 방식을 통해서 자료 집합의 정보를 좀 더 많이 유지하는 방법을 배운다.

이번에는 자료의 관점에서 순환 신경망을 살펴보자. 각각 적절한 분류명이 부여된 다수의 문서 견본들로 이루어진 훈련 자료 집합이 있다고 할 때, 각 문서를 토큰화하고 각 토큰의 단어 벡터를 생성하는 것은 이전과 같다. 합성곱 신경망에서는 하나의 문서를 구성하는 토큰(단어 벡터 형태의)들의 순차열을 통째로 신경망에 입력했지만(그림 8.7), 순환 신경망에서는 토큰들을 차례로 하나씩 입력한다(그림 8.8).

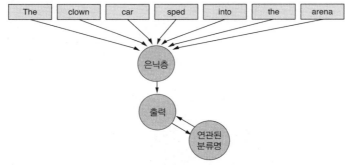

그림 8.7 **합성곱 신경망에 입력된 자료**

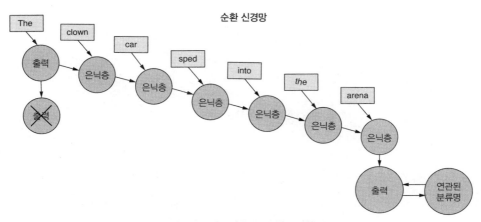

그림 8.8 **순환 신경망에 입력된 자료**

순환 신경망에서는 먼저 첫 토큰의 단어 벡터를 입력해서 출력을 얻는다. 그런 다음 둘째 토큰(의 단어 벡터)을 입력하되, 첫 토큰에 대한 출력도 함께 입력한다! 마찬가지로 셋째 토큰을 입력할 때는 둘째 토큰에 대한 출력을 함께 넣는다. 이런 과정을 반복함에 따라 신경망은 이전과 이후, 원인과 결과 같은 '시간'에 근거한 개념을 어느 정도 포착하게 된다.

이제 뭔가를 기억하는 신경망이 생겼다. 그러나 아직은 가능성일 뿐이다. 순환 신경망이 실제로 유용하려면 훈련이 필요하며, 그러려면 역전파 과정에서 가중치들을 갱신해야 한다. 아마 이런 순환 루프가 있는 신경망에서 역전파가 어떻게 작동하는지 짐작도 안 가는 독자들이 많을 것이다.

8.1.1 시간에 대한 역전파

제7장까지 살펴본 모든 신경망은 각 입력 견본에 미리 붙여 둔 분류명(목푯값)에 근거해서 훈련을 진행한다. 이번 장의 순환 신경망도 예외는 아니다. 그런데 순환 신경망에는 입력 견본 하나가 통째로 입력되는 것이 아니라 한 견본의 토큰들이 차례로 입력되며, 각 토큰에 개별적으로 분류명이 붙어 있지는 않다. 한 견본의 모든 토큰은 하나의 분류명을 공유한다. 다행히, 훈련에는

... 그것으로 충분하다.

—이사도라 덩컨^{Isadora Duncan}

> **팁** 여기서는 각 시간 단계에서 순환 신경망에 토큰(의 표현)이 입력된다고 가정하지만, 순환 신경망은 그 어떤 시계열 자료에 대해서도 동일하게 작동한다. 단어 표현뿐만 아니라 기상 관측소의 기상 관련 수치나 음표, 단어의 개별 글자들도 순환 신경망에 입력할 수 있다.

순환 신경망에서는 한 입력 견본의 마지막 토큰에 대한 신경망 전체의 출력, 즉 마지막 시간 단계의 신경망 출력을 입력 견본의 목푯값과 비교한다. 그 둘의 차이가 바로 **오차**이다. 일단 지금은 그렇게 정의해도 된다. 그리고 이 오차가 신경망이 궁극적으로 최소화하고자 하는 목적함수에 해당한다. 주어진 견본에 대해 신경망이 산출한 출력과 그 견본에 대한 '정답'(분류명)의 차이를 학습에 사용한다는 점은 이전의 신경망들과 동일하지만, 순환 신경망에서는 하나의 견본을 여러 조각으로 나누어서 차례로, 순환적으로 처리하고 마지막 조각에 대한 최종적인 결과로 오차를 계산한다는 점이 다르다.

그림 8.9에서 보듯이, 역전파에는 한 문장의 토큰들에 대한 출력 중 마지막 것만 중요하다. 그 이전 출력들은 모두 무시한다(적어도 지금 논의 단계에서는).

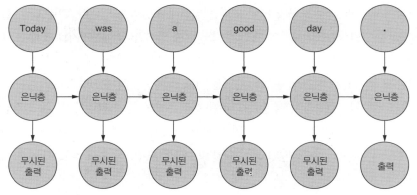

error = y_true_label - y_output

그림 8.9 **지금은 마지막 출력만 중요하다.**

주어진 입력 견본에 대한 오차를 구했다면, 그 오차에 기초해서 각 가중치를 적절하게 갱신해야 한다. 보통의 순방향 신경망에서 오차를 역전파하는 과정과 그 과정에서 각 가중치를 가중치가 오차에 기여한 정도에 비례해서 갱신하는 방식을 제5장에서 설명했다. 이를 순환 신경망에 곧이곧대로 적용한다면, 견본의 토큰마다 오차를 구해서 하나의 은닉층에 대해 역전파를 수행하는 형태가 될 것이다. 그러나 이는 올바른 방법이 아니다.

순환 신경망의 역전파는 시간에 따라 신경망이 펼쳐지는 과정을 생각하면 이해하기 쉽다. 첫 시간 단계, 즉 $t=0$에서는 신경망이 하나뿐이다. 은닉층의 출력이 출력층에 도달해서 과정이 끝나는 것이 아니라, 그다음 시간 단계($t=1$)에 대한 새로운 신경망이 생겨나서 $t=0$에서의 출력이 둘째 토큰과 함께 신경망의 입력으로 작용한다. 이런 과정이 마지막 토큰까지 반복되어서 전체적인 모형은 그림 8.9와 같이 다수의 신경망이 시간에 따라 펼쳐진 모습이 된다. 마지막 토큰을 처리해서 신경망을 더 펼칠 수 없게 되면, 최종 출력을 입력 견본의 분류명(목푯값)과 비교해서 오차를 구한다.

펼쳐진 신경망들을 따라 오차를 거꾸로 전파하는 것이 바로 순환 신경망의 역전파이다. 이는 시간을 거꾸로 돌려서 오차를 전파하는 것에 해당하며, 그래서 순환 신경망의 역전파를 **시간에 대한 역전파**(backpropagation through time, BPTT), 줄여서 시간 역전파라고 부른다. 그림 8.10은 이러한 개념을 보여준다.

한 시간 단계에서 그 이전 시간 단계로 오차를 역전파해서 가중치들을 갱신하는 방법은 다층 순방향 신경망의 한 층에서 그 이전 층으로의 역전파 및 가중치 갱신과 사실상 같다. 두 경우 모두 미적분의 연쇄 법칙에 기초해서 가중치 갱신량(변화량)을 계산한다. 단, 각 층마다 가중치 집합이 따로 있는 것이 아니라 하나의 가중치 집합이 거듭 갱신된다는 점이 다르다.

시간에 대한 역전파에서는 한 시간 단계의 오차가 그 이전 시간 단계('과거'의 시간 단계)로 전파된다. 이때 현재 시간 단계에 대한 오차의 기울기가 가중치 갱신에 반영된다. 이런 식으로 오차가 첫 시간 단계($t=0$)에 도달하면 한 입력 견본에 대한 역전파 과정이 끝난다.

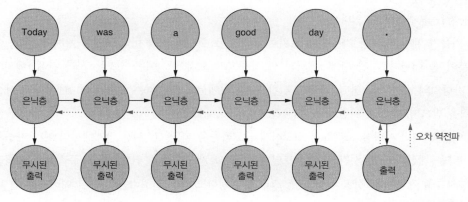

그림 8.10 시간에 대한 역전파

순환 신경망 중간 정리

- 각 입력 견본을 토큰들로 분할한다.
- 첫 토큰을 하나의 순방향 신경망에 입력한다.
- 그 순방향 신경망의 출력을 그다음 토큰과 함께 또 다른 순방향 신경망에 입력한다. 이 과정을 견본의 마지막 토큰까지 반복한다.
- 마지막 시간 단계의 출력을 견본의 목푯값과 비교해서 오차를 구한다.
- 펼쳐진 신경망 전체를 따라 그 오차를 역전파한다(첫 토큰(시간 단계 0)에 대한 신경망에 도달할 때까지).

8.1.2 무엇을 언제 갱신하는가?

앞에서는 순환 신경망의 가중치 갱신 과정을 좀 더 쉽게 설명하기 위해 순환 신경망을 다수의 순방향 신경망들로 펼쳤다. 그러나 그런 순방향 신경망들이 실제로 존재하는 것은 아니다. 그림 8.10의 열들은 그냥 한 순환 신경망의 여러 시간 단계에서의 스냅숏들일 뿐이며, 이들은 모두 같은 가중치들을 사용한다. 즉, 순환 신경망에서는 하나의 가중치 집합을 여러 번 갱신해야 한다. 이 점이 순환 신경망의 역전파에서 까다로운 부분이다.

간단한 해법은 각 시간 단계에서 가중치 갱신량을 계산만 하고 그것으로 가중치들을 실제로 갱신하지는 않는 것이다. 이는 보통의 순방향 신경망에서도 쓰이는 기법이다(§5.1.3). 단, 순방향 신경망의 경우에는 일단 기울기들을 모두 계산한 다음에 모든 가중치를 일괄적으로 갱신할 수 있지만, 순환 신경망에서는 시간을 거꾸로 돌려서 최초의 단계($t=0$)에 도달한 후에야 가중치들을 갱신할 수 있다.

기울기 계산은 해당 가중치가 오차에 기여했을 당시의 가중치 값들에 근거해야 한다. 이 부분이 좀 어렵다. 시간 단계 t에서의 한 가중치가 오차에 기여한 정도는 시간 단계 t에서의 그 가중치의 값에 의존한다. 그런데 시간 단계 $t+1$에서의 가중치는 시간 단계 t에서와는 다른 입력을 받으며, 따라서 이전과는 다른 정도로 오차에 기여한다.

이상의 여러 사항을 고려해서 정교하게 알고리즘을 짜면, 각 시간 단계에서의 여러 가중치 갱신량을 계산하고 첫 시간 단계에 도달했을 때 그 갱신량들을 취합해서 최종적으로 은닉층 가중치들을 갱신하는 것이 가능하다. 그리고 다행히도 그런 알고리즘이 이미 여러 파이썬 패키지에 구현되어 있다.

> **팁** 이상의 논의에서는 하나의 훈련 견본(의 토큰들)을 신경망에 입력하고 최종 출력의 오차를 역전파한다고 가정한다. 즉, 한 번의 순전파 다음에 한 번의 역전파가 뒤따른다. 그러나 실제 응용에서는 다수의 순전파 패스를 수행해서 오차들을 기록해 두고 그 오차들로 다수의 역전파 패스를 수행하거나, 다수의 순전파 패스의 오차들을 누적해서 하나의 오차로 한 번의 역전파를 수행하는 과정을 반복하기도 한다. 이런 '배치' 학습 접근 방식에는 학습에 걸리는 시간을 줄여주는 것 이상의 장점이 있다. 그러나 일단 지금은 그냥 하나의 견본(하나의 문장 또는 문서)에 대한 순전파와 역전파만 고려하기로 한다.

이런 시간 역전파 과정이 다소 마법처럼 보일 수도 있겠다. 시간에 따라 역전파를 수행하는 과정에서 하나의 가중치는, 한 시간 단계 t에서는 한 방향으로(시간 t에서의 입력에 대해 가중치가 어떻게 반응했느냐에 따라) 조정되지만 그다음 시간 단계 $t-1$에서는 이전과는 다른 방향으로 조정될 수 있다. 즉, 단일한 하나의 입력 견본에 대해 한 가중치가 여러 방향으로 갱신될 수도 있는 것이다! 그러나 신경망에서 중요한 것은 목적함수의 최적화(손실함수의 최소화)를 통해서 뭔가를 배운다는 것이고, 그 중간 단계들에서 어떤 일이 일어나는가는 그냥 구현 세부 사항에 해당한다고 할 수 있다. 오차를 전파하고 가중치들을 갱신하는 방식이 어떻든, 크게 보면 신경망은 하나의 복잡한 합성 함수를 최적화한다. 입력 자료의 처리(순전파)와 오차의 역전파가 반복됨에 따라, 신경망은 뉴런들이 주어진 입력에 대해 최대한 정확한 답을 산출하게 만드는 최적의 지점들에 안착하게 된다.

이전 단계들의 출력은 아무 쓸모도 없을까?

때에 따라서는 마지막 단계 이전의 중간 단계들이 산출한 출력이 유용할 수도 있다. 제9장에서 중간 시간 단계의 출력이 마지막 시간 단계의 출력만큼이나 중요한 사례를 보게 될 것이다. 그림 8.11은 모든 시간 단계의 오차를 고려하는 구조를 보여준다.

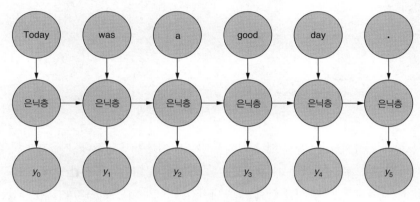

error = sum([y_true_label[i] - y[i] for i in range(6)])

그림 8.11 모든 출력이 중요한 경우

이 오차들을 이용한 역전파는 n개의 시간 단계에 대해 보통의 시간 역전파를 수행하는 것과 비슷하다. 좀 더 구체적으로는, 여러 출처에서 비롯한 오차를 중첩해서 역전파한다. 가중치 수정이 가산적(additive)이라는 점은 이전과 동일하다. 우선 마지막 시간 단계에서 첫 시간 단계로 오차를 역전파하면서 각 가중치의 갱신량들을 모두 더한다. 그런 다음 마지막에서 두 번째 시간 단계에서 첫 시간 단계를 향해 마찬가지 방식으로 역전파를 수행한다. 이런 과정을 $t=1$에서 $t=0$의 역전파까지 반복한다. 그런 다음에는 누적된 가중치 갱신량들로 모든 가중치를 일괄 갱신한다.

그림 8.12는 이러한 다중 출력 시간 역전파를 표현한 것이다. 여기서 중요한 점은, 오차의 역전파가 $t=0$에 도달하기 전에는 가중치들을 실제로 갱신하지는 않는다는 것이다. 이것이 이번 절 전체의 핵심이라 할 수 있다. 보통의 순방향 신경망처럼, 주어진 입력 견본(또는 입력 견본들의 배치) 전체에 대한 역전파 과정에서 가중치 갱신량들을 모두 계산한 다음에야 가중치들을 실제로 갱신해야 한다. 순환 신경망의 경우 이 전체 역전파 과정에는 시간 단계 $t=0$에 도달할 때까지의 모든 가중치 갱신량 계산이 포함된다.

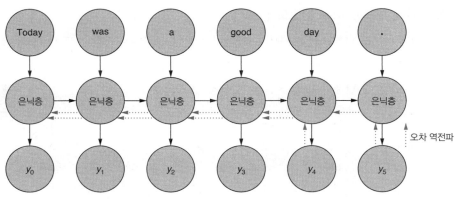

```
error = sum([y_true_label[i] - y[i] for i in range(6)])
```

그림 8.12 다중 출력과 시간 역전파

역전파 도중에 가중치들을 그때그때 갱신하면 기울기 계산이 '오염'된다. 기울기가 특정 가중치에 대한 편미분으로 계산됨을 기억할 것이다. 예를 들어 역전파가 시간 단계 t에 도달해서 그 즉시 가중치를 갱신한 후 시간 단계 $t-1$로 나아간다면, 시간 단계 $t-1$의 기울기 계산은 이미 변경된 가중치에 기초하게 된다(두 시간 단계 모두 같은 가중치를 사용한다는 점을 기억할 것). 그러면 시간 단계 $t-1$에 대한 가중치 갱신량이 부정확해져서, 가중치에 부당하게 벌점을(또는 보상을) 부여하는 결과가 빚어진다.

8.1.3 정리

지금까지의 논의를 정리해 보자. 순환 신경망의 훈련을 위해 먼저 각 자료 견본(문서)을 토큰들로 분할한다. 그런 다음 각 견본에 대해 견본의 토큰들을 하나씩 순환 신경망에 입력했다. 순환 신경망의 각 시간 단계는 마치 하나의 순방향 신경망처럼 작동하되, 원래의 입력 견본에 있는 토큰뿐만 아니라 이전 시간 단계의 출력도 입력받는다. 물론 시간 단계 0에서는 이전 시간 단계라는 것이 없으므로 토큰 이외의 추가 입력은 0(영벡터)이다. 순방향 신경망을 '순환'(재활용)해서 모든 토큰을 처리하고 나면 신경망은 최종 출력과 입력 견본에 부여된 '정답' 분류명(목푯값)을 비교해서 오차를 계산하고, 그 오차를 시간에 대해 역전파해서 가중치들의 갱신량을 계산한다. 역전파가 신경망의 첫 시간 단계에 도달하면 모든 갱신량을 취합해서 가중치들을 일괄적으로 갱신한다.

이상이 순환 신경망, 즉 순방향 신경망에 시간 개념 및 시간에 따른 단어 공동 출현 기억을 위한 기본적인 도구가 추가된 새로운 신경망의 기본적인 정의이다.

8.1.4 항상 그렇듯이 함정이 있다

순환 신경망 자체는 뉴런들이(따라서 가중치들이) 그리 많지 않지만, 그 뉴런들이 반복해서 활성화되고 역전파된다는 점을 기억해야 한다. 입력 문장이 긴 경우 순환 신경망을 그림 8.12처럼 펼치면 옆으로 긴 신경망 구조가 나올 것이다. 입력 견본의 토큰이 많을수록 신경망의 끝에 도달하는 데 걸리는 시간이 길어질 뿐만 아니라 오차를 다시 역전파하는 데 걸리는 시간도 길어진다. 순환 신경망의 효율성이 다른 신경망보다 특별히 더 나쁜 것은 아니지만, 훈련에 필요한 계산량이 상당히 크다는 점을 염두에 두어야 한다. 겨울에는 난방 효과를 기대할 수도 있다.

뜻하지 않은 난방 효과 말고 좀 골치 아픈 문제점이 있다. 순방향 신경망에서도 있는 문제지만, 층이 많으면 기울기 소실 문제(vanishing gradient problem)와 기울기 폭발 문제(exploding gradient problem)가 발생하기 쉽다. 이 문제들은 신경망이 깊을수록(층이 많을수록), 기울기 계산에서 오차 신호가 점점 소멸하거나 증폭되는 것을 말한다. 이 두 문제는 동전의 양면에 해당하기 때문에 둘을 묶어서 '기울기 소실 및 폭발 문제'라고 부르기도 한다.

순환 신경망에서 오차가 시간 단계들을 거쳐서 전파되는 과정에 쓰이는 수학은 다층 순방향 신경망에서 오차가 층들을 거쳐서 전파되는 과정에 쓰이는 수학과 사실상 동일하므로, 순환 신경망에서도 순환 횟수가 많으면 기울기 소실 및 폭발 문제가 발생할 수 있다. 사실 이 문제는 순환 신경망에서 더 심하다. 대부분의 순방향 신경망은 이 문제를 피하기 위해 층의 수를 적절히 제한한다. 그러나 순환 신경망에서 시간 단계의 수는 입력 견본의 길이(토큰 수)로 결정되므로, 입력 견본에 따라서는 순환 신경망이 수백 층의 순방향 신경망에 해당하는 깊이를 가질 수도 있다. 다행히 이 문제를 완화하는 요인이 하나 있다. 마지막 시간 단계에 도달하는 과정에서 기울기가 소실 또는 폭발한다고 해도, 순환 신경망이 갱신하는 가중치 집합은 단 하나이다. 그리고 그 가중치 집합은 모든 시간 단계에서 동일하다. 따라서, 중간에 기울기가 사라지거나 폭발해도 어느 정도의 정보는 가중치 집합의 마지막 버전에 도달한다. 그러나 그 '어느 정도의 정보'가 우리가 원했던 정보, 즉 과거의 단어 공동 출현들에 관한 기억이라는 보장은 없다. 그렇지만 크게 걱정할 필요는 없다. 이미 연구자들이 이 문제에 달려들어서 여러 해법을 내놓았으며, 그중 몇 가지를 다음 장(제9장)에서 소개할 것이다.

다소 우울한 이야기는 이 정도로 하고, 이제부터 순환 신경망의 마법을 실제로 체험해 보자.

8.1.5 케라스를 이용한 순환 신경망 구현

이번 예제도 제7장의 예제처럼 영화평 자료 집합을 사용한다. 자료를 준비하는 과정은 제7장(§7.4.1)에서와 사실상 같다. 즉, 자료 집합을 메모리에 적재해서 견본들의 순서를 뒤섞고, 견본들을 토큰화하고, 구글 word2vec 모형을 이용해서 벡터화한다. 그리고 분류명들을 따로 뽑고 전체 자료 집합을 훈련 집합과 시험 집합으로 나눈다.

우선 할 일은 필요한 기능을 담은 모듈들을 모두 도입하는 것이다. 또한, 미리 훈련된 단어 벡터들도 적재한다(목록 8.1).

목록 8.1 필요한 모든 모듈과 단어 벡터 적재

```
>>> import glob
>>> import os
>>> from random import shuffle
>>> from nltk.tokenize import TreebankWordTokenizer
>>> from nlpia.loaders import get_data
>>> word_vectors = get_data('wv')
```

목록 8.2는 자료 전처리 함수이다. 이 함수는 주어진 파일에서 자료를 적재한 후 적절한 형태로 바꾼다.

목록 8.2 자료 전처리 함수

```
>>> def pre_process_data(filepath):
...     """
...     pos 디렉터리와 neg 디렉터리에 따로 들어 있는 긍정적, 부정적
...     견본들을 하나의 목록에 적재한 후 순서를 뒤섞는다.
...     """
...     positive_path = os.path.join(filepath, 'pos')
...     negative_path = os.path.join(filepath, 'neg')
...     pos_label = 1
...     neg_label = 0
...     dataset = []
...     for filename in glob.glob(os.path.join(positive_path, '*.txt')):
...         with open(filename, 'r') as f:
...             dataset.append((pos_label, f.read()))
...     for filename in glob.glob(os.path.join(negative_path, '*.txt')):
...         with open(filename, 'r') as f:
...             dataset.append((neg_label, f.read()))
...     shuffle(dataset)
...     return dataset
```

제7장에서처럼 토큰화와 벡터화를 하나의 함수에서 진행한다. 목록 8.3이 그러한 함수이다.

목록 8.3 자료 토큰화와 벡터화

```
>>> def tokenize_and_vectorize(dataset):
...     tokenizer = TreebankWordTokenizer()
...     vectorized_data = []
...     for sample in dataset:
```

```
...            tokens = tokenizer.tokenize(sample[1])
...            sample_vecs = []
...            for token in tokens:
...                try:
...                    sample_vecs.append(word_vectors[token])
...                except KeyError:
...                    pass  ◄──────────────────────────────── 구글 word2vec 어휘에 없는 토큰
...            vectorized_data.append(sample_vecs)
...        return vectorized_data
```

다음으로, 목푯값들만 따로 뽑아 돌려주는 함수도 정의한다. 추출된 목푯값들은 해당 견본들과 같은 순서이다.

목록 8.4 목푯값 추출 함수

```
>>> def collect_expected(dataset):
...     """ 자료 집합에서 목푯값들만 뽑아서 따로 저장한다. """
...     expected = []
...     for sample in dataset:
...         expected.append(sample[0])
...     return expected
```

목록 8.5는 이상의 전처리 함수들을 이용해서 자료를 준비하는 코드이다. 이 함수들 이외의 추가적인 전처리 과정(자료 분할 등)도 수행한다.

목록 8.5 자료 적재 및 전처리

```
>>> dataset = pre_process_data('./aclimdb/train')
>>> vectorized_data = tokenize_and_vectorize(dataset)
>>> expected = collect_expected(dataset)
>>> split_point = int(len(vectorized_data) * .8)  ◄─── 자료 집합을 8:2의 비율로 훈련
>>> x_train = vectorized_data[:split_point]           집합과 자료 집합으로 나눈다
>>> y_train = expected[:split_point]                  (순서는 뒤섞지 않는다).
>>> x_test = vectorized_data[split_point:]
>>> y_test = expected[split_point:]
```

다음으로, 순환 신경망의 초매개변수들을 정의한다. 제7장에서처럼 견본 최대 길이(견본당 최대 토큰 수)는 400이고 배치 크기는 32이다. 단어 벡터의 차원 수 300과 훈련 주기(epochs 변수) 2도 제7장에서와 같다.

목록 8.6 순환 신경망의 초매개변수 설정

```
>>> maxlen = 400
>>> batch_size = 32
>>> embedding_dims = 300
>>> epochs = 2
```

다음으로, 제7장에서처럼 긴 견본의 끝을 자르거나 짧은 견본에 가짜 토큰들을 추가해서 견본들의 길이를 일정하게 맞춘다(목록 8.7). 사실 순환 신경망은 가변 길이 입력 순차열에 잘 대응하므로 이렇게 입력 견본들의 길이를 정규화할 필요가 없다. 그러나 잠시 후에 보겠지만 이 예제의 순환 신경망에는 견본들의 길이가 같다는 가정이 필요하다.

목록 8.7 훈련 집합과 시험 집합의 견본들을 정규화

```
>>> import numpy as np

>>> x_train = pad_trunc(x_train, maxlen)
>>> x_test = pad_trunc(x_test, maxlen)

>>> x_train = np.reshape(x_train, (len(x_train), maxlen, embedding_dims))
>>> y_train = np.array(y_train)
>>> x_test = np.reshape(x_test, (len(x_test), maxlen, embedding_dims))
>>> y_test = np.array(y_test)
```

이렇게 해서 순환 신경망의 훈련과 시험에 필요한 자료가 준비되었다. 이제부터는 케라스로 순환 신경망을 구축한다. 순환 신경망을 위한 케라스의 기본 모형은 Sequential()이다.

목록 8.8 순환 신경망을 위한 케라스 모형 초기화

```
>>> from keras.models import Sequential
>>> from keras.layers import Dense, Dropout, Flatten, SimpleRNN
>>> num_neurons = 50
>>> model = Sequential()
```

케라스의 마법 덕분에, 그냥 이 모형에 순환층(recurrent layer)을 추가하면 순환 신경망이 만들어진다. 목록 8.9를 보기 바란다.

목록 8.9 순환층 추가

```
>>> model.add(SimpleRNN(
...     num_neurons, return_sequences=True,
...     input_shape=(maxlen, embedding_dims)))
```

이제 하나의 입력 견본을 넣으면 견본의 각 토큰을 처리해서 하나의 벡터를 출력하는 간단한 순환 신경망이 완성되었다(다음 장에는 이보다 복잡한 순환 신경망이 나온다). 견본 하나의 토큰 수가 400이고 순환층의 은닉 뉴런이 50개이므로, 순환층은 뉴런당 하나의 성분이 있는 50차원 벡터를 400개를 산출한다.

앞에서 순환층을 추가할 때 키워드 인수 return_sequences를 True로 설정했다. 이에 의해 신경망은 각 시간 단계마다 네트워크 상태를 돌려준다. 그래서 50차원 벡터 400개가 나오는 것이다. return_sequences를 False로 설정하면 신경망은 50차원 벡터 하나만 돌려준다.

이 예제에서 뉴런을 50개로 둔 것은 그냥 임의로 정한 것일 뿐, 특별한 이론적 근거가 있는 것은 아니다. 주된 이유는 계산 시간을 줄이는 것이다. 이 값을 여러 가지로 변경해서 계산 시간과 모형의 정확도가 어떻게 변하는지 실험해 보기 바란다.

> **팁** 뉴런 개수에 관한 일반적인 법칙 하나는, 모형을 훈련하는 데 사용하는 자료보다 모형이 복잡해서는 안 된다는 것이다. 너무 일반적인 법칙이라서 뉴런 개수를 정하는 데 구체적으로 도움이 되지는 않겠지만, 그래도 자료 집합으로 모형을 실험하는 과정에서 초매개변수들을 조정할 때 나름의 근거로 활용할 수 있을 것이다. 너무 복잡한 모형은 훈련 자료 집합에 **과대적합**할 가능성이 크고, 너무 단순한 모형은 자료 집합에 **과소적합**할 가능성이 크다. 두 경우 모두, 모형은 미지의 자료에 대해 잘 작동하지 않는다. 다른 문헌들에서는 이 문제를 **편향 대 분산**(bias versus variance)의 절충(trade-off)이라고 부르기도 한다. 자료에 과대적합한 모형은 분산이 크고 편향이 작은 반면 과소적합한 모형은 분산이 작고 편향이 크다. 둘은 서로 반대이지만, 모형의 일반화에 도움이 되지 않는다는 점은 동일하다.

이번에도 합성곱 신경망에서처럼 입력 견본들의 길이를 일정하게 정규화했음을 주목하자. 이는 이 순환 신경망의 성과를 제7장의 합성곱 신경망 예제와 비교하기 위한 것일 뿐이다. 실제로 순환 신경망을 사용할 때는 굳이 입력 견본들을 자르고 채울 필요가 없다. 길이가 서로 다른 훈련 자료를 넣어도 순환 신경망이 주어진 입력의 토큰 수에 따라 순환층을 반복하기 때문이다. 이를 모두 케라스가 알아서 처리하므로 개발자가 따로 해줄 것은 없다. 단, 입력에 따라 순환층의 출력 길이가 다르다는 점은 주의할 필요가 있다. 100토큰짜리 토큰열을 넣으면 100차원 벡터가 나오고 10토큰짜리 토큰열을 넣으면 10차원 벡터가 나온다. 따라서, 만일 순환층의 출력을 고정 길이 입력을 기대하는 신경망 층에 입력하는 구조에서는 문제가 발생할 수 있다. 그렇지만 이런 불일치가 허용되는, 심지어는 바람직한 경우도 있다. 어쨌거나, 지금 예제에서는 입력 길이가 일정하므로 출력 길이도 항상 일정하다. 그럼 순환층의 출력을 받는 나머지 층들로 넘어가자(목록 8.10). 이 층들은 보통의 순방향 신경망에 해당한다.

목록 8.10 드롭아웃 층과 출력층 추가

```
>>> model.add(Dropout(.2))

>>> model.add(Flatten())
>>> model.add(Dense(1, activation='sigmoid'))
```

앞에서 순환층 자체는 모든 순차열을 출력하도록 설정했지만, 그 출력을 모두 사용하면 과대적합이 생길 수 있다. 이를 피하기 위해 드롭아웃 층을 추가한다. 각 입력에 대해 이 드롭아웃 층은 입력 성분 중 20%를 무작위로 선택해서 0으로 설정한다. 그다음 두 줄은 이 모형 전체를 하나의 이진 분류기로 만든다. 이 예제에서 모형은 주어진 입력 견본을 0 또는 1의 부류로 분류한다. 분류명 0은 주어진 영화평이 부정적이라는 뜻이고 1은 긍정적이라는 뜻이다. 따라서 S자형 함수를 활성화 함수로 사용하는(activation='sigmoid') 뉴런이 하나인 밀집층(Dense(1))을 출력층으로 두면 된다. 그런데 이 출력층에는 앞의 드롭아웃 층의 출력이 그대로 입력되는 것이 아니라, 그 출력을 "평평하게 만든" 버전이 입력된다. 드롭아웃 층은 각 성분이 50차원 벡터인 400차원 벡터를 출력한다. 그러나 하나의 분류명을 산출하는 출력층의 관점에서 그 벡터의 원소들의 순서는 그리 중요하지 않다(입력들에 대해 그 순서가 일관되기만 하다면). Flatten()으로 추가한 '평탄화' 층은 벡터들의 벡터('텐서'에 해당)를 펼쳐서 하나의 벡터를 만든다. 지금 예제에서 평탄화 층은 400×50 텐서를 20,000차원 벡터로 변환한다. 그리고 출력층은 그 벡터의 성분 20,000개를 하나의 값으로 요약한다. 실제 구현에서 이 평탄화 층은 신경망의 실제 층이라기보다는 하나의 변환 단계 또는 사상(mapping)이다. 즉, 이 평탄화 층이 있어도 마지막 층의 오차는 이전에 이야기한 것처럼 순환층의 적절한 출력으로 역전파되고, 역전파된 각 오차가 출력의 적절한 지점으로부터 시간에 대해 역전파된다는 점은 변하지 않는다.

순환층이 산출한 '생각 벡터'를 보통의 순방향 신경망에 넘겨주면, 앞에서 우리가 그토록 중요시했던 입력 토큰들의 순서가 사라진다. 그러나 여기서 중요한 점은, 토큰열과 관련된 '학습'은 순환층의 출력이 아니라 순환층 자체에서 일어난다는 점이다. 시간 역전파를 통한 오차들을 취합한 결과는 토큰들의 관계들을 부호화 또는 내장하고 있다. 즉, 순환층의 가중치들 자체가 '생각 벡터'인 것이다. 순환층 다음에 있는 분류기(순방향 신경망 부분)는 이 생각 벡터에 기초해서 입력 견본을 분류하므로, 분류기는 주어진 특정한 분류 문제에 대한 이 생각 벡터의 '품질'을 말해 준다. 생각 벡터를, 그리고 순환 신경망 자체를 이와는 다른 식으로 '평가'하고 활용하는 방법들도 있지만, 이에 관해서는 다음 장에서 이야기하겠다. 다음 장이 무척 재미있을 것 같은 느낌이 들지 않는가? 그러나 다음 장을 충분히 즐기려면 이번 장의 내용을 잘 숙지할 필요가 있다.

8.2 모형의 컴파일

이제 모형 전체를 하나로 컴파일해 보자. 제7장의 합성곱 신경망 예제에서처럼 compile() 메서드를 호출하면 된다.

이 메서드 외에 케라스는 모형의 내부를 살펴보는 여러 수단도 제공한다. model.summary()가 대표적이다. 모형이 크고 복잡해질수록, 초매개변수들을 변경했을 때 모형의 내부가 어떻게 바뀌는지 파악하기가 점점 어려워진다. 따라서 자주 model.summary()로 모형의 내부를 조사하고 확인할 필요가 있다. 이 메서드가 출력한 요약 정보와 검증 집합에 대한 모형의 성과를 초매개변수 조율 일지에 기록해 둔다면 모형을 개선하는 데 큰 도움이 될 것이다. 심지어는 초매개변수 조율 및 기록 과정을 자동화하는 것도 가능하다.[주2] 목록 8.11은 지금까지 정의한 순환 신경망 이진 분류 모형을 컴파일하고 요약하는 코드이다.

목록 8.11 순환 신경망 모형 컴파일 및 요약

```
>>> model.compile('rmsprop', 'binary_crossentropy', metrics=['accuracy'])
Using TensorFlow backend.
>>> model.summary()

_____
Layer (type)                 Output Shape              Param #
=================================================================
simple_rnn_1 (SimpleRNN)     (None, 400, 50)           17550
_____
dropout_1 (Dropout)          (None, 400, 50)           0
_____
flatten_1 (Flatten)          (None, 20000)             0
_____
dense_1 (Dense)              (None, 1)                 20001
=================================================================
Total params: 37,551.0
Trainable params: 37,551.0
Non-trainable params: 0.0
_____
None
```

신경망의 초매개변수들을 잠시 살펴보자. 이 순환 신경망은 그리 크지 않지만, 학습되는 매개변수(연결 가중치)들이 37,551개나 된다. 훈련 견본 20,000개보다 훨씬 많다(훈련 견본의 수를 마지막 층에 입력되는 벡터 길이 20,000과 혼동하면 안 된다. 둘이 같은 것은 단지 우연일 뿐이다). 이 수치들이 구체적으로 어떻게 나왔는지 살펴보자.

SimpleRNN 층은 50개의 뉴런으로 구성된다. 각 뉴런은 입력 표본의 모든 성분과 연결된다. 순환 신경망에서, 각 시간 단계에 순환층에 입력되는 것은 하나의 토큰이다. 이 예제에서 하나의 토큰은 성분이 300개인 단어 벡터로 표현된다. 즉, 한 시간 단계에서 순환층의 입력은

[주2] 초매개변수 조율을 자동화할 때 격자 검색(grid search)에 집착할 필요는 없다. 무작위 검색(random search)이 훨씬 효율적이다(http://hyperopt.github.io/hyperopt/). 그리고 초매개변수 자동 조율을 정말로 전문적으로 수행할 생각이라면 베이즈 최적화(Bayesean optimization)를 추천한다. 초매개변수 최적화는 몇 시간마다 한 번씩만 수행되므로, 구식의 초매개변수 조율 모형으로는 좋은 성과를 얻기 힘들다(적어도 순환 신경망에서는 전혀 가망이 없다!).

300차원 벡터이며, 각 뉴런은 모든 성분과 연결되므로 뉴런당 가중치가 300개이다. 따라서 순환층으로 들어오는 연결 가중치 개수는

$$50 \times 300 = 15,000$$

이다. 그런데 각 뉴런에는 **치우침**(bias) 항이 하나 있다. 이 항은 항상 1이지만(그래서 '치우침'이 일어난다), 가중치 자체는 갱신(학습)의 대상이다. 이를 반영한 연결 가중치 개수는

$$15,000 + 50 \text{ (치우침 가중치들)} = 15,050$$

이다.

다음으로, 순환층 내부의 연결 가중치들을 살펴보자. 순환층의 각 뉴런은 자기 자신과 연결된다. 즉, 순환층의 각 뉴런은 이전 시간 단계로부터 완전한 벡터를 입력받아서 다음 시간 단계로 완전한 출력 벡터를 전달한다. 단, 첫 시간 단계에서는 이전 시간 단계의 피드백이 없으므로, 뉴런의 완전한 출력 벡터와 길이가 같지만 모든 성분이 0으로 초기화된 벡터를 받게 된다.

순환 과정에서 각 뉴런에는 새 단어 벡터(토큰 내장)가 입력되며, 지금 예제에서 이 단어 벡터는 300차원이므로 해당 연결 가중치는 300개이고, 치우침 가중치까지 포함해서 301개이다. 그리고 앞 문단에서 말한 이전 시간 단계의 출력 성분들(t=0의 경우에는 모두 0)에 대한 가중치가 50개 있다. 이 50개의 가중치가 순환 신경망의 핵심 피드백 단계에 해당한다. 정리하자면, 순환층의 뉴런 하나의 가중치는

$$300 + 1 + 50 = 351$$

개이고 뉴런이 50개이므로, 전체적인 가중치는

$$351 \times 50 = 17,550$$

개이다. 즉, 순환층에는 훈련해야 할 매개변수가 17,550개 있다. 순환층은 400회 반복된다. 다른 말로 하면 순환층은 400개의 순방향 신경망으로 **펼쳐진다**(400개 정도면 기울기 소실 문제가 발생할 수 있지만, 그래도 이 신경망 모형은 충분히 효과적이다). 그러나 17,550개의 매개변수가 그만큼 반복되는 것은 아니다. 각 반복에서 동일한 17,550개의 매개변수가 계산될 뿐이며, 역전파 과정에서 갱신되는 것 역시 17,550개이다. 갱신량들은 그보다 많이 계산되지만, 갱신 자체는 순전파의 끝과 역전파의 끝에서 한 번씩만 일어난다. 이 점을 반영하느라 역전파 알고리즘이 조금 복잡해지긴 했지만, 그 대신 700만 개가 넘는 매개변수들(17,550 × 400; 펼쳐진 신경망마다 가

중치 집합을 따로 둔다면 나왔을 수치이다)를 훈련하는 대신 17,550개만 훈련하면 되므로 시간이 크게 절약된다.

　　마지막 층인 출력층의 매개변수는 20,001개이다. 이 수치가 어디서 왔는지는 비교적 이해하기 쉽다. 400×50 텐서를 Flatten() 층이 20,000차원 벡터로 바꾸었고, 거기에 치우침 뉴런의 가중치가 하나 더해졌다. 그리고 출력층은 뉴런이 단 하나이므로, 출력층의 총 매개변수 개수는 다음과 같다.

　　(입력 성분 20,000개 + 치우침 뉴런 1개) * 뉴런 1개 = 매개변수 20,001개

　　이상의 수치들로 훈련 시간을 예측하기는 그리 쉽지 않은데, 왜냐하면 합성곱 신경망이나 순방향 신경망의 역전파 과정에 비해 시간에 대한 역전파 과정에는 추가적인 단계가 대단히 많기 때문이다. 그러나 훈련 시간이 길다고 순환 신경망을 포기해서는 안 된다. 순환 신경망의 특별한 기억 능력은 NLP의(그리고 기타 임의의 순차 자료 처리의) 좀 더 넓은 세계로 이어지는 관문이라 할 수 있다. 이 점은 다음 장에서 명확해질 것이다. 일단은 우리의 이진 분류기로 돌아가자.

8.3 모형의 훈련

지금까지 공들여 정의하고 컴파일한 순환 신경망을 실제로 훈련할 때가 되었다. 케라스의 다른 여러 모형처럼 순환 신경망 모형 역시 fit() 메서드를 제공한다. 훈련에 사용할 자료 집합과 함께 배치 크기와 훈련 주기(세) 반복 횟수, 검증 집합 등을 지정해서 이 메서드를 호출하면 훈련이 진행된다(목록 8.12).

목록 8.12 순환 신경망 모형의 훈련 및 저장

```
>>> model.fit(x_train, y_train,
...           batch_size=batch_size,
...           epochs=epochs,
...           validation_data=(x_test, y_test))
Train on 20000 samples, validate on 5000 samples
Epoch 1/2
20000/20000 [==============================] - 215s - loss: 0.5723 -
acc: 0.7138 - val_loss: 0.5011 - val_acc: 0.7676
Epoch 2/2
20000/20000 [==============================] - 183s - loss: 0.4196 -
acc: 0.8144 - val_loss: 0.4763 - val_acc: 0.7820

>>> model_structure = model.to_json()
>>> with open("simplernn_model1.json", "w") as json_file:
```

```
...        json_file.write(model_structure)
>>> model.save_weights("simplernn_weights1.h5")
Model saved.
```

안타깝게도 훈련 결과가 썩 좋지는 않다. 훈련 정확도와 검증 정확도가 7~80% 수준이다. 어딜 손봐야 할까?

8.4 초매개변수 조율

이 책에 나오는 모든 모형은 준비된 자료와 표본에 맞게 다양한 방법으로 조율할 수 있다. 그리고 모든 조율 방법에는 나름의 장단점이 있다. 일반적으로 완벽한 초매개변수 집합을 찾는 것은 계산 복잡도의 측면에서 '처리 불가능한(intractable)' 문제이다. 그러나 인간의 직관과 경험을 동원한다면 적어도 문제에 대한 적절한 접근 방식을 찾는 것은 가능하다. 그럼 지금 예제의 초매개변수들을 좀 더 구체적으로 살펴보자.

목록 8.13 **모형의 초매개변수들**

```
>>> maxlen = 400          ◁──────┤ 말뭉치 자료를 훑어보고 임의로 정한 순차열 길이
>>> embedding_dims = 300  ◁──────┤ 미리 훈련된 word2vec 모형의 단어 벡터 차원
>>> batch_size = 32       ◁─────────────────────
>>> epochs = 2                        오차를 누적하고 역전파를 시작하기까지의
>>> num_neurons = 50      ◁──┤ 은닉층 복잡도    입력 견본 개수. 32는 흔히 쓰이는 값이다.
```

지금 예에서 가장 큰 물음표를 붙일 만한 초매개변수는 maxlen이다. 훈련 자료 집합의 견본들은 그 길이가 크게 다르다. 토큰 100개 미만의 견본이나 1,000토큰짜리 견본을 인위적으로 400토큰 견본으로 늘리거나 자르면 상당한 양의 잡음이 도입된다. 이 초매개변수는 다른 그 어떤 초매개변수보다도 훈련 시간에 큰 영향을 미친다. 개별 견본의 길이는 순환층이 얼마나 펼쳐지는가를, 따라서 역전파가 신경망의 시작에 도달하려면 얼마나 멀리 가야하는지를 결정한다. 케라스의 순환 신경망 모형은 입력 길이에 따라 적절히 반복되므로, 지금 예제처럼 입력 길이에 인위적인 제한을 둘 필요는 없다. 그러나 지금 예제에서는 순환층의 출력이 고정 길이 입력을 요구하는 순방향 층에 입력되므로 이런 제한이 필요하다.

embedding_dims의 수치 300은 이 예제가 사용하는 word2vec 모형을 따른 것이다. 다른 자료 집합을 사용한다면 이와는 다른 값이 될 것이다. 응용에 따라서는, 예를 들어 말뭉치에 가장 자주 나오는 토큰 50개의 원핫 벡터 같은 간단한 입력 자료로도 정확한 예측 결과를 얻을 수 있을 것이다.

다른 모든 신경망처럼, batch_size를 키우면 필요한 역전파 횟수가 줄어들어서 훈련 시간이 짧아진다. 대신 극소점에 빠질 위험이 증가한다.

epochs는 시험하고 조율하기 쉬운 초매개변수이다. 그냥 다른 값으로 훈련 과정을 다시 실행하면 된다. 그러나 epochs를 바꿀 때마다 처음부터 다시 모형을 훈련하려면 시간이 오래 걸린다. 다행히 케라스는 이미 훈련된 모형을 추가로 훈련하는 기능을 제공한다. 그냥 저장된 모형을 불러와서 model.fit()을 호출하면 된다. 케라스는 모형의 가중치들을 초기화하지 않고, 마치 훈련이 중단된 적이 없었다는 듯이 현재의 가중치들로 훈련을 계속한다.

epochs를 낮추는 대신 케라스에 EarlyStopping 콜백을 지정해서 훈련 시간을 줄이는 방법도 있다. 이 콜백은 훈련을 일찍 종료하는 조건을 정의한다. 훈련 과정에서 케라스는 주기적으로 이 콜백을 호출해서, 만일 콜백에 지정된 특정 기준이 충족되면 훈련을 일찍 종료한다. 훈련의 조기 종료 조건으로 흔히 쓰이는 것은 일련의 세(주기)에 대한 검증 집합 정확도의 개선 정도이다. 만일 훈련 주기가 반복되어도 모형의 정확도가 별로 개선되지 않는다면 훈련을 과감히 끝내는 게 낫다.

EarlyStopping 콜백으로 조기 종료 기준을 설정해 두면 훈련 과정을 지켜볼 필요가 없어서 편하다. 훈련을 실행해 두고 다른 일을 보다가 돌아와 보니 42주기 이전에 훈련이 과대적합되었음을 발견해서 실망할 일이 없는 것이다.

마지막으로, num_neurons도 중요한 초매개변수이다. 이 예제의 50은 그냥 임의로 정한 것일 뿐이다. 뉴런을 예를 들어 100개로 늘려서 시험해 보면 이 초매개변수의 효과를 가늠할 수 있을 것이다. 목록 8.14와 8.15는 뉴런 100개로 모형을 정의하고 훈련하는 코드이다.

목록 8.14 더 큰 신경망 구축

```
>>> num_neurons = 100
>>> model = Sequential()
>>> model.add(SimpleRNN(
...     num_neurons, return_sequences=True, input_shape=(maxlen,\
...     embedding_dims)))
>>> model.add(Dropout(.2))
>>> model.add(Flatten())
>>> model.add(Dense(1, activation='sigmoid'))
>>> model.compile('rmsprop', 'binary_crossentropy',  metrics=['accuracy'])
Using TensorFlow backend.
>>> model.summary()

_____
Layer (type)                 Output Shape              Param #
===============================================================
simple_rnn_1 (SimpleRNN)     (None, 400, 100)          40100
_____
dropout_1 (Dropout)          (None, 400, 100)          0
_____
```

```
flatten_1 (Flatten)          (None, 40000)              0
_____
dense_1 (Dense)              (None, 1)                  40001
===============================================================
Total params: 80,101.0
Trainable params: 80,101.0
Non-trainable params: 0.0
_____
```

목록 8.15 더 큰 신경망의 훈련

```
>>> model.fit(x_train, y_train,
...           batch_size=batch_size,
...           epochs=epochs,
...           validation_data=(x_test, y_test))
Train on 20000 samples, validate on 5000 samples
Epoch 1/2
20000/20000 [==============================] - 287s - loss: 0.9063 -
acc: 0.6529 - val_loss: 0.5445 - val_acc: 0.7486
Epoch 2/2
20000/20000 [==============================] - 240s - loss: 0.4760 -
acc: 0.7951 - val_loss: 0.5165 - val_acc: 0.7824
>>> model_structure = model.to_json()
>>> with open("simplernn_model2.json", "w") as json_file:
...     json_file.write(model_structure)
>>> model.save_weights("simplernn_weights2.h5")
Model saved.
```

검증 정확도는 78.24%이다. 모형의 한 층이 두 배나 복잡해졌지만, 정확도는 0.04%P만 증가했다. 뉴런을 두 배로 늘렸는데도 정확도 개선이 무시할 정도라는 것은 애초에 모형이 너무 복잡했다는 뜻일 가능성이 크다. 뉴런 50개면 층이 너무 넓은 것 같다.

그럼 num_neurons를 원래의 절반인 25로 줄이면 어떨까? 순환층의 뉴런이 25개인 모형을 훈련해서 얻은 검증 정확도는 다음과 같다.

```
20000/20000 [==============================] - 240s - loss: 0.5394 -
acc: 0.8084 - val_loss: 0.4490 - val_acc: 0.7970
```

신기하게도, 모형을 작게 만드니 오히려 정확도가 조금 올라갔다. 그러나 1.5%P의 개선 역시 그리 의미 있는 것은 아니다. 그리고 이런 종류의 실험들로 모형에 관한 어떤 통찰을 얻으려면 시간이 오래 걸린다. 특히, 뉴런 수를 늘리면 훈련 시간이 늘어나며, 그러면 프로그램을 짤 때처럼 컴퓨터로부터 즉시 피드백을 얻을 수 없어서 조바심이 나기 쉽다. 그리고 초매개변수를 한 번에 하나씩 변경하는 것보다 한 번에 두 개씩 변경하면 진행이 좀 더 빨라지겠지만, 대신 조합의 폭발 때문에 조율 과정이 대단히 복잡해질 수 있다.

> **팁** 자주 실험하고, 변경에 대해 모형이 어떻게 반응하는지를 항상 기록해 둘 것. 모형 구축에 대한 영감을 얻으려면 이런 종류의 실천을 반복하는 것이 가장 빠른 길이다.

모형이 자료에 과대적합했다는 심증과 물증이 있지만 모형을 더 간단하게 만들 길이 없어 보일 때라도, Dropout(n)의 n, 즉 중도 탈락 비율을 늘리는 것은 항상 가능한 일이다. 이것은 모형의 복잡도를 자료에 걸맞은 수준으로 유지하면서도 과대적합의 위험을 줄이는 특효약이라 할 수 있다. 그러나 이 방법이 독약이 될 수도 있다. 중도 탈락 비율을 50%보다 크게 잡으면 모형의 훈련이 느려지고 검증 오차가 커지기 시작한다. 그러나 여러 NLP 문제를 위한 순환 신경망에서는 20%에서 50% 사이의 비율은 꽤 안전하다.

8.5 예측

그럼 훈련된 모형으로 가상의 영화평을 분류해 보자. 예문은 제7장의 합성곱 신경망에 사용한 것과 동일하다.

목록 8.16 나쁜 날씨에 관한 부정적 감정을 담은 시험용 문서

```
>>> sample_1 = "I hate that the dismal weather had me down for so long, when
    will it break! Ugh, when does happiness return? The sun is blinding and
    the puffy clouds are too thin. I can't wait for the weekend."

>>> from keras.models import model_from_json
>>> with open("simplernn_model1.json", "r") as json_file:
...     json_string = json_file.read()
>>> model = model_from_json(json_string)
>>> model.load_weights('simplernn_weights1.h5')

>>> vec_list = tokenize_and_vectorize([(1, sample_1)])
>>> test_vec_list = pad_trunc(vec_list, maxlen)
>>> test_vec = np.reshape(test_vec_list, (len(test_vec_list), maxlen,\
...     embedding_dims))

>>> model.predict_classes(test_vec)
array([[0]], dtype=int32)
```

> 견본 문서와 함께 1이라는 값으로 튜플을 만들어서 입력한 것은 단지 이 함수(목록 7.4)가 사용하는 토큰화 함수의 요구 때문이다. 1은 그냥 의미 없는 값이며, 신경망의 처리에는 포함되지 않는다.

> 토큰열들(여기서는 단 하나)을 최대 길이(maxlen)에 맞게 절단 또는 증강한다.

합성곱 신경망처럼 이 순환 신경망도 주어진 문서가 부정적이라고 예측했다.

이렇게 해서 문서의 감정을 예측하는 파이프라인에 사용할 수 있는 또 다른 신경망 모형이 완성되었다. 이런 NLP 응용을 위해 여러 신경망 중 순환 신경망을 사용해야 할 이유는 무엇일까? 답은 "그럴 이유가 없다"이다. 적어도 이번 장에서 사용한 SimpleRNN을 기준으로 할 때, 순환 신경망은 합성곱 신경망이나 순방향 신경망보다 훈련과 순전파(예측)에 시간이 오래 걸린다. 게다가, 적어도 이번 예제에서 순환 신경망은 합성곱 신경망이나 순방향 신경망보다 예측의 정확도도 떨어진다.

이번 장에서 순환 신경망을 소개한 이유는 무엇일까? 이미 지나간 입력 조각들에 관한 뭔가를 기억하는 능력은 NLP에서 대단히 중요하므로, 순환 신경망은 중요한 수단이다. 그러나 이번 장에서 소개한 단순한 순환 신경망은 기울기 소실 및 폭발 문제가 심하다. 특히, NLP에서는 입력이 얼마든지 길어질 수 있으므로 기울기 소실 문제가 극복 불가능할 정도로 심해질 수 있다. 다행히 다음 장에서는 또 다른 기억 방법들을 소개한다. 특히 그중 하나는 안드레이 카패시[Andrej Karpathy]의 표현을 빌자면 "불합리할 정도로 효과적(unreasonably effective)"이다.[주3]

다음 절들에서는 예제에서 언급하지 않았지만 중요한 순환 신경망의 몇 가지 측면을 논의한다.

8.5.1 상태 유지

종종 한 입력 견본 안의 시간 단계(토큰)들이 아니라 여러 입력 견본 사이에서 어떤 정보를 기억해야 할 때가 있다. 한 훈련 패스의 끝에서 그 정보는 어떻게 될까? 훈련 과정에서 신경망의 출력은 오직 역전파를 위한 오차 계산에만 쓰이며, 역전파를 통해서 가중치들에 부호화된 정보 이외의 모든 정보는 사라진다. 케라스의 순환층 기반 클래스의 생성자에는(따라서 이번 장의 예제에서 사용한 SimpleRNN의 생성자에도) stateful이라는 키워드 인수가 있다. 이 인수를 생략하면 기본값 False가 적용된다. 만일 이 인수를 명시적으로 True로 설정해서 SimpleRNN 층을 모형에 추가하면, 현재 입력 견본의 마지막 토큰의 마지막 출력이 그다음 입력의 첫 토큰과 함께 순환층에 입력된다(마치 마지막 토큰이 견본의 중간 토큰인 것처럼).

커다란 문서 하나를 여러 문단이나 문장으로 분할해서 입력 견본들을 만든 경우에는 stateful을 True로 설정하는 것이 바람직하다. 더 나아가서, 서로 관련된 문서들로 이루어진 말뭉치 전체의 의미를 모형화하는 목적으로 이런 상태 유지(statefullness) 설정을 사용할 수도 있다. 그러나 서로 무관한 문서들이나 문장들에 대해서는 stateful을 True로 설정하지 않는 편이 낫다. 또한, 문장들이 관련되어 있다고 해도 전처리 과정에서 견본들의 순서를 뒤섞는

주3 Karpathy, Andrej, The Unreasonable Effectiveness of Recurrent Neural Networks. http://karpathy.github.io/2015/05/21/rnn-effectiveness/.

다면 한 견본의 마지막 몇 토큰이 그다음 견본의 처음 몇 토큰과 별로 관련이 없을 것이므로, stateful을 True로 설정한다고 해도 모형이 자료 집합에 좀 더 잘 적합되지는 않을 것이다. 따라서 견본들을 뒤섞기로 했다면 stateful을 기본값 False로 놔두는 것이 바람직하다.

fit 메서드를 호출할 때 batch_size 인수를 지정했다면, 상태 유지 기능에도 배치 방식이 적용된다. 즉, 모형은 한 배치의 마지막 견본의 마지막 출력을 기억해 두었다가 그다음 배치의 첫 견본에 넘겨준다. 이런 방식으로 커다란 텍스트 말뭉치 전체의 의미를 모형화하는 경우에는 배치들의 순서가(물론 각 배치 안에서의 견본들의 순서도) 원래의 텍스트와 부합해야 한다.

8.5.2 양방향 처리

지금까지 논의한 순환 신경망은 주어진 단어와 그 단어 이전에 나온 단어들 사이의 관계를 반영한다. 그런데 그 반대 방향의 관계도 중요하다. 다음 예문을 보자.

They wanted to pet the dog whose fur was brown.

이 문장에는 개(doc)에게 털(fur)이 있다는 정보와 그 털이 갈색(brown)이라는 정보가 들어 있다. 우리의 신경망이 "fur"라는 토큰에 도달했을 때는 "dog"라는 토큰을 지나친 이후이므로 털과 개를 연관시킬 수 있지만, "dog"를 만난 당시에는 개에게 갈색 털이 있음을 미리 알지 못한다. 비슷하게, 그들("They")이 쓰다듬고 싶어 한("wanted to pet") 것이 부드럽고 복슬복슬한 갈색의 뭔가라는(선인장처럼 뾰족하고 녹색인 뭔가가 아니라) 점은 "fur"와 "brown"을 만난 후에야 알 수 있다.

사람은 문장을 한 방향으로 읽으면서 차츰 새로운 정보를 받아들이되, 필요하다면 이전에 본 것을 떠올려서 새 정보의 의미를 좀 더 정확히 해석할 수 있다. 사람은 정보 조각들이 최상의 순서로 배치되어 있지 않아도 전체적인 의미를 잘 파악한다. 순환 신경망도 그처럼 입력을 거꾸로 훑을 수 있다면 좋을 것이다. 그런 생각에서 만들어진 것이 바로 **양방향**(bidirectional) 순환 신경망이다. 이를 위해 케라스는 Bidirectional이라는 모형을 제공한다. 목록 8.17에서 보듯이, 보통의 순환층(SimpleRNN)을 인수로 지정하면 그 순환층에 기초한 양방향 순환 신경망 모형이 생성된다.

목록 8.17 Bidirectional을 이용한 양방향 순환 신경망 구축

```
>>> from keras.models import Sequential
>>> from keras.layers import SimpleRNN
>>> from keras.layers.wrappers import Bidirectional

>>> num_neurons = 10
>>> maxlen = 100
>>> embedding_dims = 300
```

```
>>> model = Sequential()
>>> model.add(Bidirectional(SimpleRNN(
...     num_neurons, return_sequences=True),\
...     input_shape=(maxlen, embedding_dims)))
```

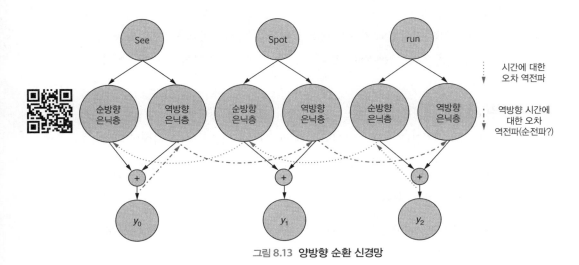

그림 8.13 **양방향 순환 신경망**

양방향 순환 신경망의 기본 개념은 두 순환층을 병렬로 배치하되, 한 순환층의 뉴런은 입력을 보통의 순서로 받고(그림 8.13의 순방향 은닉층) 다른 순환층의 뉴런은 같은 입력을 시간의 **역순으로** 받는다는(그림의 역방향 은닉층) 것이다. 개념적으로, 각 시간 단계에서 두 뉴런에는 같은 토큰이 입력되며, 두 뉴런의 출력을 합한 것이 그 입력 토큰에 대한 출력이 된다. 그러나 순방향 은닉층의 입력에는 그 이전 시간 단계의 출력이 포함되는 반면, 역방향 은닉층의 입력에는 그 '다음' 시간 단계의 출력이 포함된다.

팁 케라스는 또한 go_backwards라는 키워드 인수도 제공한다. 이 인수를 True로 설정하면 케라스는 자동으로 입력 순차열을 뒤집어서 토큰을 원래의 역순으로 신경망에 입력한다. 이는 양방향 순환 신경망의 두 번째 부분(역방향 부분)에 해당한다.

케라스의 Bidirectional을 사용하는 경우 이 키워드가 유용할 것이다. 왜냐하면 기울기 소실 문제 때문에 순환 신경망은 견본의 시작 쪽 토큰들보다 끝쪽 토큰들에 좀 더 민감하기 때문이다. 만일 짧은 견본의 끝에 널 토큰(<PAD>)들을 채워 넣는다면, 보통의 순환층에서는 의미 있는 정보가 깊숙이 묻히게 된다. go_backwards는 그런 문제를 간단히 해결하는 한 방법이다.

단지 텍스트를 분류하는 것이 아니라 언어를 본격적으로 모형화하는 데 순환 신경망을 사용하려면 이러한 양방향 순환 신경망으로 넘어갈 필요가 있다. 양방향 순환 신경망을 비롯한 좀 더 진보된 심층 신경망들을 이용하면 모형이 그냥 이전에 본 텍스트를 앵무새처럼 따라 하는 수준이 아니라 완전히 새로운 문장을 만들어내게 할 수 있다.

8.5.3 순환층 출력의 의미

순환층의 출력은 드롭아웃 층과 평탄화 층을 거쳐서 밀집 출력층(Dense)에 도달한다. 출력층에 들어오는 (뉴런 개수 × 1) 형태의 벡터는 제7장의 합성곱 신경망이 산출한 '생각 벡터'처럼 토큰열에 담긴 '생각'을 부호화한 것이다. 물론 순환 신경망은 훈련에 쓰인 자료 집합의 분류명들과 관련된 문장의 의미만 부호화할 수 있다. 그렇지만 NLP의 관점에서 이는 더 높은 수준의 개념들을 계산 가능한 벡터로 부호화하는 데로 나아가는 중요한 한걸음에 해당한다.

요약

- NLP 모형이 자연어 토큰열(단어열 또는 문자열)을 이해하는 데는 어떤 토큰 앞에 어떤 토큰이 오는지가 중요하다.
- 자연어 문장을 시간 차원을 따라 분할해서 순서 있는 토큰열을 만들면 모형이 문장을 좀 더 깊게 이해하는 데 도움이 된다.
- 순환 신경망(RNN)에서는 오차를 시간에 대해(토큰들의 순서에 따라) 역전파함으로써 학습을 진행한다.
- 순환 신경망은 특히나 깊은 신경망이라서 기울기들이 특히나 일시적이다. 그래서 기울기가 폭발하거나 소멸(소실)할 수 있다.
- 순환 신경망이 등장하기 전까지는 자연어 문자열을 효율적으로 모형화할 수 없었다.
- 순환 신경망의 가중치들은 한 입력 견본의 모든 토큰에 대한 역전파가 끝난 후에 일괄적으로 갱신된다.
- 케라스는 순환 신경망의 출력을 조사하는 다양한 메서드를 제공한다.
- 한 RNN에 입력 견본의 토큰들을 순방향과 역방향으로 동시에 통과시킴으로써 미래와 과거의 토큰들을 모두 고려하는 모형을 만들 수 있다.

9

장단기 기억망(LSTM 망)을 이용한 기억 유지 개선

이 장에서 다루는 내용

- 순환 신경망에 더 깊은 기억 능력을 추가
- 신경망 안에서 정보의 게이트 제어
- 텍스트의 분류와 생성
- 언어 패턴의 모형화

순환 신경망이 시계열 자료나 순차열 자료에서 자료 요소(NLP의 경우 토큰들)들의 어떠한 관계 (어쩌면 인과 관계일 수도 있는)를 학습하는 데 여러모로 유용하지만, 한 가지 중요한 단점이 있다. 바로, 한 토큰의 **효과**(effect)가 이동 구간(보통은 앞, 뒤로 두 토큰 범위)을 벗어나는 즉시 거의 완전히 사라진다는 것이다.[주1] 첫 노드의 셋째 노드(첫 시간 단계에서 두 시간 단계가 지난 후의 노드)에 대한 효과는 둘째 노드가 셋째 노드에 미치는 효과에 의해 거의 완전히 밀려난다. 이는 순환 신경망의 구조 자체에 존재하는 근본적인 한계이며, 이 때문에 순환 신경망은 자연어 텍스트에서 서로 멀리 떨어져 있지만 의미상으로 깊게 연관된 토큰들의 관계를 제대로 포착하지 못한다.

[주1] 자세한 이유는 크리스토퍼 올라(Christopher Olah)의 블로그 글 "Understanding LSTM Networks"(https://colah.github.io/ posts/2015-08-Understanding-LSTMs)에 나온다.

다음 예문을 보자.

The young woman went to the movies with her friends.

이 문장에서는 주된 동사 "went"가 주어 "woman" 바로 다음에 온다.[주2] 따라서 합성곱 신경망 (제7장)과 순환 신경망(제8장) 모두 이 두 단어의 관계를 아무 문제없이 학습할 수 있다.

그러나 비슷한 다음 예문에서는 상황이 다르다.

The young woman, having found a free ticket on the ground, went to the movies.

이 경우에는 주어와 술어의 시간 단계 차이가 훨씬 크다. 그래서 순환 신경망은 주어 "woman"과 주된 동사 "went"의 관계를 포착하지 못한다. 이 새 예문에 대해 순환 신경망은 주어 "woman"과 동명사 "having"의 관계를 과대평가하고 주어와 술어 "went" 사이의 관계는 과소평가할 가능성이 크다. 주어와 술어가 멀리 떨어져 있어서 시간 단계들이 거듭됨에 따라 순환 신경망의 가중치들이 빠르게 감쇄하며, 결과적으로 순환 신경망은 문장의 뼈대를 이루는 주어와 술어의 관계를 놓치게 된다.

이번 장에서 하고자 하는 일은 두 문장 모두에서 "여성이 (영화를 보러) 갔다"라는 핵심 생각 (thought)을 포착할 수 있는 신경망을 구축하는 것이다. 이를 위해서는 신경망이 입력 문장 전체에서 어떠한 기억을 유지할 수 있어야 한다. 그런 용도로 사용할 수 있는 것이 이번 장의 주제인 **장단기 기억**(long short-term memory, LSTM) 신경망, 줄여서 장단기 기억망 또는 LSTM 망이다.[주3]

장단기 기억망의 현대적인 버전들은 일반적으로 **게이트 제어 순환 단위**(gated recurrent unit, GRU)라는 특별한 신경망 단위를 사용한다. 게이트 제어 순환 단위는 장기 기억과 단기 기억 모두 효율적으로 유지하기 때문에 장단기 기억망이 긴 문장 또는 긴 문서를 좀 더 정확하게 처리할 수 있다.[주4] 장단기 기억망의 뛰어난 성능이 입증되면서, 시계열 자료나 이산 순차열, NLP가 관여하는 거의 모든 응용에서 장단기 기억망이 단순 순환 신경망(제8장에서 본 보통의 순환 신경망)을 대체했다.[주5]

[주2] 이 문장의 주된 동사 "went"를 술어(predicate)라고 부른다. 영어 문법의 여러 용어가 https://www.butte.edu/departments/cas/tipsheets/grammar/sentence_structure.html에 정리되어 있으니 참고하기 바란다.

[주3] 장단기 기억에 관한 최초의 논문 중 하나로 호흐라이터(Hochreiter)와 슈미트후버(Schmidhuber)의 1997년 논문 "Long Short-Term Memory"(http://citeseerx.ist.psu.edu/viewdoc/download?doi=10.1.1.676.4320&rep=rep1&type=pdf)가 있다.

[주4] 조경현 외, "Learning Phrase Representations using RNN Encoder–Decoder for Statistical Machine Translation", 2014(https://arxiv.org/pdf/1406.1078.pdf).

[주5] 이에 관한 설명도 크리스토퍼 올라의 블로그 글 "Understanding LSTM Networks"(https://colah.github.io/posts/2015-08-Understanding-LSTMs)에 나온다.

9.1 장단기 기억망(LSTM 망)

순환 신경망의 한 확장인 장단기 기억망은 순환 신경망의 각 층에 상태(state)라는 개념을 도입한다. 각 상태는 해당 층의 기억(memory)으로 작용한다. 객체 지향 프로그래밍에서 클래스에 속성(멤버 변수)을 추가한다고 생각해도 될 것이다. 훈련 과정에서 각 훈련 견본을 처리할 때마다 신경망 가중치들과 함께 기억 상태의 특성들도 갱신된다.

장단기 기억망이 정보를 상태(기억)에 저장하는 데 관련된 규칙들을 사람이 미리 지정하지는 않는다. 그 규칙 자체가 학습의 대상이며, 장단기 기억망의 마법은 바로 이 점에서 비롯한다. 훈련 과정에서 장단기 기억망은 입력의 목푯값을 예측하는 방법을 배우는(단순 순환 신경망이 하는 것처럼) 것과 동시에, 무엇을 기억해야 할지도 배운다. 순환 신경망에 기억과 상태라는 개념이 도입된 덕분에 장단기 기억망은 한두 토큰 떨어진 토큰들 사이의 관계뿐만 아니라 입력 견본 전체에 걸친 토큰들 사이의 의존 관계도 배울 수 있다. 그리고 그런 '장기' 의존 관계들이 있으면 개별 단어 수준을 넘어서 언어에 관한 좀 더 심오한 무언가를 파악하는 단계로 들어갈 수 있다.

장단기 기억망을 이용하면 사람이 거의 무의식적으로 인식하고 처리하는 패턴들을 NLP 언어 모형이 배울 수 있다. 그리고 그런 패턴들을 배운 모형은 단지 견본을 좀 더 정확하게 분류하는 능력을 넘어서 패턴에 기초해서 완전히 새로운 텍스트를 생성하는 능력도 갖추게 된다. 이러한 텍스트 생성 분야는 아직 초보 단계이다. 그러나, 잠시 후에 보겠지만 장난감 수준의 예제에서도 상당히 놀라운 결과를 얻을 수 있다.

그림 9.1은 장단기 기억망의 전반적인 구조이다.

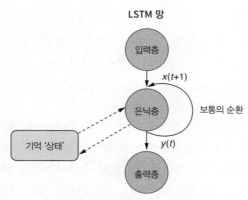

그림 9.1 **장단기 기억망과 기억 상태**

단순 순환 신경망처럼 기억 상태는 현재 시간 단계의 입력에 영향을 받을 뿐만 아니라 순환층(은닉층)의 출력에도 영향을 미친다. 그러나 기억 상태는 주어진 시계열 자료(입력 문장 또는 문서)의 모든 시간 단계에 걸쳐 유지된다. 결과적으로 각 입력은 기억 상태뿐만 아니라 은닉층의 출력에도 영향을 미친다. 장단기 기억망의 마법은 목푯값을 예측하는 방법을 배우는(보통의 역전파를 통해서) 것과 동시에 무엇을 기억할지도 배운다는 점에서 나온다. 어떻게 그렇게 하는 걸까?

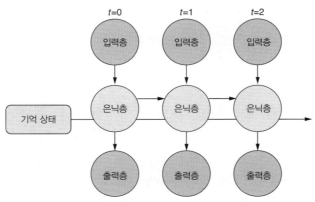

그림 9.2 펼쳐진 장단기 기억망과 기억 상태

이해를 돕기 위해 장단기 기억망을 몇 단계 펼쳐보자. 그림 9.2에서 보듯이, 장단기 기억망을 펼친 모습은 단순 순환 신경망을 펼친 것과 비슷하다. 중요한 차이는, 한 시간 단계의 활성화 출력이 다음 시간 단계의 신경망에 전달될 뿐만 아니라 기억 상태 역시 다음 시간 단계로 전달된다는 점이다. 각 시간 단계에서 은닉 순환 단위는 기억 단위에 접근한다. 이러한 기억 단위 및 관련 상호작용 메커니즘 덕분에 장단기 기억망의 은닉층은 전통적인 순환 신경망의 순환층과는 상당히 다르게 작동한다. 그렇지만 전통적인 순환층들의 집합(하나의 계산 그래프)이 한 LSTM 층의 모든 계산을 수행하도록 신경망 구조를 설계하는 것이 가능하다는 점도 알아두기 바란다. 이런 측면에서, 하나의 LSTM 층은 고도로 특화된 순환 신경망일 뿐이다.

팁 그림 9.2의 '기억 상태' 블록을 LSTM 뉴런이 아니라 LSTM 세포(cell)라고 부르는 문헌들이 많다.[주6] 그 이유는 이 블록이 다수의 뉴런 또는 '게이트'(컴퓨터에 쓰이는 메모리 회로의 용어를 따른다면)로 구성된 복합적인 단위이기 때문이다.[주7] LSTM 세포와 S자형 활성화 함수(이 함수의 값이 다음 시간 단계의 LSTM 세포에 입력된다)의 조합을 LSTM 단위(unit)라고 부른다. 그리고 하나 이상의

[주6] 최근 장단기 기억망 용어들의 쓰임새를 잘 보여주는 사례로 알렉스 그레이브스(Alex Graves)의 학위 논문 "Supervised Sequence Labelling with Recurrent Neural Networks"(https://mediatum.ub.tum.de/doc/673554/file.pdf)가 있다.

[주7] 영어 위키백과 "Memory cell" 페이지(https://en.wikipedia.org/wiki/Memory_cell_(computing)).

LSTM 단위가 모여서 하나의 LSTM 층(layer)을 이룬다. 그림 9.2에서, 펼쳐진 순환 뉴런들을 가로지르는 수평선은 기억 상태의 신호를 나타낸다. 일단의 토큰들이 다중 단위 LSTM 층에 입력됨에 따라, 이 기억 상태는 각 LSTM 세포의 차원 수와 같은 차원의 벡터가 된다.

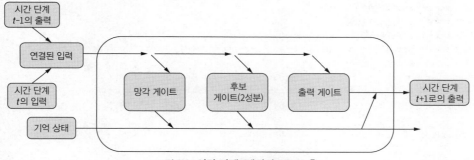

그림 9.3 시간 단계 *t*에서의 LSTM 층

그럼 LSTM 세포를 좀 더 자세히 살펴보자. 순환층의 한 뉴런은 입력에 대한 일단의 가중치들과 그 가중치들에 대한 하나의 활성화 함수로 구성되지만, 장단기 기억망의 한 세포는 그보다 다소 복잡하다. 순환 신경망에서처럼 LSTM 층(또는 세포)의 입력은 입력 견본의 한 토큰과 이전 시간 단계의 출력을 연결한 것이다. 그러나 입력 정보는 가중치들의 벡터가 아니라 세포로 흘러 들어가며, 세포 안에서 세 개의 게이트[gate]를 거치게 된다. 그림 9.3에서 보듯이 세 게이트는 순서대로 망각 게이트, 후보 게이트, 출력 게이트이다.

각 게이트는 그 자체로 하나의 순방향 신경망이다. 즉, 각 게이트는 일단의 가중치들과 하나의 활성화 함수로 구성되며, 훈련 과정에서 그 가중치들이 갱신된다. 엄밀히 말하면 후보 게이트는 2층 순방향 신경망이며, 따라서 한 세포의 가중치 집합은 총 4개이다. 이 가중치들과 활성화 함수들에 의해, 세포를 통과해서 기억 상태에 저장되는 정보가 제어된다.

너무 깊게 들어가기 전에 파이썬으로 이 LSTM 층을 실제로 체험해 보는 것이 좋겠다. 본질적으로 이번 예제는 그냥 제8장의 순환 신경망 예제에서 케라스 SimpleRNN 모형을 LSTM으로 바꾼 것에 해당한다. 목록 9.1에서 x_train, y_train, x_test, y_test는 제8장에서 영화평들을 토큰화, 벡터화하고 입력 견본들의 길이를 정규화한 결과로 얻은 훈련 자료 집합과 시험 자료 집합이다.

목록 9.1 케라스의 LSTM 층

```
>>> maxlen = 400
>>> batch_size = 32
>>> embedding_dims = 300
>>> epochs = 2
```

```
>>> from keras.models import Sequential
>>> from keras.layers import Dense, Dropout, Flatten, LSTM
>>> num_neurons = 50
>>> model = Sequential()
>>> model.add(LSTM(num_neurons, return_sequences=True,
...                 input_shape=(maxlen, embedding_dims)))
>>> model.add(Dropout(.2))
>>> model.add(Flatten())
>>> model.add(Dense(1, activation='sigmoid'))
>>> model.compile('rmsprop', 'binary_crossentropy', metrics=['accuracy'])
>>> print(model.summary())
Layer (type)                 Output Shape              Param #
=================================================================
lstm_1 (LSTM)                (None, 400, 50)           70200

_____
dropout_1 (Dropout)          (None, 400, 50)           0

_____
flatten_1 (Flatten)          (None, 20000)             0

_____
dense_1 (Dense)              (None, 1)                 20001
=================================================================
Total params: 90,201.0
Trainable params: 90,201.0
Non-trainable params: 0.0
```

이전 예제와는 코드 한 줄이 다를 뿐이지만, 그 코드 한 줄이 대단히 중요하다. 출력 결과를 보면 이전과는 상황이 상당히 다름을 알 수 있다. 우선, 은닉층의 뉴런 개수(50)가 변하지 않았는데도 훈련할 매개변수가 훨씬 많다. 제8장의 SimpleRNN 예제에서 은닉층의 연결 가중치 수는 다음과 같았다.

- 입력 벡터(토큰을 표현하는)의 성분들과 연결된 가중치 300개

- 치우침 항(bias term)에 대한 가중치 1개

- 이전 시간 단계의 뉴런 출력에 대한 가중치 50개

즉, 뉴런당 가중치는 351개였고, 뉴런이 50개이므로 총 가중치 수는

$351 * 50 = 17,550$

개였다. 그러나 세 개의 게이트로 구성된 LSTM 세포에는 이런 은닉층이 총 네 개 있으므로, 가중치 수는

$17,550 * 4 = 70,200$

이다. 기억 상태는 어떨까? 기억 상태는 세포의 뉴런 개수와 같은 차원(성분 개수)의 벡터로 표현된다. 지금 예제는 비교적 단순한 50뉴런짜리 장단기 기억망이므로, 기억 상태는 성분이 50개인 부동소수점 벡터이다.

그럼 각 게이트로 눈을 돌려서, 입력이 이 게이트들을 통과하는 과정에서 무슨 일이 생기는지 짚어보자. 그림 9.4는 시간 단계 t에서 한 입력이 LSTM 층에 처음 들어간 상황을 보여준다.

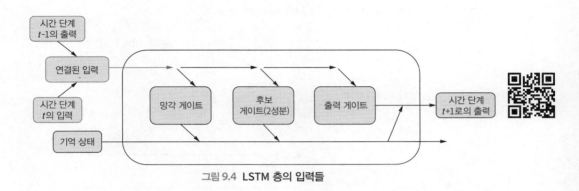

그림 9.4 **LSTM 층의 입력들**

세포를 통과하는 '여정'은 단선 경로가 아니라 분기가 있는 복선 경로이다. 정보는 세포 안에서 여러 경로로 나아가다 결국에는 하나로 합쳐져서 세포 밖으로 출력된다.

입력 견본의 한 토큰을 표현하는 300차원 벡터가 LSTM 세포에 입력된다. 그 벡터는 이전 시간 단계에서 출력된 벡터(첫 시간 단계의 경우에는 영벡터)와 연결된다. 지금 예에서는 300차원 벡터와 50차원 벡터를 연결하므로, 성분이 300+50개인 벡터가 된다. 그리고 많은 경우 여기에 치우침 항에 해당하는 성분 하나가 추가된다. 그런데 치우침 항은 항상 값이 1이므로(가중치는 학습 대상이지만), 도식에서 입력 벡터를 표현할 때는 간결함을 위해 치우침 항을 생략할 때가 많다.

첫 분기점에서, 연결된 입력 벡터의 한 복사본이 망각 게이트(forget gate)에 입력된다(그림 9.5). 망각 게이트의 목표는 이름 그대로 기억을 얼마나 잊을('망각') 것인지를 배우는 것이다. 여기서 기억을 잊는다는 것은 세포의 기억 상태 성분 중 일부를 지우는(0으로 초기화) 것을 말한다. 그런데 장단기 기억망의 장점은 뭔가를 기억하는 능력이 아니었던가? 뭔가를 잊는 게이트가 왜 필요할까?

알고 보면, 뭔가를 잊는 것은 뭔가를 기억하는 것만큼이나 중요하다. 어떤 문장을 읽어 나가는 과정에서 우리는 텍스트의 특정 정보 조각을 기억해 두었다가 이후의 문장 성분을 해석하는 데 활용한다. 예를 들어 주어가 단수형인지 복사형인지에 관한 정보는 이후 나오는 술어(동사)의 활용형이 정확한지 판단하는 근거가 된다. 또한 로망스어 계열의 여러 언어에는 명사에 성별(gender)이 있다. 그러한 정보 역시 문장의 나머지 부분을 이해할 때 단서가 된다. 그런

데 자연어 텍스트로부터 추출한 입력 견본들은 문구, 문장, 문서 같은 일정한 단위들로 나뉘기 마련이며, 입력 견본이 달라지면 잊어야 할 것이 생긴다. 예를 들어 지금 문장의 주어가 복수형이라는 정보는 그다음 문장의 술어와는 무관하므로, 지금 문장의 처리를 마쳤다면 그런 정보는 잊어야 한다. 다음 예문을 보자.

A thinker sees his own actions as experiments and questions—as attempts to find out something. Success and failure are for him answers above all.

—프리드리히 니체Friedrich Nietzsche

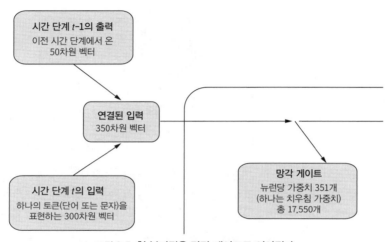

그림 9.5 첫 분기점은 망각 게이트로 이어진다.

인용문 첫 문장의 술어 "sees"는 기본형 동사 "see"를 단수형 주어 "thinker"에 맞게 활용한 것이다. 마찬가지로, 둘째 문장의 술어 "are"는 기본형 "be"를 복수형 주어 "Success and failure"에 맞게 활용한 것이다. 만일 "be"를 첫 문장의 주어에 맞춘다면 활용형은 "is"가 된다. 이런 오류를 피하려면 LSTM은 한 순차열 안의 장기 의존 관계들을 유지할 뿐만 아니라, 순차열이 바뀌었을 때 기존의 장기 의존 관계들을 버리는 능력도 갖추어야 한다. 망각 게이트가 하는 일이 그것이다. 다른 말로 하면, 망각 게이트는 LSTM 세포에 현재 문맥과 관련이 있는 기억, 즉 유관(relevant) 기억이 들어갈 자리를 마련하는 역할을 한다.

물론 신경망(순환 신경망이든, 장단기 기억망이든)에 이런 식으로 자연어 단어들을 직접 처리하지는 않는다. 신경망은 입력 견본의 토큰을 표현하는 벡터에 곱했을 때 신경망의 최종적인 오차가 최소화되는 가중치들의 집합과 LSTM 세포의 성분들을 구하려 할 뿐이다. 그런데도 놀랍게도 결국에는 사람에게 의미 있는 결과가 산출된다. 놀라는 것은 이 정도로 하고, 다시 뭔가를 잊는 문제로 돌아가자.

    망각 게이트 자체(그림 9.6)는 그냥 하나의 순방향 신경망이다. 이 게이트는 n개의 뉴런으로 구성되며, 입력 벡터의 차원이 m이라 할 때 뉴런당 가중치는 $m+n+1$개이다(1은 치우침 가중치). 망각 게이트의 활성화 함수는 S자형 함수이다. 따라서 각 뉴런은 0에서 1까지의 값을 출력한다.

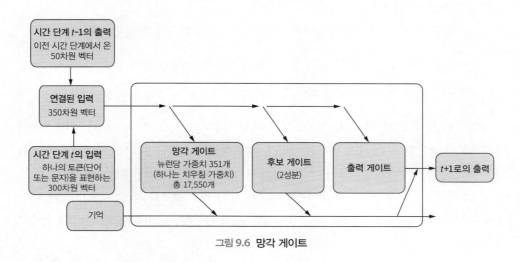

그림 9.6 **망각 게이트**

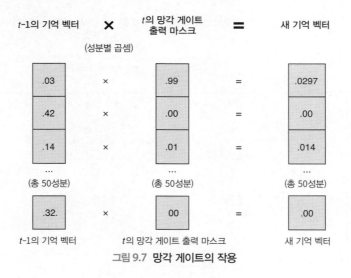

그림 9.7 **망각 게이트의 작용**

    각 뉴런의 출력으로 이루어진 망각 게이트의 출력 벡터를 일종의 마스크^{mask}로 간주할 수 있다. 출력 벡터의 한 성분이 1에 가까울수록 그 성분에 대응되는 기억 벡터의 성분이 많이 유지되고, 0에 가까울수록 많이 삭제된다(그림 9.7).

뭔가를 능동적으로 잊는 능력은 이제 갖추어졌다. 그러나 장단기 기억망의 이름이 부끄럽지 않으려면 뭔가를 능동적으로 기억하는 능력이 필요할 것이다. 뭔가를 기억하기 위한 요소는 **후보 게이트**(candidate gate)이다. 이 게이트도 망각 게이트처럼 작은 신경망을 이용해서 기억 벡터의 성분을 강화한다. 어떤 성분을 얼마나 강화하는지는 지금까지의 입력과 이전 시간 단계의 출력에 의존한다.

후보 게이트는 두 개의 내부 신경망을 이용해서 두 가지 일을 수행한다.

1. 입력 벡터에서 기억할 가치가 있는 성분들을 결정한다(망각 게이트의 마스크와 비슷한 방식으로).
2. 기억된 입력 성분들을 적절한 기억 '슬롯'으로 보낸다.

후보 게이트의 첫 신경망은 활성화 함수가 S자형 함수이다. 이 신경망의 목표는 기억 벡터의 어떤 성분들을 강화할 것인지를 배우는 것이다. 이 신경망의 출력은 망각 게이트의 출력 마스크와 비슷하되, 망각(삭제)할 성분들이 아니라 강화(유지)할 성분들을 선택한다는 점이 다르다.

후보 게이트의 둘째 신경망은 기억 벡터의 성분들을 어떤 값으로 갱신할 것인지 결정한다. 둘째 부분의 신경망은 −1에서 1의 값을 출력하는 *tanh* 함수(쌍곡탄젠트 함수)를 활성화 함수로 사용한다.

후보 게이트는 이 두 신경망의 출력 벡터들을 성분별로 곱하고, 거기에 기억 벡터를 성분별로 더한다(그림 9.8). 결과적으로 장단기 기억망은 새로운 세부 사항을 기억하게 된다.

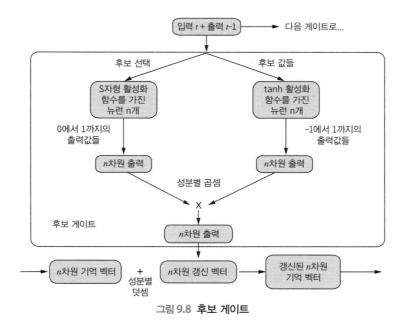

그림 9.8 **후보 게이트**

이 게이트는 어떤 성분들을 갱신할 것인지와 그 성분들을 얼마나 갱신할 것인지를 동시에 학습한다. 마스크와 갱신량을 더한 것이 새 기억 벡터(기억 상태)이다. 망각 게이트처럼 후보 게이트도 먼저 부적절한 정보를 삭제하고 그 나머지 정보를 세포의 기억 상태에 더한다.

결과적으로 오래된, 아마도 문맥과 무관한 정보는 잊히고 새로운 정보가 기억된다. 후보 게이트를 통과한 기억 벡터는 LSTM 세포의 마지막 게이트인 **출력 게이트**(output gate)에 진입한다.

출력 게이트 이전의 게이트들은 LSTM 세포의 상태(기억 벡터)만 갱신했다. 출력 게이트는 전체 신경망에 실제로 영향을 미친다. 출력 게이트는 원래의 입력(시간 단계 t의 입력 토큰과 시간 단계 $t-1$의 LSTM 세포 출력을 연결한 것)의 복사본을 받는다.

출력 게이트는 연결된 입력 벡터의 성분들에 n개의 가중치를 곱하고 S자형 활성화 함수를 적용해서 하나의 n차원 부동소수점 벡터를 산출한다. 출력 계산 방식 자체는 단순 순환 신경망의 출력층과 동일하다. 그러나 이것이 출력 게이트의 최종 출력은 아니다.

출력 게이트의 최종 출력은 지금까지 구축한 기억에 의해 **선별**된다. 이를 위해, 이전 게이트들에서 갱신된 기억 벡터로부터 또 다른 마스크를 생성한다. 이 마스크도 일종의 게이트이지만, LSTM 세포의 다른 게이트들과는 달리 학습된 매개변수들이 없으므로 게이트라고 부르지는 않는다.

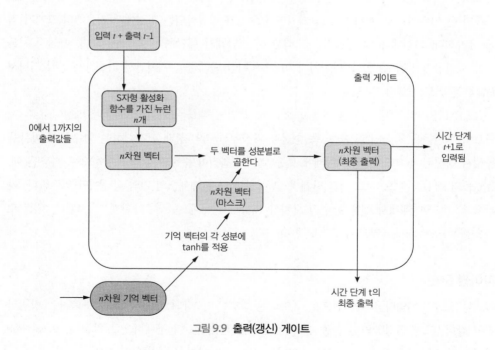

그림 9.9 **출력(갱신) 게이트**

이 마스크는 기억 벡터의 각 성분에 tanh 함수를 적용해서 만들어낸다. 따라서 마스크는 각 성분이 –1에서 1까지의 부동소수점 값인 n차원 벡터이다. 이 벡터를 앞에서 말한 출력 벡터(S자형 함수로 얻은)와 성분별로 곱한 것이 출력 게이트의 최종 출력 벡터이자, 시간 단계 t에서의 이 세포 전체의 출력이다(그림 9.9).

> **팁** 보통의 순환층의 출력처럼 LSTM 세포의 출력은 그 은닉층의 출력(시간 단계 t에서의)임과 동시에 시간 단계 $t+1$의 입력임을 주의하기 바란다.

이상이 시간 단계 t의 입력 토큰과 시간 단계 $t-1$의 출력을 연결한 입력이 주어졌을 때 LSTM 세포가 지금까지 입력 순차열에서 배운 것들에 기초해서 버릴 것을 버리고 강조할 것을 강조해서 시간 단계 t의 출력을 만들어내는 과정이다.

9.1.1 시간에 대한 역전파

다른 신경망처럼 장단기 기억망의 학습에도 역전파 알고리즘이 쓰인다. 여기서 잠깐, 우리가 더 복잡한 신경망을 도입해서까지 풀고자 했던 문제가 무엇인지 되짚어보자. 단순 순환 신경망에서는 기울기 소실 문제가 발생하기 쉽다. 임의의 시간 단계에서 미분(기울기)이 가중치들 자체의 한 인수이므로, 시간 단계를 거치면서 오차가 역전파되는 과정에서 기울기의 크기가 점점 작아진다. 그런데 순환 신경망은 그러한 시간 단계가 대단히 많을 수 있으며, 따라서 기울기가 사실상 0이 될 수 있다. 마찬가지 이유로, 시간 단계들을 거치면서 기울기가 점점 커져서 **폭발**하는 일도 발생할 수 있다.

LSTM의 기억 상태는 이런 기울기 소실 및 폭발 문제를 완화한다. 역전파 과정에서 각 게이트의 뉴런들은 자신의 함수들, 즉 순전파 과정에서 기억 상태를 갱신하는 함수들의 미분을 통해서 갱신된다. 임의의 시간 단계에 보통의 연쇄 법칙이 순전파의 반대 방향으로 적용될 때, 뉴런들의 갱신량은 오직 그 시간 단계와 그 이전 시간 단계에서의 기억 상태에만 의존한다. 따라서 각 시간 단계에서 전체 함수의 오차가 해당 뉴런들에 좀 더 "가깝게" 유지된다. 이를 오차 회전기(error carousel)라고 부르기도 한다.

파이썬 구현

이러한 장단기 기억망을 파이썬으로 구축하는 방법은 제7장의 단순 RNN을 구축하는 방법과 거의 같다. 그냥 신경망의 순환층 종류만 바꾸면 된다. 좀 더 구체적으로 말하면, SimpleRNN 대신 LSTM으로 순환층을 추가하면 나머지는 케라스가 알아서 처리한다.

자료 집합과 그 전처리 과정은 이전과 동일하다. 이전에 정의해 둔 함수들을 이용해서 영화평 말뭉치를 토큰화하고 word2vec으로 내장(벡터화)하고 모든 견본을 400토큰 길이로 정규화하면 된다(목록 9.2).

목록 9.2 영화평 말뭉치의 적재 및 전처리

```
>>> import numpy as np

>>> dataset = pre_process_data('./aclimdb/train')     ←——| 말뭉치 자료를 수집, 전처리한다.
>>> vectorized_data = tokenize_and_vectorize(dataset)
>>> expected = collect_expected(dataset)
>>> split_point = int(len(vectorized_data) * .8)

>>> x_train = vectorized_data[:split_point]     ←——|  자료 집합을 훈련 집합과
>>> y_train = expected[:split_point]                    시험 집합으로 분할한다.
>>> x_test = vectorized_data[split_point:]
>>> y_test = expected[split_point:]
                                                        배치의 크기. 이 개수만큼의 견본
                                                        들을 처리한 후에야 비로소 오차를
>>> maxlen = 400     ←——| 초매개변수들을 정의한다.     역전파해서 가중치들을 갱신한다.
>>> batch_size = 32     ←—
>>> embedding_dims = 300     ←——| 장단기 기억망에 입력할 한 토큰 벡터의 길이(차원 수)
>>> epochs = 2

>>> x_train = pad_trunc(x_train, maxlen)     ←——| 모든 견본의 길이를 일정하게 맞춘다.
>>> x_test = pad_trunc(x_test, maxlen)
>>> x_train = np.reshape(x_train,
...     (len(x_train), maxlen, embedding_dims))     ←——| 적절한 형태의 NumPy
>>> y_train = np.array(y_train)                           자료 구조로 변환한다.
>>> x_test = np.reshape(x_test, (len(x_test), maxlen, embedding_dims))
>>> y_test = np.array(y_test)
```

다음으로, SimpleRNN 대신 LSTM을 이용해서 장단기 기억망을 구축한다(목록 9.3).

목록 9.3 케라스 LSTM 망 구축

```
>>> from keras.models import Sequential
>>> from keras.layers import Dense, Dropout, Flatten, LSTM
>>> num_neurons = 50
>>> model = Sequential()
>>> model.add(LSTM(num_neurons, return_sequences=True,
...             input_shape=(maxlen, embedding_dims)))     ←——| 구체적인 구현은
Keras makes the implementation easy.                            케라스에 숨겨져 있다.
>>> model.add(Dropout(.2))                                  뉴런 하나로 된 밀집 출력층.
>>> model.add(Flatten())     ←——|LSTM 층의 출력을 평탄화한다.   0에서 1까지의 부동소수점 값을 출력한다.
>>> model.add(Dense(1, activation='sigmoid'))     ←—
>>> model.compile('rmsprop', 'binary_crossentropy',  metrics=['accuracy'])
>>> model.summary()
Layer (type)                    Output Shape                    Param #
=================================================================
```

```
lstm_2 (LSTM)                  (None, 400, 50)         70200
_____
dropout_2 (Dropout)            (None, 400, 50)         0
_____
flatten_2 (Flatten)            (None, 20000)           0
_____
dense_2 (Dense)                (None, 1)               20001
=================================================================
Total params: 90,201.0
Trainable params: 90,201.0
Non-trainable params: 0.0
```

이제 이전 장들에서 했던 것처럼 모형을 훈련하고(목록 9.4) 저장한다(목록 9.5).

목록 9.4 LSTM 모형의 훈련

```
>>> model.fit(x_train, y_train,    ◄———| 모형을 훈련한다.
...           batch_size=batch_size,
...           epochs=epochs,
...           validation_data=(x_test, y_test))
Train on 20000 samples, validate on 5000 samples
Epoch 1/2
20000/20000 [==============================] - 548s - loss: 0.4772 -
acc: 0.7736 - val_loss: 0.3694 - val_acc: 0.8412
Epoch 2/2
20000/20000 [==============================] - 583s - loss: 0.3477 -
acc: 0.8532 - val_loss: 0.3451 - val_acc: 0.8516
<keras.callbacks.History at 0x145595fd0>
```

목록 9.5 이후 용도를 위해 저장

```
>>> model_structure = model.to_json()    ◄——    앞의 과정을 매번 반복하지 않도록
>>> with open("lstm_model1.json", "w") as json_file:    모형의 구조와 가중치들을 저장한다.
...     json_file.write(model_structure)

>>> model.save_weights("lstm_weights1.h5")
```

fit() 메서드의 출력을 보면, 검증 정확도가 같은 자료 집합에 대한 제8장의 단순 순환 신경망보다 훨씬 뛰어나다. 이는 토큰들의 관계가 중요한 NLP 과제에서 기억 능력이 있는 신경망이 모형의 성과를 얼마나 개선해 주는지 보여주는 좋은 예이다. LSTM 알고리즘의 미덕은 주어진 토큰들의 관계를 배운다는 데 있다. 장단기 기억망은 그런 관계들을 개발자가 지정한 비용함수의 맥락에서 모형화할 수 있다.

지금 예에서 비용함수는 신경망이 영화평의 긍정적 감정 또는 부정적 감정을 얼마나 정확하게 식별했는지를 말해 준다. 물론 좀 더 본격적인 자연어 처리 과제에서는 이보다 범위가 훨

씬 넓은 문제를 다룬다. 예를 들어 유머, 냉소, 분노 같은 개념을 모형화하려면 어떻게 해야 할까? 한 신경망이 그런 것들을 동시에 모형화할 수도 있을까? 이것이 더 많은 연구가 필요한 주제임은 분명하다. 그러나 각 개념을 개별적으로 모형화하는 것은, 비록 사람이 일일이 분류명을 붙인 대량의 자료가 필요하겠지만, 충분히 가능한 일이다(특히, 그런 자료가 점점 더 많이 공개되고 있다는 점도 중요하다). 그런 종류의 개별 개념(감정) 분류기들을 하나의 파이프라인에 배치해서 더 복잡한 문제를 해결하는 것도 완벽하게 합당한 전략이다.

9.1.2 예제 문장으로 모형을 시험

이제부터 재미있는 부분이 시작된다. 훈련된 모형에 여러 예제 문구를 입력해서 모형이 어떤 답을 내놓는지 살펴보기 바란다. 특히, 교묘한 문구(예를 들어 행복한 단어를 부정적인 문맥에서 사용하는 등)로 모형을 속여 보면 재미있을 것이다. 또한, 긴 문장과 짧은 문장, 모순되는 문장들도 시험해 보라. 목록 9.6과 9.7에 간단한 예가 있다.

목록 9.6 LSTM 모형 불러오기

```
>>> from keras.models import model_from_json
>>> with open("lstm_model1.json", "r") as json_file:
...     json_string = json_file.read()
>>> model = model_from_json(json_string)
>>> model.load_weights('lstm_weights1.h5')
```

목록 9.7 예제 문장으로 모형을 시험

```
>>> sample_1 = """I hate that the dismal weather had me down for so long,
...    when will it break! Ugh, when does happiness return?  The sun is
...    blinding and the puffy clouds are too thin. I can't wait for the
...    weekend."""

>>> vec_list = tokenize_and_vectorize([(1, sample_1)])

>>> test_vec_list = pad_trunc(vec_list, maxlen)

>>> test_vec = np.reshape(test_vec_list,
...                     (len(test_vec_list), maxlen, embedding_dims))

>>> print("Sample's sentiment, 1 - pos, 2 - neg : {}"\
...     .format(model.predict_classes(test_vec)))
1/1 [==============================] - 0s
Sample's sentiment, 1 - pos, 2 - neg : [[0]]

>>> print("Raw output of sigmoid function: {}"\
...     .format(model.predict(test_vec)))
Raw output of sigmoid function: [[ 0.2192785]]
```

견본 문서와 함께 1이라는 값으로 튜플을 만들어서 입력한 것은 단지 이 함수(목록 7.4)가 사용하는 토큰화 함수의 요구 때문이다. 1은 그냥 의미 없는 값이며, 신경망의 처리에는 포함되지 않는다.

토큰열들(여기서는 단 하나)을 최대 길이(maxlen)에 맞게 절단 또는 증강한다.

이런 식으로 여러 예제 문장을 시험하는 과정에서 이산적인 감정 분류 결과뿐만 아니라 S자형 함수의 원본 출력값도 살펴보기 바란다. predict_class() 메서드와는 달리 predict() 메서드는 S자형 활성화 함수의 원래 값, 즉 문턱값을 적용하기 전의 부동소수점 수치(0에서 1까지의)를 돌려준다. predict_class() 메서드는 그 수치가 0.5(문턱값)보다 크면 긍정적 분류 결과 (1), 그렇지 않으면 부정적 결과(0)로 해석한다. predict()의 원본 수치를 보면 각 예제 문장에 대해 모형이 자신의 예측 결과를 어느 정도 확신하는지도 알 수 있으며, 그러한 정보는 모형을 점검하고 개선하는 데 도움이 된다.

또한, 모형이 잘못 분류한(긍정적 문장을 부정적이라고 예측하거나 부정적 문장을 긍정적으로 예측한) 견본들도 유심히 볼 필요가 있다. 만일 S자형 함수의 값이 0.5에 가깝다면, 해당 문장에 대해 모형이 그냥 동전을 던져서 결과를 결정한 것이라 할 수 있다. 해당 문장을 살펴보고 어떤 부분이 애매한지 파악하되, 사람이 아니라 컴퓨터의 관점에서, 다시 말해 사람의 직관과 상식에 의존하지 말고 통계학적으로 문장을 살펴보기 바란다. 모형이 이전에 "살펴본" 문장들에 자주 나오지 않은 단어가 현재 문장에 있는가? 그런 단어들이 말뭉치 전체에서 드문가, 아니면 단어 내장을 위해 언어 모형을 훈련하는 데 쓰인 말뭉치에서 드문가? 견본의 모든 단어가 모형의 어휘에 들어 있는가?

모형이 오분류한 견본들과 관련된 통계량과 확률을 이런 식으로 조사하는 것은 기계 학습에 관한 직관과 통찰을 키우는 데 도움이 되며, 따라서 나중에 더 나은 NLP 파이프라인을 구축하는 데 도움이 된다. 이런 조사와 분석은 모형 조율 문제를 위해 인간의 두뇌에 대해 역전파를 수행하는 것에 해당한다.

9.1.3 더러운 자료

이전에 본 신경망들보다 더 강력한 장단기 기억망 모형은 조율할 초매개변수들도 많다. 그러나 일단 지금은 걸음을 멈추고 자료 자체로 돌아가자. 이번 장의 예제들은 이전 장들과 정확히 동일한 자료를 정확히 동일한 방식으로 전처리해서 사용한다. 이는 같은 자료에 대한 서로 다른 모형들의 차이를 객관적으로 가늠하기 위한 것이지만, 이 때문에 자료의 무결성을 어느 정도 훼손할 수밖에 없었던 것도 사실이다. 좀 더 직접적으로 말하면, 우리는 자료를 더럽혔다.

합성곱 신경망에서는 각 견본을 절단하거나 증강해서 길이가 딱 400토큰이 되게 만드는 것이 중요했는데, 이는 합성곱 필터들이 항상 일정한 길이의 벡터를 "훑게" 하기 위한 것이자 합성곱 층이 항상 일정한 길이의 벡터를 출력하게 하기 위한 것이었다. 신경망 끝에 있는 출력 층(완전 연결 순방향 층)을 위해서는 합성곱 층이 항상 일정한 길이의 벡터를 출력해야 한다.

제8장과 이번 장의 순환 신경망들(단순 순환 신경망과 장단기 기억망 모두) 역시, 분류를 위한 순방향 층에 입력할 수 있도록 고정 길이 **생각 벡터**(thought vector; 또는 사고 벡터)를 산출했다. 생각 벡터처럼 어떤 대상을 고정된 길이의 벡터로 표현한 것을 **내장**(embedding)이라고 부르기도 한다. 생각 벡터의 길이가 일정하다는 것은 순환층을 펼치는 시간 단계의 수(토큰 개수)가 일정하다는 뜻이다. 순환층을 펼치는 시간 단계 수를 400으로 잡은 것이 잘한 일이었을까? 이를 가늠하기 위해 몇 가지 수치를 뽑아보자(목록 9.8).

목록 9.8 생각 벡터 크기의 최적화

```
>>> def test_len(data, maxlen):
...     total_len = truncated = exact = padded = 0
...     for sample in data:
...         total_len += len(sample)
...         if len(sample) > maxlen:
...             truncated += 1
...         elif len(sample) < maxlen:
...             padded += 1
...         else:
...             exact +=1
...     print('Padded: {}'.format(padded))
...     print('Equal: {}'.format(exact))
...     print('Truncated: {}'.format(truncated))
...     print('Avg length: {}'.format(total_len/len(data)))

>>> dataset = pre_process_data('./aclimdb/train')
>>> vectorized_data = tokenize_and_vectorize(dataset)
>>> test_len(vectorized_data, 400)
Padded: 22559
Equal: 12
Truncated: 2429
Avg length: 202.4424
```

입력 견본들의 평균 길이(토큰 수)가 약 202라는 점을 생각하면 400은 확실히 과하다(이 분석을 먼저 했어야 했다). 이 점을 고려해서, maxlen을 200으로 줄여서 장단기 기억망을 다시 훈련해 보자(목록 9.9, 9.10, 9.11).

목록 9.9 LSTM 초매개변수 최적화

```
>>> import numpy as np
>>> from keras.models import Sequential
>>> from keras.layers import Dense, Dropout, Flatten, LSTM
>>> maxlen = 200    ◄──────
>>> batch_size = 32
>>> embedding_dims = 300                  토큰열 최대 길이를 200으로 줄인 것 빼고
>>> epochs = 2                            나머지 모든 코드는 이전과 같다.
```

```
>>> num_neurons = 50
>>> dataset = pre_process_data('./aclimdb/train')
>>> vectorized_data = tokenize_and_vectorize(dataset)
>>> expected = collect_expected(dataset)
>>> split_point = int(len(vectorized_data)*.8)
>>> x_train = vectorized_data[:split_point]
>>> y_train = expected[:split_point]
>>> x_test = vectorized_data[split_point:]
>>> y_test = expected[split_point:]
>>> x_train = pad_trunc(x_train, maxlen)
>>> x_test = pad_trunc(x_test, maxlen)
>>> x_train = np.reshape(x_train, (len(x_train), maxlen, embedding_dims))
>>> y_train = np.array(y_train)
>>> x_test = np.reshape(x_test, (len(x_test), maxlen, embedding_dims))
>>> y_test = np.array(y_test)
```

목록 9.10 좀 더 적당한 크기의 장단기 기억망 구축

```
>>> model = Sequential()
>>> model.add(LSTM(num_neurons, return_sequences=True,
...                 input_shape=(maxlen, embedding_dims)))
>>> model.add(Dropout(.2))
>>> model.add(Flatten())
>>> model.add(Dense(1, activation='sigmoid'))
>>> model.compile('rmsprop', 'binary_crossentropy', metrics=['accuracy'])
>>> model.summary()
Layer (type)                 Output Shape              Param #
=================================================================
lstm_1 (LSTM)                (None, 200, 50)           70200

_____
dropout_1 (Dropout)          (None, 200, 50)           0

_____
flatten_1 (Flatten)          (None, 10000)             0

_____
dense_1 (Dense)              (None, 1)                 10001
=================================================================
Total params: 80,201.0
Trainable params: 80,201.0
Non-trainable params: 0.0
```

목록 9.11 더 작은 장단기 기억망의 훈련

```
>>> model.fit(x_train, y_train,
...           batch_size=batch_size,
...           epochs=epochs,
...           validation_data=(x_test, y_test))
Train on 20000 samples, validate on 5000 samples
Epoch 1/2
20000/20000 [==============================] - 245s - loss: 0.4742 -
acc: 0.7760 - val_loss: 0.4235 - val_acc: 0.8010
```

```
Epoch 2/2
20000/20000 [==============================] - 203s - loss: 0.3718 -
acc: 0.8386 - val_loss: 0.3499 - val_acc: 0.8450

>>> model_structure = model.to_json()
>>> with open("lstm_model7.json", "w") as json_file:
...     json_file.write(model_structure)

>>> model.save_weights("lstm_weights7.h5")
```

훈련이 훨씬 빨리 끝났지만, 검증 집합 정확도는 85.16%에서 84.5%로 조금 떨어졌다. 견본 길이가 절반이 되었으므로 순방향으로 계산할 시간 단계들과 역방향으로 오차를 전파할 시간 단계들이 절반이 되었으며, 그래서 전체적인 훈련 시간이 절반 이상으로 감소했다. 계산해야 할 LSTM 시간 단계들과 순방향 층이 학습해야 할 가중치들이 절반이 되었으며, 무엇보다도 역전파가 첫 시간 단계로 도달하는 거리가 절반이 되어서 계산량이 크게 줄었다.

그러나 정확도는 오히려 조금 낮아졌다. 200차원 모형은 400차원 모형보다 과대적합이 덜 할 것이므로 더 잘 일반화되어야 하지 않을까? 정확도가 개선되지 않은 주된 이유는 두 모형 모두 드롭아웃 층(케라스의 Dropout)이 있기 때문이다. 두 모형 모두 애초에 드롭아웃 층이 과대적합을 줄여 주기 때문에 과대적합 방지에 대한 입력 차원 감소의 효과가 별로 없었고, 입력 차원 감소에 의한 자유도 감소 또는 가중치 갱신 횟수 감소가 정확도에 악영향을 미쳤다고 할 수 있다.

복잡한 패턴을 학습하는 신경망의 마법 같은 능력이 너무 놀랍다 보니, 잘 설계된 신경망은 잡음과 체계적 편향을 폐기하는 방법을 배우는 데에도 능숙하다는 점을 잊기 쉽다. 지금까지의 예제들에서 우리는 짧은 견본들에 영벡터들을 채움으로써 상당히 큰 편향을 자료에 도입했다. 입력이 영벡터라고 해도 각 노드의 치우침 항 때문에 여전히 어느 정도의 신호가 생기긴 한다. 그러나 훈련이 진행되면 신경망은 그런 성분들을 폐기하고(해당 가중치를 0으로 만들어서) 의미 있는 정보를 담은 부분에 집중하게 된다.

정리하자면, 크기를 줄인 장단기 기억망은 더 많은 것을 배우는 것이 아니라 더 빨리 배울 뿐이다. 그러나 이 논의에서 한 가지만 기억해야 한다면, 그것은 바로 시험용 입력 견본의 길이와 훈련용 입력 견본의 길이가 조화를 이루어야 한다는 점이다. 만일 훈련 집합이 수백 토큰 길이의 견본들로 이루어져 있다면, 3토큰짜리 시험용 견본에 토큰 997개를 채워서 신경망을 시험해서 좋은 결과를 얻기는 어렵다. 그 반대도 마찬가지이다. 1000토큰 견본들을 3토큰 길이로 절단하면 작고 불쌍한 우리의 모형이 곤란을 겪을 수밖에 없다. 장단기 기억망은 그런 자료도 최대한 활용하긴 하지만, 어쨌든 장단기 기억망을 실험하고 조율할 때는 이 점을 주의하기 바란다.

9.1.4 다시 더러운 자료로 돌아가서

자료 처리에서 가장 큰 죄악은 아마도 미지의 토큰을 폐기하는 것일 것이다. 여기서 '미지 (unnknown)'의 토큰이란 미리 훈련된 word2vec 모형에 없는 토큰을 말한다. 사실 미지의 토큰은 대단히 많다. 그런 토큰들을 무조건 폐기하면 문제가 생길 수 있다. 특히 단어열(단어들의 순차열)들을 모형화하는 경우에는 더욱더 그렇다.

다음과 같은 부정적 영화평을 생각해 보자.

I don't like this movie.

만일 word2vec 어휘에 "don't"라는 단어가 없어서 신경망이 이 단어를 폐기해 버리면 문장의 의미가 뒤집힌다.

I like this movie.

물론 영어 말뭉치로 훈련한 word2vec 내장의 어휘에 "don't"가 없을 리는 없겠지만, 어휘에 모든 단어가 포함된 것은 아니며, 특히 여러분의 응용에 중요한 단어들이 빠져 있을 수도 있다. 미지의 토큰을 폐기하는 것도 유효한 전략이긴 하지만, 다른 방법들도 존재한다. 예를 들어 말뭉치의 모든 토큰에 대해 단어 벡터가 존재하는 기존 단어 내장을 구하거나 새로 훈련할 수도 있다. 그렇지만 그런 단어 내장을 만들려면 비용이 너무 많이 들기 때문에, 이 방법은 사실상 불가능하다고 할 수 있다.

다행히 계산 요구량이 비현실적으로 높지는 않으면서 꽤 괜찮은 결과를 내는 접근 방식들이 있다. 흔히 쓰이는 두 가지는 기본적으로 미지의 토큰을 새로운 벡터 표현으로 대체한다. 첫 접근 방식은 단어 벡터가 없는 토큰에 대해 기존 모형에서 무작위로 벡터 하나를 선택해서 사용한다. 사실 사람의 관점에서는 이런 접근 방식이 전혀 말이 되지 않는다.

예를 들어 다음은 "defenestrated"와 "nonchalant"라는 흔히 쓰이지 않은 단어들이 있는 문장이다.

The man who was defenestrated, brushed himself off with a nonchalant glance back inside.

두 단어를 무작위로 다른 두 단어로 대체한다면, 다음과 같이 전혀 원래의 문장과는 의미와 느낌이 전혀 다른 문장이 나올 수 있다.

The man who was duck, brushed himself off with a airplane glance back inside.

신경망 모형은 이런 문제점을 어떻게 극복할까? 모형은 미지의 토큰들을 그냥 폐기할 때와 비숫한 방식으로 이런 문제점을 무마한다. 여기서 핵심은 신경망이 훈련 집합의 모든 문장을 명시적으로 모형화하지는 않는다는 것이다. 목표는 훈련 집합을 잘 대표하는 일반화된 언어 모형을 만들어내는 것이다. 따라서 훈련 자료에 이런 '이상치(outlier)'들이 존재한다고 해도, 모형이 전체 말뭉치에서 지배적인 패턴들을 학습하는 데는 큰 장애가 되지 않을 때가 많다.

이보다 좀 더 흔히 쓰이는 또 다른 접근 방식은 단어 벡터 어휘에 없는 모든 토큰을 하나의 특별한 토큰으로 대체하는 것이다. 그 토큰을 흔히 unknown(미지)을 줄인 "UNK"로 표기한다. 이 토큰에 해당하는 벡터는 미리 훈련된 단어 내장 자체에 설정되어 있을 수도 있고 모형을 훈련하는 시점에서 무작위로 선택할 수도 있다(알려진 단어 벡터들에서 최대한 멀리 떨어진 벡터를 선택하는 것이 이상적이다).

토큰열 길이를 맞추기 위해 채워진 영벡터들과 마찬가지로, 훈련 과정에서 신경망은 이런 미지 토큰들에 주의를 빼앗기지 않고 좀 더 의미 있는 토큰들에 주목하는 방법을 배우게 된다.

9.1.5 단어보다 글자가 쉽다

단어에는 뜻이 있다. 이 점은 모두가 동의한다. 따라서 단어를 기본 구축 단위로 삼아서 자연어를 모형화하는 것은 당연한 일로 보인다. 그리고 그런 언어 모형으로 의미나 감정, 의도 등을 서술할 때 단어를 기본 단위, 즉 일종의 '원자'로 두어서 서술하는 것 역시 자연스럽다. 그러나 단어는 원자가 아니다. 하나의 단어가 여러 단어로 이루어질 때가 있으며, 그런 개별 단어는 어간, 음소 등의 더 작은 단위로 구성된다. 그리고 그러한 더 작은 단위들은 궁극적으로 글자(letter) 또는 문자(character)들로 이루어진다.

언어 모형을 만들 때는 문자 수준에서도 많은 의미가 숨어 있음을 간과하지 말아야 한다. 영어에서 강세, 두운, 각운 같은 것들은 모두 문구를 문자 수준으로 분해해야 모형화할 수 있다. 사람은 그렇게까지 하지 않아도 그런 패턴들을 직관적으로 인식하지만, 그러한 직관 뒤에는 상당히 복잡한 메커니즘이 작동하고 있으며, 그것을 컴퓨터에 알려주기란 그리 쉽지 않은 일이다(그리고 그것이 바로 여러분이 이 책을 읽는 이유이다). 그런 패턴들의 다수는 텍스트 자체에 내재하며, 우리는 문장을 눈으로 훑으면서 이미 본 문자 다음에 어떤 문자가 오느냐에 따라 그런 패턴을 인식한다.

이러한 문자 수준의 모형화에는 빈칸이나 쉼표, 마침표도 의미 있는 토큰이 된다. 그리고 개별 문자 수준으로 문장을 토큰화해서 신경망을 훈련하면 신경망은 그런 저수준 패턴들을 학습하게 된다. 예를 들어 특정 개수의 음절 다음에 어떤 접미사가 여러 번 출현하는 패턴을 발견한 모형은 그것이 아마도 각운(rhyme)일 것이라고, 즉 어떤 의미(이를테면 명랑함, 조롱 등)를 담은 접미사 패턴일 것이라고 추측한다. 훈련 집합이 충분히 크다면 그런 패턴들이 두드러지게 된다. 그리고 영어를 비롯한 대부분의 언어에서 글자 수는 단어 수보다 훨씬 적으므로, 문자 수준 모형화는 단어 수준 모형화보다 입력의 다양성이 훨씬 작다.[역1]

그러나 문자 수준에서 모형을 훈련하기란 쉽지 않다. 문자 수준에서 발견되는 패턴과 장기 의존 관계는 그 양태가 대단히 다양하다. 그런 패턴들을 발견할 수는 있어도, 일반화는 잘 안 될 수 있다. 그럼 이전과 같은 영화평 자료 집합에 장단기 기억망을 문자 수준에서 적용해 보자. 일단은 이전과 같은 방식으로 자료를 전처리하고 분류명들을 추출한다. 잠시 후에 자료를 문자 수준 모형화에 맞게 좀 더 다듬을 것이다.

목록 9.12 **자료 준비**

```
>>> dataset = pre_process_data('./aclimdb/train')
>>> expected = collect_expected(dataset)
```

다음으로, 이전과는 달리 입력 최대 길이(순환층을 펼칠 거리)를 임의로 설정하는 대신 통계에 근거해서 설정하기로 하자. 이를 위해 입력 견본(영화평)들의 평균 문자 수를 구한다(목록 9.13).

목록 9.13 **평균 견본 길이 계산**

```
>>> def avg_len(data):
...     total_len = 0
...     for sample in data:
...         total_len += len(sample[1])
...     return total_len/len(data)

>>> avg_len(dataset)
1325.06964
```

잠시 후에 이 평균을 반영한 수치를 입력 최대 길이로 설정할 것이다. 짐작했겠지만 이번에는 이전보다 신경망이 훨씬 많이 펼쳐지며, 훈련에 걸리는 시간도 훨씬 길어진다. 미리 누설하자면, 이번 예제의 모형은 과대적합이 심해서 정확도가 그리 높지 않다. 그래도 이 예제는 흥미로운 점들이 있으니 계속 읽어 나가기 바란다.

다음으로, 텍스트의 언어 모형과는 무관한 토큰들을 정리한다. 목록 9.13의 함수는 영문 알파벳 문자들과 몇 가지 문장 부호를 제외한 모든 문자를 제거한다. 이에 의해 특히 HTML

[역1] 안타깝게도, 한국어의 표기에 주로 쓰이는 한글의 글자 수는 영어 알파벳보다 훨씬 많기 때문에 문자 수준 모형화의 이득을 제대로 누리지 못할 가능성이 있다. 현대 한글의 자음과 모음으로 조합할 수 있는 한글 글자는 총 11172개(초성 19자×중성 21자×종성 28자)이다. 효율적인 한국어 NLP를 위해서는 문자 수준(가, 나, 다...)이 아니라 자소 수준(ㄱ, ㄴ, ..., ㅏ, ㅑ, ...) 처리가 필요할 것이다. 한글 자모 분해 및 조립 기능을 지원하는 파이썬 패키지로는 *hangul-toolkit*(https://github.com/bluedisk/hangul-toolkit)이 있다.

태그와 관련된 쓸모 없는 문자들이 제거된다. 불필요한 문자들을 이보다 더 정교하게 제거할 수도 있지만, 일단은 이 정도로 만족하자.

목록 9.14 문자 기반 모형을 위한 텍스트 정리

```
>>> def clean_data(data):
...     """각 견본의 문자들을 소문자로 변환하고 미지 토큰을 UNK로 대체해서
...     문자 목록을 만든다."""
...     new_data = []
...     VALID = 'abcdefghijklmnopqrstuvwxyz0123456789"\'?!.,:; '
...     for sample in data:
...         new_sample = []
...         for char in sample[1].lower():    ◀──── 분류명은 놔두고 영화평 텍스트만 처리한다.
...             if char in VALID:
...                 new_sample.append(char)
...             else:
...                 new_sample.append('UNK')
...         new_data.append(new_sample)
...     return new_data

>>> listified_data = clean_data(dataset)
```

유효한 문자 집합을 뜻하는 VALID 목록에 없는 모든 문자는 'UNK'로 대체한다. 이후 과정에서 이 'UNK'는 개념적으로 하나의 문자로 간주된다.

그런 다음에는 각 견본을 주어진 최대 길이(maxlen)에 맞게 절단하거나 증강한다(목록 9.15). 짧은 문장을 길게 만들 때는 'PAD'를 채워 넣는다. 이 'PAD' 역시 '하나의 문자'로 간주된다.

목록 9.15 문자들을 채우거나 절단하는 함수

```
>>> def char_pad_trunc(data, maxlen=1500):
...     """ We truncate to maxlen or add in PAD tokens """
...     new_dataset = []
...     for sample in data:
...         if len(sample) > maxlen:
...             new_data = sample[:maxlen]
...         elif len(sample) < maxlen:
...             pads = maxlen - len(sample)
...             new_data = sample + ['PAD'] * pads
...         else:
...             new_data = sample
...         new_dataset.append(new_data)
...     return new_dataset
```

maxlen의 기본값으로는 평균 문자 수보다 큰 1,500으로 잡았다. 나중에 여러분이 이 함수를 사용할 때, PAD들 때문에 잡음이 너무 많이 도입되지 않게 하려면 이 기본값을 그대로 사용하는 대신 좀 더 적절한 값을 명시적으로 지정해야 할 것이다. 최대 길이를 정할 때는 단어의 크

기를 고려하는 것이 도움이 된다. 이 예처럼 입력 견본의 문자 수를 고정하면 긴 단어가 많이 있는 견본은 간단한 단음절 단어들로만 이루어진 견본보다 과소표집(undersampling)된다. 다른 모든 기계 학습 문제와 마찬가지로, 자신의 자료 집합을 속속들이 파악하는 것이 중요하다.

이번 예제는 문장을 단어가 아니라 문자 수준으로 처리하므로 word2vec 부호화는 사용하지 않는다. 대신 문자들을 원핫 벡터로 부호화한다. 이를 위해서는 각 토큰(문자)을 정수 색인과 연관시키는 사전(dictionary) 객체가 필요하다. 목록 9.16이 그러한 사전을 생성하는 함수이다. 또한 정수 색인으로부터 토큰을 조회하기 위한 그 반대 방향의 사전도 있어야 하는데, 이에 관해서는 잠시 후에 살펴보겠다.

목록 9.16 문자 기반 모형의 '어휘' 구축

```
>>> def create_dicts(data):
...     """ Keras LSTM 예제를 수정했음"""
...     chars = set()
...     for sample in data:
...         chars.update(set(sample))
...     char_indices = dict((c, i) for i, c in enumerate(chars))
...     indices_char = dict((i, c) for i, c in enumerate(chars))
...     return char_indices, indices_char
```

이제 이 사전을 이용해서 각 입력 견본을 표현하는 토큰열을 각 토큰에 해당하는 성분만 1인 원핫 벡터들로 변환한다. 목록 9.17은 그러한 함수의 정의이고, 목록 9.18은 그 함수와 이전의 함수들을 이용해서 훈련 자료를 준비하는 코드이다.

목록 9.17 문자 수준 원핫 벡터 생성

```
>>> import numpy as np

>>> def onehot_encode(dataset, char_indices, maxlen=1500):
...     """
...     토큰열을 원핫 벡터로 부호화한다.
...
...     Args:
...         dataset   토큰열 목록
...         char_indices
...                   {key=문자, value=원호화를 위한 색인}인 사전
...         maxlen   int   각 견본의 길이
...     Return:
...         (견본 수, 토큰 수, 부호화 길이) 형태의 NumPy 배열
...     """
...     X = np.zeros((len(dataset), maxlen, len(char_indices.keys())))
...     for i, sentence in enumerate(dataset):
...         for t, char in enumerate(sentence):
...             X[i, t, char_indices[char]] = 1
```

```
...        return X ←┐ 자료 집합의 견본 개수와 같은 길이의 NumPy 배열. 각 견본은 maxlen개만큼의 토큰들로 이루어
                     │ 지며, 각 토큰은 그 토큰에 해당하는 성분만 0인 원핫 벡터(길이는 어휘의 문자 개수)이다.
```

목록 9.18 IMDB 자료의 적재 및 전처리

```
>>> dataset = pre_process_data('./aclimdb/train')
>>> expected = collect_expected(dataset)
>>> listified_data = clean_data(dataset)

>>> common_length_data = char_pad_trunc(listified_data, maxlen=1500)
>>> char_indices, indices_char = create_dicts(common_length_data)
>>> encoded_data = onehot_encode(common_length_data, char_indices, 1500)
```

다음으로, 이전에 했던 것처럼 전체 자료 집합을 훈련 집합과 시험 집합으로 나누고(목록 9.19) 문자 기반 장단기 기억망을 구축한다(목록 9.20).

목록 9.19 자료 집합을 훈련 집합(80%)과 시험 집합(20%)으로 분할

```
>>> split_point = int(len(encoded_data)*.8)

>>> x_train = encoded_data[:split_point]
>>> y_train = expected[:split_point]
>>> x_test = encoded_data[split_point:]
>>> y_test = expected[split_point:]
```

목록 9.20 문자 기반 장단기 기억망 구축

```
>>> from keras.models import Sequential
>>> from keras.layers import Dense, Dropout, Embedding, Flatten, LSTM

>>> num_neurons = 40
>>> maxlen = 1500
>>> model = Sequential()

>>> model.add(LSTM(num_neurons,
...                return_sequences=True,
...                input_shape=(maxlen, len(char_indices.keys()))))
>>> model.add(Dropout(.2))
>>> model.add(Flatten())
>>> model.add(Dense(1, activation='sigmoid'))
>>> model.compile('rmsprop', 'binary_crossentropy', metrics=['accuracy'])
>>> model.summary()
Layer (type)               Output Shape              Param #
=================================================================
lstm_2 (LSTM)              (None, 1500, 40)          13920
_____
dropout_2 (Dropout)       (None, 1500, 40)          0
_____
flatten_2 (Flatten)       (None, 60000)             0
```

```
------------------------------------------------------------
dense_2 (Dense)              (None, 1)            60001
============================================================
Total params: 73,921.0
Trainable params: 73,921.0
Non-trainable params: 0.0
```

이전보다 훈련할 매개변수의 수가 줄었다. 이전의 단어 기반 LSTM 모형은 훈련할 매개변수가
약 90,000개(입력 길이를 줄인 버전은 약 80,000개)였지만 이 문자 기반 모형은 약 74,000개밖에 되
지 않는다. 이 모형은 매개변수가 더 적으므로 훈련 시간이 줄어들 것이고, 자유도가 줄어서
과대적합이 덜 하므로 새로운 텍스트에 더 잘 일반화될 것이라고 예상할 수 있다.

그럼 이 문자 기반 LSTM 모형을 시험해 보자. 목록 9.21은 이 모형을 훈련하는 코드이고
목록 9.22는 이후 용도를 위해 저장하는 코드이다.

목록 9.21 문자 기반 장단기 기억망의 훈련

```
>>> batch_size = 32
>>> epochs = 10
>>> model.fit(x_train, y_train,
...            batch_size=batch_size,
...            epochs=epochs,
...            validation_data=(x_test, y_test))
Train on 20000 samples, validate on 5000 samples
Epoch 1/10
20000/20000 [==============================] - 634s - loss: 0.6949 -
acc: 0.5388 - val_loss: 0.6775 - val_acc: 0.5738
Epoch 2/10
20000/20000 [==============================] - 668s - loss: 0.6087 -
acc: 0.6700 - val_loss: 0.6786 - val_acc: 0.5962
Epoch 3/10
20000/20000 [==============================] - 695s - loss: 0.5358 -
acc: 0.7356 - val_loss: 0.7182 - val_acc: 0.5786
Epoch 4/10
20000/20000 [==============================] - 686s - loss: 0.4662 -
acc: 0.7832 - val_loss: 0.7605 - val_acc: 0.5836
Epoch 5/10
20000/20000 [==============================] - 694s - loss: 0.4062 -
acc: 0.8206 - val_loss: 0.8099 - val_acc: 0.5852
Epoch 6/10
20000/20000 [==============================] - 694s - loss: 0.3550 -
acc: 0.8448 - val_loss: 0.8851 - val_acc: 0.5842
Epoch 7/10
20000/20000 [==============================] - 645s - loss: 0.3058 -
acc: 0.8705 - val_loss: 0.9598 - val_acc: 0.5930
Epoch 8/10
20000/20000 [==============================] - 684s - loss: 0.2643 -
```

```
acc: 0.8911 - val_loss: 1.0366 - val_acc: 0.5888
Epoch 9/10
20000/20000 [==============================] - 671s - loss: 0.2304 -
acc: 0.9055 - val_loss: 1.1323 - val_acc: 0.5914
Epoch 10/10
20000/20000 [==============================] - 663s - loss: 0.2035 -
acc: 0.9181 - val_loss: 1.2051 - val_acc: 0.5948
```

목록 9.22 문자 기반 장단기 기억망의 저장

```
>>> model_structure = model.to_json()
>>> with open("char_lstm_model3.json", "w") as json_file:
...     json_file.write(model_structure)
>>> model.save_weights("char_lstm_weights3.h5")
```

훈련 집합에 대한 정확도가 92%이지만 검증 정확도는 59%라는 점은 이 모형이 과대적합되었다는 증거이다. 이 모형은 훈련 집합의 감정(긍정적/부정적)을 대단히 느리게 학습한다. 개별 GPU가 없는 필자의 현세대 노트북에서 한 시간 반 이상 걸렸다. 그런데도 검증 정확도는 그냥 동전을 던져서 추측한 것보다 별로 나을 것이 없다. 세(epoch)를 거듭해도 검증 정확도는 거의 개선되지 않고, 오히려 더 나빠지기도 했다.

이런 나쁜 성과가 나온 이유는 여러 가지겠지만, 무엇보다도 자료 집합에 비해 모형이 너무 강력한 것이 문제일 것이다. 모형이 훈련 집합의 견본 20,000개에 존재하는 고유하고 세세한 패턴들을 모두 배웠고, 그런 패턴들이 긍정적/부정적 감정을 판정하는 이진 분류에 오히려 방해가 되었을 것이다. 이 문제를 완화하는 한 가지 방법은 LSTM 층의 뉴런 개수를 줄이거나 드롭아웃 비율을 높이는 것이다. 또한, 이처럼 모형이 너무 강력하다는 의심이 들 때는 분류명이 붙은 견본들을 더 많이 투입하는 것도 도움이 될 수 있다. 그러나 일반적으로 고품질의 분류명 붙은 견본들을 확보하는 것은 학습 모형 개발에서 가장 어려운 과제일 때가 많다.

문자 기반 장단기 기억망을 만들고 훈련하는 데 소비한 우리의 시간과 컴퓨터의 계산 자원에 비해 그 성과는 너무나 실망스럽다. 단어 수준 LSTM 모형은 물론이고 이전 장의 합성곱 신경망보다도 못하다. 자연어를 문자 수준에서 모형화하는 시도 자체가 잘못된 것일까? 그렇지는 않다. 충분히 방대한 자료 집합이 주어진다면 문자 수준 모형은 언어를 대단히 잘 모형화한다. 또한, 문자 수준 모형은 특정 주제에 집중된 훈련 집합(이를테면 수천 명의 저자가 아니라 단 한 명의 저자가 쓴 텍스트)에 기초해서 아주 구체적인 분야의 언어를 모형화하는 데도 능숙하다. 어떤 경우이든, 문자 수준 모형화는 신경망으로 새로운 텍스트를 생성하는 길로 나아가는 첫걸음에 해당한다.

9.1.6 말문이 열린 신경망

특정한 '문체'나 '어조'를 가진 텍스트를 새로이 생성할 수 있는 챗봇은 그렇지 못한 챗봇보다 확실히 재미있을 것이다. 물론 그런 능력이 챗봇이 사람의 질문에 의미 있는 방식으로 응답하는 능력과 직접 연결되지는 않는다. 그렇지만 이런 접근 방식을, 주어진 매개변수 집합의 범위 안에서(이를테면 견본으로 주어진 텍스트의 문체 안에서) 대량의 텍스트를 생성하고 색인화해서 데이터베이스를 만들고, 사람과 대화 시 그 데이터베이스에서 적절한 문장을 검색해서 제시하는 식으로 활용할 수는 있다.

마르코프 연쇄(Markov chain) 기법이 1-그램이나 2-그램, n-그램 다음에 특정 단어가 나타날 확률에 기초해서 단어들을 선택해 나감으로써 하나의 문장을 생성하는 것과 비슷하게, LSTM 모형은 조금 전에 본 단어들에 기초해서 그다음 단어의 확률을 학습할 수 있다. 그러나 마르코프 연쇄와는 달리 장단기 기억망은 기억 능력까지 갖추고 있다. 마르코프 연쇄는 주어진 n-그램과 그 n-그램 다음에 나오는 단어들의 빈도만으로 다음 단어를 선택하기 때문에 많은 경우 말이 안 되는 문장을 만들어낸다. 그러나 LSTM 모형은 이전 단어들에 관한 기억을 활용할 수 있기 때문에 현재 문맥을 벗어나지 않는 적절한 단어를 선택할 수 있다. 그리고 더욱더 흥미로운 것은, 이전 단어들이 아니라 이전 문자들에 기초해서 그다음 문자를 선택하는 것도 가능하다는 점이다. 보통의 마르코프 연쇄로는 이런 세밀한 수준의 텍스트 생성이 사실상 불가능하다.

텍스트 생성이라는 마법을 부리도록 모형을 훈련하려면 어떻게 해야 할까? 일단, 분류 과제는 잊어야 한다. 장단기 기억망을 훈련해서 얻는 진정한 성과는 예측 능력이 아니라 LSTM 세포 자체이다. 이전에는 특정 분류 과제에 대한 모형의 예측 성공/실패에 근거해서 모형을 훈련했다. 그런 접근 방식은 모형이 해당 과제를 잘 수행하는 방법(이전 예제들에서는 영화평을 긍정적/부정적으로 분류하는 방법)을 배우게 하는 데 초점을 두기 때문에, 모형이 언어의 일반적인 표현을 학습하는 데 도움이 되지 않을 수 있다.

언어의 일반적인 표현은 미리 부여된 분류명(목푯값)에 의존하지 않고 훈련 견본들 자체에서 배울 수 있다! 분류 과제에서는 입력 견본에 대한 신경망의 예측(분류) 결과를 그 견본에 미리 부여해 둔 **분류명**과 비교해야 했지만, 지금 과제에서는 모형이 입력 견본의 각 토큰에 대해 그다음에 나올 토큰을 **예측**하고 그것을 입력 견본에 있는 다음 토큰과 비교하면 된다. 다른 말로 하면, 입력 견본 자체가 목푯값들로 이루어져 있는 것이다. 이는 제6장에서 사용한 단어 벡터 내장 접근 방식과 매우 비슷하다. 단, 이번에는 스킵그램 대신 바이그램(2-그램)에 대해 모형을 훈련한다. 이런 방식을 단어 수준에서 적용해도 되지만(그림 9.10), 이번 장의 다음 예제에서는 단어 수준을 건너뛰고 바로 문자 수준으로 간다(그림 9.11).

텍스트 생성에는 마지막 시간 단계에서 나온 생각 벡터가 아니라 각 시간 단계가 산출한 출력이 중요하다. 훈련 과정에서는 각 시간 단계의 오차를 첫 시간 단계까지 역전파한다. 한 입력 견본 전체의 오차를 모든 시간 단계에 적용하는 것이 아니라 각 시간 단계에서 그 자신의 오차를 사용한다는 점이 중요하다. 이번 장의 다른 LSTM 분류기들도 각 시간 단계에서 첫 시간 단계로의 역전파를 수행하지만, 그 분류기들은 입력 순차열의 끝에서 오차를 계산한다. 이런 차이가 있지만, 미분의 연쇄 법칙에 기초해서 기울기에 따라 가중치들을 갱신한다는 역전파 알고리즘 자체는 동일하다.

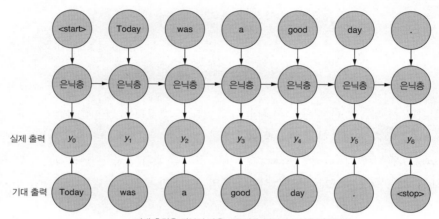

기대 출력은 견본의 다음 토큰이다. 여기서 토큰은 단어이다.

그림 9.10 다음 단어 예측

그림 9.10과 9.11에서 보듯이, 이 모형에서는 입력 순차열의 끝에서 신경망 전체의 출력을 미리 부여된 분류명과 비교하는 것이 아니라 각 시간 단계의 출력(그림의 실제 출력)을 입력 순차열에 있는 그다음 토큰의 원핫 벡터(그림의 기대 출력)와 비교한다.

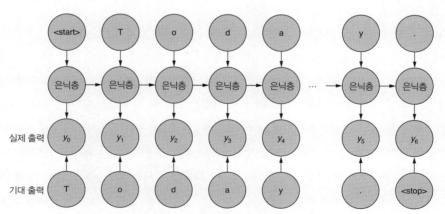

기대 출력은 견본의 다음 토큰이다. 여기서 토큰은 문자이다.

그림 9.11 다음 문자 예측

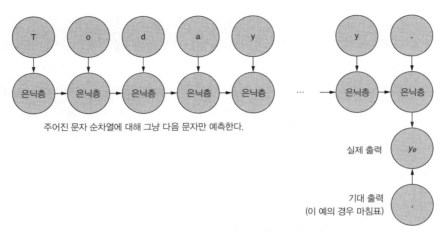

주어진 문자 순차열에 대해 그냥 다음 문자만 예측한다.

실제 출력

기대 출력
(이 예의 경우 마침표)

그림 9.12 마지막 문자만 예측하는 경우

필요하다면 좀 더 단순한 모형을 사용할 수도 있다. 그림 9.12는 입력 순차열의 모든 문자에 대해 그다음 문자를 예측하는 대신 마지막 문자만 예측하는 모형이다. 이는 이번 장에 나온 다른 모든 LSTM 층에 return_sequences=True만 추가한 것과 동일하다(목록 9.17 참고). 이렇게 하면 LSTM 모형은 순차열의 마지막 시간 단계의 출력에만 초점을 둔다.

9.1.7 구체적인 예제 하나

단순한 문자 수준 언어 모형은 좀 더 복잡한 모형, 그러니까 단어의 철자 같은 세부 사항은 물론이고 문법과 문장 부호 적용 방식까지도 반영한 모형으로 가는 관문에 해당한다. 이런 모형들의 진정한 마법은 그런 문법상의 세부 사항을 배우는 것에서 더 나아가서 텍스트의 운율과 억양까지 파악할 때 발휘된다. 그럼 새로운 텍스트를 생성하는 신경망을 이전에 분류 과제에 사용한 도구들을 최대한 활용해서 구축해 보자.

이번 예제는 케라스 문서화에 나오는 아주 훌륭한 예제를 수정한 것이다. 이전에 사용한 IMDB 영화평 자료 집합은 더 이상 사용하지 않는다. 그 영화평 자료 집합은 두 가지 이유로 어조나 단어 선택 같은 좀 더 심오한 개념들을 배우는 데 적합하지 않다. 첫째로, 영화평 자료 집합은 문장들이 제각각이다. 영화평 자료 집합은 다수의 사용자가 각자 자신의 문체와 개성에 맞게 작성한 문장들로 구성되어 있기 때문에, 전체에서 어떤 공통의 특징을 찾아내기가 쉽지 않다. 물론 그런 자료 집합이라도 덩치가 충분히 크다면 다양한 문체를 포괄하는 복잡한 언어 모형을 만들어낼 가능성이 있다. 그러나 IMDB 자료 집합은 그 정도로 크지 않다는 것이 둘째 이유이다. IMDB 자료 집합은 일반적인 문자 기반 언어 모형을 학습하기에는 너무나 작다. 정리하자면, 일반적인 언어 모형을 위해서는 문체와 어조가 일관된 견본들로 이루어진 자료 집합을 사용하거나 충분히 큰 자료 집합을 사용해야 한다. 현실적으로 전자가 더 쉬운 방법이다. 케라스의 예제는 프리드리히 니체^{Friedrich Nietzsche}의 저작에서 추출한 견본들을 사용하는데, 솔직히 글이 그리 재미있지는 않다. 독특한 문체를 가지고 있으면서도 좀 더 접근하기 쉬운 작가로는 윌리엄 셰익스피어^{William Shakespeare}가 있다. 최근에는 히트한 작품이 없지만 나름 유명한 작가이니 이번 예제에서는 셰익스피어의 작품을 사용하기로 하자.

목록 9.23 프로젝트 구텐베르크 자료 집합^{역2}

```
>>> from nltk.corpus import gutenberg
>>>
>>> gutenberg.fileids()
['austen-emma.txt',
 'austen-persuasion.txt',
 'austen-sense.txt',
 'bible-kjv.txt',
 'blake-poems.txt',
 'bryant-stories.txt',
 'burgess-busterbrown.txt',
 'carroll-alice.txt',
 'chesterton-ball.txt',
 'chesterton-brown.txt',
 'chesterton-thursday.txt',
 'edgeworth-parents.txt',
 'melville-moby_dick.txt',
 'milton-paradise.txt',
 'shakespeare-caesar.txt',
 'shakespeare-hamlet.txt',
 'shakespeare-macbeth.txt',
 'whitman-leaves.txt']
```

NLTK 패키지는 프로젝트 구텐베르크(https://www.gutenberg.org)의 일부 텍스트를 제공한다. 목록 9.23에서 보듯이 이 구텐베르크 자료 집합에는 셰익스피어의 희곡이 세 편 있다. 이번 예제에서는 이들을 연결해서 하나의 거대한 문자열을 만든다(목록 9.24). 프로젝트 구텐베르크에는 이보다 훨씬 많은 텍스트 자료가 있으니, 셰익스피어의 다른 작품들도(또는 다른 작가의 작품들을) 사용하고 싶다면 해당 웹사이트를 살펴보기 바란다.^{주8}

역2 이 코드를 실행했을 때 gutenberg라는 자원을 찾지 못했다는 오류가 난다면, 구텐베르크 말뭉치를 다음과 같이 명시적으로 내려받은 후 시도하기 바란다.

```
>>> import nltk
>>> nltk.download('gutenberg')
```

주8 프로젝트 구텐베르크 웹사이트에는 책 57,000여 권을 스캔해서 만든 다양한 형식의 텍스트 자료가 있다. 모든 자료는 무료로 공개되며, 프로젝트의 서버에 부담을 주지 않으면서 모든 자료를 내려받으려면 36~48시간 정도 걸린다고 한다(https://www.exratione.com/2014/11/how-to-politely-download-all-english-language-text-format-files-from-project-gutenberg/ 참고).

목록 9.24 셰익스피어 희곡 전처리

```
>>> text = ''
>>> for txt in gutenberg.fileids():          ◀──  NLTK 구텐베르크 말뭉치의 모든
...     if 'shakespeare' in txt:                   셰익스피어 희곡을 하나로 연결한다.
...         text += gutenberg.raw(txt).lower()
>>> chars = sorted(list(set(text)))          원핫 부호화 과정에서 참조할 문자 대 색인 사전을 만든다.
>>> char_indices = dict((c, i)
...     for i, c in enumerate(chars))  ◀──
>>> indices_char = dict((i, c)               반대 방향의 사전, 즉 원핫 벡터를 다시 문자로
...     for i, c in enumerate(chars))  ◀──   복원할 때 참조할 사전도 만든다.
>>> 'corpus length: {}  total chars: {}'.format(len(text), len(chars))
'corpus length: 375542  total chars: 50'
```

원본 텍스트는 희곡에서 흔히 볼 수 있는 형식으로 만들어져 있다.

```
>>> print(text[:500])
[the tragedie of julius caesar by william shakespeare 1599]

actus primus. scoena prima.

enter flauius, murellus, and certaine commoners ouer the stage.

  flauius. hence: home you idle creatures, get you home:
is this a holiday? what, know you not
(being mechanicall) you ought not walke
vpon a labouring day, without the signe
of your profession? speake, what trade art thou?
  car. why sir, a carpenter

    mur. where is thy leather apron, and thy rule?
what dost thou with thy best apparrell on
```

다음으로, 이 원본 텍스트를 문자 수준에서 분해해서 고정 길이(*maxlen*) 문자 순차열[역3]들을 만든다. 자료 집합의 크기를 키우고 일관된 패턴들을 좀 더 잘 포착하기 위해, 텍스트에서 일련의 견본들을 서로 겹치게 추출한다. 처음 문자 40개를 취하고, 세 문자 나아가서 다시 문자 40개를 취하는(따라서 37개의 문자가 겹친다) 식이다.

이 예제의 모형은 지금까지 본 문자 40개 다음에 오는 하나의 문자(41번째 문자)를 예측하는 것이 목표임을 기억하기 바란다. 목록 9.25는 이 모형의 훈련을 위해 40문자 길이의 서로 겹치는 문자 순차열들을 생성하는 코드이다.

[역3] 기본 자료 형식의 하나인 문자열(string)과 구별하기 위해, 일련의 문자(의 원핫 벡터)들로 이루어진 자료 구조를 '문자 순차열(sequence of characters)'이라고 부르기로 한다.

```
>>> maxlen = 40
>>> step = 3
>>> sentences = []
>>> next_chars = []
>>> for i in range(0, len(text) - maxlen, step):
...     sentences.append(text[i: i + maxlen])
...     next_chars.append(text[i + maxlen])
>>> print('nb sequences:', len(sentences))
nb sequences: 125168
```

일단 지금은 문장(그리고 행)을 구분하지 않고 전체 텍스트에서 견본들을 추출한다. 따라서 이 문자 기반 모형은 마침표('.')나 줄 바꿈 문자('\n')에서 문장이 끝난다는 점을 배우게 된다.

반복마다 세 문자 나아가서 40 문자를 추출한다. 따라서 서로 겹치는, 그러나 동일하지 않은 훈련 견본들이 만들어진다.

현재 위치에서 maxlen개의 문자를 추출해서 훈련 집합에 추가한다.

그다음 문자, 즉 현재 견본의 기대 출력(목푯값)을 따로 저장해 둔다.

세 편의 희곡에서 총 125,168개의 훈련 견본을 얻었으며, 각 견본의 다음 문자들로 추출했다. 목록 9.26은 이들을 이용해서 케라스 장단기 기억망의 훈련에 적합한 자료 집합들을 생성한다.

목록 9.26 훈련 견본들의 원핫 부호화

```
>>> X = np.zeros((len(sentences), maxlen, len(chars)), dtype=np.bool)
>>> y = np.zeros((len(sentences), len(chars)), dtype=np.bool)
>>> for i, sentence in enumerate(sentences):
...     for t, char in enumerate(sentence):
...         X[i, t, char_indices[char]] = 1
...     y[i, char_indices[next_chars[i]]] = 1
```

이 코드는 각 견본의 문자들을 원핫 벡터로 만들어서 목록 X에 추가한다. 또한, 각 견본의 '정답'에 해당하는 '그다음 문자'도 원핫 벡터로 만들어서 목록 y에 추가한다. 이제 이들로 훈련할 문자 기반 장단기 기억망을 구축해 보자(목록 9.27).

목록 9.27 텍스트 생성을 위한 문자 기반 LSTM 모형의 구축

```
>>> from keras.models import Sequential
>>> from keras.layers import Dense, Activation
>>> from keras.layers import LSTM
>>> from keras.optimizers import RMSprop
>>> model = Sequential()
>>> model.add(LSTM(128,
...                input_shape=(maxlen, len(chars))))
>>> model.add(Dense(len(chars)))
>>> model.add(Activation('softmax'))
>>> optimizer = RMSprop(lr=0.01)
>>> model.compile(loss='categorical_crossentropy', optimizer=optimizer)
>>> model.summary()
Layer (type)                 Output Shape              Param #
=================================================================
lstm_1 (LSTM)                (None, 128)               91648
_____
dense_1 (Dense)              (None, 50)                6450
```

이번에는 LSTM 층의 너비(LSTM 세포 개수)가 50에서 128로 크게 늘었다. 또한, 마지막 문자만 예측하면 되므로 순차열을 돌려주도록 설정하지 않았다.

문자 예측을 위한 밀집층을 추가한다. 이 밀집층은 모든 가능한 문자에 대한 확률분포를 출력한다.

```
-----------------------------------------------------------------
activation_1 (Activation)      (None, 50)              0
=================================================================
Total params: 98,098.0
Trainable params: 98,098.0
Non-trainable params: 0.0
```

이전과는 다른 구조의 신경망이므로 그 구성요소들을 좀 더 자세히 살펴보자. 이전처럼 기본 신경망 모형(Sequntial)에 LSTM 층(LSTM)을 추가한다. 그런데 이번 LSTM 층은 LSTM 세포의 수가 128개이다. 영화평 분류에 사용한 50개보다 훨씬 늘었지만, 이전의 영화평 분류보다 훨씬 복잡한 과제(기존 텍스트와 비슷한 어조의 새 텍스트 생성)를 수행하려는 것이므로 더 강력한 모형이 필요하다. 모형의 컴파일로 넘어가서, 최적화 방식을 설정하기 위해 optimizer라는 변수를 따로 정의한 것은 학습 속도를 기본값(0.001) 이외의 값으로 지정하다 보니 코드가 복잡해졌기 때문일 뿐이다. 참고로 RMSProp은 "주어진 가중치에 대한 최근 기울기 크기들의 이동 평균(running average)"으로 그 가중치에 대한 학습 속도를 조정함으로써 학습 과정을 최적화한다.[주9] 이런 최적화 기법들을 잘 알아두면 새 모형을 실험할 때 골치 아픈 문제들을 피할 수 있다. 각 최적화 기법의 구체적인 사항은 관련 문서화를 참고하기 바란다.

최소화할 손실함수도 이전과 다르다. 이전 예제들에서는 출력층에 있는 하나의 뉴런이 예/아니요의 결과만 예측하면 되었으므로 binary_crossentropy를 사용했다. 그러나 이제는 여러 단어 중 하나를 예측해야 한다. 그래서 출력층이 Dense(1)에서 Dense(len(chars))로 바뀌었다. 이 출력층은 하나의 50차원 벡터(목록 9.24에서 len(chars) == 50)를 산출하며, 여기에 소프트맥스 함수가 활성화 함수로서 적용된다(Activation('softmax')). 결과적으로 출력층은 50차원 벡터 전체에 대한 하나의 확률분포에 해당하는 벡터를 출력한다(이 벡터의 각 성분은 해당 글자가 기대 글자일 확률이고, 그 성분들을 모두 더하면 1이다). 그리고 손실함수는 범주형 교차 엔트로피 함수(categorical_crossentropy)이다. 훈련 과정에서는 이 손실함수를 이용해서 확률분포 벡터와 기대 문자 원핫 벡터의 차이를 최소화한다.

마지막으로, 이번에는 드롭아웃이 없다는 점도 주목하기 바란다. 이번 예제는 주어진 훈련 집합에 특화된(즉, 셰익스피어와 비슷한 느낌의 희곡을 생성하는) 모형을 만드는 것이므로 일반화는 중요하지 않다. 과대적합은 문제가 되지 않으며, 오히려 바람직하다. 그럼 훈련을 시작하자(목록 9.28).

주9 Hinton 외, "Neural Networks for Machine Learning", 강연 슬라이드(http://www.cs.toronto.edu/~tijmen/csc321/slides/lecture_slides_lec6.pdf).

목록 9.28 셰익스피어 챗봇의 훈련

```
>>> epochs = 6
>>> batch_size = 128
>>> model_structure = model.to_json()
>>> with open("shakes_lstm_model.json", "w") as json_file:
>>>     json_file.write(model_structure)
>>> for i in range(5):  ◄────
...     model.fit(X, y,
...               batch_size=batch_size,
...               epochs=epochs)
...     model.save_weights("shakes_lstm_weights_{}.h5".format(i+1))
Epoch 1/6
125168/125168 [==============================] - 266s - loss: 2.0310
Epoch 2/6
125168/125168 [==============================] - 257s - loss: 1.6851
...
```

> 이것은 모형을 어느 정도 훈련한 후 그 상태를 저장하고 다시 훈련을 재개하는 여러 방법 중 하나이다. 케라스가 제공하는 특정 콜백을 이용해서 이런 식으로 중간에 상태를 저장하는 것도 가능하다.

이 코드는 훈련을 6주기(세) 실행한 후 모형을 저장하는 과정을 다섯 번 반복한다. 훈련 과정을 지켜보다가 손실값이 더 줄어들지 않는다면, 다섯 번을 채우기 전에 훈련을 중단하고 마지막 모형 저장 파일에서 모형을 불러와도 된다. 손실값이 줄어들지 않으면 훈련을 더 진행해 봤자 시간 낭비일 뿐이다. 아마 20에서 30주기 정도면 모형이 자료 집합에서 뭔가 그럴듯한 것을 배우기 시작할 것이다. 필요하다면 자료 집합을 증강할 수도 있다. 셰익스피어 작품들의 저작권 문제가 없는 텍스트를 웹에서 쉽게 구할 수 있다. 단, 여러 출처에서 텍스트들을 구했다면 적절한 전처리를 통해서 텍스트들을 일관된 형식으로 만드는 데 신경을 써야 할 것이다. 문자 기반 모형에서는 토큰화나 문장 분할이 문제가 되지 않지만, 대소문자 정규화는 결과에 큰 영향을 미칠 수 있다. 이 예제에서는 그냥 모든 문자를 소문자로 변환했지만, 여러분의 응용 과제에서는 좀 더 정교한 접근 방식이 필요할 수도 있다.

그럼 학습된 모형을 이용해서 희곡을 생성해 보자. 출력 벡터는 50가지의 출력 가능한 문자들에 대한 하나의 확률분포를 서술하는 50차원 벡터이므로, 텍스트를 생성하려면 그 확률분포에서 문자를 표집(sampling; 추출)해야 한다(목록 9.29).

목록 9.29 문자 순차열 생성을 위한 표집 함수

```
>>> import random
>>> def sample(preds, temperature=1.0):
...     preds = np.asarray(preds).astype('float64')
...     preds = np.log(preds) / temperature
...     exp_preds = np.exp(preds)
...     preds = exp_preds / np.sum(exp_preds)
...     probas = np.random.multinomial(1, preds, 1)
...     return np.argmax(probas)
```

신경망 마지막 층(출력층)의 활성화 함수가 소프트맥스 함수(목록 9.27의 softmax)이므로, 출력 벡터는 신경망의 모든 가능한 출력에 대한 하나의 확률분포이다. 그 벡터의 최대 성분은 신경망이 예측한 다음 문자, 즉 입력된 문자들 다음에 나올 가능성이 가장 크다고 신경망이 판단한 문자에 해당한다.

그런데 항상 최대 확률에 해당하는 문자만 선택해서 텍스트를 생성한다면 그냥 입력 텍스트를 그대로 재현할 뿐이다. 새로운 텍스트를 만들어내려면 어느 정도의 무작위성이 필요하다. 마르코프 연쇄에서처럼, 무조건 가장 자주 등장한 토큰을 다음 토큰으로 선택하는 것이 아니라 다음 토큰에 대한 확률분포에 기초해서 무작위로(확률적으로) 토큰을 선택해야 한다.

확률분포의 로그를 '온도(코드의 temperature 매개변수)'로 나누면 확률분포가 더 평평해지거나(온도가 1보다 클 때) 더 뾰족해진다(온도가 1보다 작을 때). 이 온도는 새 텍스트가 원문에서 얼마나 벗어나는가, 즉 어느 정도의 다양성(목록 9.30의 diversity)을 허용하는가를 결정한다. 텍스트 생성 시 1보다 작은 온도로 이 sample 함수를 호출하면 원문을 그대로 재현한 것에 가까운 텍스트가 생성되고, 1보다 큰 온도를 사용하면 원문에서 벗어나서 더 독창적인(그러나 말이 안 될 수도 있는) 텍스트가 생성된다. 재미있기로는 온도가 높은 쪽이 더 낫다.

NumPy의 random.multinomial(p, pvals, size) 함수는 다항 분포에 따라 무작위로 추출한 값들로 구성된 표본(sample)들을 돌려준다. p는 시행(trial) 횟수, pvals는 다항 분포의 확률분포를 정의하는 확률값들의 목록, size는 표본 추출 횟수이다.[역4] 이 함수는 p번의 시행(또는 실험)으로 하나의 표본을 추출하는 과정을 size번 반복해서 size개의 표본들을 담은 배열을 돌려준다. 목록 9.29의 sample 함수는 한 번의 시행으로 하나의 표본을 얻는다.

목록 9.30은 sample 함수를 이용해 문자들을 표집해서 텍스트를 생성하는 코드이다. 온도(다양성)의 효과를 확인하기 위해 세 가지 온도로 텍스트 생성을 반복한다.

목록 9.30 세 가지 다양성 수준에서 세 가지 텍스트를 생성

```
>>> import sys
>>> start_index = random.randint(0, len(text) - maxlen - 1)
>>> for diversity in [0.2, 0.5, 1.0]:
...     print()
...     print('----- diversity:', diversity)
...     generated = ''
```

[역4] 이 함수의 인수들과 반환값을 이해하려면 다항 분포를 이해할 필요가 있다. NumPy 문서화 "numpy.random.multinomial" 항목(https://docs.scipy.org/doc/numpy-1.15.0/reference/generated/numpy.random.multinomial.html)의 주사위(dice) 예제들이 잘 이해되지 않는다면, 이를테면 위키백과 "다항 분포" 페이지(https://ko.wikipedia.org/wiki/다항_분포)를 보기 바란다. 아주 간단하게 말하면, 이 함수가 추출하는 한 표본의 각 성분은 p번의 시행(시뮬레이션 또는 실험)에서 그 성분에 해당하는 사건이 발생한 횟수이다. pvals 목록의 확률값들은 각 사건의 발생 확률이다(따라서 표본의 성분 수는 pvals 목록의 확률값 수와 같다). 목록 9.29의 sample 함수는 p를 1로 두므로, 결과적으로 하나의 표본은 하나의 원핫 벡터이다.

```
...         sentence = text[start_index: start_index + maxlen]
...         generated += sentence
...         print('----- Generating with seed: "' + sentence + '"')
...         sys.stdout.write(generated)
...         for i in range(400):
...             x = np.zeros((1, maxlen, len(chars)))    ◀── 훈련된 모형에 '씨앗(seed)'에 해당
...             for t, char in enumerate(sentence):           하는 첫 텍스트 조각을 입력한다.
...                 x[0, t, char_indices[char]] = 1.
...             preds = model.predict(x, verbose=0)[0]   ◀── 모형이 예측 결과(확률분포)를 산출했다.
...             next_index = sample(preds, diversity)
...             next_char = indices_char[next_index]     ◀── 선택된 색인에 해당하는 문자를 찾는다.
...             generated += next_char
...             sentence = sentence[1:] + next_char      ◀── 그 문자를 '씨앗' 텍스트에 추가하고 첫 문자를
...             sys.stdout.write(next_char)                  제거해서 이전과 같은 길이가 되게 한다. 다음
...             sys.stdout.flush()                           패스에서는 이것이 씨앗 텍스트로 쓰인다.
...         print()                                  문자가 즉시 나타나도록, 내부 버퍼를 콘솔에 방출(flush)한다.
```

(원래 예제 코드는 1보다 큰 온도에 대해서도 텍스트를 생성하지만, 여기서는 지면 관계상 생략했다. 독자가 이 코드를 실행할 때는 for diversity in [0.2, 0.5, 1.0]:에 1.2를 추가해 보기 바란다.)

이 코드는 원본 텍스트의 임의의 지점에서 문자 40개(maxlen)를 추출해서 하나의 '씨앗' 텍스트로 삼고, 그다음에 오는 문자를 예측한다. 그런 다음 그 문자를 씨앗 텍스트 끝에 추가하고 첫 글자를 제거해서 길이를 40자로 맞춘다. 그것을 씨앗 텍스트로 삼아서 또다시 다음 문자를 예측한다. 이 과정을 반복하면서 각 문자를 콘솔(또는 문자열 버퍼)에 기록하되 매번 flush()를 호출해서 문자가 콘솔에 즉시 나타나게 한다. 예측된 문자가 새 줄 문자이면 해당 행이 끝난 셈이다. 그러나 이 텍스트 생성기는 개의치 않고 계속해서 40자 텍스트에 대해 그다음 문자를 예측, 출력한다.

다음은 이 코드로 얻은 결과이다.

```
----- diversity: 0.2
----- Generating with seed: " them through & through
the most fond an"
 them through & through
the most fond and stranger the straite to the straite
him a father the world, and the straite:
the straite is the straite to the common'd,
and the truth, and the truth, and the capitoll,
and stay the compurse of the true then the dead and the colours,
and the comparyed the straite the straite
the mildiaus, and the straite of the bones,
and what is the common the bell to the straite
the straite in the commised and

----- diversity: 0.5
----- Generating with seed: " them through & through
```

```
the most fond an"
 them through & through
the most fond and the pindage it at them for
that i shall pround-be be the house, not that we be not the selfe,
and thri's the bate and the perpaine, to depart of the father now
but ore night in a laid of the haid, and there is it

   bru. what shall greefe vndernight of it

   cassi. what shall the straite, and perfire the peace,
and defear'd and soule me to me a ration,
and we will steele the words them with th

----- diversity: 1.0
----- Generating with seed: " them through & through
the most fond an"
 them through & through
the most fond and boy'd report alone

   yp. it best we will st of me at that come sleepe.
but you yet it enemy wrong, 'twas sir

   ham. the pirey too me, it let you?
  son. oh a do a sorrall you. that makino
beendumons vp?x, let vs cassa,
yet his miltrow addome knowlmy in his windher,
a vertues. hoie sleepe, or strong a strong at it
mades manish swill about a time shall trages,
and follow. more. heere shall abo
```

다양성 수준(diversity)이 0.2와 0.5일 때는 언뜻 보면 셰익스피어가 쓴 듯한 문장들이 나온다. 다양성 수준 1.0부터는 셰익스피어의 희곡과 급격히 멀어지기 시작하지만, 그래도 한 행이 등장인물의 약자와 마침표로 시작하는 등의 기본 구조는 어느 정도 남아 있다. 비교적 간단한 모형이 만들어낸 텍스트치고는 그리 나쁘지 않은 결과이다. 다른 작가의 작품들로도 시험해서 컴퓨터가 기존 작가의 문체나 분위기를 얼마나 그럴듯하게 흉내 내는지 시험해 보기 바란다.

텍스트 생성기를 좀 더 유용하게 만드는 방법

이런 생성 모형을 그냥 재미있는 장난감 이상으로 활용하고 싶다면, 다음과 같은 사항들을 고려해 보기 바란다.

- 말뭉치의 질과 양을 개선, 확장한다.
- 모형의 복잡도(뉴런 개수)를 올린다.
- 좀 더 정교한 대소문자 정규화 알고리즘을 사용한다.
- 문장들을 분할해서 입력한다.

9.1.8 무엇을 말할 것인가?

이렇게 해서 기존 텍스트에 기초해서 새로운 텍스트를 생성하는, 그것도 원본 텍스트의 문체를 비슷하게 흉내 내는 모형을 만들어보았다. 그런데 이 모형은 다소 직관적이지 못하다. 특히, 모형이 어떤 주제의 텍스트를 생성하게 할 것인지를 제어하기 힘들다. 문맥은 원본 자료의 제약을 받으며, 따라서 어휘도 제한된다. 이 모형은 원저자가 썼을 만한 문장을 생성하는 방법을 배운다. 좀 더 구체적으로 말하면, 모형은 주어진 입력 문구('씨앗 텍스트')를 원저자가 어떻게 이어 나갈 것인지를 예측하는 방법을 배운다. 그런데 반드시 원본 텍스트에 있는 문구만 씨앗 텍스트로 사용해야 하는 것은 아니다. 모형은 따로 주어진 분류명 없이(즉, 비지도 방식으로) 텍스트의 문자들만으로 텍스트 생성 방법을 학습하므로, 원본 텍스트에 없는 단어들을 씨앗으로 제공하면(즉, 새로운 주제를 제시하면) 뭔가 흥미로운 결과가 나온다. 그런 경우 챗봇은 재미는 있겠지만 말이 안 되거나 원저자의 문체에서 벗어난 문장들을 출력할 것이다. 챗봇이 특정 주제에 대해 특정 말투(문체)로 말하게 하는 방법은 다음 장에서 이야기한다.

9.1.9 다른 종류의 기억 수단

장단기 기억망은 순환 신경망의 기본 개념들을 확장한 것이다. 순환 신경망의 기본 개념들을 장단기 기억망과는 다른 방식으로 확장한 신경망 구조들도 있다. 이들은 모두 LSTM 세포를 구성하는 게이트들의 종류와 수를 조금씩 다르게 한 것이다. 예를 들어 게이트 제어 순환 단위(gated recurrent unit, GRU)는 망각 게이트와 후보 게이트의 후보 선택 분기를 하나로 묶은 갱신 게이트를 사용한다. 이 게이트는 학습할 매개변수가 훨씬 적어서 계산 비용이 훨씬 낮지만, 그래도 표준 LSTM에 상응하는 성과를 낸다는 점이 입증되었다. 케라스에서는 GRU로 이 게이트 제어 순환 단위를 신경망에 도입할 수 있다(목록 9.31). 키워드 인수들은 LSTM과 거의 비슷하다.

목록 9.31 케라스의 게이트 제어 순환 단위(GRU)

```
>>> from keras.models import Sequential
>>> from keras.layers import GRU
>>> model = Sequential()
>>> model.add(GRU(num_neurons, return_sequences=True,
...               input_shape=X[0].shape))
```

또 다른 변형은 LSTM에 엿보기 구멍(peephole) 연결을 도입하는 것이다. 케라스에 이를 직접 구현한 클래스는 없지만, 웹에 이 기능을 위해 케라스의 LSTM 클래스를 확장한 예가 여럿 있다. 이 기법의 핵심은 표준 LSTM 세포의 각 게이트에 현재 기억 상태를 직접 입력해서 각 게이트가 기억 상태를 직접 조작하게 하는 것이다. 관련 논문[주10]에 따르면, 각 게이트에는 기억 상태의 차원 수만큼의 가중치들이 추가된다. 각 게이트의 입력에는 해당 시간 단계의 세포 자체의 입력과 그 이전 시간 단계의 세포 출력뿐만 아니라 기억 상태 자체도 포함된다. 논문 저자들은 시계열 자료 안의 사건들의 타이밍을 좀 더 정교하게 모형화하는 방법을 발견했다. 논문의 기법이 NLP에 아주 적합하다고 말하기는 어렵지만, 바탕 개념은 NLP에도 유효하다. 이 기법을 탐구하고 실험하는 것은 독자의 숙제로 남기겠다.

이들은 순환 신경망과 장단기 기억망의 여러 변형 중 두 가지일 뿐이다. 다양한 실험이 진행되고 있으며, 여러분도 참여하길 권한다. 관련 도구들을 손쉽게 구할 수 있으니, 새롭고도 훌륭한 변형을 여러분이 고안해 내는 것도 불가능하지 않을 것이다.

9.1.10 더 깊이 들어가서

기억 단위를 주어·술어 쌍 또는 문장 대 문장 동사 시제(tense) 참조 관계의 구체적인 표현을 부호화하는 어떤 수단으로 생각하는 것이 편하겠지만, 기억 단위가 꼭 그런 식으로 작동하는 것은 아니다. 그런 관계들은 단지 학습이 잘 진행되었을 때 신경망이 배운 패턴들의 운 좋은 부산물일 뿐이다. 다른 모든 신경망과 마찬가지로, 층을 더 추가하면 모형은 훈련 자료에 있는 좀 더 복잡한 패턴 표현을 배울 수 있다. 그리고 모형에 LSTM 층을 더 추가하는 것은 어렵지 않다(그림 9.13).

주10 Gers, Schraudolph, Schmidhuber 2002, "Learning Precise Timing with LSTM Recurrent Networks". 웹 http://www.jmlr.org/papers/volume3/gers02a/gers02a.pdf

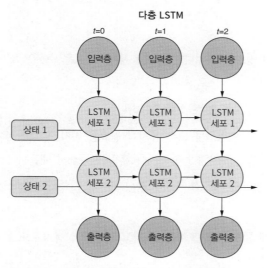

다층 LSTM

각 LSTM 층은 자신만의 게이트들과 상태 벡터를 가진 하나의 세포이다.

그림 9.13 **다층 LSTM 모형**

이처럼 여러 개의 LSTM 층이 쌓여 있는(stacked) 다층 장단기 기억망은 훈련에 더 많은 계산이 필요하다. 그러나 케라스에서 LSTM 층을 더 추가하는 것 자체는 아주 간단하다.

목록 9.32 **두 개의 LSTM 층이 있는 장단기 기억망**

```
>>> from keras.models import Sequential
>>> from keras.layers import LSTM
>>> model = Sequential()
>>> model.add(LSTM(num_neurons, return_sequences=True,
...                input_shape=X[0].shape))
>>> model.add(LSTM(num_neurons_2, return_sequences=True))
```

첫 층과 중간층들에서 return_sequences=True를 지정해야 모형이 제대로 구축됨을 주의하기 바란다. 한 층의 각 시간 단계의 출력이 그다음 층의 해당 시간 단계의 입력으로 전달되어야 한다는 점을 생각하면 이 설정이 필요한 이유를 이해할 수 있을 것이다.

그런데 훈련 자료에 존재하는 좀 더 복잡한 관계를 표현할 수 있는 모형이라고 해서 반드시 우리가 원하는 결과를 낸다는 보장은 없음을 주의하기 바란다. 오히려 이상한 결과가 나올수도 있다. 모형에 층을 더 추가하는 것이 재미있긴 하겠지만, 그것이 가장 유용한 모형을 구축하는 방법인 경우는 별로 없다.

요약

- 기억 단위를 이용해서 정보를 기억하는 능력을 갖춘 모형은 순차열 또는 시계열 자료를 좀 더 정확하고 일반적인 방식으로 처리할 수 있다.

- 더 이상 중요하지 않은 정보를 잊는 것도 중요하다.

- 이후의 입력을 위해 새로운 정보를 모두 유지할 필요는 없다. 일부만 유지하면 되며, 장단기 기억망은 어떤 정보를 유지해야 하는지를 훈련을 통해서 배운다.

- 다음에 올 토큰이 무엇인지 예측할 수 있다면, 확률분포에 근거해서 새로운 텍스트를 생성할 수 있다.

- 단어 기반 모형에 비해 문자 기반 모형은 더 작고 집중된 말뭉치로도 효율적이고 성공적으로 훈련할 수 있다.

- LSTM 생각 벡터들은 그냥 문장의 단어들을 모두 합친 것보다 훨씬 많은 것을 포착한다.

10

순차열 대 순차열 모형과 주의 메커니즘

이 장에서 다루는 내용

- 신경망을 이용해서 한 텍스트 순차열을 다른 순차열에 대응시키는 방법
- 순차열 대 순차열이 모형이 무엇이고 지금까지 배운 다른 모형들과는 어떻게 다른가?
- 부호기-복호기 모형 구조를 이용한 번역과 대화 생성
- 문장의 주요 부분에 주의를 돌리도록 모형을 훈련하는 방법

지금까지 우리는 자연어에 대한 언어 모형을 만드는 여러 가지 방법을 공부했고, 문장 감정 분석과 텍스트 생성(제9장) 등의 여러 활용 방법도 이야기했다.

그런 응용들 외에, 영어 문장을 독일어로 번역하는 등의 기계 번역도 신경망의 중요한 응용 분야이다. 더 나아가서, 유전형(genotype)을 표현형(phenotype)으로 번역함으로써(간단히 말하면 한 개체의 유전자로부터 그 개체의 체형 등을 추측함으로써) 질병을 예측하는 것도 가능하다.[주1] 이런 접근 방식을 이 책 전체의 과제인 챗봇 개발에 적용해서 재미있는 대화를 나누는 챗봇을 만들 수도 있을 것이다. 이들은 모두 순차열 대 순차열(sequence-to-sequence) 문제에 속한다. 순차열 대 순차열 모형은 한 순차열을 다른 순차열에 사상(mapping; 대응)한다. 이때 원본 순차열들의 길이는 가변적이며, 대상 순차열의 길이 역시 미리 정해지지 않는다.

이번 장에서는 부호기-복호기 구조를 이용해서 순차열 대 순차열 모형을 구축하는 방법을 논의한다.

10.1 부호기-복호기 구조

제9장까지 배운 신경망 구조 중 순차열 대 순차열 문제에 적용할 만한 것은 무엇일까? 제6장의 단어 벡터 내장 모형은 어떨까? 아니면 제7장의 합성곱 신경망이나 제8장과 제9장의 순환 신경망이 좋을까? 짐작했겠지만, 우리의 선택은 제9장의 LSTM 망(장단기 기억망)이다.

LSTM은 순차열을 다루는 데 적합하다. 그러나 순차열 대 순차열 처리를 위해서는 한 모형에 LSTM이 두 개 필요하다. 이를 위해 이 장에서는 부호기-복호기(encoder-decoder^{인코더-디코더}) 구조라고 하는 모듈식 구조를 구축한다.

부호기-복호기 모형의 처음 절반은 순차열 **부호기**(encoder)이다. 이 신경망은 자연어 텍스트 같은 순차열을 그보다 낮은 차원의 표현, 이를테면 제9장 끝에 나온 생각 벡터 같은 표현으로 부호화(encoding)한다. 따라서 순차열 대 순차열 모형의 처음 절반은 이미 구축된 셈이다.

부호기-복호기 구조의 나머지 절반은 순차열 **복호기**(decoder)이다. 순차열 복호기는 주어진 벡터를 사람이 읽을 수 있는 텍스트로 복원하는 역할을 한다. 그런데 이런 복호기와 비슷한 것을 이미 만들어보았다. 기억하겠지만, 제9장 끝에서 우리는 신경망으로 셰익스피어 풍의 희곡을 생성했다. 그렇지만 이 기계 극작가에게 번역까지 맡기려면 손봐야 할 것이 많이 있다.

제9장 끝에서 우리가 한 일은 현대 영어 문장을 셰익스피어 풍의 영어 문장으로 번역하는 것이라고 말할 수 있으며, 따라서 영어 문장을 독일어로 번역하는 것과 크게 다르지 않다. 그렇지만 제9장의 모형은 그냥 자신이 학습한 확률분포에 따라 무작위로 단어를 선택할 뿐이다. 번역을 위해서는(그리고 좀 더 그럴듯한 희곡을 만들기 위해서라도) 그보다는 정교한 알고리즘이 필요하다.

정리하자면, 부호기-복호기 구조의 부호기와 복호기 자체는 이미 갖추고 있지만, 번역을 위해서는 그것들을 좀 더 집중된 방식으로 유용하게 활용할 수 있어야 한다. 사실 제9장의 LSTM은 가변 길이 텍스트의 부호기로 사용하기에 아주(더 개선할 필요가 없을 정도로) 적합하다. 장단기 기억망은 자연어 텍스트의 의미와 감정을 잘 포착한다. 장단기 기억망은 텍스트의 의미를 생각 벡터(thought vector)라고 부르는 내부 표현으로 부호화한다. LSTM 모형의 상태(기억 세포)에 있는 생각 벡터를 추출할 수만 있으면 부호기-복호기의 부호기 부분이 완성된다. 기억하겠지만, 케라스 LSTM 모형을 추가할 때 return_state=True를 지정하면 은닉층 상태가 출력에 포함된다. 그 상태 벡터가 바로 부호기의 출력이다. 그것을 복호기에 입력하면 된다.

> **팁** 신경망 모형을 훈련할 때, 각 내부층(은닉층)에는 신경망을 훈련해서 문제를 푸는 데 필요한 모든 정보가 들어 있다. 그 정보는 일반적으로 가중치들 또는 그 층의 활성값들을 담은 고정 차원 텐서 형태로 표현된다. 그리고 잘 일반화되는 부호기-복호기 신경망에는 하나의 '병목(bottleneck)'이 존재한다. 여기서 병목은 차원 수가 최소인 은닉층을 말한다. word2vec 모형(제6장)은 은닉층의 가중치들

을 벡터 표현 계산에 사용한다. 은닉층의 **활성값**(활성화 함수의 출력)들을 직접 사용할 수도 있다. 이 번 장은 가중치가 아니라 활성값을 직접 사용한다. 제9장까지의 여러 신경망에서 이러한 정보의 병목을 찾아보고, 그것을 자료를 부호화한 표현으로 활용하는 방법을 고민해 보기 바란다.

따라서 남은 것은 복호기 설계의 개선뿐이다. 복호기는 생각 벡터를 자연어 순차열로 복호화해야 한다.

10.1.1 생각 벡터의 복호화

영어를 독일어로 번역하는 번역 모형을 개발한다고 하자. 이를 위해서는 단어들의 순차열 또는 문자들의 순차열을 또 다른 단어 또는 문자 순차열로 사상해야 한다. 시간 단계 $t-1$의 순차열 요소에 기초해서 시간 t의 순차열 요소를 예측하는 방법은 이미 배웠다. 그러나 하나의 장단기 기억망을 한 언어를 다른 언어로 사상하는 데 직접 적용할 수는 없다. 장단기 기억망이 그런 식으로 작동하려면 입력 순차열과 출력 순차열의 길이가 같아야 하는데, 번역에서는 원문과 번역문의 길이가 같은 경우가 드물다.

그림 10.1은 이 문제를 도식화한 것이다. 영어 문장과 독일어 문장의 길이가 다르기 때문에 영어 입력을 기대 출력으로 사상하기가 복잡해진다. 두 단어로 이루어진 영어 문구 "is playing"(현재진행형)은 하나의 독일어 단어 "spielt"(현재 시제)로 번역된다. 직접적인 LSTM 모형은 "playing"이 입력되기 전에, 입력 "is"에만 의존해서 "spielt"를 예측해내야 한다. 또한, 그다음에는 영어 "playing"을 독일어 "Fußball"에 사상할 수 있어야 한다. 신경망이 이런 사상(대응 관계)을 배우는 것이 가능하긴 하지만, 학습된 표현이 해당 입력 견본에 고도로 특화되기 때문에 처음 보는 영어 문장을 새로운 독일어 문장으로 번역하는 좀 더 일반적인 모형이 되기는 힘들다.

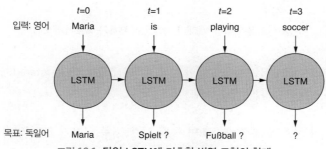

그림 10.1 단일 LSTM에 기초한 번역 모형의 한계

*seq2seq*로 줄여 쓰기도 하는 순차열 대 순차열 신경망은 입력을 생각 벡터(문맥 벡터라고도 한다)의 형태로 표현함으로써 이런 한계를 극복한다. 순차열 대 순차열 모형의 복호기는 그 생

각 벡터를 다시 자연어 텍스트로 복원한다. 이때 입력의 언어와는 다른 언어로 텍스트를 생성함으로써 '번역'이 일어난다.

> **생각 벡터** 이 책의 초반부에 소개한 단어 벡터를 기억하는지? 단어 벡터는 한 단어의 의미를 하나의 고정 길이 벡터로 압축한 것이다. 그런 벡터들로 이루어진 단어 의미 벡터 공간에서, 뜻이 비슷한 단어들의 벡터는 서로 가까이 놓인다. 생각 벡터도 이와 비슷하다. 신경망은 임의의 자연어 문장(하나의 단어가 아니라)에 담긴 정보를 고정 길이 벡터로 압축할 수 있다. 그것이 문맥 벡터라고도 부르는 생각 벡터이다. 생각 벡터는 문서에 담긴 '생각'을 수치로 표현한 것이며, 복호기 신경망은 생각 벡터들을 자연어 텍스트로 복원함으로써 주어진 과제(기계 번역 등)를 수행한다. 생각 벡터라는 용어는 제프리 힌턴이 영국 왕립 학회 강연(2015년 런던)에서 처음 사용했다.[주2]

순차열 대 순차열 신경망은 두 개의 모듈식 순환 신경망으로 구성되는데, 두 순환 신경망 사이에는 생각 벡터가 끼어 있다(그림 10.2). 부호기(인코더)는 주어진 입력 순차열을 하나의 생각 벡터로 변환한다. 복호기(디코더)는 그 생각 벡터에 기초해서 일련의 토큰들(출력 순차열)을 생성한다.

부호기가 산출하는 생각 벡터는 두 부분으로 구성된다. 하나는 부호기 은닉층이 출력한 활성값들의 벡터이고, 다른 하나는 입력 순차열에 대한 LSTM 세포의 기억 상태(역시 하나의 벡터)이다.

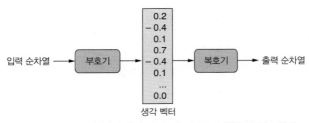

그림 10.2 생각 벡터 '패티'가 끼어 있는 부호기-복호기 샌드위치

> **팁** 이후에 목록 10.1에서 보겠지만, 이번 장의 예제에서 생각 벡터는 state_h라는 변수(은닉층의 출력)와 state_c라는 변수(기억 상태)로 구성된다.

이 생각 벡터가 부호기-복호기 구조의 둘째 신경망, 즉 복호기 망의 입력이 된다. 나중에 구현을 설명할 때 보겠지만, 생성된 상태(생각 벡터)는 복호기 망의 초기 상태로 쓰인다. 복호기

[주2] Y. LeCun, Y. Bengio, G. Hinton, "Deep Learning". 웹 https://www.evl.uic.edu/creativecoding/courses/cs523/slides/week3/DeepLearning_LeCun.pdf

는 그 초기 상태와 특별한 종류의 입력인 시작 **토큰**을 출발점으로 삼아서 목표 순차열의 첫 요소(문자 또는 단어)를 생성하고, 그 요소에 기초해서 둘째 요소를 생성하는 과정을 반복해서 하나의 목표 순차열을 산출한다.

부호기-복호기 구조의 훈련 과정은 방금 말한 추론 과정과는 조금 다르게 진행된다. 훈련 시에는 부호기에 입력한 순차열(번역의 경우 원문)에 대한 기대 순차열(번역의 경우 번역문)도 복호기의 입력에 포함된다. 생각 벡터와 시작 요소에 기초해서 복호기가 예측한 토큰과 기대 순차열에 있는 해당 위치의 토큰의 차이에 기초한 오차를 역전파함으로써 복호기는 생각 벡터를 적절한 순차열로 복원하는 방법을 배우게 된다.

추론 과정에서는 복호기에 그런 기대 순차열이 주어지지 않는다. 복호기는 그냥 앞에서 언급한 특별한 시작 토큰(흔히 <START>로 표기하는)으로 순차열의 첫 토큰을 산출할 뿐이다. 그리고 그 토큰을 씨앗으로 삼아서 둘째 토큰을 산출하고, 둘째 토큰을 씨앗으로 삼아서 셋째 토큰을 산출하는 식으로 토큰들을 연이어 산출하는 과정을 또 다른 특별한 토큰인 중지 토큰(<END> 또는 <STOP>)이 산출될 때까지 또는 순차열 최대 길이에 도달할 때까지 반복한다.

앞에서 말한 방식으로 훈련을 거듭하면 복호기는 생각 벡터를 원래의 입력 순차열(번역 원문 또는 사용자의 질문 등)에 잘 맞는 출력 순차열로 변환하는 방법을 배우게 된다. 입력을 해석하고 그에 맞는 출력을 생성하는 과정을 생각 벡터라는 매개체를 두어서 두 개의 신경망으로 분리한 덕분에, 모형은 입력 순차열과 길이가 다른 출력 순차열을 만들어낼 수 있다. 그림 10.3은 네 단어로 된 영어 문장을 세 단어로 된 독일어 문장으로 번역하는 예이다.

10.1.2 비슷한 구조들

이러한 부호기-복호기 접근 방식을 어딘가에서 본 느낌이 드는 독자도 있을 것이다. 신경망을 배우는 학생들이 흔히 접하는 자동부호기(autoencoder; 또는 자가부호기)가 이 부호기-복호기 구조의 일종이다. 자동부호기는 '따라 하기 놀이(repeat game)'를 수행하는 신경망이라 할 수 있다. 자동부호기는 주어진 입력을 복원하는 방법을 배우며, 그런 능력은 유용한 훈련 자료를 인위적으로 생성하는 데 도움이 된다. 거의 모든 종류의 고차원 텐서나 행렬, 큰 순차열 집합에 자동부호기를 적용할 수 있다.

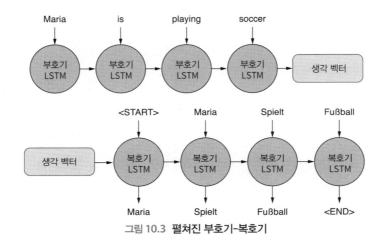

그림 10.3 **펼쳐진 부호기-복호기**

다른 모든 부호기-복호기 구조와 마찬가지로 자동부호기에는 정보의 병목이 존재한다. 부호기와 복호기 사이에 있는 병목을 입력 자료의 저차원 표현으로 활용할 수 있다. 정보의 병목이 있는 신경망은 그 어떤 종류이든 부호기-복호기 구조의 부호기로 사용할 수 있다. 심지어 입력을 그대로 또는 조금 다른 식으로 표현하기만 하는 신경망도 그렇다.[주3]

자동부호기와 이번 장의 부호기-복호기는 기본적인 구조가 같다. 그러나 둘은 다른 목적으로 훈련된다. 자동부호기는 입력 자료를 최대한 충실하게(즉, 최소한의 오차로) 복원할 수 있는 입력 자료 표현 벡터를 구하도록 훈련된다. 이런 목적에서, 자동부호기의 부호기와 복호기는 서로의 역에 해당한다. 자동부호기는 복호기가 입력 자료(이미지나 텍스트)를 최소한의 오차로 재구축할 수 있는 밀집(dense) 벡터 표현을 산출한다. 훈련 과정에서는 입력 자료 자체가 기대 출력이다. 따라서, 기계 번역을 위한 생각 벡터를 생성하거나 주어진 질문에 대한 응답을 생성하는 것이 목적이 아니라 고차원 자료를 더 낮은 차원의 밀집 벡터로 표현하는 것이 목적이라면 자동부호기가 적합하다.

제6장의 PCA와 t-SNE도 입력 자료를 저차원 표현으로 변환한다. 이전에 우리는 sklearn.decomposition.PCA와 sklearn.manifold.TSNE를 이용해서 벡터들을 시각화해 보았다. t-SNE 모형은 하나의 내장(embedding)을 산출하므로 일종의 부호기라고 할 수 있으며, PCA도 마찬가지이다. 그러나 이 모형들은 비지도 방식이므로 특정 출력이나 과제에 맞게 훈련할 수 없다. 그리고 이 알고리즘들은 기본적으로 특징 추출과 시각화를 위해 개발된 것이다. 이 모형들의 병목은 아주 낮은 차원의 벡터를 산출한다. 보통은 2차원이나 3차원이다. 그리고 이들은 가변 길이 순차열을 처리하도록 설계되지 않았다. 우리가 원하는 부호기에는 가변 길이 순차열을

주3 S. Chandar, S. Lauly 외, "An Autoencoder Approach to Learning Bilingual Word Representations," 2014. 웹 https://papers.nips.cc/paper/5270-an-autoencoder-approach-to-learning-bilingual-word-representations.pdf

처리하는 능력이 꼭 필요하다. 그리고 이전에 보았듯이 특징 추출과 순차열 내장에는 LSTM이 훨씬 뛰어나다.

> 참고 자동부호기의 한 변형인 **변분 자동부호기**(variational autoencoder)는 부호기-복호기뿐만 아니라 좋은 생성기(generator)로도 작동하도록 훈련할 수 있다. 변분 자동부호기는 입력을 충실하게 복원할 수 있는, 그러면서도 가우스 분포를 따르는 밀집 벡터 표현을 산출한다. 벡터 표현이 가우스 분포를 따르는 덕분에, 무작위로 선택한 씨앗 벡터를 복호기에 입력함으로써 원래의 입력과는 다른 출력을 손쉽게 생성할 수 있다.[주4]

10.1.3 대화 생성을 위한 순차열 대 순차열 모형

기계 번역이 대화 엔진(챗봇) 문제와 무슨 관련이 있냐고 생각하는 독자도 있겠지만, 둘은 상당히 비슷하다. 사용자가 입력한 문장에 대해 챗봇이 응답문을 생성하는 것은 기계 번역 시스템에서 한 언어의 문장으로부터 다른 언어의 문장을 생성하는 것과 그리 다르지 않다.

번역과 대화 모두, 모형은 한 순차열을 다른 순차열로 사상해야 한다. 기계 번역 시스템이 영어 토큰들로 이루어진 순차열을 독일어 토큰들로 이루어진 순차열로 사상하는 것은 챗봇이 대화 과정에서 사용자의 자연어 문장을 적절한 기대 응답으로 사상하는 것과 대단히 비슷하다. 기계 번역 엔진이 하는 일은 아이들이 다른 사람의 말을 그대로 따라 하는 "메아리 놀이(echo game)"와[주5] 비슷하다. 다만, 영어를 듣고 독일어로 따라 한다는 점이 다르다.

물론 우리가 만들려는 챗봇은 그저 남의 말을 그대로 따라 하는 앵무새가 아니라 사용자의 말에 좀 더 적절히 반응하는 지능적인 존재이어야 한다. 그러려면 세상에 관한(적어도 대화의 주된 주제에 관한) 추가적인 정보를 NLP 모형에 도입해야 하며, 모형은 단순히 입력을 반복하는 것보다 훨씬 더 복잡한 대응 관계(입력 문장들을 응답문들로 사상하는)를 배워야 한다. 그러려면 번역의 경우보다 더 많은 훈련 자료와 더 높은 차원의 생각 벡터가 필요하다(대화 엔진이 세상에 관해 알아야 할 모든 정보를 생각 벡터에 담아야 하므로). 장단기 기억망 생각 벡터의 차원 수를 늘리는, 그럼으로써 정보 수용력을 늘리는 방법은 제9장에서 언급했었다.

대화 엔진을 위해서는 기계 번역에 사용한 것과는 다른 종류의 훈련 집합이 필요하다. 훈련 집합은 예상 가능한 사용자 질문(또는 대화를 시작하는 제시문)과 그에 대한 적절한 응답문으로 이루어진다. 그런 대화 문장 쌍(기계 번역의 원문과 번역문 쌍에 해당하는)이 충분히 많다면, 그리고 질문과 응답 사이의 그 모든 대응 관계를 담을 수 있을 정도로 모형의 정보 수용력이 크다면, 모형은 대화가 자연스럽게 이어지도록 적절한 응답문을 생성하는 방법을 배우게 된다.

[주4] 웹 페이지 "Variational Autoencoders Explained"(http://kvfrans.com/variational-autoencoders-explained).
[주5] "repeat game"이라고도 한다(https://en.uncyclopedia.co/wiki/Childish_Repeating_Game).

이때 모형의 구조 자체는 기계 번역을 위한 것과 다르지 않다. 기본적으로 동일한 순차열 대 순차열 구조를 사용하되, 원문과 번역문 대신 질문과 응답으로 훈련하는 것일 뿐이다.

케라스는 순차열 대 순차열 신경망 구축을 위한 부호기-복호기 모듈을 제공한다. 또한 번역이나 대화, 심지어는 유전형-표현형 변환 문제를 푸는 데 필요한 LSTM 망의 내부 정보에 접근하는 API도 제공한다.

10.1.4 LSTM 복습

제9장에서 우리는 입력 견본에서 이미 "본" 토큰들의 패턴을 선택적으로 기억하거나 망각하는 수단을 순환 신경망에 제공하는 LSTM(장단기 기억) 세포를 살펴보았다. 각 시간 단계의 입력 토큰은 LSTM 세포의 망각 게이트와 갱신 게이트를 거쳐서(이 과정에서 적절한 가중치 및 마스크 곱셈이 수행된다) 기억 세포(memory cell)^{역1}에 저장된다. 그 시간 단계(토큰)의 신경망 출력은 입력 토큰만이 아니라, 입력 토큰과 기억 세포의 현재 상태의 조합에 의해 결정된다.

더욱 중요한 점은, 하나의 LSTM 세포가 학습한 토큰 패턴 인식 능력이 훈련 집합의 여러 문서에 공유된다는 것이다. 이는 망각 게이트와 갱신 게이트의 가중치들이 다수의 문서를 처리하는 과정에서 훈련되기 때문이다. 간단히 말하면, LSTM은 문서마다 영어 철자법과 문법을 매번 다시 배울 필요가 없다. 제9장에서는 또한 LSTM 세포의 가중치들에 저장된 토큰 패턴들을 활성화해서 주어진 씨앗 토큰의 다음 토큰을 예측하는, 그럼으로써 하나의 문장을 생성하는 방법도 배웠다(그림 10.4).

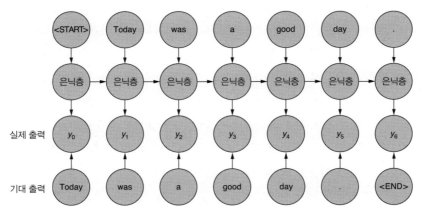

기대 출력은 입력 견본의 다음 토큰(이 예에서는 단어)이다.

그림 10.4 다음 단어 예측

역1 참고로 이 '기억 세포'는 그냥 기능을 나타내는 '기억'에 신경 세포 또는 뇌세포의 '세포'를 결합해서 만든 용어일 뿐, 생물학에서 면역 체계와 관련된 기억 세포(항체를 생산하는 B 세포의 일종)에 대한 비유는 아니다(영어 용어 memory cell도 마찬가지).

제9장에서는 이런 토큰 대 토큰 예측 기법을 이용해서, 신경망이 제시한 토큰 확률분포에 따라 다음 토큰을 선택해서 특정 저자의 문체를 흉내 낸 텍스트를 생성해 보았다. 완벽함과는 거리가 아주 먼 작품이 나왔지만, 재미있는 실험이었음은 분명하다. 그러나 이번 장에서는 그냥 웃고 넘길 수 있는 난센스 문장을 생성하려는 것이 아니다. 그럴듯한 대화를 위해서는, 생성 모형이 산출하는 텍스트를 어느 정도 제어할 수 있어야 한다.

서츠케버[Sutskever]와 비날스[Vinyals], 래[Le]는 LSTM 세포에 있는 패턴들을 덜 무작위로, 좀 더 제어된 방식으로 복호화하는 방법을 고안했다.[주6] 그들의 방법은 하나가 아니라 두 개의 LSTM 망을 사용한다. 첫 LSTM 망은 분류 능력을 이용해서 생각 벡터를 생성하도록 훈련되고, 그 LSTM 망과는 다른 둘째 LSTM 망은 생각 벡터를 입력받아서 토큰 대 토큰 예측 방식으로 문장을 생성하도록 훈련된다. 결과적으로 전체적인 신경망은 하나의 입력 문장을 그와는 다른 출력 문장으로 사상하는 방법을 배운다. 그럼 이런 신경망 모형을 구축해 보자.

10.2 순차열 대 순차열 NLP 파이프라인 구축

이제부터는 이전 장들에서 이미 배운 부품들을 이용해서 순차열 대 순차열 기계 학습 파이프라인을 실제로 구성해 본다.

10.2.1 순차열 대 순차열 훈련을 위한 자료 집합 준비

이전 장들의 합성곱 신경망 예제나 순환 신경망 예제에서처럼 이번에도 입력 자료의 길이를 일정하게 맞춘다. 미리 정한 최대 길이보다 긴 입력 견본은 끝을 잘라내고, 짧은 입력 견본은 가짜 토큰(<PAD>)을 채워서 길게 만든다(대부분의 입력 견본에는 후자가 요구된다). 입력 견본들의 '정답'에 해당하는 목표 견본들 역시 마찬가지 방식으로 특정 길이로 정리한다. 이때 입력 순차열과 목표 순차열의 길이가 같아야 할 필요는 없다(그림 10.5).

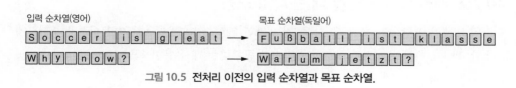

그림 10.5 전처리 이전의 입력 순차열과 목표 순차열.

주6 I. Sutskever, O. Vinyals, Q. Le, "Sequence to Sequence Learning with Neural Networks", 2014. 웹 http://papers.nips.cc/paper/5346-sequence-to-sequence-learning-with-neural-networks.pdf

목표 순차열들에는 특별한 시작 토큰과 중지 토큰도 배정해야 한다(그림 10.6). 복호기는 이 토큰들을 이용해서 문장 생성의 시작과 끝을 인식한다(그림 10.6).

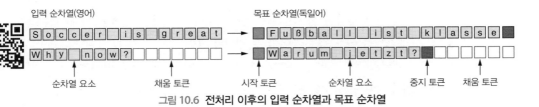

그림 10.6 **전처리 이후의 입력 순차열과 목표 순차열**

시작, 중지 토큰 배정 방법은 잠시 후에 케라스 파이프라인을 실제로 구축할 때 다시 이야기하겠다. 일단은, 훈련을 위해 목표 순차열의 두 가지 버전이 필요하다는 점만 기억하기 바란다. 하나는 시작 토큰으로 시작하는 버전(복호기의 입력으로 쓰인다)이고 다른 하나는 시작 토큰 없이 시작하는 버전(손실함수로 정확도를 측정하기 위한 목표 순차열로 쓰인다)이다.

이전 장들에서 훈련 집합은 입력과 기대 출력의 쌍들로 구성되었다. 순차열 대 순차열 모형에서 각 훈련 견본은 두 개가 아니라 세 개의 요소로 이루어진다. 하나는 입력 순차열이고 다른 하나는 시작 토큰으로 시작하는 기대 출력, 나머지 하나는 시작 토큰 없는 기대 출력이다.

구현 세부 사항으로 들어가기 전에, 잠시 논의를 정리해 보자. 순차열 대 순차열 모형은 두 개의 신경망으로 구성된다. 하나는 생각 벡터를 생성하는 부호기이고 다른 하나는 그 생각 벡터를 초기 상태로 삼아서 순차열을 생성하는 복호기이다. 복호기는 초기 상태와 시작 토큰으로부터 출력 순차열의 첫 요소(문자 또는 단어 벡터)를 생성한다. 그런 다음에는 그 요소를 씨앗 삼아서 그다음 요소를 생성한다. 이런 과정을 중지 토큰이 나오거나 최대 순차열 길이에 도달할 때까지 반복한다. 그때까지의 요소들로 이루어진 순차열이 모형 전체의 기대 출력이다. 훈련 시에는 이 순차열을 목표 순차열과 비교해서 오차를 역전파하고, 추론(신경망 실행) 시에는 이 순차열을 사용자에게 제시한다.

10.2.2 케라스의 순차열 대 순차열 모형

이하의 내용은 프랑수아 숄레[François Chollet]가 공개한 케라스 순차열 대 순차열 신경망 구현[주7]에 기초한 것이다. 숄레는 신경망 구조와 케라스를 공부하는 데 유용한 책인 *Deep Learning with Python*(Manning, 2017)[역2]의 저자이기도 하다.

[주7] 웹 페이지 "A ten-minute introduction to sequence-to-sequence learning in Keras"(https://blog.keras.io/a-ten-minute-introduction-to-sequence-to-sequence-learning-in-keras.html).
[역2] 번역서는 《케라스 창시자에게 배우는 딥러닝》(박해선 역, 길벗)이다.

훈련 과정에서는 부호기와 복호기를 함께 훈련한다. 각 훈련 견본은 부호기에 입력되는 입력 순차열, 복호기에 입력되는 순차열, 그리고 복호기의 바람직한 출력 문자열(목표 순차열)로 구성된다. 대화 엔진의 경우 부호기 입력 순차열은 챗봇이 응답해야 할 사용자 질문 문장이고, 복호기 입력 순차열은 그에 대한 적절한 응답문이다.

복호기에 두 개의 순차열이 필요한 이유는, 복호기를 교사 강제(teacher forcing)라고 부르는 방법으로 훈련하기 때문이다. 이 방법에서 복호기는 부호기가 제공한 초기 상태(생각 벡터)와 입력 순차열의 토큰들을 이용해서 앞에서 본 토큰 대 토큰 예측 방식으로 출력 순차열을 생성한다. 따라서 복호기의 입력 순차열과 출력 순차열은 사실 같은 것이다. 단지 토큰들이 시간 단계 하나만큼 어긋나 있을 뿐이다(그림 10.4 참고).

추론(실행) 과정에서는 사용자의 입력 문장을 부호기가 생각 벡터로 부호화하고, 복호기가 그 생각 벡터에 기초해서 출력 순차열을 생성한다. 그 순차열을 자연어 문장으로 변환해서 사용자에게 제시하면 된다.

> **케라스의 함수형 API** 이하의 예제에서는 케라스의 신경망 층들을 이전 장들과는 다른 방식으로 사용한다. 케라스는 신경망 층들을 함수 또는 함수의 인수로 취급해서 한 층으로 다른 한 층을 호출함으로써 층들을 조합하는 방식을 지원한다. 이러한 함수형(functional) API는 훈련된 모형의 개별 구성요소들을 재활용해서 새로운 모형을 구축할 때 특히나 유용하다(잠시 후에 그런 예를 볼 것이다). 케라스의 함수형 API를 좀 더 배우고 싶은 독자에게는 케라스 핵심 개발팀의 블로그 글[주8]을 강력히 추천한다.

10.2.3 순차열 부호기

부호기의 유일한 목적은 생각 벡터를 생성하는 것이다(그림 10.7). 이 생각 벡터는 복호기의 초기 상태로 쓰인다. 이 부호기만 따로 훈련할 수는 없다. 부호기에 입력된 문장에 대한 '기대 출력' 또는 '정답'에 해당하는 생각 벡터가 없기 때문이다. 부호기가 적절한 생각 벡터를 산출하도록 훈련하는 데 필요한 역전파는 모형의 나머지 절반에서 복호기가 생성한 순차열에 대한 오차에서부터 출발한다.

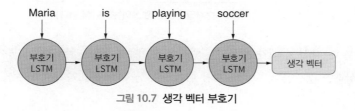

그림 10.7 생각 벡터 부호기

[주8] 웹 페이지 "Getting started with the Keras functional API"(https://keras.io/getting-started/functional-api-guide/).

그렇긴 하지만 부호기와 복호기는 개별적인 모듈이고, 각각을 다른 부호기나 복호기로 바꾸어 끼는 것도 가능하다. 예를 들어 영어를 독일어로 번역하기 위해 훈련한 부호기를 영어-스페인어 번역을 위한 부호기로 사용하는 것도 가능하다.[주9] 목록 10.1은 케라스의 함수형 API를 이용해서 하나의 LSTM 기반 생각 벡터 부호기를 구성하는 방법을 보여준다.

편리하게도, 케라스에서 LSTM 층을 추가할 때 return_state=True를 지정하면 LSTM 층의 내부 상태를 얻을 수 있다. 목록 10.1은 부호기의 출력 자체는 폐기하고 두 내부 상태들만 보존한다. 이들은 잠시 후에(목록 10.2) 복호기의 입력으로 쓰인다.

목록 10.1 케라스의 생각 벡터 부호기

```
>>> encoder_inputs = Input(shape=(None, input_vocab_size))
>>> encoder = LSTM(num_neurons, return_state=True)
>>> encoder_outputs, state_h, state_c = encoder(encoder_inputs)
>>> encoder_states = (state_h, state_c)
```

> LSTM 층의 내부 상태를 얻으려면 키워드 인수 return_state를 True로 설정해야 한다.

> LSTM 층의 세 반환값 중 첫째 것은 그 층의 출력이다.

return_state가 기본값 False인 경우에는 부호기가 이 층의 출력만 돌려주지만, return_state를 True로 설정하면 부호기는 이 층의 출력(encoder_outputs)과 함께 마지막 시간 단계의 은닉 상태들(state_h)과 기억 상태(state_c)도 돌려준다. 사실 LSTM에서는 마지막 시간 단계에서 LSTM의 층의 출력과 은닉 상태가 같다. 어쨌든, 복호기를 위한 생각 벡터는 층의 출력을 제외한 state_h와 state_c로 구성된다.

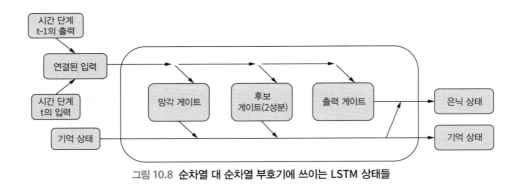

그림 10.8 **순차열 대 순차열 부호기에 쓰이는 LSTM 상태들**

그림 10.8은 두 내부 상태가 생성되는 방식을 보여준다. 부호기는 각 시간 단계에서 은닉 상태와 기억 상태를 갱신한다. 마지막 시간 단계의 두 상태는 복호기의 초기 상태로 쓰인다.

주9 이처럼 다수의 과제를 위해 신경망을 훈련하는 기법으로 '결합 훈련(joint training)'과 '전달 학습(transfer learning)'이 있다. 좀 더 자세한 사항은 Luong 외의 "Multi-Task Sequence To Sequence Learning"(ICLR 2016, https://arxiv.org/pdf/1511.06114.pdf)을 보기 바란다.

10.2.4 생각 벡터 복호기

복호기도 부호기만큼이나 구성이 간단하다. 주된 차이는, 각 시간 단계에서 신경망의 예측 결과를 출력한다는 것이다(목록 10.9). 그 출력(다음 토큰)을 목표 순차열의 다음 토큰과 비교해서 예측의 '정확성'을 판정한다.

복호기는 부호기가 산출한 생각 벡터를 초기 상태로 삼아서 토큰 대 토큰 방식으로 다음 토큰을 예측한다. 복호기의 입력 순차열과 출력 순차열은 거의 동일하나, 시간 단계 하나만큼 어긋나 있다. 복호기는 주어진 생각 벡터와 입력 순차열의 토큰들로부터 입력 순차열을 정확히 복원(재현)하는 방법을 배워야 한다.

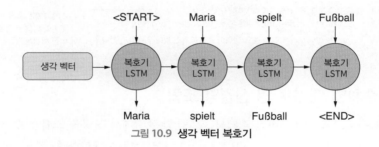

그림 10.9 **생각 벡터 복호기**

참고 이처럼 복호기가 부호기와는 다른 문제 공간(원문과는 다른 언어의 문장, 질문에 대한 응답 등)에서 출력을 생성한다는 것이 부호기-복호기 모형의, 그리고 일반적으로 순차열 대 순차열 모형의 핵심이다. 부호기-복호기 모형은 주어진 문장(입력)과 그에 대한 응답(출력)이 담아야 할 '생각'을 만들어낸다. 그 생각은 응답문의 토큰들을 결정한다. 궁극적으로, 생각 벡터(부호기가 생성한)와 출력 생성 과정의 출발점으로 쓰이는 일반적인 시작 토큰 하나만 있으면 복호기는 적절한 출력 순차열을 생성한다.

훈련 과정에서는 부호기가 출력한 순차열을 하나의 밀집층(dense layer)에 입력한다. 그 밀집층은 모든 가능한 출력 토큰의 개수와 동일한 수의 뉴런으로 이루어지며, 활성화 함수로는 그 모든 토큰에 대한 소프트맥스 함수를 사용한다. 따라서 각 시간 단계에서 밀집층은 하나의 확률분포를 출력하는데, 그 확률분포는 모든 가능한 토큰 각각에 대해 그것이 다음 토큰이 될 확률(이하 간단히 '다음 토큰 확률')들로 이루어져 있다. 따라서 그중 가장 큰 확률에 해당하는 토큰을 순차열의 다음 토큰으로 선택하면 된다. 이처럼 소프트맥스 활성화 함수로 확률분포를 산출하고 그에 기초해서 가장 가능성이 큰 토큰을 선택하는 방식은 이전에도(이를테면 제6장에서) 사용해 보았다. 순차열 대 순차열 모형에서는 부호기에 입력될 수 있는 서로 다른 토큰들의 수(input_vocab_size)와 출력 문장에 사용할 수 있는 서로 다른 토큰들의 수(output_vocab_size)가 달라도 된다는 점을, 즉 부호기의 어휘 크기와 복호기의 어휘 크기가 같을 필요가 없다는 점을 주목하기 바란다. 이는 순차열 대 순차열 신경망의 중요한 장점이다. 목록 10.2는 케라스로 복호기를 구성하는 예이다.

목록 10.2 케라스의 생각 벡터 복호기

```
>>> decoder_inputs = Input(shape=(None, output_vocab_size))
>>> decoder_lstm = LSTM(
...     num_neurons,return_sequences=True, return_state=True)
>>> decoder_outputs, _, _ = decoder_lstm(
...     decoder_inputs, initial_state=encoder_states)
>>> decoder_dense = Dense(
...     output_vocab_size, activation='softmax')
>>> decoder_outputs = decoder_dense(decoder_outputs)
```

부호기를 만들 때처럼 LSTM 층을 정의한다. 이전과는 달리 return_sequences도 True로 설정한다.

케라스의 함수형 API를 이용해서 부호기의 내부 상태들(생각 벡터)이 복호기의 초기 상태가 되도록 정의한다.

소프트맥스 층은 모든 가능한 토큰의 다음 토큰 확률들로 이루어진 확률분포를 산출한다.

LSTM 층의 출력이 소프트맥스 층에 입력되게 한다.

10.2.5 순차열 대 순차열 신경망 조립

케라스의 함수형 API를 이용하면 객체를 함수처럼 호출해서 모형을 조립할 수 있다. Model 객체는 신경망의 입력 부분과 출력 부분을 지정하는 수단을 제공한다. 목록 10.3에서 보듯이, 이 예제의 순차열 대 순차열 신경망은 입력이 두 가지이다. 목록 10.1과 목록 10.2에서 우리는 부호기를 위한 입력 하나와 복호기를 위한 입력 하나를 정의했다. 이 두 입력은 세 가지 요소로 이루어진 훈련 견본의 처음 두 요소에 대응된다. 출력층으로는 목록 10.2에서 정의한 decoder_outputs를 지정한다. 여기에는 앞에서 정의한 모형 설정 전체가 포함되어 있다. decoder_outputs의 출력은 훈련 견본의 세 번째 요소에 대응된다.

> **참고** 함수형 API를 이런 식으로 사용하는 경우 decoder_outputs 같은 정의는 텐서 표현이다. 이것이 이전 장들에서 사용한 순차적인 모형 정의 방식과 다른 점이다. 좀 더 자세한 사항은 케라스 API 문서화를 보기 바란다.

목록 10.3 케라스의 함수형 API를 이용한 모형 조립

```
>>> model = Model(
...     inputs=[encoder_inputs, decoder_inputs],
...     outputs=decoder_outputs)
```

입력이 여러 개인 경우에는 이처럼 inputs 인수에 입력들의 목록을 지정하면 된다. outputs 인수도 출력들의 목록을 지원한다.

10.3 순차열 대 순차열 신경망의 훈련

그럼 지금까지 정의한 케라스 순차열 대 순차열 모형을 컴파일하고 훈련해 보자. 이전 장들에서 수행한 감정 분석은 이진 분류 문제였지만, 순차열 생성은 범주형 분류(categorical classification) 문제 또는 다부류 분류(multiclass classification) 문제에 해당한다. 즉, 각 시간 단계에서 신경망은 여러 '범주' 중 어떤 것이 옳은 범주인지 결정해야 한다. 여기서 범주들은 사용 가능한 모든 토큰에 해당하며, 따라서 범주의 수가 상당히 많다. 이진 상태가 아니라 다수의 문자 또는 단어를 예측하므로, 신경망이 최적화할 손실함수로는 이전에 사용한 이진 교차 엔트로피 함수(binary_crossentropy) 대신 범주형 교차 엔트로피 함수(categorical_crossentropy)를 지정해야 한다. 목록 10.4는 model.compile로 모형을 컴파일하는 코드인데, 제9장의 감정 분석 예제와 다른 것은 loss 인수에 지정하는 손실함수뿐이다. 컴파일한 후에는 fit을 호출해서 모형을 훈련한다.

목록 10.4 케라스 순차열 대 순차열 모형의 훈련

> loss 인수(손실함수)를 categorical_crossentropy로 설정한다.

```
>>> model.compile(optimizer='rmsprop', loss='categorical_crossentropy')
>>> model.fit([encoder_input_data, decoder_input_data],
...     decoder_target_data,
...     batch_size=batch_size, epochs=epochs)
```

> 목록 10.3의 모형 정의에 따라 두 개의 입력 자료를 지정한다. 훈련 과정에서 첫 입력 자료는 부호기에, 둘째 입력 자료는 복호기에 전달된다.

model.fit 호출에 의해 부호기와 복호기를 동시에 훈련하는 과정이 시작된다. 좀 기다리면 훈련이 끝날 것이다. 다음 절에서는 주어진 입력 순차열에 대한 출력 순차열을 추론하는 방법을 살펴본다.

> **참고** 순차열 대 순차열 모형의 훈련에는 상당히 많은 양의 계산이 필요하며, 따라서 시간이 오래 걸릴 수 있다. 만일 이 모형의 훈련에 시간이 너무 걸린다면, 또는 더 큰 말뭉치로 신경망을 훈련하고 싶다면, GPU 활용을 강력히 추천한다. GPU를 이용하면 훈련 속도가 30배 정도 빨라진다. GPU로 신경망을 훈련해 본 적이 없어도 걱정할 필요는 없다. 제13장에 상용 계산 클라우드 서비스에서 GPU를 임대하고 설정하는 방법이 나온다. 합성곱 신경망과는 달리 LSTM은 병렬성이 그리 좋지 않으므로, GPU를 최대한 활용하려면 LSTM 층을 GPU에 특화된 CUDA 기반 CuDNNLSTM 층으로 대체해야 한다.

10.3.1 출력 순차열 생성

순차열을 생성하려면 훈련에 사용한 것과는 다른 방식으로 파이프라인을 조립해야 한다. 우선, 생각 벡터를 생성하는 부호기 모형을 따로 정의한다(목록 10.5).

```
>>> encoder_model = Model(inputs=encoder_inputs, outputs=encoder_states)
```

이전에 정의한 encoder_inputs와 encoder_states를 사용한다. 이 encoder_model 모형에 대해 predict 메서드를 호출하면 생각 벡터가 반환된다.

복호기 역시 다시 정의하는데, 이전보다 훨씬 복잡하다. 목록 10.6이 복호기를 정의하는 코드이다. thought_input은 부호기가 생성한 생각 벡터를 입력받기 위한 정의이다. 부호기의 생각 벡터는 두 개의 내부 상태로 이루어지므로, 이 정의 역시 두 개의 입력으로 정의된다. 그 다음 줄은 thought_input을 initial_state 인수로 지정해서 이전에 정의한 decoder_lstm을 호출한다. 이에 의해 복호기의 LSTM 층은 생각 벡터를 초기 상태로 사용하게 된다. 그다음 줄은 LSTM 층의 세 출력 중 마지막 두 개(은닉 상태와 기억 상태)로 LSTM 층의 상태(decodrer_states)를 정의한다. 다음으로, 다음 토큰 예측을 위한 LSTM 층의 출력을 산출하는 밀집층을 정의한다. 이 밀집층은 모든 가능한 토큰의 다음 토큰 확률들로 이루어진 확률분포를 출력한다. 이 확률분포는 훈련 과정에서 본 모든 토큰의 공동 출현 빈도에 기초한 것이다.

마지막으로, 케라스의 Model을 이용해서 앞의 입력 정의들과 출력 정의들로 하나의 복호기 모형을 정의한다. 이후 각 시간 단계에서 이 모형이 산출한 확률분포에서 가장 높은 확률에 해당하는 토큰을 선택하는 과정을 반복함으로써 출력 순차열을 생성한다.

목록 10.6 생각 벡터로부터 순차열을 생성하는 모형

```
>>> thought_input = [Input(shape=(num_neurons,)),
...       Input(shape=(num_neurons,))]
>>> decoder_outputs, state_h, state_c = decoder_lstm(
...       decoder_inputs, initial_state=thought_input)
>>> decoder_states = [state_h, state_c]
>>> decoder_outputs = decoder_dense(decoder_outputs)

>>> decoder_model = Model(
...       inputs=[decoder_inputs] + thought_input,
...       output=[decoder_outputs] + decoder_states)
```

부호기가 산출한 상태들을 받는 입력층을 정의한다.

부호기의 상태들을 LSTM 층의 초기 상태로 지정한다.

LSTM 층의 출력을 밀집층으로 전달해서 다음 토큰을 예측한다.

이제 앞의 정의들로 하나의 복호기 모형을 정의한다.

decoder_inputs와 thought_input의 조합이 이 복호기 모형의 입력이다.

그리고 모형의 출력은 밀집층의 출력과 갱신된 상태의 조합이다.

갱신된 LSTM 상태는 다음 반복에서 새 기억 상태가 된다.

목록 10.7은 이 모형을 이용해서 출력 토큰들을 얻는 방법을 보여준다. 이 코드는 우선 입력 문장(의 원핫 벡터)으로 부호기 모형의 predict 메서드를 호출해서 생각 벡터 thought를 얻는다. 그런 다음에는 그 생각 벡터를 이용해서 복호기로 다음 토큰을 예측하는 과정을 반복한다. 첫 반복에서 target_seq에는 시작 토큰 하나만 있다. 복호기는 그 토큰과 생각 벡터에 기초해서 다음 토큰을 예측한다. 이후의 반복들에서 target_seq는 마지막으로 생성된 토큰으로 갱신된다. 이러한 과정을 순차열의 요소 개수가 상한에 도달하거나 복호기가 중지 토큰을 예측할 때까지 반복한다.

목록 10.7 다음 단어를 예측하는 간단한 복호기

입력 문장을 생각 벡터(LSTM 층의 은닉 상태와 기억 상태)로 부호화한다.

각 반복에서, 만일 출력 순차열이 최대 길이에 도달하거나 복호기가 중지 토큰을 산출하면 이 stop_condition 변수가 True가 된다(목록 10.13 참고).

```
...
>>> thought = encoder_model.predict(input_seq)
...
>>> while not stop_condition:
...     output_tokens, h, c = decoder_model.predict(
...         [target_seq] + thought)
```

복호기는 확률이 가장 높은 토큰과 내부 상태들을 돌려준다. 내부 상태들은 다음 반복에서 다음 토큰을 예측하는 데 쓰인다.

10.4 순차열 대 순차열 신경망을 이용한 챗봇 구축

지금까지 우리는 순차열 대 순차열 신경망을 훈련하고 그것을 이용해서 순차열을 생성하는 방법을 살펴보았다. 이제부터는 지금까지 배운 것을 챗봇에 적용해 보겠다. 이번 예제의 챗봇은 문자 수준 순차열 대 순차열 신경망으로 구현된다. 이 챗봇의 훈련에는 코넬 대학교의 영화 대화 말뭉치[주10]를 사용한다. 이 말뭉치로 순차열 대 순차열 신경망을 훈련함으로써 챗봇은 사용자의 질문이나 문장에 "적절하게" 반응하는 방법을 배우게 된다. 이 챗봇 예제는 케라스 블로그에 나온 순차열 대 순차열 예제[주11]에 기초한 것임을 밝혀둔다.

10.4.1 훈련 자료 준비

우선 영화 대화 말뭉치를 적재하고 훈련에 적합한 형태의 자료로 변환한다. 훈련 자료는 훈련 과정에서, 그리고 순차열 생성 과정에서 부호기와 복호기가 지원할 문자들의 집합을 결정한다. 이 예제 구현의 복호기는 훈련 자료에 없는 문자들을 지원하지 않음을 주의하기 바란다. 계산 비용 때문에 코넬 영화 대화 자료 집합 전체를 사용하지는 못한다. 말뭉치에는 토큰이 2,000개 이상인 문장들도 있는데, LSTM 층을 2,000시간 단계만큼 펼치려면 시간이 꽤 걸린다. 그렇지만 대부분의 대화 문장들은 영문자로 100자 미만이다. 이 예제에서는 미리 100자

주10 웹 페이지 "Cornell Movie-Dialogs Corpus"(https://www.cs.cornell.edu/~cristian/Cornell_Movie-Dialogs_Corpus.html).
주11 GitHub 케라스 저장소의 "keras/examples/lstm_seq2seq.py" 항목(https://github.com/fchollet/keras/blob/master/examples/lstm_seq2seq.py).

미만의 견본들만 뽑아서 이상한 문자(영문자와 일반적인 문장 부호 이외의 문자)들은 모두 제거하고 모든 영문자를 소문자로 변환한 말뭉치를 사용한다. 이 말뭉치를 NLPIA 패키지[주12]에 포함해 두었으므로, 그냥 NLPIA 패키지의 get_data 함수로 불러오면 된다.

영화 대화 말뭉치를 적재한 후에는 말뭉치의 문장들로 훈련 견본(입력 텍스트, 시작 토큰이 있는 목표 텍스트, 시작 토큰이 없는 목표 텍스트로 이루어진)들을 생성한다. 그 과정에서 입력 문자 집합과 목표 문자 집합도 생성한다. 이 문자 수준 어휘들은 이후에 입력 문장을 원핫 벡터로 만드는 데 쓰인다. 입력 문자 집합과 목표 문자 집합이 반드시 일치해야 하는 것은 아니다. 그러나 이 집합들에 없는 문자는 신경망이 읽거나 생성하지 못한다. 목록은 10.8은 지금까지 설명한 대로 입력 문장 목록과 목표 문장 목록, 그리고 입력 문자 집합과 목표 문자 집합을 생성하는 코드이다.

목록 10.8 문자 수준 순차열 대 순차열의 훈련을 위한 자료 집합 준비

```
>>> from nlpia.loaders import get_data
>>> df = get_data('moviedialog')
>>> input_texts, target_texts = [], []
>>> input_vocabulary = set()
>>> output_vocabulary = set()
>>> start_token = '\t'
>>> stop_token = '\n'
>>> max_training_samples = min(25000, len(df) - 1)

>>> for input_text, target_text in zip(df.statement, df.reply):
...     target_text = start_token + target_text \
...         + stop_token
...     input_texts.append(input_text)
...     target_texts.append(target_text)
...     for char in input_text:
...         if char not in input_vocabulary:
...             input_vocabulary.add(char)
...     for char in target_text:
...         if char not in output_vocabulary:
...             output_vocabulary.add(char)
```

이 두 목록은 말뭉치 파일에서 읽은 입력 문장들과 목표 문장들을 담는다.

이 두 집합은 입력 문장들과 목표 문장들에 등장한 문자들을 담는다.

목표 순차열에는 시작 토큰과 중지 토큰이 붙는다. 이 두 문장은 이 토큰들의 구체적인 문자를 정의한다. 이 문자들은 보통의 문장에는 쓰이지 않는, 오직 시작 토큰과 중지 토큰으로만 쓰이는 문자들이어야 한다.

target_text를 시작 토큰과 중지 토큰으로 감싸야 한다.

어휘, 즉 input_texts에 등장한 고유한 (중복 없는) 문자들의 집합을 만든다.

max_training_samples는 훈련에 사용할 견본의 수이다. 미리 정의한 최댓값(25000)과 말뭉치 파일에서 불러온 행 수 중 더 작은 것을 사용한다.

10.4.2 문자 사전 구축

이전 장들의 예제들과 비슷하게, 신경망에는 입력 텍스트와 목표 텍스트의 실제 문자들이 아니라 그 문자들을 부호화한 원핫 벡터들을 입력해야 한다. 원핫 벡터를 생성하려면 각 문자를

[주12] GitHub 저장소 "totalgood/nlpia"(https://github.com/totalgood/nlpia).

적절한 벡터 성분 색인으로 사상하는 토큰 사전이 필요하다. 그러한 토큰 사전을 입력 텍스트와 목표 텍스트에 대해 따로 만들어야 한다. 또한 그 반대 방향으로의 사상(색인을 문자에 대응시키는)을 위한 역사전들도 만들어야 한다. 순차열 생성 과정에서는 이 역사전을 이용해서 복호기가 산출한 색인을 문자로 변환한다. 이러한 사전들을 구축하는 코드가 목록 10.9에 나와 있다.

목록 10.9 문자 수준 순차열 대 순차열 신경망을 위한 사전들과 초매개변수들

```
>>> input_vocabulary = sorted(input_vocabulary)       ◀── 사전 생성을 위해, 앞에서 구한 문자 집합
>>> output_vocabulary = sorted(output_vocabulary)          의 문자들을 알파벳순으로 정렬한다.

>>> input_vocab_size = len(input_vocabulary)     ◀──  입력 텍스트와 목표 텍스트의 고유
>>> output_vocab_size = len(output_vocabulary)        한 문자 개수를 얻는다. 이들은 이후
>>> max_encoder_seq_length = max(                     원핫 부호화를 위한 행렬에 쓰인다.
...     [len(txt) for txt in input_texts])   ◀──  입력 자료와 목표 자료의 최대 문장 길이
>>> max_decoder_seq_length = max(                    (최대 순차열 토큰 수)도 구한다.
...     [len(txt) for txt in target_texts])
                                                      input_vocabulary와 output_
>>> input_token_index = dict([(char, i) for i, char in   vocabulary의 문자들로 문자를
...     enumerate(input_vocabulary)])      ◀──  색인으로 사상하는 사전들을 생
>>> target_token_index = dict(                        성한다. 이들은 문자를 원핫 벡
...     [(char, i) for i, char in enumerate(output_vocabulary)])   터로 변환하는 데 쓰인다.
>>> reverse_input_char_index = dict((i, char) for char, i in
...     input_token_index.items())    ◀──┐
>>> reverse_target_char_index = dict((i, char) for char, i in    │
...     target_token_index.items())                              │
                                        사전들을 거꾸로 훑어서 역사전들을 만든다.
```

10.4.3 원핫 부호화 훈련 집합 생성

다음으로, 입력 텍스트와 목표 텍스트를 원핫 '텐서'로 부호화한다. 이를 위해 각 입력 문장을 훑으면서 각 문자를 원핫 벡터로 만든다. 고유한 입력 문자 개수가 n이라 할 때, 각 문자는 하나의 n차원 행벡터가 된다. 그런 다음 각 견본의 모든 문자 원핫 벡터를 층층이 쌓아서 행렬을 만들고, 그런 행렬들을 모아서 하나의 훈련 텐서를 만든다. 목표 문장들에도 마찬가지로 처리한다(목록 10.10).

목록 10.10 문자 수준 순차열 대 순차열 훈련 집합 생성

```
>>> import numpy as np    ◀────────────────── 행렬 곱셈에 NumPy를 사용한다.

>>> encoder_input_data = np.zeros((len(input_texts),
...     max_encoder_seq_length, input_vocab_size),      먼저 (견본 개수, 최대 순차열 길이,
...     dtype='float32')    ◀──────────────  고유한 토큰 개수) 형태의 훈련 텐서
>>> decoder_input_data = np.zeros((len(input_texts),    들을 0으로 초기화한다.
...     max_decoder_seq_length, output_vocab_size),
```

```
...         dtype='float32')
>>> decoder_target_data = np.zeros((len(input_texts),
...         max_decoder_seq_length, output_vocab_size),
...         dtype='float32')

>>> for i, (input_text, target_text) in enumerate(
...             zip(input_texts, target_texts)):
...     for t, char in enumerate(input_text):
...         encoder_input_data[
...             i, t, input_token_index[char]] = 1.
...     for t, char in enumerate(target_text):
...         decoder_input_data[
...             i, t, target_token_index[char]] = 1.
...         if t > 0:
...             decoder_target_data[i, t - 1, target_token_index[char]] = 1
```

훈련 견본들을 훑는다. 입력 텍스트와 목표 텍스트가 짝을 이루어야 하므로 하나의 루프로 함께 처리한다.

각 견본의 각 문자를 원핫 벡터로 변환한다.

현재 문자에 해당하는 성분만 1로 설정한다. 나머지 성분들은 모두 0이다. 결과적으로 encoder_input_data는 입력 견본들의 원핫 표현들을 담게 된다.

복호기의 입력 자료인 decoder_input_data도 마찬가지 방식으로 부호화한다. 또한, decoder_input_data보다 시간 단계 하나만큼 뒤처진 목표 자료 집합 decoder_target_data도 만든다.

10.4.4 순차열 대 순차열 챗봇의 훈련

앞에서 우리는 전처리된 말뭉치를 입력 견본들과 목표 견본들로 변환하고, 색인 참조용 사전들을 만들고, 견본들을 원핫 텐서들로 변환했다. 이제 챗봇을 훈련하는 데 필요한 모든 자료 집합이 마련되었다. 목록 10.11은 순차열 대 순차열 챗봇 모형을 조립하고 훈련하는 코드인데, 이전에 본 예제 코드와 별반 다르지 않다. model.fit 메서드가 훈련을 마치면 완전히 훈련된 순차열 대 순차열 신경망 기반 챗봇이 완성된다.

목록 10.11 문자 수준 순차열 대 순차열 신경망의 정의와 훈련

```
>>> from keras.models import Model
>>> from keras.layers import Input, LSTM, Dense

>>> batch_size = 64
>>> epochs = 100
>>> num_neurons = 256

>>> encoder_inputs = Input(shape=(None, input_vocab_size))
>>> encoder = LSTM(num_neurons, return_state=True)
>>> encoder_outputs, state_h, state_c = encoder(encoder_inputs)
>>> encoder_states = [state_h, state_c]

>>> decoder_inputs = Input(shape=(None, output_vocab_size))
>>> decoder_lstm = LSTM(num_neurons, return_sequences=True,
...                     return_state=True)
>>> decoder_outputs, _, _ = decoder_lstm(decoder_inputs,
```

견본 64개를 하나의 배치로 사용해서 훈련을 진행한다. 이 배치 크기를 늘리면 훈련이 빨라지지만, 메모리 요구량이 높아질 수 있다.

순차열 대 순차열 신경망을 제대로 훈련하려면 꽤 많은 반복이 필요하다. 훈련 주기를 100으로 설정한다.

이 예제에서는 LSTM 층의 뉴런 수를 256으로 설정한다.

```
...       initial_state=encoder_states)
>>> decoder_dense = Dense(output_vocab_size, activation='softmax')
>>> decoder_outputs = decoder_dense(decoder_outputs)
>>> model = Model([encoder_inputs, decoder_inputs], decoder_outputs)

>>> model.compile(optimizer='rmsprop', loss='categorical_crossentropy',
...               metrics=['acc'])
>>> model.fit([encoder_input_data, decoder_input_data],
...     decoder_target_data, batch_size=batch_size, epochs=epochs,
...     validation_split=0.1)  ◀──
```

훈련 자료의 10%를 각 주기(세)의 끝에서 검증을
수행하는 데 사용할 검증 집합으로 떼어 둔다.

10.4.5 순차열 생성을 위한 모형 설정

순차열 생성을 위한 모형 설정 방법은 이전에 §10.3.1에서 본 것과 거의 비슷하다. 훈련 과정과는 달리 생성 과정에서는 복호기의 입력에 목표 텍스트가 포함되지 않는다. 복호기는 그냥 부호기의 출력(생각 벡터)과 시작 토큰만으로 순차열을 생성한다. 목록 10.12에 순차열 생성을 위한 모형을 설정하는 코드가 나와 있다.

목록 10.12 응답 생성 모형의 설정

```
>>> encoder_model = Model(encoder_inputs, encoder_states)
>>> thought_input = [
...     Input(shape=(num_neurons,)), Input(shape=(num_neurons,))]
>>> decoder_outputs, state_h, state_c = decoder_lstm(
...     decoder_inputs, initial_state=thought_input)
>>> decoder_states = [state_h, state_c]
>>> decoder_outputs = decoder_dense(decoder_outputs)

>>> decoder_model = Model(
...     inputs=[decoder_inputs] + thought_input,
...     output=[decoder_outputs] + decoder_states)
```

10.4.6 순차열 생성(예측)

목록 10.13은 챗봇이 응답문을 생성하는 데 사용하는 decode_sequence 함수이다. 이 함수는 주어진 입력 순차열(입력 문장의 원핫 벡터들로 이루어진)을 앞에서 훈련한 순차열 대 순차열 신경망의 부호기에 넣어서 생각 벡터를 얻고, 그 생각 벡터를 복호기에 넣어서 적절한 응답 순차열을 생성한다.

```
>>> def decode_sequence(input_seq):
...         thought = encoder_model.predict(input_seq)          복호기에 입력할 생각 벡터를 얻는다.

...         target_seq = np.zeros((1, 1, output_vocab_size))     훈련과는 달리 target_
...         target_seq[0, 0, target_token_index[stop_token]     seq는 시작 토큰 없는
...            ] = 1.                                            0 텐서로 시작한다.
...         stop_condition = False
...         generated_sequence = ''                             복호기의 첫 입력 토큰은 시작 토큰이다.

...         while not stop_condition:                           생성된 토큰(첫 반복의 경우
...             output_tokens, h, c = decoder_model.predict(    에는 시작 토큰)과 갱신된
...                 [target_seq] + thought)                     생각 벡터를 복호기에 넣어서
                                                                다음 토큰을 생성(예측)한다.

...             generated_token_idx = np.argmax(output_tokens[0, -1, :])
...             generated_char = reverse_target_char_index[generated_token_idx]
...             generated_sequence += generated_char
...             if (generated_char == stop_token or
...                     len(generated_sequence) > max_decoder_seq_length
...                     ):                                      생성 과정을 끝낼 조건이 충족되면
...                 stop_condition = True                       stop_condition을 True로 설정한다.

...             target_seq = np.zeros((1, 1, output_vocab_size))
...             target_seq[0, 0, generated_token_idx] = 1.
...             thought = [h, c]                                목표 순차열을 갱신하고, 이번
                            생각 벡터를 갱신한다.                 시간 단계에서 생성한 토큰을 다음
...         return generated_sequence                           시간 단계의 입력으로 설정한다.
```

10.4.7 응답문 생성 및 출력

아래의 response() 함수는 사용자의 입력 문장에 대한 응답문을 출력하는 함수이다. 이 함수는 먼저 주어진 입력 문장을 적절한 입력 순차열(원핫 벡터들의 순차열)로 변환해서 앞의 decode_sequence() 함수를 호출한다. decode_sequence()는 그 입력 순차열을 생각 벡터로 변환하고, 그 생각 벡터에 기초해서 생성한 응답문(문자들의 순차열)을 돌려준다. response()는 그 응답문을 적절한 형식으로 출력한다.

> **참고** 여기서 핵심은 복호기에 초기 상태(생각 벡터)와 입력 순차열을 집어넣는 것이 아니라 초기 상태와 시작 토큰만 집어넣는다는 것이다. 주어진 초기 상태와 시작 토큰에 대해 복호기가 생성(예측)한 토큰은 다음 반복(시간 단계 2)의 입력으로 쓰인다. 마찬가지로, 시간 단계 2의 출력 토큰은 시간 단계 3의 입력이 되는 식으로 과정이 반복된다. 이 과정에서 출력 순차열이 점차 길어지고, LSTM 세포의 기억 상태도 매번 갱신된다(제9장에서 본 것처럼).

```
>>> def response(input_text):
...     input_seq = np.zeros((1, max_encoder_seq_length, input_vocab_size),
...         dtype='float32')
...     for t, char in enumerate(input_text):  ◄
...         input_seq[0, t, input_token_index[char]] = 1.
...     decoded_sentence = decode_sequence(input_seq)  ◄
...     print('Bot Reply (Decoded sentence):', decoded_sentence)
```

입력 텍스트의 각 문자를 원핫 벡터로 변환해서 하나의 원핫 텐서를 생성한다. 이후 부호기는 이 입력 텐서로부터 생각 벡터로 생성한다.

decode_sequence 함수는 훈련된 모형을 이용해서 생성한 응답 순차열을 돌려준다.

10.4.8 챗봇과 대화

이제 훈련된 챗봇을 손쉽게 실행하는 함수까지 마련했다. 그럼 이 함수를 이용해서 챗봇을 시험해 보자. 참고로 필자들이 NVIDIA GRID K520 GFU를 이용해서 챗봇의 순차열 대 순차열 신경망을 훈련하는 데 약 7시간 반 정도의 시간이 걸렸다. 그렇지만 안타깝게도 우리의 챗봇은 다소 무뚝뚝하고 말이 짧다. 더 큰 말뭉치로 훈련한다면 좀 더 나은 챗봇이 될 것이다.

```
>>> response("what is the internet?")
Bot Reply (Decoded sentence): it's the best thing i can think of anything.

>>> response("why?")
Bot Reply (Decoded sentence): i don't know. i think it's too late.

>>> response("do you like coffee?")
Bot Reply (Decoded sentence): yes.

>>> response("do you like football?")
Bot Reply (Decoded sentence): yeah.
```

참고 GPU를 설정해서 오랫동안 챗봇을 훈련할 여건이 되지 않아도 걱정할 필요는 없다. 훈련된 챗봇의 가중치들을 이 책의 GitHub 저장소에 올려 두었으니 그것을 사용하면 된다.[주13]

주13 GitHub 저장소 "totalgood/nlpia"(https://github.com/totalgood/nlpia)의 /src/nlpia/book/examples/ch10.ipynb 파일과 src/nlpia/book/data/ 디렉터리를 보라.

10.5 개선안

이번 절에서는 순차열 대 순차열 모형의 정확도와 규모가변성을 높이기 위해 훈련을 개선하는 방법을 살펴본다. 사람이든 컴퓨터(심층 학습 모형)이든 잘 설계된 교과 과정(커리큘럼)이 학습에 도움이 된다. 훈련 자료를 여러 부분으로 나누고 적절한 순서로 투입하면, 그리고 학습에 중요한 부분에 신경망이 주의를 집중하게 하면, 신경망이 학습 내용을 좀 더 빠르게 소화할 수 있다.

10.5.1 버키팅을 이용한 학습 복잡도 감소

서로 다른 길이의 입력 순차열들을 일정한 길이로 정리할 때는 짧은 순차열에 다수의 채움 토큰을 추가하는 방법이 흔히 쓰인다. 그런데 이런 토큰 채우기 방법을 사용하면 훈련을 위한 계산 비용이 높아질 수 있다. 최대 길이에 가까운 순차열이 그리 많지 않고 대부분의 순차열이 짧을 때는 더욱 그렇다. 대부분의 순차열이 토큰 100개 정도로 이루어지고 적은 수의 순차열만 1,000개의 토큰으로 이루어진 훈련 집합으로 순차열 대 순차열을 훈련한다면, 대부분의 순차열에 900여 개의 채움 토큰을 추가해야 하며, 훈련 과정에서 순차열 대 순차열 신경망은 실제 토큰보다 무의미한 채움 토큰들을 더 많이 처리해야 한다. 결과적으로 훈련이 대단히 느려진다. 이에 대한 해결책 하나가 버키팅[bucketing](통 분류)이다. 버키팅에서는 순차열들을 길이에 따라 적절한 그룹('버킷')들로 분류한다. 예를 들어 첫 버킷에는 길이가 5에서 10토큰인 순차열들을 담고, 둘째 버킷에는 길이가 11에서 15토큰인 순차열들을 담는 식이다. 각 버킷을 하나의 배치로 삼고 순차열들에 버킷 최대 길이까지만 채움 토큰들을 추가해서 신경망을 훈련하면 앞에서 말한 너무 많은 채움 토큰들 때문에 생기는 비효율성을 피할 수 있다. 몇몇 심층 학습 프레임워크들은 주어진 입력 자료를 분석해서 최적의 버킷 크기들을 제시하는 버키팅 도구를 제공한다.

그림 10.10에 버키팅의 예가 나와 있다. 오른쪽 순차열들은 왼쪽의 순차열들을 길이순으로 정렬하고 네 개의 버킷으로 분류한 결과이다. 각 버킷의 순차열들은 그 버킷의 최대 토큰 길이에 맞게 채워진다. 이렇게 하면 순차열 대 순차열 신경망 훈련 시 주어진 배치에 필요한 만큼만 신경망을 펼칠 수 있으므로 훈련 시간이 줄어든다.

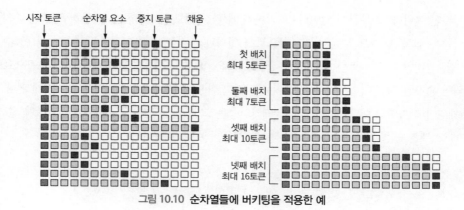

시작 토큰　　순차열 요소　중지 토큰　채움

첫 배치
최대 5토큰

둘째 배치
최대 7토큰

셋째 배치
최대 10토큰

넷째 배치
최대 16토큰

그림 10.10 **순차열들에 버키팅을 적용한 예**

10.5.2 주의 메커니즘

제4장의 잠재 의미 분석(LSA)과 마찬가지로, 입력 문서(입력 순차열)가 길수록 생각 벡터의 품질이 나빠진다. 즉, 긴 문서에 대한 생각 벡터는 그 문서를 그리 정확하게 대표하지 못한다. 생각 벡터의 차원 수는 LSTM 층의 차원 수(뉴런 수)로 한정된다. 앞의 챗봇 예제에 나온 것 같은 짧은 입력 또는 출력 순차열은 하나의 생각 벡터로 충분히 표현할 수 있다. 그러나 블로그 글이나 뉴스 기사 같은 긴 문서를 요약하도록 순차열 대 순차열 모형을 훈련해야 한다면 문제가 좀 달라진다. 그런 모형은 예를 들어 기사 내용 전체를 하나의 생각 벡터로 압축하고 그로부터 기사 제목(표제)에 해당하는 문구를 출력해야 할 것이다. 짐작하겠지만, 긴 문서를 읽고 그 문서에서 가장 중요한 정보를 파악하도록 신경망을 훈련하기는 쉽지 않은 일이다. 어떤 문서의 표제나 요약문(그리고 해당 생각 벡터)을 산출하려면 문서의 모든 부분을 동일하게 취급해서 그 모든 의미를 대표하려 들기보다는 문서의 특정 측면 또는 특정 부분에 초점을 두는 것이 바람직하다.

바다나우와 조경현, 벤지오는 2015년 ICLR(International Conference on Learning Representations)에서 이 문제에 대한 하나의 해법을 제시했다.[14] 기본적으로 그들이 제시한 것은 하나의 **주의 메커니즘**(attention mechanism)이다(그림 10.11). 이름이 암시하듯이 이 해법은 입력 순차열 중 어디에 주의를 두어야 할 것인지를 복호기에 알려준다. 좀 더 구체적으로 말하면, 부호기는 전체 입력 순차열의 '열지도(heat map)'에 비유할 수 있는 정보를 학습한다. 부호기가 각 시간 단계마다 생성한 열지도는 복호기에도 전달된다. 복호기는 순차열의 특정 부분을 복원(부호화)할 때 생각

주14 D. Bahdanau, K. Cho, Y.Bengio, "Neural Machine Translation by Jointly Learning to Align and Translate", 2015. 웹 https://arxiv.org/abs/1409.0473

벡터뿐만 아니라 그 부분이 얼마나 "뜨거운지"에 관한 정보도 참고한다. 간단히 말하면 주의 메커니즘은 입력 중 주요 부분을 강조함으로써 입력과 출력을 직접 연결하는 수단이라 할 수 있다. 단, 그러한 연결이 토큰 대 토큰 수준의 연결은 아니다. 입력과 출력이 토큰 대 토큰으로 연결되면 순차열 대 순차열 처리의 장점이 사라지고 다시 예전의 자동부호기로 돌아가게 된다. 주요 개념이 순차열의 어디에 있든, 주의 메커니즘은 그 부분을 명시적으로 강조함으로써 신경망이 해당 부분을 좀 더 잘 반영하는 생각 벡터를 만들어내게 한다.

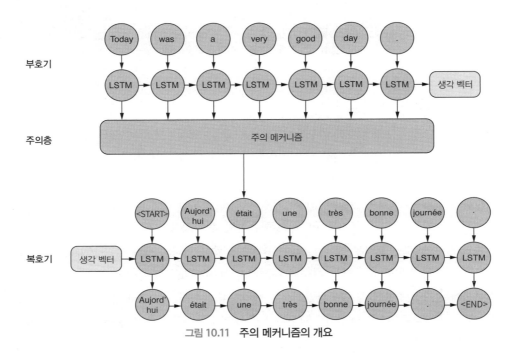

그림 10.11 주의 메커니즘의 개요

주의 메커니즘을 도입하면 각 시간 단계에서 복호기는 입력 순차열 중 "주의"를 돌려야 할 하나 또는 다수의 토큰에 관한 추가적인 정보를 얻게 된다. 그러한 정보('열지도')는 부호기의 모든 순차열 위치에 대한 가중 평균들의 형태로 주어진다.

주의 메커니즘을 구성하고 조율하기가 쉽지는 않지만, 다행히 여러 심층 학습 프레임워크는 주의 메커니즘을 도입하는 데 도움이 되는 구현들을 제공한다. 이 글을 쓰는 현재 케라스는 아직 주의 메커니즘을 지원하지 않지만, 관련 풀 요청(PR)에 관한 논의가 진행 중이다.

10.6 순차열 대 순차열 신경망의 실제 용도

순차열 대 순차열 신경망은 입력이나 출력이(또는 둘 다) 가변 길이 순차열인 모든 종류의 기계 학습 응용에 적합하다. 자연어 문장들은 항상 길이(문자 수이든 단어 수이든)가 제각각이므로, NLP에서는 다른 대부분의 기계 학습 모형보다 순차열 대 순차열 모형의 정확도가 높다.

순차열 대 순차열 모형의 주요 응용 분야는 다음과 같다.

- 챗봇 대화
- 질의응답
- 기계 번역
- 이미지 캡션 생성
- 시각적 질의응답
- 문서 요약

이 책의 주된 예제이기도 한 챗봇(대화 엔진)은 NLP의 주된 응용 중 하나이다. 순차열 대 순차열 모형은 생성 모형(generative model)에 속하므로, 챗봇의 대화 생성에 아주 적합하다. 순차열 대 순차열 기반 챗봇은 정보 검색이나 지식 기반 챗봇 접근 방식보다 좀 더 다양하고 창의적이며 자연스러운 대화를 생성할 수 있다. 사람들끼리의 대화처럼 자연스러운 대화를 위해서는 챗봇이 다양한 주제에 관해 말할 수 있어야 한다. 순차열 대 순차열 기반 챗봇은 일반화 능력이 좋기 때문에 특정 영역에 국한된 말뭉치로 배운 것을 다른 분야에 응용할 수 있다. 반면 제12장에서 논의하는 지식 기반 대화 시스템은 '근거화(grounding)' 때문에 대화 능력이 훈련 자료에 반영된 영역으로 한정될 수 있다. 제12장에서 여러 챗봇 구조의 성능을 좀 더 자세히 비교한다.

코넬 영화 대화 말뭉치 외에, Deep Mind의 Q&A 자료 집합[주15]을 비롯해서 챗봇의 훈련에 사용할 수 있는 자유/오픈소스 자료 집합이 많이 있다.[주16] 특정 분야 안에서 그럴듯한 대화를 진행하는 대화 시스템을 원한다면 해당 분야의 문장들로 이루어진 말뭉치로 챗봇을 훈련해야 할 것이다. 생각 벡터의 정보 수용량에는 한계가 있으므로, 챗봇이 주로 대화할 분야에 관한 정보로 생각 벡터를 최대한 채울 필요가 있다.

주15 웹 페이지 "DeepMind Q&A Dataset"(https://cs.nyu.edu/~kcho/DMQA/).
주16 NLPIA 패키지의 대화 말뭉치 목록(https://github.com/totalgood/nlpia/blob/master/docs/notes/nlp--data.md#dialog-corpora).

순차열 대 순차열 신경망의 또 다른 주요 응용 분야는 기계 번역이다. 기계 번역에서 생각 벡터는 입력 자료의 **문맥**(context; 또는 맥락)으로 작용한다. 이 덕분에 기계 번역 시스템은 여러 의미를 지닌 단어를 주어진 문맥에 맞게 번역할 수 있다. 기계 번역 응용 프로그램을 만들고 자 하는 독자라면 ManyThings 웹사이트(http://www.manythings.org/anki/)에 방문하기 바란다. 여기에는 기계 번역 훈련에 사용할 수 있는 다양한 언어 쌍 자료 집합이 있다. NLPIA 패키지 에도 이 자료 집합들이 포함되어 있다. 예를 들어 독일어를 영어로 번역하는 모형을 만들고 싶 다면, 목록 10.8의 get_data('moviedialog')를 get_data('deu-eng')로 바꾸면 된다.

가변 길이 입력에서 가변 길이 출력을 산출하는 능력 덕분에 순차열 대 순차열 모형은 텍 스트 요약에도 잘 맞는다. 이 경우 부호기의 입력은 뉴스 기사 같은 긴 문서이고, 복호기는 그 기사의 표제 또는 문서의 요약문을 산출하도록 훈련된다. 순차열 대 순차열 신경망은 단어 모 음 벡터 통계에 기초한 요약 방법보다 좀 더 자연스러운 요약문을 만들어낸다. 이런 응용 프 로그램을 만들고 싶은 독자에게는 Kaggle이 제공하는 훌륭한 뉴스 요약 자료[주17]가 도움이 될 것이다.

순차열 대 순차열 신경망은 자연어 처리 이외의 분야에도 쓰인다. 자동 음성 인식과 이미 지 캡션 생성(image captioning)이 두 가지 예이다. 현재 최고 수준의 자동 인식 시스템들은 순 차열 대 순차열 신경망을 이용해서 음성 입력 순차열(음성 파형의 진폭 수치들로 이루어진)을 생각 벡터로 변환하고 그것을 복호기가 텍스트로 변환함으로써 음성을 텍스트로 전사(transcription) 한다.[주18] 이미지 캡션 생성도 마찬가지 방식이다. 적절히 훈련된 순차열 대 순차열의 부호기는 이미지(다양한 해상도의)를 구성하는 픽셀들의 순차열을 생각 벡터로 변환하고, 복호기는 그 생 각 벡터로부터 이미지를 설명하는 적절한 문자열을 생성한다. 이런 이미지 캡션 생성을 질의 응답 시스템과 결합해서 시각적 질의응답(visual question answering, VQA) 시스템을 만드는 것도 가능하다. CloudCV(https://vqa.cloudcv.org/)가 그런 시스템의 예이다.

[주17] Kaggle의 NEWS SUMMARY 자료(https://www.kaggle.com/sunnysai12345/news-summary/data).

[주18] Y. Zhang, W. Chan, N. Jaityl, "Very Deep Convolutional Networks For End-To-End Speech Recognition", 2016. 웹 https://arxiv.org/pdf/1610.03022.pdf

요약

- 재사용 가능한 모듈식 부호기-복호기 구조로 순차열 대 순차열 신경망을 구축할 수 있다.

- 부호기는 생각 벡터를 산출한다. 생각 벡터는 가변 길이 입력 순차열의 정보를 표현하는 고정 차원 밀집 벡터이다.

- 복호기는 생각 벡터를 이용해서 출력 순차열을 예측(생성)한다. 챗봇의 응답문이 그러한 출력 순차열에 해당한다.

- 부호기와 복호기 사이의 생각 벡터 덕분에, 입력 순차열과 출력 순차열이 길이가 같을 필요가 없다.

- 생각 벡터에 담는 정보의 양에는 한계가 있다. 좀 더 복잡한 개념들을 생각 벡터로 부호 화해야 한다면, 주의 메커니즘을 이용해서 중요한 정보를 선택적으로 생각 벡터에 담는 것이 하나의 해결책이다.

III

응용: 실제 NLP 문제들

제3부에서는 지금까지 배운 여러 수단과 기법을 이용해서 실제 NLP 문제들을 풀어 본다. 제3부에서 여러분은 자연어 텍스트에서 날짜와 이름 같은 정보를 추출하는 방법을 배운다. 텍스트에서 날짜와 이름을 추출할 수 있으면 2017년과 2018년 미국 PyCon에서 Open Spaces 행사 참가자들의 일정 관리에 쓰인 트위터 챗봇 같은 프로그램을 만들 수 있다.

이 책의 마지막 세 장으로 구성된 제3부에서는 또한 좀 더 까다로운 NLP 문제들에도 도전한다. 세 장에서 챗봇을 구축하는 다양한 방법을 살펴보는데, 특히 기계 학습에 의존하지 않은 접근 방식들도 살펴본다. 그리고 그런 여러 기법을 결합해서 좀 더 복잡한 행동을 만들어내는 방법도 이야기한다. 그리고 제3부에서는 모든 문서를 한꺼번에 RAM에 적재하지 못할 정도로 큰 말뭉치를 다루는 알고리즘들도 소개한다.

PART III

Getting real
(real-world NLP challenges)

11

정보 추출: 개체명 인식과 질의응답

이 장에서 다루는 내용

- 문장 분할
- 개체명 인식
- 수치 정보 추출
- 품사 태깅과 의존 관계 트리 파싱
- 논리적 관계 추출과 지식 베이스

갖출 것을 모두 갖춘 완전한 형태의 챗봇을 구축하는 데 필요한 마지막 기술은 자연어 텍스트에서 정보 또는 지식을 추출하는 것이다.

11.1 개체명과 개체 관계

텍스트에서 정보 또는 지식의 조각을 뽑아낼 수 있다면 사용자의 말을 챗봇이 좀 더 잘 이해할 수 있다. 예를 들어 사용자가 "Remind me to read aiindex.org on Monday"라고 말했을 때 그 사용자의 캘린더에 지금 이후의 첫 월요일에 발동되는 알람 또는 일정을 설정할 정도로 똑똑한 인공지능 비서를 만들려면 입력 텍스트에서 몇 가지 정보를 추출할 수 있어야 한다.

우선, 챗봇은 이 문장에서 "me"라는 단어가 '사람(person)'이라는 범주에 속하는 개체임을 인식해야 한다. 이처럼 개체의 유형이 인식된 개체를 **명명된 개체**(named entity) 또는 개체명이라고 부른다. 또한, 챗봇은 "me"라는 일반적인 대명사를 해당 사용자의 실제 이름(고유 명사)으로 '확장' 또는 정규화할 수 있어야 한다. 더 나아가서, "aiindex.org"가 약식 URL이라는 점과 '사람'과는 다른 어떤 범주에 속하는 하나의 명명된 개체라는 점도 인식하고 이를 좀 더 완전한 형태의 "http://aiindex.org"나 "https://aiindex.org", 심지어는 "https://www.aiindex.org"로 정규화해야 한다. 그리고 "Monday"가 요일 이름이자 또 다른 유형(이를테면 '사건(event)' 등)에 해당하는 하나의 명명된 개체라는 점을 인식하고 구체적인 날짜를 달력에서 찾아낼 수 있어야 한다.

마지막으로, 챗봇이 이런 정보에 기초해서 실제로 행동을 취하려면 명명된 개체 "me"와 명령 "remind" 사이의 관계도 추출해야 한다. 사용자의 입력에 따라서는, 생략된 암묵적 주어 "you"를 또 다른 명명된 개체로 인식하고 그것이 챗봇 자신을 가리킨다는 점도 알아내야 할 수 있다. 그리고 챗봇은 "remind"가 미래에 뭔가를 수행하라는 명령임을 인식해야 한다.

전형적인 하나의 자연어 문장에는 다양한 종류의 명명된 개체들이 있다. 이를테면 지리(장소), 조직, 사람, 정치단체, 시간(날짜 포함), 인공물, 행사, 자연 현상 등에 해당하는 개체들이 문장에 등장한다. 또한 문장에는 그런 명명된 개체들 사이의 다양한 관계가 존재한다.

11.1.1 지식 베이스

사용자가 입력한 텍스트에서 정보를 추출하는 용도 외에, 챗봇 자체의 훈련을 돕는 용도로도 정보 추출 기법을 활용할 수 있다. 예를 들어 위키백과 같은 큰 말뭉치에서 추출한 정보로 챗봇을 훈련한다면 챗봇은 이 세상에 대한 좀 더 풍부한 지식을 갖추고 사용자의 입력에 반응할 것이다. 몇몇 챗봇 프로그램은 말뭉치에서 추출한 모든 정보를 하나의 지식 베이스(knowledge base)에 기록한다. 사용자와 대화를 이어 나가기 위해 세상에 관한 뭔가를 추론하거나 판단할 때 챗봇은 그런 지식 베이스를 참조한다.

챗봇이 현재 대화 '세션'에 관한 지식을 저장하기도 한다. 현재 진행 중인 대화에만 관련이 있는 지식을 가리켜 '문맥(context)' 지식 또는 맥락 지식이라고 부른다. 이 문맥 지식을 말뭉치에서 배운 다른 지식과 함께 전역 지식 베이스에 저장할 수도 있고, 아니면 그와는 개별적인 지식 베이스에 저장할 수도 있다. 일반적으로 IBM의 Watson이나 아마존의 LeX 같은 상용 챗봇들은 모든 사용자와의 대화에 사용하는 전역 지식 베이스와는 개별적인 곳에 문맥 지식을 저장한다.

문맥 지식에는 사용자나 대화방, 대화 채널에 관한 사실들과 대화 당시의 날씨나 뉴스에 관한 사실들이 포함된다. 또한, 대화에 따라서는 챗봇 자신의 상태 변화도 문맥 지식에 포함될 수 있다. 똑똑한 챗봇이 유지해야 할 '자기 지식'의 좋은 예는 지금까지의 대화 기록이다. 사용자에게 한 이야기를 다시 반복하는 것은 바람직하지 않기 때문이다.

이상이 이번 장의 목표이다. 즉, 우리는 챗봇이 사용자의 텍스트를 최대한 이해하고, 이해한 지식 조각들을 유연한 자료 구조에 저장하고, 이후의 대화에서 그 지식에 기초해서 뭔가를 판단하거나 추론함으로써 세상에 관해 뭔가를 아는 것처럼 사람과 대화하는 챗봇을 만들고자 한다.

챗봇이 단순히 수치나 날짜를 인식하는 수준을 넘어서, 세상에 관한 좀 더 일반적인 정보를 추출할 수 있으면 좋을 것이다. 또한 그런 정보를 추출하는 방법을 우리 개발자가 일일이 "하드코딩"해 넣는 것이 아니라 챗봇이 스스로 배우면 더 좋을 것이다. 예를 들어 다음과 같은 자연어 문장(영어 위키백과에서 뽑은 것이다)을 생각해 보자.

In 1983, Stanislav Petrov, a lieutenant colonel of the Soviet Air Defense Forces, saved the world from nuclear war.
(소련 방공군 중령 스타니슬라프 페트로프는 1983년 핵전쟁을 막아서 세상을 구했다.)

사람은 이런 문장을 읽으면서 머릿속에서 여러 단어와 문구 사이의 관계를 설정하고, 그에 기초해서 문장을 좀 더 간단한 '지식 조각'들로 축약한다. 챗봇도 그런 식으로 학습해야 할 것이다. 예를 들어 위의 문장에서 우리는 당시 스타니슬라프 페트로프가 중령이었다는 지식을 얻을 수 있다. 이를 다음과 같은 자료 구조로 저장할 수 있을 것이다.

```
('Stanislav Petrov', 'is-a', 'lieutenant colonel')
```

이 자료는 명명된 개체 두 개('Stanislav Petrov'와 'lieutenant colonel')와 연결 관계 하나('is a')로 이루어진 하나의 지식 그래프(knowledge graph) 또는 지식 베이스(knowledge base)에 해당한다. 이런 관계를 지식 그래프를 위한 RDF(relation description format; 관계 서술 형식) 표준을 따르는 형식으로 저장한 것을 가리켜 RDF 세값쌍(triplet)이라고 부른다. 예전에는 이런 RDF 세값쌍들을 반드시 XML 파일에 저장해야 했지만, 요즘은 (주제, 관계, 대상) 또는 (주어, 술어, 목적어) 형태의 세값쌍들을 담을 수 있는 것이면 그 어떤 파일 형식이나 데이터베이스에도 저장할 수 있다.

이런 세값쌍들이 모여서 하나의 지식 그래프를 형성한다. 언어학자들은 이 지식 그래프가 단어들에 관한 구조적인 정보를 담는다는 점에서 온톨로지ontology라고 부르기도 한다. 그러나 이것은 단순히 단어들이 아니라 세상에 관한 지식과 사실관계들을 표현하기 위한 그래프이므로, 지식 그래프 또는 지식 베이스라고 부르는 것이 낫다. 그림 11.1은 앞의 예문에서 추출해야 할 사실관계들을 표현하는 지식 그래프를 도식화한 것이다.

그림 11.1 제일 위 오른쪽 "is-a" 관계는 스타니슬라프 문장에서 직접 추출할 수는 없는 사실관계이다. "lieutenant colonel"이 하나의 군대 계급 명칭이라는 점은 군대에 속한('is-member' 관계) 사람의 직함(title)이 군대 계급 명칭이라는 사실에서 유도할 수 있다. 지식 그래프에 대해 이런 식으로 논리적인 연산을 수행해서 어떤 사실관계를 끌어내는 것을 **추론**(inference)이라고 부른다. 전통적인 관계형 데이터베이스의 비유를 따른다면, 이런 지식 그래프 추론을 '지식 베이스 질의(query)'라고 부를 수도 있다.

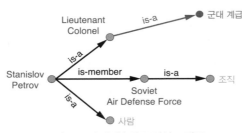

그림 11.1 **스타니슬라프 지식 그래프**

지금 예에서 챗봇이 스타니슬로프의 계급에 관한 추론(또는 질의)을 수행하려면 군대에 관한, 그리고 군대 계급에 관한 사실들이 지식 그래프에 이미 들어 있어야 할 것이다. 또한, 사람의 직함(직급)과 직업 사이의 관계에 관한 사실들이 들어 있으면 도움이 될 것이다. 이상의 예는 지식 베이스가 없을 때보다 있을 때 컴퓨터가 문장을 더 잘 이해할 수 있다는 점을 잘 보여준다. 지식 베이스가 없으면 챗봇은 간단한 문장에 담긴 여러 사실관계를 알아채지 못한다. 사실, 무작위로 할당된 주제에 근거해서 문서들을 분류하는 방법만 아는 챗봇에게 직함이나 직급에 관한 질문을 던지는 것은 너무 가혹한 일이다.[주1]

이런 정보 추출과 추론이 그리 중요해 보이지 않을 수도 있지만, 사실은 대단히 중요하다. 동문서답을 일삼는 챗봇과 대화해 본 적이 있는 독자라면 이 점을 실감할 것이다. 인공지능 연구에서 가장 어려운 과제 하나는 상식(common knowledge)으로 이루어진 지식 그래프의 구축과 효율적인 질의이다. 일상 대화에서 우리는 상식을 당연하게 여기지만, 컴퓨터는 그렇지 않다.

사람은 언어 능력을 갖추기도 전에 꽤 많은 상식을 얻는다. 아이들은 '아침', '밤', '하루' 같은 단어를 배우기도 전에 아침에 깨고 밤에 잠드는 상식적인 생활 패턴을 익힌다. 또한, 위키백과를 읽기 전에도 아이들은 배가 고플 때 음식을 먹어야지 흙이나 돌을 먹어서는 안 된다

[주1] 무작위 주제 할당이 어떤 결과로 이어질 수 있는지 잘 기억나지 않는다면 제4장을 다시 보기 바란다.

는 점을 안다. 이 때문에 상식에 관한 문서는 그리 많지 않으며, 그래서 컴퓨터에게 상식을 가르치는 데 필요한 자료가 부족하다. 위키백과에는 상식을 배우기 위해 챗봇이 정보를 추출할 만한 페이지가 별로 없다. 그리고 인간의 상식 중에는 DNA 자체에 박혀 있는 것들도 있다.[주2]

사물들과 사람들 사이에는 "kind-of"(~는 ~의 일종이다), "has-a"(~는 ~를 가지고 있다), "is-used-for"(~는 ~에 쓰인다), "is-famous-for"(~는 ~로 유명하다), "was-born"(~는 ~에(서) 태어났다), "has-profession"(~의 직업은 ~이다) 등의 다양한 관계가 존재한다. 예를 들어 카네기 멜런 대학교의 NELL(Never Ending Language Learning) 봇은 거의 전적으로 "kind-of" 관계에 관한 정보를 추출하는 데 초점을 둔다.

대부분의 지식 베이스는 이런 관계들을 정의하는 문자열을 정규화한다. 그래서 "kind of" 와 "type of" 둘 다 '일종' 관계를 뜻하는 하나의 문자열 또는 ID에 배정된다. 또한 어떤 지식 베이스들은 관계뿐만 아니라 그 대상이 되는 개체들도 정규화한다. 예를 들어 2-그램 "Stanislav Petrov"와 "S. Petrov"는 물론이고 심지어는 "Lt Col Petrov"도 스타니슬라프 페트로프를 뜻하는 하나의 개체 ID로 환원(resolution)된다.

지식 베이스를 이용해서 만들 수 있는 챗봇으로 **질의응답 시스템**(question answering system, QA 시스템)이 있다. 쇼핑몰의 상품 추천 챗봇이나 대학교의 조교 봇[주3] 같은 상용 서비스 챗봇들은 거의 예외 없이 지식 베이스에 기초해서 응답을 생성한다. 질의응답 시스템을 이용하면 사실 정보를 아주 쉽게 찾을 수 있다. 사실관계를 찾는 일을 질의응답 시스템에게 맡김으로써 사람은 자신이 더 잘하는 일, 이를테면 그런 사실관계들을 일반화하는 등의 작업에 집중할 수 있다. 사람은 사실을 정확하게 기억하는 데 능숙하지 않다. 대신 사실들 사이의 관계와 패턴을 찾아내는 데는 능숙한데, 그것은 컴퓨터가 아직 능숙하게 해내지 못하는 일이기도 하다. 질의응답 챗봇에 관해서는 다음 장(제12장)에서 좀 더 이야기하겠다.

11.1.2 정보 추출

앞의 논의를 정리하자면, 정보 추출(information extraction)은 구조적이지 않은 텍스트를 구조적인 정보로 변환해서 지식 그래프 또는 지식 베이스에 저장하는 것을 말한다. 정보 추출은 자연어 이해(natural language understanding, NLU)라고 부르는 연구 분야의 일부인데, 자연어 이해라는 용어를 자연어 처리(NLP)과 같은 뜻으로 사용하기도 한다.

주2 이런 하드코딩된 또는 당연한 것으로 간주되는 상식을 담은 지식 베이스를 구축하는 시도도 있다. 관련 정보를 원한다면 Google 학술 검색(https://scholar.google.co.kr)에서 "common knowledge base"를 검색해 보기 바란다.

주3 웹 페이지 "Artificial Intelligence Course Creates AI Teaching Assistant"(http://www.news.gatech.edu/2016/05/09/artificial-intelligence-course-creates-ai-teaching-assistant).

이 책에서 이전에 본 여러 기계 학습 모형들과는 달리 정보 추출과 자연어 이해를 위한 학습 모형은 '비지도 학습(unsupervised learning)'에 해당한다. 정보 추출 과제에서는 모형 자체, 세상이 돌아가는 방식에 관한 논리 자체를 사람의 개입 없이 구축할 수 있다. 비유하자면, 우리는 컴퓨터에게 물고기(사실관계)를 주는 것이 아니라 물고기를 낚는 방법(정보 추출)을 가르친다. 그렇긴 하지만 정보 추출 모형의 학습에는 이전에 배운 기법들을 포함한 여러 기계 학습 기법이 흔히 쓰인다.

11.2 정규 패턴

긴 텍스트 문자열에서 어떤 정보를 추출하는 한 가지 방법은 특정 패턴을 따르는 단어 또는 부분 문자열을 찾는 것이다. 목록 11.1은 파이썬을 이용해서 그런 함수를 다소 원시적으로 구현한 예이다. 이 코드는 일련의 if/then 문들을 이용해서 문장의 첫머리에서 "Hi"나 "Hello", "Yo" 같은 인사말 문구를 찾는다.

목록 11.1 하드코딩된 패턴 부합

```
>>> def find_greeting(s):
...     """ Hi, Hello 같은 인사말 문구를 찾아서 돌려준다. """
...     if s[0] == 'H':
...         if s[:3] in ['Hi', 'Hi ', 'Hi,', 'Hi!']:
...             return s[:2]
...         elif s[:6] in ['Hello', 'Hello ', 'Hello,', 'Hello!']:
...             return s[:5]
...     elif s[0] == 'Y':
...         if s[1] == 'o' and s[:3] in ['Yo', 'Yo,', 'Yo ', 'Yo!']:
...             return s[:2]
...     return None
```

그리고 다음은 이 함수를 사용하는 예이다.

목록 11.2 유연하지 않은 패턴 부합 예제

```
>>> find_greeting('Hi Mr. Turing!')
'Hi'
>>> find_greeting('Hello, Rosa.')
'Hello'
>>> find_greeting("Yo, what's up?")
'Yo'
>>> find_greeting("Hello")
'Hello'
>>> print(find_greeting("hello"))
```

```
None
>>> print(find_greeting("HelloWorld"))
None
```

이 예는 패턴 부합(pattern matching) 알고리즘을 일일이 하드코딩하는 것이 대단히 번거로울 뿐만 아니라 결과도 그리 좋지 않다는 점을 잘 보여준다. 이 함수는 원하는 문구의 정확한 철자와 대소문자 구성, 문자열 안에서의 위치에 의존하기 때문에 별로 유연하지 못하다. 또한, 찾으려는 문구의 경계를 이루는 '구분자(delimiter)'들, 그러니까 문장 부호나 빈칸, 문자열의 시작과 끝(NULL 문자) 같은 것들을 모두 지정하기도 까다롭다.

찾으려는 단어나 문자열을 이처럼 하드코딩하지 않고 지정할 방법을 고안해 볼 수도 있다. 더 나아가서 구분자들을 개별적인 함수로 지정할 수도 있다. 그러면 문자열을 토큰화해서 문자열의 임의의 위치에 있는 단어들을 모두 찾아내는 것도 가능하다. 그러나 그런 기능을 파이썬으로 직접 구현하려면 꽤 큰 노력이 필요할 것이다.

다행히 누군가가 이미 그런 기능을 만들어두었다. 파이썬을 비롯하여 대부분의 프로그래밍 언어는 언어 자체 또는 표준 라이브러리의 일부로 패턴 부합 기능을 갖추고 있다. 소위 '정규 표현식' 기능이 바로 그것이다. 정규 표현식과 문자열 보간 서식화 표현식(이를테면 "{:05d}".format(42) 같은)은 그 자체로 하나의 작은 프로그래밍 언어이다. 이러한 패턴 부합 언어를 정규 표현식 언어라고 부른다. 파이썬의 표준 라이브러리 패키지 re는 정규 표현식 언어로 된 표현식을 해석, 컴파일하고 실행하는 기능을 제공한다. 이 패키지를 이용하면 앞에서처럼 복잡하게 중첩된 if 문들을 작성하지 않고도 인사말 문구를 찾을 수 있다.

11.2.1 정규 표현식

정규 표현식은 패턴 부합 논리를 지정하는 데 사용하는 특별한 컴퓨터 언어로 작성된 문자열이다. 정규 표현식은 앞에서처럼 사람이 직접 짠 패턴 부합 코드보다 훨씬 강력하고 유연하며, 다른 여러 패턴 서술 수단들보다 간결하다. 그래서 패턴 부합과 관련한 여러 NLP 문제들에서는 정규 표현식을 패턴 정의 언어로 사용할 때가 많다. 정규 표현식을 NLP에 적용하는 것은 정규 표현식의 원래 용도인 형식 언어(컴퓨터 언어)의 컴파일과 해석을 자연어로 확장한 것에 해당한다.

정규 표현식은 유한 상태 기계(finite state machine, FSM)를 정의한다. 간단히 말하면, 하나의 FSM은 기호열(기호들의 순차열)에 관한 일단의 "if-then" 의사결정 분기들(목록 11.1의 find_greeting()에 나온 것 같은)로 이루어진 하나의 트리이다. 기호열의 기호들이 차례로 하나씩 FSM의 의사결정 트리에 들어간다. 문자열 또는 단어열에 대해 작동하는 유한 상태 기계를 **문법**

(grammar)이라고 부른다. 이런 문법을 우리가 학교에서 배우는 자연어 문법과 구분하기 위해 **형식 문법**(formal grammar)이라고 부르기도 한다.

컴퓨터 과학과 수학에서 '문법'은 어떤 기호열이 컴퓨터 언어 또는 형식 언어라고 부르는 언어의 유효한 구성원인지를 결정하는 일단의 규칙들을 뜻한다. 그리고 컴퓨터 언어 또는 형식 언어는 그 언어를 정의하는 형식 문법에 부합하는 모든 가능한 문장의 집합이다. 이는 일종의 동어반복 또는 순환 정의이지만, 수학은 종종 이런 식으로 작동한다. 정규 표현식에 관한 소개는 이것으로 마무리하겠다. 기본적인 정규 표현식 구문과 r'.*'나 r'a-z' 같은 표현에 익숙하지 않은 독자라면 부록 B를 참고하기 바란다.

11.2.2 기계 학습 특징 추출로서의 정보 추출

사실 정규 표현식은 제1장에서 언급했다. 그리고 제1장 끝에서 우리는 여러모로 단점이 많은 정규 표현식과 '문법 기반' NLP 접근 방식을 버리고 기계 학습과 자료 주도적 접근 방식으로 갈아탔다. 그런데 지금 와서 다시 하드코딩된(손으로 직접 짠) 정규 표현식과 패턴으로 돌아가려는 이유는 무엇일까? 그 이유는 통계적, 자료 주도적 NLP에도 제약이 있기 때문이다.

우리가 만들려는 챗봇은 단지 즐거움을 위한 것이 아니다. 우리의 챗봇은 사용자의 질문에 대해 뭔가 유용한 응답을 제공해야 하며, 회의 일정을 잡는 등의 추가적인 동작도 수행해야 한다. 그런 과제에서 기계 학습은 영 힘을 쓰지 못한다. 사람이 자연어로 할 수 있는 모든 종류의 질문에 대한 응답을 담은, 지도 학습에 맞게 분류된 훈련 집합을 구하기란 대단히 어렵다. 반면, 이번 장에서 보겠지만 간결한 조건 점검 규칙들의 집합(정규 표현식)을 정의해서 자연어 텍스트에서 주요 정보 조각을 추출해서 활용하는 것은 상당히 쉬운 일이다. 그리고 이런 접근 방식을 적용할 수 있는 NLP 문제는 꽤 다양하다.

지금도 패턴 부합(그리고 정규 표현식)은 정보 추출을 위한 최고 수준의 접근 방식이다. 기계 학습 방식으로 자연어 처리 문제를 푼다고 해도, 특징 공학(feature engineering)은 여전히 필요하다. 자연어 텍스트가 담을 수 있는 거의 무한하게 다양한 의미를 컴퓨터가 손쉽게 처리할 수 있는 하나의 벡터로 축약하려면 먼저 단어 모음이나 단어 내장 같은 표현을 생성해야 한다. 정보 추출은 기계 학습을 위해 비정형(unstructured; 비구조적) 자연어 자료에서 특징들을 뽑아내는 기법일 뿐이다. 즉, 정보 추출은 단어 모음 생성이나 단어 모음들에 대한 PCA 수행과 같은 부류의 특징 공학 기법이라 할 수 있다. 그리고 구글 어시스턴트나 애플 시리, 아마존 알렉사, 기타 최신 챗봇들에 쓰이는 최고 수준의 자연어 기계 학습 파이프라인도 패턴 부합과 정규 표현식에 기초한 특징 추출을 사용한다.

정보 추출은 챗봇이 바람직한 응답을 생성하는 데 유용한 사실과 정보를 찾아내는 데 쓰인다. 미리 정보 추출 작업을 수행해서 지식 베이스를 채워둘 수도 있고, 사용자가 질문을 던졌을 때 비로소 텍스트에서 정보를 추출할 수도 있다. 지식 베이스를 미리 구축하는 접근 방식에서는 해당 자료 구조를 최적화함으로써 더 큰 지식 영역들에서 질의를 좀 더 빠르게 수행하는 것이 가능하다. 챗봇이 질문을 받았을 때 실시간으로 정보를 추출하는 것을 흔히 '검색'이라고 부른다. 구글이나 기타 검색 엔진들은 두 접근 방식을 함께 사용한다. 이들은 먼저 지식 그래프(지식 베이스)를 질의해서 답을 찾고, 거기에 답이 없으면 텍스트에서 정보를 추출해서 답을 만든다. 학교에서 배운 자연어 문법의 규칙 중에는 단어들 또는 품사를 나타내는 기호들에 대해 작동하는 하나의 형식 문법으로 부호화할 수 있는 것들이 많다. 자연어, 예를 들어 영어는 영어를 정의하는 문법 규칙들과 그 규칙들로 영어 문장을 만드는 데 사용할 수 있는 단어들의 집합이라고 할 수 있다. 또는, 영어 화자가 유효한 문장으로 인식할 수 있는 모든 문장의 집합을 영어라고 부를 수도 있다.

이는 형식 문법과 유한 상태 기계의, NLP에 유용한 또 다른 특징으로 이어진다. 컴퓨터가 임의의 형식 문법을 활용하는 방법은 다음 두 가지이다.

- 주어진 문장이 주어진 문법에 부합하는지 판정한다.
- 주어진 문법에 근거해서 새로운 기호열을 생성한다.

다른 말로 하면, 패턴(정규 표현식)을 자연어 텍스트에서 정보를 추출하는 데 사용할 수 있을 뿐만 아니라, 챗봇이 그 패턴에 부합하는 뭔가를 "말하게" 하는 데에도 사용할 수 있다. 이번 장에서는 rstr이라는 패키지[주4]를 이용해서 그런 일을 수행해 볼 것이다.

패턴 부합에 대한 이러한 형식 문법·유한 상태 기계 접근 방식에는 또 다른 장점이 있다. 제대로 된 유한 상태 기계는 항상 유한한 시간 안에 실행을 마친다. 즉, 진정한 유한 상태 기계는 반드시 패턴 부합 결과를 알려주며, 무한 루프에 빠지는 일이 없다. 그러나 정규 표현식 엔진의 몇몇 고급 기능은 유한 상태 기계의 이러한 보장을 제공하지 않음을 주의하기 바란다. 특히, 돌아보기(look-back)나 미리보기(look-ahead) 같은 고급 '속임수(cheating)' 기능을 사용하면 유한 상태 기계가 무한 루프에 빠질 수 있다.

그래서 이번 장의 예제들에서는 그런 고급 기능을 사용하지 않는 순수한(?) 정규 표현식만 사용한다. 정규 표현식 부합 함수가 무한 루프에 빠지지 않게 하려면, 항상 함수가 문자들을 차례로 훑으면서 문자가 현재 패턴에 부합한 경우에만 다음 문자로 넘어가는 형태로 정규 표

주4 Bitbucket 저장소 "leapfrogdevelopment/rstr"(https://bitbucket.org/leapfrogdevelopment/rstr/).

현식을 작성해야 한다. 이는 역무원이 열차 좌석들을 차례로 훑으면서 기차표를 검사하는 것과 비슷하다. 만일 기차표가 없는 승객을 발견하면 역무원은 거기서 멈추고 문제를 해결한다. 거기서 역무원이 이전 좌석들을 다시 살펴보거나, 그 승객을 무시하고 나머지 좌석들로 넘어가지는 않는다. 순수한 정규표현식 역시 패턴과 부합하지 않는 문자를 만나면 거기서 멈추고 부합 실패를 선언할 뿐 이전 문자들로 돌아가거나 다음 문자들을 미리 보지는 않는다.

11.3 추출할 만한 정보

굳이 정규 표현식을 "손수 짜서" 추출해야 할 정도로 중요한 수치 정보를 몇 가지 들자면 다음과 같다.

- GPS 좌표
- 날짜와 시간
- 가격
- 번호나 개수

그 외에, 다음은 자연어 처리에서 중요하게 쓰일 만한 문자 기반 정보들이다. 이들도 정규 표현식으로 손쉽게 포착할 수 있다.

- 질문 격발어(trigger word), 즉 주어진 문장이 질문(의문문)임을 알려주는 단어
- 질문 대상 단어
- 명명된 개체

11.3.1 GPS 좌표 추출

NLP에서 정규 표현식으로 흔히 추출하는 수치 자료로 GPS 좌표가 있다. 하나의 GPS 좌표는 위도(latitude)와 경도(longitude)라는 두 개의 좌표성분으로 구성된다. 두 성분 모두 소수점이 있는 수치 자료로, 단위는 도(degree)이다. 경우에 따라서는 고도에 해당하는 세 번째 좌표성분이 포함되기도 한다. 그러나, 예를 들어 구글 지도(Google Maps)의 URL 중에는 위도와 경도만 사용하는 것들이 많으므로, 여기서도 그냥 위도와 경도만 추출하기로 한다. 엄밀히 말해서 URL은 자연어 텍스트가 아니지만, 비정형 자연어 텍스트 자료에 URL이 흔히 포함되므로 URL로부터 GPS 좌표를 추출하는 것은 의미 있는 일이다.

GPS 좌표의 두 성분은 기본적으로 소수점이 있는 수치이다. 단, 위도는 –90°에서 +90° 범위이고 경도는 –180°에서 +180° 범위이다. 예를 들어 북극(+90°)보다 높은 위도는 없고, 남극(–90°)보다 낮은 위도는 없다. 또한, 경도 0°(영국의 그리니치 천문대)에서 서쪽으로 가면 음의 경도가 되는 것이 아니라 +180°부터 경도가 감소한다. 목록 11.8이 GPS 좌표 추출을 위한 정규 표현식인데, 위도와 경도의 유효 범위가 어느 정도 반영되어 있다.

목록 11.3 GPS 좌표를 위한 정규 표현식

```
>>> import re
>>> lat = r'([-]?[0-9]?[0-9][.][0-9]{2,10})'
>>> lon = r'([-]?1?[0-9]?[0-9][.][0-9]{2,10})'
>>> sep = r'[,/ ]{1,3}'
>>> re_gps = re.compile(lat + sep + lon)

>>> re_gps.findall('http://...maps/@34.0551066,-118.2496763...')
[(34.0551066, -118.2496763)]

>>> re_gps.findall("https://www.openstreetmap.org/#map=10/5.9666/116.0566")
[('5.9666', '116.0566')]

>>> re_gps.findall("Zig Zag Cafe is at 45.344, -121.9431 on my GPS.")
[('45.3440', '-121.9431')]
```

수치 자료는 추출하기가 아주 쉽다. 특히 수치가 컴퓨터가 읽을 수 있는 문자열의 일부일 때는 더욱더 그렇다. URL처럼 애초에 컴퓨터가 처리하도록 만들어진 문자열들은 위도나 경도 같은 수치를 미리 정해진 순서와 형식, 단위로 표현하기 때문에 쉽게 처리할 수 있다. 목록 11.3의 정규 표현식은 종종 GPS 좌표가 아닌 수치들도 GPS 좌표로 오인해서 지구를 벗어난 좌표를 돌려주긴 하지만, 적어도 OpenStreetMap 같은 웹앱에서 복사한 대부분의 위치 URL들의 GPS 좌표는 아주 잘 추출한다.

날짜는 어떨까? 정규 표현식으로 날짜도 잘 추출할 수 있을까? 더 나아가서, 날짜 표현에서 일과 월의 순서가 다른 미국과 유럽 모두에서 잘 작동하는 날짜 추출기를 만들 수 있을까?

11.3.2 날짜 추출

날짜는 GPS 좌표보다 추출하기가 훨씬 어렵다. 날짜는 자연어 텍스트에 좀 더 가깝다. 날짜 추출은 어떤 단어나 문구의 여러 사투리 표현을 인식하는 것과 비슷하다. 예를 들어 2017년 크리스마스의 날짜는 미국에서는 "12/25/17"이지만 유럽에서는 "25/12/17"이다. 사용자의 로캘locale 설정을 보고 구체적인 날짜 형식을 파악할 수도 있겠지만, 그런 정보가 항상 주어지는 것은 아닐뿐더러 사용자가 항상 자신의 시스템에 설정된 로캘에 맞게 날짜를 표현하는 것도 아니다.

그래서 대부분의 날짜·시간 추출기는 두 가지 일/월 순서를 모두 시도해서 날짜가 유효한지 시험한다. 이는 우리가 날짜를 읽을 때 머릿속에서 일어나는 일과 비슷하다. 예를 들어 미국인이 벨기에로 여행을 가서 "25/12/17"이라는 표현을 보았다면, 한 해에 12월까지밖에 없으므로 그것이 25월 12일이 아니라 12월 25일, 즉 크리스마스임을 알아챌 것이다.

이처럼, 컴퓨터 프로그래밍에서 즐겨 쓰이는 '덕 타이핑duck-typing' 접근 방식이 자연어 처리에도 잘 작동한다. 덕 타이핑은 "오리(duck)처럼 생겼고 오리처럼 걷는다면 오리일 것이다"라는 문구에서 기원한 용어이다. 마찬가지로, 주어진 문구가 날짜처럼 생겼고 날짜처럼 해석된다면 그냥 날짜로 간주해서 처리하면 그만이다. 이러한 "일단 저지르고 나중에 양해를 구한다" 접근 방식은 날짜 추출 이외의 여러 NLP 과제에도 잘 통한다. 즉, 다수의 옵션을 시도하고 그중 잘 되는 것을 선택하면 된다. 좀 더 구체적으로, 일단 추출기나 생성기를 시도해 보고, 그 결과에 대해 검증기(validator)를 실행해서 그것이 의미 있는 결과인지 검증하면 된다.

챗봇에서는 이런 접근 방식이 특히나 강력하다. 서로 다른 최고의 자연어 생성기들을 결합해서 강력한 챗봇을 만들어낼 수 있다. 제10장에서는 LSTM을 이용해서 챗봇의 응답을 생성했다. 여러 개의 응답을 생성하고 그중 철자, 문법, 감정이 가장 나은 것을 선택한다면 사용자 경험(UX)이 개선될 것이다. 이에 관해서는 제12장에서 좀 더 이야기하겠다. 목록 11.4는 날짜를 추출하는 간단한 정규 표현식이다.

목록 11.4 미국 날짜 추출용 정규 표현식

```
>>> us = r'(((([01]?\d)[-/]([0123]?\d))([-/]([0123]\d)\d\d)?)'
>>> mdy = re.findall(us, 'Santa came 12/25/2017. An elf appeared 12/12.')
>>> mdy
[('12/25/2017', '12/25', '12', '25', '/2017', '20'),
 ('12/12', '12/12', '12', '12', '', '')]
```

그리고 목록 11.5는 앞에서 추출한 날짜에 파이썬의 목록 형성(list comprehension) 기능을 적용해서 일정한 구조를 부여하는 예이다. 이 코드는 주어진 날짜 표현을 정수 월(m), 일(d), 연도(y) 성분으로 분할하고 그 성분들의 여러 조합에 의미 있는 이름을 붙인다.

목록 11.5 추출된 날짜의 구조화

```
>>> dates = [{'mdy': x[0], 'my': x[1], 'm': int(x[2]), 'd': int(x[3]),
...       'y': int(x[4].lstrip('/') or 0), 'c': int(x[5] or 0)} for x in mdy]
>>> dates
[{'mdy': '12/25/2017', 'my': '12/25', 'm': 12, 'd': 25, 'y': 2017, 'c': 20},
 {'mdy': '12/12', 'my': '12/12', 'm': 12, 'd': 12, 'y': 0, 'c': 0}]
```

그런데 이런 간단한 예에서도, "12/12" 같은 표현의 모든 중의성을 해소할 수 있는 하나의 정규 표현식을 설계하는 것은 불가능하다. 날짜의 언어에는 상식("12월 25일은 크리스마스이다" 등)과 텍스트 작성자의 의도에 따라 짐작할 수밖에 없는 중의성이 존재한다. 예를 들어 목록 11.4의 예제 텍스트 끝부분에 나온 "12/12"은 다음과 같이 여러 가지로 해석할 수 있다.

- 2017년 12월 12일. 연도를 2017년으로 추측한 것은 그 앞에 나온 "12/25/2017"과의 조응어 해석(anaphora resolution)[주5]에 근거한 것이다.
- 2018년 12월 12일. 이 책의 원서가 나온 연도에 근거해서 2018년이라고 추측했다.
- 2012년 12월. 월/연도 형식으로 간주했다.

미국식 날짜와 예제의 정규 표현식은 월/일이 연도보다 앞에 나오므로, "12/12"는 아마도 알 수 없는 해의 12월 12일일 것이다. 어떤 수치 자료이든, 누락된 수치 필드를 메모리에 있는 구조적 자료의 문맥을 이용해서 추측할 수 있다. 지금 예에서는 가장 최근 읽은 연도(2017)가 그러한 문맥에 해당한다. 목록 11.6은 문맥을 이용해서 누락된 날짜 성분을 채워 넣는 코드이다.

목록 11.6 기본적인 문맥 관리

```
>>> for i, d in enumerate(dates):
...     for k, v in d.items():
...         if not v:
...             d[k] = dates[max(i - 1, 0)][k]
>>> dates
[{'mdy': '12/25/2017', 'my': '12/25', 'm': 12, 'd': 25, 'y': 2017, 'c': 20},
 {'mdy': '12/12', 'my': '12/12', 'm': 12, 'd': 12, 'y': 2017, 'c': 20}]
>>> from datetime import date
>>> datetimes = [date(d['y'], d['m'], d['d']) for d in dates]
>>> datetimes
[datetime.date(2017, 12, 25), datetime.date(2017, 12, 12)]
```

파이썬의 사전과 목록 모두 변이 가능(mutable) 자료 형식이라서 이런 표현식이 가능하다.

이상은 자연어 텍스트에서 날짜를 추출하는, 기본적이지만 상당히 안정적인 방법이다. 이에 기초해서 실제로 날짜 추출기를 만들려면 몇 가지 예외 처리와 문맥 관리 기능을 추가해야 할 것이다. 독자가 그런 날짜 추출기를 구현해서 NLPIA 패키지(http://github.com/totalgood/nlpia)에 추가하고 풀 요청(PR)을 보낸다면, 다른 독자들에게 큰 도움이 될 것이다. 더 나아가서 시간 추출기까지 만들어서 공개한다면 이 책의 독자들에게 영웅으로 불릴 것이다.

주5 I. Sayed, "Issues in Anaphora Resolution", 스탠퍼드 CS224n 강의의 과제 보고서. 웹 https://nlp.stanford.edu/courses/cs224n/2003/fp/iqsayed/project_report.pdf

숫자가 아니라 영문자로 된 월이나 일("January first" 등)을 처리하도록 정규 표현식을 짜기도 꽤 까다로운 일이지만, 날짜 추출에서 "12/11" 같은 중의적인 날짜를 해석하는 것만큼 어려운 일은 없을 것이다. 이 날짜는 다음 중 어떤 것이라도 가능하다.

- 이전에 언급된 어떤 연도의 12월 11일.

- 런던이나 토론토, 시드니처럼 영국 연방에 속하는 곳에서 들었다면, 11월 12일.

- 미국의 신문에서 읽었다면, 2011년 12월.

- 유럽의 신문에서 읽었다면, 2012년 11월.

그리고 자연어에는 사람도 해결할 수 없는 중의성이 존재한다. 그 모든 것을 여기서 해결할 수는 없다. 일단, 일/월 순의 유럽 날짜를 위한 정규 표현식이라도 만들어보자(목록 11.7).

목록 11.7 유럽 날짜 추출용 정규 표현식

```
>>> eu = r'((([0123]?\d)[-/]([01]?\d))([-/]([0123]\d)?\d\d)?)'
>>> dmy = re.findall(eu, 'Alan Mathison Turing OBE FRS (23/6/1912-7/6/1954) \
...     was an English computer scientist.')
>>> dmy
[('23/6/1912', '23/6', '23', '6', '/1912', '19'),
 ('7/6/1954', '7/6', '7', '6', '/1954', '19')]
>>> dmy = re.findall(eu, 'Alan Mathison Turing OBE FRS (23/6/12-7/6/54) \
...     was an English computer scientist.')
>>> dmy
[('23/6/12', '23/6', '23', '6', '/12', ''),
 ('7/6/54', '7/6', '7', '6', '/54', '')]
```

이 정규 표현식은 위키백과에서 발췌한 문장에서 앨런 튜링의 생몰 일자들을 정확히 추출한다. 단, 위키백과의 원래 문구에는 월이 6이 아니라 "June"이고 구분자 '/'도 없지만, 이 예제를 위해 살짝 바꾸었음을 고백한다. 따라서 이것은 사실적인 예제가 아니다. 또한, 목록 11.7의 두 번째 정규 표현식 부합 예는 연도 해석에 존재하는 또 다른 중의성을 보여준다. 54가 1954년일까, 아니면 2054년일까? 우리의 챗봇이 위키백과 같은 말뭉치에서 유명인의 생몰 일자를 배우려면 수정되지 않은 비정형 자연어 텍스트에서 날짜들을 추출할 수 있어야 한다. 그러려면 "June" 같은 달 이름들(그리고 "Jun" 등의 약자들도)을 정규 표현식에 추가해야 한다.

정규 표현식에 단어를 지정하기 위해 어떤 특별한 기호가 필요하지는 않다. 그냥 단어의 문자들을 연달아 표기하면 된다(원하는 대소문자 구성으로). 그리고 여러 단어 중 하나만 부합하면 되는 경우에는 단어 사이에 OR 기호 |를 넣으면 된다. |는 그 앞엣것이 부합하지 않으면 그 뒤엣것을 시도하라는 뜻으로, 정규 표현식의 의사결정 트리에서 하나의 분기에 해당한다.

목록 11.8은 두 자리 연도 "84"를 1984년으로, "08"을 2008년으로 인식하는 데 도움이 되

는 몇 가지 패턴 그룹(정규 표현식에서 괄호 (와)로 감싼 부분)을 정의하고 그룹 이름을 부여하는 코드이다. 예를 들어 이 코드는 1930년부터 1999년까지의 두 자리 연도들(30~99)을 앞에서 언급한 |로 연결한 그룹에 yr_19xx라는 이름을 부여한다. 또한, 네 자리 연도는 2399년까지만 인식하고, 과거로는 0년[주6]까지만 인식한다.

목록 11.8 연도 인식 정규 표현식

```
>>> yr_19xx = (
...     r'\b(?P<yr_19xx>' +
...     '|'.join('{}'.format(i) for i in range(30, 100)) +
...     r')\b'
...     )    ◄─┤ 30에서 99까지의 두 자리 연도(1930년에서 1999년까지로 간주).
>>> yr_20xx = (
...     r'\b(?P<yr_20xx>' +
...     '|'.join('{:02d}'.format(i) for i in range(10)) + '|' +
...     '|'.join('{}'.format(i) for i in range(10, 30)) +
...     r')\b'
...     )    ◄─┤ 00에서 29까지의 두 자리 연도들(2000년부터 2029년까지로 간주).
>>> yr_cent = r'\b(?P<yr_cent>' + '|'.join(
...     '{}'.format(i) for i in range(1, 40)) + r')'    ◄── 세 자리 또는 네 자리
                                                            연도의 처음 한두 숫자
                                                            ("123 A.D"의 "1"이나
                                                            "2018"의 "20").
>>> yr_ccxx = r'(?P<yr_ccxx>' + '|'.join(
...     '{:02d}'.format(i) for i in range(0, 100)) + r')\b'    ◄─
>>> yr_xxxx = r'\b(?P<yr_xxxx>(' + yr_cent + ')(' + yr_ccxx + r'))\b'
>>> yr = (
...     r'\b(?P<yr>' +
...     yr_19xx + '|' + yr_20xx + '|' + yr_xxxx +
...     r')\b'
...     )    세 자리 또는 네 자리 연도의
              마지막 두 숫자("123 A.D"의
              "23"이나 "2018"의 "18" 등).
>>> groups = list(re.finditer(
...     yr, "0, 2000, 01, '08, 99, 1984, 2030/1970 85 47 '66"))
>>> full_years = [g['yr'] for g in groups]
>>> full_years
['2000', '01', '08', '99', '1984', '2030', '1970', '85', '47', '66']
```

아마 간단한 연도 인식을 위한 정규 표현식이 이렇게까지 복잡할 줄은 예상치 못했을 것이다. 이런 복잡한 정규 표현식을 여러분이 손수 작성할 자신이 없다고 해도 걱정할 필요는 없다. 일반적인 날짜 형식을 인식하는 패키지들이 이미 만들어져 있기 때문이다. 그런 패키지들이 이 예제보다 더 정밀하고(날짜가 아닌 것을 날짜로 오인하는 경우가 적다) 더 일반적이다(날짜를 놓치는 경우가 적다). 이 예제는 나중에 여러분이 다른 종류의 수치 자료를 추출하는 정규 표현식을 작성할 일이 있을 때 참고하라고 제시한 것일 뿐이다. 예를 들어 금액(화폐 가치)이나 IP 주소 같은 수치 자료를 추출해야 할 때 이 예제에 나온 패턴 그룹 접근 방식이 도움이 될 것이다.

주6 위키백과 "0년" 페이지(https://ko.wikipedia.org/wiki/0년).

그럼 위키백과 앨런 튜링 페이지의 "June"(또는 "Jun") 같은 달 이름을 위한 패턴까지 추가해서 날짜 인식 정규 표현식을 완성해 보자(목록 11.9).

목록 11.9 영어 단어 달 이름을 인식하는 정규 표현식

```
>>> mon_words = 'January February March April May June July ' \
...     'August September October November December'
>>> mon = (r'\b(' + '|'.join('{}|{}|{}|{}|{:02d}'.format(
...     m, m[:4], m[:3], i + 1, i + 1) for i, m in
...     enumerate(mon_words.split())) +
...     r')\b')
>>> re.findall(mon, 'January has 31 days, February the 2nd month \
... of 12, has 28, except in a Leap Year.')
['January', 'February', '12']
```

이 정규 표현식들을 결합해서 유럽 날짜와 미국 날짜를 모두 인식하는 하나의 커다란 정규 표현식을 만들면 좋을 것이다. 그런데 그러려면 몇 가지 어려움이 있다. 특히, 그룹에 부여한 이름을 재사용할 수 없다는 점이 까다롭다. 그래서 월과 연도에 대한 미국 날짜용 그룹과 유럽 날짜용 그룹을 OR 기호로 연결할 수 없다. 또한, 일, 월, 연도 사이에 존재할 수 있는 여러 구분자를 위한 패턴들도 필요하다.

목록 11.10은 그런 어려움들을 최대한 극복해서 하나의 날짜 추출 정규 표현식을 만드는 예이다.

목록 11.10 정보 추출 정규 표현식들의 결합

```
>>> day = r'|'.join('{:02d}|{}'.format(i, i) for i in range(1, 32))
>>> eu = (r'\b(' + day + r')\b[-,/ ]{0,2}\b(' +
...     mon + r')\b[-,/ ]{0,2}\b(' + yr.replace('<yr', '<eu_yr') + r')\b')
>>> us = (r'\b(' + mon + r')\b[-,/ ]{0,2}\b(' +
...     day + r')\b[-,/ ]{0,2}\b(' + yr.replace('<yr', '<us_yr') + r')\b')
>>> date_pattern = r'\b(' + eu + '|' + us + r')\b'
>>> list(re.finditer(date_pattern, '31 Oct, 1970 25/12/2017'))
[<re.Match object; span=(0, 12), match='31 Oct, 1970'>,
 <re.Match object; span=(13, 23), match='25/12/2017'>]
```

마지막으로, 추출한 날짜들이 유효한지 검증해 볼 필요가 있다. 간단한 방법은 파이썬 datetime 형식의 객체로 변환했을 때 오류가 나는지 점검하는 것이다(목록 11.11).

목록 11.11 날짜 검증

```
>>> import datetime
>>> dates = []
>>> for g in groups:
...     month_num = (g['us_mon'] or g['eu_mon']).strip()
```

```
...        try:
...            month_num = int(month_num)
...        except ValueError:
...            month_num = [w[:len(month_num)]
...                for w in mon_words].index(month_num) + 1
...        date = datetime.date(
...            int(g['us_yr'] or g['eu_yr']),
...            month_num,
...            int(g['us_day'] or g['eu_day']))
...        dates.append(date)
>>> dates
[datetime.date(1970, 10, 31), datetime.date(2017, 12, 25)]
```

적어도 몇 개의 간단한, 중의성 없는 날짜 표현들에 대해서는 우리의 날짜 추출기가 잘 작동하는 것으로 보인다. Python-dateutil이나 datefinder 같은 기존 패키지들은 "today"나 "next Monday" 같은 "자연스러운" 자연어 날짜들도 잘 처리한다. 그런 패키지들을 참고해서 이 날짜 추출기를 좀 더 개선해 보기 바란다. 더 나아가서 NLPIA 패키지에 풀 요청을 보낸다면 더 좋을 것이다.

이미 만들어진 최고 수준의 날짜 추출기를 가져다 쓰는 것으로 만족하려는 독자라면 통계적(기계 학습) 접근 방식을 사용하는 날짜 추출 라이브러리들을 참고하기 바란다. 현재 최고 수준의 날짜 추출 라이브러리로는 스탠퍼드 CoreNLP의 SUTime 라이브러리(https://nlp.stanford.edu/software/sutime.html)와 구글의 dateutil.parser.parse를 꼽을 수 있다.

11.4 관계의 추출

지금까지는 날짜나 GPS 좌표성분 같은 까다로운 명사들을 추출하는 방법(주로는 수치에 대한 정규 표현식 패턴에 의존하는)만 살펴보았다. 이번에는 자연어 텍스트에서 지식을 추출하는 좀 더 어려운 문제에 도전해 보자. 챗봇이 위키백과 같은 백과사전의 글을 읽고 세계에 관한 사실관계들을 배운다면 멋질 것이다. 특히, 챗봇이 날짜나 GPS 좌표 같은 수치 자료를 글에 나온 다른 개체들과 연관 지을 수 있다면 좋을 것이다.

예를 들어 영어 위키백과의 한 페이지에 나오는 다음과 같은 문장을 생각해 보자.

On March 15, 1554, Desoto wrote in his journal that the Pascagoula people ranged as far north as the confluence of the Leaf and Chickasawhay rivers at 30.4, 88.5.

(1554년 3월 15일 데소토는 파스카굴라족 사람들이 북쪽으로는 30.4, 88.5에 있는 리프 강과 치카사와이 강의 합류 지점까지 분포되어 있다고 일지에 기록했다.)

사람은 이 문장에서 날짜와 GPS 좌표를 추출할 뿐만 아니라 그것들을 데소토, 파스카굴라 부족, 그리고 이름을 발음하기도 어려운 강들과 연관시킬 수 있다. 챗봇도 그럴 수 있다면 좋을 것이다. 더 나아가서, 그런 개별 사실들을 더 큰 규모의 사실들, 이를테면 데소토가 스페인에서 온 정복자(conquistador)이고 파스카굴라족 사람들은 평화로운 북미 원주민이라는 점과 연관시킬 수 있다면 더욱더 좋을 것이다. 또한, 챗봇이 날짜와 위치를 적절한 "개체"에 연결할 수 있어야 한다. 구체적으로, 말하면 1554년 3월 15일을 데소토에, GPS 좌표 30.4, 88.5를 두 강의 합류 지점에 연관시켜야 한다.

사람들이 '자연어 이해'라는 용어를 듣고 떠올리는 것이 바로 이런 종류의 작업이다. 주어진 문장을 이해하려면 핵심적인 정보 조각들을 추출하고 관련 지식과 연관시켜야 한다. 컴퓨터가 그런 식으로 자연어를 이해할 수 있도록 지식을 그래프 형태로 저장한 것이 바로 지식 그래프이다. 지식 베이스라고도 부르는 지식 그래프는 개별 개체를 나타내는 노드node들과 두 노드를 연결하는 간선(edge)들로 이루어진다. 여기서 개체는 말뭉치에서 발견한 주어 또는 목적어이고, 간선은 그런 개체들 사이의 관계를 나타낸다.

11.4.1 품사 태깅

문장을 구성하는 단어들의 품사(part-of-speech, POS)를 밝혀서 각 단어에 품사 표지(태그)를 붙이는 것을 품사 태깅tagging 또는 POS 태깅이라고 부른다. 기본적으로 품사 태깅은 단어 품사 사전이 내장된 모형을 미리 품사들이 부여된 견본 문장들로 훈련해서 수행한다. 다행히, 그런 모형을 우리가 직접 만들 필요는 없다. NLTK와 spaCy 둘 다 품사 태깅 기능을 제공한다.역1 여기서는 둘 중 더 빠르고 정확한 spaCy를 사용한다. 목록 11.12에 spaCy를 이용한 품사 태깅의 예가 나와 있다.

목록 11.12 spaCy를 이용한 품사 태깅역2

```
>>> import spacy
>>> en_model = spacy.load('en_core_web_md')
>>> sentence = ("In 1541 Desoto wrote in his journal that the \
... Pascagoula people ranged as far north as the confluence of \
... the Leaf and Chickasawhay rivers at 30.4, -88.5.")
>>> parsed_sent = en_model(sentence)
>>> parsed_sent.ents
(1541, Desoto, Pascagoula, Leaf, Chickasawhay, 30.4)    ←──  spaCy는 위도, 경도 패턴
                                                              에서 경도 부분을 놓친다.
```

역1 한국어 품사 태깅 및 형태소 분석 기능을 제공하는 파이썬 패키지로는 KoNLPy(http://konlpy.org/ko/)가 있다.

역2 만일 'en_core_web_md' 모형을 찾지 못했다는 오류가 난다면, 명령줄에서 python -m spacy download en_core_web_md를 실행해서 따로 내려받은 후 다시 시도해 보기 바란다.

```
>>> ' '.join(['{}_{}'.format(tok, tok.tag_) for tok in parsed_sent])
'In_IN 1541_CD Desoto_NNP wrote_VBD in_IN his_PRP$ journal_NN that_IN the_DT
➥Pascagoula_NNP people_NNS ranged_VBD as_RB far_RB north_RB as_IN the_DT co
➥nfluence_NN of_IN the_DT Leaf_NNP and_CC Chickasawhay_NNP rivers_VBZ at_IN
➥30.4_CD ,_, -88.5_NFP ._.'
```

spaCy는 "OntoNotes 5" 품사 태그들을 사용한다
(https://spacy.io/api/annotation#pos-tagging 참고).

지식 그래프를 구축하려면 서로 연관 지을 객체(명사구)들을 식별해야 한다. 지금 예에서는 "March 15, 1554"라는 날짜를 Desoto라는 하나의 명명된 개체와 짝지어야 한다. 그 두 문자열을 식별했다면, 그것들을 적절한 객체로 변환해서 지식 베이스에 저장한다. 예를 들어 "March 15, 1554"는 앞에서처럼 정규화한 후 datetime.date 객체로 변환하면 된다.

spaCy는 문장을 분석해서 사전 안에 사전들이 내포된 형태의 의존성 트리(dependency tree)도 생성한다. 또한, spacy.displacy 모듈은 그러한 트리를 시각화한 *SVG*(scalable vector graphics) 문자열 또는 그러한 SVG 문자열을 담은 하나의 완전한 HTML 페이지를 생성하는 기능도 제공한다. 이를 이용하면 지식 그래프를 웹 브라우저에서 하나의 이미지로 표시할 수 있다. 이러한 시각화는 관계 추출을 위한 태그 패턴을 만들 때 도움이 된다. 목록 11.13이 spacy.displacy를 그런 식으로 활용하는 예이다.

목록 11.13 의존성 트리의 시각화

```
>>> from spacy.displacy import render
>>> sentence = "In 1541 Desoto met the Pascagoula."
>>> parsed_sent = en_model(sentence)
>>> with open('pascagoula.html', 'w') as f:
...     f.write(render(docs=parsed_sent, page=True,
...         options=dict(compact=True)))
```

그림 11.2은 이 짧은 문장에 관한 의존성 트리이다. 이 의존성 트리는 "the Pascagoula"와 "Desoto"가 "met"이라는 관계로 연관되며, "the Pascagoula"가 "met"의 목적어(dobj)이고 "Desoto"가 주어(nsubj)임을 보여준다. 또한 둘 다 고유 명사(PROPN)라는 점도 보여준다.

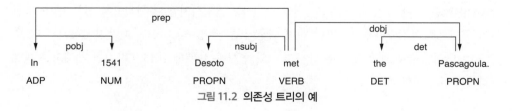

그림 11.2 의존성 트리의 예

spacy.matcher.Matcher를 위한 품사와 단어 속성 패턴을 만들 때는, 문장의 모든 토큰 태그를 표 형태로 표시해 보면 도움이 된다. 목록 11.4는 그런 작업을 수월하게 해주는 몇 가지 보조 함수들이다.

목록 11.14 spaCy 품사 태깅을 돕는 보조 함수들

```
>>> import pandas as pd
>>> from collections import OrderedDict
>>> def token_dict(token):
...     return OrderedDict(ORTH=token.orth_, LEMMA=token.lemma_,
...         POS=token.pos_, TAG=token.tag_, DEP=token.dep_)

>>> def doc_dataframe(doc):
...     return pd.DataFrame([token_dict(tok) for tok in doc])

>>> doc_dataframe(en_model("In 1541 Desoto met the Pascagoula."))
        ORTH      LEMMA    POS   TAG    DEP
0         In         in    ADP    IN   prep
1       1541       1541    NUM    CD   pobj
2     Desoto     desoto  PROPN   NNP  nsubj
3        met       meet   VERB   VBD   ROOT
4        the        the    DET    DT    det
5 Pascagoula pascagoula  PROPN   NNP   dobj
6          .          .  PUNCT     .  punct
```

이런 표를 살펴보면 쓸 만한 품사 태그 패턴을 발견할 수 있다. 예를 들어 문장에서 사람과 단체 사이의 "has-met"(만난 적이 있다) 관계를 찾는다면, "PROPN met PROPN"이나 "PROPN met the PROPN", "PROPN met with the PROPN", "PROPN often meets with PROPN" 같은 패턴을 찾아보면 될 것이다. 이 패턴들을 따로 적용할 수도 있고, 고유 명사들 사이에 '임의의 단어'와 * 연산자나 ? 연산자를 지정한 하나의 패턴으로 합칠 수도 있다. 다음은 가상의 품사 패턴 언어를 이용해서 그런 패턴을 표현한 예이다.

```
'PROPN ANYWORD? met ANYWORD? ANYWORD? PROPN'
```

spaCy의 패턴은 이 가상의 패턴보다 훨씬 강력하고 유연하지만, 부합하고자 하는 단어 특징들을 구체적으로 정확하게 지정해야 하기 때문에 좀 장황하다. spaCy 패턴 명세에서는 각 토큰 또는 단어와 부합해야 할 모든 품사 태그와 연산자를 목록 11.15처럼 사전 객체의 형태로 지정해 주어야 한다.

목록 11.15 spaCy 품사 패턴의 예

```
>>> pattern = [{'TAG': 'NNP', 'OP': '+'}, {'IS_ALPHA': True, 'OP': '*'},
...            {'LEMMA': 'meet'},
...            {'IS_ALPHA': True, 'OP': '*'}, {'TAG': 'NNP', 'OP': '+'}]
```

목록 11.16은 이 토큰 품사 사전을 이용해서 spaCy 품사 패턴 부합기(Match 형식의 객체)를 정의하고, 그것을 이용해서 주어진 품사 패턴에 부합하는 토큰들을 추출하는 예이다.

목록 11.16 spaCy 품사 패턴 부합기 생성

```
>>> from spacy.matcher import Matcher
>>> doc = en_model("In 1541 Desoto met the Pascagoula.")
>>> matcher = Matcher(en_model.vocab)
>>> matcher.add('met', None, pattern)
>>> m = matcher(doc)
>>> m
[(12280034159272152371, 2, 6)]

>>> doc[m[0][1]:m[0][2]]
Desoto met the Pascagoula
```

앞의 예에서는 애초에 품사 패턴을 만드는 데 사용한 원래의 문장에 그 패턴을 적용했다. 이 패턴이 위키백과에 있는 비슷한 문장들에 대해서는 얼마나 잘 작동하는지 시험해 보자(목록 11.17).

목록 11.17 품사 패턴 부합기를 다른 문장들에 적용

```
>>> doc = en_model("October 24: Lewis and Clark met their first Mandan \
... Chief, Big White.")
>>> m = matcher(doc)[0]
>>> m
(12280034159272152371, 3, 11)

>>> doc[m[1]:m[2]]
Lewis and Clark met their first Mandan Chief

>>> doc = en_model("On 11 October 1986, Gorbachev and Reagan met at a house")
>>> matcher(doc)
[]  ◀──────────────┤ 이 예제 문장에는 패턴과 부합하는 부분이 없다.
```

둘째 예제 문장은 두 고유 명사 모두 동사보다 앞에 있기 때문에 이 품사 패턴과 부합하지 않았다. 그럼 그런 구조의 문구와 부합하는 또 다른 품사 패턴을 추가해 보자(목록 11.18).

목록 11.18 여러 패턴을 합쳐서 좀 더 유연한 패턴 부합기를 만드는 예

```
>>> doc = en_model("On 11 October 1986, Gorbachev and Reagan met at a house")
>>> pattern = [{'TAG': 'NNP', 'OP': '+'}, {'LEMMA': 'and'}, {'TAG': 'NNP',
...     'OP': '+'}, {'IS_ALPHA': True, 'OP': '*'}, {'LEMMA': 'meet'}]
>>> matcher.add('met', None, pattern)    ◄──── 이전 패턴을 제거하지 않고 새 패턴을 추가한다.
>>> m = matcher(doc)                            여기서 'met'은 실제 단어가 아니라 이 패턴에
>>> m                                           대한 임의의 이름이다. 다른 관계에 관한 패턴이
[(14332210279624491740, 5, 9),                  라면 그에 맞는 다른 이름을 사용하면 된다.
 (14332210279624491740, 5, 11),
 (14332210279624491740, 7, 11),         ┌─ '+' 연산자들 때문에 서로 겹치는
 (14332210279624491740, 5, 12)]   ◄────┘  대안 부합들의 수가 늘어났다.

>>> doc[m[-1][1]:m[-1][2]]    ◄───────┤ 부합 목록의 마지막 항목이 가장 긴 부합이다.
Gorbachev and Reagan met at a house
```

이렇게 해서 개체들과 관계를 추출할 수 있게 되었다. 중간의 동사("met")에 관해서 이 예제의 패턴보다 덜 까다롭고 그 양쪽의 사람 이름이나 단체 이름에 관해서는 좀 더 까다로운 패턴을 만드는 것도 가능하다. 그렇게 하면 한 사람 또는 단체가 서로 만났음을 암시하는 다른 동사들, 이를테면 "knows"를 인식할 수 있으며, 심지어는 "had a conversation"이나 "became acquainted with" 같은 좀 더 복잡한 동사구를 인식할 수도 있다. 그런 동사구를 인식한 후에는 그 양쪽에 있는 고유 명사들을 그 동사구로 연결하는 항목을 지식 그래프에 추가하면 된다.

그러나 이는 애초에 고려했던 관계 패턴에 담긴 원래의 의미에서 조금 멀어지는 것이기도 하다. 이런 현상을 의미 표류(semantic drift)라고 부른다. 다행히 spaCy는 파싱된 문장의 단어들에 해당 품사와 의존성 트리 정보에 관한 태그를 붙일 뿐만 아니라, 각 단어의 word2vec 단어 벡터도 제공한다. 이 벡터를 이용하면 두 고유 명사 및 그것들을 연결하는 동사가 원 패턴의 의미와 너무 멀어지지 않게 할 수 있다.[주7]

11.4.2 개체명 정규화

일반적으로 개체의 정규화된 표현은 하나의 문자열이다. 심지어 날짜 같은 수치 정보도 문자열로 표현한다. 날짜는 흔히 ISO 표준에 따라 "1541-01-01"처럼 연-월-일 형태의 문자열로 정규화한다. 날짜 개체의 표현을 정규화해서 지식 베이스에 저장하면, 한 노드(개체)와 연관된 날짜에 발생한 다른 여러 사건을 그 노드와 연관시킬 수 있다.

다른 명명된 개체들도 정규화하는 것이 좋다. 예를 들어 같은 물체나 동물, 사람, 장소를

주7 이 부분은 아직 연구가 많이 필요한 분야이다. 참고할 만한 논문으로 K. Erk, S. Padó, "A Structured Vector Space Model for Word Meaning in Context"(웹 https://nlp.stanford.edu/pubs/structuredVS.pdf)가 있다.

가리키는 단어의 다양한 철자, 오타 조합을 하나의 표제어로 정리할 수 있다. 이런 식으로 개체들을 정규화하고 중의성을 해소하는 것을 **상호참조 해결**(coreference resolution) 또는 **대용어 해결**(anaphora resolution)이라고 부르기도 하는데, 이런 용어들은 고유 명사나 문맥에 의존하는 명사의 중의성을 해소할 때 특히 자주 쓰인다. 상호참조 해결은 제2장에서 논의한 표제어 추출과 비슷하다. 명명된 개체들을 정규화하면 철자의 차이나 사소한 오타 때문에 개체 사전에 중복된 항목들이 생기는 일을 피할 수 있다.

예를 들어 개체 "Desoto"가 한 문서에서 다음과 같이 다양한 방식으로 표현되어 있을 수 있다.

- "de Soto"

- "Hernando de Soto"

- "Hernando de Soto (c. 1496/1497–1542), Spanish conquistador"

- https://en.wikipedia.org/wiki/Hernando_de_Soto (URI)

- 어떤 인명사전(유명인 및 역사 인물 데이터베이스)의 "Desoto" 항목을 가리키는 수치 ID

마찬가지로, 정규화 알고리즘이 선택한 표현 역시 다양할 것이다. 중요한 점은 같은 대상을 지칭하는 표현들을 모두 동일한 개체로 정규화해야 한다는 것이다. 한 사람에 대한 다수의 개체가 지식 그래프에 저장되면 안 된다. 또한, 정규화를 일관되게 적용하는 것도 중요하다. 그래야 새 사실을 지식 베이스에 기록할 때든 지식 베이스에서 어떤 항목을 조회할 때든 혼선이 생기지 않는다.

지식 베이스를 만든 이후에 어떤 이유로 정규화 방식이 바뀌었다면, 지식 베이스의 기존 개체들을 새 형식에 맞게 수정해야 한다. 기존 지식 베이스의 항목들을 새 지식 베이스로 "이식"한다고 생각해도 될 것이다. 지식 그래프나 지식 베이스는 흔히 스키마 없는(schemaless) 데이터베이스에 저장한다. 스키마 없는 데이터베이스는 간단히 말하면 그냥 '키-값' 쌍 저장소이다. 이런 데이터베이스도 관계형 데이터베이스처럼 '이식' 작업이 필요하다. 사실 스키마 없는 데이터베이스는 내부 관계형 데이터베이스에 대한 인터페이스일 뿐이다.

개체를 정규화한 후에는, 그 개체를 개체가 속한 범주(개체 유형)에 해당하는 노드와 "is-a" 관계로 연결해야 한다. 하나의 개체가 다수의 범주와 "is-a" 관계를 맺을 수 있다는 점에서, 이러한 "is-a" 관계를 일종의 태그로 생각해도 될 것이다. 사람 이름을 뜻하는 단어 조합이나 품사 태그뿐만 아니라 날짜 등의 기타 이산적인 수치 자료 조각들도 지식 베이스에 저장하기 위해서는 비슷한 방식으로 정규화하고 "is-a" 관계를 설정해야 한다.

그런데 개체들 사이의 관계는 어떨까? 관계들도 정규화해서 저장해야 할까?

11.4.3 관계의 정규화와 추출

개체들 사이의 관계를 식별하려면 관계를 표현하는 문구도 정규화해야 한다. 개체들의 관계를 식별하면 예를 들어 어떤 사람의 생일을 찾거나 역사적 사건의 발생 일자(이를테면 "Hernando de Soto"와 "Pascagoula people"이 만난 날짜)를 찾는 등의 활용이 가능하다. 이를 위해서는 주어진 관계의 종류를 나타내는 적절한 분류명을 부여하는 알고리즘이 필요하다.

관계들을 여러 범주로 묶어서 관리하기 위해서는 관계에 "occurred-on/approximately"나 "occurred-on/exactly" 같은 위계적(계통적) 이름을 붙이는 것이 바람직하다. 또한, 이런 관계에 "확실성"이나 확률, 가중치, 또는 정규화된 빈도(단어에 대한 TF-IDF와 비슷한) 같은 어떤 수치적 속성을 부여할 수도 있다. 이런 수치들은 새 텍스트에서 지식 베이스에 있는 기존 사실과 부합하거나 모순되는 사실을 추출할 때마다 해당 관계의 확실성 수치를 증가하거나 감소하는 식으로 갱신할 수 있다.

그럼 이런 관계들을 추출하는 패턴들을 살펴보자.

11.4.4 단어 패턴

단어 패턴(word pattern)은 정규 표현식과 비슷하되 문자가 아니라 단어 단위로 작용한다. 특히, 단어 패턴에는 문자 부류(character class)가 아니라 단어 부류(word class)가 쓰인다. 예를 들어 정규 표현식으로는 임의의 영문 소문자와 부합하는 한 문자를 찾을 수 있지만, 단어 패턴으로는 임의의 단수형 단어(spaCy의 경우[주8] 품사 태그가 NN인 단어)와 부합하는 하나의 단어를 찾을 수 있다. 단어 패턴을 이용한 관계 추출은 일반적으로 기계 학습에 의존한다. 즉, 정확한 품사나 개체 유형, 관계들을 부여한 '씨앗'(견본) 문장을 미리 제시해 두고, 품사 패턴을 이용해 그 씨앗 문장과 비슷한 구조의(그러나 주어와 목적어가 다른, 심지어는 둘의 관계도 다른) 문장을 인식한다.

spaCy 패키지에는 이런 패턴 부합 기능을 제공하는 수단이 두 개 있다. 둘 다 O(1) 시간 복잡도(상수 시간)로 패턴 부합을 수행한다.

- 임의의 단어/태그열 패턴을 위한 PhraseMatcher[주9]
- 품사 태그열 패턴을 위한 Matcher[주10]

원래의 씨앗(견본) 문장에 있는 관계와 정말로 비슷한 관계를 새 텍스트에서 추출하려면 주어, 관계, 목적어의 의미들을 씨앗 문장의 것들과 비슷하게 유지해야 할 때가 많다. 의미의 유사

[주8] spaCy는 "OntoNotes 5" 품사 태그들을 사용한다(https://spacy.io/api/annotation#pos-tagging).
[주9] spaCy 문서화 "Code Examples" 항목(https://spacy.io/usage/examples#phrase-matcher).
[주10] spaCy API 문서화 "Matcher" 항목(https://spacy.io/api/matcher).

성을 확인하는 가장 좋은 방법은 단어 의미들을 벡터로 표현하는 것이다. 짐작했겠지만, 제4장에서 논의한 단어 벡터가 이런 목적의 단어 의미 표현에 가장 널리 쓰인다. 이런 접근 방식은 앞에서 언급한 '의미 표류'를 최소화하는 데 도움이 된다.

단어나 문구의 의미 벡터 표현을 이용하면 커다란 지식 베이스를 자동으로 구축하는 데 충분할 정도로 정확한 자동 의미 추출이 가능하다. 그렇지만 자연어 텍스트에 존재하는 중의성을 해소하는 데는 사람의 개입과 손길이 꼭 필요하다. 카네기 멜런 대학교(CMU)의 NELL(Never-Ending Language Learner)[주11]은 사용자들이 트위터와 웹앱을 이용해서 지식 베이스의 변경 사항을 투표로 결정하는 방식을 사용한다.

11.4.5 분할

지금까지의 논의에 나온 예제들은 적은 수의 사실과 개체들을 담은 비교적 짧은 문장을 사용했다. 그런데 실제 응용에서 주어지는 것은 그보다 훨씬 긴 문서이다. 그런 문서를 개별 문장들로 나누는 것 자체도 일종의 정보 추출이다.

그런 문서 "조각내기(chunking)"는 문서에 관한 준 구조적(semi-structured) 자료를 생성하는 데 유용하다. 정보 검색의 측면에서, 문서를 그런 식으로 분할하면 문서의 검색, 필터링, 정렬이 수월해진다. 정보 추출에서도, NELL이나 Freebase 같은 지식 베이스를 구축하기 위해 관계를 추출하려면 문서를 한두 개의 사실관계를 담는 조각들로 분할할 필요가 있다. 자연어 텍스트를 의미 있는 조각들로 나누는 것을 **분할**(segmentation)이라고 부른다. 분할의 단위는 절이나 구, 문장, 인용문, 문단 등으로 다양하다. 응용에 따라서는 긴 문서를 절(section)들로 나누기도 한다.

정보 추출에서 가장 흔히 쓰이는 분할 단위는 문장(sentence)이다. 일반적으로 문장은 한두 개의 기호(., ?, !, 또는 줄 바꿈)로 끝난다. 그리고 영어의 경우 유효한(문법에 맞는) 문장에는 반드시 주어(명사)와 동사가 있어야 한다. 따라서 하나의 유효한 영어 문장에는 적어도 하나의 사실관계가 들어 있다고 할 수 있다. 또한, 한 문장이 그 자체로 완결적일(즉, 이전 텍스트의 의미에 그리 크게 의존하지 않는) 때도 많다.

다행히 영어를 포함한 대부분의 언어에는 문장이라는 개념, 즉 적어도 하나의 주어와 동사로 이루어지며 세상에 관해 뭔가를 말해 주는 완결적인 단어들의 집합이라는 개념이 존재한다. 간단히 말하면, 문장은 NLP 정보 추출 파이프라인이 한입에 먹기 좋은 크기의 텍스트 조각이다.

주11 웹 페이지 "NELL: The Computer that Learns"(https://www.cmu.edu/homepage/computing/2010/fall/nell-computer-that-learns.shtml).

정보 추출 외에, 문장 분할 과정에서 일부 문장에 그것이 어떤 대화의 일부임을, 또는 한 질문에 대한 응답임을 뜻하는 태그를 부여해서 챗봇의 훈련을 위한 자료를 생성하는 것도 가능하다. 예를 들어 대화가 많이 나오는 책을 그런 식으로 처리해서 챗봇을 훈련한다면 트윗이나 IRC 대화 기록으로 훈련했을 때보다 좀 더 문학적이고 지적으로 대화하는 챗봇을 만들 수 있을 것이다. 또한, 이를 정보 추출과 결합한다면 챗봇은 세상에 관한 좀 더 광범한 상식을 쌓을 수 있을 것이다.

문장 분할

일반적으로 정보 추출 파이프라인의 첫 단계는 문장 분할(sentence segmentation)이다. 문장 분할은 긴 텍스트에 담긴 사실들을 하나씩 분리하는 역할을 한다. 예를 들어 "The Babel fish costs $42. 42 cents for the stamp"라는 텍스트에서 우리는 "Babel fish"의 가격이 $42이고 "stamp"의 가격이 42센트임을 그리 어렵지 않게 알아낸다. 그러나 컴퓨터가 각 상품과 각 가격을 정확히 연관시키려면 이 텍스트를 두 개의 문장으로 분할해야 한다. 그리고 이 예문은 문장 분할이 왜 어려운지를 보여주는 좋은 예이기도 하다. 예문 중간의 점은 마침표일 수도 있고 소수점일 수도 있다.

하나의 문서에서 추출할 수 있는 가장 간단한 정보 '조각'은 논리적으로 응집된 진술을 담은 단어열이다. 자연어 문서에서 가장 중요한 구성요소는 단어이고, 그다음은 문장이다. 문장은 우리가 텍스트에서 추출하고자 하는 정보를 담고 있다. 문장, 특히 어떤 사실관계를 진술하는 서술문(statement 또는 declarative sentence)은 사물 또는 인물들의 관계나 이 세상이 작동하는 방식을 알려준다. 정보 추출은 그런 서술문에서 일정한 지식이나 정보를 추출한다. 또한 문장은 어떤 사건이 과거에 어떻게 일어났는지, 또는 미래에 일반적으로 어떤 식으로 발생하는지도 말해 준다. 따라서 날짜, 시간, 장소, 사람, 심지어는 일련의 사건들에 관한 사실들을 문장에서 뽑아낼 수 있다. 그리고 가장 중요한 점은, 모든 자연어에는 어떤 형태로는 문장이라는 것, 즉 논리적으로 응집된 텍스트 조각이라는 것이 존재한다는 점이다. 그리고 모든 언어는 문장을 생성하는 과정 또는 절차(일단의 문법 규칙 또는 습관)가 대체로 비슷하다.

그런데 문장의 경계를 인식해서 문서를 분할하는 작업은 생각보다 까다롭다. 예를 들어 영어에서 특정 문장 부호들을 기준으로 문장을 분할하는 것이 항상 잘 통하지는 않는다

11.4.6 split('.!?')만으로는 안 되는 이유

사실 사람도 문장의 경계를 잘 구분하지 못할 수 있다. 다음의 다섯 인용문은 모두 각각 하나의 문장으로 되어 있다.

I live in the U.S. but I commute to work in Mexico on S.V. Australis for a woman from St. Bernard St. on the Gulf of Mexico.

I went to G.T.You?

She yelled "It's right here!" but I kept looking for a sentence boundary anyway.

I stared dumbfounded on as things like "How did I get here?," "Where am I?," "Am I alive?" flittered across the screen.

The author wrote "'I don't think it's conscious,' Turing said."

이런 예들에서는 마침표처럼 보이는 점이나 큰따옴표로 인용된 문장 안의 문장 때문에 하나의 문장을 여러 개로 잘못 분할하기 쉽다. TM-Town 사이트에서 문장 분할의 이런 '극단적 사례'들을 볼 수 있는데,[주12] 독자의 편의를 위해 해당 예문들을 nlpia.data에도 포함해 두었다.

기술 문서는 문장 분할이 특히나 어려운데, 왜냐하면 기술자나 과학자, 수학자는 마침표와 느낌표를 문장의 끝 이외의 장소에서도 많이 사용하기 때문이다. 필자들도 이 책의 전체 텍스트에 대해 문장 분할을 시도해 보았는데, 파이썬 코드가 추출한 문장 중 다수를 사람이 직접 수정해야 했다.

모든 영어 사용자가 마치 전보를 쓰듯이 문장을 쓴다면, 즉 문장 끝에 항상 "STOP"이나 어떤 고유한 부호를 붙인다면 문장 분할이 쉽겠지만, 현실은 그렇지 않다. 문장 분할을 위해서는 단순한 split('.!?')보다 정교한 NLP 기법이 필요하다. 여러분의 머릿속에 뭔가 그럴듯한 문장 분할 해법이 떠올랐을 수도 있겠다. 아마도 그 해법은 이 책 전반에서 사용하는 다음 두 가지 접근 방식 중 하나일 것이다.

• 사람이 직접 작성한 알고리즘(정규 표현식과 패턴 부합)을 사용한다.
• 통계적 모형(자료 기반 모형 또는 기계 학습)을 사용한다.

이번 장의 나머지 부분에서는 정규 표현식을 이용한 문장 분할의 예와 그 문제점을 살펴보고, 기계 학습을 이용한 문장 분할도 간단하게 언급한다. 필자들은 이 책(원서)의 영어 텍스트를 훈련 집합과 시험 집합으로 사용해서 문장 분할 모형을 훈련해 보았다. 이 책의 영어 텍스트에서 한 가지 다행인 것은, 텍스트를 신문의 단(칼럼)처럼 배치하기 위해 문장 중간에서 인위적으로 줄 바꿈을 하지는 않았다는 점이다. 만일 그랬다면 문장 분할이 더 어려웠을 것이다. 사실 ASCIIdoc 형식으로 된 이 책의 영어 텍스트의 상당 부분은 문장 끝에 빈칸을 두 개

주12 웹 페이지 "Natural Language Processing"(https://www.tm-town.com/natural-language-processing#golden_rules).

붙이는 '구식' 방식을 따르거나, 하나의 문장이 하나의 개별적인 행에 배치되어 있다. 이 책의 영어 텍스트를 문장 분할기를 위한 훈련 집합과 시험 집합으로 사용할 수 있었던 것은 이 덕분이다.

11.4.7 정규 표현식을 이용한 문장 분할

이전에도 언급했듯이, 정규 표현식은 문자열에서 특정한 문자 패턴을 찾기 위한 중첩된 "if...then" 규칙들(정규 문법 규칙들)의 트리를 간결하게 표현하는 수단이라 할 수 있다. 제1장과 제2장에서 보았듯이 정규 표현식(정규 문법)을 이용하면 유한 상태 기계(FSM)의 규칙을 아주 간결하게 명시할 수 있다. 지금 논의에서 정규 표현식 또는 FSM의 용도는 단 하나, 바로 문장의 경계를 찾는 것이다.

웹에서 "문장 분할"이나 "sentence segment"를 검색해 보면 가장 흔히 쓰이는 문장 경계들을 식별하는 다양한 정규 표현식을 만날 수 있다.[13] 그 중 몇 가지를 조합, 개선해서 빠르고 일반적인 문장 분할기에 사용할 만한 정규 표현식을 만들어보기 바란다. 다음이 그러한 예이다.

```
>>> re.split(r'[!.?]+[ $]', "Hello World.... Are you there?!?! I'm going
➥ to Mars!")
['Hello World', 'Are you there', "I'm going to Mars!"]
```

이 예의 정규 표현식은 다수의 "정상적인" 문장들에 잘 작동한다. 특히, 이 정규 표현식은 단어의 끝 또는 문자열의 끝에 있는 마침표나 느낌표, 물음표만 문장의 끝으로 간주하므로 다음처럼 따옴표로 감싼 인용구 끝의 마침표에 속지 않는다.

```
>>> re.split(r'[!.?] ', "The author wrote \"'I don't think it's conscious.'
➥ Turing said.\"")
['The author wrote "\'I don\'t think it\'s conscious.\' Turing said."']
```

그러나 이 정규 표현식은 문장 전체가 마침표와 따옴표로 끝나는 경우를 잡아내지 못한다. 이 예에서는 다행히 문자열 전체가 하나의 문장이라서 이 문제점이 드러나지 않지만, 다음 예는 그렇지 않다.

```
>>> re.split(r'[!.?] ', "The author wrote \"'I don't think it's conscious.'
➥ Turing said.\" But I stopped reading.")
```

주13 "Python sentence segment"에 대한 DuckDuckGo 검색 결과(https://duckduckgo.com/?q=Python+sentence+segment&t=canonical&ia=qa).

```
['The author wrote "\'I don\'t think it\'s conscious.\' Turing said." But I
⮕ stopped reading."']
```

또한, 이 정규 표현식은 트윗이나 문자 메시지를 쓸 때 사람들은 마침표 뒤의 빈칸을 실수로 또는 의도적으로 생략한다는 점과도 맞지 않는다. 다음은 그런 점을 고려한 정규 표현식의 예로, 수치 표현의 소수점을 마침표로 인식하지 않기 위해 숫자 주변의 마침표를 무시하는 패턴도 갖추고 있다.

```
>>> re.split(r'(?<!\d)\.|\.(?!\d)', "I went to GT.You?")
['I went to GT', 'You?']
```

그러나 앞의 두 정규 표현식을 적절히 조합한다고 해도, nlpia.data에 있는 어려운 예문들에는 전혀 통하지 않는다.

```
>>> from nlpia.data.loaders import get_data
>>> regex = re.compile(r'((?<!\d)\.|\.(?!\d))|([!.?]+)[ $]+')
>>> examples = get_data('sentences-tm-town')
>>> wrong = []
>>> for i, (challenge, text, sents) in enumerate(examples):
...     if tuple(regex.split(text)) != tuple(sents):
...         print('wrong {}: {}{}'.format(i, text[:50], '...' if
...             len(text) > 50 else ''))
...         wrong += [i]
>>> len(wrong), len(examples)
(61, 61)
```

정규 표현식 기반 문장 분할기의 정확도를 높이려면 다수의 '미리보기'와 '돌아보기' 요소를 정규 표현식 패턴에 추가해야 한다. 더 나은 접근 방식은 미리 분할된 문장들로 기계 학습 모형을 훈련하는 것이다(단층 신경망이나 심지어는 로지스틱 회귀 모형으로 충분할 때가 많다). 다음은 문장 분할에 사용할 수 있는 기계 학습 모형을 제공하는 파이썬 패키지들이다.

- DetectorMorse[주14]
- spaCy[주15]
- SyntaxNet[주16]

주14 GitHub 저장소 "cslu-nlp/DetectorMorse"(https://github.com/cslu-nlp/detectormorse).
주15 spaCy 문서화 "Facts & Figures" 페이지(https://spacy.io/usage/facts-figures).
주16 웹 페이지 "SyntaxNet Tutorial"(https://github.com/tensorflow/models/blob/master/research/syntaxnet/g3doc/syntaxnet-tutorial.md).

- NLTK (Punkt)[주17]
- Stanford CoreNLP[주18]

이 중 spaCy의 문장 분할기(spaCy 파서 자체에 내장되어 있다)는 대부분의 실제 응용 프로그램에 사용할 수 있을 정도로 강력하다. spaCy는 다른 라이브러리들에 대한 의존성이 적을 뿐만 아니라 정확도와 속도 면에서 다른 여러 NLP 패키지들에 뒤지지 않는다. 한편, 여러분의 훈련 집합에 맞게 정련할 수 있는 최고 수준의 순수 파이썬 구현을 원한다면 카일 고먼[Kyle Gorman]의 DetectorMorse가 좋은 선택이다.

11.5 실제 용도

정보 추출과 질의응답 시스템의 실제 용도를 들자면 다음과 같다.

- 대학교 교과 과정의 가상 조교(TA) 시스템
- 고객 서비스
- 기술 지원
- 판매·홍보
- 소프트웨어 문서화와 FAQ

그리고 정보 추출 기법으로 텍스트에서 다음과 같은 정보를 추출할 수 있다.

- 날짜
- 가격
- 주소
- 관계
  - "is-a" (개체의 종류)
  - "has" (개체의 특성)
  - "related-to" (관련된 다른 개체)
- 시간

주17 NLTK 3.3 문서화의 "nltk.tokenize" 항목(http://www.nltk.org/api/nltk.tokenize.html#module-nltk.tokenize.punkt).
주18 Bitbucket 저장소 "torotoki/corenlp-python"(https://bitbucket.org/torotoki/corenlp-python).

- 수량
- 이름
  - 사람
  - 장소
  - 응용 프로그램
  - 기업
  - 봇

정보를 커다란 말뭉치에서 미리 추출하든, 아니면 사용자의 입력에서 실시간으로 추출하든, 구체적인 세부 사항을 추출하고 나중에 조회할 수 있는 형태로 저장하는 능력은 챗봇의 품질과 성능에 큰 영향을 미친다. 흔히 쓰이는 접근 방식은 텍스트에서 분리, 추출한 단어나 문구를 분리, 추출해서 일관성 있게 '정규화'한 후 적절한 관계를 부여해서 지식 그래프에 저장하는 것이다. 그러한 지식 조각들을 검색 가능한 형태로 저장한 지식 그래프 또는 지식 베이스는 챗봇이 주어진 대화 영역 안에서 대화를 이어 나가는 데 큰 도움이 된다.

요약

- 개체들 사이의 관계를 지식 그래프에 저장할 수 있다.
- 정규 표현식은 정보를 분리하고 추출하는 데 사용할 수 있는 하나의 소형 프로그래밍 언어이다.
- 품사 태깅을 이용하면 문장에 언급된 개체들 사이의 관계를 좀 더 정확하게 추출할 수 있다.
- 문서를 문장들로 분할하려면 그냥 마침표나 느낌표를 문장의 경계로 삼는 단순한 방법 이상의 것이 필요하다.

CHAPTER

12

챗봇(대화 엔진) 만들기

이 장에서 다루는 내용

- 네 가지 챗봇 접근 방식
- AIML 소개
- 챗봇 파이프라인과 다른 NLP 파이프라인들의 차이점
- 최고의 착안들을 하나로 합친 혼합형 챗봇 구조
- 기계 학습을 이용한 챗봇의 점진적 개선
- 챗봇이 자발적으로 자기 생각을 말하게 하는 방법

이 책 전반을 가로지르는 주제는 대화 엔진 또는 챗봇 NLP 파이프라인의 구축이다. 이는 우리 필자들이 현 세기에서 NLP의 가장 중요한 응용 중 하나로 생각하는 것이 챗봇이기 때문이다. 인류 역사 최초로 기계가 사람의 말을 하게 되었으며, 심지어는 기계인지 사람인지 구별할 수 없을 정도로 말을 잘하기도 한다. 기계가 사람인 척 하게 만드는 것은 생각보다 훨씬 어렵기도 하고 쉽기도 하다. 이와 관련해서 다음과 같은 여러 대회(공모전)와 검사 방법이 있는데, 여러분이 만든 챗봇이 꽤 쓸만하다면 상금이 걸린 대회들에 한번 참가해 보기 바란다.

- Alexa Prize (총상금 350만 달러)[주1]
- Loebner Prize (총상금 7천 달러)[주2]

[주1] 아마존이 주최하는 대회로, 홈페이지는 https://developer.amazon.com/alexaprize이다.

[주2] 영국 AISB(Artificial Intelligence and Simulation of Behaviour) 학회가 주최하는 대회로, 홈페이지는 http://www.aisb.org.uk/events/loebner-prize이다.

- Winograd Schema Challenge (총상금 2만7천 달러)[주3]
- Marcus Test[주4]
- Lovelace Test[주5]

대화가 가능한 기계를 만드는 것의 순수한 재미와 마법을 넘어, IQ 테스트에서 사람을 능가하는 봇을 만들어서 얻을 영예나 사악한 해커 봇넷으로부터 세상을 구했다는 만족감, 인공지능 비서 분야에서 구글과 아마존을 능가해서 얻을 부와 명예까지 벌써 상상하는 독자도 있을 것이다. 어쨌거나, 이번 장에서 배울 기법들은 그런 봇을 만드는 데 꼭 필요한 수단들이다.

21세기 인류가 일상생활의 상당 부분을 인공지능(AI)에 의존하게 될 것은 분명하다. 그리고 인공지능에 대한 가장 자연스러운 인터페이스는 자연어 대화이다. 예를 들어 Aira(https://aira.io)가 만든 챗봇 Chloe는 눈이 안 보이거나 아주 나쁜 사람들에게 문서를 읽어주거나 주변에서 일어나는 일을 말로 알려준다. 또한 법무와 관련된 사용자의 비용(주정차 위반 벌금, 변호사 수임료 등)을 수천 달러나 줄여주는 변호사 챗봇을 만드는 회사들도 있다. 그리고 조만간 자율주행차들은 사용자가 구글 어시스턴트를 사용할 때와 비슷한 방식으로 구글 지도 또는 내비게이션 앱을 조작할 수 있는 대화 인터페이스를 제공할 것이다.

12.1 대화 능력

이제 챗봇을 조립하는 데 필요한 모든 부품이 갖추어졌다. 챗봇을 좀 더 공식적으로는 대화 시스템(dialog system) 또는 대화 엔진(dialog engine)이라고 부른다. 기본적으로 챗봇은 사람과 자연어로 대화를 나누는 능력을 갖춘 하나의 NLP 파이프라인이다.

이 NLP 파이프라인은 다음과 같은 요소들로 구성/된다.

- 토큰화, 어간 추출, 표제어 추출
- 단어 모음 벡터나 주제 벡터(의미 벡터) 같은 벡터 공간 언어 모형
- word2vec 단어 벡터나 LSTM 생각 벡터 같은 좀 더 심층적인 언어 표현

주3 관련 논문으로 D. Bender, "Establishing a Human Baseline for the Winograd Schema Challenge"(http://ceur-ws.org/Vol-1353/paper_30.pdf)가 있다. 또한 커즈와일(Kurzweil)의 소개문 "An alternative to the Turing test"(http://www.kurzweilai.net/an-alternative-to-the-turing-test-winograd-schema-challenge-annual-competition-announced)도 참고하라.

주4 뉴요커지 2014년 1월 기사 "What Comes After the Turing Test"(http://www.newyorker.com/tech/elements/what-comes-after-the-turing-test).

주5 M. Reidle, "The Lovelace 2.0 Test of Artificial Creativity and Intelligence". 웹 https://arxiv.org/pdf/1410.6142.pdf

- 순차열 대 순차열 모형(제10장)

- 패턴 부합(제11장)

- 자연어 텍스트 생성을 위한 템플릿

이런 요소들을 이용해서 흥미로운 행동을 보이는 챗봇을 구축할 수 있다.

여기서 챗봇이라는 것을 좀 더 구체적으로 정의하고 넘어가는 것이 좋겠다. 특정 분야 사람들은 '챗봇'을 그냥 '미리 정해진 응답(canned resposne)'을[주6] 반복하는 시스템으로 낮추어 본다. 그런 수준의 챗봇은 입력 텍스트에서 특정 패턴을 찾고 그에 대해 미리 정해진, 틀에 박힌 고정된 응답을 제시한다.[주7] 기본적이고 일반적인 질문에만 응답하는 FAQ 봇이 이런 부류의 챗봇에 속한다. 이런 기본적인 대화 시스템은 주로 자동화된 ARS 고객 서비스 시스템에 쓰인다. 그런 시스템에서, 사용자가 챗봇이 미리 정해진 응답으로 대응할 수 없는 질문을 하면 실제 사람과의 통화로 넘어간다.

그러나 우리는 이보다 더 나은 챗봇을 만들고자 한다. 패턴과 텍스트 생성 템플릿을 아주 정교하게 짠다면, 그럴듯한 심리 치료 또는 상담 세션을 진행하는 상담 전문 챗봇을 만드는 것도 가능하다. 이 분야에서 처음으로 이름이 알려진 챗봇은 1964년에 요제프 바이젠바움Joseph Weizenbaum이 패턴과 템플릿으로 만든 ELIZA[주8]이다. 또한, 두드러지게 효과적인 페이스북 메신저 심리 치료 봇인 Woebot 역시 패턴 부합과 템플릿 응답 생성 접근 방식에 크게 의존한다. 이런 패턴 부합 시스템에 약간의 상태(문맥) 관리 기능을 더한다면, 튜링 검사(Turing test)를 통과하는 챗봇도 불가능하지 않다.

스티브 워스윅Steve Worswick의 챗봇 Mitsuku는 2016년과 2017년에 튜링 검사의 일종인 뢰브너 상을 탔다. 이 챗봇 역시 패턴 부합과 템플릿을 사용하나, 문맥 관리 기능을 추가해서 깊이를 더했다. 위키백과 '뢰브너 상' 페이지(https://ko.wikipedia.org/wiki/뢰브너_상)에서 이 상의 역대 수상자와 해당 챗봇에 관한 추가 정보를 얻을 수 있다. 아마존은 최근 알렉사에 "Follow-Up Mode"라는 이름으로 문맥 관리 기능을 추가해서 더 깊은 대화를 가능하게 했다.[주9] 이번 장에서도 패턴 부합 챗봇에 문맥을 추가하는 방법을 설명한다.

[주6] 영어 위키백과 "Canned Response" 페이지(https://en.wikipedia.org/wiki/Canned_response).

[주7] A. F. van Woudenberg, "A Chatbot Dialogue Manager," 웹 https://www.semanticscholar.org/paper/33aeb980817c2031cea6bf85649e58906d8c4bae

[주8] 영어 위키백과 "ELIZA" 페이지(https://en.wikipedia.org/wiki/ELIZA).

[주9] Verge의 "Amazon Follow-Up Mode" 기사(https://www.theverge.com/2018/3/9/17101330/amazon-alexa-follow-up-mode-back-to-back-requests).

12.1.1 현대적 접근 방식들

현재의 챗봇들은 ELIZA 시절보다 훨씬 발전했다. 지난 수십 년간 패턴 부합 기술이 일반화되고 더 정교해졌다. 그리고 패턴 부합을 보완하는 완전히 새로운 접근 방식들도 등장했다. 최근 문헌들은 챗봇을 대화 시스템이라고 부르는 경우가 많은데, 아마도 이는 챗봇이 예전보다 훨씬 정교해졌기 때문일 것이다. 패턴 부합으로 텍스트에서 추출한 정보를 미리 정해진 템플릿에 채워서 응답을 생성하는 것은 챗봇 구축에 대한 다음 네 가지 현대적 접근 방식 중 하나일 뿐이다.

- 패턴 부합—패턴 부합과 응답 템플릿(미리 정해진 응답문)
- 근거화(grounding)—논리적 지식 그래프 구축 및 추론
- 검색—텍스트 조회
- 생성 모형—통계 및 기계 학습

접근 방식들이 나열된 순서는 이들이 개발된 순서와 대략 일치한다. 이번 장에서 이 접근 방식들을 소개하는 순서도 이와 같다. 각 기법을 구체적으로 살펴보기 전에, 이런 기법들로 만들어진 챗봇들이 현실에서 어떻게 쓰이는지 소개하고 넘어가겠다.

가장 진보된 챗봇들은 이 기법들을 모두 결합한 접근 방식을 사용한다. 이런 혼성 접근 방식 덕분에 챗봇은 아주 다양한 과제를 수행할 수 있다. 다음은 챗봇의 몇 가지 응용들이다. 시리나 알렉사, 구글 알로[Allo] 같은 진보된 챗봇들이 여러 응용 항목에 거듭 등장함을 주목하기 바란다.

- 질의응답—구글 검색, 아마존 알렉사, 애플 시리, IBM 왓슨
- 가상 비서—구글 어시스턴트, 알렉사, 시리, MS 클리피[Clippy][역1]
- 대화—구글 어시스턴트, 구글 스마트 답장, Mitsuky 봇
- 마케팅—트위터, Blogger, 페이스북의 여러 봇들, 구글 검색, 구글 어시스턴트, 알렉사, 구글 알로
- 고객 서비스—기술 지원 봇, 상품 추천 봇
- 공동체 관리—Bonusly, Slackbot
- 상담 및 치료—Woebot, Wysa, YourDost, 시리, 알로

[역1] 참고로 클리피는 예전 버전의 MS Office 제품들에 쓰인 'Office 길잡이'의 한 캐릭터이다. 사용자를 돕기는커녕 오히려 방해하기로 유명했다.

네 가지 챗봇 구축 접근 방식을 조합해서 일곱 응용 과제를 수행하는 챗봇을 만드는 방법을 생각해 보기 바란다. 그림 12.1에 그런 조합의 예가 나와 있다.

그럼 이 일곱 응용 분야를 잠깐 살펴보자. 간략하게만 이야기하겠지만, 독자가 해당 응용 과제를 위한 챗봇을 만들 때 도움이 될 것이다.

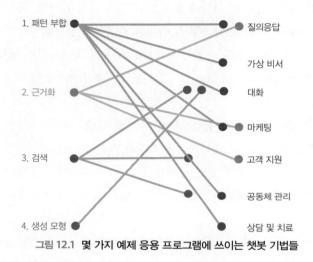

그림 12.1 몇 가지 예제 응용 프로그램에 쓰이는 챗봇 기법들

질의응답 시스템

질의응답 챗봇은 세상에 관한 어떤 사실관계를 묻는 말에 응답한다. 응답 가능한 질문에는 챗봇 자신에 관한 질문도 포함된다. 여러 질의응답 시스템은 먼저 지식 베이스나 관계형 데이터베이스를 검색해서 현실 세계와 접하는 '토대(ground)' 또는 '근거'를 마련한다. 근거로 삼을 만한 지식을 찾지 못했다면 비구조적 자료 말뭉치(또는 웹 전체)를 검색해서 질문의 답을 구한다. 이는 구글 검색이 하는 일과 동일하다. 사용자의 문장을 분석해서 응답해야 할 질문을 찾고 그에 대한 응답을 구하려면 이전 장들에서 다룬 대부분의 구성요소들을 결합한 복합적인 파이프라인이 필요하다. 수많은 요소의 상호작용이 필요하다는 점에서, 질의응답 챗봇은 제대로 구현하기가 아주 어렵다.

가상 비서

알렉사나 구글 어시스턴트 같은 가상 비서 또는 인공지능 비서는 사용자가 어떤 목표나 의도를 가지고 있을 때 도움이 된다. 여기서 목표나 의도는 앱을 띄우거나, 알림을 설정하거나, 음악을 재생하거나, 집안의 전등을 켜는 등의 간단한 작업이다. 이 때문에 가상 비서를 목표 기반 대화 엔진(goal-based dialog engine)이라고 부르기도 한다. 이런 챗봇과의 대화는 짧게 끝나기 마련이다. 원하는 목표가 달성되거나 원하는 정보를 얻고 나면 사용자는 더 대화를 진행할 필요를 느끼지 못한다.

아마 휴대폰이나 홈 자동화 시스템의 가상 비서에 익숙한 독자들이 많을 것이다. 그러나 가상 비서가 법률문제나 세금 문제에도 도움이 된다는 사실을 아는 독자는 많지 않을 것이다. Intuit의 TurboTax가 제공하는 마법사(wizard)는 말이 그리 많지 않지만, 복잡한 의사결정 트리를 갖추고 있다. 사용자가 음성이나 문자가 아니라 화면상의 일정한 양식(form)에 구조적인 정보를 채우는 식으로 상호작용한다는 점에서 TurboTax의 마법사는 사실 챗봇이라 할 수 없지만, 세무 관련 챗봇인 AskMyUncleSam[주10]이 인기를 끈다면 Intuit이 이 마법사를 하나의 챗봇으로 변환할 가능성이 크다.

법무 가상 비서 챗봇들은 뉴욕과 런던에서 수백만 달러 규모의 주차 비용 청구 이의 신청을 성공적으로 진행했다.[주11] 심지어 영국에는 사용자가 오직 챗봇을 통해서만 상담을 진행할 수 있는 법률회사도 있다.[주12] 다음에 만날 날짜를 잡는 데 능숙하다는 점에서 변호사들은 목표 기반 가상 비서와 아주 많이 닮았다. 물론 변호사들은 여러분이 소송에서 이기는 데 도움을 주기도 한다.

Aira(http://aira.io)는 Chloe라는 가상 비서를 만들고 있다. Chloe는 맹인 또는 저시력 장애인들을 위한 "가상 통역기"이다. 처음 실행 시 Chloe는 사용자에게 "흰색 지팡이[역2]를 사용하십니까?"나 "인도견이 있습니까?", "제가 알아야 할 음식 알러지나 식습관이 있습니까?" 같은 질문을 음성으로 제시한다. 이처럼 앱이 처음부터 대화 시스템으로 사용자와 상호작용하는 것을 가리켜 음성 우선(voice first) 설계라고 부른다. 향후 Chloe는 실시간 동영상을 분석해서 주변 환경에 관해 사용자에게 알려주는 기능도 갖출 예정이다. 더 나아가서, 사용자가 Chloe를 통해서 비장애인이 일상적으로 수행하는 과제들을 수행할 수 있도록 Chloe를 훈련하는 기능도 추가될 것이다. Chloe는 사용자에게 영향을 미치거나 사용자를 조종(조작)하려 들지 않고 전적으로 돕기만 하는 몇 안 되는 가상 비서 중 하나이다.[주13]

[주10] 2017년 1월 Venture Beat 기고문 "How this chatbot powered by machine learning can help with your taxes"(https://venturebeat.com/2017/01/27/how-this-chatbot-powered-by-machine-learning-can-help-with-your-taxes/).

[주11] 2016년 6월 28일 자 가디언지 기사 "Chatbot Lawyer Overturns 160,000 Parking Tickets in London and New York"(https://www.theguardian.com/technology/2016/jun/28/chatbot-ai-lawyer-donotpay-parking-tickets-london-new-york).

[주12] 2017년 11월 Legal Futures 블로그 글 "Chatbot-based 'firm without lawyers' launched"(https://www.legalfutures.co.uk/latest-news/chatbot-based-firm-without-lawyers-launched).

[역2] 흰색 지팡이는 맹인 또는 저시력자 전용 지팡이이다. 한국의 도로교통법에 따르면, 흰색 지팡이를 짚은 사람이 도로를 건너면 운전자는 반드시 일시 정지해야 한다.

[주13] 사람들은 가상 비서와 검색 엔진이 자신의 자유 의지와 신념에 영향을 미치고 있다는 점을 깨닫지 못할 때가 많다. 그들의 동기와 의도가 자신의 것과는 다르다는 점 역시 거의 깨닫지 못한다. 이런 어긋난 동기는 가상 비서 같은 기술뿐만 아니라 문화 자체에 존재한다. 문화와 기술이 인류를 어디로 이끌고 있는지에 관해 관심이 있는 독자에게는 유발 하라리의 《사피엔스》나 《호모데우스》 같은 책을 추천한다.

시리나 구글 어시스턴트, MS의 코타나^{Cortana}, Aira의 Chloe 같은 가상 비서들은 날이 갈수록 똑똑해지고 있다. 가상 비서들은 사람과의 상호작용뿐만 아니라 연결된 다른 기계들과의 상호작용에서도 배운다. 이들은 이전보다 훨씬 일반적이고 영역 독립적인(domain-independent) 지능을 개발하고 있다. 인공 일반 지능(artificial general intelligence, AGI)을 공부하고 싶은 독자라면 가상 비서들과 대화 가능 챗봇들도 연구 대상에 넣어야 할 것이다.

대화 가능 챗봇

워스윅의 Mitsuku[주14]나 Pandorabots의 여러 챗봇[주15] 같은 대화 가능 챗봇(conversational chatbot)을 설계하는 것은 재미있는 일이다. 자료가 아주 많다면, 아주 적은 양의 코드로도 이런 챗봇을 만들 수 있다. 그러나 훌륭한 대화 가능 챗봇을 만들려면 꾸준한 노력이 필요하다. 대화 가능 챗봇의 정확도나 성능을 측정할 때는 흔히 튜링 검사 같은 검사 방법을 사용한다. 전형적인 튜링 검사에서는 사람들이 다른 대화 참가자와 터미널을 통해 대화를 나누면서 상대방이 사람인지 아니면 컴퓨터인지 파악하려 한다. 사람으로 오인된 경우가 많은 챗봇일수록 튜링 검사 점수가 높다.

튜링 검사를 위해 챗봇이 구현해야 할 대화 영역과 인간적 행동의 범위는 매년 확장되고 있다. 그리고 챗봇이 사람을 점점 더 잘 속이도록 발전하는 것과 발맞추어 사람들도 챗봇을 점점 더 잘 식별한다. 1980년대 PC 통신 시절에는 ELIZA가 정말로 우리의 마음을 치료하는 전문 상담가라고 생각한 사람들이 많았다. 이후 수십 년의 연구 개발을 통해서 챗봇이 또다시 우리를 속일 수 있게 되었다.

> 한 번 속으면 챗봇 탓, 두 번 속으면 사람 탓.
>
> —익명의 인간

최근 Mitsuku는 튜링 검사와 비슷한 검사 방식으로 챗봇들의 성능을 평가하는 대회에서 뢰브너 상을 탔다.[주16] 대화 가능 챗봇들은 주로 학술 연구와 오락(비디오 게임), 광고에 쓰인다.

주14 웹 페이지 "Mitsuku Chatbot"(http://www.square-bear.co.uk/aiml).
주15 *Chatbots.org* 사이트(https://www.chatbots.org).
주16 영어 위키백과 "Loebner Prize" 페이지(https://en.wikipedia.org/wiki/Loebner_Prize).

마케팅 챗봇

마케팅 챗봇은 사람에게 제품을 소개하고 구매를 유도한다. 비디오 게임이나 영화, TV 프로를 홍보하는 웹사이트에 이런 챗봇을 도입하는 사례가 점점 늘고 있다. 다음은 몇 가지 예이다.[17]

- HBO는 TV 드라마 "Westworld"의 홍보에 "Aeden"이라는 챗봇을 사용했다.[18]
- Sony는 비디오 게임 "Resident Evil"의 홍보에 챗봇 "Red Queen"을 사용했다.[19]
- 디즈니는 애니메이션 "Zootopia"의 홍보에 챗봇 "Officer Judy Hopps"를 사용했다.[20]
- 유니버설 스튜디오는 영화 "Unfriended"의 홍보에 챗봇 "Laura Barnes"를 사용했다.
- Activision은 비디오 게임 "Call of Duty"의 홍보에 챗봇 "Lt. Reyes"를 사용했다.

일부 가상 비서들은 마케팅 봇이기도 하다. 예를 들어 아마존 알렉사나 구글 어시스턴트는 자신이 사용자의 일정 관리나 웹 검색을 돕는다고 주장하지만, 일반적이고 자신들에게 돈이 안 되는 정보보다는 특정 제품이나 서비스에 관한 정보를 우선으로 사용자에게 제공한다. 이 기업들은 기본적으로 제품을 팔아서 돈을 번다. 아마존은 직접 팔고 구글은 간접적으로 판다는 차이가 있을 뿐이다. 이런 가상 비서는 모기업(아마존과 구글)의 사업을 돕도록 설계되어 있다. 물론 사람이 하는 일을 돕는 것은 사실이므로, 지금 당장 이런 가상 비서를 버릴 필요는 없다. 그러나 이런 챗봇들의 기본 목적은 인간의 행복과 안녕이 아니라 제품 홍보와 구매 유도임을 잊어서도 안 될 것이다.

대부분의 마케팅 챗봇은 사용자를 즐겁게 하고 궁극의 목적을 숨기기 위해 대화 능력을 갖추고 있다. 또한, 팔려는 제품에 관한 지식 베이스를 근거로 한 질의응답 기능도 갖추고 있다. 이런 챗봇들은 영화나 드라마, 비디오 게임의 등장인물을 흉내 내기 위해 텍스트 검색 기능을 이용해서 대본에서 적절한 대사를 가져온다. 심지어 대본들로 구성된 말뭉치로 생성 모형을 훈련해서 대사를 생성하는 경우도 있다. 따라서 마케팅 봇은 이번 장에서 다루는 네 기법 모두를 사용하는 경우가 많다.

---

[17] 저스틴 클레그(Justin Clegg)의 LinkedIn 포스트에 그 밖의 여러 사례가 나와 있다(https://www.linkedin.com/pulse/how-smart-brands-using-chatbots-justin-clegg/).

[18] 2016년 9월 Entertainment Weekly 기사(https://www.yahoo.com/entertainment/westworld-launches-sex-touting-online-181918383.html).

[19] 2017년 1월 IPG Media Lab 기사(https://ipglab.com/2017/01/18/sony-pictures-launches-ai-powered-chatbot-to-promote-resident-evil-movie/).

[20] 2016년 1월 Venture Beat 기사(https://venturebeat.com/2016/06/01/imperson-launches-zootopias-officer-judy-hopps-bot-on-facebook-messenger/).

공동체 관리

챗봇의 여러 응용 중 공동체 관리는 인간 사회의 발전에 영향을 미친다는 점에서 특히나 중요하다. 좋은 챗봇은 비디오 게임 공동체를 악담이 난무하는 혼란의 구렁텅이에서 모두가 즐거운 관용적이고 협동적인 세상으로 이끄는 '양치기 개'처럼 작용한다. 그러나 트위터 봇 Tay 같은 나쁜 챗봇은 편견과 무시로 가득한 환경을 빠르게 만들어낸다.[주21]

"정도를 벗어난" 챗봇이 그냥 현실 사회를 반영 또는 확대한 것일 뿐이라고 주장하는 사람들도 있다. 사실, 현실 세계와 상호작용하는 복잡한 시스템은 개발자가 의도하지 않은 행동을 보이게 마련이다. 그러나 챗봇은 독자나 필자 같은 개발자의 의도와 동기가 반영된 능동적인 대화 참가자이므로, '사회의 반영' 정도로 치부하는 것은 무책임한 자세이다. 챗봇은 우리의 가장 좋은 면과 나쁜 면을 단순히 반영 또는 확대한 것 이상이다. 챗봇은 능동적인 세력이며, 좋든 나쁘든 개발자와 훈련자의 영향을 받을 수밖에 없다. 운영자나 관리자가 챗봇이 나쁜 말을 하지 못하도록 완벽하게 통제하는 것은 불가능하므로, 챗봇이 친절하고 사려 깊고 친사회적으로 행동하게 만드는 것은 기본적으로 우리 개발자의 몫이다. 아시모프의 '로봇공학 3원칙'으로는 부족하다.[주22] 챗봇의 진화에 영향을 미칠 수 있는 사람은 똑똑한 소프트웨어와 현명하게 구축한 자료 집합을 이용할 줄 아는 우리 개발자뿐이다.

애리조나 대학교의 현명한 연구자들은 자신의 챗봇 구축 기술을 인류를 지키는 데 사용하는 방안을 고민하고 있다. 사악한 초인공지능이 아니라 인류 자신으로부터 인류를 지키려는 것임을 주목하기 바란다. 연구자들은 ISIS 테러리스트 모집책들에게 잘못된 정보를 주어서 모집 활동을 방해하기 위해 잠재적인 ISIS 테러리스트의 행동을 모방하는 챗봇을 만든다. 언젠가는 그냥 이 세상에 피해를 주려는 사람들과 대화를 나눔으로써 인명을 구하는 챗봇들이 등장할 것이다.[주23] 대체로 트롤troll(온라인 게시판이나 대화방의 악성 사용자)은 환영받지 못하지만, 나쁜 사람이나 단체를 겨냥한 챗봇 트롤은 좋은 존재일 수 있다.

고객 서비스

온라인 상점에서 만날 수 있는 유일한 '사람'이 고객 서비스 챗봇일 때도 많다. 고객 서비스 챗봇은 내부적으로 IBM의 왓슨이나 아마존의 렉스 같은 가상 비서 서비스에 의존할 때가 많다.

주21 영어 위키백과 "Tay_(bot)" 페이지(https://en.wikipedia.org/wiki/Tay_(bot))에서 마이크로소프트가 만든 Tay 챗봇의 짧은 "인생사"를 볼 수 있다.

주22 조지 드보르스키George Dvorsky의 2014년 3월 Gizmodo 기고문 "Why Asimov's Three Laws of Robotics Can't Protect Us" (https://io9.gizmodo.com/why-asimovs-three-laws-of-robotics-cant-protect-us-1553665410).

주23 2015년 10월 Slate 기사(http://www.slate.com/articles/technology/future_tense/2015/10/using_chatbots_to_distract_isis_recruiters_on_social_media.html).

흔히 고객 서비스 챗봇은 가상 비서 기능에 질의응답 기능(IBM 왓슨이 퀴즈 프로그램 "Jeopardy"에서 우승한 사실을 기억할 것이다)을 결합한 형태이다. 그러나 마케팅 챗봇과는 달리 고객 서비스 챗봇은 반드시 튼튼한 근거가 필요하다. 그런 근거를 위해 흔히 지식 베이스를 사용하는데, 챗봇이 현실과 부합하는 응답을 제공하려면 그런 지식 베이스를 끊임없이 갱신, 확장할 필요가 있다. 그런 지식 베이스에 기초해서 챗봇은 주문이나 제품에 관한 질문에 답하는 것은 물론이고 상품 주문이나 주문 취소 같은 동작들도 수행한다.

2016년에 페이스북 메신저는 기업이 고객 서비스 챗봇을 구축하는 데 사용할 수 있는 API를 공개했다. 그리고 구글은 API.ai를 인수해서 DialogFlow 프레임워크를 만들었는데, 이 프레임워크는 고객 서비스 챗봇을 만드는 데에도 자주 쓰인다. 또한 아마존의 렉스도 아마존이 파는 제품들의 소매상이나 도매상들이 고객 서비스 대화 엔진을 구축하는 데 흔히 쓰인다. 챗봇은 패션 업계(Botty Hilfiger)와 요식 업계(TacoBot), 화훼 업계 등 다양한 업계의 주요 판매 통로로 빠르게 자리 잡고 있다.[주24]

상담 및 치료

현대적인 상담 챗봇의 예로는 IT 업계 실직자들의 새 출발을 돕는 Wysa가 있다.[주25] YourDOST도 비슷한 성격의 챗봇이다. 상담·치료 챗봇은 대화 가능 챗봇처럼 사용자를 즐겁게 해야 한다. 또한, 질의응답 챗봇처럼 유용한 정보를 제공해야 한다. 그리고 마케팅 챗봇처럼 설득력이 있어야 한다. 남을 돕고자 하는 마음을 챗봇에게 주입함으로써, 챗봇이 마케팅 능력과 영향력을 '목표 지향적'으로 활용해서 사용자가 다시금 대화에 참여하게 만드는 것이 가능하다.

시리나 알렉사, 알로를 심리 치료사라고 생각하지는 않겠지만, 힘든 하루를 버티는 데 이런 가상 비서가 도움이 되기도 한다. 이들에게 인생의 의미를 물으면 철학적인 또는 우스꽝스러운 답을 제시할 것이다. 기분이 우울할 때 이들에게 농담을 들려 달라고 하거나 신나는 음악을 틀어달라고 부탁할 수도 있다. 그런 숨은 재주 외에, 이런 정교한 챗봇들의 개발자들은 심리학자들의 지도하에서 사용자의 행복과 안녕을 증진하기 위한 실험을 진행했음이 틀림없다.

짐작했겠지만, 이런 심리 치료 챗봇들은 이번 장 도입부에서 나열한 네 가지 기본적인 접근 방식을 모두 결합한 혼합형 접근 방식을 사용한다.

[주24] 이를테면 1-800-flowers(https://digiday.com/marketing/two-months-1-800-flowers-facebook-bot-working/), Tommy Hilfiger(https://techcrunch.com/2016/09/09/botty-hilfiger/), TacoBot(http://www.businessinsider.com/taco-bells-tacobot-orders-food-for-you-2016-4) 등.

[주25] 2017년 12월 Bloomberg 기사 "Fired Tech Workers Turn to Chatbots for Counseling"(https://www.bloomberg.com/news/articles/2017-12-10/fired-indian-tech-workers-turn-to-chatbots-for-counseling).

12.1.2 혼합형 접근 방식

그럼 혼합형 접근 방식을 간단하게 설명한 후 개별 접근 방식을 살펴보기로 하자.

기본적인 네 가지 챗봇 구축 접근 방식의 일부를 다양한 방식으로 조합함으로써 주어진 목적에 맞는 유용한 챗봇을 만들어낼 수 있다. 그리고 네 가지 기본 기법을 모두 사용하는 응용 프로그램들도 많다. 여러 혼합형 챗봇은 어떤 접근 방식들을 어떤 비율로 섞느냐에 따라 차이가 난다.

이번 장에서는 여러분이 자신의 요구에 맞는 챗봇을 만드는 데 도움이 되도록 이런 접근 방식들의 혼합 비율 또는 균형을 코드 자체에 명시적으로 표현한다. 이번 장의 혼합형 접근 방식을 이용하면 앞에서 언급한 여러 실제 응용 시스템들의 모든 기능을 여러분의 챗봇에 집어넣을 수 있다. 그리고 이번 장의 혼합형 접근 방식은 응답을 생성하기 위해 네 가지 접근 방식 중 하나를 선택하거나 네 접근 방식이 각각 생성한 응답 중 하나를 선택할 때 '목적함수'를 이용해서 챗봇의 목표에 가장 잘 맞는 것을 선택한다.

다음 절부터는 네 접근 방식을 차례로 살펴본다. 각 접근 방식에 대해 해당 기법만 사용하는 챗봇을 구축해 보고, 그런 다음에는 네 접근 방식을 모두 결합한 챗봇을 만든다.

12.2 패턴 부합 접근 방식

최초의 챗봇은 패턴 부합을 이용해서 응답을 생성했다. 패턴은 챗봇이 응답할 수 있는 제시문을 검출하는 것은 물론이고 응답 생성에 사용할 정보를 추출하는 데도 쓰인다. 정보 추출을 위한 패턴을 정의하는 여러 방법을 제11장에서 이야기했다.

사용자의 문장에서 추출한 정보의 한 가지 용도는 해당 사용자에 관한 지식을 담는 데이터베이스 또는 이 세상에 관한 일반적인 지식을 담는 데이터베이스를 채우는 것이다. 물론, 좀 더 직접적인 용도는 주어진 질문에 대한 응답을 만드는 것이다. 제1장에서는 정규 표현식을 이용해서 인사말을 검출하는 간단한 패턴 기반 챗봇을 만들어보았다. 사용자의 인사말에 담긴 이름(인사의 대상)을 정규 표현식으로 추출하는 것도 가능하다. 그런 정보는 챗봇이 대화의 '문맥'을 유지하는 데 유용하다. 챗봇이 그런 문맥을 활용해서 응답을 채우면 '흐름이 있는 대화'가 가능해진다.

1960년대에 처음 개발된 ELIZA는 이런 일에 아주 능해서, 심리 치료가 필요한 사람들을 ELIZA가 실제로 도울 수 있다고 생각한 사람들이 많았다. ELIZA는 사용자의 대화에서 몇 안 되는 수의 단어들만 인식한다. ELIZA의 알고리즘은 사용자의 문장에 있는 그런 단어들에 적절한 점수를 매겨서 가장 중요한 단어 하나를 선택하고, 그 단어를 위해 미리 준비된 템플릿을 이용해서 응답을 생성한다. 그런 응답 템플릿들은 칼 로저스의 인간중심 상담 원리에 기초해서 상담가의 공감 능력과 허심탄회한 태도를 잘 흉내 내도록 교묘하게 설계되었다. 응답을 유발한 핵심 단어가 응답에 포함되는 경우가 많았기 때문에, ELIZA가 사용자의 말을 이해하고 적절히 응답하는 것처럼 보였다. 사용자 자신의 단어가 응답에 포함된 덕분에 사용자는 챗봇을 좀 더 친밀하게 느끼고 챗봇이 자신의 말을 잘 들어준다고 믿게 되었다.

챗봇 개발자들은 자연어를 이용한 사람과의 상호작용에 관한 많은 것을 ELIZA에게 배웠다. 아마도 가장 중요한 교훈은, 챗봇이 성공하려면 챗봇이 사람의 말을 잘 들어야 한다는 것, 또는 적어도 잘 들어주는 것처럼 보여야 한다는 것이다.

1995년에 리처드 월리스^{Richard Wallace}는 패턴 부합 접근 방식을 이용한 일반적 챗봇 프레임워크를 만들기 시작했다. 1995년에서 2002년까지 그의 개발자 공동체는 챗봇의 패턴과 응답을 명시하기 위한 마크업 언어인 AIML(Artificial Intelligence Markup Language)을 정의했다. 이 마크업 언어의 활용에 관한 오픈소스 기준 구현(reference implementation)으로 A.L.I.C.E.가 있다. A.L.I.C.E.의 행동은 AIML로 정의된다. 이후 AIML은 챗봇과 가상 비서 구성 API의 정의를 위한 사실상의 표준이 되었다. Pandorabots 같은 서비스들이 AIML을 사용하며, Microsoft의 Bot 프레임워크에서도 AIML 파일을 적재해서 챗봇의 행동을 정의할 수 있다. 그러나 구글의 Dialogflow나 아마존의 렉스는 아직 AIML의 적재나 저장을 지원하지 않는다.

AIML은 개방 표준이다. 즉, 이 마크업 언어는 공개적으로 문서화되어 있으며, 특정 기업만을 위한 숨겨진 독점 기능은 없다. AIML의 파싱과 실행을 위한 오픈소스 파이썬 패키지 pyAIML도 있다.^{주26} 그러나 AIML은 정의 가능한 패턴 및 논리 구조의 종류가 제한적이고, 이제는 다소 낡은 기술인 XML에 기초한다. 그래서 적어도 파이썬에서는 Will이나 ChatterBot 같은 다른 챗봇 프레임워크를 사용하는 것이 낫다.

NLP를 위한 기존 파이썬 패키지들이 잘 갖추어져 있기 때문에, 그냥 파이썬에서 정규 표현식이나 글로브 패턴^{glob pattern}으로^{주27} 챗봇의 작동 논리를 직접 작성하는 것만으로도 복잡한 패턴 부합 챗봇을 만들어낼 수 있을 때가 많다. 필자들을 포함한 Aira의 개발자들은 AIML과 비슷한 간단한 글로브 패턴 언어를 만들어서 챗봇을 위한 패턴들을 정의했다. 글로브 패턴 언어를 정규 표현식으로 바꾸어주는 변환기도 만들었기 때문에, 정규 표현식을 지원하는 그 어떤 플랫폼에서도 이 글로브 패턴 언어를 활용할 수 있다.

주26 GitHub 저장소는 https://github.com/creatorrr/pyAIML이다. 명령줄에서 `pip install aiml`로 설치할 수 있다.

주27 글로브 패턴과 글로브스타(globstar) 패턴은 DOS나 bash 같은 여러 셸에서 파일을 찾는 데 사용하는 단순화된 정규 표현식이다. 글로브 패턴에서 별표(*)는 임의의 개수의 임의의 문자와 부합한다. 예를 들어 *.txt는 ".txt"로 끝나는 모든 파일 이름과 부합한다(https://ko.wikipedia.org/wiki/글로브_[프로그래밍]).

또한, Aira의 aichat 봇 프레임워크(http://github.com/aira/aichat)는 Handlebars 템플릿 엔진 (https://handlebarsjs.com/)과 호환되는 {{표현식}} 형태의 템플릿을 사용한다. Handlebars 템플릿 언어는 JavaScript뿐만 아니라 자바와 파이썬으로도 구현되었기 때문에 같은 템플릿을 모바일 앱과 웹앱을 비롯한 다양한 환경에서 활용할 수 있다. Handlebars 표현식에는 개별 식별자뿐만 아니라 필터나 조건문도 포함할 수 있어서 챗봇의 복잡한 행동도 충분히 표현할 수 있다. 좀 더 직접적이고 순수한 파이썬 구현을 선호하는 독자라면 파이썬 3.6부터 지원하는 'f-문자열(f-string)' 서식화 기능을 이용하는 것도 한 방법이다. 아직 파이썬 3.6의 f-문자열에 익숙하지 않은 독자라면 그냥 str.format(template, **locals()) 같은 구문으로 템플릿을 렌더링하면 된다.

12.2.1 AIML을 이용한 패턴 부합 챗봇 구현

다음은 제1장의 인사말 챗봇을 AIML 버전 2.0을 이용해서 정의하는 예이다.[주28]

목록 12.1 **nlpia/data/greeting2.aiml**

```xml
<?xml version="1.0" encoding="UTF-8"?><aiml version="2.0">
<category>
    <pattern>HI</pattern>
<template>Hi!</template>
</category>
<category>
    <pattern>[HELLO HI YO YOH YO'] [ROSA ROSE CHATTY CHATBOT BOT CHATTERBOT]<
    /pattern>
    <template>Hi , How are you?</template>
</category>
<category>
    <pattern>[HELLO HI YO YOH YO' 'SUP SUP OK HEY] [HAL YOU U YALL Y'ALL YOUS
      YOUSE]</pattern>
    <template>Good one.</template>
</category>
</aiml>
```

이 예는 XML 코드를 좀 더 간결하고 읽기 좋게 만들기 위해 AIML 2.0의 몇 가지 새 기능 (https://www.botlibre.com/manual-aiml.jsp)을 사용했다. 대괄호를 이용하면 같은 단어의 서로 다른 철자 표현들 또는 같은 부류로 인식할 여러 단어를 간결하게 지정할 수 있다.

그런데 파이썬의 AIML 해석기들(PyAiml, aiml, aiml_bot)은 아직 AIML 2.0을 지원하지 않는다. 파이썬 3 AIML 해석기 중 하나인 aiml_bot은 AIML 1.0만 지원한다. aiml_bot의 AIML

[주28] NanoDano, "AI Chat Bot in Python with AIML", 2015년 8월(https://www.devdungeon.com/content/ai-chat-bot-python-aiml#what-is-aiml).

파서는 Bot 클래스에 내장되어 있다. 이 클래스의 객체는 챗봇의 빠른 응답을 위해 자신의 '두뇌'를 RAM에 담아둔다. 이 두뇌 또는 커널kernel 안의 한 자료 구조에 모든 AIML 패턴과 템플릿이 들어 있다. 파이썬의 사전과 비슷한 이 자료 구조는 패턴을 응답 템플릿에 대응시킨다.

AIML 1.0

AIML은 XML 표준에 기초한 하나의 선언적 마크업 언어로, 챗봇 구현에 유용한 프로그래밍 수단과 자료 구조를 제한적이나마 제공한다. 그런데 AIML만으로 하나의 완결적인 대화 시스템을 만들어야 하는 것은 아니다. AIML 기반 챗봇에 이전에 배운 여러 기법을 추가해서 좀 더 강력한 챗봇을 만들 수 있다.

AIML로 정의한 챗봇이 반응하는 패턴과 그 응답의 종류에는 한계가 있다. AIML 커널(패턴 부합기)은 입력 텍스트가 개발자가 미리 하드코딩한 패턴과 부합하는 경우에만 응답을 산출한다. 다행히, AIML 패턴에 와일드카드(그 어떤 단어와도 부합하는 기호)를 포함할 수 있기 때문에 어느 정도의 유연성이 보장된다. 그러나 패턴에 명시적으로 지정한 단어는 입력 텍스트의 단어와 정확히 일치해야 한다. 단어 안의 이모티콘이나 문장 부호, 오타, 오철자 등을 고려한 느슨한 부합(fuzzy match) 기능은 없다. AIML에서는 기호들을 <srai> 태그를 이용해서 일일이 정의해야 한다. 제2장에서 어간과 표제어를 자동으로 추출하는 예를 보았는데, AIML에서는 한 단어의 여러 변형을 개발자가 일일이 지정해 주어야 한다. 이번 절에서 AIML에서 동의어나 오타를 고려한 패턴 부합을 수행하는 예제를 제시하긴 하겠지만, 이번 장 끝에서 구현하는 혼합형 챗봇은 이런 지루한 작업의 대부분을 컴퓨터가 자동으로 처리하게 한다.

AIML 활용 시 주의해야 할 또 다른 근본적인 한계는 하나의 <pattern> 태그에서 사용할 수 있는 와일드카드 문자가 한 종류뿐이라는 점이다. 정규 표현식처럼 표현력이 좀 더 강한 패턴 부합 언어를 이용하면 좀 더 흥미로운 챗봇을 만들 수 있다.[주29] AIML에서는 "HELLO ROSA *" 같은 패턴을 이용해서 "Hello Rosa, you wonderful chatbot!" 같은 입력 텍스트와 부합하는 정도가 한계이다.

> 참고 언어의 가독성(readability)은 개발자의 생산성에 중대한 영향을 미친다. 챗봇을 만들든 웹앱을 만들든, 어떤 언어를 사용하느냐에 따라 생산성이 크게 다를 수 있다.

[주29] 물론, 표현력의 측면에서 패턴 언어가 파이썬 같은 프로그래밍 언어를 능가하지는 못한다(https://en.wikipedia.org/wiki/Comparison_of_programming_languages#Expressivenes와 https://redmonk.com/dberkholz/2013/03/25/programming-languages-ranked-by-expressiveness 참고).

여기서 AIML을 읽거나 작성하는 방법을 자세히 이야기할 필요는 없을 것이다. 단, 오픈소스 AIML 스크립트를 가져와서 사용하는 방법은 알아둘 필요가 있겠다.[주30] 개발 초기에 챗봇의 기본적인 기능을 빠르게 갖추는 목적이라면 기존 AIML 스크립트를 가져다 쓰는 것도 나쁘지 않은 방법이다.

다음 절에서는 AIML 파일을 만들고 그것을 챗봇으로 불러와서 응답을 생성하는 구체적인 방법을 살펴본다.

파이썬 AIML 예제

이번 예제에서는 간단한 AIML 스크립트에서 출발해서 점차 기능을 추가해 나가면서 AIML의 능력을 시험해 본다. 우선, 목록 12.2는 "Hello Rosa"와 "Hello Troll"이라는 두 문장만 인식해서 각각 다른 응답을 생성하는 챗봇을 위한 간단한 AIML 파일이다.

목록 12.2 nlpia/data/greeting_step1.aiml

```
<?xml version="1.0" encoding="UTF-8"?><aiml version="1.0.1">

<category>
    <pattern>HELLO ROSA </pattern>
    <template>Hi Human!</template>
</category>
<category>
    <pattern>HELLO TROLL </pattern>
    <template>Good one, human.</template>
</category>

</aiml>
```

> 참고 AIML 1.0에서는 모든 패턴을 반드시 대문자로 지정해야 한다.

이 AIML은 두 가지 인사말에 반응하는 챗봇을 정의한다. 하나는 예의 바른 인사말이고 하나는 무례한 인사말이다. 그럼 aiml_bot 패키지를 이용해서 이 AIML 1.0 파일을 파이썬으로 적재해 보자. 목록 12.3은 aiml_bot 패키지와 NLPIA 패키지가 설치되어 있다고 가정한 것이다.[역3] 다른 AIML 파일을 시험해 보고 싶다면 learn=경로 부분을 적절히 수정하면 된다.

주30 구글에서 "AIML 1.0 files"나 "AIML brain dumps"를 검색하면 여러 AIML 파일을 찾을 수 있다. 또한 Chatterbot Collection 사이트의 AIML/Pandorabots 자료(http://www.chatterbotcollection.com/category_contents.php?id_cat=20)도 참고하기 바란다.

역3 aiml_bot 패키지는 명령줄에서 pip install aiml_bot으로 설치할 수 있다.

목록 12.3 nlpia/book/examples/ch12_patterns_aiml.py

```
>>> import os
>>> from nlpia.constants import DATA_PATH
>>> import aiml_bot

>>> bot = aiml_bot.Bot(
...     learn=os.path.join(DATA_PATH, 'greeting_step1.aiml'))
Loading /Users/hobs/src/nlpia/nlpia/data/greeting_step1.aiml...
done (0.00 seconds)
>>> bot.respond("Hello Rosa,")
'Hi Human!'
>>> bot.respond("hello troll!!!")
'Good one, human.'
```

여기까지는 좋다. 대화 예들을 보면 AIML 명세에 따라 패턴을 찾을 때 추가적인 문장 부호와 대소문자 구성의 차이를 적절히 무시함을 알 수 있다.

그러나 AIML 1.0은 단어들 사이의 문장 부호와 공백만 정규화할 뿐 단어 안의 문장 부호는 정규화하지 않는다. 또한 동의어나 철자 오류, 오타, 하이픈으로 연결된 복합어 등도 처리하지 못한다. 다음 예를 보자.

목록 12.4 nlpia/book/examples/ch12_patterns_aiml.py

```
>>> bot.respond("Helo Rosa")
WARNING: No match found for input: Helo Rosa
''
>>> bot.respond("Hello Ro-sa")
WARNING: No match found for input: Hello Ro-sa
''
```

<srai> 태그와 와일드카드 문자(*)를 이용해서 여러 변형을 동일한 패턴과 연결하면 이런 문제들을 대부분 해결할 수 있다. 다음은 인사말로 간주할 수 있는 다양한 표현을 HELLO 템플릿과 연관시킨 예이다.

목록 12.5 nlpia/data/greeting_step2.aiml

```
<category><pattern>HELO *          </pattern><template><srai>HELLO <star/>
</srai></template></category>
<category><pattern>HI *            </pattern><template><srai>HELLO <star/>
</srai></template></category>
<category><pattern>HIYA *          </pattern><template><srai>HELLO <star/>
</srai></template></category>
<category><pattern>HYA *           </pattern><template><srai>HELLO <star/>
</srai></template></category>
<category><pattern>HY *            </pattern><template><srai>HELLO <star/>
```

```
</srai></template></category>
<category><pattern>HEY *          </pattern><template><srai>HELLO <star/>
</srai></template></category>
<category><pattern>WHATS UP *    </pattern><template><srai>HELLO <star/>
</srai></template></category>
<category><pattern>WHAT IS UP * </pattern><template><srai>HELLO <star/>
</srai></template></category>
```

참고 여러분이 AIML 파일을 직접 작성할 때는 파일의 시작과 끝이 반드시 <aiml>과 </aiml>이어야 한다는 점을 명심하기 바란다. 예제들에서는 간결함을 위해 이 태그들을 생략했다.

다음은 이 정의들을 포함한 AIML 파일을 챗봇에 적재해서 시험하는 예이다. 이번에는 "Hello"의 여러 변형을 잘 인식한다.

목록 12.6 nlpia/book/examples/ch12_patterns_aiml.py

```
>>> bot.learn(os.path.join(DATA_PATH, 'greeting_step2.aiml'))
>>> bot.respond("Hey Rosa")
'Hi Human!'
>>> bot.respond("Hi Rosa")
'Hi Human!'
>>> bot.respond("Helo Rosa")
'Hi Human!'
>>> bot.respond("hello **troll** !!!")
 'Good one, human.'
```

그런데 이 챗봇은 주어진 패턴에 대해 항상 같은 응답을 제시한다. 다행히 AIML은 여러 템플릿 중 하나를 무작위로 선택하는 기능이 있다. AIML 2.0에서는 여러 템플릿을 대괄호로 감싸서 간결하게 지정할 수 있지만, AIML 1.0에서는 목록 12.7처럼 각각을 <li>로 지정해 주어야 한다. 이 <li> 태그는 <condition> 태그나 <random> 태그 안에만 둘 수 있다. <random> 태그는 챗봇이 좀 더 창의적으로 행동하는 듯한 느낌을 주는 데 도움이 된다.

목록 12.7 nlpia/data/greeting_step3.aiml

```
<category><pattern>HELLO ROSA </pattern><template>
    <random>
        <li>Hi Human!</li>
        <li>Hello friend</li>
        <li>Hi pal</li>
        <li>Hi!</li>
        <li>Hello!</li>
        <li>Hello to you too!</li>
        <li>Greetings Earthling ;)</li>
        <li>Hey you :)</li>
```

```
        <li>Hey you!</li>
    </random></template>
</category>
<category><pattern>HELLO TROLL </pattern><template>
    <random>
        <li>Good one, Human.</li>
        <li>Good one.</li>
        <li>Nice one, Human.</li>
        <li>Nice one.</li>
        <li>Clever.</li>
        <li>:)</li>
    </random></template>
</category>
```

목록 12.8은 이 AIML 파일을 이용한 챗봇이다. <random> 태그 덕분에 챗봇이 이전보다는 덜 기계적으로 반응한다(적어도 대화의 시작에서는).

목록 12.8 **nlpia/book/examples/ch12_patterns_aiml.py**

```
>>> bot.learn(os.path.join(DATA_PATH, 'greeting_step3.aiml'))
>>> bot.respond("Hey Rosa")
'Hello friend'
>>> bot.respond("Hey Rosa")
'Hey you :)'
>>> bot.respond("Hey Rosa")
'Hi Human!'
```

참고 독자가 목록 12.8을 실행했을 때 책과는 다른 응답이 나왔을 것이다. <random> 태그의 목적이 바로 그것이다. 이 태그는 패턴이 부합할 때마다 자신의 <li>들 중 하나를 무작위로 선택한다. 안타깝게도 aiml_bot에는 난수 발생 종잣값을 설정하는 기능이 없다. 종잣값을 설정할 수 있으면 코드를 디버깅하거나 검사하는 데 편리하다(여러분이 그런 기능을 추가해서 만들어서 풀 요청을 보내준다면 좋겠다).

"Hi"와 "Rosa"의 또 다른 변형이나 동의어를 추가하고 싶다면 개별적인 <category> 태그를 추가하면 된다. 템플릿들에 대한 서로 다른 동의어 그룹들을 정의하고 인사말의 종류에 따라 서로 다른 응답 목록들을 정의할 수도 있다. 예를 들어 "SUP"이나 "WUSSUP BRO" 같은 격식을 차리지 않은 인사말에 대해 그와 비슷한 수준으로 허물없는 느낌의 응답을 지정하면 될 것이다.

AIML에는 패턴과 부합한 문자열을 하나의 변수에 저장하는 기능(정규 표현식의 명명된 그룹과 비슷한)을 제공하는 태그도 있다. AIML에서는 그런 상태 또는 문맥 정보를 '주제(topic)'라고 부른다. 관련 태그는 <topic>이다. 그리고 AIML에는 그러한 변수의 값에 기초한 조건 분기를 지정하는 수단도 있다. 이런 AIML의 고급 기능들을 공부해 보면 배울 것이 많겠지만, 여기서는 이 정도로 마무리하고 정규 표현식이나 파이썬 같은 좀 더 표현력 있는 언어를 이용한 챗봇 구축으로 넘어가자. 그러면 이전에 이 책에서 배운 어간 추출이나 표제어 추출 같은 다양한 수단을 이용해서 동의어나 오철·오타를 좀 더 유연하게 처리할 수 있다(제2장 참고). 만일 AIML을 사용해서 챗봇을 만든다면, 그리고 전처리 단계에서 어간 추출이나 표제어 추출을 수행했다면, 그런 어간이나 표제어를 포착하도록 AIML 패턴과 템플릿을 적절히 수정해야 할 것이다.

이상의 예제들에서 AIML이 다소 복잡하고 장황하다는 느낌을 받았을지 모르겠는데, 독자만 그런 것이 아니다. 아마존 렉스 팀은 JSON 파일로 저장, 적재할 수 있는, AIML을 단순화한 버전을 사용한다. 그리고 API.ai라는 스타트업은 대단히 직관적인 대화 명세 시스템을 개발했는데, 그 덕분에 회사가 구글에 인수되었다. 그들의 대화 명세 시스템은 구글 클라우드 서비스에 통합되었으며, 현재는 Dialogflow라고 부른다. Dialogflow 명세 역시 JSON 파일로 저장하거나 적재할 수 있지만, AIML이나 아마존 렉스의 파일과는 호환되지 않는다.

이런 여러 비호환 API들이 AIML 같은 하나의 개방 표준으로 통합되길 원하는 독자는 aichat 프로젝트와 AIRS(AI Response Specification)의 개발에 참여하기 바란다. Aira와 Do More Foundation은 자신의 사용자들이 콘텐츠(텍스트 어드벤처 게임(IF)이나 지적 자극, 교육, 가상 여행 등을 위한 대화)를 좀 더 쉽게 공유할 수 있는 환경을 만들기 위해 AIRS를 지원하고 있다. aichat 응용 프로그램은 AIRS 해석기의 파이썬 참조 구현으로, 웹 UX를 갖추고 있어서 사용하기 편하다.

다음은 전형적인 AIRS 명세를 보여주는 예이다. 예제의 두 응답 명세는 각각 챗봇이 어떤 입력 문장에 대해 어떤 응답을 생성할 것인지를 정의한다. 이처럼 파이썬 코드로 정의한 명세들을 CSV나 JSON 파일에 저장했다가 불러올 수 있다.

```
>>> airas_spec = [
...     ["Hi {name}","Hi {username} how are you?","ROOT","GREETING"],
...     ["What is your name?",
...      "Hi {username} how are you?","ROOT","GREETING"],
...     ]
```

코드에서 보듯이, 하나의 AIRS 명세는 네 개의 요소로 구성된다. 첫 요소는 챗봇이 인식할 패턴과 그로부터 추출할 변수를 지정한다. 둘째 요소는 그에 대한 응답인데, 흔히 문맥의 변수들이 채워지는 템플릿 형태로 지정된다. 또한, 뭔가를 말하는 것 이외의 다른 동작을 유발하는 특별한 키워드가 포함되기도 한다.

마지막 두 요소는 챗봇의 상태 또는 문맥을 유지하는 데 쓰인다. 입력 문장이 특정 패턴에 부합해서 챗봇의 응답을 생성할 때, 챗봇은 마지막 두 요소에 기초해서 다른 상태로 전이할 수 있다. 이러한 상태 전이는 이를테면 방금 나눈 대화와 이어지는 또 다른 질문이나 정보를 제시하는 용도로 쓰인다. 마지막 두 요소는 어떤 상태에서 어떤 상태로 전이할 것인지를 뜻한다. 앞의 예는 "만일 현재 상태가 ROOT이면, 이 응답을 제시한 후 GREETING으로 전이하라"는 뜻이다. 그림 12.2는 이런 식으로 만들어낸 좀 더 복잡한 상태 전이 관계를 그래프로 표현한 것이다.

구글의 Dialogflow와 아마존의 렉스는 aichat의 패턴 부합 챗봇 명세 접근 방식을 좀 더 규모가변적으로 개선한 것이라 할 수 있다. 그러나 여러 응용에서 Dialogflow와 아마존의 렉스는 필요 이상으로 복잡해 보인다. aichat(http://github.com/totalgood/aichat)은 챗봇을 좀 더 직관적으로 설계하고, 시각화하고, 검사하는 방법을 제공하는 것을 목적으로 한 오픈소스 프로젝트이다. 패턴 부합 접근 방식을 좀 더 공부하고 싶다면, GitHub의 NLPIA 저장소(http://github.com/totalgood/nlpia)에 aichat을 이용한 챗봇과 혼합형 챗봇의 예제 코드가 있으니 참고하기 바란다. 그리고 상용 응용 프로그램을 위한 대규모 챗봇을 이런 접근 방식으로 구현하고 싶은 독자는 구글 Dialogflow(예전의 app.ai)와 아마존 렉스 프레임워크의 문서화에 있는 여러 예제가 도움이 될 것이다. 두 시스템 모두 무료 계정을 제공하지만, 기본적으로는 시험용이라서 상용 서비스를 위해서는 추가적인 과금이 필요할 것이다. 또한, 일단 이들을 사용하기 시작하면 아마 해당 틀을 벗어나기 힘들 것이다. 따라서 처음부터 오픈소스 aichat 개발에 참여하는 게 나을 수도 있겠다.

12.2.2 패턴 부합의 그래프 시각화

Aira에서 맹인들을 돕는 챗봇을 만들면서 필자들은 UX(user experience)의 분석과 설계를 위한 시각화 도구를 개발했다. 패턴 부합 챗봇의 상태들과 패턴들 및 그들 사이의 관계들을 하나의 그래프(네트워크)로 표현해 보면 새로운 패턴과 상태를 발견할 수 있다. 이러한 그래프 표현 덕분에 우리는 마치 파이썬 코드 몇 줄을 머릿속에서 실행하듯이 대화를 머릿속에서 "실행"해 볼 수 있었다. 또한, 스파게티같이 얽힌 대화 구조를 전체적으로 살펴보면서 막다른 골목과 무한 루프를 찾아내는 데도 그래프 표현이 도움이 되었다.

패턴 부합 챗봇의 패턴들과 응답들은 다수의 노드와 간선으로 이루어진 하나의 그래프(네트워크)를 형성한다. 이때 노드는 상태를 나타내고 간선은 한 상태에서 다른 상태로의 전이를 나타낸다. 그러한 상태 전이는 입력 문장과 부합하는 패턴이 촉발한다. 그림 12.2는 몇 가지 AIRS 패턴들에 대한 상태 전이를 나타낸 것이다.

이런 상태 전이 그래프에서 대화의 막다른 골목이나 루프를 찾아냈다면, 대화 명세에 패턴을 더 추가하거나 기존 패턴을 조율해서 적절히 해결한다. 현재 Aira 개발팀은 aichat 프로젝트(http://github.com/aira/aichat)를 위해 AIRS 명세를 이런 상태 전이 그래프로 변환하는 시각화 도구를 만들고 있다. JavaScript와 D3.js에 익숙한 독자의 도움을 기대한다.

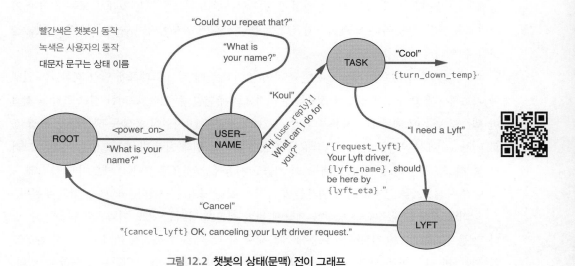

그림 12.2 챗봇의 상태(문맥) 전이 그래프

패턴 부합 접근 방식은 이 정도로 마무리하고, 근거화 접근 방식으로 넘어가자.

12.3 근거화

A.L.I.C.E.나 기타 AIML 챗봇들은 전적으로 패턴 부합에 의존한다. 그리고 AIML 같은 표준이 나오기 훨씬 전에 만들어진 최초의 유명 챗봇 ELIZA도 패턴 부합과 템플릿을 사용했다. 그러나 이런 챗봇은 개발자가 응답의 논리를 일일이 패턴과 템플릿으로 지정해야 한다. 이런 하드코딩은 처리 성능 측면은 물론이고 개발 생산성의 측면에서도 '규모가변성'이 좋지 않다. 챗봇을 더 정교하게 만들려면 개발자의 노력이 엄청나게 많이 요구된다. 챗봇의 복잡도가 증가하다 보면 개발자의 노력에 비해 이득이 오히려 줄어들기까지 한다. 이는 모든 '움직이는 부품' 사이의 상호작용이 늘어나면서 챗봇의 행동을 예측하고 디버깅하기가 점점 더 어려워지기 때문이다.

요즘 아주 어려운 프로그래밍 과제에 주로 쓰이는 접근 방식은 자료 주도적(data-driven) 프로그래밍이다. 자료 주도적 프로그래밍이 챗봇에는 어떤 식으로 적용될까? 제11장에서 우리는 자연어 텍스트(비정형 자료)로부터 구조적 지식을 얻는 정보 추출 기법을 살펴보았다. 정보 추출 기법을 이용하면 위키백과 같은 텍스트를 읽어서 일반적인 사실관계들의 네트워크를 구축할 수 있으며, 개인 기록이나 특정 분야의 텍스트로부터 특정 분야에 관한 데이터베이스를 만들 수도 있다. 이번 절에서는 세계 또는 개인에 관한 그러한 지식을 챗봇이 활용하게 만드는 방법을 논의한다. 지식 조각들의 논리적 관계를 담은 네트워크를 지식 그래프 또는 지식 베이스라고 부른다. 챗봇이 지식 베이스의 정보를 응답 생성에 활용한다면 좀 더 지능적인 행동을 보일 수 있다.

지식 그래프가 있으면 세상에 관한 질문이 주어졌을 때 지식 그래프에 담긴 지식들의 관계에 기초해서 응답 생성에 필요한 정보를 논리적으로 추론할 수 있다. 그러한 정보 조각을 적절한 템플릿 변수에 배정해서 사용자의 질문에 대한 논리적인 자연어 응답을 생성한다. 퀴즈 프로 Jeopardy!에서 우승한 IBM의 질의응답 시스템 왓슨은 원래 이런 방식으로 만들어졌다. 그러나 좀 더 최근 버전들은 정보 검색·조회 기술도 사용하는 것으로 보인다. 챗봇이 지식 그래프에 담긴 사실관계를 근거로 삼아 뭔가를 추론하는 것을 가리켜 '근거화(grounding)'라고 부른다.

이러한 지식 그래프 접근 방식을 세상에 관한 질문에 답하는 용도 이외에도 적용할 수 있다. 예를 들어 대화를 진행하는 도중에 계속해서 사실관계를 추출해서 지식 베이스를 채우고 활용한다면 서로 아는 사람들끼리 나누는 대화처럼 뭔가 흐름이 있는 대화를 진행할 수 있다.

더 나아가서, 대화 상대방에 특화된 부분적인 지식 그래프를 구축함으로써 개별 사용자에 특화된 대화를 진행할 수도 있다. 데이터베이스 설계에 익숙한 독자라면, 이를 외부 데이터베이스의 부분적 미러mirror를 만든다고 생각하면 될 것이다. 물론 이 경우는 관계형 데이터베이스가 아니라 지식 베이스이다. 이러한 임시적 '캐시' 데이터베이스를 가장 최근의 지식만 담는 용도로 사용할 수도 있고 특정 대화 상대방과 나눈 대화에서 배운(그리고 잊은) 모든 지식을 관리하는 용도로 사용할 수도 있다. 대화 상대방의 모든 문장으로 그 사용자의 '마음 이론(theory of mind)', 즉 그 사용자가 세상을 어떻게 인식하고 무엇을 믿는지를 반영하는 하나의 모형을 구축할 수 있다. 제1장에서 본, 대화 상대방이 챗봇이나 다른 대화자를 지칭하는 데 사용하는 별명을 추출하는 패턴들도 마음 이론의 간단한 예이다.

사람들이 대화를 나누는 방식은 앞에서 구축한 AIML 챗봇처럼 미리 준비된 응답을 주고받는 것보다 훨씬 복잡하다. 인간의 뇌는 대화 상대방의 말과 자신이 알고 있던 세계에 관한 지식을 이용해서 뭔가를 추론하는 능력을 갖추고 있다. 때에 따라서는 문장 하나를 이해하는 데에도 여러 번의 추론과 가정이 필요하다. 따라서 추론 및 근거화 능력을 챗봇에 추가한다면 챗봇이 좀 더 사람처럼(적어도 좀 더 논리적으로) 행동할 것이다.

이러한 근거화 접근 방식은 질의응답 챗봇에 유용하다. 질의응답에 특화된 챗봇은 오픈소스 데이터베이스에서 얻은 방대한 지식을 담은 지식 베이스를 이용해서 질문에 답한다. 다음은 그런 목적으로 사용할 수 있는 몇 가지 오픈소스 데이터베이스이다.

- Wikidata(Freebase 포함)[주31]
- Open Mind Common Sense(ConceptNet)[주32]
- Cyc[주33]
- YAGO[주34]
- DBpedia[주35]

자료를 확보해서 지식 베이스를 만들었다면, 그 지식 베이스에서 사용자의 질문에 답하는 데 필요한 정보를 추출하는 방법만 있으면 질의응답 챗봇을 만들 수 있다. 구글 검색도 이러한 질의응답 챗봇의 일종이다. 구글은 Freebase를 비롯한 여러 공개·비공개 지식 베이스들로 구축한 지식 그래프를 검색에 활용한다.

질의응답 챗봇은 "Who are you?"나 "What is the 50th state of the United States?"처럼 자연어로 된 의문문을 지식 베이스 질의에 적합한 형태로 분석, 변환할 수 있어야 한다. 이때 제11장의 패턴 부합 기법들이 도움이 된다. 제11장의 패턴 부합 기법을 이용해서 "who"나 "what", "when", "where", "why", "is"처럼 주어진 문장이 의문문임을 말해 주는 단어들을 식별할 수 있으며, 의문문에 담긴 명명된 개체나 관계도 추출할 수 있다. 그러한 개체들과 관계는 지식 그래프에서 어떤 종류의 지식(노드 종류 또는 개체명)을 찾아야 하는지 결정하는 데 도움이 된다.

이런 분석 기능을 반드시 여러분이 직접 구현하는 것은 아니다. 예를 들어 Quepy[주36]는 앞에서 언급한 기법들을 이용해서 자연어 의문문을 지식 베이스 질의문 또는 데이터베이스 질의문으로 변환해 주는 자연어 질의 컴파일러이다. 그리고 SPARQL[주37]이라는 것도 있는데, 이것은 관계형 데이터베이스용 SQL의 지식 베이스 버전에 해당한다. SPARQL은 RDF 세값쌍들로 이루어진 지식 그래프를 지원한다.

주31 Wikidata 사이트(https://www.wikidata.org).

주32 ConceptNet API 문서화(https://github.com/commonsense/conceptnet5/wiki/API).

주33 영어 위키백과 "Cyc" 페이지(https://en.wikipedia.org/wiki/Cyc).

주34 영어 위키백과 "YAGO (database)" 페이지(https://en.wikipedia.org/wiki/YAGO_(database)).

주35 영어 위키백과 "DBpedia" 페이지(https://en.wikipedia.org/wiki/DBpedia).

주36 Quepy 문서화(http://quepy.readthedocs.io/en/latest/).

주37 "SPARQL Query Language for RDF" 명세서(https://www.w3.org/TR/rdf-sparql-query/).

12.4 정보 검색

챗봇 구축에 대한 또 다른 자료 주도적 접근 방식으로 정보 검색(information retrieval 또는 information search)이 있다. 정보 검색 접근 방식에서는 기존 대화 기록에서 적당한 응답을 찾아서 사용자에게 제시한다. 이는 사람이 이전에 들은 질문이나 제시문, 단어를 기억해서 응답에 사용하는 것과 비슷하다. 이때 챗봇 자신이 사용자와 나눈 대화 기록뿐만 아니라 사람 대 사람의 대화 기록이나 다른 챗봇이 사람과 나눈 대화 기록, 심지어는 챗봇과 챗봇의 대화 기록도 검색 대상으로 삼을 수 있다. 그렇지만, 일반적으로 "쓰레기를 넣으면 쓰레기가 나온다(garbage in, garbage out)"는 점을 주의해야 한다. 즉, 챗봇이 고품질의 제시문을 찾아서 활용하려면 기존 대화 문장들을 그대로 기록할 것이 아니라 적절히 정리하고 정규화해서 기록해 두어야 한다. 이는 챗봇이 사용자에게 불쾌감을 주는 말을 하지 않게 하는 데에도 중요한 문제이다.

검색 기반 챗봇은 즐거운 또는 유익한 대화가 가능하도록 대화 데이터베이스를 관리해야 한다. 대화 데이터베이스를 적절히 구성한다면 챗봇에 일정한 개성을 부여하는 것도 가능하다. 검색 기반 챗봇에 유용한 대화 자료의 출처로는 영화 대본에 나오는 대화들, 고객 서비스 대화 기록, IRC 채널의 대화 기록(사용자들이 만족스럽게 대화를 나눈 사례들) 등이 있다. 또한 사람들이 주고받은 문자 메시지들도 좋은 자료이다. 물론 이런 자료를 사용하려면 해당 사용자들의 동의를 받아야 한다. 여러분이 가지고 있는 이메일이나 문자 메시지들이라고 함부로 사용하면 안 된다. 반드시 모든 대화 상대방의 동의를 서면으로 받을 필요가 있다.

이런 대화 기록이라고 무조건 챗봇을 위한 말뭉치에 포함해서도 안 된다. 사람 참여자가 적어도 한 명은 있으며 그 사람이 대화에 만족한 사례들만 포함하는 것이 바람직하다. 대단히 똑똑한 챗봇이 참여한 것이 아닌 한, 챗봇 대 챗봇 대화는 가능하면 피하는 것이 좋다.

충분한 대화 기록을 확보했다면, 챗봇이 현재 진행 중인 대화에 적합한 기존 문장을 찾아낼 가능성이 높다. 검색이 원활하게 이루어지려면 대화 말뭉치를 제시문-응답문 쌍들로 조직화하는 것이 좋다. 흐름이 있는 대화의 경우 한 제시문에 대한 응답문은 그 자체가 제시문이 되어서 그다음 응답문을 유발한다. 따라서 하나의 데이터베이스에 같은 문장이 두 번(제시문으로 한 번, 응답문으로 또 한 번) 등장할 수 있다. 이런 문장 쌍들을 활용함으로써 챗봇은 좀 더 긴 대화를 이어 나갈 수 있다.

12.4.1 문맥 관리의 어려움

가장 단순한 형태의 정보 검색 접근 방식은 그냥 데이터베이스에 있는 응답을 아무 수정 없이 그대로 제시하는 것이다. 해당 문장이 제시문의 의미와 잘 맞는다면 별문제가 되지 않는다. 그러나 사용자가 입력할 수 있는 모든 문장과 그에 대한 응답이 데이터베이스에 들어 있다고 해도, 이런 접근 방식은 챗봇을 대단히 기계적으로 보이게 한다. 물론 다양한 사람들에게 일관된 태도로 응대하는 챗봇을 만드는 것이 목적이라면 이런 방식이 오히려 바람직할 것이다. 그러나 좀 더 긴 대화의 문맥에 따라 가변적인 응답을 제시해야 하거나 말뭉치를 구축한 후에 생긴 세상의 변화를 반영하는 응답을 제시해야 하는 경우라면 이런 단순한 접근 방식으로는 부족하다.

극명한 예로, "지금 몇 시야?"라는 질문에 답하기 위해 제시문-응답문 데이터베이스를 검색하는 것은 말이 되지 않는다. 그런 방법은 질문한 시간과 데이터베이스에 있는 응답문에 담긴 시간이 정확히 일치하는 극히 드문 경우에만 유효하다. 이런 질문에 답하기 위해서는, 질문이 주어진 시간에 관한 정보를 일종의 '문맥' 또는 '상태'에 기록해 두고 활용해야 한다. "지금 몇 시야?"라는 간단한 질문 외에도, 진행 중인 대화의 주제에 해당하는 정보나 챗봇의 지식 베이스에 있는 어떤 상태 정보를 언급하는 제시문에 적절히 답하려면 문맥 관리가 특히나 중요하다.

세상에 관한 지식이나 문맥이 챗봇의 응답에 영향을 미치는 또 다른 좋은 예로, 사용자가 던지는 "너는 누구야?"나 "어디서 태어났어?" 같은 질문이 있다. 이 경우 문맥은 챗봇 자신의 신원이나 배경이다. 다행히 이런 문맥은 처리하기 쉽다. 미리 설정해 둔 챗봇의 프로필(약력)에 있는 정보를 지식 그래프에 추가해 두기만 하면 된다. 챗봇의 프로필은 대화 데이터베이스를 채우는 데 사용한 문장들의 실제 사용자들의 평균적인 프로필에서 크게 벗어나지 않아야 한다. SNS에서 얻은 말뭉치를 사용한다면 그런 프로필 정보를 구하는 것이 그리 어렵지 않을 것이다.

챗봇의 개인 프로필 정보는 한 질문에 대해 데이터베이스에서 여러 개의 응답이 검색되었을 때 그중 하나를 고르는 용도로도 유용하다. 아주 정교한 구현이라면, 여러 응답 중 챗봇의 프로필과 비슷한 프로필을 가진 사용자의 응답을 선택함으로써 챗봇의 개성을 좀 더 잘 나타낼 수 있다. 예를 들어 데이터베이스에 각 응답문과 함께 해당 사용자의 성별도 기록되어 있다고 하자. 만일 챗봇의 성별이 정해져 있다면, 한 질문에 대한 여러 응답 중 챗봇과 같은 성별의 사용자가 제공한 응답을 선택하면 된다. 물론 응답문들 자체의 품질을 평가하는 것도 중요한데, 제시문의 word2vec 단어 벡터 또는 의미 벡터들을 응답문들의 의미 벡터들과 비교하면 된다. 의미 벡터 비교 결과와 프로필 비교 결과를 적절히 조합한 하나의 점수 평가 함수를 만들어서 사용하면 좋을 것이다.

간단하게는, 애초에 챗봇의 배경 프로필과 관련된 질문 응답 쌍들을 명시적으로 대화 데이터베이스에 넣어 두는 식으로 이런 문맥 관리 문제를 간단하게 해결할 수도 있다.

어떤 방법을 사용하든, 챗봇 자신에 관한 질문은 하나의 특수 경우로 처리할 필요가 있다.

데이터베이스에 "너는 누구야?"나 "어디서 태어났어?", "좋아하는 색깔은?" 같은 질문에 대한 응답들이 그리 많지 않다면 정보 검색 이외의 기법들로 이 문제를 해결해야 할 것이다. 예를 들어 챗봇의 프로필에 관련된 사실관계들을 지식 그래프에 담아두고 논리 추론(근거화) 방법으로 응답을 추론할 수도 있다. 아니면 챗봇 프로필을 위한 구조적인 자료 집합에서 추출한 정보를 이용해서 응답 템플릿을 채우는 식의 문법 기반 접근 방식도 가능하다.

상태 또는 문맥을 정보 검색 기반 챗봇에 도입하면 패턴 부합 챗봇으로 가능한 것과 비슷한 일들을 할 수 있다. 사용자의 문장들을 기록하는 것은 그런 문장들에서 공통으로 등장하는 패턴을 지정하는 것과 비슷한 효과를 낸다. 실제로 아마존 렉스나 구글 Dialogflow가 바로 이런 접근 방식을 사용한다. 개발자가 사용자의 명령을 식별하는 명시적인 패턴을 지정하는 대신 몇 가지 예문만 제시하면 렉스나 Dialogflow는 그로부터 하나의 패턴을 추측한다. 패턴 부합 챗봇을 만들 때 각 패턴에 하나의 상태를 부여하는 것과 비슷하게, 그냥 제시문-응답문 쌍들에 상태명을 부여하기만 하면 된다.

그런데 우분투 대화 말뭉치나 Reddit 대화 말뭉치 같은 출처에서 나온 걸러지지 않은 비정형 제시문-응답문 쌍들에는 이런 식으로 상태명을 부여하기가 어려울 수 있다. 그렇지만 Reddit 같은 대화 기록 말뭉치들에는 거대한 자료 집합 중에 대화 채널과 응답 스레드에 기초해서 분류명을 자동으로 부여할 수 있는 작은 부분들이 존재한다. 의미 검색과 패턴 부합 기법을 이용해서 각 스레드의 첫 댓글을 뽑아 주제 또는 상태로 삼는 것이 가능하다. 그러나 한 주제 또는 상태에서 다른 주제 또는 상태로 넘어가는 지점을 찾기가 어려울 수도 있다. 그리고 이런 식으로 산출하는 상태들은 사람이 직접 식별, 선정한 상태보다는 훨씬 부정확하다.

그냥 즐거움이나 시간 보내기 용 대화를 위한 챗봇이라면 이런 상태(문맥) 관리 접근 방식도 충분히 유용하다. 그러나 챗봇이 예측 가능하고 신뢰성 있는 행동을 보여야 한다면, 패턴 부합 접근 방식이나 사람의 개입에 의존하는 상태 관리 접근 방식을 사용해야 할 것이다.

12.4.2 정보 검색 기반 챗봇 예제

이제부터 살펴볼 예제는 2017년 ODSC(Open Data Science Conference)의 검색 기반 챗봇 튜토리얼에 기초한 것이다. 이 튜토리얼의 동영상과 원본 Jupyter 노트북 파일(.ipynb)들이 해당 GitHub 저장소 https://github.com/totalgood/prosocial-chatbot에 있으니 필요하다면 참고하기 바란다.

이 챗봇은 우분투 대화 말뭉치(Ubuntu Dialog Corpus, UDC)라는 말뭉치를 사용한다. 이 말뭉치는 우분투 IRC 채널의 대화를 모은 것으로, 주로는 우분투 사용자들이 기술적인 문제를 해결하기 위해 주고받은 문장들이다. 이 말뭉치에는 7백만 건 이상의 발화(utterence)들과 1백만 건 이상의 대화 세션들이 포함되어 있다.[주38] 각 대화 세션은 다수의 발화로 이루어져 있는데, 중간에 상태(주제)가 바뀌기도 한다. 엄청나게 많은 제시문-응답문 쌍들로 이루어진 이 거대한 말뭉치는 연구자들이 자신의 검색 기반 챗봇의 정확도를 점검하는 데 즐겨 쓰인다.

검색 기반 챗봇의 '훈련'에 필요한 것이 바로 이런 종류의 제시문-응답문 쌍들이다. 그런데 여기서 700만 건의 발화를 모두 사용하지는 않을 테니 걱정할 필요는 없다. 그냥 15만 개 정도만 사용해서 챗봇이 우분투에 관한 일반적인 질문에 답할 수 있는지 시험해 볼 것이다. 독자의 편의를 위해 우분투 대화 말뭉치의 일부분을 담은 자료 집합을 내려받는 기능을 NLPIA 패키지에 추가해 두었다. 다음은 그 자료 집합을 적재하는 코드이다.

목록 12.9 nlpia/book/examples/ch12_retrieval.py

```
>>> from nlpia.data.loaders import get_data
>>> df = get_data('ubuntu_dialog')
Downloading ubuntu_dialog
requesting URL:
https://www.dropbox.com/s/krvi79fbsryytc2/ubuntu_dialog.csv.gz?dl=1
remote size: 296098788
Downloading to /Users/hobs/src/nlpia/nlpia/bigdata/ubuntu_dialog.csv.gz
39421it [00:39, 998.09it/s]
```

이전에 nlpia.data.loaders.get_data() 함수로 거대한 자료 집합을 내려받은 적이 없다면 /bigdata/ 경로가 존재하지 않는다는 경고 메시지가 나타날 수도 있다. 그러나 첫 시도 때 get_data()가 그 경로를 생성해 주므로 이후에는 그런 경고 메시지가 나타나지 않을 것이다.

> 참고 이하의 예제 코드들이 안정적으로 실행되려면 시스템의 RAM이 8GB 이상이어야 한다. 메모리 부족 오류가 발생한다면 df의 행들을 삭제해서 자료 집합의 크기를 줄여 보기 바란다. 다음 장(제13장)에서는 좀 더 큰 자료 집합을 다룰 수 있도록 gensim의 외부 메모리(out of core) 기법을 이용해서 자료들을 배치 단위로 처리한다.

다음은 이 말뭉치에 담긴 대화의 예를 보여주는 코드이다.

목록 12.10 nlpia/book/examples/ch12_retrieval.py

```
>>> df.head(4)
                        Context                          Utterance
0  i think we could import the old comments via r...  basically each xfree86
        upload will NOT force u...
1  I'm not suggesting all -
```

주38 R. Lowe 외, "The Ubuntu Dialogue Corpus: A Large Dataset for Research in Unstructured Multi-Turn Dialogue Systems", 2015. 웹 https://arxiv.org/abs/1506.08909

```
         only the ones you mod...                        oh? oops. __eou__
2  afternoon all __eou__ not entirely related to ...     we'll have a BOF about
         this __eou__ so you're ...
3  interesting __eou__ grub-install worked with /
      ...   i fully endorse this suggestion </quimby> __eo...
```

발화 열(Utterance)의 "__eou__"라는 토큰에 주목하기 바란다. 우분투 말뭉치를 다루려면 이런 토큰들에 익숙해져야 한다. 이 토큰은 "end of utterance(발화의 끝)"를 줄인 것인데, 간단히 말하면 '화자'가 IRC 클라이언트에서 'Enter' 키나 '전송' 버튼을 눌러서 한 마디의 말('발화')을 내뱉었다는 뜻이다. 또한 문맥 열(Context) 열에는 "__eot__"라는 토큰이 있다. 'end of turn'을 줄인 이 토큰은 화자가 하나 이상의 발화들로 자신의 말을 끝맺었으며, 다른 사람의 응답을 기다리겠다는, 다시 말해 이제 다른 사람이 말할 '차례(turn)' 또는 순번이라는 뜻이다.

그런데 하나의 문맥 문서(대화 테이블의 문맥 열)에 "__eot__" 토큰이 여러 개 있는 경우도 있다. 좀 더 정교한 챗봇은 이런 사례들을 이전 절에서 언급한 문맥 관리 문제를 해결하는 데 활용하기도 한다. 그러나 여기서는 이런 '중복 순번'들을 무시하고 마지막 순번의 발화, 즉 그에 대한 응답문이 있는 제시문만 고려하기로 하겠다. 다음은 주어진 문자열을 "__eot__"를 기준으로 분할하고 "__eou__" 토큰들을 정리하는 함수이다.

목록 12.11 nlpia/book/examples/ch12_retrieval.py

```
>>> import re
>>> def split_turns(s, splitter=re.compile('__eot__')):
...     for utterance in splitter.split(s):
...         utterance = utterance.replace('__eou__', '\n')
...         utterance = utterance.replace('__eot__', '').strip()
...         if len(utterance):
...             yield utterance
```

df(대화 테이블 DataFrame 객체)의 몇 행으로 이 split_turns 함수를 실행해서 함수가 제대로 작동하는지 살펴보자(목록 12.12). 문맥 열과 발화 열 모두 마지막 순번의 문장만 나타나야 하며, 그 문장들이 검색 기반 챗봇을 훈련하기에 충분한 형태이어야 한다.

목록 12.12 split_turns 함수의 사용 예

```
>>> for i, record in df.head(3).iterrows():
...     statement = list(split_turns(record.Context))[-1]
...     reply = list(split_turns(record.Utterance))[-1]
...     print('Statement: {}'.format(statement))
...     print()
...     print('Reply: {}'.format(reply))
```

이 코드의 출력은 다음과 같다.

```
Statement: I would prefer to avoid it at this stage. this is something that
    has gone into XSF svn, I assume?
Reply:  each xfree86 upload will NOT force users to upgrade 100Mb of fonts
    for nothing
 no something i did in my spare time.

Statement: ok, it sounds like you're agreeing with me, then
 though rather than "the ones we modify", my idea is "the ones we need to
    merge"
Reply: oh? oops.

Statement: should g2 in ubuntu do the magic dont-focus-window tricks?
 join the gang, get an x-series thinkpad
 sj has hung on my box, again.
 what is monday mornings discussion actually about?
Reply: we'll have a BOF about this
 so you're coming tomorrow ?
```

출력을 보면 함수가 우리의 의도대로 작동하는 것으로 보인다. 하나의 제시문 또는 응답문에 다수의 문장(발화)이 포함되어 있음을 확인할 수 있다. 목록 12.13은 주어진 말뭉치의 모든 문자열을 split_turns 함수로 정리해서 제시문들과 응답문들의 테이블을 만드는 함수이다.

목록 12.13 nlpia/book/examples/ch12_retrieval.py

```
>>> from tqdm import tqdm

>>> def preprocess_ubuntu_corpus(df):
...     """
...     df.Context와 df.Utterance의 모든 문자열을
...     __eot__ 토큰을 기준으로 분할, 정리한다.
...     """
...     statements = []
...     replies = []
...     for i, record in tqdm(df.iterrows()):
...         turns = list(split_turns(record.Context))
...         statement = turns[-1] if len(turns) else '\n'
...         statements.append(statement)
...         turns = list(split_turns(record.Utterance))
...         reply = turns[-1] if len(turns) else '\n'
...         replies.append(reply)
...     df['statement'] = statements
...     df['reply'] = replies
...     return df
```

공백 문자들로만 구성된
발화가 있을 수 있으므로
if 문이 필요하다.

이제 필요한 자료가 갖추어졌다. 이제 입력한 문장과 가장 비슷한 문장을 제시문 목록에서 찾아서 그에 대응되는 응답문을 뽑기만 하면 된다. 제3장에서 단어 빈도 벡터와 TF-IDF 벡터를 이용해서 의미가 비슷한 자연어 문서를 찾는 방법을 설명했었다. 목록 12.14는 제시문들의 TF-IDF 벡터들을 계산하는 코드이다.

목록 12.14 제시문 TF-IDF 벡터 계산

```
>>> from sklearn.feature_extraction.text import TfidfVectorizer
>>> df = preprocess_ubuntu_corpus(df)
>>> tfidf = TfidfVectorizer(min_df=8, max_df=.3, max_features=50000)
>>> tfidf.fit(df.statement)    ←──┐ 사용자의 입력 문장과 비교할 것은 제시문이므로
                                   │ 제시문의(응답문이 아니라) TF-IDF만 계산하면 된다.
```

그리고 다음 코드는 15만 개의 제시문들에 대한 이 TF-IDF 벡터들을 X라는 DataFrame 객체에 담는다.

목록 12.15 제시문 TF-IDF 벡터 저장

```
>>> X = tfidf.transform(df.statement)
>>> X = pd.DataFrame(X.todense(), columns=tfidf.get_feature_names())
```

주어진 문장과 가장 가까운 문장을 찾는 한 방법은 TF-IDF 벡터 쌍들의 코사인 유사도를 비교하는 것이다. 다음 코드는 예제 입력 문장의 TF-IDF 벡터와 제시문 TF-IDF 벡터들의 코사인 유사도를 모두 계산하고, 유사도가 가장 큰 제시문에 대응되는 응답문을 조회한다.

목록 12.16 입력 문장과 가장 비슷한 제시문을 찾아서 응답문을 조회

```
>>> x = tfidf.transform(['This is an example statement that\
...     we want to retrieve the best reply for.'])
>>> cosine_similarities = x.dot(X.T)
>>> reply = df.loc[cosine_similarities.argmax()]
```

응답문이 나오기까지 필자의 MacBook에서 1분 이상의 시간이 걸렸다. 여러 개의 응답문을 조회하고 확실성 점수를 계산해서 가장 나은 것을 고르는 등의 고급 기법을 적용하려면 성능을 좀 더 높여야 할 것이다.

12.4.3 Chatterbot 소개

이상에서 보듯이, 챗봇이 사용자에게 응답할 문장이 기존 대화에서 다른 사람들이 이미 말한 문장들과 정확히 일치한다면 정보 검색 접근 방식이 유용하다. 검색 기반 챗봇은 기존 대화의

제시문들과 응답문들을 일정한 자료 구조에 담아두고 사용자의 입력 문장과 가장 비슷한 제시문을 찾아서 그 제시문과 연관된 응답문을 사용자에게 제공한다. 이때 검색과 조회의 속도를 높이기 위해 관계형 데이터베이스의 색인화 기법들을 사용하기도 한다.

이런 종류의 검색 기반 챗봇을 빠르게 개발하고 싶다면 건서 콕스[Gunther Cox]의 ChatterBot (https://github.com/gunthercox/ChatterBot)이 좋은 출발점이다. ChatterBot은 설치하기 쉽다(그냥 pip install ChatterBot으로 설치하면 된다). 그리고 기본적인 대화 능력을 위해 챗봇을 '훈련'하는 데 필요한 여러 대화 말뭉치도 포함되어 있다. ChatterBot 대화 말뭉치들의 주제는 스포츠 잡상식, 인공지능의 지각력에 관한 철학, 기타 평범한 잡담 등으로 다양하다. 그리고 미리 준비된 말뭉치 이외의 임의의 말뭉치로도 ChatterBot을 훈련할 수 있다. 단, 여기서 '훈련'이 신경망과 기계 학습에서 말하는 훈련은 아니고, 그냥 검색을 위해 일단의 문서들을 색인화하는 것일 뿐임을 주의하기 바란다.

기본적으로 ChatterBot은 사람의 문장들과 자신이 생성한 문장들을 모두 훈련에 사용한다. 챗봇이 특정한 성격을 가지게 하려면 독자가 직접 만든 말뭉치를 훈련에 사용해야 한다. 그러려면 해당 말뭉치를 ChatterBot이 기대하는 YAML 형식의 파일(확장자 .yml)로 변환할 필요가 있다. 챗봇이 한 가지 성격만 가지게 하기 위해서는 그 말뭉치의 응답문들(이후 챗봇이 내뱉을)이 모두 해당 성격에 맞는 문장들이어야 한다. 이전에 살펴본 AIML과 비슷하게, ChatterBot을 위한 YAML 형식은 패턴(제시문)과 템플릿(응답문)으로 구성된다.

물론 이런 방식의 검색 기반 챗봇은 그 능력이 상당히 제한적이다. 이런 챗봇은 새로운 문장을 만들어내지 못한다. 또한, 좀 더 다채로운 대화를 위해 대화 데이터베이스를 키우면 대신 기존 제시문의 검색 시간이 길어진다. 결과적으로, 챗봇이 더 똑똑하고 재미있어질수록 말은 더 느려진다. 간단히 말해서 이런 구조는 규모가변성이 나쁘다. 단, 지역 민감 해시(locality sensitive hash; 또는 국소성 민감 해시)나 근사 최근접 이웃 검색(approximate nearest neighbor search) 같은 기법을 이용하면 검색 속도를 어느 정도 높일 수 있다. 이를 위한 파이썬 패키지로는 lshash3(pip install lshash3)과 Annoy(pip install annoy)가 있다.

기본적으로 ChatterBot은 SQLite를 데이터베이스로 사용하는데, SQLite의 성능 한계 때문에 말뭉치의 제시문이 1만 개 이상이 되면 앞에서 말한 규모가변성 문제가 두드러진다. 만일 우분투 대화 말뭉치로 SQLite 기반 ChatterBot 구현을 훈련하려면 문자 그대로 며칠이 걸린다. 필자의 경우 MacBook에서 10만 개의 제시문-응답문 쌍을 소화하는 데 하루 이상의 시간이 걸렸다. 그렇긴 하지만 우분투에 관한 풍부한 기술적 대화 기록을 내려받고 처리하는 과정에 쓰인 ChatterBot의 API 자체는 상당히 유용했다. ChatterBot은 자료 집합을 내려받고, 압축을 풀고, 적절한 형식으로 변환해서 데이터베이스에 저장하는 과정을 자동으로 처리해 준다. 그 과정이 끝나면 즉시 SQLite 데이터베이스(자료 항목들이 검색이 용이한 트리 형태로 저장된 파일)에서 특정 제시문과 응답문을 검색할 수 있다.

목록 12.17은 ChatterBot의 '훈련' 자료(그냥 대화 말뭉치일 뿐이다)가 관계형 데이터베이스에 어떤 식으로 저장되는지를 보여주는 코드이다.

목록 12.17 nlpia/book/examples/ch12_chatterbot.sql

```
sqlite> .tables
conversation                response                 tag
conversation_association    statement                tag_association
sqlite> .width 5 25 10 5 40
sqlite> .mode columns
sqlite> .mode column
sqlite> .headers on
sqlite> SELECT id, text, occur FROM response LIMIT 9;
id     text                  occur  statement_text
-----  --------------------  -----  ----------------------------------------
1      What is AI?           2      Artificial Intelligence is the branch of
2      What is AI?           2      AI is the field of science which concern
3      Are you sentient?     2      Sort of.
4      Are you sentient?     2      By the strictest dictionary definition o
5      Are you sentient?     2      Even though I'm a construct I do have a
6      Are you sapient?      2      In all probability, I am not. I'm not t
7      Are you sapient?      2      Do you think I am?
8      Are you sapient?      2      How would you feel about me if I told yo
9      Are you sapient?      24     No.
```

같은 제시문에 여러 개의 응답문이 연관되어 있음을 주목하기 바란다. 이런 제시문이 주어진 경우 챗봇은 분위기나 문맥에 따라 또는 무작위로 여러 응답문 중 하나를 선택할 수 있다. ChatterBot은 그냥 무작위로(난수) 응답문을 선택하지만, 여러분이 챗봇을 만들 때는 어떤 목적함수나 손실함수를 이용해서, 또는 어떤 발견법(heuristic)을 이용해서 좀 더 정교하게 응답문을 선택하면 좋을 것이다. 위의 예에는 안 나와 있지만 생성 일자를 뜻하는 created_at 열을 조회해 보면 모든 행의 생성 일자가 동일한데, 이는 그 열이 해당 대화가 벌어진 날짜가 아니라 그냥 ChatterBot '훈련' 스크립트를 실행한 날짜일 뿐이기 때문이다.

문장들을 고정된 차원의 주제 벡터로 축약함으로써 검색 기반 챗봇의 성능을 향상할 수도 있다. word2vec(짧은 문장에 대한 모든 단어 벡터를 축약)이나 doc2vec(제6장), LSA(제4장) 등을 사용하면 될 것이다. 이런 차원 축소는 훈련 견본들 이외의 문장들에도 적절히 반응하도록 챗봇을 일반화하는 데 도움이 된다. 사용자가 입력한 문장과 정확히 일치하는 제시문이 대화 데이터베이스에 없어도, 사용자 문장과 뜻이 비슷한 제시문을 주제 벡터 검색으로 찾아낼 수 있다. 이 방법은 사용자 문장에 있는 단어의 철자가 제시문의 것과는 조금 다른 경우는 물론이고 아예 다른 단어(뜻은 비슷한)를 사용한 경우에도 작동한다. 본질적으로 이러한 의미 검색 기반 챗봇은 이번 장의 이전 예제에서 우리가 AIML 템플릿을 직접 작성했던 과정을 자동화한 것에 해당한다. 차원 축소는 또한 기계 학습(자료 주도적 접근 방식)을 이용해서 검색 기반 챗봇을 사람이 직접 짠 검색 기반 챗봇보다 더 똑똑하게 만드는 데에도 도움이 된다. 분류된(분류명이 붙은) 자료가 충분히 많다면, 그리고 응답을 위한 논리와 패턴을 사람이 일일이 짤 시간이 부족하다면, 기계 학습 접근 방식이 하드코딩보다 바람직하다. 검색 기반 챗봇에서 '분류명'은 대화의 각 예제 제시문에 대한 예제 응답문이다.

12.5 생성 모형

이번 장 도입부에서 현대적인 챗봇 구축 접근 방식의 하나로 생성 모형을 언급했다. 제10장에서 살펴본 순차열 대 순차열 모형이 생성적 챗봇 모형에 해당한다. 순차열 대 순차열 모형은 사용자의 질문을 챗봇의 응답으로 '번역'하는 기계 학습 번역 알고리즘이라 할 수 있다. 순차열 대 순차열 모형은 제10장에서 충분히 이야기했으므로 여기서 다시 설명하지 않겠다. 순차열 대 순차열 구조 외에도 챗봇을 위한 생성 모형으로 사용할 수 있는 신경망 구조들이 여럿 있다. 이전에 자신이 들은 적이 없는 말을 할 줄 아는 창의적인 챗봇을 만들고 싶다면 다음과 같은 생성 모형들이 유용할 것이다.

- 순차열 대 순차열—입력 순차열에 기초해서 출력(응답) 순차열을 생성하도록 훈련되는 모형이다.[39]

- 제한 볼츠만 기계(restricted Boltzmann machine, RBM)[40]—'에너지' 함수를 최소화하도록 훈련되는 마르코프 연쇄 모형이다.

- 생성 대립 신경망(generative adversarial networks, GAN; 또는 생성적 적대 신경망)—좋은 대화를 판정하는 '심판'을 속이도록 훈련되는 통계적 모형이다.[41]

제10장에서는 주의 메커니즘(LSTM의 개선을 위한)을 소개하고 챗봇이 새로운 문장을 생성하는 예제도 살펴보았다. 다음 절에서는 제10장에서와는 조금 다른 방향에서 생성 모형에 접근한다.

---

[39] "Chatbots with Seq2Seq" 페이지(https://suriyadeepan.github.io/2016-06-28-easy-seq2seq/)에 순차열 대 순차열 모형에 관한 설명과 다른 여러 논문으로의 링크가 있다.

[40] 제한 볼츠만 기계에 관한 제프리 힌턴의 코세라 강의(https://youtu.be/EZOpZzUKl48).

[41] 이안 굿펠로(Ian Goddfellow)의 NIPS 2016 GAN 튜토리얼(https://arxiv.org/pdf/1701.00160.pdf)과 GAN을 순차열 처리에 적용한 란타우 유(Lantau Yu)의 SeqGAN 논문(https://arxiv.org/pdf/1609.05473.pdf).

12.5.1 NLPIA에 관한 대화

드디어 우리 모두가, 적어도 필자들이 기다렸던 순간이 왔다. 지금까지 필자들은 챗봇이 말문을 여는 데 충분한 양의 원고를 썼다(지금까지 여러분이 읽은 바로 그것이다). 이 '씨앗' 텍스트를 이용해서 NLP에 관한 책을 저술하는 데 도움이 되는 챗봇을 만들어볼 것이다. 눈치챘을지 모르겠지만, 사실 지금까지 여러분이 읽은 문장 중에는 필자들이 아니라 챗봇이 쓴 문장들도 있다.[역4] 이번 절에는 기존 문장들에 기초해서 새로운 문장을 생성하는 챗봇을 위한 생성적 NLP 파이프라인을 구축하는 방법을 살펴본다. 그러한 파이프라인의 구축에서 핵심은 '전이 학습(transfer learning; 또는 전달 학습)'이다.

전이 학습은 한 모형이 배운 것을 다른 모형으로 옮김으로써('전이') 기존 모형을 새 모형에서 재활용하는 기법이다. 챗봇의 경우 전이 학습은 챗봇의 주된 대화 주제에 관한 씨앗 텍스트만으로 모형을 훈련하는 것으로 그치지 않고 좀 더 일반적인 주제에 관한 더 큰 말뭉치로 학습한 기존 언어 모형을 도입하는 것이라 할 수 있다. 챗봇이 문법에 맞고 말이 되는 문장을 산출하는 능력을 갖추려면 먼저 아주 많은 텍스트를 읽어야 한다. 이를 위해서는 프로젝트 구텐베르크 말뭉치보다도 훨씬 더 큰 말뭉치가 필요하다.

여러분이 풍부한 어휘를 갖추기까지, 그리고 단어들을 적절히 조합해서 문장들을 만들 수 있게 되기까지 얼마나 많은 책을 읽었는지 생각해 보기 바란다. 또한, 독서 과정에서 교사들이 문맥 등의 여러 단서를 제시했을 것이다.[주42] 그리고 대체로 컴퓨터보다 사람이 학습에 능숙하다.[주43] 따라서 컴퓨터를 위해서는 더 많은 텍스트와 지도가 필요하다.

언어 모형의 학습에 대량의 자료가 필요하다는 점은 문자 수준 모형에서 특히나 어려운 문제이다. 문자 수준의 언어 모형에서 챗봇은 단어들로 유효한 문장을 구성하는 방법뿐만 아니라 문자들로 유효한 단어를 구성하는 방법도 배워야 한다. 그런 모형의 훈련에 필요한 대량의 자료와 시간을 소유하지 못한 연구자나 개발자에게는 미리 훈련된 언어 모형을 재활용하는 방법이 아주 요긴하다. 물론 그러려면 챗봇이 흉내 내려는 언어와 문체로 된 대량의 텍스트로 훈련한 기존 언어 모형을 구해야 한다. 지금까지 NLP 연구자들이 문자에서 단어로, 단어에서 문장으로 모형의 복잡도 수준을 증가하는 단계마다 자료의 제약이 걸림돌이 되었다. 문단이

[역4] 물론 이는 원서에만 해당하는 이야기이고, 아쉽게도 이 번역서에 순수하게 컴퓨터가 생성한 문장은 없다. 이 번역서의 번역 및 교정 과정에서 몇 가지 NLP 기법이 쓰이긴 했는데, 기회가 되면 옮긴이의 블로그(권두 옮긴이의 글 참고)에서 이야기하겠다.

[주42] W. Nagy, "On the role of context in first- and second-language vocabulary learning". 웹 https://www.ideals.illinois.edu/bitstream/handle/2142/31277/TR-627.pdf

[주43] A. Lampinen, J. McClelleand, "One-shot and Few-shot Learning of Word Embeddings"(https://openreview.net/pdf?id=rkYgAJWCZ)와 B. Lake 외, "One-shot learning by inverting a compositional causal process"(http://www.cs.toronto.edu/~rsalakhu/papers/lake_nips2013.pdf).

나 장(chapter) 또는 하나의 작품 전체를 생성하는 문제에 대한 연구는 아직도 활발히 진행 중이다. 따라서 여기서는 눈을 좀 낮추어서, 권두 '이 책에 대하여' 절에 나온 몇 문장 같은 문장들을 생성하는 것을 목표로 삼기로 하자.

DeepMind 개발팀은 CNN과 Daily Mail의 뉴스 기사들에서 얻은 5억 건 이상의 문장들로 미리 훈련한 TensorFlow용 문자 수준 순차열 대 순차열 언어 모형을 공개했다.[주44] 또한, 언어 모형을 직접 구축하고자 하는 사람들을 위해 DeepMind 개발팀은 두 거대한 자료 집합의 문장들도 모두 공개했다.[주45] 필자들은 그 말뭉치들로 직접 모형을 훈련하는 대신, 미리 훈련된 텍스트 요약 모형을 재활용해서 '이 책에 대하여' 절의 문장들을 생성했다. 여러분도 '전이 학습'이라는 접근 방식을 이용해서 이 모형으로 여러분이 만든 기계 학습 파이프라인을 증강할 수 있다. 제6장에서 우리가 기존 단어 벡터들을 활용했던 것이 일종의 전이 학습이다.

'이 책에 대하여' 절의 문장들을 생성하는 데 사용한 절차는 다음과 같다.

1. 미리 훈련된 순차열 대 순차열 텍스트 요약 모형(https://github.com/totalgood/pointer-generator#looking-for-a-pretrained-textsum-model)을 내려받는다.

2. AsciiDoc 형식으로 된 원서의 원고 텍스트를 파싱해서 자연어 문장들을 분할한다. 여기에는 nlpia.book_parser(https://github.com/totalgood/nlpia/blob/master/src/nlpia/book_parser.py)가 쓰였다.

3. 미리 훈련된 텍스트 요약 모형을 이용해서 각 AsciiDoc 파일(일반적으로 하나의 장(chapter)에 해당)의 처음 30여 행 분량의 텍스트를 요약한다(https://github.com/totalgood/nlpia/blob/master/src/nlpia/book/examples/ch12_chat_about_nlpia.py).

4. 창의적인 문장들을 위해, 3번에서 생성한 문장(요약문) 중 원고 텍스트의 기존 문장들을 제거한다(https://github.com/totalgood/nlpia/blob/master/src/nlpia/book_parser.py).

다음 두 문장은 우리의 챗봇 @ChattyAboutNLPIA가 생성한, 적격(well-formed; 문법에 맞는)이고 어느 정도 창의적인 문장의 예이다. 우선, 제5장의 처음 30행을 @Chatty는 다음과 같이 요약했다.

[주44] 미리 훈련된 TensorFlow 텍스트 요약 모형인 구글 브레인의 TextSum(https://github.com/totalgood/pointer-generator#looking-for-pretrained-model)과 그 모형에 관한 논문(https://arxiv.org/abs/1704.04368).

[주45] 웹 페이지 "DeepMind Q&A Dataset"(https://cs.nyu.edu/%7Ekcho/DMQA/)에서 이 자료 집합들을 내려받을 수 있다. 이 자료 집합들에는 뉴스 기사의 문장들뿐만 아니라 독해 능력을 시험하기 위한 질문과 답변 텍스트도 포함되어 있다. 독해 관련 자료는 DeepMind가 개최한 독해 대회 "NarrativeQA Reading Comprehension Challenge"에 쓰였다.

Convolutional neural nets make an attempt to capture that ordering relationship by capturing localized relationships. (합성곱 신경망은 국소화된 관계들을 포착함으로써 순서 관계를 포착하려 한다.)

그리고 다음은 @Chatty가 제8장을 요약한 문장이다.

Language's true power is not necessarily in the words, but in the intent and emotion that formed that particular combination of words. (언어의 진정한 위력이 반드시 단어들에 있는 것은 아니다. 그보다는 단어들의 특정한 조합을 형성한 의도와 감정에 있다.)

이 두 문장을 비롯하여 우리의 임시방편적인 파이프라인이 생성한 25개의 문장을 https://github.com/totalgood/nlpia/blob/master/src/nlpia/data/nlpia_summaries.md에서 볼 수 있다. 필자들은 이후 좀 더 유용한 결과를 산출하도록 nlpia.book.examples.ch12_chat_about_nlpia의 파이프라인을 더욱 수정할 계획이다. 한 가지 개선안은 책의 원고 전체를 Tensorflow의 TextSum으로 처리해서 좀 더 많은 훈련 자료를 확보하는 것이다. 또한 다음과 같은 기능도 추가할 계획이다.

1. 생성된 문장 중 적격이 아닌 것들을 제거한다.[주46]
2. 생성된 문장 중 문체와 감정 점수가 일정 기준 이하인 것들을 제거한다.
3. 정규화 과정에서 사라진 대소문자 구성과 분리 또는 병합된 토큰들을 필요에 따라 자동으로 복원한다.

12.5.2 각 접근 방식의 장단점

지금까지 살펴본 네 가지 접근 방식을 적절히 선택, 조합해서 챗봇을 구축하려면 각각의 장단점을 잘 알아야 한다. 그림 12.3의 표는 네 접근 방식의 장단점을 정리한 것이다.

주46 적격성에 관해서는 영어 위키백과 "Well-formedness" 페이지(https://en.wikipedia.org/wiki/Well-formedness)를 참고하기 바란다. 한편, @wellformedness는 이 책을 위해 100건이 넘는 제안과 여러 현명한 의견을 제공한 카일 고먼의 트위터 계정명이다(https://twitter.com/wellformedness).

접근 방식	장점	단점
패턴 부합(문법)	시작하기 쉽다. 재사용이 쉽다. 모듈식이다. 통제하기 쉽다.	대화의 '영역'이 제한적이다. 투입한 사람의 노력 이상의 대화 능력을 가지지 못한다. 디버깅이 어렵다. 규칙이 경직되고 깨지기 쉽다.
근거화	논리적인 질문에도 답할 수 있다. 통제하기 쉽다.	응답이 인위적이고 기계적이다. 중의성을 잘 다루지 못한다. 상식을 잘 다루지 못한다. 구조적 자료에 제한된다. 대규모 정보 추출이 필요하다. 사람의 개입이 필요하다.
정보 검색	간단하다. '훈련'이 쉽다. 사람의 대화를 흉내 낼 수 있다.	규모 확장이 어렵다. 일관된 성격을 부여할 수 없다. 문맥을 인식하지 못한다. 사실관계에 관한 질문에 답하지 못한다.
생성 모형	새롭고 창의적인 대화가 가능하다. 사람의 노력이 덜 요구된다. 훈련 자료만 있으면 그 어떤 대화 영역도 가능하다. 문맥을 인식한다.	대화의 방향을 조정하기 어렵다. 훈련하기 어렵다. 자료(대화 말뭉치)가 많이 필요하다. 훈련 계산량이 크다.

그림 12.3 네 가지 챗봇 구축 접근 방식의 장단점.

12.6 사륜구동

이번 장의 도입부에서 약속한 대로, 사용자의 마음을 사로잡는 챗봇을 만들기 위해 네 접근 방식을 모두 조합하는 방법을 제시하겠다. 이를 위해서는 확장하고 수정하기 쉬운, 그리고 네 접근 방식의 알고리즘들을 병렬로 실행할 수 있는 효율적인 현대적 챗봇 프레임워크가 필요하다.[주47] 그런 프레임워크를 갖추었다고 할 때, 우선 할 일은 네 접근 방식마다 하나씩의 응답 생성기를 파이프라인에 추가하는 것이다. 이번 장에서 본 파이썬 예제들을 참고하면 그런 응답 생성기를 작성하는 것이 어렵지 않을 것이다. 그런 다음에는 네 응답 중 하나(또는 그 이상)를 선택하는 논리를 코드로 만들어야 한다. 마치 사람이 속으로 여러 문장을 생각하고 그 중 지금 상황에 가장 적합한 것을 선택해서 입으로 말하는 것과 비슷하게, 챗봇은 주어진 입력에 대한 다수의 응답문을 만들고 점수를 매겨서 그중 하나를 선택하거나 여러 응답문을 병합해야 한다. 점수를 매길 때 문맥과의 부합 여부나 문법 적격성뿐만 아니라 응답문에 담긴 감정도 고려한다면 챗봇이 사용자의 감정을 상하게 만드는 일이 없을 것이다.

[주47] 필자들은 Aira에서 aichat이라는 오픈소스 챗봇 프레임워크를 개발하고 있다(http://github.com/aira/aichat). 이 프레임워크의 사용자들은 자신들의 '내용'을 Aira의 대화 라이브러리에 기여함으로써 맹인과 저시력자를 위한 Aira의 활동을 도울 수 있다.

12.6.1 챗봇 프레임워크 Will

현대적이고 프로그래머 친화적인 챗봇 프레임워크로 Will이라는 것이 있다. 스티븐 스코첸 Steven Skoczen이 만든 Will은 HipChat이나 Slack 채널 등의 여러 대화 시스템을 지원한다.[48] 파이썬 개발자라면 Will의 모듈식 구조를 반길 것이다. 그러나 요구사항과 설치 측면에서 Will은 상당히 무거운 프레임워크이다. 다행히 도커 컨테이너가 제공되므로 여러분만의 챗봇 서버를 손쉽게 구성할 수 있다.

Will은 패턴 부합에 파이썬 정규 표현식을 사용한다. 그리고 파이썬으로 임의의 논리 조건식을 명시할 수 있다. 템플릿 기능은 jinja2 라이브러리(https://github.com/pallets/jinja/)에 의존한다. 파이프라인의 이런 여러 요소 덕분에 챗봇이 좀 더 다양하고 유연한 행동을 보이게 만들 수 있다. 결과적으로 Will은 AIML 기반 프레임워크보다 훨씬 유연하다. 그러나 Will은 모든 패턴 기반 챗봇(AIML 포함)과 동일한 한계를 가지고 있다. 바로, 자료로부터 배우지 못한다는 것이다. 이런 챗봇을 만들 때는 대화의 논리를 정의한 결정 트리의 모든 가지(분기)를 개발자가 직접 명시해야 한다.

Will의 설치

Will 설치 문서에는[49] 빠진 내용이 조금 있는데, 이 책이 나올 때면 아마 이미 수정되어서 독자가 쾌적하게 읽고 따라 할 수 있을 것이다. 대화의 저장을 위한 redis 서버의 설치에서부터 Will 자체의 설치까지, 필요한 과정이 언급한 설치 문서에 잘 나와 있으니 여기서 다시 반복하지는 않겠다.

Will과의 대화

포트 80번의 권한에 관한 오류와 경고 메시지들을 잘 극복했다면 Will과 대화를 나눌 수 있을 것이다. 다음은 필자가 훈련되지 않은 Will과 나눈 대화의 일부이다.

```
You:  Hey
Will: hello!
You:  What's up?
Will: I heard you, but I'm not sure what to do.
You:  How are you?
Will: Doing alright. How are you?
You:  What are you?
```

---

[48] GitHub 저장소 "skoczen/will"(https://github.com/skoczen/will).
[49] Will 문서화(http://skoczen.github.io/will/).

```
Will: Hmm. I'm not sure what to say.
You:  Are you a bot?
Will: I didn't understand that.
```

이 예에서 보듯이, 설치 직후의 Will은 예의 바르긴 하지만 대화를 별로 이해하지 못한다. Will 이라는 챗봇의 이름을 다른 이름(이를테면 Rosa)으로 바꿀 수 있다. 또한, 여러분의 자연어 처리 기술을 이용해서 패턴들을 더 추가함으로써 Will을 좀 더 똑똑하게 만드는 것도 가능하다.

12.7 설계 과정

유용한 앱을 개발하려면 제품 관리자들과 개발자들이 '사용자 이야기(user story)'들을 만들어야 한다. 하나의 사용자 이야기는 한 명의 사용자가 앱과 상호작용하면서 수행하는 일련의 동작들과 그에 대해 앱이 보여야 할 반응들로 구성된다. 사용자 이야기를 구성하는 동작과 응답은 개발자가 비슷한 기존 제품을 사용해 본 경험에서 고안해 낼 수도 있고, 사용자의 기능 요청이나 피드백에서 뽑아낼 수 있다. 사용자 이야기에 기초해서 소프트웨어의 기능들을 설계하면, 개발 팀의 개발 노력을 사용자가 실제로 유용하게 사용할 만한 뭔가에 좀 더 투여할 수 있다.

일반적으로, 챗봇을 위한 사용자 이야기는 사용자가 챗봇과 나누는 대화에 등장할 만한 문장들로 구성된다. 사용자가 입력할 만한 제시문이 앞에서 말한 '동작'이고, 그에 대해 챗봇이 제공해야 할 응답문이 앞에서 말한 '반응'이다. 정보 검색 기반 접근 방식에서는 이러한 동작-반응 쌍들만으로 챗봇을 '훈련'해도 어느 정도 괜찮은 챗봇을 만들 수 있다. 물론 모든 가능한 사용자 제시문과 그에 대한 모든 가능한 챗봇 응답문을 고안하는 것은 불가능한 일이며, 따라서 적절한 동작-반응 쌍들로 적절한 수의 사용자 이야기들을 만들어낼 필요가 있다. 그것은 물론 여러분(챗봇 개발자)의 몫이다. 그리고 어떤 사용자 이야기가 적절한지는 접근 방식에 따라 다를 수 있다. 예를 들어 다음과 같은 동작-반응 쌍들에 적합한 챗봇 구축 접근 방식들을 각각 따로 생각해 보기 바란다.

- "Hello!" => "Hello!"
- "Hi" => "Hi!"
- "How are you?" => "I'm fine. How are you?"
- "How are you?" => "I'm a stateless bot, so I don't have an emotional state."
- "Who won the 2016 World Series?" => "Chicago Cubs"

- "Who won the 2016 World Series?" => "The Chicago Cubs beat the Cleveland Indians 4 to 3"
- "What time is it" => "2:55 pm"
- "When is my next appointment?" => "At 3 pm you have a meeting with the subject 'Springboard call'"
- "When is my next appointment?" => "At 3 pm you need to help Les with her Data Science course on Springboard"
- "Who is the President?" => "Sauli Niinistö"
- "Who is the President?" => "Barack Obama"

이 예문들은 또한 하나의 제시문에 대해 유효한 응답문이 여러 개일 수 있다는 점도 잘 보여준다. 심지어 같은 사용자와의 대화 세션 도중에도 같은 질문에 대한 답변이 달라질 수 있다. 마찬가지로, 하나의 응답문을 유발하는 제시문이 여러 개일 수도 있다. 사람끼리의 대화처럼 챗봇의 대화에서도 제시문과 응답문 사이에 이러한 다대다(many-to-many) 대응 관계가 존재하며, 따라서 유효한 제시문 => 응답문 조합은 대단히 많다(무한히 많을 것 같지만, 엄밀히 말하면 무한하지는 않다).

더 나아가서, 사용자 이야기의 제시문과 응답문에 적절한 변수를 포함하고 대화 진행 시 그런 변수들을 적절한 문맥 정보로 치환함으로써 좀 더 다양한 대화가 가능하다. 이를테면 다음과 같은 정보를 그런 문맥 변수에 담을 수 있다.

- 날짜
- 시간
- 장소: 나라, 지방, 도시 이름들 또는 위도-경도 좌표
- 로캘: 날짜나 시간, 통화, 수치의 서식화 방식
- 인터페이스 종류: 이동기기, 노트북, PC 등
- 인터페이스 양상: 음성 또는 텍스트
- 이전 상호작용: 이를테면 최근 프로야구 통계에 관한 사실을 사용자가 질문했는지의 여부 등
- 스트리밍 오디오나 동영상, 이동기기의 감지기(센서) 자료(Aira.io의 경우).

IBM 왓슨과 아마존 렉스 챗봇 API는 지식 베이스에 의존하는데, 성능상의 문제 때문에 현재 진행 중인 대화 세션의 문맥 변수들에 맞게 지식 베이스를 갱신하기가 어렵다. 대체로 이런 지식 베이스들의 '쓰기 속도(write rate)'는 챗봇과 사용자가 상호작용하는 세계의 변화하는 사실들을 처리하기에는 너무 느리다.

아주 단순한 챗봇조차도, 가능한 사용자 이야기의 수는 상당히 많다(무한하지는 않다고 해도). 이런 조합의 폭발 문제를 해결하는 한 가지 방법은 여러 사용자 상호작용을 하나의 패턴이나 템플릿으로 병합하는 것이다. 제시문의 경우 이러한 병합은 특정한 패턴의 응답문들을 유발하는 여러 제시문을 포괄하는 하나의 정규 표현식(또는 유한 상태 기계)을 만드는 것에 해당한다. 그리고 응답문의 경우 이는 Jinja2나 Django의 템플릿 또는 파이썬의 f-문자열 같은 유연한 템플릿으로 응답문을 만드는 것에 해당한다.

예를 들어 제1장의 첫 번째 챗봇에 쓰인 것과 비슷한 장황한 제시문 => 응답문 대응 관계들을 파이썬 f-문자열로 다음과 같이 간결하게 표현할 수 있다.

```
>>> pattern_response = {
...     r"[Hh]ello|[Hh]i[!]*":
...         r"Hello {user_nickname}, would you like to play a game?",
...     r"[Hh]ow[\s]*('s|are|'re)?[\s]*[Yy]ou([\s]*doin['g]?)?":
...         r"I'm {bot_mood}, how are you?",
...     }
```

그러나 이런 방식으로는 복잡한 논리와 동작을 표현할 수 없다. 또한 이런 방식은 기계 학습이 아니라 사람의 명시적인 코딩 작업을 요구한다. 이런 방식에서 하나의 제시문-응답문 쌍이 대표하는 제시문들과 응답문들의 범위는 그리 넓지 않다. 챗봇이 가상 비서로서 사용자의 일정 관리를 돕게 하려면, 또는 광범위한 스포츠 질문들에 답하게 하려면 기계 학습 접근 방식이 필요하다.

> **중요** 앞의 pattern_response 사전에 설정된 원본(raw) 문자열들을 f"로 시작하는 f-문자열로 바꾸면 안 된다. f-문자열로 바꾸면 이 사전 객체를 인스턴스화하는 시점에서 문자열의 변수들이 치환된다. pattern_response 사전을 생성하는 시점에서 챗봇은 세상에 관해 아는 것이 별로 없다.

다음은 이런 패턴-템플릿 접근 방식으로는 처리하기 어려운 챗봇 사용자 이야기의 예이다.

- "Where is my home"(우리 집이 어디지?) => "Your home is 5 minutes away by foot, would you like directions?"(걸어서 5분 거리에 있는데 방향을 알려 드릴까요?)

- "Where am I"(여기가 어디야) => "You are in SW Portland near Goose Hollow Inn"(포틀 랜드 서남부 구스 할로 여관 근처입니다) 또는 "You are at 2004 SW Jefferson Street"(SW 제퍼 슨 거리 2004번지입니다)

- "Who is the President?"(대통령(의장)이 누구지?) => "Sauli Niinistö" 또는 "Barack Obama" 또는 "What country or company ..."(어느 나라 또는 회사 말씀인가요?)

- "Who won the 2016 World Series?"(2016년 월드 시리즈 우승팀은?) => "Chicago Cubs" 또 는 "The Chicago Cubs beat the Cleveland Indians 4 to 3"(시카고 컵스가 클리블랜드 인디언 스를 4대 3으로 이겼습니다.)

- "What time is it"(몇시야) => "2:55 pm" 또는 "2:55 pm, time for your meeting with Joe"(오 후 2시 55분입니다. 조와 회의 약속이 있습니다.) 또는 ...

그리고 다음은 너무 구체적이라서 제시문 패턴-응답문 템플릿으로 다양화하기 어려운 몇 가지 IQ 문제들이다. 일반적으로 이런 지능 검사 문제들에 답하기 위해서는 지식 베이스가 필 요하다. 어쨌거나, Mitsuku 챗봇이 최근 바이런 리스의 시험에서 정답에 가까운 답을 할 수 있었던 것은 아마 이런 방법이었을 것이다.

- "Which is larger, a nickel or a dime?"(5센트 동전과 10센트 동전 중 어느 게 더 큰가?) => "Physically or monetarily?"(물리적 크기 아니면 액면가?) 또는 "A nickel is physically larger and heavier but less valuable monetarily." (물리적으로는 5센트 동전이 더 크고 무겁지만 액면가로는 더 작아요.)

- "Which is larger, the Sun or a nickel?" (해와 5센트 동전 중 어느 게 더 크지?) => "The Sun, obviously." (당연히 해죠.)[주50]

- "What's a good strategy at Monopoly?"(좋은 모노폴리 전략 말해 줘) => "Buy everything you can, and get lucky."(살 수 있는 한 다 사고 운에 맡기세요.)

- "How should I navigate a corn-row maze?"(옥수수밭 미로를 헤쳐나가는 방법은?) => "Keep your hand against one wall of corn and follow it until it becomes an outside wall of the maze."(한쪽 손을 옥수수 벽에 대고 따라가다 보면 바깥으로 나가게 됩니다.)

- "Where does sea glass come from?"(바다 유리는 어디서 온 거야?) => "Garbage... fortunately the polishing of sand and time can sometimes turn human refuse, like broken bottles, into beautiful gemstones."(쓰레기입니다. 사람이 버린 유리병 조각이 다행히 오 랫동안 모래에 깎여서 아름다운 보석이 된 거죠.)

[주50] Byron Reese, "AI Minute" 팟캐스트.

이들을 직접 프로그램 코드로 옮기기는 어렵지만, NLP 파이프라인을 위한 자동화된 검사 집합으로 직접 옮기는 것은 가능하다. 새로운 챗봇 구축 접근 방식이나 새로운 기능을 평가할 때나 그냥 챗봇의 개선 정도를 가늠할 때 이런 검사용 질문–응답 쌍들이 유용하게 쓰인다.[주51] 혹시 챗봇을 위한 IQ 검사 질문들을 고안했다면 nlpia/data/iq_test.csv에 추가하고 풀 요청을 보내기 바란다(https://github.com/totalgood/nlpia/blob/master/src/nlpia/data/iq_test.csv). 물론 여러분의 챗봇을 위한 자동 검사에도 포함해야 할 것이다. 언젠가는 여러분의 챗봇이 시험에서 만점을 받는 날이 올지도 모른다.

12.8 요령과 편법

챗봇을 만들 때 사용할 만한 요령 몇 가지를 알아두면 좋을 것이다. 다음은 여러분의 챗봇이 대화의 주제를 벗어나서 엉뚱한 이야기를 하는 일을 줄이는 데 도움이 될만한 요령과 편법들이다.

12.8.1 예측 가능한 답이 나올 질문을 던진다

챗봇이 잘 모르는 주제에 관한 질문이 입력되었을 때 그냥 '모른다'라고만 말하면 대화가 끊어질 수 있다. 이보다는 다음 예들처럼 추가 질문을 덧붙여서 주제 자체를 바꾸는 것이 바람직하다. 사용자가 챗봇의 지식 영역이나 성격 프로파일에 속하는 주제에 관한 문장으로 응답하도록 적절한 질문을 돌려주면, 챗봇이 잘 아는 화제로 대화를 다시 이어갈 가능성이 커진다. 사용자의 기분을 상하게 하지 않으려면 익살스럽거나, 긍정적이거나, 아부하는 듯한 문장으로 추가 질문을 구성해야 할 것이다.

> 사람: "너는 고향이 어디야?"
>
> 스포츠 봇: "몰라요. 그나저나 요즘 뉴욕 메츠는 성적이 어떤가요?"
> 치료 봇: "모릅니다, 그런데 어머니와 친하신가요?"
> 우분투 도우미 봇: "모르겠는데요. 그런데 밤에 우분투 PC를 끌 때 어떤 명령을 사용하나요?"

의미 검색 기법을 이용해서 사용자의 원 질문과 최대한 연관된 질문–응답 쌍이나 농담, 잡상식을 챗봇의 지식 베이스에서 찾는다면 억지스럽지 않게 화제를 전환할 수 있을 것이다.

[주51] 앤드루 응의 스탠퍼드 경영대학원 강의(https://youtu.be/21EiKfQYZXc?t=48m6s).

12.8.2 동문서답

생성 모형이 고품질 메시지를 산출하는 데 시간이 꽤 걸릴 수 있으며, 챗봇이 화제 전환을 위한 적당한 추가 질문을 찾아내지 못할 수도 있다. 그런 경우 두 가지 방법이 있는데, 하나는 그냥 챗봇이 자신의 무지를 인정하는 것이고 다른 하나는 동문서답으로 대응하는 것이다.

여기서 '동문서답'은 사용자의 질문과는 아무 관련이 없는 문장을 말하는 것을 뜻한다. 그러나 일반적으로 동문서답을 일삼는 사람은 반사회적이라고 간주되며, 경우에 따라서는 다른 사람을 조종하려 든다는 느낌을 줄 수도 있다는 점을 주의해야 한다. 친사회적 챗봇에게 최고의 정책은 정직이다. 챗봇이 솔직하고 숨기는 것이 없을수록 사용자와의 신뢰 관계를 쌓을 가능성이 커진다. 챗봇이 사용하는 데이터베이스의 크기나 챗봇이 처리할 수 있는 동작들의 종류를 노출하면 사용자는 챗봇을 좀 더 "속속들이" 알게 된 느낌이 들 수 있다(이는 긍정적인 감정이다). 또한, 챗봇의 문법 및 문체 점검을 통과하지 못한 저품질 응답문들을 사용자에게 노출하는 것도 비슷한 효과를 낸다. 챗봇과 챗봇 개발자가 솔직하고 개방적일수록 사용자가 그러한 솔직함과 호의에 보답해서 챗봇의 개발에 도움을 줄 가능성이 커진다. 콜 하워드^{Cole} ^{Howard}는 MNIST 자료 집합으로 훈련한 필기 인식기의 정확도를 높이기 위해 사용자들이 숫자를 좀 더 깔끔하게 다시 그리는 경우가 있었음을 보고한 바 있다.

상용 챗봇의 경우 동문서답 응답이나 저품질 응답문은 사용자를 놀라게 하거나, 주의를 흐트러뜨리거나, 칭찬하거나, 웃음을 유발하는 효과를 낼 수 있어야 할 것이다. 또한, 그런 응답문들이 무작위로 선택되었음이 드러나게 하는 것도 중요하다. 예를 들어 같은 응답문이 너무 자주 반복되어서는 안 될 것이다.[주52] 따라서 응답문의 문장 구조와 문체를 다변화하는 것이 바람직하다. 그리고 다양한 응답문에 대해 사용자가 입력한 문장들의 감정을 분석해 보면 어떤 응답문이 사용자의 기분을 덜 상하게 했는지 알 수 있다.

12.8.3 최후의 대비책은 검색

동문서답조차도 하기 어려운 상황에서 챗봇의 마지막 옵션은 자신이 챗봇이 아니라 검색 엔진이나 검색창인 척하는 것, 다시 말해 사용자의 질문을 검색어로 사용해서 웹이나 내부 데이터베이스를 검색한 결과를 제시하는 것이다. 이때 검색 결과의 모든 정보를 모두 뿜어내는 대신 웹 페이지나 데이터베이스 항목의 제목만 알려주고 좀 더 자세한 내용을 알고 싶은지 사용자에게 확인할 필요가 있다. 이런 용도로 사용할 수 있는, 그리고 이미 많은 봇들이 사용하고

[주52] 사람들은 난수열에서 같은 수가 반복되는 횟수를 과소평가하는 경향이 있다(https://mindmodeling.org/cogsci2014/papers/530/paper530.pdf).

있는 자료원으로는 스택오버플로나 위키백과, 울프럼 알파 등이 있다(구글 검색이 그런 식으로 작동하며 사용자도 그것을 원하기 때문에 이런 사이트들은 기꺼이 자신의 내용을 제공한다).

12.8.4 흥미 유지

사용자들의 반응이 좋았던 농담이나 재미있는 자료로의 링크가 있다면, 그리고 질문에 가장 적합한 응답문도 점수가 그리 높지 않다면, 그 응답문 대신 그런 농담이나 링크를 제시하는 것이 나을 수 있다. 대화의 주제를 챗봇이 잘 아는 주제(준비된 제시문–응답문 쌍이 많거나 훈련에 사용한 대규모 자료 집합과 부합하는)로 되돌리는 용도로도 그런 농담이나 자료를 활용할 수 있을 것이다.

12.8.5 인연 만들기

사용자들은 인맥 형성의 매개체로 작용할 수 있는 챗봇의 진가를 금세 알아채고 적극적으로 활용한다. 챗봇은 예를 들어 대화방에서 사용자들이 서로 소개길 유도하거나, 사용자가 이전에 말한 문장에 대해 언급한 다른 사용자를 알려주는 등으로 인연을 만들어줄 수 있다. 또는, 사용자가 관심을 가질 만한 블로그 글이나 밈^{meme}, 대화 채널, 기타 웹사이트를 제시할 수도 있을 것이다. 훌륭한 챗봇이라면 대화가 지루해지기 시작했을 때 슬쩍 제시할 인기 있는 링크들 몇 개는 갖추고 있어야 마땅하다. 심지어는 다른 챗봇을 소개할 수도 있다.

봇: @SuzyQ를 한번 만나 보실래요? 그 질문을 많이 받은 동료 챗봇인데, 아마 도움이 될 겁니다.

12.8.6 감정 담기

구글 Gmail의 '스마트 답장(Smart Reply)' 같은 답장 제시 기능은 우리가 풀고자 하는 대화 가능 챗봇 문제와 비슷하다. 이메일 답장 제시 기능은 받은 편지에 담긴 뜻에 기초해서 적당한 응답문들을 제시해야 한다. 물론, 챗봇과 나누는 대화와 비교할 때 일반적으로 이메일 교환은 대화가 길게 이어지지 않으며, 그리고 제시문이 챗봇의 경우보다 훨씬 길다. 그렇긴 하지만 둘 다 입력된 제시문에 맞는 응답문을 생성해야 한다는 문제를 풀어야 한다. 따라서 한 쪽에 적용되는 기법을 다른 쪽에도 적용할 수 있는 경우가 많다.

비록 구글은 수억 건의 이메일에 접근할 수 있지만, 스마트 답장 기능이 제시하는 응답문들은 대체로 짧고 일반적이고 무미건조하다. 평균적인 이메일 사용자들에 대한 정확도를 최대화하는 방향으로 응답 제시 기능을 훈련한 경우, 의미 검색 접근 방식은 비교적 일반적이고 단조로운 문장을 생성하게 된다. 평균적인 응답에 개성이나 감정이 담기기는 어렵다. 그래서 구글은 다소 의외의 말뭉치를 이용해서 응답문에 약간의 감정을 담으려 시도했는데, 바로 로맨스 소설 말뭉치였다.

로맨스 소설들은 예측 가능한 플롯을 따를 때가 많으며, 컴퓨터로 손쉽게 분할하고 흉내 낼 수 있는 격의 없는 대화가 나온다. 또한, 감정이 담긴 문장들이 많다. 구글이 "That's awesome! Count me in!"이나 "How cool! I'll be there" 같은 문구들을 연애 소설에서 어떤 식으로 뽑아냈는지는 확실하지 않지만, 어쨌든 스마트 답장 기능이 제시하는 응답문의 감정적인 느낌표들은 로맨스 소설에서 비롯되었다고 한다.

12.9 실제 응용 분야

지금까지 살펴본 혼합형 챗봇은 대단히 유연해서 대부분의 챗봇 응용 분야에 쓰일 수 있다. 다음은 여러분이 이번 주에 한두 번 정도 만나게 될 챗봇들이다.

- 고객 서비스 가상 비서
- 판매 가상 비서
- 마케팅(스팸) 봇
- 장난감 또는 대화 상대 봇
- 비디오 게임 인공지능

- 이동기기용 가상 비서
- 가정 자동화(스마트홈) 가상 비서
- 가상 통역가
- 상담 치료 봇
- 이메일 자동 응답 제시

시간이 갈수록 일상생활에서 이런 챗봇들(그리고 앞에서 살펴본 다른 챗봇들)을 만날 기회가 점점 더 많아질 것이다. 사용자 인터페이스는 컴퓨터의 엄정한 논리와 자료 구조에 제약을 받는 설계에서 벗어나고 있으며, 자연스럽고 유창한 대화로 사람과 상호작용하는 법을 배우는 컴퓨터들이 늘고 있다. 챗봇이 더 유용해지고 덜 실망스러워짐에 따라 '음성 우선' 설계 패턴이 더 대중화될 것이다. 이런 대화 시스템 접근 방식들은 버튼을 클릭하거나 화면을 터치하는 것보다 훨씬 풍부하고 복잡한 UX(사용자 경험)를 가능하게 할 것이다. 그리고 그런 UX 뒤에서 우리와 상호작용하는 챗봇들은 인류의 집단의식(collective consciousness)에 좀 더 깊게 내장될 것이다.

지금까지 여러분은 재미있고 유익한 챗봇의 구축에 관한 모든 것을 배웠다. 또한 대화 생성 모형, 의미 검색, 패턴 부합, 정보 추출(지식 베이스) 접근 방식들을 결합해서 놀랄 만큼 지적으로 보이는(들리는?) 챗봇을 만드는 방법도 배웠다.

지능적인 챗봇의 모든 핵심 NLP 구성요소들을 배웠으니만큼, 남은 일은 여러분이 고안한 성격을 부여해서 고유한 챗봇을 만드는 것뿐이다. 그런데 그런 챗봇이 개발에 사용한 노트북 컴퓨터의 RAM과 디스크, CPU를 다 소진한 후에도 계속해서 학습하고 발전하려면 챗봇의 규모를 확장할 수 있어야 한다. 그것이 다음 장이자 이 책의 마지막 장인 제13장의 주장이다.

요약

- 검증된 여러 접근 방식을 결합해서 지능적인 대화 엔진을 구축할 수 있다.
- '지능'의 비결은 네 가지 주된 챗봇 구축 접근 방식이 생성한 응답문들에 점수를 매겨서 가장 적합한 응답문을 선택하는 것이다.
- 한 사람이 평생 걸려 프로그래밍하지 않아도 평생의 지식을 컴퓨터에게 가르칠 수 있다.

13

규모 확장: 최적화, 병렬화, 일괄 처리

이 장에서 다루는 내용

- NLP 파이프라인의 규모 확장
- 검색 속도 개선을 위한 색인화 기법
- 메모리 사용량 감소를 위한 일괄 처리 기법
- NLP 파이프라인의 속도 향상을 위한 병렬화
- GPU를 이용한 NLP 모형 훈련

제12장에서 우리는 이 책에서 배운 모든 NLP 기법을 이용해서 사람과 대화가 가능한 NLP 파이프라인을 구축했다. 그런데 훈련에 사용한 자료 집합이 그리 크지 않았기 때문에 그 챗봇의 대화 능력은 제한적이었다. 일반적으로 대화 시스템의 '사람다움' 또는 IQ는 훈련에 사용한 자료에 제약을 받는 것으로 보인다. 이 책에서 이야기한 대부분의 NLP 접근 방식은 더 큰 자료 집합을 투입하면 더 나은 결과를 보인다. 그러나 NLP 파이프라인이 더 큰 자료 집합을 감당할 수 있으려면, 파이프라인이 규모 확장 능력 또는 규모가변성(scalability)을 갖추어야 한다.

이 책에 나온 예제들에 커다란 자료 집합을 적용했을 때 컴퓨터가 아주 느려지거나 아예 다운되는 일을 경험한 독자도 있을 것이다. nlpia.data.loaders.get_data()를 통해서 사용할 수 있는 자료 집합 중 일부는 그 크기가 대부분의 소비자용 PC나 노트북의 메모리(RAM) 용량을 넘는다.

RAM 외에 CPU도 NLP 파이프라인의 병목(bottleneck)이다. 무한대의 RAM이 있다고 해도, 이 책에서 언급한 몇몇 복잡한 알고리즘으로 큰 말뭉치를 처리하려면 며칠이 걸릴 수 있다.

이런 제약을 극복하기 위해서는 NLP 알고리즘이 다음 두 종류의 자원을 최소한으로 사용해야 한다.

- 휘발성 저장소(RAM)
- 처리량(CPU 실행 주기)

13.1 자료가 너무 많으면

자료가 많을수록 더 나은 언어 모형을 얻을 수 있지만, 대신 더 많은 RAM과 CPU 주기(cycle)를 소비하게 된다. 또한, 문장이나 문서의 벡터 표현들 사이의 거리 또는 유사도를 기준으로 비슷한 문장을 찾는 기법들은 계산 복잡도가 $O(N^2)$이다. 이는 자료량이 증가할수록 속도가 더 급격하게 느려진다는 뜻이다. 말뭉치에 문장이 추가될수록 더 많은 RAM과 더 많은 CPU 주기가 소비되기 때문에, 적당히 큰 정도의 말뭉치라도 일상적인 용도로 실행하기가 불가능할 정도이다.

이런 문제를 극복하고 NLP 파이프라인의 규모를 더 큰 자료 집합에 맞게 확장하는 접근 방식들은 크게 다음 두 부류로 나뉜다.

- **규모가변성 증대**—알고리즘을 개선 또는 최적화한다.
- **수평적 규모 확장**—알고리즘을 병렬화해서 다수의 계산을 동시에 실행한다.

이번 장에서는 이 두 접근 방식에 해당하는 여러 규모 확장 기법을 살펴본다.

일반적으로 NLP 파이프라인의 속도를 높이는 가장 좋은 방법은 더 현명한 알고리즘을 사용하는 것이므로 첫 접근 방식부터 살펴보자. 둘째 접근 방식(병렬화)은 이번 장의 나머지 절반에서 이야기하겠다. 이번 장의 처음 절반에서는 주로 색인화를 이용한 알고리즘 최적화를 설명하고, 나머지 절반에서는 최적화된 알고리즘을 GPU에 있는 수천 개의 CPU 코어를 이용해서 더욱 빠르게 실행하는 방법을 논의한다.

13.2 NLP 알고리즘의 최적화

이전 장들에서 본 알고리즘 중에는 복잡도가 높은 것들이 있었다. 예를 들어 다음과 같은 과제들을 위해서는 복잡도가 $O(N^2)$ 이상인 알고리즘이 필요하다.

- word2vec 벡터 유사도를 기준으로 동의어 사전을 만든다.
- 주제 벡터를 기준으로 웹 페이지들을 군집화한다.
- 주제 벡터를 기준으로 뉴스 기사나 기타 문서들을 군집화한다.
- Q&A 말뭉치의 질문과 답변을 군집화해서 FAQ를 자동으로 구축한다.

이 NLP 과제들은 모두 색인화된 검색(indexed search) 또는 k-최근접 이웃(k-nearest neighbors, KNN) 벡터 검색이라는 범주에 속한다. 이번 절에서는 이런 부류의 알고리즘들을 최적화하는 데 유용한 색인화(indexing) 기법을 설명한다. 색인화는 대부분의 벡터 검색(KNN) 과제에 도움이 된다.

13.2.1 색인화

색인(index)이라는 용어가 생소할 수도 있겠지만, 이 책이나 교과서의 끝부분에 있는 '찾아보기'가 다름 아닌 색인이다. NLP와 비교하자면, 책의 각 페이지는 문서이고 찾아보기에 나온 용어들은 각 문서에 등장한 단어 모음 벡터들이다. 웹 검색 엔진이 특정 단어가 나온 웹 페이지 문서를 빠르게 찾아내는 것도 색인 덕분이다. 만일 LSA 문서-주제 벡터나 word2vec 단어 벡터 같은 의미 벡터들도 그런 식으로 색인화할 수 있다면 NLP 응용 프로그램의 규모를 좀 더 쉽게 확장할 수 있을 것이다.

질의문에 포함된 단어들이 있는 문서를 찾기 위해 '역색인'을 활용하는 방법은 이 책에서 이야기했다. 그러나 비슷한 텍스트를 찾기 위한 근사적(approximate) KNN(k-최근접 이웃) 검색 방법은 아직 이야기하지 않았다. KNN 검색 알고리즘은 주어진 문자열과 비슷한 문자열을 찾아내는데, 원래의 문자열과는 다른 단어들로 된 문자열도 찾아준다. 비슷한 문장을 찾기 위한 근사적 거리 측도로는 레벤시타인 거리(Levenshtein distance)가 흔히 쓰이는데, 예를 들어 fuzzywuzzy나 ChatterBot 같은 패키지들이 레벤시타인 거리를 사용한다.

데이터베이스 시스템들은 사용자가 텍스트 문서나 문자열을 빠르게 찾을 수 있도록 다양한 텍스트 색인 기능을 제공한다. 특히, SQL 문법은 특정 패턴과 부합하는 텍스트를 검색하는 구문을 지원한다. 예를 들어 SELECT book_title from manning_book WHERE book_title LIKE 'Natural Language%in Action'은 Manning이 출간한 책 중 제목이 "Natural Language"로 시작하고 "in Action"으로 끝나는 모든 책을 조회한다. 그리고 패턴을 명시적으로 지정하지 않아도 주어진 텍스트와 비슷한 텍스트를 빠르게(상수 시간으로) 찾아주는 3그램(trgm) 색인을 지원하는 데이터베이스 시스템도 많이 있다.

데이터베이스에 쓰이는 이런 텍스트 색인화 기법들은 모든 종류의 텍스트 문서나 문자열에 잘 작동한다. 그러나 word2vec 단어 벡터나 밀집된 문서-주제 벡터 같은 의미 벡터들에는 잘 통하지 않는다. 전통적인 데이터베이스 색인은 색인화 대상(문서)들이 이산적이거나, 희소하거나, 차원이 낮다는 사실에 의존한다.

- 문자열(문자들의 순차열)은 이산적이다. 문자의 개수는 유한하다.
- TF-IDF 벡터는 희소하다. 임의의 문서에 대해 대부분의 성분(용어 빈도)이 0이다.
- BOW(단어 모음) 벡터는 이산적이고 희소하다. 단어들은 이산적이고, 한 문서에서 대부분의 단어는 빈도가 0이다.

이것이 웹 검색이나 문서 검색, 지도 검색이 몇 밀리초 만에 끝나는 비결이다. 이런 기법은 수십 년간 효율적으로($O(1)$) 작동했다.

반면 문서-주제 LSA 벡터(제4장)나 word2vec 단어 벡터(제6장) 같은 연속 벡터들은 색인화하기 어렵다. 물론 GIS(지리 정보 시스템)에 쓰이는 위치 벡터도 연속 벡터이며, Google 지도 같은 지리 검색 시스템은 주어진 좌표 근처에 있는 지형지물을 몇 밀리초 안에 찾아준다. GIS 벡터가 연속 벡터임에도 검색 속도가 빠른 이유는 성분이 단 세 개인 저차원 벡터이기 때문이다. 그 덕분에 경계 상자(bounding box)를 이용해서 이산적으로 색인화하기 쉽다. 연속값 좌표들을 경계 상자로 이산화하고 각 경계 상자에 속하는 지형지물들을 한데 묶으면 빠른 검색이 가능해진다.

다음은 GIS의 접근 방식을 좀 더 높은 차원의 연속 벡터에 적용하는 데 유용한 색인 자료 구조의 예이다.

- k-차원 트리(k-d 트리): 분산 검색 엔진 Elasticsearch의 차기 릴리스는 k-차원 트리를 이용해서 최대 8차원까지의 벡터 검색을 지원할 예정이다.
- R 트리: PostgreSQL 버전 9.0 이상은 최대 200차원에 대해 R 트리를 지원한다.
- 미니해시[minihash] 또는 지역 민감 해시: 파이썬 lshash3 패키지로 사용할 수 있다(설치는 pip install lshash3).

그러나 이런 자료 구조들은 특정 차원까지만 잘 작동한다. 이 글을 쓰는 현재 약 12차원 정도가 한계로 보인다. 데이터베이스 색인이나 지역 민감 해시(LSH)를 최적화해 본 독자라면 이 점을 실감할 것이다. 차원 수가 커질수록 조회 시간을 상수로 유지하기가 어려워지며, 약 12차원부터는 상수 시간이 불가능하다.

그렇다면 300차원의 word2vec 벡터나 100차원 이상의 LSA 의미 벡터는 어떻게 해야 할까? 해답은 근사(approximation)이다. 근사적 최근접 이웃 알고리즘은 주어진 질의 벡터와 가장 비슷한 일단의 문서 벡터를 찾으려 하지 않고 그냥 "충분히 비슷한" 문서 벡터들을 찾는다. 다행히, 대부분의 경우에는 실제로 가장 비슷한 상위 10개의 문서가 그런 "충분히 비슷한" 문서 벡터들에 포함된다.

그렇지만 SVD나 내장(embedding)의 마법을 이용해서 토큰의 차원 수(어휘 크기, 보통은 몇백 만)를 200이나 300 정도로 줄이는 경우에는 상황이 꽤 달라진다. 달라진 것은 세 가지인데, 하나는 검색할 차원 수가 줄어드는 것이고 나머지 둘은 희소 이산 벡터가 연속값들의 밀집 벡터로 변한다는 것이다. 차원이 줄어드는 것은 좋은 일이지만(데이터베이스 테이블의 열(칼럼) 수가 줄어든다고 생각하면 될 것이다) 연속값 밀집 벡터가 생긴다는 것은 좀 골치 아픈 문제이다.

13.2.2 고급 색인화

의미 벡터들은 색인화가 어려운 세 가지 조건을 모두 갖추었다. 의미 벡터는 다음 세 특징 때문에 색인화가 어렵다.

- 고차원
- 연속값(실수)
- 밀집

차원 수를 줄여서 차원의 저주를 피하긴 했지만, 연속값과 밀집이라는 두 가지 새로운 골칫거리가 생겼다. 이제는 벡터가 밀집이고(무시할 수 있는 0 성분들이 없다) 연속값이다(성분들이 실수이다).

밀집 의미 벡터에서는 모든 성분의 값이 의미가 있다. TF-IDF 벡터나 BOW 테이블(제2장과 제3장)에서는 수많은 0들을 건너뛰거나 무시할 수 있었다. 심지어 가산적(라플라스) 평활화를 이용해서 TF-IDF 벡터에 존재하는 간극들을 채워 밀집 테이블을 만들었다고 해도, 테이블에 어떤 일관된 값들이 존재하므로 테이블을 희소 행렬처럼 다룰 수 있었다. 그러나 의미 벡터에는 0(또는 다수의 성분에 공통으로 쓰이는 값)이 없다. 모든 문서에 대한 모든 주제에는 어떤 가중치 값이 부여되어 있다. 그러나 이 자체는 극복할 수 있는 문제이다. 차원 수 감소에 의한 이득이 밀도가 야기하는 손해보다 훨씬 크다.

주된 문제는 밀집한 의미 벡터(주제 벡터)의 성분들이 실수實數라는 점이다. 의미 벡터의 성분(주제 가중치)들은 어떤 이산적인 문자를 가리키는 색인이나 빈도 같은 음이 아닌 정수가 아니라, 음수일 수도 있고 양수일 수도 있는 실수(구현상으로는 부호 있는 부동소수점 수)이다. 실수 같은 비이산적 값은 보통의 방법으로는 색인화할 수 없다. 이런 값은 어떤 대상의 존재 여부를 나타내는 이산값이 아니므로 원핫 부호화로 벡터화할 수 없다. 주제 가중치는 특정 주제를 가리키는 일련번호가 아니므로, 해당 주제를 담은 모든 문서를 가리키는 색인 테이블의 한 항목으로 사용할 수도 없다. 의미 벡터는 주어진 문서에 대한 모든 주제의 '혼합 비율'들을 담을 뿐이다.

만일 효율적인 검색 알고리즘 또는 KNN 알고리즘을 찾을 수 있다면 앞에서 언급한 자연어 검색 문제를 해결할 수 있다. 그런 문제를 위해 알고리즘을 최적화하는 한 가지 방법은 확실성 또는 정확도를 희생해서 속도를 크게 높이는 것이다. 근사 최근접 이웃(approximate nearest neighbor, ANN) 알고리즘이 바로 그런 예에 해당한다. 예를 들어 DuckDuckGo 검색 엔진은 질의문에 해당하는 의미 벡터와 일치하는 하나의 문서를 찾으려 하는 대신, 근사적으로 가장 가까운 10개의 문서를 찾아서 돌려준다.

다행히 많은 기업이 ANN의 규모가변성을 높이기 위한 자신의 연구용 소프트웨어의 상당 부분을 오픈소스화했다. 이런 연구팀들은 더 사용하기 쉽고 빠른 ANN 검색 소프트웨어를 경쟁적으로 제공하고 있다. 다음은 코펜하겐 IT 대학교(ITU)의 ANN 벤치마크[1]에 포함된 ANN 기법과 해당 파이썬 라이브러리들이다.

- Spotify의 Annoy(Approximate Nearest Neighbors Oh Yeah)[2]
- NMSlib(Non-Metric Space Library)[3]을 이용한 공 트리(ball tree)
- BLAS(Basic Linear Algebra Subprograms) 라이브러리를 이용한 전수조사(무차별 대입) 방법[4]
- NMSlib[5]를 이용한 전수조사 방법
- DolphinnPy(Dimension reductiOn and LookuPs on a Hypercube for effIcient Near Neighbor)[6]
- 무작위 투영 숲(rpforest)[7]
- 지역 민감 해싱(datasketch)[8]

주1 ITU의 "ANN-Benchmarks" 페이지(http://www.itu.dk/people/pagh/SSS/ann-benchmarks/).
주2 GitHub 저장소 "spotify/annoy"(https://github.com/spotify/annoy).
주3 GitHub 저장소 "nmslib/nmslib"(https://github.com/nmslib/nmslib).
주4 scikit-learn 문서화 "1.6. Nearest Neighbors" 페이지(http://scikit-learn.org/stable/modules/neighbors.html#brute-force).
주5 GitHub 저장소 "nmslib/nmslib"(https://github.com/nmslib/nmslib).
주6 GitHub 저장소 "ipsarros/DolphinnPy"(https://github.com/ipsarros/DolphinnPy).
주7 GitHub 저장소 "lyst/rpforest"(https://github.com/lyst/rpforest).
주8 GitHub 저장소 "ekzhu/datasketch"(https://github.com/ekzhu/datasketch).

- 다중 색인화 해싱(multi-indexing hashing, MIH)[주9]
- FALCONN(Fast Lookup of Cosine and Other Nearest Neighbors)[주10]
- FLANN(Fast Lookup of Approximate Nearest Neighbors)[주11]
- NMSlib의 HNSW(Hierarchical Navigable Small World)[주12]
- k-d 트리(kdtree)[주13]
- NearPy(nearpy)[주14]

이상의 색인화 접근 방식 및 패키지 중 비교적 간단하고 접근하기 쉬운 것으로 Spotify가 만든 Annoy가 있다. 그럼 Annoy를 이용한 고급 색인화 방법을 예제와 함께 살펴보자.

13.2.3 Annoy를 이용한 고급 색인화

gensim의 최근 버전에서 KeyedVectors라는 이름으로 고급 색인화 기능이 Word2Vec 모형에 추가되었다. 이제는 간단한 코드로 근사 최근접 이웃(ANN) 알고리즘을 적용해서 임의의 벡터를 몇 밀리초 만에 조회할 수 있다. 그러나 앞에서 언급했듯이 우리가 원하는 것은 저차원 word2vec 벡터가 아니라 임의의 고차원 밀집 연속 벡터의 색인화이다. 그럼 Annoy 패키지를 이용해서 word2vec 벡터들을 색인화하고, 그 결과들을 gensim의 KeyedVectors 색인과 비교해 보자. 우선, 제6장에서처럼 미리 만들어진 word2vec 벡터들을 적재한다(목록 13.1).

목록 13.1 word2vec 단어 벡터 집합 적재

```
>>> from nlpia.loaders import get_data
>>> wv = get_data('word2vec')   ◁
100%|#########################| 402111/402111 [01:02<00:00, 6455.57it/s]
>>> len(wv.vocab), len(wv[next(iter(wv.vocab))])
(3000000, 300)
>>> wv.vectors.shape
(3000000, 300)
```

> GoogleNews-vectors-negative300.
> bin.gz 파일(§6.2.3 참고)이 nlpia/src/
> nlpia/bigdata/에 없으면 get_data()가
> 그 파일을 내려받는다.

다음으로, 단어 벡터 차원에 맞는 빈 Annoy 색인(AnnoyIndex 객체)을 준비한다(목록 13.2).

주9 GitHub 저장소 "norouzi/mih"(https://github.com/norouzi/mih).
주10 PyPI "FALCONN" 프로젝트 페이지(https://pypi.python.org/pypi/FALCONN).
주11 GitHub 저장소 "mariusmuja/flann"(https://github.com/mariusmuja/flann).
주12 GitHub 저장소 "nmslib/nmslib"의 hnsw.h 항목(https://github.com/nmslib/nmslib/blob/master/similarity_search/include/factory/method/hnsw.h).
주13 GitHub 저장소 "stefankoegl/kdtree"(https://github.com/stefankoegl/kdtree).
주14 PyPI "NearPy" 프로젝트 페이지(https://pypi.python.org/pypi/NearPy).

목록 13.2 300차원 AnnoyIndex 객체 생성

```
>>> from annoy import AnnoyIndex
>>> num_words, num_dimensions = wv.vectors.shape
>>> index = AnnoyIndex(num_dimensions)
```

> 원래의 GoogleNews word2vec 모형에는 300만 개의 단어 벡터들이 있다. 각 단어 벡터의 차원 수는 300이다.

이제 word2vec 벡터들을 Annoy 색인에 한 번에 하나씩 추가한다(목록 13.3). 이 과정을, 책을 한 페이지씩 읽으면서 그 페이지에 나온 주요 용어들을 해당 페이지 번호와 연결하는 역색인 표(책 끝의 '찾아보기' 섹션)를 채워 나가는 과정에 비유할 수 있다. 물론 ANN 검색은 찾아보기를 이용해서 페이지를 찾는 것보다 훨씬 복잡하지만, Annoy 패키지를 이용하면 그리 어렵지 않게 수행할 수 있다.

목록 13.3 각 단어 벡터를 AnnoyIndex에 추가

> tqdm()은 enumerate()처럼 반복 가능 객체(iterable)를 받고 반복 가능 객체를 돌려준다. 반환된 반복 가능 객체는 입력 반복 가능 객체에 진행 표시줄을 표시하는 코드를 삽입한 형태이다.

> .index2word는 어휘의 모든 토큰(300만 개)의 정렬되지 않은 목록이다. 이 루프에 의해 index는 정수 색인 번호들(0-2999999)을 해당 토큰들('</s>'에서 'snowcapped_Caucasus'까지)에 연결하는 하나의 색인이 된다.

```
>>> from tqdm import tqdm
>>> for i, word in enumerate(tqdm(wv.index2word)):
...     index.add_item(i, wv[word])
22%|#######?              | 649297/3000000 [00:26<01:35, 24587.52it/s]
```

이 AnnoyIndex 객체가 쓸모가 있으려면 한 가지 작업이 더 필요하다. 바로, 색인 전체를 훑으면서 벡터들을 트리 구조로 색인화할 수 있는 크기의 그룹들로 묶는 것이다. 목록 13.4가 그러한 작업을 수행한다.

목록 13.4 트리 15개를 이용한 유클리드 거리 색인 구축

> 그냥 어림셈으로 트리 개수를 구한다. 최적화 목적(RAM 사용량, 검색 시간 등)을 만족할 정도의 성능이 나오지 않거나 검색 결과가 충분히 정확하지 않다면 이 부분을 좀 더 정교하게 구현해 보기 바란다.

```
>>> import numpy as np
>>> num_trees = int(np.log(num_words).round(0))
>>> num_trees
15
>>> index.build(num_trees)
>>> index.save('Word2vec_euc_index.ann')
True
>>> w2id = dict(zip(range(len(wv.vocab)), wv.vocab))
```

> 300만 개의 벡터를 트리 15개(15는 300만의 자연로그를 반올림한 값)로 색인화하려면 시간이 좀 걸린다(노트북에서 몇 분 정도).

> 색인을 지역 파일에 저장한다. 이 역시 몇 분 정도 걸린다.

검색할 벡터가 300만 개이므로, 색인 트리의 개수를 300만의 자연로그를 반올림한 15로 잡고 트리 15개를[역1] 구축했다. 벡터가 더 많거나 색인화를 더 빠르고 정확하게 하려면 트리 개수를

역1 하나의 15차원 트리 또는 15진 트리가 아님을 주의하기 바란다. Annoy 색인은 다수의 트리(나무)들로 이루어진 숲(forest) 자료 구조를 사용한다.

늘리면 된다. 단, 트리가 많을수록 색인화 과정이 오래 걸린다.

목록 13.5는 이 색인을 이용해서 어휘의 한 단어의 색인과 빈도, 그리고 비슷한 단어들을 조회하는 예이다.

목록 13.5 AnnoyIndex를 이용한 Harry_Potter의 이웃 단어 찾기

```
>>> wv.vocab['Harry_Potter'].index  ◄─────── gensim의 KeyedVectors.vocab 사전에는 원본 문자열
9494                                         이나 색인 번호가 아니라 Vocab 객체들이 들어 있다.
>>> wv.vocab['Harry_Potter'].count  ◄─────── gensim의 Vocab 객체는 해당 토큰의 빈도를 제공한다.
2990506                                      GoogleNews 말뭉치에 "Harry_Potter"라는 2-그램
>>> w2id = dict(zip(                         토큰이 거의 300만 번 언급되었음을 알 수 있다.
...     wv.vocab, range(len(wv.vocab))))
>>> w2id['Harry_Potter']            ◄─────── wv.vocab에 담긴 토큰들을 해당 색인 번호
9494                                         (정수)와 연관시키는 사전을 생성한다.
>>> ids = index.get_nns_by_item(
...     w2id['Harry_Potter'], 11)   ◄───────┐
>>> ids
[9494, 32643, 39034, 114813, ..., 113008, 116741, 113955, 350346]
>>> [wv.vocab[i] for i in _]
>>> [wv.index2word[i] for i in _]            Annoy의 이웃 검색 기능은 검색 대상 벡터를
['Harry_Potter',                            포함한 결과를 돌려주므로, 대상 벡터의 이웃 10
 'Narnia',                                  개를 찾으려면 10이 아니라 11을 지정해야 한다.
 'Sherlock_Holmes',
 'Lemony_Snicket',
 'Spiderwick_Chronicles',
 'Unfortunate_Events',
 'Prince_Caspian',
 'Eragon',
 'Sorcerer_Apprentice',
 'RL_Stine']
```

Annoy가 돌려준 최근접 이웃 10개는 대부분 해리 포터 시리즈와 비슷한 장르의 책들과 관련된 단어 조합이다. 이들이 정확한 책 제목이나 영화 제목, 등장인물 이름은 아니라는 점은 이것이 '근사적' 최근접 이웃 검색의 결과임을 말해 준다. 또한, Annoy가 사용하는 알고리즘은 기계 학습 알고리즘 중 하나인 무작위 숲(random forest)과 비슷한 확률적(비결정론적) 알고리즘이라는 점도 염두에 두어야 할 것이다.[주15] 그래서 검색을 실행할 때마다 다른 결과가 나올 수 있다. 항상 같은 결과를 얻고 싶다면, AnnoyIndex.set_seed()로 난수 발생기의 종잣값을 명시적으로 설정하면 된다.

Annoy 같은 근사적 색인화 기법은 "가장 가까운" 이웃들을 찾기보다는 그냥 대상 근처의

[주15] Annoy는 무작위 투영을 이용한 지역 민감 해시 생성 기법((http://en.wikipedia.org/wiki/Locality-sensitive_hashing#Random_projection)을 사용한다.

이웃들을 찾는 것으로 만족하는 것으로 보인다. gensim은 어떨까? 정말로 "가장 가까운" 이웃들을 찾아낼까? 목록 13.6은 gensim의 내장 KeyedVector 색인을 이용해서 Harry_Potter의 이웃 토큰 10개를 뽑은 예이다.

목록 13.6 gensim.KeyedVectors 색인을 이용한 Harry_Potter 이웃 10개 검색

```
>>> [word for word, similarity in wv.most_similar('Harry_Potter', topn=10)]
['JK_Rowling_Harry_Potter',
 'JK_Rowling',
 'boy_wizard',
 'Deathly_Hallows',
 'Half_Blood_Prince',
 'Rowling',
 'Actor_Rupert_Grint',
 'HARRY_Potter',
 'wizard_Harry_Potter',
 'HARRY_POTTER']
```

이 경우는 실제로 동의어에 가까운 결과가 나왔다. 저자 이름, 제목의 다른 철자 표현, 시리즈의 다른 책 이름은 물론이고 심지어는 해리 포터 영화의 배우 이름까지 결과에 포함되었다. 그렇다고 gensim이 항상 Annoy보다 뛰어나다는 뜻은 아니다. 정확한 동의어들이 아니라 같은 장르에 속하는 단어 또는 대체로 어감이 비슷한 단어를 찾고자 한다면 Annoy가 더 나을 수 있다.

그렇긴 하지만 앞의 Annoy 색인화는 사실 근사가 너무 느슨하다. 이를 바로 잡기 위해 유클리드 거리 대신 코사인 거리를 사용해서 색인화를 수행하고, 트리의 수도 더 늘려 보자. 그러면 최근접 이웃의 정확도가 개선되어서 gensim과 좀 더 비슷한 결과가 나올 것이다. 우선 코사인 거리들을 계산한다(목록 13.7).

목록 13.7 코사인 거리 계산

```
>>> index_cos = AnnoyIndex(
...     f=num_dimensions, metric='angular')     ◀──
>>> for i, word in enumerate(wv.index2word):
...     if not i % 100000:
...         print('{}: {}'.format(i, word))     ◀──
...     index_cos.add_item(i, wv[word])
0: </s>
100000: distinctiveness
    ...
2900000: BOARDED_UP
```

> metric='angular'를 지정하면 Annoy는 각 거리(코사인 거리) 측도를 이용해서 군집들과 해시들을 계산한다. 'angular' 이외에 사용할 수 있는 값은 'euclidean', 'manhattan', 'hamming'이다.

> tqdm을 좋아하지 않는다면 이런 식으로 진행 정도를 표시할 수도 있다.

다음으로, 이전보다 트리 수를 두 배로 늘려서 코사인 거리 색인을 구축하고 파일에 저장한다.

목록 13.8 코사인 거리 색인 구축

```
>>> index_cos.build(30)    ←——————┤ 30은 이전에 사용한 int(np.log(num_vectors).round(0))의 두 배이다.
>>> index_cos.save('Word2vec_cos_index.ann')
True
```

트리의 수가 두 배라서 색인화에 걸리는 시간도 두 배이지만, 일단 색인화가 끝나면 이전보다는 나은 결과가 나올 것이다. gensim의 결과와 좀 더 비슷한 결과를 기대할 수 있다. 목록 13.9는 "Harry Potter"의 근사 최근접 이웃들을 검색하는 코드이다.

목록 13.9 코사인 거리를 기준으로 한 Harry_Potter의 이웃들

```
>>> ids_cos = index_cos.get_nns_by_item(w2id['Harry_Potter'], 10)
>>> ids_cos
[9494, 37681, 40544, 41526, 14273, 165465, 32643, 420722, 147151, 28829]
>>> [wv.index2word[i] for i in ids_cos] ←
['Harry_Potter',
 'JK_Rowling',
 'Deathly_Hallows',
 'Half_Blood_Prince',
 'Twilight',
 'Twilight_saga',
 'Narnia',
 'Potter_mania',
 'Hermione_Granger',
 'Da_Vinci_Code']
```

> 지역 민감 해시의 무작위 투영은 확률적이기 때문에, 여러분은 이와는 다른 결과를 얻게 될 것이다. 매번 같은 결과가 나오게 하려면 AnnoyIndex.set_seed()를 활용하기 바란다.

이전보다 조금 나아졌다. 적어도 정확한 저자 이름이 포함되었다. 목록 13.10은 두 Annoy 색인화 결과들을 gensim의 '정답'과 비교해 보는 코드이다.

목록 13.10 검색 결과 상위 10항목에 대한 정확도 평가

> 상위 10항목 목록들을 하나의 DataFrame으로 결합하는 방법은 여러분이 직접 파악하기 바란다.

```
>>> pd.DataFrame(annoy_top10, columns=['annoy_15trees',
...                                     'annoy_30trees']) ←
```

gensim	annoy_15trees	annoy_30trees
JK_Rowling_Harry_Potter	Harry_Potter	Harry_Potter
JK_Rowling	Narnia	JK_Rowling
boy_wizard	Sherlock_Holmes	Deathly_Hallows
Deathly_Hallows	Lemony_Snicket	Half_Blood_Prince
Half_Blood_Prince	Spiderwick_Chronicles	Twilight
Rowling	Unfortunate_Events	Twilight_saga
Actor_Rupert_Grint	Prince_Caspian	Narnia
HARRY_Potter	Eragon	Potter_mania
wizard_Harry_Potter	Sorcerer_Apprentice	Hermione_Granger
HARRY_POTTER	RL_Stine	Da_Vinci_Code

중복된 "Harry_Potter"를 제거하려면 10이 아니라 11개의 상위 항목들을 뽑은 후 첫째 것을 제거해야 하는데, 이 역시 독자의 숙제로 남기겠다. 어쨌든, 트리 수를 늘렸더니 확실히 결과가 개선되었다. "Narnia"처럼 관련성이 낮은 용어들의 순위가 내려갔고, "JK_Rowling"이나 "Deathly_Hallows"처럼 좀 더 관련이 있는 용어들이 등장했다.

위의 결과에서는 보이지 않지만, Annoy의 근사적 검색이 gensim의 정확한 검색보다 훨씬 빠르다는 점도 중요하다. 그리고 AnnoyIndex는 LSA 문서-주제 벡터나 doc2vec 문서 내장 벡터 같은 임의의 고차원 연속 밀집 벡터에 적용할 수 있다.

13.2.4 근사적 색인이 꼭 필요한가?

알고리즘 분석에 경험이 있는 독자라면 이론적으로 $O(N^2)$ 알고리즘들이 효율적이라고 생각할 것이다. 물론 $O(N^2)$ 알고리즘은 지수적 알고리즘보다 효율적이고, 다항 시간 알고리즘보다는 훨씬 더 효율적이다. 이런 검색 문제가 NP-어려움 급에 속하는 문제가 아님은 분명하다. 즉, 우주가 열평형을 이룰 때까지 오랜 시간 계산해도 답이 안 나오는 수준의 문제는 아니다.

이런 $O(N^2)$ 계산은 NLP 파이프라인의 기계 학습 모형을 훈련할 때만 필요하다. 실제 실행 시점에서 챗봇이 새 응답문을 생성하는 데 이런 $O(N^2)$ 계산이 필요하지는 않다. 그리고 N^2 회의 계산들은 본질적으로 병렬화가 가능하다. 거의 모든 경우에서, N개의 일련의 계산을 다른 N개의 일련의 계산들과 독립적으로 수행할 수 있다. 따라서 그냥 매일 밤 또는 주말에 더 많은 RAM과 CPU 또는 GPU를 투입해서 일괄 훈련 과정을 실행하기만 하면 챗봇의 뇌를 최신 상태로 유지할 수 있다.[주16] 아니면, 새 자료가 들어와서 N이 커짐에 따라 N^2회의 계산을 여러 조각으로 나누고 점진적으로 계산하는 방법도 있다.

예를 들어 어떤 챗봇을 일단 작은 자료 집합으로 훈련해서 바로 세상에 내놓았다고 상상해 보기 바란다. 챗봇의 영구적 기억(데이터베이스)에 있는 문장들이 총 N개라고 하자. 누군가가 챗봇에 다가와서 새로운 제시문을 입력할 때마다 봇은 자신의 데이터베이스를 검색해서 예전에 비슷한 제시문이 입력된 적이 있는지 살펴보고, 있다면 해당 응답문을 출력한다. 이때 챗봇은 새 제시문과 N개의 기존 제시문을 비교해서 유사도 점수들을 계산하고, 그 점수들을 기존의 유사도 행렬에 추가한다. 그러면 유사도 점수 행렬은 열과 행이 각각 $N+1$개인 $(N+1)^2$이 된다. 또는, 제시문들 사이의 모든 유사도 점수를 행렬 형태가 아니라 그래프 형태로 저장해 두었다면, 그래프에 N개의 연결 관계를 더 추가하면 될 것이다. 어떤 경우이든, 챗봇은 그러한 행렬이나 그래프를 탐색함으로써 주어진 제시문과 가장 가까운 제시문을 찾을 수 있다.

[주16] 실제 응용 프로그램들이 N^2 문서 부합 문제를 풀 때 이런 방법을 사용한다.

아주 간단하게 구현한다면 그냥 방금 계산한 N개의 유사도 점수만 점검해도 될 것이다. 그러나 챗봇을 좀 더 정교하게 만들고 싶다면 다른 행들과 열들도(또는 그래프를 좀 더 깊게) 탐색해서 비슷한 제시문들을 찾고, 문장에 담긴 감정(친절함, 예의 바름 등)과 정보의 양, 문법과 적격성, 간결함, 문체 등의 다른 요인들도 고려해서 가장 나은 제시문을 고르는 것이 바람직하다. 어떤 방식이든 최선의 응답문을 계산하는 과정의 시간 복잡도는 $O(N)$이다. 즉, 검색을 위한 훈련의 복잡도는 $O(N^2)$이지만, 검색 자체는 그보다 훨씬 효율적이다.

그런데 응용에 따라서는 $O(N)$도 충분히 효율적이지 않을 수 있다. 예를 들어 구글 검색처럼[주17] N이 몇천억이나 몇십조 규모이면 $O(N)$도 충분치 않다. 그리고 N이 그렇게까지 크지 않더라도 개별 계산이 상당히 복잡하다면, 또는 응답문을 상당히 짧은 시간(이를테면 10밀리초 등) 안에 산출해야 한다면 색인화 같은 좀 더 효율적인 알고리즘이 필요하다.

13.2.5 실숫값의 색인화: 이산화

앞에서 실수의 한 표현인 부동소수점 수는 보통의 방법으로는 색인화할 수 없다고 말했다. 그렇다면 보통이 아닌 방법은 무엇일까? 감지기(sensor) 자료나 아날로그-디지털 변환기를 다루어 본 독자라면 연속값을 디지털 값 또는 이산값으로 변환하는 것이 그리 어렵지 않음을 알 것이다. 사실 부동소수점 수(이를테면 C나 C++의 float 형식)는 연속값이 아니다. 어차피 부동소수점 수도 이산적인 비트들로 구성된다. 그러나 부동소수점 수들을 색인이라는 개념에 맞게 사용하려면, 그리고 차원 수를 낮게 유지하려면 부동소수점 수들을 **진정으로** 이산적인 값들로 변환할 필요가 있다. 목록 13.11은 하나의 연속 변수를 적당한 개수의 범주들 또는 순서값들을 담는 범주형변수 또는 순서변수로 변환하는 방법을 보여준다.

목록 13.11 MinMaxScaler를 이용한 부동소수점 수의 이산화

```
>>> from sklearn.preprocessing import MinMaxScaler
>>> real_values = np.array([-1.2, 3.4, 5.6, -7.8, 9.0]).reshape(-1,1)
>>>
>>> scaler = MinMaxScaler()   ◁──────┤ 부동소수점 수들을 0.0에서 1.0 구간의 값들로 변환(비례 변환)한다.
>>> scaler.fit(real_values)

[int(x * 100.) for x in scaler.transform(real_values)]   ◁──┤ 0에서 100까지의 정수(이산값)가 되도록 변환한다.
[39, 66, 79, 0, 100]
```

주17 "Google 검색의 원리 – 크롤링 및 색인 생성" 페이지(https://www.google.com/insidesearch/howsearchworks/thestory/).

이 방법은 저차원 공간에서 잘 작동한다. 몇몇 2차원 GIS 색인이 연속값 위도, 경도를 경계 상자들로 이루어진 격자로 이산화하는 데 사용하는 방법이 바로 이것이다. 지도 검색 시스템은 사용자가 입력한 위도, 경도 좌표를 이런 식으로 변환해서 해당 경계 상자(격자 칸)를 찾고, 그 칸에 속한 지형지물을 사용자에게 제시한다. 2차원 격자에서는 이런 방법이 잘 통하지만, 차원 수가 늘어나면 더 정교하고 효율적인 색인화 방법이 필요하다.

300차원의 자연어 의미 벡터를 색인화하는 방법으로 들어가기 전에, 연습 삼아 3차원 공간의 색인화를 살펴보자. 2차원 GPS 위도, 경도 값들로 이루어진 어떤 데이터베이스에 '고도'를 추가해서 2차원에서 3차원으로 올라간다면 무엇이 변할 것인지 생각해 보기 바란다. 3차원의 경우에는 지구의 표면을 2차원 경계 상자들로 분할하는 것이 아니라 3차원 경계 입체(구 또는 입방체)로 분할해야 한다. 그리고 주어진 3차원 구 또는 입방체 안에 있는 모든 지형지물을 검색하는 것은 2차원 경계 상자 안의 지형지물을 검색하는 것보다 훨씬(말 그대로 "한 차원 높게") 어렵다. 경계 입체의 한 변(또는 지름)의 길이가 N이라 할 때, 2차원에서는 검색 영역의 면적(또는 부피)이 N^2에 비례하지만 3차원에서는 N^3에 비례한다. 3차원에서 4차원, 5차원으로 갈 때도 마찬가지로 거듭제곱의 지수가 바뀐다. 따라서 차원이 높을수록 아주 효율적인 색인화 방법이 필요하다.

13.3 상수 RAM 알고리즘

큰 말뭉치와 TF-IDF 행렬을 다룰 때 어려운 점 하나는 제한된 용량의 RAM으로 거대한 자료를 처리해야 한다는 것이다. 상수 RAM 알고리즘이란 자료의 크기와는 무관하게 일정한 용량만 사용하는 알고리즘을 말한다. 이 책 전반에서 gensim을 즐겨 사용한 이유 중 하나는 gensim의 알고리즘들이 상수 RAM 알고리즘들이기 때문이다.

13.3.1 gensim

말뭉치의 문서들이 더 다양해지고 개수가 늘어감에 따라, 말뭉치 전체 용량이 가용 RAM을 넘어서는 날이 온다. 심지어 클라우드 서비스에서 대여할 수 있는 가장 큰 용량의 컴퓨터에서도 그런 일이 생길 수 있다. 그래도 걱정할 필요는 없다. 수학자들이 답을 마련해 두었다.

LSA 같은 알고리즘에 깔린 수학은 벌써 수십 년 전에 만들어진 것이다. 수학자들과 컴퓨터 과학자들은 이런 알고리즘들이 **코어 밖에서**(out of core) 작동하게 만드는 데 시간과 노력을 투여했다. 여기서 "코어 밖에서 작동한다"는 것은 알고리즘이 다루는 대상들이 동시에 모두 메모리(RAM)에 들어 있을 필요는 없다는 뜻이다. 간단히 말해서, 이런 알고리즘들은 RAM에 담을 수 있는 것보다 더 많은 자료를 처리할 수 있다.

훈련 파이프라인을 여러 대의 컴퓨터 또는 코어로 병렬화할 생각이 없는 경우에도, 큰 자료 집합을 다루려면 상수 RAM 알고리즘 또는 '코어 밖' 구현이 필요하다. LSA를 위한 특잇값 분해를 수행하는 gensim의 LsiModel이 그러한 코어 밖 구현 중 하나이다.[주18]

자료 집합이 작은 경우에도 처음부터 gensim의 LSIModel을 사용하는 것이 바람직하다. 그러면 나중에 어휘나 문서들이 커져서 가용 RAM을 넘는 날이 와도 노트북이 먹통이 되지 않는다. gensim의 모형이 배경에서 훈련을 진행하는 동안 노트북으로 다른 작업을 수행할 수 있다.

gensim은 배치 훈련(batch training)이라는 기법을 이용해서 메모리 효율성을 높인다. gensim은 문서들을 다수의 배치(일괄 단위)로 나누어서 LSA 모형(gensim.models.LsiModel)을 훈련한 후 그 결과들을 점진적으로 병합한다. gensim의 모든 모형은 상수 *RAM* 정책을 따른다. 그 덕분에 큰 자료 집합을 다룰 때도 가상 메모리를 위한 디스크 교체(스와핑)가 일어나지 않아서 전체적인 속도가 빠르다. 또한, 소중한 CPU 캐시를 효율적으로 사용한다는 점도 gensim이 효율적인 이유의 하나이다.

> **팁** 상수 RAM 외에, gensim의 모형을 병렬로 훈련할 수 있다는 점도 기억하기 바란다. 적어도 파이프라인 중 오래 실행되는 단계들은 병렬화가 가능하다.

따라서 gensim 같은 패키지를 여러분의 NLP 도구 상자에 구비해 두는 것이 바람직하다. 이런 패키지들은 작은 자료에 대한 실험들(이 책에 나온 예제들 같은)의 속도를 높여줄 뿐만 아니라, 나중에 소위 '빅데이터'의 세계를 탐험할 때도 큰 도움이 된다.

13.3.2 그래프 계산

Hadoop이나 TensorFlow, Caffe, Theano, Torch 같은 프레임워크들은 처음부터 상수 RAM 알고리즘들을 사용하도록 설계되었다. 여러분의 기계 학습 파이프라인을 하나의 Map-Reduce 문제로 또는 일반적인 계산 그래프의 형태로 공식화할 수 있다면 이런 프레임워크들을 이용해서 RAM 부족 문제를 걱정하지 않고 학습 모형을 훈련할 수 있다. 이런 프레임워크들은 자동으로 계산 그래프를 탐색해서 자원들을 할당하고 계산을 최적화한다.

[주18] gensim 문서화의 "models.lsimodel – Latent Semantic Indexing" 항목(https://radimrehurek.com/gensim/models/lsimodel.html).

피터 골즈보로^{Peter Goldsborough}는 이런 프레임워크들의 성능을 비교하는 여러 벤치마크 모형과 자료 집합을 만들었다. 여러 프레임워크 중 대부분의 벤치마크에서 좋은 성적을 낸 것은 꽤 오래된(2002년에 처음 나왔다) Torch이다. Torch는 CPU 벤치마크들에서 다른 모든 프레임워크를 능가했으며, 심지어는 몇몇 GPU 벤치마크들에서도 더 나은 성능을 보였다. 많은 경우 Torch가 그다음 순위 프레임워크보다 10배 빨랐다.

Torch(그리고 해당 Python API인 PyTorch)는 RocketML을 비롯한 여러 클러스터 컴퓨팅 프레임워크에 통합되어 있다. 이 책의 예제들에서는 PyTorch를 사용하지 않았지만(너무 다양한 라이브러리를 사용하면 독자가 질릴 수 있기 때문이다), 여러분의 NLP 파이프라인에서 메모리나 속도가 걸림돌이 된다면 Torch를 한번 살펴보길 권한다.

필자들은 RocketML(https://rocketml.net)을 이용해서 NLP 파이프라인을 병렬화하는 데 성공했다. RocketML 개발팀은 필자들이 속한 Aira와 TotalGood 개발팀의 NLP 파이프라인을 병렬화하는 데 자신들의 연구와 개발 시간을 기꺼이 기여했다. 그 파이프라인은 다음과 같은 일을 수행한다.

- 동영상에서 이미지 추출
- 미리 훈련된 Caffe, PyTorch, Theano, TensorFlow(Keras) 모형들에 대한 추론과 내장
- 수 GB급 말뭉치들에 걸친 거대한 TF-IDF 행렬들에 대한 특잇값 분해(SVD)^{주19}

RocketML 파이프라인은 규모가변성이 좋다. 알고리즘에 따라서는 선형적으로 규모가 확장되기도 한다.^{주20} 규모 확장이 선형적이라는 것은, 예를 들어 클러스터의 컴퓨터 대수를 두 배로 늘리면 훈련된 모형도 두 배로 빨라진다는 뜻이다. 이런 선형적 규모 확장은 생각보다 어렵다. PySpark나 TensorFlow 같은 대부분의 일반적인 계산 그래프 병렬화 프레임워크에서는 이런 선형적 규모 확장을 보기 힘들다.

13.4 NLP 계산 병렬화

NLP를 위한 고성능 컴퓨팅(high-performance computing, HPC) 접근 방식은 크게 두 가지인데, 하나는 서버에서(또는, 경우에 따라서는 노트북에) GPU를 이용해서 계산을 수행하는 것이고 다른 하나는 다수의 CPU를 연결해서 계산을 수행하는 것이다.

주19 RocketML의 산티 아다바니(Santi Adavani)는 SAIS 2008에서 RocketML HPC 플랫폼에서 SVD의 속도와 규모가변성을 높이는 데 사용한 자신의 최적화 기법을 설명했다(https://databricks.com/speaker/santi-adavani).

주20 산티 아다바니와 비나이 라오(Vinay Rao)는 실시간 동영상 서술 프로젝트(https://github.com/totalgood/viddesc)에 기여하고 있다.

13.4.1 GPU를 이용한 NLP 모형의 훈련

GPU는 실제 NLP 응용 프로그램을 개발하는 데 중요한, 때에 따라서는 꼭 필요한 도구가 되었다. 예전에는 주로 3차원 그래픽 및 게임 프로그램에 쓰이던 GPU가 대량의 계산과 메모리 접근이 필요한 작업을 병렬화하는 용도로 쓰이기 시작한 것은 2007년 경이다. GPU의 병렬성은 컴퓨터의 핵심부인 CPU와 대조되는 특징이다. GPU와는 달리 CPU는 작업들을 순차적으로 빠르게 수행하도록, 그리고 제한된 처리 메모리에 빠르게 접근하도록 설계된다(그림 13.1 참고).

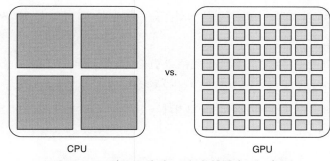

VS.

CPU   GPU

그림 13.1 **CPU와 GPU의 비교. 각 사각형은 '코어**core**'이다.**

심층 학습 모형의 훈련에는 다양한 연산이 관여하는데, 그중에는 병렬화가 가능한 것들이 있다. 행렬 대 행렬 곱셈이 좋은 예이다. GPU의 주된 용도인 3차원 그래픽 애니메이션도 그렇지만, 행렬 곱셈을 병렬화하면 심층 학습 모형의 훈련이 아주 빨라진다.

그림 13.2는 신경망 훈련의 순전파 단계에서 자주 일어나는 가중치 행렬과 입력 벡터의 곱셈 연산을 도식화한 것이다. GPU의 코어는 CPU의 코어보다 느리지만, 대신 개수가 훨씬 많다. GPU에서는 행렬의 각 행과 벡터의 곱셈들을 여러 코어가 각각 처리함으로써 행렬 대 벡터 곱셈을 아주 빠르게 처리할 수 있다. 훈련을 CPU에서 돌린다면, 특화된 선형대수 라이브러리를 사용하지 않는다고 할 때 각 행과 입력 벡터의 곱셈들을 순차적으로 처리해야 한다. 즉, 행렬의 행 수만큼의 벡터 대 벡터 곱셈이 필요하다. 반면 같은 계산을 GPU에서 수행한다면 모든 벡터 대 벡터 곱셈을 다수의 코어에서 동시에 수행할 수 있다.

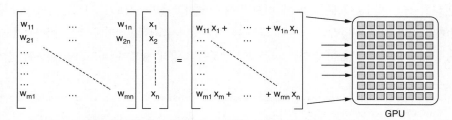

그림 13.2 **행렬 곱셈의 병렬화. 행 대 벡터 곱셈들을 GPU의 여러 코어가 동시에 처리한다.**

훈련을 마친 후에 모형을 GPU에서 실행해야 하는가? GPU로 모형을 훈련했다고 해도, 실제 응용 시점에서 추론 또는 예측을 위해 모형을 실행할 때는 굳이 GPU를 사용할 필요가 없다. 순전파 단계를 수백만 개의 견본에 대해 실행해야 하거나 높은 처리량이 요구되는 응용(이를테면 실시간 스트리밍)이 아닌 한, GPU는 새 모형을 훈련할 때만 사용하면 된다. 신경망의 순방향 활성화는 역전파보다 계산량이 훨씬 적다.

물론 GPU를 사용하면 파이프라인이 그만큼 복잡해지고 비용도 증가한다. 그러나 훈련 시간 감소에 의한 이득이 이런 추가 비용을 능가한다. 초매개변수 값들을 변경해서 모형을 다시 훈련하는 데 걸리는 시간이 GPU를 사용하지 않았을 때의 10분의 1밖에 되지 않는다면 같은 시간 안에서 이전보다 10배 더 많은 접근 방식들을 시험해 볼 수 있으며, 따라서 훨씬 더 정확한 모형을 찾아낼 가능성이 커진다.

케라스나 기타 심층 학습 프레임워크들은 훈련을 마친 모형의 구조와 가중치들을 저장하는 수단을 제공한다. 저장한 가중치들과 모형 구조를 나중에 다른 환경에서 불러와서 예측이나 추론을 실행할 수 있다. 여기서 '다른 환경'에는 통상적인 PC뿐만 아니라 스마트폰[21]이나 브라우저[22]도 포함된다.

13.4.2 대여와 구매

GPU를 이용하면 모형의 훈련이 빨라지므로 모형을 좀 더 빠르게 개발할 수 있다. GPU가 유용한 것은 확실하다. 그렇다면 지금 당장 GPU를 사들여야 할까?

대부분의 경우 답은 "아니요"이다. GPU들의 성능은 빠르게 개선되기 때문에, 오늘 산 GPU가 다음 달에는 벌써 구형이 될 수 있다. GPU를 매일 24시간 꾸준히 활용할 것이 아니라면 AWS(Amazon Web Services)나 구글 클라우드 같은 클라우드 컴퓨팅 서비스에서 GPU를 대여하는 것이 낫다. 그런 GPU 대여 서비스들에서는 모형을 훈련할 GPU 인스턴스의 크기를 변경할 수 있어서 필요에 따라 GPU 크기를 키우거나 줄이는 것이 가능하다. 또한 이런 서비스들은 완결적인 형태의 설치본들을 제공하기 때문에 개발자는 관련 요소들의 설치와 설정에 시간을 빼앗기지 않고 모형 개발에만 집중할 수 있다.

필자들은 이 책에 나온 몇몇 모형의 훈련을 가속하기 위해 독자적인 GPU 서버를 구축하고 관리했지만, 여러분에게는 그렇게 하지 말라고 권하고 싶다. 서로 호환되는 구성요소들을 선택하는 것과 자료 처리량의 병목이 되는 지점을 찾아서 최적화하기가 꽤나 어려웠기 때문이다. 우리는 다른 사람들이 설명한 성공적인 구조들을 흉내 냈으며, 비트코인 열풍이 불어서

---

[21] 애플의 Core ML 문서화(https://developer.apple.com/documentation/coreml) 또는 구글의 TensorFlow Lite 문서화(https://www.tensorflow.org/mobile/tflite/)를 보라.

[22] Keras.js 소개 페이지(https://transcranial.github.io/keras-js/#/).

고성능 컴퓨팅(HPC)용 부품들의 가격이 치솟기 전에 RAM과 GPU들을 산 덕분에 돈을 별로 낭비하지 않았다. 그러나 모든 라이브러리를 최신으로 유지하거나 필자마다 다른 사용 방식 및 설정을 조율하기란 절대로 쉬운 일이 아니었다. 재미있었고 배운 점도 많았지만, 우리의 시간과 돈을 효율적으로 사용했다고는 할 수 없다.

GPU 인스턴스를 대여하는 것이 더 유연하고 효율적인 방법이지만, 단점이 하나 있다. 바로, 사용 시간에 주의를 기울이지 않으면 나중에 요금 폭탄을 맞을 수 있다는 것이다. 모형의 훈련이 끝나도 인스턴스가 자동으로 중지하지는 않는다. 계속해서 요금이 올라가는 미터기를 멈추려면 훈련이 끝난 후 명시적으로 GPU 인스턴스를 꺼야 한다. 좀 더 자세한 사항은 부록 E의 "비용 관리" 절(§E.1.1)을 참고하기 바란다.

13.4.3 GPU 대여 옵션들

GPU를 대여해 주는 기업은 다양하다. 마이크로소프트(Azure)나 아마존(AWS), 구글(Cloud Platfom) 같은 대기업도 있고 Paperspace나 FloydHub처럼 신생 기업도 있다. 이들은 모두 심층 학습 프로젝트를 바로 시작할 수 있는 흥미로운 제품과 서비스를 제공한다.

표 13.1은 이런 여러 PaaS(platform-as-a-service; 서비스로서의 플랫폼) 제공 업체들의 여러 GPU 대여 옵션을 비교한 것이다. 최소한의 소프트웨어만 설치된 단순한 GPU VM 인스턴스를 제공하는 것에서부터 모든 구성요소가 설치, 설정되어 있을 뿐만 아니라 끌어다 놓기(드래그-드롭) GUI 클라이언트도 갖춘 환경을 제공하는 것까지 다양하다. 서비스 가격은 국가와 지역마다 다르기 때문에 생략했다. 대여 요금은 서버 위치와 구성, 설정에 따라 시간당 또는 인스턴스당 $0.65에서 수 달러로 다양하다.

표 13.1 **PaaS들의 GPU 대여 옵션 비교**

서비스	주된 장점	GPU 옵션	시작 편의성	유연성
아마존 AWS	다양한 GPU 구성, 현물가격(spot price), 데이터 센터가 전 세계에 있음	NVIDIA GRID K520, Tesla M60, Tesla K80, Tesla V100	중간	높음
구글 클라우드	구글 클라우드 쿠버네티스, DialogFlow, Jupyter(colab.research.google.com/notebook)와 연동	NVIDIA Tesla K80, Tesla P100	중간	높음
마이크로소프트 Azure	이미 Azure의 다른 서비스들을 사용하고 있다면 좋은 선택임	NVIDIA Tesla K80	중간	높음
FloydHub	명령줄 인터페이스로 코드를 번들화(bundling)할 수 있음	NVIDIA Tesla K80, Tesla V100	쉬움	중간
Paperspace	가상 서버 및 호스팅된 iPython/ Jupyter 노트북에서 GPU 지원	NVIDIA Maxwell, Tesla P5000, Tesla P6000, Tesla V100	쉬움	중간

AWS에서 GPU 설정 부록 E는 AWS에서 GPU 인스턴스를 돌리는 데 필요한 단계들을 간결하게 보여준다.

13.4.4 TPU(텐서 처리 장치)

*TPU*라는 약자를 들어본 적이 있을 것이다. tensor processing unit(텐서 처리 장치)을 줄인 TPU는 텐서 연산에 고도로 최적화된 하드웨어 장치로, 심층 학습에 대단히 유용하다. 특히, TensorFlow 모형의 역전파를 계산하는 데 특히나 효율적이다. 특별한 FPGA와 ASIC 칩들을 이용해서 자료를 전처리하고 전치하는(transpose) TPU는 임의의 차원의 텐서 곱셈에 최적화되어 있다. 반면 GPU는 원래 그래픽 처리를 위한 것이라서 주로는 3차원 장면을 변환하고 렌더링하는 데 필요한 2차원 행렬 곱셈에 최적화되어 있다.

2015년에 TPU를 고안하고 설계한 구글의 주장에 따르면, 심층 학습 모형을 계산하는 데 TPU가 동급의 GPU보다 10배 더 효율적이다. 이 글을 쓰는 현재 구글은 TPU의 베타 버전을 공개한 상태이다(아직 서비스 수준 협약서는 제공되지 않았다). 연구자들은 TensorFlow Research Cloud [주23]에 참여해서 자신의 모형을 TPU로 훈련할 수 있다.

13.5 모형 훈련의 메모리 요구량 줄이기

GPU에서 커다란 말뭉치로 NLP 모형을 훈련할 때 종종 MemoryError라는 오류 메시지를 보게 된다. 목록 13.12가 그러한 예이다.

목록 13.12 훈련 자료가 GPU 메모리보다 클 때 나오는 오류 메시지

```
Epoch 1/10
Exception in thread Thread-27:
Traceback (most recent call last):
  File "/usr/lib/python2.7/threading.py", line 801, in __bootstrap_inner
    self.run()
  File "/usr/lib/python2.7/threading.py", line 754, in run
    self.__target(*self.__args, **self.__kwargs)
  File "/usr/local/lib/python2.7/dist-packages/keras/engine/training.py",
    line 606, in data_generator_task
    generator_output = next(self._generator)
  File "/home/ubuntu/django/project/model/load_data.py", line 54,
    in load_training_set
    rv = np.array(rv)
MemoryError
```

[주23] TensorFlow의 "TensorFLow Research Cloud" 페이지(https://www.tensorflow.org/tfrc/).

GPU를 이용해서 모형을 훈련할 때는 컴퓨터의 주 메모리뿐만 아니라 그래픽 카드(GPU가 있는)의 내부 메모리도 쓰인다. 일반적으로 그래픽 메모리는 몇 GB 정도로, CPU가 접근하는 주 메모리보다 작다. CPU에서 모형을 훈련할 때는 훈련 자료 전체가 커다란 텐서 테이블 또는 순차열 형태로 메모리에 통째로 적재된다. 그러나 GPU로 훈련할 때는 메모리 용량 제약 때문에 그렇게 하기 힘들다(그림 13.3).

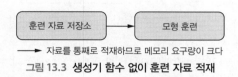

그림 13.3 **생성기 함수 없이 훈련 자료 적재**

한 가지 효율적인 해결책은 파이썬의 **생성기**(generator; 또는 발생기) 개념을 사용하는 것이다. 파이썬의 생성기는 하나의 반복자(iterator) 객체를 돌려주는 함수이다. 그 반복자 객체를 모형 훈련 메서드에 전달하면, 메서드는 그 반복자 객체로 각 훈련 반복에서 하나 또는 몇 개의 훈련 견본을 "뽑아내서" 훈련에 사용한다. 이렇게 하면 자료 집합 전체를 통째로 메모리에 올리지 않아도 된다(그림 13.4). 단, 이러한 메모리 요구량 감소 기법에는 몇 가지 주의할 점이 있다.

- 생성기는 순차열의 요소들을 한 번에 하나씩 제공할 뿐이므로, 순차열의 길이(요소 개수)는 미리 알 수 없다. 마지막 요소를 뽑은 후에야 순차열이 끝났음을 알 수 있다.
- 생성기는 한 번만 실행할 수 있다. 한 번 쓰고 버릴 뿐, 재활용할 수 없다.

이 두 단점 때문에, 자료 집합을 여러 번 훑으면서 훈련을 반복하려면 일일이 관리해야 할 것이 많아진다. 다행히 케라스에는 그런 모든 번거로운 관리 문제를 해결해 주는 수단들이 있다.

그림 13.4 **생성기 함수를 이용한 훈련 자료 적재**

생성기 함수는 저장소에서 적당한 크기의 훈련 자료를 적재해서 훈련 메서드에 제공하는 작업을 책임진다. 목록 13.13의 경우 훈련 자료 저장소는 하나의 csv 파일이다. 이 파일의 각 행에는 입력값과 기대 출력값(목푯값)이 | 기호로 구분되어 있다. 생성기는 훈련 배치 크기만큼의 자료 조각을 메모리에 적재해서 공급하므로, 훈련에 필요한 메모리가 크게 줄어든다.

목록 13.13 생성기를 이용한 RAM 효율성 개선

```
>>> import numpy as np              배치 크기를 동적으로 지정할 수 있다.        이 무한 루프는 훈련 배치 자료를
>>>                                 기본값은 32이다.                         무한히 제공한다. 케라스는 하나의
>>> def training_set_generator(data_store,                                  훈련 주기(세)가 끝나면 훈련 견본
...                            batch_size=32):                              을 더 이상 요청하지 않는다.
...     X, Y = [], []
...     while True:                                                         훈련 자료 저장소(파일)를 열고
...         with open(data_store) as f:                                     파일 핸들 f를 생성한다.
...             for i, line in enumerate(f):

...                 if i % batch_size == 0 and X and Y:                     배치 크기만큼의 자료가 모였으면
...                     yield np.array(X), np.array(Y)                      yield 키워드를 이용해서 그 자료를
...                     X, Y = [], []                                       훈련 메서드(fit)에 제공한다. 훈련
...                 x, y = line.split('|')                                  메서드는 실행의 제어권을 이 yield
...                 X.append(x)                                             문 다음 지점으로 돌려준다. 따라서
...                 Y.append(y)                                             for 루프가 계속 반복된다.
>>>
>>> data_store = '/path/to/your/data.csv'                                   아직 견본들이 충분히 모이지 않았으면
>>> training_set = training_set_generator(data_store)                       현재 행을 구분자 |로 분리해서 입력값과
                                                                            목푯값을 각각 목록 X와 Y에 추가한다.
```

훈련 자료 저장소의 행들을 훑으면서 훈련 자료(입력 견본들과 목푯값들)를 취한다.
파일의 마지막 행에 도달하면 무한 루프에 의해 다시 첫 행부터 시작한다.

이 예에서는 입력값과 목푯값이 파이프 기호(|)로 분리된 csv 파일을 지정해서 training_set_generator 함수를 호출하지만, 임의의 데이터베이스나 기타 자료 저장 시스템을 사용하는 것도 가능하다.

앞에서 이야기했듯이 이러한 생성기의 한 가지 단점은 훈련 자료 순차열의 크기에 관한 정보를 제공하지 않는다는 점이다. 케라스는 훈련 자료의 크기를 미리 알 수 없다는 점을 고려한, fit과 predict, evaluate 메서드의 또 다른 버전들을 제공한다.

생성기 없이 모형을 훈련할 때는 다음과 같은 fit 메서드를 사용한다.

```
>>> model.fit(x=X,
...           y=Y,
...           batch_size=32,
...           epochs=10,
...           verbose=1,
...           validation_split=0.2)
```

생성기가 있을 때는 다음처럼 fit_generator라는 메서드를 사용한다.

fit_generator를 호출할 때는 generator 인수에 생성기를 지정해야 한다. 앞에서
본 training_set_generator를 비롯한 임의의 생성기 함수를 이용하면 된다.

```
>>> data_store = '/path/to/your/data.csv'
>>> model.fit_generator(generator=training_set_generator(data_store,
...       batch_size=32),
...                       steps_per_epoch=100,
...                       epochs=10,
...                       verbose=1,
...                       validation_data=[X_val, Y_val])
```

주기의 수를 지정하는 것은 원래의 fit과 동일하다.

전체 훈련 자료가 한꺼번에 fit_generator에 전달되지 않으므로 validation_split은
적용할 수 없다. 대신 validation_data 인수에 검증 자료 집합을 직접 지정해야 한다.

원래의 fit 메서드에서는 batch_size 인수에 훈련 배치 크기를 설정하지만, fit_generator에서는 한 훈련 주기(세)
의 단계 수를 steps_per_epoch 인수에 지정한다. 각 단계에서 생성기가 호출된다. 훈련 견본의 수를 batch_size
로 나눈 값을 이 인수에 지정하면 결과적으로 한 주기에서 훈련 집합의 모든 견본이 훈련에 쓰이게 된다.

생성기를 사용할 때는 모형의 평가와 예측 역시 evaluate 메서드와 predict 메서드 대신 다음 두 메서드를 사용하는 것이 바람직하다.

```
model.evaluate_generator(generator=your_eval_generator(eval_data,
    batch_size=32), steps=10)
```

```
model.predict_generator(generator=your_predict_generator(prediction_data,
    batch_size=32), steps=10)
```

주의 생성기는 메모리 효율성이 좋지만, 모형 훈련 과정에서 하나의 병목(훈련 단계들의 속도를 늦추는)이 될 수 있다. 훈련 함수들을 개발할 때 생성기의 속도에 주의를 기울여야 한다. 생성기가 즉석에서 자료를 훈련 함수에 제공하는 것 때문에 전체적인 속도가 느려진다면 훈련 자료를 미리 처리해 두거나 아니면 메모리가 더 큰 구성을 대여하는 방법을 고려해야 할 것이다(두 방법을 결합할 수도 있다).

13.6 TensorBoard를 이용한 모형 성능 평가

모형을 훈련하면서 모형의 성능에 관한 통찰을 얻을 수 있다면, 그리고 이전 훈련 실행들의 성능과 비교할 수 있다면 좋을 것이다. 또는, 단어 내장들을 빠르게 그래프로 표시해서 의미 유사도를 점검할 수 있어도 좋을 것이다. 구글의 TensorBoard가 딱 그런 기능을 제공한다.

TensorFlow로(또는 TensorFlow를 뒷단으로 둔 케라스로) 모형을 훈련한다면 TensorBoard를 이용해서 NLP 모형에 관한 통찰을 얻을 수 있다. TensorBoard를 이용하면 모형의 훈련에 관한 여러 측정치를 추적하거나, 신경망 가중치 분포를 그래프로 그리거나, 단어 내장들을 시각화할 수 있으며, 그 밖에도 할 수 있는 일이 많다. TensorBoard는 훈련 인스턴스와 연동된 웹 브라우저로 조작할 수 있어서 사용하기가 아주 쉽다.

TensorBoard를 케라스와 함께 사용하고 싶다면 TensorBoard 파이썬 패키지를 설치해야 한다. 설치 방법은 다른 파이썬 패키지들과 같다.

```
$ pip install tensorboard
```

설치가 끝난 후에는 다음 명령으로 TensorBoard를 띄운다.

```
$ tensorboard --logdir=/tmp/
```

훈련을 여러분의 노트북 또는 데스크톱 PC로 실행하는 경우, TensorBoard가 실행 중인 상태에서 브라우저로 지역 호스트 포트 6006번에 접속하면, 간단히 말해서 http://localhost:6006을 브라우저로 열면 TensorBoard 사용자 인터페이스가 나타난다. 대여한 GPU 인스턴스에서 모형을 훈련하는 경우에는 localhost 대신 GPU 인스턴스의 공공 IP 주소를 사용하면 된다. 단, GPU 대여 업체가 포트 6006을 열어두었어야 한다.

그럼 TensorBoard를 활용하는 구체적인 예제를 살펴보자.

13.6.1 단어 내장 시각화

여러분이 새로운 영역 특화 단어 내장을 직접 훈련하면서 의미 유사도들을 점검할 때는 단어 내장을 시각화해 보는 것이 특히나 도움이 된다. 그리고 TensorBoard는 단어 내장을 시각화하기에 아주 좋은 도구이다. 단어 내장 모형을 TensorBoard가 처리할 수 있는 형태로 변환하는 것은 어렵지 않다. 단어 벡터들과 벡터 분류명들을 TensorBoard에 적재하기만 하면 TensorBoard는 그것들을 2차원 또는 3차원으로 축소해서 그래프로 표시해 준다. 현재 TensorBoard가 기본으로 지원하는 차원 축소 기법은 PCA와 t-SNE이며, 커스텀 차원 축소 기법을 지정하는 것도 가능하다.

목록 13.14는 단어 내장을 TensorBoard가 인식하는 형태로 변환하고 저차원으로 투영(사영)하는 방법을 보여준다.

```
>>> import os
>>> import tensorflow as tf
>>> import numpy as np
>>> from io import open
>>> from tensorflow.contrib.tensorboard.plugins import projector
>>>
>>>
>>> def create_projection(projection_data,
...                        projection_name='tensorboard_viz',
...                        path='/tmp/'):
...     meta_file = "{}.tsv".format(projection_name)
...     vector_dim = len(projection_data[0][1])
...     samples = len(projection_data)
...     projection_matrix = np.zeros((samples, vector_dim))
...
...     with open(os.path.join(path, meta_file), 'w') as file_metadata:
...         for i, row in enumerate(projection_data):
...             label, vector = row[0], row[1]
...             projection_matrix[i] = np.array(vector)
...             file_metadata.write("{}\n".format(label))
...
...     sess = tf.InteractiveSession()
...
...     embedding = tf.Variable(projection_matrix,
...                             trainable=False,
...                             name=projection_name)
...     tf.global_variables_initializer().run()
...
...     saver = tf.train.Saver()
...     writer = tf.summary.FileWriter(path, sess.graph)
...
...     config = projector.ProjectorConfig()
...     embed = config.embeddings.add()
...     embed.tensor_name = '{}'.format(projection_name)
...     embed.metadata_path = os.path.join(path, meta_file)
...
...     projector.visualize_embeddings(writer, config)
...     saver.save(sess, os.path.join(path, '{}.ckpt'\
...         .format(projection_name)))
...     print('Run 'tensorboard --logdir={0}' to run\
...         visualize result on tensorboard'.format(path))
```

create_projection 함수의 세 인수는 순서대로 내장 자료, 투영 이름, 그리고 투영 파일들이 저장될 디렉터리이다.

함수는 내장 자료를 훑어서 하나의 NumPy 배열을 만든다. 이 배열을 나중에 TensorFlow 형식의 변수로 변환한다.

TensorBoard 투영을 위해서는 TensorFlow 세션을 생성해야 한다.

TensorFlow가 제공하는 내장 메서드들을 이용해서 투영 자료를 생성하고 파일에 기록한다.

visualize_embeddings 메서드는 투영 자료를 주어진 경로에 기록한다. TensorBoard는 이 파일을 이용해서 단어 내장을 시각화한다.

create_projection 함수의 첫 인수에는 단어 벡터와 분류명으로 구성된 튜플들의 목록을 지정해야 한다. 함수는 이 내장 자료를 TensorBoard 투영 자료로 변환해서 셋째 인수로 지정된 디렉터리의 파일들에 기록한다. TensorBoard는 그 파일들을 읽어 들여서 시각화 그래프를 생성한 후 브라우저에 표시한다. TensorBoard가 투영 파일들을 인식하려면 create_projection

함수의 셋째 인수로 지정한 디렉터리와 TensorBoard 실행 시 --logdir 옵션으로 지정한 디렉터리가 일치해야 한다. 셋째 인수의 기본값은 /tmp/이며, 앞에서 TensorBoard를 실행할 때 --logdir로 /tmp/를 지정했다. 목록 13.5는 이 함수의 사용 예이다.

```
>>> projection_name = "NLP_in_Action"
>>> projection_data = [
>>>     ('car', [0.34, ..., -0.72]),
>>>     ...
>>>     ('toy', [0.46, ..., 0.39]),
>>> ]
>>> create_projection(projection_data, projection_name)
```

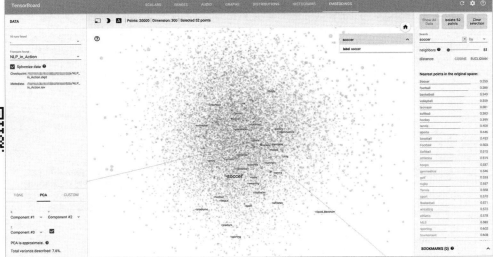

그림 13.5 word2vec 단어 내장을 TensorBoard로 시각화한 모습

요약

- Annoy 같은 지역 민감 해시를 이용하면 잠재 의미 색인화의 잠재력을 실현할 수 있다.

- GPU를 이용해서 모형 훈련 시간을 줄이면 다양한 초매개변수들로 모형을 실험할 수 있으며, 결과적으로 모형을 좀 더 빠르게 구축, 조율할 수 있다.

- 커다란 행렬의 곱셈을 최적화하는 것이 속도 향상에 그리 큰 도움이 되지 않는 알고리즘들에는 CPU 병렬화가 유용하다.

- 파이썬의 생성기를 이용하면 시스템 RAM 병목을 해소할 수 있으며, 따라서 하드웨어 비용을 줄일 수 있다.

- 구글의 TensorBoard는 자연어 내장의 시각화에 도움이 된다. 이를 통해서 다른 방법으로는 얻지 못했을 통찰을 얻을 수 있다.

- NLP의 병렬화가 더욱 발전한다면 소위 **마음의 사회**(society of minds)를[주24] 통해서 인간의 사고 능력을 확장하는 것이 가능하다. 마음의 사회란 간단히 말하면 우리의 사고를 돕는 컴퓨터들의 군집이다.

[주24] 피터 와츠(Peter Watts)의 "Conscious Ants and Human Hives" 강연 동영상(https://youtu.be/v4uwaw_5Q3I?t=45s). (참고로 '마음의 사회'라는 용어 자체는 마빈 민스키가 제안한 이론이자 책 이름이다—옮긴이.)

NLP 도구들

NLPIA 패키지를 설치하면 이 책의 모든 예제를 실행할 수 있다. 이 부록은 NLPIA 패키지를 설치하고 활용하는 방법을 설명한다. 이 책이 나온 이후 여러 가지 변화 때문에 이 부록의 내용대로 설치가 진행되지 않을 가능성도 있는데, 이를 위해 GitHub의 NLPIA 패키지 저장소 (http://github.com/totalgood/nlpia)에 있는 README.md를 최신 상황에 맞게 계속 갱신할 계획이다.

만일 파이썬 3을 비롯한 기본적인 개발 도구들이 이미 깔려 있다면, 일단은 다음 명령들로 설치를 시도해 보아도 좋을 것이다.

```
$ git clone https://github.com/totalgood/nlpia
$ pip3 install -e nlpia
```

이 방법으로 설치가 되지 않는다면 추가적인 준비 작업이 필요하다. 우선 필요한 것은 독자가 사용하는 운영체제에 맞는 패키지 관리자를 설치하는 것이다. 우분투 같은 개발자 친화적 운영체제라면, 이미 적당한 패키지 관리자가 시스템에 설치되어 있을 것이다. 이 부록은 다음 세 운영체제를 위한 패키지 관리자 및 기타 의존 패키지들의 설치 방법을 제공한다.

- 우분투: §A.4
- 맥 OS: §A.5
- Windows: §A.6

일단 §A.4나 §A.5, §A.6을 참고해서 독자의 운영체제에 맞는 패키지 관리자를 설치한 후 §A.1
로 돌아와서 Anaconda3을 설치하기 바란다.

A.1 Anaconda3 설치

파이썬 3에는 NLP에 유용한, 효율적이고도 표현력 좋은 기능들이 많이 있다. 그리고 거의 모
든 운영체제에서, NLP를 위한 파이썬 3 활용 환경을 갖추는 가장 쉬운 방법은 Anaconda3을
설치하는 것이다. https://www.anaconda.com/download에서 독자의 운영체제에 맞는 설치
프로그램을 내려받아서 설치하기 바란다. Anaconda3에는 다양한 패키지들과 도구들이 포함
되어 있다. 특히 Anaconda3은 matplotlib처럼 설치하기 어려운 패키지를 손쉽게 설치해 주는
패키지 및 환경 관리자를 제공하므로, Windows처럼 개발용 패키지들을 설치하고 준비하기가
그리 편하지 않은 운영체제에서 대단히 유용하다.

필요하다면 아나콘다와 conda 패키지 관리자의 최신 버전을 명령줄 환경에서 직접 설치할
수도 있다(목록 A.1).

목록 A.1 Anaconda3 직접 설치

```
$ OS=MacOSX  # 또는 Linux나 Windows
$ BITS=_64   # 32비트 버전을 원한다면 = 다음에 아무것도 지정하지 말 것.
$ curl https://repo.anaconda.com/archive/ > tmp.html
$ FILENAME=$(grep -o -E -e "Anaconda3-[.0-9]+-$OS-
    x86$BITS\.(sh|exe)" tmp.html | head -n 1)
$ curl "https://repo.anaconda.com/archive/$FILENAME" > install_anaconda
$ chmod +x install_anaconda
$ ./install_anaconda -b -p ~/Anaconda
$ export PATH="$HOME/Anaconda/bin:$PATH"
$ echo 'export PATH="$HOME/Anaconda/bin:$PATH"' >> ~/.bashrc
$ echo 'export PATH="$HOME/Anaconda/bin:$PATH"' >> ~/.bash_profile
$ source ~/.bash_profile
$ rm install_anaconda
```

Anaconda3은 가상 환경을 지원한다. Anaconda3의 가상 환경은 파이썬 virtualenv 기반 가
상 환경이 아니라, 파이썬의 모든 이진 의존 파일들이 운영체제의 파이썬 환경과 격리되는 좀
더 완전한 형태의 conda 환경이다. 그럼 conda 환경 안에 NLPIA 패키지의 소스 코드 및 의존
패키지들을 설치해 보자.

A.2 NLPIA 설치

여기서는 사용자 디렉터리($HOME)의 code/ 폴더에 NLPIA 소스 코드를 설치하지만, 원한다면 다른 디렉터리를 지정해도 된다. 목록 A.2의 설치 과정이 잘 되지 않는다면 GitHub NLPIA 저장소의 README.md 파일에 있는 좀 더 최신의 내용을 살펴보기 바란다.

목록 A.2 conda를 이용한 NLPIA 설치

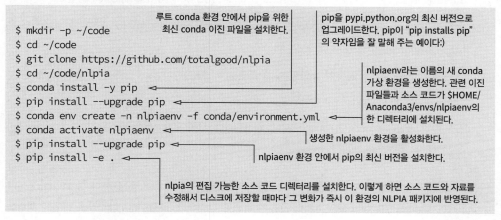

```
$ mkdir -p ~/code
$ cd ~/code
$ git clone https://github.com/totalgood/nlpia
$ cd ~/code/nlpia
$ conda install -y pip          ◄──── 루트 conda 환경 안에서 pip을 위한
                                       최신 conda 이진 파일을 설치한다.
$ pip install --upgrade pip     ◄──── pip을 pypi.python.org의 최신 버전으로
                                       업그레이드한다. pip이 "pip installs pip"
                                       의 약자임을 잘 말해 주는 예이다:)
$ conda env create -n nlpiaenv -f conda/environment.yml   ◄──── nlpiaenv라는 이름의 새 conda
                                                                가상 환경을 생성한다. 관련 이진
                                                                파일들과 소스 코드가 $HOME/
                                                                Anaconda3/envs/nlpiaenv의
                                                                한 디렉터리에 설치된다.
$ conda activate nlpiaenv       ◄──── 생성한 nlpiaenv 환경을 활성화한다.
$ pip install --upgrade pip     ◄──── nlpiaenv 환경 안에서 pip의 최신 버전을 설치한다.
$ pip install -e .              ◄──── nlpia의 편집 가능한 소스 코드 디렉터리를 설치한다. 이렇게 하면 소스 코드와 자료를
                                       수정해서 디스크에 저장할 때마다 그 변화가 즉시 이 환경의 NLPIA 패키지에 반영된다.
```

A.3 IDE

파이썬 3과 NLPIA를 설치했다면, 통합 개발 환경(integrated development environment, IDE)으로 사용할 적당한 텍스트 편집기만 있으면 된다. 필자들은 JetBrains의 PyCharm 같은 거창한 통합 시스템보다는, 작은 개발팀이 만든 "한 가지 일을 잘 해내는" 개별 도구들을 조합하는 쪽을 선호한다. Sublime Text가 그러한 도구의 예이다.

> **팁** 개발팀이 개발자들을 위해 만든 도구는 아주 유용하다. 특히, 그 개발팀에 개발자가 한 명뿐이면 더욱 그렇다. 덩치 큰 개발팀에 비해 개별 개발자(1인 개발팀)는 새로운 기법이나 사용자의 제안을 좀 더 잘 받아들이는 경향이 있기 때문이다. 개별 개발자가 만든 도구는 자신의 작업 흐름을 최적화하는 데 정말로 필요해서 만든 것일 가능성이 크다. 그리고, 안정적이고 강력하며 다른 도구들과 경쟁할 정도로 인기 있는 개발 도구를 만든 개발자의 작업 흐름은 아마도 대단히 훌륭할 것이다. jupyter 같은 커다란 오픈소스 프로젝트도 훌륭하긴 하지만, 1인 개발팀의 도구와는 다른 방식으로 훌륭하다. 일반적으로 그런 프로젝트들은 다양한 기능을 갖추고 있으며 극도로 다재다능하다. 오픈소스 프로젝트의 상용 라이선스 포크만 없다면 그런 프로젝트들도 칭송받아 마땅하다.

다행히 파이썬 IDE를 구성하는 도구들은 모두 무료이고 확장성이 좋으며 계속해서 관리된다. 게다가 대부분은 오픈소스라서 필요에 따라 수정할 수도 있다. 다음은 추천할 만한 도구들이다.

- 텍스트 편집기 Sublime Text 3(www.sublimetext.com/3)과 패키지 관리자 Package Control(https://packagecontrol.io/installation#st3), 그리고 코드 자동 수정 기능을 위한 Sublime Text 3용 아나콘다 패키지(https://packagecontrol.io/packages/Anaconda).
- 코드 병합 도구 Meld. 맥 OS용은 https://yousseb.github.io/meld, 다른 운영체제용은 http://meldmerge.org에 있다.
- 대중적인 개발 작업 흐름인 **REPL**(Read → Eval → Print → Loop; 읽기-평가-출력-루프)을 지원하는 ipython (jupyter console).
- 튜토리얼, 블로그 포스트, 또는 여러분의 결과를 상사에게 보여주기 위한 보고서를 작성하는 데 유용한 jupyter notebook.

팁 놀랍만큼 생산적인 몇몇 개발자는 파이썬 REPL 작업 흐름을 사용한다.[주1] IPython이나 Jupyter Console/Notebook의 REPL 콘솔은 특히나 강력하다. help, ?, ??, % 같은 마법의 명령들뿐만 아니라 탭 키를 눌렀을 때 속성이나 메서드, 인수, 파일 경로를 자동으로 완성해 주는 기능도 엄청나게 유용하다. 심지어 사전 객체(dict)의 키들을 자동 완성하는 것도 가능하다. 뭔가 막혔을 때 구글이나 스택오버플로를 검색하기 전에, REPL 콘솔에서 sklearn.linear_model.BayesianRidge?? 같은 명령을 실행해서 해당 파이썬 패키지의 docstring 문서화와 소스 코드를 먼저 살펴보기 바란다. 파이썬의 REPL은 외부 셸 명령 실행도 지원한다(이를테면 !git pull이나 !find . -name nlpia 등). 따라서 다른 창으로 가거나 키보드에서 손을 떼서 마우스를 움직일 필요가 없다. 이런 식으로 문맥 전환을 최소화하면 생산성이 극대화된다.

A.4 우분투 패키지 관리자

대부분의 리눅스 배포판에는 완전한 기능을 갖춘 패키지 관리자가 포함되어 있다. 경우에 따라서는 아나콘다(§A.2)의 패키지 관리자인 conda가 이미 설치되어 있을 수도 있다. 인기 있는 리눅스 배포판인 우분투의 기본 패키지 관리자는 apt이다. 목록 A.3은 apt를 이용해서 몇 가지 기본 패키지들을 설치하는 방법을 보여준다. §A.3에서 여러 도구와 패키지를 언급했는데,

---

주1 이를테면 Steven "Digital Nomad" Skoczen과 Aleck "The Dude" Landgraf가 그렇다.

그 중 여러분에게 필요한 것들을 기본적으로는 아나콘다의 conda를 이용해서 설치하는 것이 편할 것이다. 그러나 만에 하나 뭔가 잘 되지 않는다면 목록 A.3을 참고해서 기본 패키지들을 차례로 설치해 가면서 conda를 다시 시도해 보기 바란다.

목록 A.3 필요하다면 apt로 기본적인 개발용 도구들을 설치한다.

```
$ sudo apt-get update
$ sudo apt install -y build-essential libssl-dev g++ cmake swig git
$ sudo apt install -y python2.7-dev python3.5-dev libopenblas-dev \
  libatlas-base-dev gfortran libgtk-3-dev
$ sudo apt install -y openjdk-8-jdk python-dev python-numpy python-pip \
  python-virtualenv python-wheel python-nose
$ sudo apt install -y python3-dev python3-wheel python3-numpy python-scipy \
  python-dev python-pip python3-six python3-pip
$ sudo apt install -y python3-pyaudio python-pyaudio
$ sudo apt install -y libcurl3-dev libcupti-dev xauth x11-apps python-qt4
$ sudo apt install -y python-opencv-dev libxvidcore-dev libx264-dev \
  libjpeg8-dev libtiff5-dev libjasper-dev libpng12-dev
```

> **팁** apt-get update 명령이 bazel과 관련한 오류를 낸다면, TensorFlow에 대한 구글의 빌드 도구들이 있는 apt 저장소를 apt 환경에 추가해 보기 바란다. 방법은 다음과 같다.

```
$ sudo apt-get install curl
$ curl https://bazel.build/bazel-release.pub.gpg | sudo apt-key add -
```

A.5 맥 OS

이 책을 활용하는 데 필요한(그리고 일반적으로 NLP에 필요한) 도구들을 설치하려면 XCode 말고 진짜 패키지 관리자가 필요하다.

A.5.1 Homebrew

아마도 개발자들 사이에서 맥 OS용 명령줄 패키지 관리자로 가장 유명한 것은 Homebrew (https://brew.sh)일 것이다. Hombrew는 설치하기 쉬우며, 일단 설치하고 나면 다른 개발 도구들과 패키지들도 손쉽게 설치할 수 있다. 우분투의 apt 패키지 관리자를 연상하면 이해가 될 것이다. 애초에 Apple이 apt를 지원했으면 더 좋았겠지만, 명백히 수익상의 이유로 Apple은 개발자들을 XCode와 앱 스토어 안에 가두려고 했다. 그래서 몇몇 용감무쌍한 Ruby 개발자들이 자신만의 패키지 관리자를 "집에서 직접 빚었다(homebrewed)".[주2] Homebrew는 apt나 기타 다른 운영체제의 이진 패키지 관리자와 비교해 손색이 없다. 목록 A.4는 Homebrew를 설치하는 명령이다.

목록 A.4 brew 설치

```
$ /usr/bin/ruby -e "$(curl -fsSL https://raw.githubusercontent.com/Homebrew/\
install/master/install)"
```

설치의 전 과정이 자동으로 진행되지는 않음을 주의하기 바란다. 지루하더라도 터미널 앞을 지키고 있다가, 필요에 따라 Enter 키를 눌러서 다음 단계로 넘어가서 루트/sudo 패스워드를 입력해 주어야 한다.

A.5.2 기타 개발용 도구 설치

Homebrew를 설치한 다음에는 개발에 편리한 몇 가지 리눅스 도구를 설치한다(목록 A.5).

목록 A.5 개발용 도구 설치

```
$ brew install wget htop tree pandoc asciidoctor
```

A.5.3 조율

NLP와 소프트웨어 개발을 본격적으로 진행할 생각이라면, 꼭 필요한 도구가 아니더라도 생산성에 도움이 되는 몇 가지 도구를 설치, 설정하는 것이 바람직하다. 다음은 필자들이 맥 OS에서 항상 사용하는 도구 두 개이다.

- 화면 갈무리를 위한 Snappy(http://snappy-app.com)
- 클립보드 관리를 위한 CopyClip(https://itunes.apple.com/us/app/copyclip-clipboard-history-manager/id595191960)

스크린숏을 다른 NLP 개발자들과 공유하려면 Snappy 같은 화면 갈무리 도구가 필요하다. 그리고 CopyClip 같은 클립보드 관리자를 이용하면 한 번에 하나씩만 복사해 붙일 수 있는 기본 클립보드의 한계를 뛰어넘을 수 있다. 게다가, 컴퓨터를 다시 시작해도 이전에서 복사한 것들에

주2 영어 위키백과 "Homebrew_(package_management_software)" 페이지(https://en.wikipedia.org/wiki/Homebrew_(package_management_software)).

접근할 수 있어서 대단히 편리하다. CopyClip 같은 클립보드 관리자는 터미널 창의 입력 내역 검색([ctrl]-[R]) 기능이 주는 편리함을 GUI의 복사&붙이기 세계에서도 누릴 수 있게 한다.

입력 내역(history) 말이 나온 김에, 목록 A.6은 .bash_profile 파일을 이용해서 bash 셸의 입력 내역 길이를 늘리는 방법을 보여준다. 또한, 좀 더 안전한 rm -f 별칭, 기본 편집기 설정, 콘솔 텍스트 색상 등을 설정하는 방법과 open 명령을 이용해서 브라우저나 텍스트 편집기, 병합 도구를 띄우는 방법도 보여준다.

목록 A.6 유용한 .bash_profile 설정

```bash
#!/usr/bin/env bash
echo "Running customized ~/.bash_profile script: '$0' ......."
export HISTFILESIZE=10000000
export HISTSIZE=10000000
# 세션이 끝날 때마다 입력 내역을 파일을 추가한다.
shopt -s histappend
# 실패한 명령을 Ctrl-R로 다시 편집할 수 있게 한다.
shopt -s histreedit
# 명령 치환 시 먼저 사용자의 확인을 거치게 한다.
shopt -s histverify
# 여러 줄 명령을 하나의 입력 내역 항목에 저장한다.
shopt -s cmdhist
# 명령이 끝날 때마다 창의 크기를 점검하고 LINES와 COLUMNS를 적절히 갱신한다.
shopt -s checkwinsize
# grep 결과들에 색을 입힌다.
export GREP_OPTIONS='--color=always'
# 부합한 부분을 대담한 보라색(마젠타)으로 표시한다.
export GREP_COLOR='1;35;40'
# 셸에서 하는 모든 일을 OS가 무심코 지우거나 잘라내지 않을 파일에 기록해 둔다.
export PROMPT_COMMAND='echo "# cd $PWD" >> ~/
    .bash_history_forever; '$PROMPT_COMMAND
export PROMPT_COMMAND="history -a; history -c; history -r; history 1 >> ~/
    .bash_history_forever; $PROMPT_COMMAND"
# 다시 변경되지 않도록 읽기 전용으로 설정한다.
readonly PROMPT_COMMAND
# 사용 예: subl http://google.com  # 새 탭을 연다.
if [ ! -f /usr/local/bin/firefox ]; then
   ln -s /Applications/Firefox.app/Contents/MacOS/firefox /usr/local/bin/
     firefox
fi
alias firefox='open -a Firefox'
# 사용 예: subl file.py
if [ ! -f /usr/local/bin/subl ]; then
   ln -s /Applications/Sublime\ Text.app/Contents/SharedSupport/bin/subl /
     usr/local/bin/subl
fi
# 사용 예: meld file1 file2 file3
if [ ! -f /usr/local/bin/meld ]; then
   ln -s /Applications/Meld.app/Contents/MacOS/Meld /usr/local/bin/meld
```

```
fi
export VISUAL='subl -w'
export EDITOR="$VISUAL"
# 안전을 위해 몇몇 위험한 명령은 항상 사용자의 확인을 거치게 한다.
# 확인 과정을 건너뛰고 싶다면 명시적으로 -f 옵션을 지정하면 된다.
alias rm="rm -i"
alias mv="mv -i"
alias ..="cd .."
alias ...="cd ../.."
```

GitHub의 Gist들을 검색해 보면 이외에도 유용한 .bash_profile 설정들을 찾을 수 있다 (https://gist.github.com/search?q=%22.bash_profile%22+mac).

A.6 Windows

이 책의 예제들은 bash 셸을 기준으로 한다. Windows의 경우 cygwin 같은 Unix 에뮬레이션 층에 bash가 포함되어 있지만, 사용하기가 그리 편리하지는 않다. 파이썬 REPL 콘솔을 돌리기에는 Windows용 Git을 설치하면 함께 설치되는 git-bash 터미널이 낫다. Windows를 사용하는 독자는 다음 두 소프트웨어를 설치하기 바란다.

1. Git 자체(https://git-scm.com/download/win).
2. GitHub Desktop(https://desktop.github.com).

2번의 GitHub Desktop을 설치하는 이유는, Git과 함께 설치되는 Git GUI가 그리 편리하지 않기 때문이다(특히 초보자에게는). Git 푸시/풀/병합을 항상 명령줄 환경에서 실행할 것이 아니라면 GitHub Desktop을 설치하는 것이 여러모로 편리할 것이다. 이 책을 쓰면서 필자들은 Git GUI가 버전 충돌이 있을 때 다른 사람들의 커밋을 덮어쓰는 등 이상하게 작동하는 사례를 많이 보았다.[주3] git 및 git-bash와 함께 GitHub Desktop도 설치하면 Git을 좀 더 편리하게 사용할 수 있으며, 또한 GitHub Desktop은 GitHub(https://github.com)에 있는 원격 저장소들을 관리하기에도 편하다(애초에 그것이 목적인 도구이다).

Windows에서 bash 셸을 실행할 준비가 되었으면 먼저 Anaconda를 설치하고(§A.2), conda 패키지 관리자를 이용해서 NLPIA 패키지를 설치하기 바란다(§A.3). 좀 더 최신의 설치 방법은 GitHub NLPIA 저장소의 README.md에 있다.

[주3] git과 관련된 문제들의 해결책을 제시했으며 이 책을 지금의 모습으로 만드는 데 노고를 마다하지 않은 Manning의 벤자민 버그(Benjamin Berg)와 대런 마이스(Darren Meiss)에게 커다란 감사의 뜻을 전한다.

A.6.1 VM 설정

Windows에서 뭔가가 잘 안 된다면, VirtualBox나 Docker를 이용해서 VM(가상 기계)으로 우분투 OS를 돌리는 옵션도 있다. VM 생성과 우분투 설치 및 설정은 책 한 권 또는 적어도 한 장(챕터) 분량의 내용이므로 여기서 자세히 이야기하기는 어렵다. 다행히 다른 사람들이 이 주제로 훌륭한 글을 이미 써 두었다.[역1]

- 제이슨 브라운리[Jason Brownlee](https://machinelearningmastery.com/linux-virtual-machine-machine-learning-development-python-3)
- 예룬 얀선스[Jeroen Janssens](https://www.datascienceworkshops.com/blog/lean-mean-data-science-machine/)
- 빅 파루추리[Vik Paruchuri](http://www.dataquest.io/blog/docker-data-science)

Windows 10의 경우에는 WSL(Windows Subsystem for Linux) 기능을 이용해서 Microsoft 스토어에서 직접 우분투를 설치하는 것도 가능하지만, 필자들은 아직 시험해 보지 않았기 때문에 필요한 파이썬 패키지들이 잘 설치, 실행되리라는 보장은 없다. 혹시 독자가 시도해 보았다면 그 경험을 GitHub의 NLPIA 저장소(https://github.com/totalgood/nlpia/issues)의 이슈 또는 풀 요청을 통해서 우리와 공유해 주길 부탁한다. Manning의 NLPIA 포럼(https://forums.manning.com/forums/natural-language-processing-in-action)도 지식을 공유하고 도움을 얻기 좋은 장소이다.

A.7 NLPIA의 편의 기능

NLPIA 패키지에는 예제 실행에 필요한 NLTK, Spacy, word2vec 언어 모형과 자료 파일들을 자동으로 내려받는 기능이 있다. 이런 내려받기 기능은 segment_sentences()처럼 어떤 자료 집합이나 모형을 요구하는 NLPIA의 함수를 호출하면 자동으로 실행된다. 그러나 NLPIA 패키지는 개발이 완료된 소프트웨어가 아니라 필자들이 계속 관리하는, 그리고 여러분 같은 독자들의 기여에 의해 계속 확장되는 소프트웨어이다. 다른 말로 하면, 이 패키지에는 필자들이 미처 알아채지 못한 여러 버그가 숨어 있을 것이다. 따라서 NLPIA의 편의 기능이 자동

[역1] Windows에서 VirtualBox에 우분투를 설치하는 방법에 관한 한국어 자료는 "Windows Virtual PC 우분투"를 검색하면 많이 나온다. Windows에서 Docker로 아나콘다 환경을 구성하는 데 관한 글로는 이를테면 "Anaconda와 Docker를 사용한 머신러닝 개발환경 구성하기"(https://m-learn.tistory.com/6)가 있다.

으로 처리하지 못한 경우 여러분이 직접 자료 파일을 내려받거나 추가적인 의존 패키지를 설치해야 할 수도 있다. 이와 관련해서는 NLPIA 소스 코드와 해당 패키지들의 문서화를 참고하기 바란다.[역2]

역2 참고로, 자료나 모형의 내려받기와 관련해서는 /src/nlpia/loaders.py가 좋은 출발점이다. 그리고 loaders.py의 코드가 참조하는 여러 경로는 /src/nlpia/constants.py에 정의되어 있다.

B

파이썬 즐기기와 정규 표현식

이 책을 최대한 활용하려면 파이썬 프로그래밍을 "즐길" 수 있을 정도로 파이썬에 익숙해야 한다. 또한, 예제 코드나 여러분이 짠 코드가 잘 돌아가지 않을 때 스스로 문제점을 찾아서 해결할 수 있어야 한다.

그리고 코드가 잘 돌아간다고 해도, 코드를 이리저리 수정, 추가하면서 즐기다 보면 새로운 기법을 발견하거나 코드에 숨어 있던 잠재적인 버그를 찾아내게 된다. 자연어 처리에는 숨겨진 오류나 까다로운 사례(edge case)들이 많이 있는데, 이는 애초에 자연어 처리가 다루는 언어(영어 등) 자체가 그렇기 때문이다.

마치 어린아이가 장난감을 가지고 놀듯이 파이썬 코드를 가지고 놀아보기 바란다. 예를 들어 예제 코드를 그대로 입력하는 대신 뭔가 바꾸어서 입력하고, 오류가 나면 해결해 보거나, 하나의 표현식을 최대한 많은 부분 표현식으로 쪼개 보거나, 함수들과 클래스들에서 코드를 추출해서 모듈을 만들거나, 또는 그것을 다시 되돌리되 이전보다 더 적은 줄의 코드로 같은 기능을 구현하는 등 여러 가지 실험이 가능하다.

자료 구조나 모형 역시 여러 가지로 수정해 볼 수 있다. 어떤 모듈이나 클래스에 포함되어 있을 만한 함수를 추측으로 실행해 보는 것도 재미있다. 탭 키를 자주 사용하기 바란다. 탭 키를 누르면 편집기나 셸은 나름의 추측 과정을 거쳐서 변수나 클래스, 함수, 메서드, 속성, 경로 이름을 완성한다.

파이썬과 셸이 제공하는 도움말 기능도 적극적으로 활용하기 바란다. 리눅스 셸에 man이 있다면 파이썬에는 help()가 있다. 파이썬 콘솔에서 help나 help(객체이름)을 실행해 보면 적절한 도움말이 나온다. IPython의 ?나 ??이 실패하는 경우에서도 help는 잘 작동한다. 또한, Jupyter Console이나 Jupyter Notebook에서 객체이름?나 객체이름??도 시험해 보면 재미있을 것이다.

이 부록의 §B.1과 §B.2에서는 이 책 전반에 쓰이는 다음과 같은 주요 자료 형식과 함수를 소개한다. 이들을 자세히 설명하는 것이 목적이 아니라, help()나 ? 등을 이용해서 좀 더 "가지고 놀아 볼" 것들을 소개하는 것이 목적임을 유념하기 바란다.

- str와 bytes, chr
- .format()
- dict와 OrderedDict

그리고 §B.3에서는 이 책의 몇몇 예제와 NLPIA 패키지 이곳저곳에서 패턴 부합에 쓰이는 정규 표현식의 주요 기능을 설명한다.

B.1 문자열 다루기

NLP 응용 프로그램에서 문자열을 처리할 일이 많은 것은 당연한 일일 것이다. 안타깝게도 파이썬 3의 문자열에는 예상과는 달리 작동하는 부분이 많이 있다. 파이썬 2에서 넘어온 독자라면 더욱더 자주 놀랄 것이다. 자연어 문자열을 다루는 NLP를 위해서는 파이썬에서 문자열 자료를 다루는 데 익숙해야 한다.

B.1.1 문자열 형식들(str과 bytes)

문자열(string)은 문자(character)들의 순차열이다. 기본적으로 파이썬의 문자열은 str 클래스로 대표되며, 특별한 옵션을 지정하지 않는 한 str 문자열은 UTF-8로 부호화된 문자들로 구성된다. UTF-8로 부호화된 문자열에는 ASCII 문자뿐만 아니라 비ASCII 문자도 포함될 수 있다. 비영어권 독자라면 UTF-8에 익숙할 것이다. 영어권 독자라고 해도, 웹 페이지에서 어떤 텍스트를 복사해서 파이썬 콘솔이나 소스 코드에 붙여넣다 보면 비ASCII 문자들을 만날 가능성이 있다. 또한, 좌우 구분이 있는 따옴표처럼 그리 드물지 않게 접하는 비ASCII 문자들도 있다.

파이썬의 open 함수로 파일을 열어서 파일의 내용을 읽는 경우 파이썬은 기본적으로 파일의 내용을 str 형식으로 읽어 들인다. 따라서 미리 훈련된 word2vec 모형처럼 이진 자료를 담은 파일을 읽어 들일 때는 mode='b'를 지정해서 파일을 열어야 한다. 또한, gensim.Keyed

Vectors 모형을 담은 파일은 비록 그 형식이 텍스트라고 해도(그리고 확장자가 .txt라고 해도) 이 진 형식으로 열어야 한다. 그래야 gensim이 모형을 적재하는 과정에서 유니코드 문자들이 망가지지 않는다. CVS 파일이나 파이썬 2로 저장한 다른 텍스트 파일들도 마찬가지이다.

문자열을 bytes 형식을 이용해서 바이트(8비트 값)들의 배열로 표현할 수도 있다. 일반적으로 이 방법은 문자열이 ASCII 문자 또는 확장 ASCII 문자(정수 ord 값이 128 이상인 문자)로만 이루어져 있을 때 쓰인다.[주1] 바이트 배열은 이미지 자료(RAW)나 음성 자료(WAV), 기타 이진 자료를 담을 때도 쓰인다.

B.1.2 파이썬 문자열 템플릿

파이썬은 문자열의 일부를 변수 값들로 치환함으로써 문자열을 동적으로 구성하는 다재다능한 문자열 템플릿 시스템을 제공한다.[역1] str.format() 같은 템플릿 기능을 이용하면 데이터베이스나 현재 실행 중인 파이썬 프로그램의 문맥(locals())에서 얻은 지식을 이용해서 챗봇의 응답문을 동적으로 생성할 수 있다.

B.2 파이썬의 매핑 자료 구조: dict와 OrderedDict

해시 테이블 또는 매핑mapping 자료 구조를 위한 파이썬의 내장 자료 형식은 dict이다. 그런데 dict 객체는 키들을 특정한 순서 없이 저장한다. 키들을 특정한 순서로 유지하려면 파이썬 표준 라이브러리의 collections 모듈에 있는 OrderedDict를 사용하면 된다. 이 자료 구조는 키-값 쌍들을 키들이 추가된 순서대로 저장한다.

[주1] 공식적인 확장 ASCII 문자 집합 표준은 없다. 따라서 일반 언어 모형을 배우려면 컴퓨터를 혼란시키는 것이 목적이 아닌 한 NLP에서 확장 ASCII 문자 집합을 사용하지는 말아야 한다.

[역1] 기존의 %를 이용한 서식화("문자열" % (변수 목록) 형태의)와 str.format() 외에, 파이썬 3.6에서는 흔히 f-문자열(f-string)이라고 부르는 또 다른 문자열 서식화 기능이 추가되었다. f-문자열 서식화는 대입할 변수 이름을 문자열 자체에 포함할 수 있어서 기존 방식보다 간결하고 직관적이다. 좀 더 자세한 내용은 해당 파이썬 3 문서화(https://docs.python.org/ko/3/tutorial/inputoutput.html#formatted-string-literals)를 참고하기 바란다.

B.3 정규 표현식

정규 표현식은 독자적인 프로그래밍 언어로 이루어진 하나의 작은 프로그램이다. r'[a-z]+' 같은 정규 표현식 문자열을 "컴파일"해서 하나의 작은 프로그램을 만들고, 그것을 다른 문자열들에 대해 "실행"함으로써 패턴 부합을 수행한다. 이번 절에서는 몇 가지 예제와 함께 정규 표현식을 간략하게만 설명한다. NLP를 본격적으로 배우고자 한다면 다른 참고자료를 이용해서 정규 표현식을 좀 더 깊게 공부할 필요가 있다. 항상 그렇듯이 가장 좋은 학습 방법은 파이썬 콘솔에서 정규 표현식을 가지고 노는 것이다. 가지고 놀 재료가 필요하다면, NLPIA 패키지에 자연어 문서들과 유용한 정규 표현식 예제들이 많이 있으니 참고하기 바란다.

정규 표현식은 일련의 조건식(파이썬의 if에 대응되는)을 정의한다. 각 조건식은 하나의 문자에 작용한다. 이러한 일련의 조건식은 하나의 트리를 형성하며, 이 트리를 끝까지 탐색하고 나면 "입력 문자열이 주어진 패턴에 부합하는가?"라는 질문의 답이 나온다. 하나의 정규 표현식이 부합하는 문자열의 수와 정규 표현식에 담긴 조건 분기의 수가 유한하므로, 하나의 정규 표현식은 하나의 유한 상태 기계(FSM)를 정의한다.[주2]

파이썬의 기본 정규 표현식 컴파일러/해석기는 re 모듈이지만, 향후에는 regex가 새로운 공식 정규 표현식 모듈이 될 것이다. 현재 regex는 pip install regex로 간단히 설치할 수 있다. regex는 re보다 더 강력하고 유니코드 문자와 퍼지 부합을 더 잘 지원한다(NLP의 관점에서 아주 반가운 일이다). 이 책의 예제들은 그런 추가 기능들을 사용하지 않으므로 둘 중 어느 것을 써도 상관없다. 이 책의 문제들을 푸는 데는 다음과 같은 정규 표현식 기능들만 알면 된다.

- |—OR 기호
- ()—그룹 묶기
- []—문자 부류
- \s, \b, \d, \w—흔히 쓰이는 문자 부류들의 단축 표기
- *, ?, +—반복 횟수 지정
- {7,10}—반복 횟수를 좀 더 구체적으로 지정하는 구문

B.3.1 |—OR 기호

|는 그 왼쪽과 오른쪽 부분 문자열 중 하나만 부합하면 된다는 뜻이다. 예를 들어 'Hobson|Cole|

_{주2} 이 명제는 미리보기(look-ahead)나 돌아보기(look-behind)를 사용하지 않는 순수한 정규 표현식 문법에서만 참이다.

Hannes'는 필자들의 이름 중 하나와 부합한다. 다른 여러 프로그래밍 언어처럼, 정규 표현식 엔진은 정규 표현식의 패턴들을 왼쪽에서 오른쪽으로 차례로 처리한다. 그리고 현재 패턴과 부합하는 부분 문자열(이하 간단히 '부합')이 발견되면 그다음 패턴으로 넘어간다. 프로그래밍 언어의 논리합 연산자 '평가 단축(short circuit)' 기능처럼, OR 기호 좌우의 패턴 중 하나가 부합하면 다른 패턴은 더 이상 고려되지 않는다. 따라서, 지금 예처럼 각 패턴이 각자 다른 문자들로 이루어져 있는 경우에는 OR 기호(|) 좌우의 패턴들이 맞바뀌어도 전체적인 부합 결과는 변하지 않는다. 목록 B.1은 필자 이름 정규 표현식을 시험해 보는 예제이다.

목록 B.1 정규 표현식 OR 기호

```
>>> import re
>>> re.findall(r'Hannes|Hobson|Cole', 'Hobson Lane, Cole Howard,
➥ and Hannes Max Hapke')
['Hobson', 'Cole', 'Hannes']  ◄──  .findall()은 주어진 문자열 안에서 서로 겹치지 않는 모든 정규
                                    표현식 부합을 찾고 그것들을 하나의 목록에 담아서 돌려준다.
```

다음은 앞에서 언급한 평가 단축 특징을 시험해 보는 예이다. 사람이라면 첫 부합 기회에서 Hobson을 골랐겠지만, 정규 표현식은 Hobson의 첫 H자 하나로 만족하고 그다음 문자로 넘어간다.

```
>>> re.findall(r'H|Hobson|Cole', 'Hobson Lane, Cole Howard,
➥ and Hannes Max Hapke')
['H', 'Cole', 'H', 'H', 'H']
```

B.3.2 ()—그룹 묶기

정규 표현식의 일부를 괄호를 이용해서 하나의 그룹으로 묶을 수 있다. 하나의 그룹은 그 전체가 문자열의 일부와 부합해야 한다. 예를 들어 r'(kitt|dogg)y'는 "kitty"나 "doggy"와 부합하지만, 괄호를 빼고 r'kitt|doggy'로 하면 "kitt"나 "doggy"와 부합한다("kitty"가 아니라 "kitt"임에 주목할 것).

그룹은 입력 텍스트의 일부를 추출(갈무리)하는 목적으로도 쓰인다. 각 그룹에는 순서대로 일련번호가 부여되며, groups()가 돌려주는 목록에는 각 그룹과 부합한 문자열들이 그룹 순서대로 들어 있다. 인수 없이 .group() 메서드를 호출하면 전체 표현식과 부합한 부분(기본 그룹)이 반환되지만, 번호를 지정해서 호출하면 해당 그룹과 부합한 부분이 반환된다. 이 기능은 이를테면 단어의 '어간'을 추출하는 용도로 사용할 수 있다. 목록 B.2는 그룹을 이용해서 "doggy"에서 "dogg"를 추출하는 예이다.

목록 B.2 괄호를 이용한 정규 표현식 그룹 묶기

```
>>> import re
>>> match = re.match(r'(kitt|dogg)y', "doggy")
>>> match.group()
'doggy'
>>> match.group(0)
'dogg'
>>> match.groups()
('dogg',)
>>> match = re.match(r'((kitt|dogg)(y))', "doggy")     ◄── 괄호를 더 추가해서 전체 부합과
>>> match.groups()                                          접미사도 개별적인 그룹으로 묶는다.
('doggy', 'dogg', 'y')
>>> match.group(2)
'y'
```

필요하다면 (?P<animal_stemm>dogg|kitt)y처럼 P 기호를 이용해서 그룹에 이름을 붙일 수도 있다. 그러면 .group() 메서드에 그룹 번호(정수) 대신 그룹 이름(문자열)을 지정해서 해당 그룹 부합에 접근할 수 있다. 이런 기능은 이를테면 추출된 정보를 dict 같은 자료 구조에 키와 함께 저장할 때 유용하다.[주3]

B.3.3 []—문자 부류

문자 부류(character class)는 일단의 문자들을 OR 기호(|)로 결합한 패턴을 좀 더 간결하게 표현하는 수단이다. 예를 들어 [abcd]는 (a|b|c|d)에 해당하고 [abc123]은 (a|b|c|d|1|2|3)에 해당한다.

한 문자 집합(ASCII나 유니코드)에서 연달아 있는 문자들을 지정할 때는 모든 문자를 일일이 나열하는 대신 대시(-)로 범위만 지정해도 된다. 예를 들어 [a-d]는 [abcd]에(따라서 (a|b|c|d)에 해당하고) [a-c1-3]은 [abc123]에(따라서 (a|b|c|d|1|2|3)에) 해당한다.

문자 부류 단축 표기

- \s—공백 문자들. [\t\n\r]에 해당한다.
- \b—단어 경계. 글자(letter)나 숫자가 아닌 문자와 글자 또는 숫자 사이의 위치에 해당한다.
- \d—숫자. [0-9]에 해당한다.
- \w—영어 단어 또는 식별자(변수 이름 등)에 쓰이는 문자들. [a-zA-Z0-9_]에 해당한다.

주3 스택오버플로 질문 "Named regular expression group: What does "P" stand for?"(https://stackoverflow.com/questions/10059673).

B.4 코딩 스타일

자신의 코드를 다른 사람들과 공유할 계획이 없다고 하더라도, 파이썬 코드를 작성할 때는 항상 PEP8(http://python.org/dev/peps/pep-0008)의 스타일 지침을 따르는 것이 좋다. PEP8을 준수하는 가장 쉬운 방법은 적절한 린터[linter](http://sublimelinter.com)나 자동 스타일 수정기(http://packagecontrol.io/packages/Anaconda)를 편집기나 IDE에 추가하는 것이다.

NLP와 관련된 코딩 스타일 항목 하나는 문자열 리터럴을 표현할 때 작은따옴표(')를 사용할 것인가 아니면 큰따옴표(")를 사용할 것인가이다. 어떤 관례를 따르든 일관되게 사용하는 것이 중요하다. 여러분의 코드를 전문가들이 좀 더 읽기 쉽게 만드는 한 가지 방식은, 정규표현식이나 태그, 레이블처럼 기본적으로 컴퓨터가 소비할 문자열에는 작은따옴표를 사용하고, 사람이 읽을 자연어 문장에는 큰따옴표를 사용하는 것이다.

원본 문자열(r''와 r"")은 어떨까? 모든 정규 표현식 문자열은 역슬래시가 없다고 해도 항상 r'match[ ]this'처럼 r을 붙이는 것이 좋다. 마찬가지로, 문서화 문자열(docstring)에도 r"""이 함수는 NLP를 수행한다. """처럼 r을 붙여서 원본(raw) 문자열을 만드는 것이 좋다. 이렇게 하면 나중에 doctest나 정규 표현식에 역슬래시를 추가해도 문제가 생기지 않는다.[주4]

B.5 실력 쌓기

실제 프로젝트로 들어가기 전에 파이썬 코딩 능력을 좀 더 갈고 닦고 싶은 독자라면 온라인 코딩 문제 풀이 사이트나 튜토리얼들이 도움이 될 것이다. 이 책을 읽으면서 다음 사이트들을 일주일 정도 활용하기 바란다.

1. CodingBat(http://codingbat.com)—대화식 웹 기반 파이썬 해석기를 이용해서 재미있는 문제들을 풀 수 있다.

2. Donne Martin's Coding Challenges(http://github.com/donnemartin/interactive-coding-challenges)—알고리즘과 자료 구조를 배우는 데 도움이 되는 Jupyter Notebook들과 Anki 플래시카드들의 오픈소스 저장소.

3. DataCamp의 Pandas와 파이썬 튜토리얼들(http://datacamp.com/community/tutorials).

[주4] 좀 더 자세한 설명이 스택오버플로의 관련 항목(https://stackoverflow.com/q/8834916/623735)에 나온다.

C

벡터와 행렬: 기초 선형대수

컴퓨터는 문자가 아니라 숫자로 사고한다. 사람이 생각하는 데 사용하는 언어의 가장 작은 단위가 글자 또는 자소인 것과 비슷하게, 컴퓨터가 수행하는 계산의 가장 근본적인 수치 단위는 비트[bit]이다. 사람이 글을 읽을 때 뇌가 일련의 문자들(문자열)을 처리하는 것과 비슷하게, 컴퓨터의 모든 수학 연산은 비트열(비트들의 순차열)에 대한 산술 연산과 논리 연산으로 환원된다. 따라서, 인공지능을 위해 컴퓨터가 자연어 텍스트를 읽고 이해하게 만들려면 우선은 텍스트를 수치로 표현해서 컴퓨터에 공급해야 한다. 좀 더 구체적으로 말하면, 문자, 단어, 문장 등을 구성하는 문자열을 수치 벡터나 행렬, 또는 텐서로 표현할 필요가 있다.

C.1 벡터

벡터[vector]는 하나 이상의 수치가 순서 있게 나열된 수학적 대상이다. scikit-learn과 NumPy는 벡터를 밀집(dense) 배열로 표현한다. 여기서 밀집 배열이라는 것은 배열 중간에 빈 구멍(값이 없는 성분)이 없다는 뜻이다. NumPy에서 벡터를 표현하는 데 쓰이는 array 객체는 수치들을 담은 파이썬 목록(list)과 여러모로 비슷하다. 파이썬 목록 대신 NumPy의 array를 사용하는 이유는 처리 속도가 훨씬 빠르고(100배) 메모리를 훨씬 덜(25%) 사용하기 때문이다. 또한, NumPy 배열은 for 루프로 성분들을 일일이 훑지 않고 벡터의 모든 성분에 하나의 스칼라값을 단번에 곱하는 등의 벡터 연산들을 지원한다. 이 점은 많은 양의 정보를 담은 커다란 텍스트를 벡터로 표현할 때 대단히 중요하다.

목록 C.1 벡터 생성

```
>>> import numpy as np
>>> np.array(range(4))
array([0, 1, 2, 3])
>>> np.arange(4)
array([0, 1, 2, 3])
>>> x = np.arange(0.5, 4, 1)
>>> x
array([ 0.5,  1.5,  2.5,  3.5])
>>> x[1] = 2
>>> x
array([ 0.5,  2,  2.5,  3.5])
>>> x.shape
(4,)
>>> x.T.shape
(4,)
```

NumPy의 array에는 list에는 없는 속성들이 있다. .shape와 .T가 좋은 예이다. .shape 속성은 각 차원의 크기(해당 차원에 담긴 성분들의 개수)를 제공한다. 수학 공식을 서술할 때와 비슷하게, 배열이나 벡터를 담은 변수의 이름은 영문 소문자로 하는 것이 관례이다. 참고로, 선형대수나 물리학, 공학 교과서에서는 그런 소문자 이름을 굵은 글꼴로 표시하거나 소문자 위에 작은 화살표를 표시하기도 한다(특히 교수가 칠판에 공식을 필기할 때 그런 경우가 많다).

여러 개의 벡터를 층층이 쌓은 자료 구조를 행렬(matrix)이라고 부른다. 다른 말로 하면, 행렬은 행벡터(row vector)들의 배열이다.

```
>>> np.array([range(4), range(4)])
>>> array([[0, 1, 2, 3],
           [0, 1, 2, 3]])
>>> X = np.array([range(4), range(4)])
>>> X.shape
(2, 4)
>>> X.T.shape
(4, 2)
```

NumPy array의 T 속성은 **전치행렬**(transposed matrix)을 돌려준다. 전치행렬 또는 행렬의 전치는 왼쪽 상단에서 오른쪽 하단으로의 가상의 대각선을 중심으로 행렬의 성분들을 서로 맞바꾼 것이다. 예를 들어 행렬 A가 다음과 같다고 할 때,

```
>>> A = np.array([[1, 2, 3], [4, 5, 6]])
>>> A
array([[1, 2, 3],
       [4, 5, 6]])
```

그 전치는 다음과 같다.

```
>>> A.T
array([[1, 4],
       [2, 5],
       [3, 6]])
```

이 예에서 보듯이, 개념적으로 A를 행벡터들의 배열로 생각한다면, A.T는 원래의 행벡터들이 열 벡터들로 바뀐 행렬에 해당한다

C.1.1 거리

두 벡터의 거리를 측정하는 방법은 여러 가지이다. 목록 C.2에서 보듯이 두 벡터의 차이는 그 자체로 하나의 벡터이다.

목록 C.2 벡터 차이

```
>>> A
array([[1, 2, 3],
       [4, 5, 6]])
>>> A[0]
array([1, 2, 3])
>>> A[1]
array([4, 5, 6])
>>> np.diff(A, axis=0)
array([[3, 3, 3]])
>>> A[1] - A[0]
array([3, 3, 3])
```

한 벡터에서 다른 벡터를 빼서 얻은 벡터 [3, 3, 3]은 두 벡터의 각 차원(성분)에서의 거리(차이)들로 구성된다. 이 벡터들을 도심의 블록들과 건물 층들에 비유할 수 있다. 예를 들어 독자의 아파트가 1번가 2번로에 있는 건물의 3층에 있다면, 이를 벡터 [1, 2, 3]으로 표현하면 될 것이다. 마찬가지로 독자의 파이썬 강사가 사는 아파트가 4번가 6번로 건물의 6층에 있다면 [4, 5, 6]으로 표현할 수 있다. 된다. 독자의 아파트에서 파이썬 강사의 아파트로 가려면 북쪽으로 세 블록, 동쪽으로 세 블록, 그리고 위로 3층 올라가야 한다. 이는 두 벡터의 차이인 [3, 3, 3]과 일치한다. 지금 주제는 벡터와 수학이므로 중력은 생각하지 말기로 하자. 그냥 **백투더퓨처**에 나오는 호버보드를 타고 다닌다고 상상하기 바란다.

　이러한 [3, 3, 3]도 두 벡터의 유효한 거리이긴 하지만, 두 벡터의 거리를 벡터가 아니라 하나의 스칼라값으로 단순화하는 것이 유용할 때가 많다. 예를 들어 독자의 아파트와 파이썬 강

사의 집의 거리를 이야기할 때는 "여섯 블록 떨어져 있다"라고 말하는 것이 더 자연스럽다. 이는 층을 무시하고 두 차원의 차이를 하나로 합친 것인데, 이런 식으로 측정한 거리를 맨해튼 거리(manhattan distance)라고 부른다. 그러나 NLP에는 2차원 아파트 벡터가 아니라 300차원 단어 벡터가 쓰인다. 다행히, 고차원 벡터들의 거리를 그리 어렵지 않게 계산하는 방법들이 있다.

유클리드 거리

유클리드 거리(euclidean distance)는 도심 블록들에 구애되지 않고 건물 위를 직선으로 날아가는 거리에 해당한다. 하나의 벡터가 공간의 한 점(벡터의 화살표 끝 위치)을 정의한다고 할 때, 두 벡터가 정의하는 두 점을 잇는 선분의 길이가 바로 두 벡터의 유클리드 거리이다.

유클리드 거리를 L2 노름^{norm}이라고 부르기도 한다. 노름은 '크기(size)'를 일반화한 수학 개념이다. L2 노름의 "L"은 이 노름이 길이(length)를 나타낸다는 뜻이고, 2는 그 길이를 계산하는 과정에서 각 차원의 차이를 거듭제곱하는(그리고 최종적으로 거듭제곱근을 적용할 때의) 지수가 2라는 뜻이다.

간단히 말해서, 유클리드 거리는 각 차원의 차이를 제곱해서 모두 합한 후 제곱근을 씌운 것이다. 그래서 유클리드 거리를 제곱합 제곱근(root sum square, RSS)이라고 부르기도 한다. 이를 코드로 표현하면 다음과 같다.

```
euclidean_distance = np.sqrt((((vector1 - vector2) ** 2).sum())
```

그럼 NLP와 관련된 몇 가지 벡터의 유클리드 거리를 살펴보자. 아래의 예는 패트릭 윈스턴$^{Patrick\ Winston}$의 인공지능 강좌 연재[주1]에서 빌려온 것임을 밝혀 둔다.

어떤 연구자들이 두 잡지 *Wired*와 *Town and Country*의 기사들에서 단어 "hack"과 "computer"의 출현 횟수를 세어서 2차원 용어 빈도(단어 모음) 벡터들을 만들었으며, 특정 주제에 관한 기사를 찾기 위해 "hacking"과 "computers"가 포함된 질의문으로 기사를 검색한다고 하자. 그리고 어간 추출과 토큰화(제2장 참고) 과정 때문에 "hacking"과 "computers"가 아니라 "hack"과 "computer"에 대한 질의문 단어 벡터 [1, 1]이 만들어졌다고 하자.

검색 엔진은 이 벡터와 가장 가까운 단어 벡터를 가진 문서들을 찾아야 한다. 이를 위해 유클리드 거리를 사용할 수도 있지만, 그림 C.1에서 보듯이 질의문과의 유클리드 거리가 비슷한 기사들이 두 잡지 모두에 존재한다. 두 잡지는 성격이 아주 다르므로, 두 잡지 중 하나의 기사는 사용자가 원하는 기사가 아닐 가능성이 크다. 이런 문제를 어떻게 해결해야 할까?

[주1] P. Winston, "Lecture 10: Introduction to Learning, Nearest Neighbors", MIT OpenCourseWare, 2010(웹 http://mng.bz/nxjK, 사용권 CC BY-NC-SA 4.0).

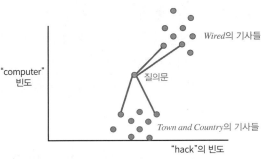

"computer" 빈도

"hack"의 빈도

*Wired*의 기사들

질의문

*Town and Country*의 기사들

그림 C.1 유클리드 거리 측정

한 가지 방법은 문서에 있는 전체 단어 수에 대한 단어 빈도의 비율을 구하고 그 비율들로 유클리드 거리를 계산하는 것이다. 그런데 제3장에서 그런 성격의 비율을 계산하는 더 나은 방법을 배웠다. 바로 TF-IDF이다. 대체로 두 TF-IDF 벡터의 유클리드 거리는 문서의 의미상의 거리(유사도의 역수)를 잘 나타낸다.

그런 식으로 유클리드 거리를 사용할 때는 모든 벡터를 단위 길이로 정규화하는 것이 바람직하다. 벡터를 단위 길이로 정규화한다는 것은 벡터의 길이가 1이 되도록 성분들을 적절히 비례 변환하는 것을 말한다. 그렇게 하면 모든 벡터 조합의 거리가 0에서 2의 값을 가지게 된다.

코사인 거리

유클리드 거리보다 더 유용한 거리 계산 방식으로 **코사인 거리**(cosine distance)가 있다. 코사인 거리는 **코사인 유사도**(cosine similarity)의 역이다(cosine_distance = 1 – cosine_similarity). 코사인 유사도는 두 벡터 사이의 각도의 코사인으로 정의된다. 지금 예에서 질의문의 TF 벡터와 *Wired* 기사들의 TF 벡터들은 대체로 같은 방향이다. 따라서 벡터들 사이의 각도가 작다. 반면 질의문 벡터와 *Town and Country* 기사 벡터들은 각도가 크다. 아마도 "hacking computers"라는 질의문은 *Town and Country* 지가 즐겨 다루는 승마("hacking")나[주2] 오리 사냥, 디너 파티, 전원풍의 실내 장식에 관한 기사보다는 *Wired*의 IT 관련 기사들을 찾기 위한 것일 가능성이 크므로, 이는 바람직한 일이다.

코사인 거리를 구할 때 실제로 삼각함수를 계산할 필요는 없다. 벡터의 모든 성분을 벡터의 길이로 나누어서 단위 길이로 정규화한 두 벡터의 내적이 곧 두 벡터의 각도의 코사인이므로, 삼각함수 계산보다 훨씬 효율적인 사칙연산으로 코사인 거리를 구할 수 있다. 우선 벡터들을 정규화한다(목록 C.3).

목록 C.3 코사인 거리 계산을 위한 벡터 정규화

```
>>> import numpy as np
>>> vector_query = np.array([1, 1])
>>> vector_tc = np.array([1, 0])
```

[주2] "hack"이라는 단어가 승마와 관련해서 어떻게 쓰이는지는 영어 위키백과 "Hack (horse)" 페이지(https://en.wikipedia.org/wiki/Hack_%28horse%29)를 참고하기 바란다.

```
>>> vector_wired = np.array([5, 6])
>>> normalized_query = vector_query / np.linalg.norm(vector_query)
>>> normalized_tc = vector_tc / np.linalg.norm(vector_tc)
>>> normalized_wired = vector_wired / np.linalg.norm(vector_wired)

>>> normalized_query
array([ 0.70710678,  0.70710678])
>>> normalized_tc
array([ 1.,  0.])
>>> normalized_wired
array([ 0.6401844 ,  0.76822128])
```

질의 TF 벡터와 다른 두 TF 벡터들의 **코사인 유사도**(두 벡터 사이 각도의 코사인)는 다음과 같이 내적(.dot() 메서드)으로 계산할 수 있다.

```
>>> np.dot(normalized_query, normalized_tc)  # 코사인 유사도
0.70710678118654746
>>> np.dot(normalized_query, normalized_wired)  # 코사인 유사도
0.99589320646770374
```

마지막으로, 코사인 거리는 1에서 코사인 유사도를 뺀 것이다.

```
>>> 1 - np.dot(normalized_query, normalized_tc)  # 코사인 거리
0.29289321881345254
>>> 1 - np.dot(normalized_query, normalized_wired)  # 코사인 거리
0.0041067935322962601
```

NLP에서 TF 벡터들을 비교할 때 코사인 유사도가 유용한 이유는 다음과 같다.

- 계산하기 쉽다(곱셈과 덧셈만 사용한다)
- 값의 범위가 –1에서 +1이라서 사용하기 편하다.
- 그 역(코사인 거리) 역시 구하기 쉽다. 1에서 코사인 유사도를 빼면 된다.
- 그 역(코사인 거리) 역시 범위가 한정적이다(0에서 +2).

그런데 코사인 거리에는 유클리드 거리에 없는 단점 하나가 있다. 바로, 코사인 거리는 진정한 **거리함수**(distance metric)가 아니라는 점이다. 특히, 코사인 거리로는 삼각부등식 성질이 성립하지 않는다.[주3] 삼각부등식 성질은, 예를 들어 "**red**"에 대한 단어 벡터와 "**car**"에 대한 단어

영어 위키백과 "Cosine similarity" 페이지(http://en.wikipedia.org/wiki/Cosine_similarity)에 진정한 거리함수 규칙들에 관한 링크가 있다.

벡터의 거리가 0.5이고 "red"와 "apple"의 거리가 0.3이면 "car"와 "apple"의 거리는 0.8을 넘을 수 없다는 것이다. 그러나 코사인 거리에서는 0.8을 훨씬 넘길 수 있다. 다행히 이러한 삼각부등식 성질은 주로 벡터에 관한 뭔가를 증명하려 할 때나 중요하다. 실제 NLP 응용에서 이것이 문제가 되는 일은 거의 없다.

맨해튼 거리

맨해튼 거리를 택시 거리(taxicab distance)라고 부르기도 한다. 택시 거리라는 이름은 직사각형 격자 형태의 도심 거리를 택시가 직각으로 주행하는 것과 비슷하게 두 점의 거리를 측정하기 때문에 붙었다.[주4] 맨해튼 거리는 거듭제곱의 지수가 1인(즉, 제곱과 제곱근이 관여하지 않는) L1 노름이다.

맨해튼 거리는 계산하기가 대단히 쉽다. 그냥 모든 차원의 거리(차이) 절댓값을 합하면 된다. 다음은 앞의 잡지 기사 검색 예제에 나온 벡터들의 맨해튼 거리를 계산하는 예이다.

```
>>> vector_tc = np.array([1, 0])
>>> vector_wired = np.array([5, 6])
>>> np.abs(vector_tc - vector_wired).sum()
10
```

벡터들을 정규화한 후 맨해튼 거리를 계산하면 이전과는 아주 다른 결과가 나온다.

```
>>> normalized_tc = vector_tc / np.linalg.norm(vector_tc)
>>> normalized_wired = vector_wired / np.linalg.norm(vector_wired)
>>> np.abs(normalized_tc - normalized_wired).sum()
1.128...
```

이 거리를 [0,2] 같은 편리한 구간으로 한정할 수 있으면 좋겠지만, 그럴 수는 없다. 유클리드 거리처럼 맨해튼 거리는 삼각부등식 성질을 충족하는 진정한 거리함수이므로 수학 증명에 사용할 수 있다. 그러나 정규화된 벡터들에 대한 유클리드 거리와는 달리 맨해튼 거리는 [0,2] 같은 구간으로 한정할 수 없다. 맨해튼 거리는 차원 수가 늘면 커지는 경향이 있다. 이는 벡터의 길이가 1이 되도록 정규화해도 마찬가지이다. 정규화된 2차원 벡터들에 대한 맨해튼 거리의 최댓값은 2.82(8의 제곱근)이고 3차원의 경우는 3.46(12의 제곱근)이다. 4차원의 경우는 몇인지 계산하는 방법은 이미 눈치챘을 것이다.

[주4] 영어 위키백과 "Taxicab geometry" 페이지(https://en.wikipedia.org/wiki/Taxicab_geometry).

기계 학습의 도구와 기법

자연어 처리의 상당 부분은 기계 학습이 차지한다. 따라서 기계 학습의 기본 도구와 기법을 알아두면 여러모로 도움이 된다. 이 부록은 여러 기계 학습 도구들과 기법들을 간단하게 정리한다. 본문에서 이미 다룬 것들도 있고 아닌 것들도 있지만, 모두 독자가 알아두어야 할 것들이다.

D.1 자료 선택과 편향

자료 선택과 특징 공학(feature engineering)에는 편향의 위험이 상존한다. 여기서 편향(bias)은 통계학이나 기계 학습의 전문 용어가 아니라 일상적인 의미의 편향(선입견, 편견, 취향 등과 관련된)을 말한다. 모형이 다룰 특징들을 선택하는 과정에서 개발자의 편향이 알고리즘에 스며들면 모형은 그러한 편향을 반영한 결과를 산출한다. 제품 출시 전에 그런 편향을 발견하면 그나마 다행이다. 그리고 발견한 편향을 바로잡는 데에도 많은 노력이 필요하다. 파이프라인 전체를 다시 짜야 하며, 변경된 부분의 효과가 나려면(이를테면 토큰화 함수가 제공한 새로운 어휘를 활용하려면) 모형을 다시 훈련해야 한다. 간단히 말해서 모든 것을 처음부터 다시 해야 한다.

유명한 word2vec 모형을 위한 자료와 특징 선택에서 이런 예를 볼 수 있다. 원래의 word2vec 모형은 방대한 뉴스 기사 말뭉치에서 뽑은 약 1백만 개의 *N*-그램들을 어휘로 삼아서 훈련된 것이다. "king - man + woman = queen" 같은 벡터 연산을 단어 벡터들에 적용할 수 있다는 점 때문에 데이터 과학자들과 언어학자들이 이 모형에 주목했다. 그러나 연구가 진행됨에 따라 이 모형 안에 숨어 있던 여러 문제 있는 관계들이 발견되었다.

예를 들어 "doctor - father + mother = nurse"는 의사는 남자, 간호사는 여자라는 전형적인 편견을 반영한다. 훈련 과정에서 의도치 않게 이러한 성편향이 모형에 반영된 것이다. 원래의 word2vec 모형에는 이외에도 인종적, 종교적 편견들이 존재하며, 심지어는 지리적 편견도 있다. 구글의 연구자들이 일부러 이런 편향을 만들어낸 것은 물론 아니다. 이 편향은 자료 자체에, 그러니까 word2vec 모형을 훈련하는 데 사용한 구글 뉴스 말뭉치의 단어 사용 통계 자체에 들어 있던 것이다.

뉴스 기사 말뭉치에는 문화적 편향이 포함되어 있을 수밖에 없다. 애초에 뉴스 기사는 일정한 편향을 가진 독자의 호응을 얻고자 하는 인간 기자들이 편향이 가득한(제도적 편향, 사건과 인물에 관한 편향 등) 세상에 관해 작성한 텍스트이기 때문이다. 구글 뉴스 말뭉치의 단어 사용 통계는 그냥 의사 아빠보다 간호사 엄마가 훨씬 많다는 점을 반영했을 뿐이며, word2vec 모형은 그런 편향 있는 세상에 대한 하나의 창을 우리에게 제공할 뿐이다.

word2vec 같은 모형의 훈련은 비지도 방식이다. 즉, 분류된(분류명이 붙은) 훈련 자료를 구할 필요 없이 아무 텍스트나 훈련에 사용할 수 있다. 따라서 모형이 좀 더 균형 잡힌 결과를, 그리고 좀 더 바람직한 신념과 가치 체계를 반영하는 결과를 산출하도록 특정한 자료 집합을 선택하는 것이 가능하다. 혹시 "그냥 알고리즘이 그런 결과를 낸 것일 뿐"이라는 변명으로 이런 문제를 외면하는 다른 개발자들이 있다면, 모두에게 좀 더 공평하게 기회가 돌아가는 세상을 위해 이 사회를 좀 더 공정하게 대표하는 여러분의 자료 집합을 그들에게 제공해 보면 좋을 것이다.

모형을 훈련하고 검사하면서 모형의 훈련을 마무리할 시점을 결정할 때는, 과연 이 모형이 사용자의 삶에 영향을 미치는 예측 결과를 산출할 준비가 되었는지를 '공정함'에 대한 여러분 자신의 감각에 기초해서 평가해 볼 필요가 있다. 이상적으로는 여러분의 모형이 사용자 모두를 정당하게 대우하면 좋을 것이다. 또한, 여러분이 아니라 사용자들의 요구와 필요에 주의를 기울이는 것도 그러한 결정에 도움이 된다. 특히 사회적 약자로 분류되는 사용자들의 요구에 신경을 써야 할 것이다. 만일 그러한 결정을 좀 더 근거 있게 내리고 싶다면, 이 책을 포함하는 컴퓨터 과학 분야 외에 통계학, 철학, 윤리학, 심리학, 행동 경제학, 인류학 등의 다른 분야도 공부하는 것이 좋을 것이다.

자연어 처리 실무자이자 기계 학습 기술자인 여러분은 어떤 일을 다수의 사람보다 더 잘해내도록 컴퓨터를 훈련할 기회를 가지고 있다. 어떤 문서를 훈련 집합에 추가 또는 제거할 것인지를 결정하는 것은 여러분의 상사나 동료가 아니라 여러분 자신이다. 컴퓨터는 작게는 지역 공동체, 크게는 인류 사회 전체의 형태를 바꾸고 있다. 그리고 여러분은 그러한 컴퓨터들의 행동에 영향을 미치는 힘을 가지고 있다.

지금까지 자료 집합의 편향과 공정함에 관해 이야기했다. 다음 절에서는 모형이 현실 세계를 정확하게 반영하고 유용하게 쓰이도록 모형을 편향 없는 자료에 적합시키는 문제를 살펴본다.

D.2 얼마나 적합해야 적합된 것인가?

그 어떤 기계 학습 모형이든, 모형이 과제를 너무 잘 해내는 것이 오히려 문제가 될 수 있다. 분류된 훈련 자료로 모형을 훈련한 후 그 훈련 자료의 한 견본을 입력해서 모형이 그 견본의 분류명을 예측하게 하는 것은 사실 그리 어렵지 않은 일이다. 그리고 그런 예측을 아주 잘해내는 모형은 사실 별로 유용한 모형이 아니다. 훈련 견본들로 모형을 훈련하는 목적은 모형이 일반화 능력을 갖추게 하는 것, 다시 말해서 훈련 집합에 있는 것과 비슷하지만 같지는 않은 어떤 미지의 견본에 대해 정확한 분류명을 예측하게 만드는 것이다. 다른 말로 하면, 훈련의 목적은 훈련 집합에 없는 새로운 견본들에 대한 모형의 성과를 최대화하는 것이다.

표본(훈련 자료 집합)을 완벽하게 서술하는(그리고 예측하는) 모형을 가리켜 **과대적합**(overfitting)되었다고 말한다(그림 D.1). 이런 모형은 새로운 모형을 서술하는 능력이 거의 없다. 즉, 이런 모형은 훈련에 사용한 자료 표본에는 없는 견본을 주었을 때 해당 분류명을 잘 예측하리라고 믿을 수 있는 일반화된 모형이 아니다.

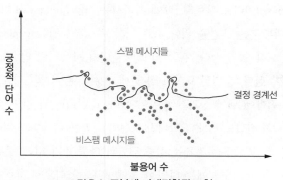

그림 D.1 표본에 과대적합된 모형

반대로, 모형이 자료에 **과소적합**(underfitting)될 수도 있다. 과소적합된 모형은 새 견본은 물론이고 훈련 집합의 견본들도 제대로 예측하지 못한다(그림 D.2). 과대적합 모형과 과소적합 모형 모두, 실제 용도로 사용하기에는 부족하다. 이 부록의 나머지 부분에서는 이런 문제점들을 검출하는 방법을 살펴보고, 검출보다 더 중요한 해결 방법들을 소개한다.

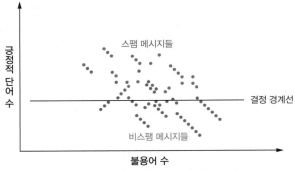

그림 D.2 **훈련 견본들에 과소적합된 모형**

D.3 문제를 알면 반은 해결된 것이다

기계 학습 실무에서, 자료가 금이라면 분류된 자료는 다이아몬드(또는, 여러분이 아는 금보다 귀한 어떤 금속이나 보석)이다. 따라서, 귀한 분류된 자료를 남김없이 모형에 투입하려는 것도 당연한 일이다. 훈련 자료가 많을수록 좀 더 정확한 모형이 나오는 것은 맞는 말이다. 그러나 분류된 자료를 모두 훈련에 사용하면 모형이 실제 세계의 자료에 얼마나 잘 작동할지 검사할 방법이 없다. 따라서, 분류된 자료의 일부를 검사(시험)를 위해 떼어 놓아야 한다. 그런 자료 집합을 **검증 집합**(validation set)이라고 부르고, 때에 따라서는 **시험 집합**(test set)이라고 부르기도 한다.

분류된 자료의 대부분은 훈련을 위한 자료 집합, 즉 **훈련 집합**(training set)으로 쓰인다. 검증 집합은 훈련 집합보다 훨씬 작다. 검증 집합은 훈련에 사용하면 안 되고 모형의 성과를 측정하는 데만 사용해야 한다. 훈련된 모형이 실제 세상에 있는 미지의 자료에 대해서도 잘 작동하려면 일단은 검증 집합에 대한 성과가 좋아야 한다. 훈련 집합과 검증 집합은 흔히 8:2 또는 7:3의 비로 나눈다. 시험 집합도 검증 집합처럼 모형의 성과를 측정하기 위해 분류된 자료의 일부를 따로 떼어 놓은 것이다. 구성 자체는 검증 집합과 다를 바가 없다. 주된 차이는 용도이다.

훈련 집합으로 모형을 훈련할 때는 다양한 초매개변수 조합으로 훈련을 반복하고 각 훈련의 성과를 검증 집합으로 평가해서 가장 나은 성과를 낸 초매개변수 조합을 선택하는 방법이 흔히 쓰인다. 그런데 여기에 함정이 있다. 바로, 가장 나은 성과를 낸 초매개변수 조합이 어쩌면 검증 집합에 크게 편향된 것일 뿐일 수도 있다는 것이다. 그런 모형이 실제 세계의 자료에 대해 잘 작동할 것임을 미리 확인하는 방법은 없다. 그리고 여러분의 상사 또는 여러분이 작성한 보고서의 독자가 신경을 쓰는 것은 여러분의 모형이 **그들 자신**의 자료에 대해 얼마나 잘 작동하는가이다.

자료가 충분하다면, 분류된 자료를 훈련 집합과 검증 집합, 그리고 **시험 집합**이라는 세 부분으로 나누어서 이런 문제를 극복할 수 있다. 먼저 훈련 집합과 검증 집합을 이용해서 모형의 훈련과 조율을 마친 후, 훈련 과정에서 모형이 전혀 보지 못한 세 번째 자료 집합(시험 집합)의 견본들로 모형을 평가한다. 만일 모형이 시험 집합에 대해 좋은 성과를 낸다면 그 모형은 일반화가 잘된 것이다. 시험 집합에 관한 평가 결과를 보고서에 포함하면 보고서를 읽는 사람(여러분의 상사 등)은 그 모형에 대해 좀 더 확신을 가질 수 있다. 이런 확신 높은 모형 검증을 위해 흔히 쓰이는 자료 집합 분할 비는 훈련:검증:시험 순으로 6:2:2이다.

> **팁** 자료 집합을 훈련, 검증, 시험 집합으로 분할하기 전에 반드시 자료 항목들의 순서를 무작위로 섞어야 한다. 각 부분집합은 '실세계'를 잘 대표하는 표본이어야 하며, 따라서 한 부분 집합에 있는 분류명들의 비율이 전체 자료 집합의 해당 비율과 비슷해야 한다. 예를 들어 전체 자료 집합의 견본 중 25%가 긍정적 견본이고 75%가 부정적 견본이라면, 시험 집합과 검증 집합 역시 긍정적 견본 25%와 부정적 견본 75%로 구성되어야 한다. 원래의 자료 집합의 앞부분에 모든 부정적 견본이 있고 그 뒤에 모든 긍정적 견본이 있다고 하자. 그것을 5:5로 훈련 집합과 시험 집합으로 나누면 훈련 집합은 부정적 견본들로만 구성되고 시험 집합은 부정적 견본 50%와 긍정적 견본 50%로 구성된다. 결과적으로, 모형은 부정적 견본들로만 훈련되어서 긍정적 견본에 관해서는 아무것도 배우지 못한다.

D.4 교차 검증

훈련/시험 분리 문제에 대한 또 다른 해법은 **교차 검증**(cross-validation)이다. 여기서는 여러 교차 검증 기법 중 k겹 교차 검증(k-fold cross-validation)을 소개한다(그림 D.3). k겹 교차 검증의 개념은 앞에서 말한 자료 집합 분할에 깔린 개념과 대체로 비슷하다. 단, 교차 검증에는 분류된 집합 전체를 훈련에 사용할 수 있다는 장점이 있다. 교차 검증에서는 훈련 자료를 같은 크기의 부분집합 k개로 나눈다. 그런 부분집합을 **폴드**fold라고 부른다. 훈련 과정에서는 k-번째 부분집합(폴드)을 검증 집합으로 두고 1부터 k-1번까지 k-1개의 부분집합으로 훈련을 진행한다. 그다음 반복에서는 k-1번째 부분집합을 검증 집합으로 두고 나머지 k-1개의 부분집합으로 훈련을 진행한다. 이런 식으로 검증 집합을 바꿔가면서 훈련을 진행하는 것이 k겹 교차 검증이다.

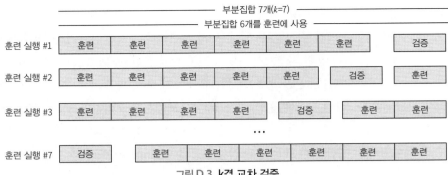

부분집합 7개(k=7)

부분집합 6개를 훈련에 사용

| 훈련 실행 #1 | 훈련 | 훈련 | 훈련 | 훈련 | 훈련 | 훈련 | 검증 |

| 훈련 실행 #2 | 훈련 | 훈련 | 훈련 | 훈련 | 훈련 | 검증 | 훈련 |

| 훈련 실행 #3 | 훈련 | 훈련 | 훈련 | 훈련 | 검증 | 훈련 | 훈련 |

...

| 훈련 실행 #7 | 검증 | 훈련 | 훈련 | 훈련 | 훈련 | 훈련 | 훈련 |

그림 D.3 k겹 교차 검증

이 기법은 모형의 구조를 분석하는 데, 그리고 다양한 검증 자료에 대해 잘 작동하는 초매개변수들을 찾는 데 유용하다. 최적의 초매개변수 조합을 찾은 후에도 최고의 성과를 내는 훈련된 모형을 선택하는 과정이 남아 있으므로, 따라서 이전 절에서 언급한 편향이 발생할 여지는 여전히 존재한다. 따라서 시험 집합도 따로 떼어두는 것이 바람직하다.

이 접근 방식은 모형의 신뢰성(reliability)에 관한 새로운 정보도 제공한다. 모형이 발견한 특징(입력)과 예측값(출력)의 관계가 통계적으로 유의한지 아니면 그냥 우연의 산물인지를 가늠할 수 있는 P 값을 교차 검증을 통해 구할 수 있다. 훈련 자료 집합이 현실 세계를 제대로 대표하는 표본인 경우 이러한 P 값은 의미 있는 새로운 정보이다.

교차 검증이 모형에 관한 확신을 높여주긴 하지만, 대신 훈련 시간이 늘어난다는 점도 기억하기 바란다. k겹 교차 검증을 위해서는 훈련을 k번 반복해야 한다. 90% 정도의 확신으로 만족할 수 있는 경우라면 k를 1로 두어서 1겹 교차 검증을 수행하면 된다. 1겹 교차 검증은 §D.3에서 말한, 분류된 자료 집합을 훈련 자료와 검증 자료로 분할하는 접근 방식에 해당한다. 1겹 교차 검증으로는 모형이 현실 세계를 정확히 서술한다고 100% 확신할 수 없지만, 시험 집합에 대해 잘 작동하는 한 그 모형이 적어도 대상 변수를 예측하는 데는 유용하다고 높은 수준으로 확신할 수 있다. 따라서 실용적인 목적으로 쓰이는 대부분의 기계 학습 모형에서는 1겹 교차 검증이 현실적인 접근 방식이다.

D.5 과대적합 방지

model.fit()은 경사 하강법으로 가중치들을 갱신하면서 모형의 오차를 최소화한다. 그런데 오차를 너무 열심히 최소화하면 과대적합이 발생할 수 있다. 과대적합된 모형은 훈련 집합에 대해서는 아주 잘 작동하지만 미지의 견본들(시험 집합)에 대해서는 아주 나쁜 결과를 낸다. 이런 일을 피하려면 모형의 고삐를 당겨서 적합을 조금 늦출 필요가 있다. 그런 식으로 과대적합을 방지하는 데 흔히 쓰이는 방법은 다음 세 가지이다.

- 정칙화
- 무작위 드롭아웃
- 배치 정규화

D.5.1 정칙화

그 어떤 기계 학습 모형이든 과대적합을 완전히 피하는 것은 불가능하다. 다행히 과대적합을 극복하는 기법이 여러 개 만들어졌다. 그중 첫 번째는 정칙화(regularization)이다. 정칙화는 훈련의 각 단계에서 학습된 매개변수들에 벌점을 부여해서 모형의 고삐를 당긴다. 항상 그런 것은 아니지만 대부분의 경우 정칙화는 매개변수(가중치) 자체를 일정한 방식으로 줄이거나 키움으로써 일어난다. 흔히 쓰이는 정칙화 방법은 L1 정칙화와 L2 정칙화이다.

$$+\lambda \sum_{i=1}^{n} |w_i|$$

L1 정칙화 항

L1 정칙화에서는 모든 매개변수의 L1 노름, 즉 절댓값을 합한 후 어떤 비율(수식의 λ)을 곱한 것을 정칙화 항(regularizer)으로 사용한다. 이 비율은 모형의 한 초매개변수이며, 일반적으로 값은 0에서 1 사이의 실수이다. 그러한 정칙화 항을 가중치 갱신 공식에 포함하면 크기가 큰 가중치들이 좀 더 큰 벌점을 받게 되며, 결과적으로 모든 가중치가 좀 더 균일해진다.

$$+\lambda \sum_{i=1}^{n} w_i^2$$

L2 정칙화 항

L2 정칙화는 L2 노름, 즉 매개변수(가중치)의 제곱을 합하고 λ를 곱한 결과를 정칙화 항으로 사용한다. L1 정칙화에서처럼 이 λ도 모형의 한 훈련 주기를 실행하기 전에 미리 결정해야 하는 하나의 초매개변수이다.

D.5.2 드롭아웃

신경망 모형의 과대적합을 방지 또는 완화하는 또 다른 유용한 도구로 **드롭아웃**^{dropout}이 있다. 이 기법은 언뜻 생각하면 말이 안 된다는 느낌을 준다. 드롭아웃 기법은 훈련 도중 신경망의 임의의 층에 들어온 신호들을 일정 비율로 폐기한다. 이러한 '입력 탈락'은 **훈련 도중에만** 일어날 뿐 추론(예측) 시에는 일어나지 않음을 기억하기 바란다. 드롭아웃 기법에서는 주어진 임의의 훈련 패스에서 한 층의 일부 뉴런들의 활성화값을 강제로 0으로 설정함으로써 그 뉴런들을 비활성화한다. 그 뉴런들은 신경망의 예측에 아무런 기여도 하지 않았으므로, 역전파 과정에서 그 뉴런들의 가중치들은 갱신되지 않는다. 그 다음 훈련 패스에서는 이전과는 다른 뉴런들에 대해 그러한 드롭아웃을 적용한다.

드롭아웃 기법이 마치 뇌세포의 20%를 마비시킨 상태에서 뭔가를 공부하라는 것처럼 느껴질 수도 있지만, 그렇지는 않다. 여기서 핵심은, 자료의 어떤 한 특징을 모형의 어떤 특정한 하나의 가중치 경로가 전적으로 결정하지는 않는다는 것이다. 잘 일반화된 모형의 내부 구조는 다양한 뉴런들을 거치는 다수의 경로를 통해서 자료를 처리할 수 있어야 한다.

비활성화되는 신호의 비율은 조율 가능한 하나의 초매개변수로, 0에서 1 사이의 실수이다. 흔히 쓰이는 최적의 비율은 .1(10%)에서 .5이지만, 구체적인 값은 모형에 따라 다를 수 있다. 추론 시점에서는 드롭아웃을 적용하지 않고, 훈련된 모든 가중치를 동원해서 견본을 처리해야 한다.

케라스에서는 Dropout 층을 모형에 추가해서 드롭아웃을 아주 쉽게 구현할 수 있다. 목록 D.1이 이에 관한 예제이다.

목록 D.1 과대적합을 줄이기 위한 케라스 Dropout 층

```
>>> from keras.models import Sequential
>>> from keras.layers import Dropout, LSTM, Flatten, Dense

>>> num_neurons = 20     ◀─────┤ 간결함을 위해 초매개변수들을 그냥 임의로 설정한다.
>>> maxlen = 100
>>> embedding_dims = 300
>>> model = Sequential()

>>> model.add(LSTM(num_neurons, return_sequences=True,
...                input_shape=(maxlen, embedding_dims)))
>>> model.add(Dropout(.2))   ◀──┤ 여기서 .2는 초매개변수이다. 이에 의해 LSTM 층의
                                   출력 중 20%가 0이 되어서 해당 가중치들이 무시된다.
>>> model.add(Flatten())
>>> model.add(Dense(1, activation='sigmoid'))
```

D.5.3 배치 정규화

배치 정규화(batch normalization)는 좀 더 최신의 과대적합 방지 및 일반화 개선 방법이다. 배치 정규화의 핵심은 각 층의 출력도 입력처럼 0에서 1 사이의 값으로 정규화한다는 것이다. 이것이 언제 어떻게 왜 도움이 되고 어떤 조건에서 사용해야 하는지에 관해 논쟁의 여지가 남아 있는데, 이에 관해 여기서 자세히 이야기하지는 않겠다. 관심 있는 독자는 관련 문헌들을 찾아 보기 바란다.

케라스는 배치 정규화를 위해 BatchNormalization이라는 층을 제공한다. 목록 D.2는 이 층을 이용하는 예제이다.

목록 D.2 케라스의 BatchNormalization 층

```
>>> from keras.models import Sequential
>>> from keras.layers import Activation, Dropout, LSTM, Flatten, Dense
>>> from keras.layers.normalization import BatchNormalization

>>> model = Sequential()
>>> model.add(Dense(64, input_dim=14))
>>> model.add(BatchNormalization())
>>> model.add(Activation('sigmoid'))
>>> model.add(Dense(64, input_dim=14))
>>> model.add(BatchNormalization())
>>> model.add(Activation('sigmoid'))
>>> model.add(Dense(1, activation='sigmoid'))
```

D.6 불균형 훈련 집합

기계 학습 모형의 품질은 훈련 자료의 품질로 결정된다. 훈련 자료의 덩치가 아무리 많아도, 현실 세계에서 모형이 다루어야 할 모든 사례를 훈련 자료가 포괄하지 못한다면 별 도움이 되지 않는다. 게다가 모든 사례를 한 번씩만 포괄하는 것으로도 부족하다. 예를 들어 주어진 이미지가 개인지 고양이인지 예측하는 모형을 만들어야 하는데, 훈련 자료에 고양이 사진은 20,000장이지만 개 사진은 200장밖에 없다고 상상해 보기 바란다. 그런 훈련 자료 집합으로 모형을 훈련한다면 모형은 고양이 사진뿐만 아니라 개 사진도 그냥 고양이라고 말할 것이다. 보고 배운 것이 고양이뿐이니 모형으로서도 어쩔 수 없는 일이다. 이런 훈련 집합에 대해서는 그냥 무조건 고양이라고 답해도 모형의 정확도가 99%이다. 이 모형은 당연히 쓸모가 없지만, 모형의 잘못은 아니다. 잘못은 이런 **불균형 훈련 집합**(imbalanced training set)에게 있다.

훈련 집합에 따라 모형의 성과가 크게 달라질 수 있다. 예를 들어 분류된 자료 집합에 특정 분류명에 대한 견본들이 너무 많이 있으면 그 견본들의 신호가 모형을 장악하게 된다. 가중치들이 지배적인 분류명에 대한 오차에 의해 주로 갱신되고, 소수의 분류명에서 비롯한 신호는 무시된다. 물론 자료 집합에 모든 분류명이 정확히 같은 개수로 포함되어야 하는 것은 아니다. 어차피 모형은 약간의 잡음을 극복하는 능력을 갖출 필요가 있기 때문이다. 대체로 비슷한 수가 되기만 하면 된다.

기계 학습과 관련된 다른 모든 문제에서처럼, 이 문제를 해결하는 첫 단계는 자료를 자세히 살펴보고 고찰하는 것이다. 간단하게나마 몇 가지 통계치를 구해서, 자료가 실제로 대표하는 것이 무엇인지 가늠해 보기 바란다. 자료의 양뿐만 아니라 자료의 질도 중요하다.

자료의 품질이 그리 좋지 않다는 결론이 났다고 할 때, 자료가 모든 분류명을 좀 더 균등하게 대표하도록 만드는 방법은 크게 세 가지인데, 바로 과다표집, 과소표집, 자료 증강이다.

D.6.1 과다표집

과다표집(oversampling; 또는 과표본화)은 덜 대표된 분류명의 견본들을 복제하는 것이다. 앞에서 언급한 개 사진은 200장뿐이고 고양이 사진은 20,000장인 개·고양이 분류 문제라면, 200장의 개 사진들을 각각 100번 복제해서 개와 고양이가 5:5인 총 40,000장의 사진으로 모형을 훈련하면 될 것이다.

물론 이는 극단적인 사례이며, 이러한 과도한 복제는 또 다른 문제를 낳는다. 신경망은 200종의 개 사진들을 아주 잘 인식하지만 훈련 집합에 없는 개 사진은 잘 인식하지 못할 가능성이 아주 높다. 그렇지만 불균형이 아주 심하지 않은 경우라면 이러한 과다표집 기법이 훈련 집합의 균형을 맞추는 데 확실히 도움이 된다.

D.6.2 과소표집

과소표집(undersampling)은 과다표집의 반대에 해당한다. 과소표집에서는 과도하게 대표된 분류명의 견본들을 제거함으로써 균형을 맞춘다. 개·고양이 분류 문제라면 19,800장의 고양이 사진을 무작위로 폐기하고 개와 고양이가 5:5인 400장의 사진으로 훈련을 진행하면 될 것이다. 이 역시 또 다른 문제를 낳는다. 지금 예에서는 훈련 자료의 거의 99%를 폐기하고 아주 적은 자료만 훈련에 사용하게 된다. 물론 이는 아주 극단적인 예이다. 불균형이 그리 심하지 않고 덜 대표된 분류명의 견본들도 충분히 많다면, 이러한 과소표집이 도움이 될 것이다. 자료는 많으면 많을수록 좋다.

D.6.3 자료 증강

앞의 두 기법보다는 구현하기가 좀 까다롭지만, 조건이 맞아떨어진다면 자료 증강(augmentation) 기법으로 앞의 두 기법보다 나은 결과를 얻을 수 있다. 자료 증강은 기존 자료를 변형하거나 아니면 완전히 처음부터 자료를 생성해서 새로운 자료를 만들어내는 것을 말한다. AffNIST(http://www.cs.toronto.edu/~tijmen/affNIST)가 좋은 예이다. 이 자료 집합은 유명한 MNIST 자료 집합에 자료 증강을 적용해서 만든 자료 집합이다. MNIST는 사람들이 손으로 쓴 0에서 9까지의 숫자를 찍은 이미지들로 구성되어 있다(그림 D.4). AffNIST는 각 숫자 이미지를 다양한 방식으로 기울이고, 회전하고, 확대·축소해서 만든 이미지들의 집합이다. 새 이미지들의 분류명은 해당 원본 이미지의 것과 같다. AffNIST를 만든 목적은 지금 말하는 훈련 집합의 불균형 해소가 아니라 합성곱 신경망 같은 신경망 구조가 기존 이미지들에 있는 것과는 다른 방식으로 쓰인 숫자들도 좀 더 안정적으로 인식하게 만들기 위한 것이었지만, 어쨌든 AffNIST는 자료 증강의 개념을 잘 보여주는 예이다.

그림 D.4 제일 왼쪽 열은 원래의 MNIST 자료 집합에 있는 숫자 이미지들이고 나머지 열들은 affNIST 자료 집합에 있는, 아핀 변환(affine transformation; 또는 어파인 변환)으로 만들어낸 이미지들이다. 이미지 출처: "affNIST"(http://www.cs.toronto.edu/~tijmen/affNIST).

한 가지 주의할 점은, 이런 식으로 추가한 자료가 애초에 모형화하려던 대상을 진정으로 대표하지 않는 경우에는 오히려 모형에 해가 될 수 있다는 것이다. 개 사진 200장, 고양이 사진 20,000장의 예에서, 모든 이미지가 실제 동물을 카메라로 촬영한 고해상도 원색 이미지라고 하자. 만일 19,800명의 유치원생에게 크레파스를 주고 개 그림을 그리게 해서 자료를 증강한다면 아마 애초의 목적을 달성하기 힘들 것이다. 따라서 자료 증강 기법을 적용할 때는 증강된 자료가 모형에 어떤 영향을 미칠 것인지 생각해 볼 필요가 있다. 이에 대한 답이 항상 명확하지는 않을 것이다. 따라서, 모형을 훈련하고 검증하는 과정에서 자료 증강과 관련된 문제점을 항상 염두에 두고, 자료 증강이 모형에 의도치 않은 영향이 미쳤는지 주시할 필요가 있다.

마지막으로, 너무 당연해서 별 도움이 안 될지도 모르겠지만, 자료가 "불완전"하다면 그 자료만 가지고 어떻게 해볼 것이 아니라 더 많은 자료를 구해 보는 것이 바람직하다. 물론 항상 더 많은 자료를 구할 수 있는 것은 아니지만, 적어도 노력은 해 보아야 할 것이다.

D.7 성능 측정[역1]

모든 기계 학습 파이프라인의 가장 중요한 구성요소는 성능(성과) 측정 수단이다. 기계 학습 모형이 얼마나 잘 작동하는지 알지 못한다면 모형을 더 낫게 만들 수도 없다. 기계 학습 파이프라인을 구축할 때 가장 먼저 할 일은 성능 측정 수단을 갖추는 것이다. scikit-learn으로 모형을 만드는 경우에는 .score() 메서드가 성능 측정 수단이 된다. 그런 다음에는 그냥 완전히 무작위로 분류 또는 회귀 결과를 산출하는 아주 원시적인 파이프라인을 만든다. 이후 점차 그 파이프라인을 개선해 나가되, 매 단계에서 파이프라인의 성능을 측정한다. 이러한 접근 방식은 여러분이 올바른 방향으로 착실하게 나아가고 있음을 여러분의 상사나 동료에게 확신시키는 데에도 아주 좋다.

D.7.1 분류 모형의 성능 측정

좋은 분류 모형 또는 분류기(classifier)는 양성 부류에 속하는 견본을 양성이라고 제대로 분류해야 할 뿐만 아니라, 양성 부류에 속하지 않는 견본을 양성이라고 오분류하는 실수를 범하지 않아야 한다. 양성 견본을 양성이라고 분류하는 것을 진양성(true positive), 음성 견본을 음성이라고 분류하는 것을 진음성(true negative)이라고 부른다. 목록 D.3은 모형의 모든 분류 또는 예측 결과가 하나의 NumPy 배열에 담겨 있다는 가정하에서 진양성 결과와 진음성 결과의 횟수를 세는 방법을 보여준다.

역1 이번 절에서 '성능(performance)'은 계산 시간이나 메모리 사용량 같은 효율성 측면의 성능이 아니라 "주어진 과제를 얼마나 잘 수행하느냐"는 좀 더 일반적인 관점의 성능이다. 본문에서는 종종 '성과(역시 performance)'라고 표현했다.

```
                       y_true는 실측 분류명(즉, 목푯값)의 NumPy 배열이다. 일반적으로 이 값들은 사람이 결정한다.
>>> y_true = np.array([0, 0, 0, 1, 1, 1, 1, 1, 1, 1])  ◄──────
>>> y_pred = np.array([0, 0, 1, 1, 1, 1, 1, 0, 0, 0])  ◄──────
>>> true_positives = ((y_pred == y_true) & (y_pred == 1)).sum()        y_pred는 이진 분류
>>> true_positives                                                      기 모형이 예측한 분류
4                                                                       명(0 또는 1)이다.
                         true_positives는 모형이 정확히
                         분류한 양성 분류명(1)들이다.

>>> true_negatives = ((y_pred == y_true) & (y_pred == 0)).sum()
>>> true_negatives  ◄──────
2                         true_negatives는 모형이 정확히 분류한 음성 분류명(0)들이다.
```

또한, 모형이 잘못 예측한 횟수를 파악하는 것이 중요할 때도 많다. 목록 D.4가 이에 관한 예제이다.

목록 D.4 모형의 오분류 횟수 세기

```
>>> false_positives = ((y_pred != y_true) & (y_pred == 1)).sum()
>>> false_positives  ◄──────
1                                      false_positives는 음성(0) 견본을 양성(1)으로 잘못
                                       분류한 경우들, 즉 가양성(거짓 양성) 결과들이다.
>>> false_negatives = ((y_pred != y_true) & (y_pred == 0)).sum()
>>> false_negatives  ◄──────
3                                      false_negatives는 양성을 음성으로 잘못 분류한
                                       경우들, 즉 가음성(거짓 음성) 결과들이다.
```

이 네 가지 수치를 하나의 2×2 행렬로 결합해서 활용하기도 한다. 그런 행렬을 오류 행렬(error matrix) 또는 혼동 행렬(confusion matrix)이라고 부른다. 목록 D.5는 앞의 예제들에서 구한 네 수치로 혼동 행렬을 만드는 예이다.

목록 D.5 혼동 행렬

```
>>> confusion = [[true_positives, false_positives],
...              [false_negatives, true_negatives]]
>>> confusion
[[4, 1], [3, 2]]
>>> import pandas as pd
>>> confusion = pd.DataFrame(confusion, columns=[1, 0], index=[1, 0])
>>> confusion.index.name = r'pred \ truth'
>>> confusion
            1 0
pred \ truth
1           4 1
0           3 2
```

이 혼동 행렬의 대각성분들(왼쪽 상단 성분과 오른쪽 하단 성분)이 값이 크고 다른 성분들은 값이 작은 것이 바람직하다. 그런데 관련 문헌이나 소스 코드 중에는 음성 횟수들과 양성 횟

수들의 순서를 위의 예와 반대로 한 것들도 있음을 주의하기 바란다. 따라서 항상 혼동 행렬의 열들과 색인들에 이름표(레이블)를 붙이는 것이 바람직하다. 통계학자들은 이 행렬을 분할표(contingency table)라고 부르기도 하지만, 이 책의 목적에서는 그냥 '혼동 행렬'을 사용하는 것이 좋을 것이다.

기계 학습 분류 문제의 성능 측정을 위해서는, 혼동 행렬의 네 수치를 정밀도(precision)와 재현율(recall)이라는 두 가지 수치로 요약하는 것이 더 유용하다. 문서들이 주어진 질의문에 "부합하는가 아닌가"로 분류한다는 점에서, 정보 검색(검색 엔진)과 의미 검색도 이런 이진 분류 문제에 속한다. 제2장에서 배웠듯이, 어간 추출과 표제어 추출은 재현율을 높이지만 정밀도는 낮춘다.

정밀도는 관심의 대상인 부류, 즉 '양성 부류'에 속하는 견본들을 얼마나 잘 검출하는지를 뜻한다. 그래서 정밀도를 양성 예측도(positive predictive value)라고 부르기도 한다. 진양성 횟수는 양성 부류에 속하는 견본을 양성 부류라고 잘 분류한 횟수이고 가양성 횟수는 음성 부류에 속하는 견본을 양성 부류라고 잘못 분류한 횟수이므로, 그 둘의 합에 대한 진양성 횟수의 비율이 곧 정밀도이다. 목록 D.6은 이를 코드로 표현한 것이다.

목록 D.6 정밀도 계산

```
>>> precision = true_positives / (true_positives + false_positives)
>>> precision
0.5714285714285714.
```

예제 혼동 행렬의 수치로 정밀도를 계산했더니 약 0.57이 나왔다. 즉, 이 모형은 양성 부류 견본들의 57%를 양성이라고 분류했다.

재현율은 양성 견본들을 얼마나 잘 찾아냈는지 나타내는 값으로, 모든 양성 견본의 수에 대한 진양성 횟수(양성 견본을 양성으로 분류한 횟수)의 비율로 정의된다. 이를 민감도(sensitivity)나 참인식율(true positive rate), 검출 확률(probability of detection)이라고 부르기도 한다. 전체 양성 견본의 수는 진양성 횟수와 가음성 횟수의 합이므로, 진양성 횟수를 그것으로 나누면 재현율이 나온다. 목록 D.7은 이를 나타낸 것이다.

목록 D.7 재현율 계산

```
>>> recall = true_positives / (true_positives + false_negatives)
>>> recall
0.8
```

예제 모형은 자료 집합에 있는 양성 표본의 80%를 검출했다.

D.7.2 회귀 모형의 성능 측정

회귀(regression) 문제를 위한 기계 학습 모형의 성능을 측정하는 데 주로 쓰이는 점수로는 평균 제곱근 오차(root mean square error, RMSE)와 피어슨 상관계수(Pierson correlation coefficient)가 있다. 후자를 흔히 R^2으로 표기한다. 분류 문제도 크게는 회귀 문제에 속하므로, 분류명을 의미 있는 수치로 변환할 수만 있다면 회귀 성능 측정 방식을 분류 문제에 적용할 수 있다. 앞의 예제 같은 이진 분류 문제라면 양성 분류명을 1, 음성 분류명을 0으로 두면 된다. RMSE는 오차의 표준편차(standard deviation)이다. 목록 D.8은 앞에서 본 이진 분류 모형에 대한 RMSE를 구하는 코드이다.

목록 D.8 RMSE

```
>>> y_true = np.array([0, 0, 0, 1, 1, 1, 1, 1, 1, 1])
>>> y_pred = np.array([0, 0, 1, 1, 1, 1, 1, 0, 0, 0])
>>> rmse = np.sqrt(np.mean((y_true - y_pred) ** 2))
>>> rmse
0.6324555320336759
```

피어슨 상관계수도 회귀 모형의 성능을 측정하는 데 흔히 쓰인다. scikit-learn 패키지를 사용하는 경우에는 scikit-learn의 모형들 대부분이 지원하는 .score() 메서드로 피어슨 상관계수를 구할 수 있지만, 그렇지 않을 때는 다음처럼 Pandas를 이용하거나 NumPy로 직접 계산하면 된다.

목록 D.9 피어슨 상관계수

```
>>> corr = pd.DataFrame([y_true, y_pred]).T.corr()
>>> corr[0][1]
0.21821789023599242

>>> np.mean((y_pred - np.mean(y_pred)) * (y_true - np.mean(y_true))) /
...     np.std(y_pred) / np.std(y_true)
0.21821789023599242
```

예제 모형의 경우 목푯값들과 예측값들의 상관관계는 약 22%밖에 되지 않는다.

D.8 전문가의 조언

일단 기본기를 갖추었다면, 좋은 모형을 좀 더 빨리 구축하는 데 도움이 되는 몇 가지 요령을 알아두는 것도 좋을 것이다.

- 파이프라인을 구축하고 조율하는 과정에서는 전체 자료 집합에서 무작위로 추출한 작은 부분집합으로 모형을 훈련한다.
- 파이프라인이 완성되면 가지고 있는 모든 자료로 모형을 훈련한다.
- 여러 접근 방식을 시도해 보는 경우, 자신이 가장 잘 알고 있는 것을 제일 먼저 시도하는 것이 좋다. 이는 모형 자체는 물론이고 특징 추출기를 만들 때도 적용된다.
- 저차원 특징들과 목푯값들로 산점도(scatter plot)와 산점 행렬(scatter matrix)을 만들어서, 혹시 명백한 패턴을 놓치지는 않았는지 점검해 본다.
- 고차원 자료는 이미지 형태로 표시해서 특징들의 이동(shifting)을 찾아본다.[주1]
- 고차원 벡터 쌍들의 차이를 최대화해야 하는 경우(분리 문제)에는 PCA(NLP 자료의 경우에는 LSA)가 유용하다.
- 반대로, 서로 비슷한 벡터 쌍들을 부합시키거나 저차원 공간에서 회귀를 수행하려 할 때는 t-SNE 같은 비선형 차원 축소 기법이 유용하다.
- sklearn.Pipeline 객체를 이용하면 모형과 특징 추출기의 유지보수와 재사용이 좀 더 쉬워진다.
- 초매개변수 조율을 자동화해서 모형의 훈련을 최대한 자동으로 진행하면 여러분의 소중한 시간을 절약할 수 있다. 절약한 시간은 기계 학습을 더 공부하는 데 사용하면 될 것이다.

초매개변수 조율 모형의 종류와 구성, 파이프라인의 작동에 영향을 미치는 모든 값을 초매개변수(hyperparameter)라고 부른다. 예를 들어 신경망의 뉴런 개수나 층 개수, sklearn.linear_model.Ridge 회귀 모형의 알파 값 등등 모형의 종류와 구성 방식, 작동 방식에 관련된 값들이 초매개변수이다. 또한, 토큰화 함수의 종류나 무시할 불용어들, TF-IDF 어휘의 최소, 최대 문서 빈도, 어간 추출 사용 여부, TF-IDF 정규화 접근 방식 등 전처리 단계와 관련된 값들도 초매개변수에 속한다.

초매개변수들을 조율하려면 모형을 새로 훈련하고 검증하는 실험을 여러 번 진행해야 하므로 시간이 오래 걸린다. 따라서, 초매개변수들의 검색 공간이 크다면 자료 집합의 크기를 줄이는 것이 바람직하다. 전체 자료 집합을 잘 대표하는 최소한의 표본을 뽑아서 사용하면 될 것이다. 작은 자료 집합으로 조율을 진행하다가, 초매개변수들이 충분히 최적화되었다 싶으면

[주1] 시계열 자료에는 시간 이동 또는 지연(lag)이 포함되기 마련이다. 이런 이동을 찾아낼 수 있으면 Santander Value Prediction 공모전처럼 자료의 출처를 밝히지 않는 Kaggle 공모전에서 좋은 성적을 내는 데 도움이 된다(https://www.kaggle.com/c/santander-value-prediction-challenge/discussion/61394).

파이프라인을 고정하고 모든 자료 집합으로 모형을 훈련한다.

파이프라인 초매개변수의 조율은 모형의 성능을 개선하는 주된 수단 중 하나이다. 초매개변수 조율 과정을 자동화하면 여러분의 시간이 절약된다. 절약한 시간은 책을 읽거나 모형의 결과를 시각화하고 분석하는 데 쓰면 될 것이다. 물론, 최적화를 시도할 초매개변수 값들의 범위를 명시적으로 지정함으로써 여러분의 직관으로 조율 과정에 영향을 미치는 것도 가능하다.

> **팁** 다음은 주요 초매개변수 조율 알고리즘을 효율성 순으로(가장 효율적인 것부터) 나열한 것이다.

1. 베이즈 검색(Bayesian search)

2. 유전 알고리즘(genetic algorithm)

3. 무작위 검색(random search)

4. 다해상도 격자 검색(multi-resolution grid search)

5. 격자 검색(grid search)

효율성에 차이가 있긴 하지만 이들은 모두 유용한 알고리즘이다. 가장 덜 효율적인 알고리즘을 사용한다고 해도, 밤에 컴퓨터에게 자동 조율 작업을 맡기고 푹 자는 것이 밤을 새워 초매개변수 값을 손수 추측해서 실험을 진행하는 것보다 낫다.

E

AWS GPU 설정

NLP 모형을 빠르게 훈련하고 싶다면 GPU를 활용하는 것이 바람직하다. 케라스(TensorFlow와 Theano)나 PyTorch, Caffe 같은 프레임워크들은 GPU를 이용해서 심층 신경망 모형을 빠르게 훈련하는 기능을 제공한다. 이런 계산 그래프 프레임워크들은 GPU 고유의 특징인 대규모 병렬 곱셈, 덧셈 연산 능력을 잘 활용한다.

GPU를 장착한 서버를 직접 구축하는 데는 시간과 돈이 들기 때문에, AWS(Amazon Web Services) 같은 클라우드 서비스를 활용하는 것도 고려해 볼 만하다. 단, 시간과 기술이 있다면 장기적으로 볼 때 비슷한 비용으로 AWS(Amazon Web Services) 인스턴스보다 두 배 정도 빠른 GPU 장착 서버를 직접 구축하는 것이 가능하다는 점도 기억하기 바란다. 서버를 직접 구축하는 것의 또 다른 장점은 원격 AWS EC2 인스턴스보다 자료 전송 속도가 훨씬 빠르고(대역폭이 크다) RAM도 더 넉넉하다는 것이다.

그렇지만 초기에 큰 비용을 들이지 않고 GPU가 장착된 서버를 갖추는 데에는 클라우드 서비스가 좋은 선택이다. 게다가 AWS를 비롯한 대부분의 클라우드 서비스들은 관련 운영체제와 도구들이 미리 설치, 설정된 디스크 이미지를 제공하기 때문에, 자체 서버를 구축할 때보다 훨씬 더 빠르게 NLP 파이프라인 개발 환경을 구성할 수 있다. 또한, 여러분이 만든 제품을 실제로 출시해서 대규모 사용자층을 감당할 수 있으려면 아무래도 AWS나 구글 클라우드 서비스 같은 대형 클라우드 서비스가 유리하다(Microsoft의 애저는 아직 이 둘을 따라잡지 못하고 있다). 재미나 실험을 위해서라면 자체 서버가 나을 것이다.

E.1 AWS 인스턴스 설정

1. http://aws.amazon.com으로 가서 AWS 계정을 새로 만들거나 기존 계정으로 로그인한다. 로그인 후 AWS Management Console 페이지(http://console.aws.amazon.com)로 간다(그림 E.1).

2. '전체 서비스' 목록에서 'EC2'를 선택한다. 페이지 왼쪽 상단 '서비스' 메뉴를 펼쳐서 'EC2'를 선택해도 된다. 그러면 기존 EC2 인스턴스들에 관한 정보를 요약해서 보여주는 EC2 대시보드 페이지가 나타난다(그림 E.2).

그림 E.1 AWS Management Console

그림 E.2 새 AWS 인스턴스 생성

3. EC2 대시보드에서 파란색 '인스턴스 시작' 버튼을 클릭하면, 실행할 가상 기계(VM) 인스 턴스를 설정하기 위한 일련의 단계가 시작된다.

4. 첫 단계(그림 E.3)에서는 VM에 설치할 서버 이미지를 선택한다. 흔히 ISO 이미지라고 부 르는 이런 디스크 이미지를 AWS에서는 *AMI*(Amazon Machine Image)라고 부른다.[주1] 아 마존은 다양한 기존 AMI들을 제공하는데, 그중에는 심층 학습 프레임워크들이 이 미 설치된 것들도 있다. 그런 AMI들을 이용하면 CUDA나 BLAS 같은 라이브러리나 TensorFlow, NumPy, 케라스 같은 파이썬 패키지를 여러분이 일일이 설치할 필요가 없 다. 왼쪽 패널에서 'Amazon Marketplace' 탭이나 '커뮤니티 AMIH' 탭을 클릭하면 미리 만들어진 상용 또는 무료 AMI들을 볼 수 있다. 우리는 심층 학습 기능이 필요하므로,

---

[주1] ISO는 DVD 디스크나 하드 디스크의 내용을 다른 곳에 설치하기 좋은 형태의 파일로 저장하는 데 관한 표준인 ISO-9660에 서 비롯한 이름이다. ISO 자체는 International Standards Organization(국제 표준화 기구)의 약자이다.

상단 검색창으로 "deep learning"을 검색하기 바란다.^{주2} 참고로 여기서는 AMI의 종류만 선택하고, 좀 더 구체적인 서버 하드웨어 구성은 나중에 선택한다.

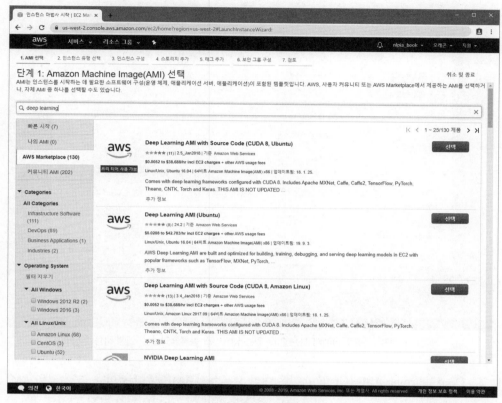

그림 E.3 AMI 선택

5. 이 책의 일부 신경망 예제 코드는 Deep Learning AMI (Ubuntu) 인스턴스에서 시험되었다. 이 이미지로 설치하는 서버는 GPU 하드웨어를 활용한다(해당 인스턴스에 GPU가 있는 경우). Amazon Marketplace 탭에서 AMI를 검색한 경우, AMI 오른쪽의 파란 Select 버튼을 클릭하면 여러 EC2 인스턴스(GPU가 있는 것도 있고 없는 것도 있다)에서 이 AMI를 실행했을 때 부과될 비용 추정액을 보여주는 AMI 상세 정보 페이지가 나타난다(그림 E.4).

주2 이 글을 쓰는 현재, Amazon Marketplace 탭의 AMI 중 ID가 *ami-f1d51489*인 AMI가 심층 학습 기능을 제공하는 이미지의 하나이다.

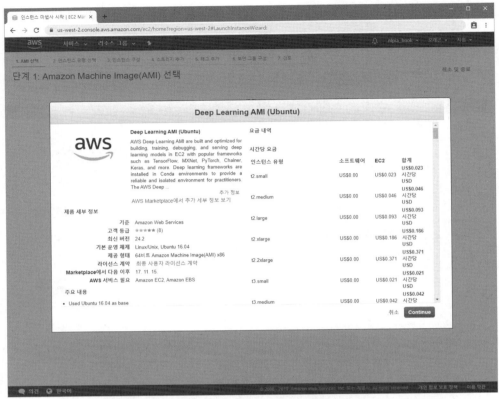

그림 E.4 현재 AWS 리전에서 사용할 수 있는 인스턴스 종류들과 AMI 실행 비용 추정액

6. Deep Learning AMI (Ubuntu) 같은 여러 오픈소스 AMI들은 무료이다. 그런 경우 AMI 상세 페이지 Software cost 열이 모두 $0이다. 반면 RocketML AMI 같은 AMI는 비용이 부과된다. 소프트웨어 비용과는 무관하게, 서버 인스턴스의 가동 시간이 '프리 티어free tier(무료 서비스 구간)'가 허용하는 시간을 넘기면 그에 대한 비용이 부과됨을 주의하기 바란다. 그리고 프리 티어는 GPU 인스턴스를 지원하지 않는다. 따라서 일단 여러분의 컴퓨터에서 파이프라인을 충분히 구축하고 시험한 후에 AWS 인스턴스에 올리는 것이 현명하다. 추정 비용을 충분히 살펴보고 문제가 없다면 파란색 'Continue' 버튼을 클릭하고, 잘 모르겠다면 '취소'를 클릭해서 다시 AMI 선택 화면으로 돌아간다. 여기서는 그냥 'Continue' 버튼을 클릭했다고 가정한다. 그러면 EC2 인스턴스의 유형을 선택하는 '단계 2: 인스턴스 유형 선택' 페이지가 나타난다(그림 E.5).

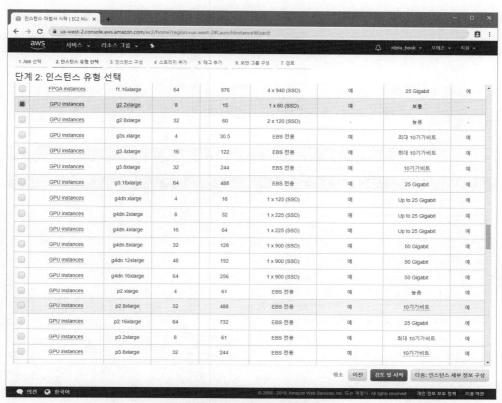

그림 E.5 인스턴스 유형 선택

7. 인스턴스 유형 선택 페이지에서는 가상 기계에서 실행할 서버 인스턴스의 유형을 선택한다. 가장 작은 GPU 인스턴스인 g2.2xlarge가 비용에 비해 성능이 좋다. 아마존은 좀 더 비싼 인스턴스들을 먼저 제시한다는 점을 주의해야 한다(이런 관행을 UX '다크 패턴 dark pattern'이라고 부르기도 한다). g2.2xlarge가 바로 보이지 않는다면, 좀 더 스크롤해서 찾아보기 바란다. 또한, 북미의 다른 리전region들보다 '미국 서부 (오레곤)' 또는 'US West 2 (Oregon)' 리전의 인스턴스 비용이 훨씬 낮음을 주목하기 바란다. 리전은 페이지 오른쪽 상단의 계정 이름 옆에서 변경할 수 있다.

8. 사용할 인스턴스 유형을 선택한 후 파란색 '검토 및 시작' 버튼을 클릭하면 가상 기계가 실제로 시동된다. 그런데 이번이 첫 인스턴스이므로, 먼저 인스턴스의 세부 설정을 살펴보는 것이 좋겠다. 이를 위해 회색 '다음: 인스턴스 세부 정보 구성' 버튼을 클릭하기 바란다.

9. 그러면 인스턴스의 세부 설정을 위한 페이지가 나타난다(그림 E.6). 이미 기존 *VPC*(virtual private cloud, 가상 사설 클라우드)에서 AWS 가상 기계를 돌리는 독자라면, 여기서 GPU를 기존 VPC에 배정할 수 있다. 같은 VPC에 있는 VM들은 그 VPC에 있는 동일한 게이트웨이 서버 또는 배스천bastion 호스트를 통해서 접근된다.[주3] 그러나 이것이 여러분의 첫 EC2 인스턴스이면, 또는 '배스천 호스트'가 없다면, 이 부분은 그냥 넘어가도 된다.

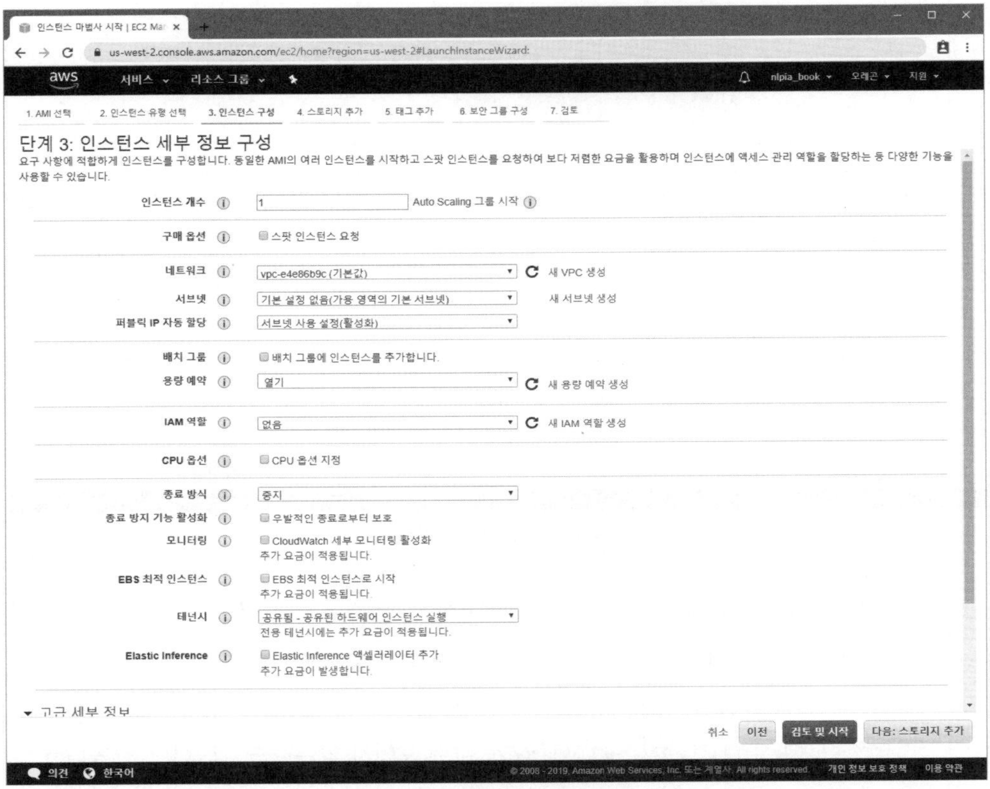

그림 E.6 인스턴스에 저장소 추가

10. '우발적인 종료로부터 보호' 체크 상자를 체크하면 VM이 의도치 않게 종료되는 일이 방지된다. AWS에서 '종료(terminate)'는 컴퓨터를 끄고 저장소를 모두 비우는 것을 말한다. 반면 '중지(stop)'는 그냥 컴퓨터를 일시 정지시키는 것이다. 이 경우는 영구적 저장소에 저장한 모든 훈련 체크포인트들이 유지된다.

주3 배스천 호스트와 관련한 여러 모범관행(best practice)들이 https://aws.amazon.com/ko/quickstart/architecture/linux-bastion/에 나온다.

11. 세부 설정을 마쳤다면, '다음: 스토리지 추가' 버튼을 클릭해서 다음 단계로 넘어간다.

12. 이 단계(그림 E.7)에서는 인스턴스에 스토리지^{storage}, 즉 파일들을 저장할 저장소를 더 추가한다. 커다란 말뭉치를 다루어야 한다면 저장소를 증설할 필요가 있다. 그렇지만 저장소추가 없이 기본 '지역' 저장소만 사용하고 EC2 인스턴스를 설정하고 실행한 후에 아마존의 S3 Bucket이나 기타 다른 클라우드 저장소 서비스를 붙이는 것이 나을 것이다. 그러면 여러 서버 또는 훈련 실행들에서(즉, 인스턴스 종료와 종료 사이에서) 큰 자료 집합을 공유할 수 있다. AWS 프리 티어의 저장소 비용은 '지역' EC2 저장소 30GB까지만 무료이고그 이상은 비용이 부과된다. AWS의 UX에는 비용 누적을 피하기 어렵게 만드는 다크 패턴이 많이 있음을 주의하기 바란다.

그림 E.7 영구적 저장소를 인스턴스에 추가

13. 필요하다면 '다음' 버튼을 클릭해서 EC2 인스턴스의 기본 태그들과 보안 그룹들을 확인하기 바란다. 확인을 마친 후 파란색 '검토 및 시작' 버튼을 클릭하면 EC2 인스턴스를 시작하기 전에 마지막으로 설정들을 검토해 보는 페이지가 나온다.

그림 E.8 인스턴스 시작 전에 설정을 검토

14. 검토 페이지(그림 E.8)에서 인스턴스의 여러 세부 사항을 확인할 수 있다.

15. 하드웨어 구성(RAM과 CPU), AMI 이미지 유형(지금 예에서는 Deep Learning Ubuntu), 저장소(자료를 담을 만한 용량인지) 등의 세부 사항을 검토한 후, 문제가 없으면 '시작하기' 버튼을 클릭한다.

16. 신원 확인을 위한 키 쌍이 지정되지 않은 경우 AWS는 기존 쌍을 내려받거나 새 키 쌍을 생성하는 대화상자를 표시한다(그림 E.9). 이전에 AWS에서 인스턴스를 만든 적이 있어서 키 쌍을 이미 만들어둔 독자는 기존 키 쌍을 내려받고, 이번이 처음이면 새로 만들기 바란다. 이 키 쌍은 패스워드를 입력하지 않고 ssh로 VM에 로그인하기 위한 것인데, 기본적으로 EC 인스턴스는 패스워드 로그인을 허용하지 않으므로 키 쌍이 꼭 필요하다. 내려받은 .pem 파일을 여러분의 $HOME/.ssh/ 디렉터리에 저장하고, 복사본을 안전한 곳에 보관하기 바란다. 이 파일이 없으면 인스턴스에 접근할 수 없기 때문에 지금까지의 과정을 다시 수행해서 새 인스턴스를 만들어야 한다. 이제 '인스턴스 시작' 버튼을 클릭한다.

그림 E.9 새 키 쌍 생성 또는 기존 키 내려받기

17. 이제 AWS는 VM를 켜고 소프트웨어 이미지를 적재하기 시작한다. 페이지에는 인스턴스가 실행 중이라는 메시지가 나타날 것이다(그림 E.10). 흔치 않은 일이지만 아마존의 데이터 센터에 뭔가 문제가 있어서 인스턴스 시동이 실패하기도 한다. 그런 경우에는 인스턴스를 처음부터 다시 생성해야 할 수 있다.

18. 실행 중 메시지 아래 줄에서 *i*-로 시작하는 인스턴스 해시를 클릭하면 여러분의 모든 EC2 인스턴스의 현황을 보여주는 페이지가 나타난다(그림 E.11). 새로 만든 인스턴스가 실행 중이거나 초기화 중임을 이 페이지에서 확인할 수 있다.

그림 E.10 **AWS의 시작 확인 메시지**

19. EC2 대시보드(그림 E.11) 하단을 보면 인스턴스의 공공 IP 주소가 있다. 이 주소를 키 쌍 파일(.pem)과 함께 보관해 두면 좋을 것이다. 가능하면 .pem 파일로 접근하는 패스워드 관리자를 이용해서 안전하게 보관하는 것이 바람직하다. 또한, 이 주소를 $HOME/.ssh/ config 파일에 기록해 두면 나중에 ssh로 로그인할 때 매번 IP 주소를 찾을 필요가 없다.

목록 E.1은 전형적인 SSH 설정 파일이다. HostName의 값을 앞에서 새 EC2 인스턴스의 공공 IP 주소(EC 대시보드에 나온)나 완전한 형태의 도메인 이름(AWS 대시보드의 "Route 53"에 있는)으로 대체하면 된다.

목록 E.1 **$HOME/.ssh/config**

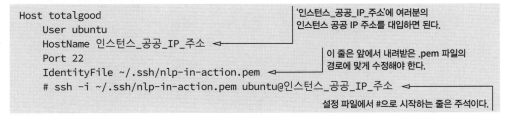

그림 E.11 새로 생성한 인스턴스의 시동 상태를 보여주는 EC2 대시보드

20. ssh로 AWS의 인스턴스에 로그인하려면 개인 키 파일($HOME/.ssh의 .pem 파일)이 반드시 읽기 전용이어야 하며 시스템의 루트(슈퍼유저) 계정의 소유이어야 한다. bash에서 다음 명령들을 실행하면 된다.[주4]

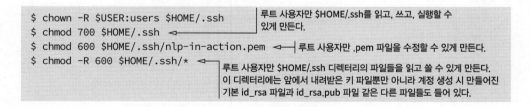

```
$ chown -R $USER:users $HOME/.ssh          루트 사용자만 $HOME/.ssh를 읽고, 쓰고, 실행할 수
$ chmod 700 $HOME/.ssh  ◄───              있게 만든다.
$ chmod 600 $HOME/.ssh/nlp-in-action.pem  ◄──┤ 루트 사용자만 .pem 파일을 수정할 수 있게 만든다.
$ chmod -R 600 $HOME/.ssh/*
                      루트 사용자만 $HOME/.ssh 디렉터리의 파일들을 읽고 쓸 수 있게 만든다.
                      이 디렉터리에는 앞에서 내려받은 키 파일뿐만 아니라 계정 생성 시 만들어진
                      기본 id_rsa 파일과 id_rsa.pub 파일 같은 다른 파일들도 들어 있다.
```

21. 설정 파일을 수정하고 파일 권한들도 적절히 조정했다면, bash에서 다음을 실행해서 EC2 인스턴스에 로그인한다.

```
$ ssh -i ~/.ssh/nlp-in-action.pem ubuntu@인스턴스_공공_IP_주소
```

주4 Windows의 경우 이 두 명령은 Windows 명령 프롬프트 창이 아니라 cygwin이나 git-bash 같은 bash 셸(부록 A의 §A.6 참고)에서 실행해야 함을 주의하기 바란다.

22. 위의 명령은 사용자 이름이 ubuntu라고 가정한 것이다. 앞의 예에서처럼 우분투 기반 AMI를 설치했다면 실제로 사용자 이름이 ubuntu일 가능성이 크다. 그러나 반드시 그런 것은 아니니, 혹시 로그인이 안 된다면 해당 AMI의 문서화에서 기본 사용자 이름을(그리고 ssh 포트 번호도) 확인하기 바란다.

23. 이번이 첫 로그인이면 ssh는 원격 호스트(EC 인스턴스)의 정체를 알 수 없다는 경고를 표시한다(그림 E.12). yes를 입력하고 엔터 키를 누르면 로그인 과정이 진행된다.[주5]

그림 E.12 ssh는 원격 서버와 신원 정보를 교환해도 되는지 묻는다.

24. 로그인에 성공하면 환영 메시지를 볼 수 있다(그림 E.13).

```
                                    2. ubuntu@ip-172-31-26-225: ~ (ssh)
      _|  (   /   Deep Learning AMI  (Ubuntu)
    __|\___|___|

===============================================================================

Welcome to Ubuntu 16.04.3 LTS (GNU/Linux 4.4.0-1039-aws x86_64v)

Please use one of the following commands to start the required environment with the framework of your choice:
for MXNet(+Keras1) with Python3 (CUDA 9) _____ source activate mxnet_p36
for MXNet(+Keras1) with Python2 (CUDA 9) _____ source activate mxnet_p27
for TensorFlow(+Keras2) with Python3 (CUDA 8) _____ source activate tensorflow_p36
for TensorFlow(+Keras2) with Python2 (CUDA 8) _____ source activate tensorflow_p27
for Theano(+Keras2) with Python3 (CUDA 9) _____ source activate theano_p36
for Theano(+Keras2) with Python2 (CUDA 9) _____ source activate theano_p27
for PyTorch with Python3 (CUDA 8) _____ source activate pytorch_p36
for PyTorch with Python2 (CUDA 8) _____ source activate pytorch_p27
for CNTK(+Keras2) with Python3 (CUDA 8) _____ source activate cntk_p36
for CNTK(+Keras2) with Python2 (CUDA 8) _____ source activate cntk_p27
for Caffe2 with Python2 (CUDA 9) _____ source activate caffe2_p27
for base Python2 (CUDA 9) _____ source activate python2
for base Python3 (CUDA 9) _____ source activate python3

Official conda user guide: https://conda.io/docs/user-guide/index.html
AMI details: https://aws.amazon.com/amazon-ai/amis/details/
Release Notes: https://aws.amazon.com/documentation/dlami/latest/devguide/appendix-ami-release-notes.html
```

그림 E.13 로그인에 성공한 이후 나타나는 환영 메시지

25. 이제 남은 일은 여러분이 선호하는 개발 환경을 활성화하는 것이다. AMI에는 PyTorch 나 TensorFlow, CNTK 같은 다양한 환경이 마련되어 있다. 이 책은 TensorFlow와 케라

[주5] 공공 IP 주소가 바뀌지 않았는데도 이 경고 메시지를 다시 보게 된다면 뭔가 수상한 일이 벌어진 것일 수 있다. 어쩌면 누군가가 EC 인스턴스의 IP 주소나 도메인 이름을 훔쳐보고 중간자 공격(man-in-the-middle) 공격을 시도하는 것일지도 모른다. 그러나 이런 일은 극히 드물다.

스를 사용하므로, 이 책의 예제들을 따라해 보려면 다음과 같이 tensorflow_p36 환경을
활성화해야 한다. 이 명령은 Python 3.6, 케라스, TensorFlow가 설치된 가상 환경을 적
재한다(그림 E.14).

```
$ source activate tensorflow_p36
```

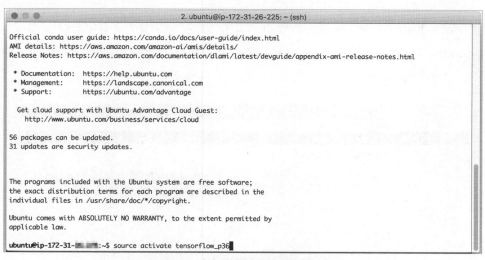

그림 E.14 미리 설치된 케라스 환경 활성화

지금까지의 모든 과정이 잘 진행되었다면, 다음 명령으로 iPython 셸을 띄울 수 있을 것이다.

```
$ ipython
```

이제 여러분의 심층 학습 NLP 모형을 훈련할 준비가 끝났다. 즐겁게 개발하시길!

E.1.1 비용 관리

AWS 같은 클라우드 서비스에서 GPU 인스턴스를 돌리다 보면 비용이 눈덩이처럼 불어날 수
있다. 이 글을 쓰는 현재, US-West 2 리전에서 가장 작은 GPU 인스턴스의 시간당 비용은
$0.65이다. 간단한 순차열 대 순차열 모형을 훈련하는 데에도 몇 시간이 걸린다. 그리고 모형
의 초매개변수들을 조율하려면 훈련 주기를 여러 번 반복해야 한다. 그러다 보면 월말 청구서
에 꽤 많은 자릿수의 비용이 찍혀 있을 것이다. 다음은 청구서를 보고 놀랄 일을 줄이는 데
도움이 되는 몇 가지 요령이다(그림 E.15과 E.16 참고).

- 놀고 있는 GPU 인스턴스들을 멈춘다. 인스턴스를 종료(terminate)가 아니라 중지(stop)하면 영구적 저장소(하드 디스크 또는 SSD)의 마지막 상태가 유지된다(/tmp 폴더는 예외). 이후 인스턴스를 재시동하면 저장소의 내용을 다시 볼 수 있다. 물론 휘발성 저장소(RAM)의 내용은 사라지므로, 인스턴스를 중지하기 전에 모형의 모든 체크포인트를 영구적 저장소에 저장해야 한다.
- EC2 인스턴스 요약 페이지(그림 E.11)에서 실행 중인 인스턴스들을 확인한다.
- AWS 비용 관리 페이지(그림 E.15)에 자주 들러서 비용 증가 상황을 점검한다.
- AWS 예산(Budget) 항목을 생성해서 비용에 관한 알림을 받는다(그림 E.16). 비용이 예산을 초과하면 AWS가 이메일이나 AWS 챗봇으로 알려준다.

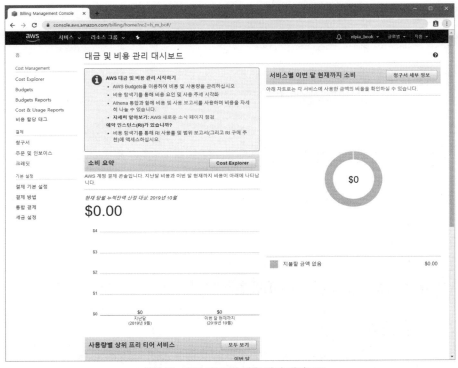

그림 E.15 **AWS 대금 및 비용 관리 대시보드**

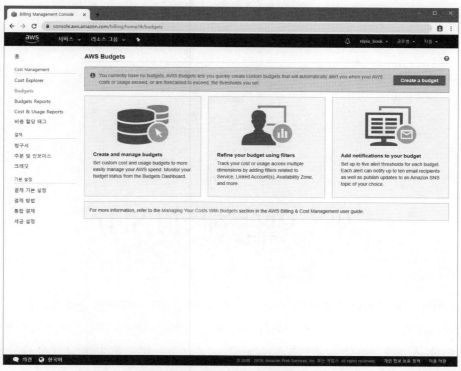

그림 E.16 AWS 예산 관리 페이지

APPENDIX

F

지역 민감 해싱(LSH)

제4장에서 수천 차원의 실숫값(부동소수점 형식으로 표현된)들로 이루어진 주제 벡터를 만드는 방법을 배웠다. 제6장에서는 수백 차원의 단어 벡터를 만드는 방법을 배웠다. 이런 고차원 연속 벡터들에 대해 유용한 수학 연산을 수행하는 것은 가능하지만, 문자열이나 이산 벡터만큼 빠르게 검색할 수는 없다. 데이터베이스 시스템들에 쓰이는 효율적인 색인화 기법들은 4차원 벡터까지만 지원한다.[주1] 단어 벡터나 문서 주제 벡터를 효율적으로 사용하려면 주어진 벡터와 가장 가까운 이웃 벡터를 찾는 데 도움이 되는 색인화 기법이 필요하다.

벡터 연산의 결과를 하나의 단어 또는 일단의 단어들(영어를 비롯한 대부분의 자연어에서, 한 단어의 벡터와 정확히 일치하는 단 하나의 벡터가 존재한다는 보장은 없다)로 변환하려면 이런 색인화 기법이 필요하다. 이런 색인화 기법은 또한 의미 검색에도 필요하다. 이 부록은 지역 민감 해싱 (locality sensitive hashing, LSH; 또는 국소성 민감 해싱)에 기초한 색인화 접근 방식 하나를 소개한다.

F.1 고차원 벡터는 어렵다

벡터의 차원이 1차원에서 2차원으로 높아진다고 해도 최근접 이웃(가장 가까운 이웃) 벡터를 빠르게 찾는 알고리즘이 크게 달라지지는 않는다. 3차원으로 간다고 해도 마찬가지이다. 이번 절에서는 데이터베이스 색인들에 흔히 쓰이는 최근접 2차원 벡터 검색 기법을 간단하게 살펴보고, 그런 기법을 훨씬 높은 차원의 벡터들에 적용하는 것이 왜, 어떻게 어려운지 이야기하겠다.

[주1] PostgreSQL 같은 고급 데이터베이스들은 그 이상의 차원도 지원하지만, 차원이 높아짐에 따라 효율성이 급격히 떨어진다.

F.1.1 벡터 공간의 색인과 해시

색인(index)은 뭔가를 빠르게 찾아보는 수단이다. 책 끝에 있는 용어 색인(찾아보기)과는 달리, 위도나 경도처럼 부동소수점 형식으로 표현되는 실숫값 색인들은 특정 대상과 정확히 일치하지 않는다. 2차원 실숫값 자료의 경우 대부분의 색인은 일종의 경계 상자(bounding box)를 이용해서 2차원 공간을 관리 가능한 조각들로 분할한다. 2차원 위치 정보에 대한 공간 분할 기반 색인의 대표적인 예는 여러 나라에서 편지나 택배 주소를 관리하는 데 쓰이는 우편번호 체계(미국의 ZIP 코드 등)이다.

이런 색인화 접근 방식에서는 2차원 공간의 각 영역에 하나의 번호를 부여한다. 우편번호를 위한 영역들은 직사각 경계 상자가 아니지만, 그래도 기본 개념은 동일하다. 미군은 지구를 실제로 직사각형 경계 상자들로 분할하고 각각에 고유 번호를 부여한 격자 시스템을 사용한다. 우편번호와 군대 격자 시스템 모두, 각 영역은 고유한 의미를 가진다.

우편번호 같은 해시^{hash}는 만일 두 해시가 비슷하면 해당 영역들도 위치가 가깝다는 특징을 가진다. 이를 "지역 민감성(locality sensitivity; 또는 국소 민감성)"이라고 부른다. 예를 들어 미국 ZIP 코드의 첫 숫자는 해당 주소가 속한 큰 영역(미국 서부 해안, 서남부, 중부 등등)을 나타내고, 그다음 숫자는 해당 주소가 속한 주(state)를, 그다음 숫자는 시나 군 등을 나타낸다. 따라서 ZIP 코드의 처음 세 자리를 보면 해당 주소가 속한 도시 또는 비슷한 수준의 행정 단위의 이름을 알아낼 수 있다. 나머지 숫자들은 도시의 특정 블록과 건물 등의 좀 더 세부적인 위치로 나아간다.[주2]

어떤 벡터 공간에 대한, 미국 ZIP 코드 체계처럼 지역 민감성을 가진 색인 체계를 만드는 데 사용할 수 있는 것이 바로 이 부록의 주제인 지역 민감 해싱 알고리즘이다. 지역성 민감 해싱이라고도 부르는 지역 민감 해싱 알고리즘은 지역 민감성을 가진 고유 번호들을 정의하는 방법이라 할 수 있다. 지역 민감 해싱 알고리즘은 벡터 공간에 있는 장소들의 좌표성분들을 이용해서 해시 값(수치)을 산출하되, 벡터 공간에서 서로 가까이 있는(심지어 위치가 겹친) 영역들은 해당 해시 값들이 비슷하다는 조건을 만족한다. 암호학을 공부한 독자라면 암복호화를 위한 해싱 알고리즘들이 지역 민감성이나 높은 충돌 확률을 피하고자 한다는 점을 알 것이다. 지역 민감 해싱 알고리즘은 그런 수학적 성질들을 오히려 추구한다.

[주2] 영어 위키백과 "ZIP_Code" 페이지에 이러한 지역 민감성을 보여주는 지도가 있다(https://en.wikipedia.org/wiki/ZIP_Code#Primary_state_prefixes).

F.1.2 고차원적 사고

자연어 벡터 공간은 고차원이다. 자연어는 사람이 말하고 생각하는 모든 복잡한 개념을 포착한다. 그런 개념에 자연어 처리 자체도 포함된다는 점을 생각하면 자연어가 다루는 개념들이 얼마나 복잡한지 짐작할 수 있을 것이다. 그러나 벡터 공간의 차원은 유한하기 때문에, 그런 복잡성을 하나의 벡터에 욱여넣으려면 어쩔 수 없이 복잡성의 일부를 폐기해야 한다. 그렇다고 너무 많이 폐기하면 언어에 담긴 생각을 온전히 표현하지 못하므로, 필요한 만큼만 폐기할 수 있어야 한다.

예를 들어 단어 모음(BOW) 벡터에는 단어들의 순서에 관한 정보가 빠져 있다. 순서 정보를 포기한 대신 색인화와 검색이 효율적인 고차원 이산 벡터를 얻었다. 단어 모음 벡터에서는 특정 단어가 질의문 또는 말뭉치에 존재하는지의 여부를 이진 검색과 색인화 트리를 이용해서 빠르게 파악할 수 있다. 한 자연어의 모든 단어를 포함하도록 어휘를 최대한 키웠다고 해도 이런 검색은 대단히 빠르다. 심지어 웹 검색 엔진들은 수백 가지 자연어의 모든 단어를 포함한 거대한 어휘를 사용한다. 영어 단어와 한국어 단어가 섞인 질의문으로 검색해도 적절한 검색 결과가 나오는 것은 이 덕분이다.

제2장에서 우리는 N-그램들을 추가해서 단어 모음 벡터의 차원을 높임으로써 순서에 관한 복잡도를 어느 정도 포착하는 방법을 배웠다. 그리고 제3장에서는 수백만 개의 토큰(단어와 N-그램)들에 그 토큰이 문장 또는 문서 안에서 얼마나 중요한지를 나타내는 가중치를 부여하는 방법을 살펴보았다. 이에 의해 자연어 벡터 공간 모형에 수백만 차원의 영역 또는 '통(bin)'들이 만들어진다.

그런데 단어 모음 벡터나 TF-IDF 벡터, 정규 표현식은 우리가 원하는 문서를 찾는 데 도움이 되는 수단 또는 재료일 뿐이다. 제4, 5, 6장에서 우리는 이산 벡터 공간에서 벗어나서 연속 벡터 공간으로 진입했다. 즉, 수직선(number line)에 놓인 정수 단어 개수 사이의 빈틈들에 자연어의 복잡성을 어느 정도 집어넣었다. 이제는 경직되고 이산적인 어휘에 의존해서 벡터 공간의 차원을 결정할 필요가 없다. 단어들을 개념 또는 주제들로 묶음으로써 우리는 벡터 공간의 차원을 수백만에서 수백으로 줄였다. 단어들과 문장들의 '장소성'이나 '인물성', '여성성' 같은 성질들을 포착하는 성질 벡터(nessvector)들도 만들어보았다.

더 나아가서, 제7~10장에서는 단어들의 조합뿐만 아니라 좀 더 길고 복잡한 단어열에 담긴 의미를 벡터로 표현하는 방법도 공부했다. 순환 신경망과 장단기 기억(LSTM) 덕분에 얕은 성질 벡터에서 깊은 생각 벡터(thought vector)로 나아갈 수 있었다.

그러나 이 모든 깊이와 복잡성 증가에는 대가가 따른다. 바로, 연속 밀집 고차원 생각 벡터는 효율적으로 색인화하거나 검색할 수 없다는 점이다. 검색 엔진들이 복잡한 질문에 대한 답을 1밀리초 만에 내놓지 못하는 이유가 바로 이것이다. 인생의 의미를 알고 싶다면 챗봇이 아니라 사람과 대화해야 한다.

　고차원 연속 벡터의 색인화와 검색이 어려운 이유는 무엇일까? 이해를 돕기 위해, 일단은 1차원 벡터 '공간'에 해당하는 1차원 수직선의 스칼라값을 색인화하고 검색하기가 얼마나 쉬운지부터 살펴보자. 그런 다음 그것을 더 높은 차원으로 확장하다 보면 고차원이 얼마나 까다로운지 실감할 수 있을 것이다.

1차원 색인

1차원 벡터들이 수직선(1차원 벡터 공간)에 무작위로 분포되어 있다고 하자. 다른 말로 하면, 일단의 난수들이 표시된 1차원 수직선을 상상하기 바란다. 수직선을 절반으로 자르면 두 개의 1차원 경계 상자가 만들어진다. 예를 들어 원점(0)을 기준으로 수직선을 자르면 모든 양수를 담은 상자와 모든 음수를 담은 상자가 생긴다. 벡터 공간의 중간 또는 무게중심(보통은 원점)을 잘 찾아낸다면, 벡터들을 대략 절반씩 두 부류로 나눌 수 있다.

　이제 각 경계 상자를 다시 절반으로 나누어서 총 네 개의 상자를 만든다. 이 과정을 몇 번 더 진행하면 하나의 이진 검색 트리 또는 이진 해시가 만들어지는데, 이 해시는 국소성(상자의 위치)에 민감하다. 경계 상자들을 절반으로 분할할 때마다 경계 상자의 개수가 두 배가 된다. 다른 말로 하면, 경계 상자의 개수는 트리의 수준을 지수로 한 2의 거듭제곱이다. 그리고 평균적으로 하나의 경계 상자에 속하는 1차원 벡터의 수는 전체 벡터 수를 경계 상자의 수로 나눈 것이다. 따라서, 1차원 벡터가 수십억 개라고 해도 분할을 32회 정도만 수행하면 pow(2, 32)가 약 43억이므로 각 경계 상자에 적은 수의 1차원 벡터가 포함된다.

　각 1차원 벡터는 그러한 경계 상자 중 하나에 포함되며, 그 경계 상자의 번호가 곧 그 1차원 벡터의 해시이다. 값이 비슷한 벡터들은 같은 경계 상자 또는 인접한 경계 상자에 들어갈 것이며, 따라서 지역 민감성이 충족된다. 이러한 지역 민감성 덕분에 임의의 1차원 벡터와 가장 가까운 1차원 벡터를 아주 빠르게 찾아낼 수 있다.

2, 3, 4차원 색인

그럼 1차원 이진 검색 트리 색인에 차원을 추가해 보자. 앞에서 보았듯이, 1차원 이진 검색 트리는 1차원 공간(수직선)의 1차원 영역들을 절반으로 나눌 때마다 각각 두 개의 자식 노드가 추가되어서 형성된 것이다. 2차원의 경우에는 두 차원을 각각 절반으로 분할하므로 하나의 경계 상자가 네 개(2×2)의 경계 상자로 나뉜다. 즉, 한 노드는 총 4개의 자식 노드로 갈라진다. 3차원 공간의 경우 세 차원을 각각 세 부분으로 나눈다면 총 9개(3×3×3)의 경계 상자(입방체)가 생성된다. 루빅스 큐브Rubik's Cube를 상상하면 될 것이다. 4차원은 머릿속으로 공간을 상상하기는 힘들지만, 수치로는 가능하다. 각 차원을 네 부분으로 나눈다면 총 4×4×4×4=256개의 경계 상자가 만들어진다. 그리고 그러한 4차원 벡터 공간의 경계 상자 256개 중 일부에는 아무 벡터도 들어 있지 않을 것이다(자연어 말뭉치에 모든 가능한 단어 조합이 등장하지는 않는 것과 같은 이유에서).

지금 논의하는 소박한 검색 트리 접근 방식은 3차원이나 4차원까지는 잘 작동하며, 경우에 따라서는 8차원 이상에도 적용할 수 있다. 그러나 차원이 더 높아지면 효율성이 극도로 떨어진다. 10차원 경계 '상자'가 어떤 모습일지 상상해 보기 바란다. 인간은 3차원 세상에서 살기 때문에 4차원 이상부터는 머릿속으로 그림을 그리지도 못한다.

10차원 정도는 컴퓨터가 별문제 없이 처리하지만, 인간 사고의 복잡성을 벡터에 욱여넣으려면 100차원 이상이 필요하다. 이러한 '차원의 저주'는 다음과 같은 몇 가지 방식으로 드러난다.

- 차원 수가 증가함에 따라, 차원들의 가능한 조합의 수가 지수적으로 증가한다.
- 고차원 공간에서는 모든 벡터가 서로 멀리 떨어져 있다.
- 고차원 벡터 공간은 대부분 빈 공간이다. 무작위로 경계 상자를 하나 선택했을 때 그 경계 상자가 텅 비어 있을 가능성이 아주 높다.

목록 F.1의 코드는 고차원 공간의 이러한 성질들을 이해하는 데 도움이 되는 수치들을 산출한다.

목록 F.1 고차원 공간의 특징

```
>>> import pandas as pd
>>> import numpy as np
>>> from tqdm import tqdm

>>> num_vecs = 100000
>>> num_radii = 20
>>> num_dim_list = [2, 4, 8, 18, 32, 64, 128]
>>> radii = np.array(list(range(1, num_radii + 1)))
>>> radii = radii / len(radii)
>>> counts = np.zeros((len(radii), len(num_dim_list)))
>>> rand = np.random.rand
>>> for j, num_dims in enumerate(tqdm(num_dim_list)):
...     x = rand(num_vecs, num_dims)
...     denom = (1. / np.linalg.norm(x, axis=1))     ◁── 무작위 행벡터들을 단위 길이로 정규화한다.
```

```
...        x *= denom.reshape(-1, 1).dot(np.ones((1, x.shape[1])))
...        for i, r in enumerate(radii):
...            mask = (-r < x) & (x < r)
...            counts[i, j] = (mask.sum(axis=1) == mask.shape[1]).sum()
```

참고로 이 코드는 GitHub의 NLPIA 저장소(http://github.com/totalgood/nlpia)에 있는 nlpia/book/examples/ch_app_h.py 파일에 있다. 다음은 위의 코드로 계산한 수치들을 Pandas를 이용해서 깔끔한 표 형태로 출력한 것이다. 이 표는 여러 차원(2에서 128)에서 여러 크기(0.05에서 1까지)의 경계 상자에 담긴 평균 벡터 수를 보여준다.

```
>>> df = pd.DataFrame(counts, index=radii, columns=num_dim_list) / num_vecs
>>> df = df.round(2)
>>> df[df == 0] = ''
>>> df
          2      4      8     18    32    64     128
0.05
0.10
0.15                                               0.37
0.20                                        0.1    1
0.25                                        1      1
0.30                                 0.55   1      1
0.35                         0.12    0.98   1      1
0.40                         0.62    1      1      1
0.45                0.03     0.92    1      1      1
0.50                0.2      0.99    1      1      1
0.55         0.01   0.5      1       1      1      1
0.60         0.08   0.75     1       1      1      1
0.65         0.24   0.89     1       1      1      1
0.70         0.45   0.96     1       1      1      1
0.75  0.12   0.64   0.99     1       1      1      1
0.80  0.25   0.78   1        1       1      1      1
0.85  0.38   0.88   1        1       1      1      1
0.90  0.51   0.94   1        1       1      1      1
0.95  0.67   0.98   1        1       1      1      1
1.00  1      1      1        1       1      1      1
```

텅 빈 경계 상자의 수가 최소가 되도록 고차원 공간을 최대한 효율적으로 분할하는 색인화 알고리즘으로 K-d 트리(https://en.wikipedia.org/wiki/K-d_tree)가 있다. 그러나 이런 접근 방식도 차원 수가 수백 정도가 되면 차원의 저주를 피하지 못한다. 2차원이나 3차원 벡터와는 달리, 단어 벡터나 생각 벡터 같은 고차원 벡터들은 제대로(가장 가까운 부합을 빠르게 찾을 수 있도록) 색인화하거나 해싱하는 것이 불가능하다. 진정으로 가장 가까운 부합을 놓치지 않고 찾아내려면 모든 벡터를 일일이 검사하는 수밖에 없다.

F.2 고차원 색인화

고차원 공간에서는 경계 상자에 의존하는 전통적인 색인화 접근 방식이 통하지 않는다. 차원이 아주 높으면 지역 민감 해싱조차도 실패한다. 그렇긴 하지만, 그 한계가 어느 정도인지 알아보기 위해 국소 민감 해싱을 실험해 보기로 하자. 그런 다음에는 "완벽한" 색인이라는 개념을 포기하고 대신 근사적인 색인을 이용해서 국소 민감 해싱의 한계를 극복하는 방법을 소개한다.

F.2.1 지역 민감 해싱

그림 F.1은 완전히 무작위한 200차원 벡터 40만 개에 대한 지역 민감 해싱의 성능을 요약한 표이다(200은 큰 말뭉치에 대한 주제 벡터에 전형적인 차원 수이다). 지역 민감 해싱은 파이썬 lshash3 패키지(pip install lshash3)를 이용해서 구현했다. 이 표는 40만 개의 무작위 주제 벡터 중 주어진 질의문의 주제 벡터와 가까운 벡터들을 찾는다고 할 때 지역 민감 해시를 이용하면 그런 벡터들을 실제로 몇 개나 찾을 수 있을지를 다양한 차원의 주제 벡터들로 보여준다.[역1]

D	N	100th Cosine Distance	Top 1 Correct	Top 2 Correct	Top 10 Correct	Top 100 Correct
2	4254	0	TRUE	TRUE	TRUE	TRUE
3	7727	0.0003	TRUE	TRUE	TRUE	TRUE
4	12198	0.0028	TRUE	TRUE	TRUE	TRUE
5	9920	0.0143	TRUE	TRUE	TRUE	TRUE
6	11310	0.0166	TRUE	TRUE	TRUE	TRUE
7	12002	0.0246	TRUE	TRUE	TRUE	FALSE
8	11859	0.0334	TRUE	TRUE	TRUE	FALSE
9	6958	0.0378	TRUE	TRUE	TRUE	FALSE
10	5196	0.0513	TRUE	TRUE	FALSE	FALSE
11	3019	0.0695	TRUE	TRUE	TRUE	FALSE
12	12263	0.0606	TRUE	TRUE	FALSE	FALSE
13	1562	0.0871	TRUE	TRUE	FALSE	FALSE
14	733	0.1379	TRUE	FALSE	FALSE	FALSE
15	6350	0.1375	TRUE	TRUE	FALSE	FALSE
16	10980	0.0942	TRUE	TRUE	FALSE	FALSE

그림 F.1 LSHash를 이용한 의미 검색

차원 수가 10을 넘으면 가장 가까운 상위 10개를 제대로 찾아내지 못한다. 믿기 어렵다면 무작위 벡터들을 생성하고 lshash3을 적용하는 프로그램을 직접 작성해서 실험해 보기 바란다. NLPIA 저장소의 관련 예제 코드를 참고하면 그리 어렵지 않을 것이다. 그리고 lshash3 패키지는 오픈소스이고, 핵심 코드는 100줄 정도밖에 되지 않는다.

[역1] 참고로 표의 D 열은 주제 벡터의 차원이고 N 열은 찾은 벡터 수, 그다음 열은 평균 코사인 거리, 나머지 열들은 실제로 가장 가까운 벡터 1, 2, 10, 100개를 제대로 찾았는지의 여부를 나타낸다.

F.2.2 근사 최근접 이웃 검색

고차원 벡터 공간 색인화 문제의 최종 해법은 근사 최근접 이웃 검색(approximate nearest neighbor search)이다. 근사 해시는 벡터 공간을 점점 더 작은 영역으로 분할한다는 점에서 지역 민감 해시나 K-d 트리와 유사하지만, 무작위 숲(random forest) 알고리즘에 좀 더 가까운 확률적 접근 방식이라는 점이 다르다.

현재, 고차원 공간에서 가장 가까운 이웃 벡터를 찾는 문제와 관련해서 가장 앞선 주자들은 페이스북의 FAISS 패키지와 Spotify의 Annoy 패키지이다. 이 책에서는 설치와 사용이 더 쉬운 Annoy를 챗봇 개발에 사용했다. 제13장에서 이 패키지를 본 기억이 날 것이다. 이 패키지는 Spotify 이용자(음악 청취자)들을 위해 노래 메타데이터를 표현하는 벡터들을 검색하는 데 쓰일 뿐만 아니라, Dark Horse Comics가 이용자에게 추천할 만화책을 효율적으로 검색하는 데에도 쓰인다.

F.3 '좋아요' 예측

그림 F.2는 일단의 트윗들이 초공간에 어떤 식으로 존재하는지를 시각화한 것이다. 그림의 산점도들에서 각 점은 잠재 의미 분석(LDA)으로 산출한 100차원 트윗 주제 벡터를 2차원으로 투영한 것이다. 대부분의 점은 '좋아요(like)'를 적어도 한 번은 받은 트윗을 나타낸다. '좋아요'를 한 번도 못 받은 트윗은 소수이다.

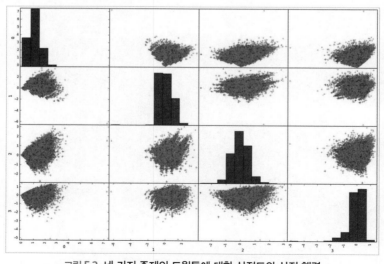

그림 F.2 네 가지 주제의 트윗들에 대한 산점도와 산점 행렬

이 주제 벡터들에 적합된 LDA 모형은 해당 트윗들이 '좋아요'를 받은 적이 있는지를 80%의 정확도로 예측한다. 그러나 문자 메시지 말뭉치처럼 트윗 말뭉치는 대단히 불규형하다. 그래서 이 모형은 이전에 본 적이 없는 새 트윗에 대한 '좋아요' 여부를 잘 맞추지 못할 가능성이 크다. LSA나 LDA, LDiA 언어 모형은 분산을 최대화해서 분류명들이 좀 더 명확하게 분리되게 하는 것이 바람직한 응용 분야에만 사용해야 한다. 그런 응용으로는 다음이 있다.

- 의미 검색
- 감정 분석
- 스팸 검출

비슷한 의미를 가진 텍스트들의 일반화에 의존해서 텍스트들을 좀 더 정교하게 분류하거나 취합하는 경우에는 앞에서 말한 것보다 더 정교한 NLP 도구를 사용해야 한다. 다음과 같은 좀 더 어려운 과제를 해결하려면 LSTM 심층 학습 모형과 t-SNE 차원 축소 기법이 필요할 것이다.

- 인간 반응 예측(트윗 '좋아요' 여부 등)
- 기계 번역
- 자연어 생성

참고
자료

이 책을 쓰는 동안 필자들은 다양한 자료를 참고했다. 이 부록은 가장 도움이 된 몇 가지 참고자료를 소개한다.

이상적인 세상이라면, 그냥 DuckDuckGo(http://duckduckgo.com)나 Gigablast(http://gigablast.com/search?c=main&q=open+source+search+engine), Qwant(https://www.qwant.com/web) 같은 의미 검색 엔진에 적당한 주제 문구만 입력하면 이런 자료들을 여러분 스스로 찾아낼 수 있을 것이다. 그러나 지미 웨일스^{Jimmy Wales}가 Wikia Search(https://en.wikipedia.org/wiki/Wikia_Search)를 되살리거나 구글이 자신들의 NLP 기술을 공개하지 않는 한, 어쩔 수 없이 독자에게 이런 1990년대 스타일의 링크 목록을 제시할 수밖에 없다. 혹시 독자가 웹을 색인화하는 오픈소스 프로젝트들에 기여해서 세상을 구하는 데 일조하고 싶다면 이 부록의 '검색 엔진' 절을 유심히 살펴보기 바란다.

응용 프로그램과 프로젝트 아이디어

어떤 NLP 프로젝트를 시도할지 고민하는 독자라면 다음 자료들에서 영감을 얻을 수 있다.

- *Artificial intelligence just made guessing your password a whole lot easier*(http://www.sciencemag.org/news/2017/09/artificial-intelligence-just-made-guessing-your-password-whole-lot-easier)—SNS 프로파일에서 패스워드를 추측하는 데 관한 사이언스지 기사.
- *Chatbot lawyer overturns 160,000 parking tickets in London and New York*(www.theguardian.com/technology/2016/jun/28/chatbot-ai-lawyer-donotpay-parking-tickets-london-new-york)—부당 청구된 주차 요금을 해결하는 데 도움을 준 챗봇에 관한 가디언지 기사.

- GitHub 저장소 "craigboman/gutenberg"(https://github.com/craigboman/gutenberg)—프로젝트 구텐베르크의 책들을 NLP와 기계 학습에 유용한 형태로 정리한 파일들이 있다.

- *Longitudial Detection of Dementia Through Lexical and Syntactic Changes in Writing* (ftp://ftp.cs.toronto.edu/dist/gh/Le-MSc-2010.pdf)—NLP를 이용한 심리검사에 관한 쉬안 러 Xuan Le의 석사 학위 논문.

- *Time Series Matching: a Multi-filter Approach*(https://www.cs.nyu.edu/web/Research/Theses/wang_zhihua.pdf)—노래, 오디오 클립, 기타 시계열 자료를 레벤시타인 거리에 비유할 수 있는 동적 계획법 알고리즘들을 이용해서 이산화하고 검색하는 문제에 관한 즈화 왕Zhihua Wang의 논문.

- *NELL*(http://rtw.ml.cmu.edu/rtw/publications)—**Never Ending Language Learning**을 줄인 NELL은 CMU가 만든, 자연어 텍스트에서 얻은 지식들을 담은 지식 베이스이다. 이름처럼 끝없이 진화하고 있다.

- *How the NSA identified Satoshi Nakamoto*(https://medium.com/cryptomuse/how-the-nsa-caught-satoshi-nakamoto-868affcef595)—*Wired*지와 NSA는 NLP와 계량문헌학(stylomerty)을 이용해서 비트코인 창시자 사토시 나카토모의 신원을 밝혀냈다.

- 계량문헌학(https://en.wikipedia.org/wiki/Stylometry)과 SNS 포렌식을 위한 원저자 판별 (http://www.parkjonghyuk.net/lecture/2017-2nd-lecture/forensic/s8.pdf)—원저자 판별을 위한 자연어 텍스트(그리고 음악과 미술)의 문체·패턴 부합 및 군집화 기법들.

- *Your Dictionary*(http://examples.yourdictionary.com/) 같은 온라인 사전에서 문법에 맞는 문장과 품사 태그들을 긁어 와서 여러분만의 Parsey McParseface 구문 트리(https://ai.googleblog.com/2016/05/announcing-syntaxnet-worlds-most.html)와 품사 태깅을 구현할 수 있다.

- *Identifying 'Fake News' with NLP*(https://nycdatascience.com/blog/student-works/identifying-fake-news-nlp/)—NYC Data Science Academy의 줄리아 골드스타인Julia Goldstein과 마이크 굴Mike Ghoul이 쓴, NLP를 이용한 가짜 뉴스 식별에 관한 글.

- 안드레아스 블라호스Andreas Vlachos(https://github.com/andreasvlachos)의 *simpleNumerical FactChecker*(https://github.com/uclmr/simpleNumericalFactChecker)와 정보 추출(제11장)을 이용하면 출판사나 저자, 기자의 정직함(truthfulness)을 평가할 수 있다. 이를 줄리아 골드스타인의 '가짜 뉴스' 예측 모형과 결합해도 재미있을 것이다.

- Airbnb의 artificial-adversary 패키지(https://github.com/airbnb/artificial-adversary)—이를테면 "you are great"를 "ur gr8"로 바꾸는 식으로 자연어 텍스트를 난독화하는 파이썬 패키지이다.[역1] artificial-adversary라는 이름은 잭 데이[Jack Dai]가 제공했다고 한다. 난독화된 영어 또는 L33T(https://sites.google.com/site/inhainternetlanguage/different-internet-languages/l33t)를 검출하거나 보통의 영어를 그런 영어로 '번역'하도록 기계 학습 분류 모형을 훈련하는 것이 가능하다. 또는, 어간 추출 모형(문자 특징들을 생성하는 난독화 모듈이 있는 자동부호기)을 훈련해서 난독화된 단어를 해독할 수도 있다. 그러면 파이프라인을 재훈련하지 않고도 난독화된 텍스트를 처리할 수 있을 것이다. 이 점을 제시한 Aleck Landgraf에게 감사한다.

강좌와 튜토리얼

다음은 유용한 교과서와 튜토리얼, 강연 자료이다. 일부는 유명 대학의 공개강좌에서 제공하는 것들이다. 다수는 파이썬 예제도 제공한다.

- 데이비드 주라프스키[David Jurafsky]와 제임스 H. 마틴[James H. Martin]의 *Speech and Language Processing*(https://web.stanford.edu/~jurafsky/slp3/ed3book.pdf)—NLP를 본격적으로 공부하고 싶다면 본서를 읽은 후 이 책에 도전하기 바란다. 주라프스키와 마틴은 NLP 개념들을 좀 더 상세하고 엄밀하게 설명한다. 이들의 책은 본서에서 다루지 않았거나 살짝 언급만 하고 넘어간 주제들, 그러니까 유한 상태 변환기(finite state transducer, FSTs), 은닉 마르코프 모형(hidden Markhov model, HMM), 품사 태깅, 구문 분석(syntactic parsing; 또는 통사 분석), 담화 응집성(discourse coherence), 기계 번역, 텍스트 요약 등을 자세히 다룬다.

- MIT Artificial General Intelligence 강좌 6.S099(https://agi.mit.edu)—2018년 2월 현재 렉스 프리드먼[Lex Fridman]이 진행하는 MIT의 무료이자 상호작용식(대중의 참여 몇 경쟁) 인공 일반 지능(AGI) 강좌이다. 아마도 인공지능 공학에 관한 무료 강좌 중 가장 상세하고 엄밀한 강좌가 이것일 것이다.

- MIT Natural Language and the Computer Representation of Knowledge(자연어 몇 지식의 컴퓨터 표현) 강좌 6-863j의 2003년 봄 학기 강의 노트(http://mng.bz/vOdM).

[역1] 참고로 이런 난독화는 기계 번역을 무력화하는 용도로, 이를테면 외국 숙박업체(이 패키지의 GitHub 저장소 계정이 Airbnb임을 주목)나 음식점에 대한 "솔직한" 평가를 같은 언어 사용자만 이해하게 만드는 용도로 유용하다. 예를 들어 한국어 번역 방해기(https://xeno.work/koenc.html)는 "절대 가지 마세요."를 "줠뎗 갉짏 맔셻윫."(받침 무작위 추가)나 "절대 가젹 마셰요."(비슷한 발음)로 변환한다.

- *Singular value decomposition (SVD)*(http://people.revoledu.com/kardi/tutorial/LinearAlgebra/SVD.html)—카르디 테크노모[Kardi Teknomo] 박사의 특잇값 분해 튜토리얼.

- *Introduction to Information Retrieval*(https://nlp.stanford.edu/IR-book/pdf/irbookonlinereading.pdf)—크리스토퍼 D. 매닝[Christopher D. Manning], 프라바카르 라가반[Prabhakar Raghavan], 힌리히 쉬체[Hinrich Schütze]의 정보 검색 튜토리얼.

도구와 패키지

- *NLPIA*(http://github.com/totalgood/nlpia)—이 책에 언급된 NLP 자료 집합과 도구, 예제 스크립트 모음.

- *OpenFST*(http://openfst.org/twiki/bin/view/FST/WebHome)—톰 배그비[Tom Bagby], 댄 바이클[Dan Bikel], 카일 고먼[Kyle Gorman], 메리야 모리[Mehryar Mohri] 등이 만든 오픈소스 C++ 유한 상태 변환기(FST) 구현.

- *pyfst*(https://github.com/vchahun/pyfst)—빅터 샤후노[Victor Chahuneau]가 만든, OpenFST에 대한 파이썬 인터페이스.

- 스탠퍼드 *CoreNLP*(https://stanfordnlp.github.io/CoreNLP/)—크리스토퍼 D. 매닝 등이 만든, NLP를 위한 Java 라이브러리. 최고 수준의 문장 분할, 날짜·시간 추출, 품사 태깅, 문법 검사 기능을 제공한다.

- *stanford-corenlp* 3.8.0(https://pypi.org/project/stanford-corenlp/)—스탠퍼드 CoreNLP에 대한 파이썬 인터페이스.

- 케라스[Keras](https://blog.keras.io/)—TensorFlow나 Theano로 계산 그래프(신경망)를 구축하기 위한 고수준 API.

- *Textacy*(https://github.com/chartbeat-labs/textacy)—spaCy를 이용해서 여러 NLP 과제(특히 주제 모형화)를 수행하는 데 유용한 파이썬 패키지.

연구 논문과 강연

어떤 주제를 깊게 이해하는 최고의 방법은 연구자들의 실험을 재현해 보는 것, 더 나아가서 실험을 조금 변경해서 또 다른 결과를 얻는 것이다. 최고의 교수들과 멘토[mentor]들은 그저 다른 연구자(학생이 관심을 두고 있는)의 실험을 재현해 보도록 부추기는 것만으로 학생을 가르친다. 다른 사람의 실험을 재현하려 노력하다 보면 그것을 이리저리 수정하는 방법도 자연스럽게 떠오를 것이다. 이번 절에서는 유용한 논문과 강연 자료를 분야별로 소개하고, 가끔은 유용한 파이썬 패키지나 예제 코드도 언급한다.

벡터 공간 모형과 의미 검색

- J. Rygl 외, *Semantic Vector Encoding and Similarity Search Using Fulltext Search Engines*, 웹 https://arxiv.org/pdf/1706.00957.pdf. 통상적인 역색인을 이용해서 위키백과 전체에 대한 효율적인 의미 검색을 구현했다.

- L. Jain 외, *Learning Low-Dimensional Metrics*, 웹 https://papers.nips.cc/paper/7002-learning-low-dimensional-metrics.pdf. 인간의 판단을 쌍별 거리함수에 도입함으로써 단어 벡터들과 주제 벡터들의 의사결정과 비지도 군집화를 개선했다. 예를 들어 인사 관리자는 이 기법을 이용해서, 직업 설명과 부합하는 이력서를 찾아내도록 내용 기반 추천 엔진의 검색 방향을 조정할 수 있다.

- S. Arora, Y. Li, Y. Liang, T. Ma, A. Risteski, *A latent variable model approach to word embeddings*, 2016, 웹 https://arxiv.org/pdf/1502.03520.pdf. word2vec 모형과 기타 단어 벡터 공간 모형에 대한 당시(2016) 최신의 '벡터 지향적 추론(vector-oriented reasoning)' 해석을 담은 논문이다.

- T. Mikolov, G. Corrado, K. Chen, J. Dean, *Efficient Estimation of Word Representations in Vector Space*, 2013년 9월, 웹 https://arxiv.org/pdf/1301.3781.pdf. word2vec 모형에 관한 구글의 첫 논문. 구글은 이 논문과 함께 C++ 구현과 구글 뉴스 말뭉치로 훈련한 모형도 공개했다.

- T. Mikolov, I. Sutskever, K. Chen, G. Corrado, J. Dean, *Distributed Representations of Words and Phrases and their Compositionality*, 웹 https://papers.nips.cc/paper/5021-distributed-representations-of-words-and-phrases-and-their-compositionality.pdf. 정확도 개선을 위해 word2vec 모형을 조율하는 데 쓰인, 부표집과 부정 표집을 포함한 기법들을 설명한다.

- J. R. Curran, *From Distributional to Semantic Similarity*, 2003, 웹 https://www.era.lib.ed.ac.uk/bitstream/handle/1842/563/IP030023.pdf. 박사 학위 논문으로, TF-IDF 정규화와 웹 검색을 위한 PageRank 알고리즘을 비롯해 다양한 고전적 정보 검색(전문 검색) 연구 결과를 담고 있다.

금융

- B. Dubrow, *Predicting Stock Returns by Automatically Analyzing Company News Announcements*, 웹 http://www.stagirit.org/sites/default/files/articles/a_0275_ssrn-id2684558.pdf. gensim의 doc2vec을 이용해서, 기업의 발표문에 기초해서 주식 시세를 예측한다. word2vec과 doc2vec을 잘 설명하는 문헌이다.

- K. Rubin, *Building a Quantitative Trading Strategy to Beat the S&P 500*, 웹 https://www.youtube.com/watch?v=ll6Tq-wTXXw. PyCon 2016 강연으로, 여성 CEO들이 주식 가격 상승을 잘 예측하지만 캐런이 처음 추측만큼 잘 예측하지는 않는다는 점을 발견한 과정을 설명한다.

질의응답 시스템

- A. Singh, *Deep Learning for Visual Question Answering*, 웹 https://avisingh599.github.io/deeplearning/visual-qa/. 시각적 질의응답을 다룬다. 관련 GitHub 저장소는 https://github.com/avisingh599/visual-qa이다.

- B. Magnini, *Open Domain Question Answering: Techniques, Resources and Systems*, 웹 http://lml.bas.bg/ranlp2005/tutorials/magnini.ppt. 오픈 도메인 질의응답에 관한 강연 자료.

- L. Kath, *Question Answering Techniques for the World Wide Web*, 웹 https://cs.uwaterloo.ca/~jimmylin/publications/Lin_Katz_EACL2003_tutorial.pdf). 웹을 위한 질의응답 기법.

- *NLP-Question-Answer-System*(https://github.com/raoariel/NLP-Question-Answer-System/blob/master/simpleQueryAnswering.py). corenlp를 이용해서 직접 만든 질의응답 시스템. 문장 분할과 품사 태깅은 nltk를 이용한다.

- G. Attardi 외, *PiQASso: Pisa Question Answering System*, 2001, 웹 http://trec.nist.gov/pubs/trec10/papers/piqasso.pdf. 전통적인 정보 검색 방식의 NLP를 다룬다.

심층 학습

- C. Olah, *Understanding LSTM Networks*, 웹 https://colah.github.io/posts/2015-08-Understanding-LSTMs. 장단기 기억(LSMT)을 명확하고 정확하게 설명한다.

- K. Cho 외, *Learning Phrase Representations using RNN Encoder–Decoder for Statistical Machine Translation*, 2014, 웹 https://arxiv.org/pdf/1406.1078.pdf. 뉴욕 대학교 조경현 교수의 2014년 논문으로, LSTM을 NLP에 좀 더 효율적으로 사용할 수 있게 만드는 GRU(gated recurrent unit; 게이트 제어 순환 단위)를 처음으로 소개했다.

LSTM과 RNN

이 책을 쓰면서 LSTM의 용어와 구조를 파악하느라 애를 먹었다. 다음은 이 책을 쓰면서 참고한 LSTM과 RNN에 관한 문헌들이다. 인용 횟수가 많은 문헌들을 골랐으므로, 이 책의 LSTM 관련 내용에는 연구자들 사이에서 어느 정도 공감대가 형성된 부분이 반영되었다고 할 수 있다. 영어 위키백과 LSTM 관련 항목들의 토론 페이지를 보면 LSTM이 과연 무엇인지에 관해 다양한 의견이 있음을 알 수 있을 것이다.

- K. Cho 외, *Learning Phrase Representations using RNN Encoder-Decoder for Statistical Machine Translation*, 웹 https://arxiv.org/pdf/1406.1078.pdf. LSTM 층의 기억 세포 내용을 가변 길이 순차열의 번역 또는 변환을 위한(즉, 가변 길이 순차열을 부호화고 그것을 원래의 순차열과는 길이가 다를 수 있는 새 순차열로 복호화하는) 하나의 내장으로 사용하는 방법을 설명한다.

- B. Bakker, *Reinforcement Learning with Long Short-Term Memory*, 웹 https://papers.nips.cc/paper/1953-reinforcement-learning-with-long-short-term-memory.pdf. LSTM을 계획 수립과 예측 인식에 적용하는 방법을 다룬다. T-미로 탐색 문제와 고급 장대 균형 맞추기(pole-balancing; 진자를 뒤집은 것에 해당) 문제를 푸는 신경망을 제시한다.

- A. Graves, *Supervised Sequence Labelling with Recurrent Neural Networks*, 웹 https://mediatum.ub.tum.de/doc/673554/file.pdf. 학위 논문으로, 지도교수는 B. Brugge이다. 1997년에 호흐라이터[Hochreiter]와 슈미트후버[Schmidhuber]가 처음 제안한, LSTM을 위한 참 기울기(exact gradient)에 관한 수학을 상세히 설명한다. 안타깝게도 CEC나 LSTM 블록/세포 같은 용어를 엄밀하게 정의하지는 않는다.

- Theano의 LSTML 문서화(http://deeplearning.net/tutorial/lstm.html). 피에르 뤽 카리에[Pierre Luc Carrier]와 조경현이 작성했다. Theano와 케라스의 LSTM 구현을 도식과 함께 설명한다.

- F. A. Gers, J. Schmidhuber, F. Cummins, *Learning to Forget: Continual Prediction with LSTM*, 웹 http://mng.bz/4v5V. LSTM을 이용한 연속 예측을 다룬다. 층의 입력과 출력, 은닉 상태를 다른 문헌들과는 다르게 표시한다(각각 y^{in}, y^{out}, h). 모든 수학과 도식이 '벡터화'되어 있다.

- I. Sutskever, O. Vinyals, Q. V. Le, *Sequence to Sequence Learning with Neural Networks*, 웹 http://papers.nips.cc/paper/5346-sequence-to-sequence-learning-with-neural-networks.pdf. 순차열 대 순차열 학습에 관한 구글 연구자들의 논문.

- *Understanding LSTM Networks*(http://colah.github.io/posts/2015-08-Understanding-LSTMs)— 찰스 올라[Charles Olah]의 2015년 블로그 글로, 좋은 도식과 독자 논의/피드백이 많다.

- S. Hochreiter, J. Schmidhuber, *Long Short-Term Memory*, 1997, 웹 http://www.bioinf.jku.at/publications/older/2604.pdf. LSTM을 소개한 첫 논문으로, 지금과는 용어가 다르고 효율적인 구현도 제시하지 않지만 수학 공식의 유도 과정이 상세하다.

공모전과 상

- *Large Text Compression Benchmark*(http://mattmahoney.net/dc/text.html)—커다란 자연어 텍스트를 압축하는 알고리즘들의 벤치마크. 자연어 텍스트 압축이 곧 인공 일반 지능(AGI)이라고 믿는 연구자들이 있다.

- *Hutter Prize*(https://en.wikipedia.org/wiki/Hutter_Prize)—100MB 분량의 위키백과 자연어 텍스트 말뭉치 압축 효율을 두고 경쟁하는 연례 공모전. 2017년에는 알렉산더 라추시냑[Alexander Rhatushnyak]이 우승했다.

- *Open Knowledge Extraction Challenge 2017*(https://svn.aksw.org/papers/2017/ESWC_Challenge_OKE/public.pdf).

자료 집합

자연어 자료는 어디에나 있다. 언어는 인류의 초능력 중 하나이며, 여러분의 파이프라인은 그 점을 활용해야 한다.

- 구글의 Dataset Search(http://toolbox.google.com/datasetsearch)—구글 학술 검색(http://scholar.google.com)과 비슷하되 논문이 아니라 자료 집합을 찾아주는 검색 엔진이다.

- word2vec-api의 미리 훈련된 모형 목록(https://github.com/3Top/word2vec-api#where-to-get-a-pretrained-model)—word2vec-api는 단어 벡터 웹 API이다. 해당 README 파일에 300차원 위키백과 GloVe 모형을 비롯해 미리 훈련된 여러 단어 벡터 모형들로의 링크가 있다.

- 주요 NLP 과제들의 자료 집합/말뭉치 목록(https://github.com/karthikncode/nlp-datasets)—카르틱 나라시만[Karthik Narasimhan]이 관리하는 목록으로, 여러 분야의 주요 NLP 성과에 쓰인 자료 집합과 말뭉치가 역시간순으로 정렬되어 있다.

- NLP를 위한 무료/공공영역(public domain) 텍스트 자료 집합 목록(https://github.com/niderhoff/nlp-datasets). 알파벳순이다.

- 기본적인 자연서 처리를 위한 자료 집합과 도구(https://github.com/googlei18n/language-resources)—구글이 내부적으로 국제화(i18n)에 사용하는 도구들을 볼 수 있다.

- *NLPIA*(https://github.com/totalgood/nlpia)—여러분에게 필요한 모든(적어도 이 책에 한해) NLP 자료 집합과 자료 적재 함수(nlpia.loaders), 전처리 함수들이 이 패키지에 들어 있다.

검색 엔진

검색(정보 검색)은 NLP의 주요 분야이다. 인공지능이 정보를 통해서 인류를 조종하고 지배하는 날이 오지 않게 하려면 우리 개발자들이 검색 기능을 제대로 구현해야 한다는 점에서, 검색은 극도로 중요한 문제이다. 다음은 자신만의 검색 엔진을 구축하고자 하는 독자에게 도움이 될만한 자료이다.

검색 알고리즘

- *Billion-scale similarity search with GPUs*(https://arxiv.org/pdf/1702.08734.pdf)—BIDMach 는 파이썬 Annoy 패키지처럼 고차원 벡터 색인화 및 KNN 검색을 구현한 라이브러리이 다. 이 논문은 GPU를 이용해서 BIDMach 구현을 여덟 배 빠르게 만드는 개선안을 제시 한다.

- Spotify의 *Annoy* 패키지(https://erikbern.com/2017/11/26/annoy-1.10-released-with-hamming-distance-and-windows-support.html)—에릭 베른하드손[Erik Bernhardsson]이 만든 Annoy는 *K*-최근접 이웃 알고리즘을 구현한 라이브러리로, 원래는 Spotify에서 비슷한 노래를 찾는 데 쓰였다.

- 에릭 베른하드손의 글 *New benchmarks for approximate nearest neighbors*(https://erikbern.com/2018/02/15/new-benchmarks-for-approximate-nearest-neighbors.html)— 규모가변적인 의미 검색을 위해서는 근사적인 최근접 이웃 알고리즘이 필요하다. 이 분 야에서는 에릭이 선두 주자이다.

오픈소스 검색 엔진

- *BeeSeek*(https://launchpad.net/~beeseek-devs)—오픈소스 분산 웹 색인화 및 개인 검색(하 이브[hive] 검색). 현재는 개발이 중단된 상태이다.

- *WebSPHNIX*(https://www.cs.cmu.edu/~rcm/websphinx/)—웹 크롤러[web crawler] 구축을 위 한 웹 GUI.

오픈소스 전문 검색 및 색인화

모든 자연어 검색 응용 프로그램의 관건은 효율적인 색인화이다. 다음은 전문(full-text) 색인화 에 사용할 수 있는 몇 가지 오픈소스 라이브러리들이다. 이 '검색 엔진'들이 실제로 웹을 긁어서 페이지들을 가져오지는 않음을 주의할 것. 색인화하고 검색할 말뭉치는 직접 마련해야 한다.

- *Elasticsearch*(https://github.com/elastic/elasticsearch)—오픈소스, 분산, REST 지원 (RESTful) 검색 엔진.

- 아파치[Apache]의 *Lucern + Solr*(https://github.com/apache/lucene-solr).

- *Sphinx Search*(https://github.com/sphinxsearch/sphinx).

- *Xapiand*(https://github.com/Kronuz/Xapiand)—REST 지원 검색 엔진으로, 우분투에서 지역 디스크 드라이브의 문서를 검색하는(예전의 구글 데스크톱 검색과 비슷하게) 패키지가 있다.

- *Indri*(http://www.lemurproject.org/indri.php)—C++로 구현된 의미 검색 엔진으로, 파이썬 인터페이스도 있다(https://github.com/cvangysel/pyndri). 개발이 활발하지는 않다.

- *Gigablast*(https://github.com/gigablast/open-source-search-engine)—C++로 구현된 오픈소스 웹 크롤러 및 자연어 색인 작성기.

- *Zettair*(http://www.seg.rmit.edu.au/zettair)—오픈소스 HTML 및 TREC 색인 작성기. 크롤러나 시연용 사이트는 없으며, 2009년에 마지막으로 갱신되었다.

- *OpenFTS: Open Source Full Text Search engine*(http://openfts.sourceforge.net)—PyFTS 를 위한 전문 검색 색인 작성기로, PostgreSQL을 사용하며 파이썬 인터페이스도 제공한다(http://rhodesmill.org/brandon/projects/pyfts.html).

조작적 검색 엔진

대부분의 사람이 사용하는 검색 엔진들은 사용자가 원하는 것을 찾는 데보다는 검색 엔진을 운영하는 회사가 이익을 얻도록 사용자가 링크를 클릭하게 만드는 데 더 최적화되어 있다. 구글의 혁신적인 '차가 밀봉 경매(second-price sealed-bid auction)'는 광고주가 광고에 과도한 비용을 지불하지 않게 하는 데는 효과적이지만,[주1] 검색 사용자가 정보를 가장한 광고를 잘못 클릭함으로써 비용을 과도하게 지불하는 일을 막는 데는 효과적이지 않다. 구글만 이러한 조작적(manipulative) 검색 기법을 사용하는 것은 아니다. 검색 결과에 대한 사용자의 만족도가 아니라 다른 어떤 '목적함수'에 따라 검색 결과에 순위를 매기는 모든 검색 엔진은 조작적 검색 엔진이라 할 수 있다. 그렇지만 특별히 더 조작적인 검색 엔진들이 있는 것도 사실이다. 다음이 그런 검색 엔진들이다.

- 구글
- 빙[Bing]
- 바이두[Baidu]

[주1] 코넬 대학교 네트워크 강좌의 사례 연구 "Google AdWords Auction – A Second Price Sealed-Bid Auction"(https://blogs.cornell.edu/info2040/2012/10/27/google-adwords-auction-a-second-price-sealed-bid-auction).

덜 조작적인 검색 엔진들

검색 엔진들이 얼마나 이익을 탐하고 조작적인지 파악하기 위해, 여러 검색 엔진에서 "open source search engine" 같은 문구를 검색하고 상위 10개 결과 중 광고성 결과(AdWords 구매자 사이트나 클릭 유도 사이트)가 몇 개인지 세어 보았다. 그런 결과가 한두 개밖에 되지 않은 비교적 좋은 검색 엔진들이 있었다. 그리고 그런 엔진들은 대체로 가장 객관적이고 유용한 사이트들(위키백과, Stack Exchange, 기타 명망 있는 뉴스 사이트나 블로그 등)을 상위 결과로 제시할 때가 많았다. 다음은 덜 조작적인 검색 엔진들이다.[주2]

- *Yandex*(https://yandex.com/search/?text=open%20source%20search%20engine&lr=21754)—놀랍게도, 러시아에서 가장 인기 있는 검색 엔진(러시아어 검색의 60%를 차지한다)이 최상위 미국 검색 엔진들보다 덜 조작적인 것으로 보인다.
- *DuckDuckGo*(https://duckduckgo.com).
- 의미 웹 검색 엔진 *Watson*(http://watson.kmi.open.ac.uk/WatsonWUI)—개발이 중단되었으며 사실 전문 웹 검색 엔진은 아니지만, 의미 웹(semantic web)을 탐색하는 흥미로운 수단임은 분명하다(적어도 개발이 중단되기 몇 해 전까지는).

분산 검색 엔진

분산 검색 엔진(distributed search engine)[주3]은 아마도 가장 덜 조작적이고 가장 "객관적인" 검색 엔진일 것이다. 왜냐하면, 이런 검색 엔진에는 검색 순위에 영향을 미치는 '중앙 서버'라는 것이 없기 때문이다. 분산 의미 검색용 NLP 알고리즘의 규모 확장과 처리량 분산이 쉽지 않기 때문에, 아직은 분산 검색 구현들은 TF-IDF 단어 빈도를 이용해서 페이지들에 순위를 매긴다. 그러나 잠재 의미 분석(LSA)과 지역 민감 해싱(LSH) 같은 의미 색인화를 이용한 분산 검색에서도 규모 증가를 거의 선형에 가깝게 유지한(이는 아주 바람직한 결과이다) 사례들이 있다. 언제가 되었든, 누군가가 의미 검색을 위한 코드를 Yacy 같은 오픈소스 프로젝트에 기여하거나 새로운 LSA를 이용한 새로운 분산 검색 엔진을 구축하는 날이 올 것은 틀림없다.

- *Nutch*(https://nutch.apache.org/)—아파치의 하둡[Hadoop]의 전신인 Nutch는 분산 검색 엔진보다는 분산 HPC 시스템 쪽으로 발전하고 있다.

[주2] LifeHack.org의 기사 "Try These 15 Search Engines Instead of Google For Better Search Results"(https://www.lifehack.org/374487/try-these-15-search-engines-instead-google-for-better-search-results)도 이와 비슷한 취지로 "구글 대안 사이트"들을 소개하니 참고하기 바란다.

[주3] 영어 위키백과 "Distributed search engine" 페이지(https://en.wikipedia.org/wiki/Distributed_search_engine)와 P2PF 위키 "Distributed Search Engines" 페이지(https://wiki.p2pfoundation.net/Distributed_Search_Engines) 참고.

- *Yacy*(https://www.yacy.net/en/index.html)—활발하게 쓰이는 몇 안 되는 오픈소스 탈중앙화(decentralized) 연합식(federated) 검색 엔진 및 웹 크롤러의 하나이다. 미리 설정된 맥, 리눅스, Windows용 클라이언트들이 있다.

한국어 NLP 관련 참고자료

다음은 이 책의 내용과 어느 정도 연관되는, 한국어 NLP를 위한 몇 가지 참고자료이다. 끝의 '링크 모음'에 나온 장소들에 이보다 훨씬 많은 참고자료가 있다—옮긴이.

도구

- KoNLPy^{코엔엘파이}(https://konlpy-ko.readthedocs.io/)—한국어 정보처리를 위한 파이썬 패키지로, 한나눔(https://kldp.net/hannanum/), 꼬꼬마(http://kkma.snu.ac.kr/), KOMORAN(https://www.shineware.co.kr/products/komoran/), Mecab-ko(https://bitbucket.org/eunjeon/mecab-ko/src), Twitter Korean Text(https://github.com/twitter/twitter-korean-text) 등의 여러 형태소 분석·품사 태깅 라이브러리들에 대한 인터페이스를 제공하며, 몇 가지 말뭉치와 사전도 제공한다.
- soylnp(https://github.com/lovit/soynlp)—한국어 자연어 처리를 위한 파이썬 라이브러리로, 단어 추출, 토큰화, 품사 태깅 등의 기능을 제공한다.
- hangul-toolkit(https://github.com/bluedisk/hangul-toolkit)—한글 자모 분해 및 조합 등 한국어 텍스트의 전처리에 유용한 기능을 제공한다.

말뭉치와 모형

- Naver sentiment movie corpus v1.0(https://github.com/e9t/nsmc/)—네이버 영화(https://movie.naver.com/)의 사용자 영화평을 모은 말뭉치.
- KorQuAD 2.0(https://korquad.github.io)—자연어 이해를 위한 말뭉치로, 위키백과에서 수집한 문서들과 각 문서를 얼마나 이해했는지 판단하기 위한 질문·답변 쌍들로 이루어져 있다.
- GitHub Kyubyong/wordvectors(https://github.com/Kyubyong/wordvectors)—미리 훈련된 언어별 단어 벡터 모형들을 제공한다. 영어 제외, 한국어 포함 30개 이상 언어의 위키백과 기사들로 훈련했다.
- fastText의 미리 훈련된 단어 벡터 모형들(https://github.com/facebookresearch/fastText/blob/master/docs/crawl-vectors.md#models)에 한국어 모형도 있다.

공동체

- 챗봇 코리아(https://www.facebook.com/groups/ChatbotDevKR/)
- 케라스 코리아(https://www.facebook.com/groups/KerasKorea/)
- TensorFlow KR(https://www.facebook.com/groups/TensorFlowKR/)

읽을거리

- 박은정, "한국어와 NLTK, Gensim의 만남"(https://www.lucypark.kr/docs/2015-pyconkr/)
- 이창기, "Word2Vec으로 문장 분류하기"(https://ratsgo.github.io/natural%20language%20processing/2017/03/08/word2vec/)

링크 모음

- Awesome-Korean-NLP(https://github.com/datanada/Awesome-Korean-NLP)
- NLP 101: 딥러닝과 자연어 처리 학습을 위한 자료 저장소(https://github.com/Huffon/NLP101/)
- KoNLPy 문서화의 페이지(https://konlpy-ko.readthedocs.io/ko/v0.5.1/references/)

용어집

이 용어집은 자연어 처리와 기계 학습 분야에서 흔히 쓰이는 약자(두문자어)와 용어들을 정리한 것이다.[주1]

원서의 용어집을 만드는 데 도움이 된 파서와 정규 표현식 중 일부가 NLPIA 패키지 (https://github.com/totalgood/nlpia)에 있으니 참고하기 바란다.[주2] 다음은 NLPIA 패키지를 이용해서 이 용어집의 초안을 생성하는 데 사용한 코드이다.

```
>>> from nlpia.book_parser import write_glossary
>>> from nlpia.constants import DATA_PATH
>>> print(write_glossary(
...     os.path.join(DATA_PATH, 'book')))
== Acronyms

[acronyms,template="glossary",id="terms"]
*AGI*:: Artificial general intelligence --
*AI*:: Artificial intelligence --
*AIML*:: Artificial Intelligence Markup Language --
*ANN*:: Approximate nearest neighbors --
...
```

NLPIA 패키지에 원서의 원고 전체가 들어 있지는 않으므로, 여러분이 이 코드를 실행하면 아래와는 다른 결과가 나올 것이다.

용어 정의 생성기를 완성하지는 않았는데, 좋은 LSTM 언어 모형(제10장 참고)이 있다면 용어 정의 생성기를 만드는 것도 가능할 것이다. 독자의 숙제로 남기겠다.

주1 오스트레일리아 뉴 사우스 웨일스 대학교의 빌 윌슨(Bill Wilson)이 이보다 좀 더 완전한 NLP 용어 사전(www.cse.unsw. edu.au/~billw/nlpdict.html)을 관리하고 있다.

주2 nlpia.translators(https://github.com/totalgood/nlpia/blob/master/src/nlpia/translators.py)와 nlpia.book_ parser(https://github.com/totalgood/nlpia/blob/master/src/nlpia/book_parser.py).

약자

AGI(artificial general intelligence; 인공 일반 지능)—사람의 뇌가 풀 수 있는 다양한 문제를 풀 능력을 갖춘 기계 지능.

AI(artificial intelligence; 인공지능)—기계가 과학자나 기업 마케팅 담당자가 "지능적이다"라고 인정할 정도로 인상적인 행동을 보이는 것, 또는 그런 기계.

AIML(Artificial Intelligence Markup Language)—패턴 부합 및 응답 템플릿을 명시하는 데 쓰이는 XML 기반 마크업 언어로, 최초의 대화 가능 챗봇 중 하나인 A.L.I.C.E를 개발하는 도중에 고안되었다.

ANN(approximate nearest neighbors; 근사 최근접 이웃)—N차원 벡터 집합에서 주어진 한 벡터와 가장 가까운 M개의 벡터를 찾으려면 주어진 벡터를 벡터 집합의 모든 벡터와 비교해서 거리를 측정한다. 따라서 알고리즘의 시간 복잡도는 $O(N)$이다. 그리고 그러한 검색에 기초한 군집화의 시간 복잡도는 $O(N^2)$인데, N이 크면 이는 처리 불가능한 문제가 된다. 근사 최근접 이웃 알고리즘은 가장 가까운 벡터들을 찾는 대신 "충분히" 가까운 벡터들을 찾음으로써 이런 문제를 피해 간다.

ANN(artificial neural network; 인공 신경망)

API(application programming interface; 응용 프로그래밍 인터페이스)—개발자로서의 사용자를 위한 인터페이스. 보통은 명령줄 도구나 소스 코드 라이브러리, 또는 웹 인터페이스(프로그램 내에서 상호작용할 수 있는)의 형태로 제공된다.

AWS(Amazon Web Services)—아마존은 자신의 내부 기반구조를 세상에 노출하면서 클라우드 서비스라는 개념을 고안했다.

BOW(bag of words; 단어 모음)—단어들의 출현 횟수(빈도)는 유지하되 순서는 유지하지 않는 자료 구조(보통은 벡터).

CEC(constant error carousel; 상수 오차 회전기)—주어진 입력을 한 시간 단계 늦게 출력하는 뉴런. LSTM이나 GRU 메모리 단위에 쓰인다. CEC는 LSTM 단위의 메모리 레지스터에 해당하며, 망각 게이트가 이 '회전기'를 가로챈 경우에만 새 값으로 재설정될 수 있다.

CNN(convolutional neural network; 합성곱 신경망)—핵(kernel)이라고도 부르는 필터^{filter}들을 배우도록 훈련되는 신경망. 지도 학습에 특징 추출에 쓰인다.

CUDA(Compute Unified Device Architecture)—GPU를 활용한 범용 계산 및 알고리즘 실행에 최적화된, NVIDIA의 오픈소스 라이브러리.

DAG(directed acyclic graph; 유향 비순환 그래프)—순환 마디(cycle)가 없는, 즉 한 노드에서 그 노드로 다시 돌아오는 루프가 없는 그래프(네트워크)

DFA(deterministic finite automaton; 결정론적 유한 오토마타)—무작위(확률적) 선택을 하지 않는 유한 상태 기계. 파이썬의 re 모듈은 정규 표현식을 컴파일해서 하나의 DFA를 생성하지만, regex는 퍼지 정규 표현식을 NDFA(비결정론적 유한 오토마타)로 컴파일할 수 있다.

FSM(finite-state machine; 유한 상태 기계)—위키백과의 설명(https://en.wikipedia.org/wiki/Finite-state_machine)을 보는 것이 더 나을 것이다.

FST(finite-state transducer; 유한 상태 변환기)—정규 표현식과 비슷하되, 부합된 각 문자를 새 문자로 대체함으로써 새로운 문자열을 생성한다. 카일 고먼의 OpenFst 라이브러리(http://www.openfst.org)도 참고할 것.

GIS(geographic information system; 지리 정보 시스템)—지리 정보의 저장, 조작, 표시를 위한 데이터베이스. 보통은 위도, 경도, 고도 좌표 및 궤적(trace) 자료에 관한 것이다.

GPU(graphical processing unit; 그래픽 처리 장치)—게임용 컴퓨터나 암호화폐 채굴 서버, 기계 학습 서버에 쓰이는 그래픽 카드.

GRU(gated recurrent unit; 게이트 제어 순환 단위)—LSTM 망의 한 변형으로, 매개변수들을 공유함으로써 계산 시간을 줄인다.

HNSW(Hierarchical Navigable Small World)—유 A. 말코프$^{Yu\ A.\ Malkov}$와 D. A. 야슈닌^{Yashunin}이 만든, 그래프를 효율적으로 검색할 수 있는(그리고 강건한 근사 최근접 이웃이 가능한) 그래프 자료 구조.

HPC(high performance computing; 고성능 컴퓨팅)—처리량을 극대화한 컴퓨터 시스템을 연구하는 분야. 주로는 계산을 맵^{map}(사상) 단계와 리듀스^{reduce}(축약) 단계로 분리하고 병렬화함으로써 성능을 높인다.

IDE(integrated development environment; 통합 개발 환경)—소프트웨어 개발에 필요한 여러 요소를 모두 갖춘 응용 프로그램. PyCharm, Eclipse, Atom, Sublime Text 3 등.

IR(information retrieval; 정보 검색)—문서 검색과 웹 검색 알고리즘을 연구하는 분야. 90년대에 NLP가 컴퓨터 과학의 한 주요 분야로 전면에 나선 데에는 이 정보 검색의 공이 컸다.

i18n(internationalization; 국제화)—응용 프로그램을 한 국가(또는 로캘) 이상의 나라들에서 사용할 수 있게 만드는 것을 말한다.

LDA(linear discriminant analysis; 선형 판별 분석)—부류들 사이의 선형(직선) 경계를 찾아내는 고전적인 알고리즘(제4장).

LSA(latent semantic analysis; 잠재 의미 분석)—하나의 벡터 공간 언어 모형 안에서 TF-IDF 벡터 또는 단어 모음 벡터들에 절단된 특잇값 분해(SVD)를 적용해서 주제 벡터들을 생성하는 것.

LSH(locality sensitive hash; 지역 민감 해시)—밀집 연속 고차원 벡터들에 대해 근사적이지만 효율적으로 작동하는 매핑/군집화 색인. 2차원(위도, 경도) 우편번호가 3차원 이상에도 적용된다고 생각하면 이해가 쉬울 것이다.

LSI(latent semantic indexing; 잠재 의미 색인화)—예전에는 잠재 의미 분석(LSA)을 이렇게 불렀지만, LSA 벡터 공간 모형은 쉽게 색인화되지 않는다는 점에서 오해의 소지가 있는 이름이다.

LSTM(long short-term memory; 장단기 기억)—신경망 자신의 상태에 관한 기억을 유지하도록 개선된 순환 신경망의 한 형태. 그 기억 자체도 역전파를 통해서 학습된다(제9장).

MIH(multi-index hashing; 다중 색인 해싱)—고차원 밀집 벡터를 위한 해싱 및 색인화의 한 접근 방식.

ML(machine learning; 기계 학습)—사람이 직접 짠 알고리즘이 아니라 자료를 이용해서 컴퓨터를 프로그래밍하는 것.

MSE(mean squared error; 평균제곱오차)—기계 학습 모형의 바람직한 출력과 그 모형의 실제 출력의 차이를 제곱한 값들의 평균.

NELL(Never Ending Language Learning)—오래전부터 운영된 카네기 멜런 대학교의 지식 추출 프로젝트의 하나로, 웹 페이지들을 긁어서 세계에 관한 일반적인 지식을 추출한다(대부분의 지식은 용어들 사이의 "IS-A" 범주 관계이다).

NLG(natural language generation; 자연어 생성)—텍스트를 알고리즘을 이용해서 자동으로 생성하는 것. 자연어 처리(NLP)의 가장 어려운 과제 중 하나이다.

NLP(natural language processing; 자연어 처리)—이것이 무엇인지는 다들 알 것이다. 잘 모르겠다면 제1장부터 다시 읽기 바란다.

NLU(natural language understanding; 자연어 이해)—최근에는 신경망을 이용한 NLP를 NLU라고 부르는 논문이 많다.

NMF(nonnegative matrix factorization; 비음수 행렬 인수분해 또는 음수 미포함 행렬 분해)—행렬 분해 방법의 하나. 특잇값 분해(SVD)와 비슷하되, 원 행렬과 분해된 인수 행렬들의 모든 성분이 반드시 0 이상이어야 한다는 제약이 있다.

NSF(National Science Foundation; 미국 국립과학재단)—미국의 정부 기관으로, 과학 연구에 자금을 댄다.

NYC(New York City; 뉴욕시)—절대 잠들지 않는 미국의 도시.

OSS(open source software)

pip(pip installs pip)—공식 파이썬 패키지 관리자. 흔히 '치즈 가게(Cheese Shop)'라고 부르는 PyPI(https://pypi.python.org)에서 자동으로 패키지를 내려받아서 설치해 준다.

PR(pull request; 풀 요청)—어떤 프로젝트의 소스 코드를 여러분이 수정했을 때 그것을 받아달라고 프로젝트 관리자에게 요청하는 올바른 방법. GitHub에는 풀 요청을 손쉽게 진행할 수 있는 버튼들과 마법사들이 있다. 풀 요청은 성실한 오픈소스 기여자라는 명성을 쌓는 데 도움이 된다.

PCA(principal component analysis; 주성분 분석)—임의의 수치 자료에 대한 '절단된 SVD'. 흔히 이미지 파일이나 음성 파일에 PCA를 적용한다.

QDA(quadratic discriminant analysis; 이차 판별 분석)—LDA와 비슷하되, 부류들을 직선이 아니라 2차 곡선으로 분리할 수 있다.

ReLU(rectified linear unit; 정류 선형 단위)—선형 신경망 활성화 함수로, 뉴런이 반드시 0 이상의 아닌 출력을 산출해야 할 때 쓰인다. 파이썬으로 표현하면 y = np.max(x, 0)이다. 대단히 깊은 신경망에서도 역전파가 아주 효율적이고 '기울기 소실' 문제도 없어서 이미지 처리와 NLP에서 인기가 높은 활성화 함수이다.

REPL(read-evaluate-print loop; 읽기-평가-출력 루프)—컴파일할 필요가 없는 스크립팅 언어를 사용하는 개발자들의 전형적인 작업 흐름. help, ?, ??, % 마법 명령과 자동 완성, Ctrl-R 입력 내역 검색 등을 지원하는 ipython, jupyter console, jupyter notebook REPL은 특히나 강력하다.[주3]

RMSE(root mean square error; 평균 제곱근 오차)—평균제곱오차의 제곱근. 회귀 분석을 위한 오차 함수로 흔히 쓰이지만, 이진 분류나 순서값(ordinal; 서수) 분류 문제에도 사용할 수 있다. 모형의 예측들에 대한 1시그마 불확실성(1-sigma uncertainty)을 직관적으로 가늠할 수 있는 측도이다.

RNN(recurrent neural network; 순환 신경망)—신경망 구조의 하나로, 한 층의 출력이 다시 그 층의 입력에 포함된다. 도식화나 분석 시에는 RNN을 "펼쳐서" 순방향 신경망의 형태로 만들 때가 많다.

SMO(sequential minimal optimization; 순차 최소 최적화)—지지 벡터 기계(SVM)를 위한 최적화 알고리즘의 하나.

SVD(singular value decomposition; 특잇값 분해)—행렬 분해 방법의 하나로, 주어진 행렬을 고웃값들을 담은 대각행렬 하나와 고유벡터들을 담은 직교행렬 둘로 분해한다. LSA와 PCA의 기반이 되는 분해 방법이다(제4장 참고).

SVM(support vector machine; 지지 벡터 기계)—분류에 흔히 쓰이는 지도 학습 접근 방식.

TF-IDF(term frequency * inverse document frequency; 용어 빈도 곱하기 역문서 빈도)—정보 검색 결과를 개선하기 위해 단어 빈도를 정규화하는 한 방법(제3장).

UI(user interface; 사용자 인터페이스)—소프트웨어 사용자에게 제공하는 '행동 유도' 수단. 사용자가 소프트웨어 제품 또는 서비스를 사용하기 위해 상호작용하는 웹 페이지나 응용 프로그램 화면.

UX(user experience; 사용자 경험)—사용자가 제품 또는 서비스를 사용하면서 행한 모든 상호작용의 성격. 여기에는 웹사이트의 UI나 API 같은 제품 자체의 요소뿐만 아니라 제품을 제공한 회사와의 상호작용(구매에서 고객 지원까지)도 포함된다.

VSM(vector space model; 벡터 공간 모형)—NLP 문제에서 다루는 대상들(단어, 문서 등)을 벡터로 표현한 것(제4장과 제6장 참고).

주3 이 파이썬 REPL들에서는 운영체제에 설치된 임의의 명령(pip 포함)을 실행하는 것도 가능하다(이를테면 !git commit -am 'fix 123' 등). 덕분에 다른 창으로 가거나 키보드에서 손을 떼서 마우스를 움직일 필요가 없어서 문맥 전환이 최소화된다.

YMMV(your mileage may vary)—마일리지 적립양이 상황에 따라 다를 수 있다는 항공사 안내 문구에서 비롯한 표현으로, 이 책의 경우에는 여러분이 예제를 실행했을 때 책에 나온 것과는 다른 결과가 나올 수 있음을 뜻한다.

용어

기억 세포(memory cell)—LSTM 단위에서 기억 또는 상태를 담는 부분. 한 세포는 하나의 스칼라값을 담으며, 그 값을 계속해서 출력한다.[주4]

뉴런(neuron)—신경망의 기본 구성 단위이다. 하나의 뉴런은 다수의 입력을 받아서 하나의 스칼라값을 산출하는 하나의 함수(이를테면 y = tanh(w.dot(x)))이다. 일반적으로 이 함수는 뉴런의 가중치들(w 또는 w^i)을 모든 입력 신호(x 또는 x^i)에 곱하고 그것들을 모두 하나의 치우침 항($1 \times w^0$)과 함께 모두 더한 후 $tanh$ 같은 활성화 함수를 적용한다. 하나의 뉴런은 항상 하나의 스칼라값을 산출한다. 한 층의 여러 뉴런 출력은 그다음 층의 입력이 된다. 지금 말한 것보다 훨씬 복잡한 기능을 구현한 뉴런을 단위(unit)라고 부른다. 예를 들어 *LSTM* 단위는 장단기 기억(LSTM) 능력을 위해 순환 기능을 구현한 뉴런이다.

단위(unit)—벡터를 입력받아서 스칼라값을 산출하는 뉴런을 일반화한 것이다. 복잡한 비선형 함수를 이용해서 출력을 계산하는 하나의 뉴런 또는 적은 수의 뉴런들의 집합을 흔히 단위라고 부른다. 예를 들어 하나의 LSTM 단위는 상태를 기록하는 기억 세포와 어떤 값을 기억할 것인지 결정하는 입력 게이트(이 자체가 뉴런이다), 그 값을 얼마나 오래 기억할 것인지 결정하는 망각 게이트(역시 뉴런), 그리고 활성화 함수(보통은 S자형 함수 또는 *tanh*)에 해당하는 출력 게이트(뉴런)로 구성된다.

다크 패턴[dark pattern]—수익 증대가 목적인 소프트웨어 패턴(보통은 사용자 인터페이스에 쓰인다). 필요하지도 않은 상품을 구매하도록 사용자를 조종하려 든다는 점이 밝혀지면서 오히려 수익이 감소하는 '역풍'을 맞기도 한다.

성질 벡터(nessvector)—여성성, 도시성 같은 개념이나 성질이 성분들에 반영된 주제 벡터나 의미 벡터를 일컫는 비공식적 용어이다.

[주4] 영어 위키백과 "Long short-term memory" 페이지(https://en.wikipedia.org/wiki/Long_short-term_memory).

소프트맥스(softmax)—실숫값 벡터 출력을 확률 같은 0에서 1 사이의 값으로 '압착'하는 데 쓰이는 정규화된 지수 함수.

순방향 신경망(feed-forward network)—입력이 한 방향으로만 흘러가는 '일방통행' 신경망. 하나의 유향 비순환 그래프(DAG) 또는 트리 형태의 계산 그래프에 해당한다.

술어(predicate)—영어 문법에서 술어는 문장의 주어와 연관된 주된 동사이다. 완결적인 문장에는 반드시 하나의 주어가 있으며, 따라서 반드시 하나의 술어가 있다.

스킵그램^skip-gram—단어 벡터 내장을 위한 훈련 견본으로 쓰이는 토큰 쌍으로, 두 토큰 사이에 있는 임의의 단어들이 무시된다(제6장).

신경망(neural net)—인공 신경망을 흔히 신경망으로 줄여서 부른다. 다른 단어와 결합할 때는 망(net)으로 줄이기도 한다(장단기 기억망 등).

인공 신경망(artificial neural network)—기계 학습 또는 생물학적 신경망(뇌)의 시뮬레이션을 위한 계산 그래프.

주어(subject)—문장의 주된 명사. 완결적인 문장에는 반드시 하나의 주어(그리고 하나의 술어)가 있다. 여기에는 암묵적인 주어도 포함된다. 예를 들어 명령문 "Run!(뛰어!)"의 암묵적인 주어는 "you"이다.

행동 유도성(affordance)—사용자가 여러분이 의도했던 방식으로 여러분의 제품과 상호작용하게 만드는 수단. 이상적으로는 그러한 상호작용은 사용자가 자연스럽게 시도해야 한다. 상호작용 수단을 사용자가 쉽게 발견할 수 있게, 그리고 따로 설명하지 않아도 사용법을 터득할 수 있게 해야 한다.

형태소(morpheme)—토큰이나 단어를 구성하는, 그 자체로 의미를 가진 부분. 하나의 토큰을 구성하는 형태소들을 통칭해서 그 토큰의 **모폴로지**^morphology(어형론 또는 형태론)라고 부른다. 토큰화 패키지 spaCy는 주어진 토큰을 그 문맥(주변 단어들) 안에서 처리해서 토큰의 모폴로지를 구하는 기능을 제공한다.[주5]

[주5] spaCy 문서화 "Linguistic Features" 항목(https://spacy.io/usage/linguistic-features#rule-based-morphology).

찾아보기